W9-BBS-900

What is VAK?

YOU CAN APPROACH the topic of learning styles with a simple and powerful system—one that focuses on just three ways of perceiving through your senses:

- Seeing, or *visual learning*
- Hearing, or *auditory learning*
- Movement, or *kinesthetic learning*

To recall this system, remember the letters VAK, which stand for **v**isual, **a**uditory, and **k**inesthetic. The theory is that each of us prefers to learn through one of these sense channels. To reflect on your VAK preferences, answer the following questions. Circle the answer that best describes how you would respond. This is not a formal inventory—just a way to prompt some self-discovery.

When you have problems spelling a word, you prefer to

1. Look it up in the dictionary.
2. Say the word out loud several times before you write it down.
3. Write out the word with several different spellings and then choose one.

You enjoy courses the most when you get to

1. View slides, videos, and readings with plenty of charts, tables, and illustrations.
2. Ask questions, engage in small-group discussions, and listen to guest speakers.
3. Take field trips, participate in lab sessions, or apply the course content while working as a volunteer or intern.

When giving someone directions on how to drive to a destination, you prefer to

1. Pull out a piece of paper and sketch a map.
2. Give verbal instructions.
3. Say, "I'm driving to a place near there, so just follow me."

When planning an extended vacation to a new destination, you prefer to

1. Read colorful, illustrated brochures or articles about that place.
2. Talk directly to someone who's been there.
3. Spend time at that destination on a work-related trip before vacationing there.

You've made a commitment to learn to play the guitar. The first thing you do is

1. Go to a library or music store and find an instruction book with plenty of diagrams and chord charts.
2. Listen closely to some recorded guitar solos and see whether you can sing along with them.
3. Buy a guitar, pluck the strings, and ask someone to show you a few chords.

You've saved up enough money to lease a car. When choosing from among several new models, the most important factor in your decision is

1. The car's appearance.
2. The information you get by talking to people who own the cars you're considering.
3. The overall impression you get by taking each car on a test drive.

You've just bought a new computer system. When setting up the system, the first thing you do is

1. Skim through the printed instructions that come with the equipment.
2. Call up someone with a similar system and ask her for directions.
3. Assemble the components as best as you can, see if everything works, and consult the instructions only as a last resort.

You get a scholarship to study abroad next semester in a Spanish-speaking country. To learn as much Spanish as you can before you depart, you

1. Buy a video-based language course on DVD.
2. Download audio podcasts that guarantee basic fluency in just 30 days.
3. Sign up for a short immersion course in which you speak only Spanish.

Name _____ Date _____

Now take a few minutes to reflect on the meaning of your responses. The number of each answer corresponds to a learning style preference.

1 = visual   2 = auditory   3 = kinesthetic

	Number of **Visual** responses	Number of **Auditory** responses	Number of **Kinesthetic** responses
My totals			

My dominant Learning Style(s): _____

_____

Do you see a pattern in your own answers? A pattern indicates that you prefer learning through one sense channel over the others. It's also possible that your preferences are fairly balanced.

Whether you have a defined preference or not, you can increase your options for success by learning through *all* your sense channels. For example, you can enhance visual learning by leaving a space in your class notes to add your own charts, diagrams, tables, and other visuals later. You can also type your handwritten notes into a computer file and use software that allows you to add colorful fonts and illustrations.

To enhance auditory learning, reinforce your memory of key ideas by talking about them. When studying, stop often to summarize key points and add examples in your own words. After doing this several times, dictate your summaries into a voice recorder and transfer the files to an iPod or similar device. Listen to these files while walking to class or standing in line at the store.

For kinesthetic learning, you've got plenty of options as well. Look for ways to translate course content into three-dimensional models that you can build. While studying grammar, for example, create a model of a sentence using different colors of clay to represent different parts of speech. Whenever possible, supplement lectures with real-world audio and video input and experiences, field trips to Spanish-speaking neighborhoods, and other opportunities for hands-on activity. Also recite key concepts from your courses while you walk or exercise.

These are just a few examples, and in your path to mastery of learning styles, you can create many more of your own. In addition to the suggestions above, the Eleventh Edition offers new, interactive grammar practice activities for *all learning styles* that are available on iLrn.

¿CÓMO SE DICE...? CONTINUES TO ENGAGE STUDENTS AND MAKE LEARNING SPANISH EASY AND ENJOYABLE

11TH EDITION

¿Cómo se dice...?

JARVIS • LEBREDO • MENA-AYLLÓN

¿CÓMO SE DICE...? is renowned for its proven four-skills methodology, unparalleled grammar explanations, and flexible, easy-to-use format. Now, this successful introductory Spanish program features a preliminary lesson, newly recorded dialogues, new audio with short poems, updated cultural information, new literary readings, new images, and a complete set of online resources, including iLrn™ Language Learning Center. Be sure to have your students take the self-assessment quiz to uncover their individual learning preferences. You as an instructor can assign activities based on their feedback.

Turn the page to learn more!

THE STREAMLINED DESIGN TAKES STUDENTS FROM PRACTICE TO COMMUNICATION

Opening spreads at the beginning of each lesson provide a complete overview of content and introduce the cultures and countries to be covered, along with detailed maps and photos.

New *Situaciones* sections draw upon real-life situations to present students with recorded conversations that combine familiar structures with new lesson vocabulary.

The *¡Ubíquelos!* video segment (found in the *Situaciones* section) introduces the country, region, or city where each conversation takes place.

SITUACIONES

🔊 Una luna de miel ideal

CD2-21

▶ **¡Ubíquelos!**

Alina and Marcos live in Bogotá, the capital of Colombia. The video will show you many of the places that they can visit in this beautiful city, including good restaurants and excellent music clubs and theaters.

Marcos y Alina, su prometida, están planeando su luna de miel. Piensan casarse el mes que viene y no pueden ponerse de acuerdo.

MARCOS: Yo te sugiero que consideres la idea de ir a Costa Rica, que tiene bosques tropicales magníficos y excelentes hoteles con precios buenísimos. Hay unos paquetes turísticos que incluyen el pasaje (en clase turista) y el hospedaje. Hay vuelos directos y vuelos que hacen escala.

ALINA: Pero yo quiero conocer Buenos Aires y Río de Janeiro... Mi padrino acaba de volver de Río y de Buenos Aires y le encantaron. Él nos aconseja que vayamos a una de esas dos ciudades... ¡o a las dos!

SUCCESSFUL ORAL COMMUNICATION

VOCABULARIO

Práctica

2. ¿Cuál no va? Select the word or phrase that does not belong in each group.

1. ~~comercial~~ / conferencia / rival
2. alcalde / ~~daño~~ / gobernador
3. manifestación / ~~medianoche~~ / obreros
4. huelga / trabajadores / ~~tornado~~
5. ~~columna~~ / locutor / presentador
6. desempleo / ~~cariño~~ / pobreza
7. ~~crimen~~ / comentarista / rueda de prensa
8. derrotar / vencer / ~~acabarse~~

3. Preguntas y respuestas Match the questions in column A with the responses in column B.

1. ¿Quién es el alcalde (la alcaldesa) de tu ciudad? ___d___   a. En Haití.
2. ¿Hubo un terremoto en Chile? ___g___   b. No, no miré el telediario hoy.
3. ¿En qué país de América hay mucha pobreza? ___a___   c. A principios de mes.
4. ¿Cuánto duró la huelga de los obreros? ___i___   d. María Vargas.
5. ¿Te enteraste de lo que sucedió anoche? ___b___   e. La semana pasada.
6. ¿Estás cansado hoy? ___h___   f. No, tarde.
7. ¿Cuándo te vas de viaje? ___c___   g. Sí, y hubo muchos muertos.
8. ¿Cuándo tuvo lugar la rueda de prensa? ___e___   h. ¡Magnífico!
9. ¿Vas a estar de vuelta temprano? ___f___   i. Una semana.
10. ¿Cómo estuvo el discurso del alcalde?

Updated *Vocabulario* sections introduce new vocabulary through topics of interest to today's students. Each *Vocabulario* includes thematically organized word lists and illustrated vocabulary as well as individual and paired practice activities. Question–answer activities based on the **Más sobre el tema** vocabulary have been added.

Pronunciación

CD2-22

Pronunciation in context

In this lesson, there are some new words and phrases that may be challenging to pronounce. For further pronunciation practice of Spanish sounds, listen to your instructor and repeat the following sentences.

1. Yo **te sugiero** que consideres la idea de ir a **Costa Rica**.
2. Costa Rica tiene bosques tropicales **magníficos y excelentes** hoteles.
3. Mi **compañero** de trabajo nos **recomienda** que **nos quedemos** aquí.
4. Un **crucero** es muy **romántico**.
5. **Mis abuelos** se van de **vacaciones** a los **Estados Unidos**.
6. La casa va a **estar vacía** por una semana.
7. Creo que encontré el **lugar ideal**.
8. **Ojalá** que podamos **usar** su casa.

Note To reinforce pronunciation practice, this section appears in **Lecciones 10–18**. The sentences featured as pronunciation models are taken from the lesson dialogues.

Activity Suggestion Have students take turns reading these sentences. Walk around the classroom and check their pronunciation.

Updated *Pronunciación* sections highlight some of the basic pronunciation rules of Spanish and provide students with pronunciation, linking, and intonation exercises.

ESTRUCTURAS

1 Direct and indirect object pronouns used together *(Pronombres de complemento directo e indirecto usados juntos)*

> When an indirect object pronoun and a direct object pronoun are used together, the indirect object pronoun always comes first.

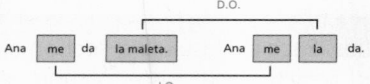

Ana [me] da [la maleta.]   Ana [me] [la] da.

> With an infinitive, the pronouns can either be placed before the conjugated verb or be attached to the infinitive.

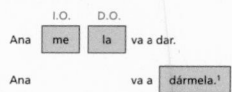

Ana [me] [la] va a dar.

Ana va a [dármela.]¹

> With the present progressive, the pronouns can either be placed before the conjugated verb or be attached to the gerund.

Ella [me] [lo] está diciendo.

Ella está [diciéndomelo.]¹

> If both pronouns begin with **l**, the indirect object pronoun (**le** or **les**) is changed to **se**. For clarification, it is sometimes necessary to add **a él, ...**

Activity Suggestion Review the direct and indirect objects presented in **Lecciones 6** and **7**. Write the following on the board. *He gives it to me.* **(el libro) Él me lo da.** Emphasize the possible combinations:

me	lo
te +	la
nos	los
se	las

Activity Suggestion Ask several students to exchange personal articles. Then ask each student, "**¿Quién te prestó el libro (la mochila, el lápiz, etc.)?**" The student should reply using the correct direct and indirect object pronouns. Then ask another student who lent what to whom.
I: *(to María)* **¿Quién te prestó el libro?**
S1: **José me lo prestó.**
I: **¿Quién le prestó el libro a María?**
S2: **José se lo prestó.**

Estructuras sections present clear and succinct grammar points in English with contextualized language models. Each presentation is immediately followed by updated **Práctica** exercises and **Para conversar** activities that range from controlled activities to open-ended activities, including illustration-based, pair, and group work.

PRACTICAL **LANGUAGE TRAINING**

ASÍ **SOMOS**

▶ ¡Vamos a ver!
Antes de ver el video

24. Antes de ver el video You and a classmate take turns asking and answering the following questions.

1. ¿Cuántos años vas a cumplir en tu próximo cumpleaños?
2. Para festejar tu cumpleaños, ¿das una fiesta en tu casa o lo festejas en un restaurante?
3. ¿Tú sabes dónde pasaron tus padres su infancia y su juventud? ¿Ellos extrañan esos lugares?
4. ¿Tú sabes tocar la guitarra y cantar? ¿Sabes cantar "La guantanamera"? ¿Quieres aprender a cantarla?
5. ¿Tú tuviste que levantarte temprano ayer? ¿Qué hiciste? ¿Te acostaste muy tarde anoche?
6. ¿Tú puedes bañarte, lavarte la cabeza y vestirte en veinte minutos?
7. Generalmente, ¿a qué hora es la cena en tu casa?
8. ¿Tú tienes alguna receta especial?
9. El congrí, una comida cubana típica, se hace con arroz blanco y frijoles negros. ¿Tú sabes cocinarlo?
10. ¿Tú usas lechuga, tomates, cebollas, pepinos y zanahorias para preparar una ensalada?
11. Cuando fuiste al mercado, ¿te acordaste de comprar frutas? ¿Qué frutas compraste? ¿Pusiste algunas en el refrigerador?
12. Cuando haces una ensalada de frutas, ¿le pones azúcar? ¿La sirves con crema?
13. ¿Tú sabes preparar un flan? ¿Sabes preparar dulce de leche?
14. Cuando haces espaguetis, ¿usas salsa de tomate? ¿Tú la preparas o compras una lata de salsa de tomate?

El video: Guantanamera

—¿Y tú, Mario? ¿Qué hiciste?
—Yo tuve que levantarme muy temprano para ir a la pescadería para comprar un pargo, el pescado que le gusta a abuelo.

—Extrañas Cuba, ¿verdad?
—Mucho. Extraño los lugares donde pasé mi infancia y mi juventud: La Habana, Camagüey... Pinar del Rio...

272 doscientos setenta y dos LECCIÓN 9

Después de ver el video

Graciela   Magali   Mario   Don Rogelio

25. ¿Quién lo dice? Identify the person who said each of the following in the dialogues.

1. Yo tuve que levantarme muy temprano para ir a la pescadería. Mario
2. Extraño los lugares donde pasé mi infancia y mi juventud. don Rogelio
3. Tu tío César va a hacer el lechón asado. Graciela
4. Yo le pongo azúcar y la sirvo con crema. Mario
5. ¿Qué estás haciendo, abuelo? Magali
6. ¡Ay, pobrecito! Yo me levanté a las cinco. Magali
7. Estoy leyendo unos poemas de José Martí. don Rogelio
8. Todavía tengo que bañarme, lavarme la cabeza y vestirme. Graciela

26. Hablemos. With a classmate, take turns asking and answering the following questions. Base your answers on the dialogue.

1. ¿Cuántos años cumple don Rogelio? Cumple setenta años.
2. ¿Qué trajo Magali para preparar el congrí? Trajo arroz y frijoles.
3. ¿Qué trajo Magali para la ensalada? Trajo lechuga, tomates, cebollas, pepinos y zanahorias.
4. ¿A qué hora tuvo que levantarse Mario? ¿Adónde fue? ¿Qué compró? Mario se levantó muy temprano y fue a la pescadería para comprar pescado (un pargo).
5. ¿A qué hora se levantó Magali? ¿A qué hora se acostó? ¿Con quién estuvo hablando? Magali se levantó a las cinco y se acostó a las once. Estuvo hablando con Ramón.
6. ¿Qué frutas necesita Mario? Mario necesita naranjas, mangos, plátanos, manzanas y uvas.
7. ¿Qué se olvidó de comprar Magali? Se olvidó de comprar café, dulce de leche, pan y mantequilla y leche para el flan.
8. ¿Dónde está don Rogelio? ¿Qué está haciendo? Don Rogelio está en su cuarto, leyendo unos poemas de José Martí.
9. ¿Qué extraña don Rogelio? ¿Qué ciudades recuerda? Extraña los lugares donde pasó su infancia y su juventud. Recuerda La Habana, Camagüey y Pinar del Río.
10. ¿Qué instrumento toca don Rogelio? Don Rogelio toca la guitarra.

27. ¿Qué pasa después... ? You and a classmate use your imaginations to say what the characters do. In Spanish, discuss the following.

1. Whether or not everybody liked the barbecued pork that César prepared and what he served with it.
2. Whether or not everybody liked the fruit salad that Ramón prepared.
3. Whether or not Graciela was able to bathe, wash her hair, and get dressed before eight.
4. Whether Magali's grandpa played the guitar at the party and whether he and Magali sang their favorite song.
5. What Graciela and Magali bought at the supermarket a week after the party.
6. Whether Mario had to get up early the day after the party.
7. Whether Magali went to bed before eleven the night after the party.
8. Whether Mrs. Torales gave them another recipe.

Now compare your answers to those of the members of another group.

ASÍ SOMOS doscientos setenta y tres 273

Así somos sections offer a variety of skill development activities. Each skill-building section synthesizes what was learned and then introduces targeted strategies and activities that foster comprehension and communication. These activities include pre-viewing, viewing, and post-viewing video-based exercises as well as text-based listening, speaking, reading, and writing activities:

- ¡Vamos a ver!
- ¡Vamos a escuchar!
- ¡Vamos a conversar!
- ¡Vamos a leer!
- Rincón literario
- ¡Vamos a escribir!

AUTHENTIC **LITERARY SELECTIONS**

Lessons 7 through 18 feature a *Rincón literario* section. These new and updated readings—chosen for their ability to engage students' interest—encourage students to use their existing Spanish language skills to read and respond to an authentic literary selection.

ASÍ **SOMOS**

Rincón literario

Juan Ramón Jiménez (España: 1881–1958)

Juan Ramón Jiménez nació en Moguer. Su poesía, al evolucionar, pasa de lo subjetivo sentimental a lo objetivo, y finalmente a lo filosófico metafísico en su búsqueda *(search)* de la "poesía pura". La mayor preocupación de Jiménez era lo estético. Su obra *(work)* es muy numerosa y el poeta trata constantemente de depurarla *(purify it)*. Entre sus obras más importantes están *Poesías escojidas¹*, *Segunda antolojía poética*, *Canción* y *Tercera antolojía*. Una de sus obras más famosas es un libro de prosa poética titulado *Platero y yo*. Juan Ramón Jiménez fue profesor de literatura en la Universidad de Puerto Rico y en la Universidad de Miami en Coral Gables, Florida.

Antes de leer

> **ESTRATEGIA** **Guessing and skimming** The title of the poem tells us that the topic is death. Skimming the poem, we see that the poet emphasizes that nothing will change after he goes. Read the last stanza to see how the poet expresses the loneliness and sadness of those who die, while life . . . goes on.

¡A leer!

30. Comprensión As you read the poem, find the answers to the following questions.

1. Después de la muerte del poeta, ¿qué estarán haciendo los pájaros? Estarán cantando.
2. ¿Qué hay en el huerto? Un árbol verde y un pozo blanco.
3. ¿Cómo será el cielo? Azul y plácido.
4. ¿Qué harán las campanas del campanario? Tocarán.
5. ¿Qué pasará con aquellos que amaron al poeta? Morirán.
6. ¿Qué hará su espíritu en el huerto? Errará nostálgico.
7. ¿Cómo estará el poeta? Estará solo.

El viaje definitivo

... Y yo me iré. Y se quedarán los pájaros° cantando;   *birds*
Y se quedará mi huerto° con su verde árbol,   *orchard*
y con su pozo° blanco.   *well*
Todas las tardes, el cielo° será azul y plácido;   *sky*
y tocarán°, como esta tarde están tocando,   *will toll*
las campanas° del campanario°.   *bells / bell tower*
Se morirán aquellos que me amaron;
y el pueblo se hará nuevo cada° año;   *each*
y en el rincón° aquel de mi huerto florido y encalado°,   *corner / whitewashed*
mi espíritu errará° nostáljico...   *will wander*

¹The poet used **j** instead of **g** intentionally in his works.

438 cuatrocientos treinta y ocho   LECCIÓN 15

---

yo me iré; y estaré solo, sin hogar°, sin árbol   *home*
, sin pozo blanco, sin cielo azul y plácido...
quedarán los pájaros cantando.
Segunda antolojía poética)

Después de leer... reflexiones

31. ¿Qué dejamos? In groups of three, talk about the things that people leave after they die. Then discuss this question: How important are material things (las cosas materiales)?

¡Vamos a escribir!

Antes de escribir

> **ESTRATEGIA** **A review of different strategies** Think of the strategies used before. Which one proved most helpful to you? Which one works best when trying to narrate, summarize, or explain? Can you come up with a new way of organizing your thoughts and ideas?

¡A escribir!

32. En mi ausencia You will write about the following: The night before you go away to college, you realize that this is the last time you will be in your room (for a while). Think of two things: what you will miss about home when you're away and what your family and friends will miss about you. Jot down everything that comes to mind and then organize your lists. Add details and examples.

33. Borrador. Write the first **borrador**.

Después de escribir

34. A revisar. Exchange your first draft with a classmate and peer edit each other to prepare the final version.

ASÍ SOMOS   cuatrocientos treinta y nueve   **439**

INTEGRATED **SELF-ASSESSMENT**

AUTOPRUEBA

¿Cuánto sé ahora?

Take this test. When you have finished, check your answers in the answer key provided in Appendix D. Then use a red pen to correct any mistakes you may have made. Are you ready?

A. The subjunctive mood Give the present subjunctive of the following verbs, according to each subject.

1. casarse: nosotros _nos casemos_
2. esperar: tú _esperes_
3. sacar: ellos _saquen_
4. dar: Ud. _dé_
5. ir: yo _vaya_
6. quedarse: él _se quede_
7. temer: Uds. _teman_
8. divorciarse: yo _me divorcie_
9. saber: ellos _sepan_
10. vivir: tú _vivas_
11. ser: nosotros _seamos_
12. decir: Uds. _digan_
13. comenzar: yo _comience_
14. hacer: tú _hagas_
15. llegar: él _llegue_

B. The subjunctive with verbs of volition Complete the following sentences, using the present subjunctive of the verbs given.

1. Mi madrina nos aconseja que _vayamos_ (ir) en un crucero.
2. ¿Tú quieres que tus hermanos _viajen_ (viajar) en el verano?
3. Mi compañero de trabajo me pide que yo lo _ayude_ (ayudar).
4. Tus padres necesitan que tú _te quedes_ (quedarse) a vivir en este pueblo.
5. Nosotros le pedimos a mi padrino que nos _pague_ (pagar) el viaje.
6. Laura planea casarse en agosto, pero yo le sugiero que _se case_ (casarse) en mayo.
7. Yo te aconsejo que no _hagas_ (hacer) escala en Miami.
8. ¿Usted nos recomienda que _nos hospedemos_ (hospedarse) en este hotel?

C. The subjunctive with verbs of emotion Rewrite the following sentences, according to the new beginnings.

1. Alicia y Juan se casan en mayo.
   Me alegro de que Alicia y Juan _se casen en mayo_ .
2. Magaly no va a poder viajar hoy.
   Temo que Magaly no _pueda viajar hoy_ .
3. Mis padres van a Río de Janeiro.
   Ojalá que mis padres _vayan a Río de Janeiro_ .
4. Mis hijos van a quedarse a vivir aquí.
   Espero que mis hijos _se queden a vivir aquí_ .
5. El avión va a llegar con dos horas de atraso.
   Siento que el avión _llegue con dos horas de atraso_ .
6. Eva y Jorge no saben cuánto cuesta su viaje de luna de miel.
   Me sorprende que Eva y Jorge _no sepan cuánto cuesta su viaje de luna de miel_ .
7. Nosotros no podemos ir a la excursión a la selva.
   Es una lástima que nosotros _no podamos ir a la excursión a la selva_ .

The *Autoprueba* section at the end of each lesson ensures that students have learned the material presented before proceeding to the next lesson. Answers to each question appear in Appendix D at the back of the text.

...words ...

... h the questions in column A with the answers in column B.

B

Vas a viajar en avión?	_e_	a. Mi padrino.
Van a hacer escala?	_f_	b. No, es muy tacaño.
Qué me sugieres?	_j_	c. Sí. ¡Buen viaje!
Quieres un asiento de pasillo?	_g_	d. No, de ida y vuelta.
Dónde te vas a hospedar?	_i_	e. No, en barco.
Tienes que pagar exceso de equipaje?	_h_	f. No, el vuelo es directo.
Quién te va a pagar el viaje?	_a_	g. No, de ventanilla.
Mario gasta mucho dinero?	_b_	h. Sí, tengo cinco maletas.
¿Tu pasaje es de ida?	_d_	i. En un hotel.
Sabes que viajo a Costa Rica?	_c_	j. Que hagas un crucero.

... se the word or phrase that best completes each sentence.

... amos a hacer una (excursión / luna) al bosque. excursión
... i (compañera / madrina) de trabajo y su prometido planean casarse la semana ...róxima. compañera
... va planea viajar a Río de Janeiro en (barco / vuelo). barco
... os paquetes (temen / incluyen) el pasaje y el hospedaje. incluyen
... eresa va a pagar el viaje. A mí no me va a costar un (centavo / precio). centavo
... os pasajeros tienen que (despegar / abordar) el avión ahora. abordar
... i asiento está en la (salida / fila) cuatro. fila
... e voy a dar la tarjeta de embarque a la (azafata / escala). azafata
... los van a (aconsejar / facturar) el equipaje porque tienen muchas maletas. facturar
... osta Rica tiene unos (pasillos / bosques) magníficos. bosques

...ture

... omplete the following, based on the information found in the **¿Tú lo sabías?** sections.
... En los países hispanos las parejas *(couples)* generalmente están _comprometidas_ durante muchos años.
... Cuando se bautiza a un hijo o a una hija, los padres seleccionan a dos personas para ser la madrina y el _padrino_ de sus hijos.

2. Answer the following questions, based on the information found in the **El mundo hispánico y tú** section.
   a. ¿Qué catedral se encuentra al norte de Bogotá? La Catedral de Sal de Zipaquirá
   b. ¿Cuáles son los ritmos más populares de la música colombiana? La cumbia y el vallenato
   c. ¿Cuál es el escritor colombiano más famoso? Gabriel García Márquez

F. Un dicho Do you remember the Spanish saying that stresses the importance of being respectful? Find it in this lesson. Si quieres que los demás te respeten... ¡empieza por respetar a los demás!

---

iLrn™ Written by the authors for exclusive use with *¿Cómo se dice...?*, the new, online **Actividades adicionales** provide interactive material that can be used either to prepare for or review lesson content.

CURRENT CULTURAL CONTENT

EL MUNDO HISPÁNICO Y TÚ

España (Cont.)

Suggestion After students read all the information in this section, ask what aspects interest them the most. Then have them go to the Web and get additional information about those aspects.

¡Salud, amor y pesetas[1]! Si brindamos con vino, que sea de Andalucía, que produce uno de los mejores vinos de España y el famoso jerez. Andalucía es también la tierra de los olivos y del flamenco.

Como sabrás, el sur de España estuvo en poder de los árabes por más de 700 años. Su influencia se ve principalmente en la arquitectura de las ciudades más conocidas: Sevilla, Córdoba y Granada.

Maravillas arquitectónicas

La Torre de la Giralda es una de las construcciones más famosas de Sevilla. Fue construida por los moros entre 1170 y 1200. En 1401 fue destruida y en el siglo XVI se convirtió en campanario.

En **la Mezquita-Catedral de Córdoba** se mezclan la arquitectura islámica y la cristiana.

La mezquita fue construida en el siglo VIII, y convertida en la Catedral de Santa María en el siglo XVIII.

La Alhambra está en Granada. Es un inmenso palacio construido por los árabes en el siglo XIV. Son notables allí el Patio de los Leones y sus hermosos jardines.

En la Plaza de España en Sevilla están representadas escenas históricas y culturales de todas las provincias. Aquí se ven los personajes principales de la novela *Don Quijote:* **Sancho Panza**, a la izquierda, y **don Quijote**, a la derecha.

[1] Former Spanish currency.

520 quinientos veinte LECCIÓN 18

El mundo hispánico y tú offers new and updated cultural information on Spanish-speaking countries and cultures that will pique students' interest and prove useful in future study—in the United States or abroad.

...de Abril, en Sevilla, es color, alegría y ...ura seis días, y se celebra uno o dos ... después de la Semana Santa. En estos ...sevillanos visten sus trajes típicos.

La Semana Santa de Sevilla es una de las más famosas del mundo hispano. Durante la semana hay procesiones con las imágenes de Jesucristo y de la Virgen María, entre otras.

Tapas y música

Una costumbre muy española es "ir de tapas". La gente se reúne en los bares y restaurantes para charlar, comer y beber. Las tapas son pequeñas muestras *(samples)* de diferentes comidas típicas.

La música moderna española ha llegado a muchos países del mundo. Cantantes como Pablo Alborán, Enrique Iglesias, David Bisbal, Rosario y Joaquín Sabina actúan en espectáculos en toda Latinoamérica y en los Estados Unidos.

Háganse preguntas...

The clase will be divided into groups of 3 or 4 students. The instructor will assign one of the eight items of information presented here to each group. The members in each group will prepare questions about the items assigned to them to ask the rest of the class.

iLrn™
To learn more about Spain, watch the cultural footage in the Media Library.

iLrn™ **iLrn** gives students access to dazzling video footage that heightens awareness of the topics presented in each lesson. **iLrn** also includes 100 new comprehension questions based on the information found in these sections. Instructors can include these questions in written quizzes, oral exams, or as part of an end-of-term contest.

Háganse preguntas, a group activity at the end of the section, encourages students to work on comprehension and communication.

EL MUNDO HISPÁNICO Y TÚ quinientos veintiúno **521**

INTEGRATED TEACHING AND LEARNING TOOLS

iLrn™ Language Learning Center

Printed Access Card: 978-1-337-10467-8 • Instant Access Code: 978-1-337-10468-5

iLrn™ LANGUAGE LEARNING CENTER

Cengage Learning's all-in-one online teaching and learning system, now with the media sharing and commenting capability of Share it! Please see the inside front cover for more information.

Premium Website

Printed Access Card: 978-1-337-10702-0 • Instant Access Code: 978-1-337-10703-7

Make it easier for your students to use all the eResources you select, using this one-stop online portal.
The Premium password-protected resources include Student Activities Manual audio mp3s, video mp4s, and vocabulary flashcards.

Student Activities Manual (SAM)

978-1-337-10466-1

This manual is divided into two main sections: the Workbook portion provides vocabulary, grammar, reading, and writing practice; the Laboratory Manual offers listening comprehension and pronunciation activities tied to the Premium Website's SAM Audio Program.

Annotated Instructor's Edition with Audio CDs

978-1-337-10465-4

Fully annotated chapters include answers for all discrete point activities, teaching tips, and expansion suggestions.

Estimados colegas:

¡Bienvenidos a otra edición! ¡La número once! Ha sido maravilloso contribuir a la enseñanza del español por cuatro décadas y, con ustedes, nuestros colegas, haber motivado a tantos estudiantes a aprender el idioma. Como siempre, hemos retenido lo que instructores y estudiantes han considerado siempre lo mejor de *¿Cómo se dice...?* todo lo que ha contribuido a su enorme éxito.

> Un programa balanceado, con muchas opciones para el profesor, que enseña a entender, a hablar, a leer y a escribir el español y que se adapta a diferentes métodos de enseñanza y a diversos objetivos, ya que no todos los estudiantes aprenden de la misma forma.

> Una presentación lógica y clara de la gramática, y un vocabulario práctico y útil, pensando siempre en las diferentes situaciones en las que se encuentran nuestros estudiantes.

> Un énfasis en la comunicación sobre temas de interés.

> Abundante práctica, usando actividades realistas, interesantes y variadas.

En esta edición de *¿Cómo se dice...?* seguimos usando la más moderna tecnología para la instrucción y la práctica. Las nuevas actividades en línea que aparecen bajo el título **Actividades adicionales**, serán de gran ayuda para que los estudiantes vengan a clase preparados antes de estudiar la lección en detalle. Estas mismas actividades también serán un valioso recurso de práctica y revisión antes de los exámenes. Sobre todo, hemos tratado de presentar varios tipos de actividades que les dan a los estudiantes la oportunidad de *hablar* desde el primer día de clase.

Estamos seguros de que esta nueva edición será de su agrado, y esperamos que nos escriban, dándonos su opinión y sus ideas, que agradecemos desde ya.

Saludos,

Ana C. Jarvis   Raquel Lebredo   Francisco Mena-Ayllón

NEW TO THE ELEVENTH EDITION

Users of previous editions will instantly recognize the retention of the program's solid, proven framework. The following list highlights the major changes in the Student Edition, Instructor Edition, and supporting components of the program.

> A Preliminary Lesson that encourages students to start using Spanish from day one, and to work with and get to know their classmates.

> A set of online activities, *Actividades adicionales,* specifically designed for *¿Cómo se dice..?* Students can use these activities to practice material before arriving to class or as a means of reviewing for exams. Lesson dialogues are presented a few lines at a time, along with true and false statements that check comprehension.

> New situations and more vocabulary that will facilitate communication.

> Question-and-answer activities that activate the additional vocabulary introduced in the **Más sobre el tema** presentations.

> More communicative activities.

> Better use of photographs and drawings to get students *talking*.

> Pronunciation sections with more examples to give students extra practice.

> More expressions and sayings that students can memorize and use in specific situations.

> More questions located at the end of each lesson to encourage students to interact with and to get to know each other.

> More group activities that involve the whole class.

> New and updated information in *El mundo hispánico y tú* sections, followed by group activities.

> One hundred online questions about material found in *El mundo hispánico y tú* sections. Instructors can add some of these questions to the quizzes, use them as part of oral exams, or use them to have a contest at the end of the semester.

> Short poems by José Martí, a Cuban author, and by Gustavo Adolfo Bécquer, a Spanish author. Students can read them aloud, memorize them, and recite them. Provided recordings of the poems help students with their pronunciation and give them a glimpse of the beauty of Spanish-language literature.

> Literary readings from Lesson 7 on. All are accessible to students, and more female writers have been included. Photos have been added to the author biographies.

> Seven entirely new literary spreads.

> Readings are more challenging and give more opportunities for discussion.

SAMPLE SYLLABI

¿Cómo se dice...?, Eleventh Edition can easily be adapted to a variety of course plans and schedules. Careful attention has been paid to the sequencing of grammatical concepts and to the progression of activities to ensure that the text may be used effectively in courses in a two-term, three-term, or four-term system. The following syllabi are designed for courses that meet five class periods per week for fourteen weeks.

Two-term Course

The first term includes the new preliminary lesson and Lessons 1–9. The second term covers Lessons 10–18. The syllabus for each term includes a mid-term exam, quizzes after each lesson, and one or two review sessions.

First term: Lessons P–9	Second term: Lessons 10–18
› the present indicative	› the imperfect
› the present progressive	› the subjunctive (present and past)
› the preterite	› the present perfect and past perfect
	› the future
	› the conditional
	› the future perfect and the conditional perfect

Three-term Course

The first term includes Lessons P–6, the second term Lessons 7–12, and the third term Lessons 13–18. The syllabus for each term includes a mid-term exam, quizzes after each lesson, and one review session.

First term: Lessons P–6	Second term: Lessons 7–12	Third term: Lessons 13–18
› the present indicative	› the preterite	› the imperfect subjunctive
› the present progressive	› the imperfect	› the present perfect and past perfect
	› the present subjunctive	› the future
		› the conditional
		› the future perfect and the conditional perfect

Four-term Course

The first term includes Lessons P–5, the second term Lessons 6–10, the third term Lessons 11–14, and the fourth term Lessons 15–18. The syllabus for each term includes a mid-term exam, quizzes after each lesson, and four review sessions.

First term: Lessons P–5	Second term: Lessons 6–10	Third term: Lessons 11–14	Fourth term: Lessons 15–18
› the present indicative (except for the **e:i** stem-changing verbs)	› the present indicative (**e:i** stem-changing verbs)	› the present subjunctive	› the future
› the present progressive	› the preterite	› the present perfect and past perfect	› the conditional
	› the imperfect		› the future perfect and the conditional perfect
			› the imperfect subjunctive

SAMPLE LESSON PLAN FOR LECCIÓN 1

Day 1

1. Have the class mingle for five minutes to practice introductions and greetings, and getting phone numbers.
2. Introduce the lesson theme objectives and cultural aspects, using the photos, instructor annotation, and lesson objectives on pages 2 and 3.
3. Present the lesson vocabulary in the context of *Estudiantes y profesores,* the lesson dialogue.
4. Assign:
   › do the *Práctica* in the *Vocabulario* section.
   › read through the *Hablemos* activities after *Estudiantes y profesores* and the *Para conversar* activities in the vocabulary section.
   › read through the *Pronunciation* section.
   › do the online activities that will help with the vocabulary, the dialogues, and the structure presented in Lesson 1.

Day 2

1. Review and practice the vocabulary in context.
2. Present the dialogue and have the students read it in pairs.
3. Check overall comprehension of the dialogue by doing the *Hablemos* activity.
4. Present the pronunciation of the Spanish **a** and **e.**
5. Assign:
   › review and practice the lesson vocabulary and the pronunciation of **a** and **e** by listening to the Text Audio recording and doing the corresponding activities in the Student Activities Manual.
   › read through *Estructuras* points 1 and 2.

Day 3

1. Present *Estructuras* point 1.
2. Practice by doing the corresponding *Práctica* activities.
3. Present *Estructuras* point 2.
4. Practice by doing the corresponding *Práctica* exercises and the additional activities indicated in the instructor's annotations.
5. Assign:
   > review and practice *Estructuras* points 1 and 2 by reading through the corresponding *Para conversar* activities and by doing the corresponding activities in the Student Activities Manual.
   > read through *Estructuras* points 3 and 4, and their corresponding *Práctica* sections.

Day 4

1. Review and practice *Estructuras* points 1 and 2 by doing the respective *Para conversar* activities.
2. Present *Estructuras* point 3.
3. Practice by doing the corresponding *Práctica* exercises and the expansion activity indicated in the instructor's annotations.
4. Present Estructuras point 4.
5. Practice by doing the corresponding *Práctica* exercises and the additional activities indicated in the instructor's annotations.
6. Assign:
   > review and practice *Estructuras* points 3 and 4 by reading through the corresponding *Para conversar* activities and by doing the corresponding activities in the Student Activities Manual.
   > read *Estructuras* point 5 and its corresponding *Práctica* section.
   > read *Estructuras* point 6 and complete the corresponding *Práctica* section.

Day 5

1. Review and practice *Estructuras* points 3 and 4 by doing the respective *Para conversar* activities.
2. Present *Estructuras* point 5.
3. Practice by doing the corresponding *Práctica* exercises and the expansion activity indicated in the instructor's annotations.
4. Present *Estructuras* point 6.
5. Practice by doing the corresponding *Práctica* exercises.

6. Assign:

> review and practice *Estructuras* points 5 and 6 by reading through the corresponding *Para conversar* activities and by doing the corresponding activities in the Student Activities Manual.

> read *Estructuras* point 7 and complete the corresponding *Práctica* section.

> read through the *Antes de ver el video* questions.

> read through *Vamos a escuchar…* and *Vamos a conversar…* in the *Así somos* section on page 28. (strategy training)

Day 6

1. Review and practice *Estructuras* points 5 and 6.
2. Present *Estructuras* point 7.
3. Practice by doing the corresponding *Práctica* exercises and the additional activity indicated in the instructor's annotations.
4. Do the *Antes de ver el video* activities before showing the video. Show the video. Students work in pairs to do the *Después de ver el video* activities after watching the video.
5. Present *Vamos a escuchar…* and *Vamos a conversar…* in *Así somos*.
6. Do the listening activity.
7. Assign:

> review and practice *Estructuras* point 7 by reading through the corresponding *Para conversar* activities and by doing the corresponding activities in the Student Activities Manual.

> read through the *Así somos* activities: *¿Cómo somos?*, *¿Qué dice Ud.?*, *Para conocernos mejor*, and *Una actividad especial para toda la clase*.

> read the *¡Vamos a leer!* section on page 30.

Day 7

1. Review and practice *Estructuras* point 7 by doing the corresponding *Para conversar* activity.
2. Do the *Así somos* activities: *¿Cómo somos?*, *¿Qué dice Ud.?*, *Para conocernos mejor*, *Una encuesta,* and the additional activities indicated in the instructor´s annotations. **(lesson synthesis)**
3. Present the reading strategy (Recognizing cognates) and do the exercise in *Antes de leer*. Have students complete the comprehension check *Comprensión* as they read. Then have students complete the *Después de leer… desde su mundo* post-reading activity. (lesson synthesis and strategy training)

Day 8

1. Present the writing strategy (Generating ideas by brainstorming) and practice extended writing by having students do the *Antes de escribir* and *A escribir el mensaje electrónico* sections in *¡Vamos a escribir!* **(lesson synthesis and strategy training)**
2. Do the *Para crear* activity in the *Así somos* section.
3. Assign:
   › exchange the *mensaje electrónico* with a partner and peer edit using the *Después de escribir* guidelines. Request that it be returned to you during the next period (Day 9).
   › read *El mundo hispánico y tú* and *Háganse preguntas.*
   › do the *Autoprueba* and check with the Answer Key in Appendix D.

Day 9

1. Devote the first five minutes to small-group (and/or full-class) reporting of the *El mundo hispánico y tú* web-based activities.
2. Have students work in groups to create questions about the information found in this section.
3. Review the *Autoprueba 1* on pages 34–35.
4. Assign:
   › rewrite the *mensaje electrónico* according to the peer editor's feedback and hand it in on the next period (Day 10).
   › review material in Lección 1.

Day 10

1. Assess by administering *Prueba de vocabulario* and *Prueba A* or *B*, depending on your grading criteria and timetable.
2. Assess by having them submit their final draft of the *mensaje electrónico*.
3. Assess by having them submit the completed web-based *Así somos* activity.
4. Introduce the theme and objectives for *Lección 2* using the opener photos, Instructor's annotation, and lesson objectives.
5. Assign students the online activities that will prepare them for Lesson 2.

ELEVENTH EDITION

¿Cómo
se dice...?

Ana C. Jarvis
Chandler-Gilbert Community College

Raquel Lebredo
California Baptist University

Francisco Mena-Ayllón
University of Redlands, Emeritus

CENGAGE
Learning·

Australia • Brazil • Japan • Korea • Mexico • Singapore • Spain • United Kingdom • United States

¿Cómo se dice... ? Eleventh Edition
Jarvis, Lebredo, and Mena-Ayllón

Product Director: Monica Eckman

Product Manager: Mark Overstreet

Senior Content Developer: Kristen Keating

Associate Content Developer: Tyler McGuire

Product Assistant: Angie Rubino

Marketing Manager: Patricia Velázquez

Senior Content Project Manager:
   Aileen M. Mason

Manufacturing Planner: Betsy Donaghey

IP Analyst: Christina Ciaramella

IP Project Manager: Betsy Hathaway

Production Service/Compositor:
   Lumina Datamatics

Cover Designer: Brenda Carmichael

Cover image: marck from belgium/Moment/
Getty Images

Credits: Unless otherwise noted, material in
this book is © Cengage Learning.

For product information and technology assistance, contact us at
Cengage Learning Customer & Sales Support, 1-800-354-9706

For permission to use material from this text or product,
submit all requests online at **www.cengage.com/permissions**
Further permissions questions can be emailed to
permissionrequest@cengage.com

Library of Congress Control Number: 2016935154

Student Edition:

ISBN-13: 978-1-337-10464-7

Loose-leaf Edition:

ISBN-13: 978-1-337-10469-2

Annotated Instructor's Edition:

ISBN: 978-1-337-10465-4

Cengage Learning
20 Channel Center Street
Boston, MA 02210
USA

Cengage Learning is a leading provider of customized learning solutions with
employees residing in nearly 40 different countries and sales in more than
125 countries around the world. Find your local representative at
www.cengage.com.

Cengage Learning products are represented in Canada by Nelson Education, Ltd.

To learn more about Cengage Learning Solutions, visit **www.cengage.com**

Purchase any of our products at your local college store or at our preferred
online store **www.cengagebrain.com**

Printed in the United States of America
Print Number: 01   Print Year: 2016

TO THE STUDENT

Dear students:

Learning Spanish will open doors for you in the world of work, allow you to communicate with people from other countries and cultures, and, as an added bonus, teach you more about your own language.

¿Cómo se dice...? is designed with you in mind. Whatever makes the study of the Spanish language easier, more interesting, more helpful, and more practical is what you will find in these pages.

You will be communicating with your classmates from day one, starting with one-on-one conversations and progressing to group work. An exciting beginning!

Throughout the book, you will find insights into the cultural diversity of the Spanish-speaking world, which is as essential to successful communication as linguistic competence.

Together with your instructor, we would like to guide you through this wonderful experience by giving you a few tips to make it more productive and more enjoyable.

> Remember that studying a foreign language is not a passive pursuit, but an *active* one. Therefore, make sure that you participate in class, ask questions when necessary, and take every opportunity to practice using the Spanish language.

> Try to relate everything you learn to your own experience and to the people around you, thinking about what you might say in different situations to express your ideas, opinions, needs, and wants, and to ask for information or give directions or instructions.

> Make use of the *Actividades adicionales* online activities offered by this program. They can help you be *prepared* before your instructor presents the vocabulary, dialogues, and structures in class. You can also use them to review the lesson.

> Do not worry if you make mistakes. Your ability to understand and to speak Spanish correctly will develop and improve as you practice it.

> Learn poems and songs by heart. Poetry and music will help you memorize vocabulary and constructions.

> Make as much use of media as you can. Read Spanish newspapers and magazines. Listen to the Spanish radio. Watch Spanish TV. Watch your favorite movies in Spanish and, if you want to get more examples of cultural differences, watch movies made in Spain, Mexico, or Argentina.

We wish you all the best in your endeavor to learn Spanish, and hope that you not only become bilingual, but learn to appreciate the Spanish language and the customs and ideas of the millions of people who speak it.

¡Bienvenidos!

Ana C. Jarvis   Raquel Lebredo   Francisco Mena-Ayllón

SCOPE AND SEQUENCE

SCOPE AND SEQUENCE

LECCIÓN	SITUACIONES	VOCABULARIO	
4 **COSTUMBRES Y TRADICIONES** p. 102	**¡Bienvenido!** p. 104 **¡Ubíquelos!** p. 104	› weekend activities and festivities › needs and preferences › states of mind **Pronunciación:** The Spanish **b, v, d,** and **g** (before **a, o,** or **u**) p. 109	
5 **LAS COMIDAS** p. 132	**¿Qué comemos…?** p. 134 **¡Ubíquelos!** p. 134	› restaurants, menu › ordering meals › paying the bill › the weather **Pronunciación:** The Spanish **p, t, c** (in the combinations **ca, co, cu**), and **q** p. 139	
6 **LOS QUEHACERES DE LA CASA** p. 164	**¡Tocan a la puerta!** p. 166 **¡Ubíquelos!** p. 166	› household chores › family relationships › parts of a house **Pronunciación:** The Spanish **j, g** (before **e** or **i**), and **h** p. 171	

SCOPE AND SEQUENCE

LECCIÓN	SITUACIONES	VOCABULARIO	
7 **EN UN HOTEL** p. 194	**De vacaciones en Costa Rica** p. 196 **¡Ubíquelas!** p. 196	› checking in at a hotel › asking about accommodations › tourism › meal times **Pronunciación:** The Spanish **ll** and **ñ** p. 201	
8 **HACIENDO DILIGENCIAS** p. 224	**¡Qué romántico eres!** p. 226 **¡Ubíquelos!** p. 226	› banking › running errands › types of flowers **Pronunciación:** The Spanish **l, r, rr,** and **z** p. 231	
9 **PREPARATIVOS PARA UNA FIESTA** p. 252	**¡Feliz aniversario!** p. 254 **¡Ubíquelos!** p. 254	› shopping for groceries › preparing a meal › daily routines › musical instruments **Pronunciación:** Intonation p. 259	

SCOPE AND SEQUENCE

SCOPE AND SEQUENCE

LECCIÓN	SITUACIONES	VOCABULARIO	
13 **DE COMPRAS EN EL CENTRO COMERCIAL** p. 362	**De compras** p. 364 **¡Ubíquelos!** p. 364	› clothing › shopping **Pronunciación:** Pronunciation in context p. 369	
14 **LAS CARRERAS UNIVERSITARIAS** p. 388	**¿Qué carrera me interesa?** p. 390 **¡Ubíquela!** p. 390	› college activities › careers **Pronunciación:** Pronunciation in context p. 395	
15 **LA SALUD** p. 416	**Síntomas** p. 418 **¡Ubíquelos!** p. 418	› health problems › parts of the body **Pronunciación:** Pronunciation in context p. 423	

SCOPE AND SEQUENCE

ACKNOWLEDGMENTS

We wish to express our appreciation to the following colleagues for the many valuable suggestions they have offered in reviews of several editions of *¿Cómo se dice...?*

Robert L. Adler, *University of Alabama, Birmingham*
Iris Allocati, *Citrus College*
Jon Amastae, *University of Texas, El Paso*
Richard Auletta, *Long Island University, Brookville, NY*
Ann Bachman, *Seminole Community College*
Ann Baker, *University of Evansville*
Clayton Baker, *Indiana University, Indianapolis*
Deborah Baldini, *University of Missouri, Saint Louis*
Alejandra Balestra, *University of New Mexico*
Thomas Bente, *Temple University*
Mayra E. Bonet, *Lehman College, CUNY*
Paul Budofsky, *New York University*
Renatta Buscaglia, *East Los Angeles College*
Graciela Buschardt, *St. Louis Community College, Meramec*
Ezequiel Cardenas, *Cuyamaca College*
Malcolm Compitello, *Michigan State University*
Humberto Delgado-Jenkins, *DeKalb College*
Diana Diehl, *University of Delaware*
Mario L. D'Onofrio, *Cuyahoga Community College*
Martin H. Durrant, *Mesa Community College*
Deborah Edson, *Tidewater Community College*
Kenneth Eller, *University of Nebraska, Omaha*
María Enrico, *Mercy College*
Barbara P. Esquival-Heinemann, *Winthrop University*
Robert Fedorchek, *Fairfield University*
Ronna Feit, *Nassau Community College*
José Feliciano, *University of South Florida*
Roger Fernández, *Los Angeles City College*
Rosa Fernández, *University of New Mexico*
Rachel Finney, *Richard Bland College*
Carmen Forner, *College of Southern Nevada, Las Vegas*
Mark Forrester, *Burlington County College*
Walter Fuentes, *College of Charleston*
Brian Gilles, *Pasadena College*
Yolanda Guerrero, *Grossmont College*
Peg Haas, *Kent State University*
Janet J. Hampton, *University of the District of Columbia*
Paul Jacques, *Grossmont College*
Larry King, *University of North Carolina*
Lincoln Lambeth, *College of the Ozarks*
Fidel de León, *El Paso Community College*
Roxana Levin, *St. Petersburg Junior College*
Mark Littlefield, *Buffalo State College*
Christopher Maurer, *Harvard University*
Ornella Mazzuca, *Dutchess Community College*
Li McCleod, *University of Saskatchewan*
Kathy McConnell, *Point Loma Nazarene University*
Virginia M. McCready, *Pasadena City College*
Dawn Meissner, *Anne Arundel Community College*
Virginia Morris, *Broward Community College*

Karen-Jean Muñoz, *Florida Community College at Jacksonville*
Oliver T. Myers, *University of Wisconsin, Milwaukee*
Eileen Nelson, *Brookhaven College*
Verónica Mejía Noguer, *Chaffey College*
Joanne de la Parra, *Queen's University*
Loknath Persaud, *Pasadena City College*
George Pesacreta, *Palomar College*
Vernon L. Peterson, *Missouri Southern State College*
Alcibiades Policarpo, *The University of Missouri, St. Louis*
Alvin L. Prince, *Furman University*
Joy Renjilian-Burgy, *Wellesley College*
Duane Rhodes, *University of Wyoming*
Wendy L. Rolph, *University of Toronto*
Jeff Ruth, *East Stroudsburg University*
José Angel Sainz, *Mary Washington College*
José Alejandro Sandoval Erosa, *Des Moines Area Community College*
Ruth E. Smith, *Northeast Louisiana University*
Montserrat Solá-Solé, *University of the District of Columbia*
William N. Stivers, *Pepperdine University*
Octavio de la Suarée, *William Paterson College*
Alice K. Taub, *St. Louis University*
Edda Temoche-Weldele, *Grossmont College*
Charles P. Thomas, *University of Wisconsin*
Matthew Tornatore, *Truman State University*
Alfredo Torrejón, *Auburn University*
Margarita Vargas, *SUNY, Buffalo*
Maurice Westmoreland, *SUNY, Albany*

The publication of the eleventh edition of *¿Cómo se dice...?* could not
have been accomplished without the contribution of many people. We
would first like to thank Cengage Learning and Publisher Beth Kramer for their
support. We would especially like to acknowledge Carlos Calvo for his guidance
and invaluable support throughout the developmental stage of this edition.
Our special thanks go to Mark Overstreet, Heather Bradley Cole, Tyler McGuire,
and Aileen Mason. Our thanks also go to all the other people involved with the
marketing, editorial, and production stages, and to Senior Project Manager Katy
Gabel, and the copyeditor and the proofreader.

SITUACIONES

Learn some greetings and farewells, and how to get some information in Spanish. Read these brief dialogues with familiar situations. Start practicing with classmates and friends right away, and enjoy communicating in your new language.

🔊 **En la universidad**

CD1-2

—Buenos días, señor Vega.

—Buenos días, señorita.

Dragon Images/Shutterstock.com

—Buenas tardes, doctor Suárez.

—Buenas tardes, señora. ¿Cómo está usted?

—Bien, gracias. ¿Y usted?

—Muy bien, gracias.

ERproductions Ltd/ Blend Images/ Getty Images

—Buenas noches. ¿Cómo están ustedes?

—Bien, gracias, profesora.

Tyler Olson/Shutterstock.com

—Hola, Roberto. ¿Qué tal?

—Bien, ¿y tú?

—Bien, gracias. ¿Qué hay de nuevo?

—No mucho.

—¿Cómo te llamas?

—Me llamo Victoria. ¿Y tú?

—Yo me llamo Juan Carlos.

—¿Cuál es tu número de teléfono?

—(Cuatro-ocho-cero) tres-cinco-seis-siete-dos-uno-nueve

—Hasta mañana, Silvia.

—Chau, Roberto.

VOCABULARIO

🔊 En el diálogo

Cognados[1] (Cognates)

mucho	*much*
el teléfono	*telephone*
la universidad	*university*

Títulos (Titles)

doctor, doctora (Dr., Dra.)	*doctor (Dr.)*
profesor, profesora	*professor*
señor (Sr.)	*mister (Mr.)*
señora (Sra.)	*Mrs.*
señorita (Srta.)	*Miss*

Saludos y despedidas
(Greetings and farewells)

buenas noches	*good evening, good night*
buenas tardes	*good afternoon*
buenos días	*good morning*
chau, adiós	*goodbye*
hasta mañana	*see you (until) tomorrow*
hola	*hello*

Preguntas y respuestas
(Questions and answers)

¿Cómo está usted?	*How are you? (formal)[2]*
¿Cómo están ustedes?	*How are you? (When addressing more than one person)*
¿Qué tal?	*How is it going?*
Bien.	*Well, fine.*
Muy bien.	*Very well.*
¿Qué hay de nuevo?	*What's new?*
No mucho.	*Not much.*
¿Cómo te llamas?	*What's your name? (informal)[3]*
(Yo) me llamo...	*My name is . . .*

Otras palabras y expresiones
(Other words and expressions)

¿cómo?	*how*
¿cuál?	*what, which*
_____ es tu número de teléfono?	*What's your phone number?*
Gracias.	*Thanks, Thank you.*
muy	*very*
no	*not*
número	*number*
tú	*you (familiar)*
usted	*you (formal)*
ustedes	*you (when addressing more than one person)*
y	*and*
yo	*I*

Números
(Numbers)

0	cero
1	uno
2	dos
3	tres
4	cuatro
5	cinco
6	seis
7	siete
8	ocho
9	nueve
10	diez

¡Atención! **Uno** changes to **un** before a masculine singular noun, and it changes to **una** before a feminine singular noun: **un profesor** (one, a professor) [masculine], **una profesora** (one, a professor), [feminine].

[1] *Cognates* are words that are similar in both languages.
[2] Informal: **¿Cómo estás (tú)?**
[3] Formal: **¿Cómo se llama (usted)?**

Práctica

1. La clase de español (The Spanish class) With a classmate, take turns doing the following.

1. It is morning. You greet your professor and ask how he/she is.
2. In the afternoon, you greet Miss Vega and ask her what's new.
3. In the evening, you greet Dr. Allende.
4. You greet a friend and ask him how it's going.
5. You ask a group of people how they are.
6. Mr. Soto asks you how you are. What do you respond?
7. Someone asks you what's new. What do you respond?
8. You ask a classmate what her name is.
9. Someone asks you what your name is. What do you respond?
10. You ask a friend what her phone number is.

2. Números de teléfono In Los Angeles there are many businesses that are owned by Spanish speakers. Take turns with your classmate reading the telephone numbers that a Spanish-speaking person would call, according to his/her needs.

1. Carlos wants to have his picture taken.
2. Sergio wants to send flowers to his wife.
3. Elena is having car trouble.
4. Lupe needs to have a prescription filled.
5. Fernando needs to make a dinner reservation.
6. Silvia wants to know what time the jewelry store closes.
7. Eva and Luis need an apartment.
8. Antonio wants to know if a bookstore is open on Sundays.

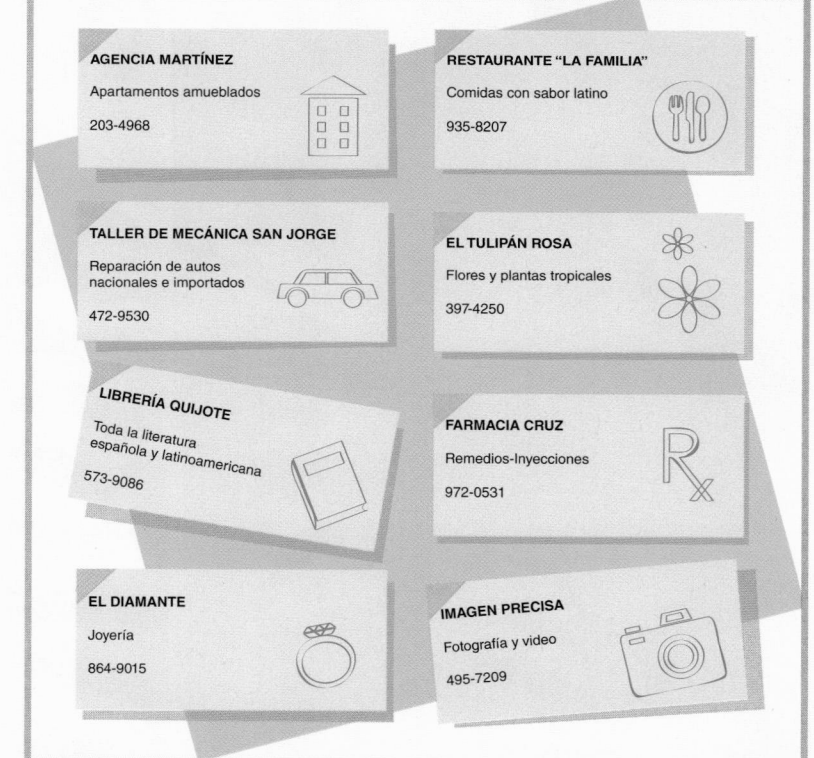

AGENCIA MARTÍNEZ
Apartamentos amueblados
203-4968

RESTAURANTE "LA FAMILIA"
Comidas con sabor latino
935-8207

TALLER DE MECÁNICA SAN JORGE
Reparación de autos nacionales e importados
472-9530

EL TULIPÁN ROSA
Flores y plantas tropicales
397-4250

LIBRERÍA QUIJOTE
Toda la literatura española y latinoamericana
573-9086

FARMACIA CRUZ
Remedios-Inyecciones
972-0531

EL DIAMANTE
Joyería
864-9015

IMAGEN PRECISA
Fotografía y video
495-7209

SALUDOS Y DESPEDIDAS

¡Hola!

OBJETIVOS COMUNICATIVOS

You will learn some greetings and farewells, how to introduce yourself and say where you are from, and how to talk about days of the week and dates.

SITUACIONES

Estudiantes y profesores

ESTRUCTURAS

1 The alphabet
2 Cardinal numbers 11–39
3 Colors
4 Days of the week
5 Months and seasons of the year
6 Subject pronouns
7 Present indicative of **ser**

ASÍ SOMOS

▶ **¡Vamos a ver!**
Watching and understanding situations

¡Vamos a escuchar!
Listening for the main idea

¡Vamos a conversar!
Speaking for basic communication

¡Vamos a leer!
Recognizing cognates

¡Vamos a escribir!
Generating ideas by brainstorming

EL MUNDO HISPÁNICO Y TÚ

❯ Los mexicoamericanos

❯ Los Estados Unidos hispánicos y el español en el mundo

AUTOPRUEBA

You will review what you learned in this lesson.

© Pressmaster/Shutterstock.com

▶

  **LOS MEXICOAMERICANOS** En los Estados Unidos (*United States*) hay unos 40 millones de hispanos. El 64 por ciento (*percent*) son de origen mexicano. La mayoría de ellos están (*are*) concentrados principalmente en Arizona, California, Tejas, Colorado, Nevada y Nuevo México.

Please refer to the map at the back of the book for the 2010 Census information.

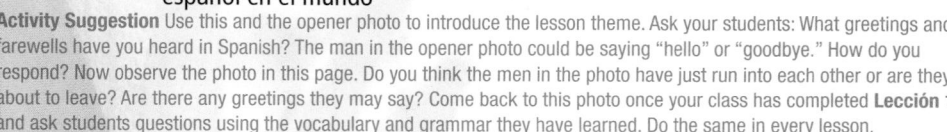

Estados que tienen más del 20% de población de origen mexicano

Estados que tienen 10–20% de población de origen mexicano

Estados que tienen 5–10% de población de origen mexicano

Estados que tienen menos del 5% de población de origen mexicano

Fuente: *U.S. Census 2000*

🔊 Estudiantes y profesores
CD1-3

▶ ¡Ubíquelos!
Fernando is from San Antonio, Texas. Watch the video about Mexican Americans to get a sense of the beautiful sights of the city of San Antonio.

Dos amigos en la universidad (por la mañana)

Luis: Buenos días, Marité. ¿Cómo estás?

Marité: Bien, gracias. ¿Qué hay de nuevo?

Luis: Nada. Bueno... no mucho. Chau. Saludos a Eva.

Dos estudiantes en la cafetería

Ana María: Hola, Carlos. ¿Cómo te va?

Carlos: Bien, Ana María. Siéntate.

Ana María: Gracias. Oye, Carlos, ¿cuál es tu dirección?

Carlos: Calle Magnolia, número cuatro, seis, dos.

Cuatro profesores en la oficina (por la tarde)[1]

Dr. Vega: Dra. Soto, el profesor Luis Viñas.

Dra. Soto: Mucho gusto, profesor Viñas.

Prof. Viñas: El gusto es mío.

Dr. Vega: La señora Marta Ruiz.

Dra. Soto: Encantada, señora.

Sra. Ruiz: Igualmente.

Dos estudiantes en la biblioteca (por la noche)

David: Oye, Sandra. ¿Cómo se dice *chemistry* en español?

Sandra: Se dice **química**.

David: ¡El español es difícil!

Sandra: No, ¡es fácil! Muchas palabras son cognados.

[1] Dr. Vega introduces his colleagues to Dr. Soto.

Tres estudiantes en la clase de inglés

MARCELO: ¿De dónde eres tú, Sandra?

SANDRA: Yo soy de México. ¿De dónde son ustedes?

MARCELO: Nosotros somos de Tejas. Yo soy de Dallas y Fernando es de San Antonio.

FERNANDO: Oye, Marcelo, ¿qué fecha es hoy?

MARCELO: Hoy es el siete de septiembre.

FERNANDO: ¡Caramba! ¡Hoy es mi cumpleaños!

MARCELO Y SANDRA: ¡Feliz cumpleaños, Fernando!

Un estudiante en la oficina de la profesora Lidia Méndez

MARTÍN PAZ: Buenas tardes, profesora.

PROF. MÉNDEZ: Buenas tardes, señor Paz. Pase. Tome asiento, por favor.

MARTÍN PAZ: Gracias. Perdón, profesora, ¿hay clase hoy?

PROF. MÉNDEZ: No, hoy es lunes. La clase es el martes.

MARTÍN PAZ: Bueno... ¡La clase es mañana!

PROF. MÉNDEZ: Sí, nos vemos mañana.

> ## LEARNING TIP
> Many social variables are at play when deciding whether to address people formally (**usted/Ud.**) or informally (**tú**). At work, a superior is addressed as **Ud.**, whereas peers are addressed as **tú**. In social situations, consider the speakers' relative ages, their level of acquaintance, and shared commonalities. When in doubt, use **Ud.**

1. Hablemos. With a classmate, take turns asking and answering the following questions. Base your answers on the dialogues and on your own circumstances.

En el diálogo

1. ¿Cómo está Marité?   Está bien.
2. ¿Cuál es la dirección de Carlos?   Calle Magnolia, número cuatro, seis, dos
3. ¿De dónde es Sandra?   Es de México.
4. ¿Hoy es el cumpleaños de Marcelo o de Fernando?   Es el cumpleaños de Fernando.
5. ¿Lidia Méndez es profesora o estudiante?   Es profesora.

¿Y tú?

1. ¿Cómo estás?
2. ¿Cuál es tu dirección?
3. ¿De dónde eres tú? (Yo soy...)
4. ¿En qué mes es tu cumpleaños?
5. ¿Tú eres profesor(a) o estudiante?

1. Hablemos Follow up: Have students ask you the same questions about the dialogue. Always give them the wrong answer, and have them correct you. Do the same in every lesson.

(HINT: For a list of months, go to page 17.)

¿Tú lo sabías? *(Did you know?)*

María es un nombre *(name)* muy popular en España y en Latinoamérica. Frecuentemente se usa con otros nombres: Ana María, María Teresa, ect. Se usa también como segundo nombre *(middle name)* para hombres: José María, Carlos María, etc.

> ¿Mary es un nombre muy popular en este país? ¿Se usa con otros nombres?

VOCABULARIO

🔊 En el diálogo

All words presented in the Vocabulary section (**En el diálogo** and **Más sobre el tema**) are active.

Cognados (Cognates)

la cafetería	cafeteria
la clase	class
el (la) estudiante	student
mucho	much
no	no, not
la oficina	office
septiembre[1]	September

Nombres (Nouns)

el (la) amigo(a)	friend
la biblioteca	library
la calle	street
el cumpleaños[2]	birthday
la despedida	farewell
el día	day
la dirección, el domicilio	address
el español[3]	Spanish (language)
la fecha	date
el inglés	English (language)
el lunes[4]	Monday
el martes	Tuesday
química	chemistry
el saludo	greeting

Verbo (Verb)

ser	to be

Adjetivos (Adjectives)

difícil	difficult
fácil	easy
feliz	happy

Despedida (Farewells)

Nos vemos.	(I'll) See you.

Preguntas para saludar
(Questions to say hello)

¿Cómo estás?	How are you?
¿Cómo te va?[5]	How is it going (for you)? (familiar)
¿Qué tal?	How is it going?

Otras palabras y expresiones
(Other words and expressions)

a	to
bueno...	well . . .
¡caramba!	gee, gosh!
¿Cómo se dice...?	How does one say . . .?
¿Cuál es tu dirección?	What is your address?
de	from, of
¿dónde?	where?
El gusto es mío.	The pleasure is mine.
en	in, at
Encantado(a).	Charmed.
hay	there is, there are
hoy	today
Igualmente.	Likewise. Same here.
Mucho gusto.	Glad to meet you. (lit., Much pleasure.)
nada	nothing
nosotros	we
¡Oye!	Listen!
Pase.	Come in.
Perdón.	Pardon me. (Excuse me.)
por favor	please
por la mañana	in the morning
por la noche	in the evening
por la tarde	in the afternoon
¿Qué fecha es hoy?	What's today's date?
Saludos a...	Say hi to . . .
sí	yes
Siéntate.[6]	Sit down. (familiar)
Tome asiento.[7]	Have a seat. (formal)
tu	your

---

[1] Names of months are not capitalized in Spanish. Note that the spelling "setiembre" (without the **p**) is also accepted.
[2] The word **cumpleaños** is always used in the plural.
[3] Names of languages are not capitalized in Spanish.

[4] Names of days are not capitalized in Spanish.
[5] Formal: **¿Cómo le va?**
[6] Formal: **Siéntese.**
[7] Familiar: **Toma asiento.**

Más sobre el tema *(More about the topic)*

Expresiones de cortesía

¿ Tú lo sabías?

Se usa **hola** con personas conocidas *(known)*, no con extraños *(strangers)*.
> ¿**Cómo saludan ustedes** *(do you greet)* **al profesor (a la profesora)?**

LEARNING TIP

Use your powers of visualization and association to aid your language learning. Think of real (or funny) images to associate with words you learn in context. Take a moment to create a mental image in which you associate several vocabulary words; then describe the image aloud. For example: **"En la universidad hay clases con** *(with)* **diez estudiantes." "La fiesta de cumpleaños es hoy."**

Related vocabulary Other informal expressions are **¿Qué hay?** and **Hasta pronto.** Present several minidialogues in which you incorporate some of the expressions. Then have students practice these informal exchanges in small groups.

Activity Suggestion Prepare name tags for students to wear until everyone knows everyone else's name. You may want to include the Spanish equivalent of each name. Students may then introduce themselves using **Me llamo...,** and refer to themselves and each other by name.

Activity Suggestion Divide the class into two teams and use the vocabulary to play a game of charades or Pictionary. The instructor shows a word or phrase to each student and he/she either acts it out or draws it for his/her team. All books and notes should be closed. This activity can be done with all vocabulary sections.

VOCABULARIO

Práctica

2. Empareja. Match the items in column A with those in column B.

A	B
1. Mucho gusto. _h_	a. Yo soy de México.
2. Encantada. _f_	b. No, es fácil.
3. ¿Qué fecha es hoy? _j_	c. No mucho.
4. ¿De dónde eres? _a_	d. No, por la tarde.
5 ¿Cuál es tu dirección? _i_	e. Bien, gracias.
6. ¿Qué hay de nuevo? _c_	f. Igualmente.
7. ¿Cómo te va? _e_	g. No, hoy es martes.
8. ¿El español es difícil? _b_	h. El gusto es mío.
9. ¿La clase es por la mañana? _d_	i. Calle Lima, número diez.
10. Hoy es lunes, ¿no? _g_	j. El cuatro de abril.

3. Completa. Complete the following, using vocabulary from Lesson 1.

1. Yo estudio *(study)* en la _biblioteca / cafetería_.
2. ¿Cómo se ___dice___ *chemistry* en español?
3. Hola. ¿Cómo ___estás / te va___?
4. Nos ___vemos___ mañana. ___Saludos___ a Carlos.
5. Hay diez estudiantes en la ___clase___ de inglés.
6. ¿Hoy es tu cumpleaños?¡ ___Feliz___ cumpleaños!
7. Pase y tome ___asiento___, por favor.
8. Yo como *(eat)* en la ___cafetería___.
9. ¿ ___Hoy___ es lunes o martes?
10. ¿Tú estudias *(study)* por la mañana, por la tarde o por la ___noche___?

4. Preguntas y respuestas Talk with a classmate. Take turns responding to the following.

1. Mucho gusto.
2. ¿Cómo estás?
3. ¿Qué hay de nuevo?
4. ¿Cuál es tu dirección?
5. ¿Tú estudias *(study)* por la mañana, por la tarde o por la noche? (Yo estudio…)
6. ¿El español es fácil o difícil? ¿Y la química?
7. ¿Cómo se dice *excuse me* en español?
8. Una pregunta: ¿Cuántos *(How many)* estudiantes hay en la clase? ¿Más de *(More than)* o menos de *(less than)* diez estudiantes?
9. Muchas gracias. Muy amable.
10. Hasta luego.

Para conversar

 5. **¿Qué dicen estas personas?** *(What are these people saying?)* With a classmate, take turns creating exchanges between the people in the illustrations. Then join another group and compare your ideas with theirs.

A.

Modelo　—*Mucho gusto, soy Eva Pasos.*
　　　　　—*Encantado. Soy Luis Díaz.*

5. ¿Qué dicen estas personas? Activity Suggestion Model each word and have the class repeat the sounds and words chorally and individually.

B. 　C. 　D.

E. 　F.

5. Possible answers B. —Pase. Tome asiento. / —Gracias. C. —¿Qué día es hoy? / —Hoy es martes. D. —Chau. / —Adiós. E. —¿Cuál es tu número de teléfono? / — [*Answers will vary.*] F. —Feliz cumpleaños. / —Gracias.

Pronunciación

CD1-4

A. The Spanish *a*

The Spanish **a** is pronounced like the *a* in the English word *father*. Listen to your teacher and repeat the following sentences.

¡Caramba, Amanda!

Encantada, señora Vargas.

Hasta mañana, Susana.

Soy Marta Aranda.

B. The Spanish *e*

CD1-5

The Spanish **e** is pronounced like the *e* in the English word *end*. Listen to your teacher and repeat the following sentences.

Eva **e**s de Los Ángeles.

¿De dónde **e**res, Elena?

Es **e**l señor Pérez Allende.

Activity Suggestion
Have students repeat the following sentences for additional pronunciation practice, using words in context.
a: Ada llama a la dama. Las naranjas van a Granada.
e: Teresa y Elena beben el café de René. Él lee el papel de Pepe.

Have students take turns reading these sentences. Walk around the classroom and check their pronunciation.

1 The alphabet *(El alfabeto)*

Letter	Name	Letter	Name	Letter	Name
A	a	J	jota	R	ere, erre
B	be[1]	K	ka	S	ese
C	ce	L	ele	T	te
D	de	M	eme	U	u
E	e	N	ene	V	ve[2]
F	efe	Ñ	eñe	W	doble ve[3]
G	ge	O	o	X	equis
H	hache	P	pe	Y	i griega[4]
I	i	Q	cu	Z	zeta

[1]be larga
[2]ve corta
Note: Official names of these letters are: "b = be", "v = uve", [3]"w = doble uve", and [4]"y = ye", according to the *Real Academia de la Lengua Española.*

LEARNING TIP
Spell out names of people in your family and your circle of friends.

Práctica

6. **Con el oculista** With a classmate, take turns playing an eye doctor and read this eye chart. You point to a letter and your partner says the name of that letter. Then switch roles.

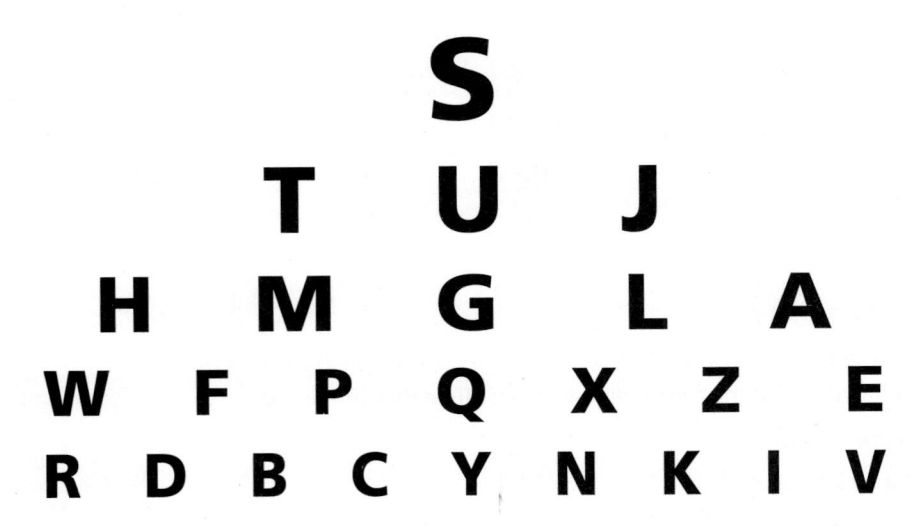

7. Apellidos *(Last names)* Here are some last names that you have to spell out.

Modelo Douglas: _de - o - u - ge - ele - a - ese_

1. Wilson: _doble ve - i - ele - ese - o - ene_
2. Taylor: _te - a - i griega - ele - o - ere_
3. Jackson: _jota - a - ce - ka - ese - o - ene_
4. Fisher: _efe - i - ese - hache - e - ere_
5. Ziegler: _zeta - i - e - ge - ele - e - ere_
6. García: _ge - a - ere - ce - i con acento - a_

Para conversar

 8. ¿Cómo se escribe? A Spanish-speaking person may not know how to spell your name. If that person wants to write it, he or she might ask, **¿Cómo se escribe?**[1] *(How do you write it?)* Learn how to spell your name in Spanish. Ask five classmates what their last names are **(¿Cuál es tu apellido?)** and how to spell them. Then spell your last name for them to write it.

2 Cardinal numbers 11–39 *(Los números cardinales del 11 al 39)*

11 **once**
12 **doce**
13 **trece**
14 **catorce**
15 **quince**
16 **dieciséis**
17 **diecisiete**
18 **dieciocho**
19 **diecinueve**
20 **veinte**
21 **veintiuno** *(and so on)*
30 **treinta**
31 **treinta y**[2] **uno** *(and so on)*

¡Atención! **Uno** changes to **un** before a masculine singular noun: **un profesor** *(one professor)*. **Uno** changes to **una** before a feminine singular noun: **una profesora** *(one professor)*.

[1]Also **¿Cómo se deletrea?** *(How do you spell it?)*
[2]This **y** appears only in numbers from 31 to 99.

◀)) **9. Una canción** (*A song*) Count along in Spanish! Listen to the song, then try to sing it by heart.

CD1-6   **Canción infantil** (*Children's song*)

Dos y dos son cuatro,

cuatro y dos son seis;

seis y dos son ocho

y ocho dieciséis.

Activity Suggestion Have students practice numbers from zero to thirty-nine by counting forwards and backwards, and by twos in odd and even numbers.

Para conversar

10. Una clase de aritmética You and your classmate are tutoring some Spanish-speaking children. Prepare addition and subtraction problems along with an answer key. The children only deal with numbers up to thirty-nine.

+	:	más
–	:	menos
=	:	igual, son
x	:	por
÷	:	entre

16 + 8 =

3 – 2 =

2 x 4 =

6 ÷ 3 =

25 – 12 =

Modelo —¿*Cuánto es trece menos dos?*
—*Trece menos dos son once.*

—¿*Cuánto es cinco por cuatro?*
—*Cinco por cuatro son veinte.*

—¿*Cuánto es ocho entre dos?*
—*Ocho entre dos son cuatro.*

E+/Getty Images

3 Colors *(Los colores)*

> Everywhere you go, there are colors! Learn to say them in Spanish.

Related vocabulary
Point out that the adjectives **claro** *(light)* and **oscuro** *(dark)* are frequently used with some colors.

amarillo   anaranjado   gris
Eva   rosado
Luis   Sergio   Ana
rojo
verde
Jorge   marrón   azul   morado
blanco
negro

Expansion
Name a color and then have students point to an object in the classroom or to items in the text photographs of that color.

Práctica

11. Colores Match the items in column A with the corresponding colors in column B.

A		B
1. snow	k	a. rojo
2. coffee	e	b. verde
3. blood	a	c. azul
4. a banana	l	d. negro
5. an elephant	i	e. marrón
6. a violet	h	f. rojo, blanco y azul
7. grass	b	g. rosado
8. coal	d	h. morado
9. an orange	j	i. gris
10. the sky	c	j. anaranjado
11. rosy cheeks	g	k. blanco
12. the American flag	f	l. amarillo

12. Los colores de la ropa *(clothes)* With a classmate, take turns naming the people in the illustration (people in the cafeteria) and telling what colors they are wearing.

> **Modelo** —Eva
> —anaranjado y verde

13. Una pintura This is a painting by Mexican painter Diego Rivera. With a classmate, take turns naming the colors that you see, in Spanish. You can add the following words to the colors:

> **claro** *light*
> **oscuro** *dark*
> (e.g., **azul claro** *or* **azul oscuro**)

Modelo —*Esto es (This is) de color azul claro.*
—*Mira (Look), morado oscuro.*
—*Y mira... aquí hay algo (something) amarillo.*

Artists Rights Society - (USE ARS - Artist's Rights Society) Superstock

Sueño de una tarde dominical, de Diego Rivera

Para conversar

14. ¿Qué color te gusta? *(What color do you like?)* Conduct a survey of your classmates to find out which color is the most popular.

Modelo —*¿Qué color te gusta?*
—*Me gusta el color...*
—*El color más popular es el _____.*

15. ¡Somos pintores! *(We are painters!)* See if your classmate knows what colors can be formed by mixing the primary colors.

Modelo —*¿Qué color forman el _____ y el _____?*
—*Forman el color _____.*

> **LEARNING TIP**
> As you look at the world around you, try to name, in Spanish, the colors you see. Remember that it is always best to go from the concept to the target language (Spanish) and vice versa.

4 Days of the week (Los días de la semana)

agosto

lunes	martes	miércoles	jueves	viernes	sábado	domingo
1	2	3	4	5	6	7
8	9	10	11	12	13	14
15	16	17	18	19	20	21
22	23	24	25	26	27	28
29	30	31				

—¿Qué día es hoy?, ¿**sábado?**
—No, hoy es **viernes.**

What day is today? Saturday?
No, today is Friday.

> In Spanish-speaking countries, the week starts on Monday (although in some calendars it is common to see Sunday as the first day).

> The days of the week are not capitalized in Spanish.

> The days of the week are masculine in Spanish. The masculine definite articles **el** and **los** are often used with them to express *on*.

> All the days of the week use the same form for the singular and plural **(el lunes – los lunes).** The only exceptions are **sábado** and **domingo** **(el sábado – los sábados).**

LEARNING TIP
Every day, when you get up, tell yourself: "**Hoy es...** (+ the day of the week)."

Práctica

16. ¿Qué día es? Knowing that **mañana** means *tomorrow* and **pasado mañana** means the *day after tomorrow*, give information following the model.

> **Modelo** Hoy es lunes.
> *Mañana es martes y pasado mañana es miércoles.*

1. Hoy es sábado. Mañana es domingo y pasado mañana es lunes.
2. Hoy es miércoles. Mañana es jueves y pasado mañana es viernes.
3. Hoy es viernes. Mañana es sábado y pasado mañana es domingo.
4. Hoy es domingo. Mañana es lunes y pasado mañana es martes.
5. Hoy es jueves. Mañana es viernes y pasado mañana es sábado.
6. Hoy es martes. Mañana es miércoles y pasado mañana es jueves.

Para conversar

17. La guía de televisión With a classmate, take turns naming different programs from **el canal 27,** saying on what days they are shown. Then keep asking questions about programs that you watch regularly. You can use the dictionary to look up unknown words in the TV guide.

> **Modelo** —¿¡Fútbol!?
> —Los sábados.

canal 27
Su canal hispano

Programación de la mañana 9:00–12:00

	9:00–10:00	10:00–11:00	11:00–12:00
LUNES	Buenos días, Estados Unidos	Programa educativo	Telenovela *Pasión en California*
MARTES	Hospital General	Música latina	Tenis
MIÉRCOLES	Documental de ciencias	Ciudades latinoamericanas	Programa político
JUEVES	Una clase de ejercicio	Chef Arturo	Noticias internacionales
VIERNES	Animales de África	Problemas sociales	*Los Simpson*
SÁBADO	Programa infantil	Música de México	Fútbol
DOMINGO	Religión	Gimnasia	Béisbol

5 Months and seasons of the year *(Los meses y las estaciones del año)*

A. Los meses

ENERO
L	M	M	J	V	S	D
					1	2
3	4	5	(6)	7	8	9
10	11	12	13	14	15	(16)
17	18	19	20	21	22	23
24/31	25	26	27	28	29	30

FEBRERO
L	M	M	J	V	S	D
	(1)	2	3	4	5	6
7	8	9	10	11	12	13
(14)	15	16	17	18	19	20
21	22	23	24	25	26	27
28						

MARZO
L	M	M	J	V	S	D
	1	2	3	4	5	6
7	8	(9)	10	11	12	13
14	15	16	17	18	19	20
(21)	22	23	24	25	26	27
28	29	30	31			

ABRIL
L	M	M	J	V	S	D
				1	2	3
(4)	5	6	7	8	9	10
11	12	13	14	15	16	17
18	19	20	21	22	23	24
25	26	27	28	29	(30)	

MAYO
L	M	M	J	V	S	D
						1
2	3	4	(5)	6	7	8
9	10	11	12	13	(14)	15
16	17	18	19	20	21	22
23/30	24/31	25	26	27	28	29

JUNIO
L	M	M	J	V	S	D
		1	(2)	3	4	5
6	7	8	9	10	11	12
(13)	14	15	16	17	18	19
20	21	22	23	24	25	26
27	28	29	30			

JULIO
L	M	M	J	V	S	D
				1	2	3
(4)	5	6	7	8	9	10
11	12	13	14	15	16	(17)
18	19	20	21	22	23	24
25	26	27	28	29	30	31

AGOSTO
L	M	M	J	V	S	D
1	2	(3)	4	5	6	7
8	9	10	11	12	(13)	14
15	16	17	18	19	20	21
22	23	24	25	26	27	28
29	30	31				

SEPTIEMBRE
L	M	M	J	V	S	D
		1	(2)	3	4	
5	6	(7)	8	9	10	11
12	13	14	15	16	17	18
19	20	21	22	23	25	24
26	27	28	29	30		

OCTUBRE
L	M	M	J	V	S	D
					1	2
3	4	5	6	7	8	9
10	11	(12)	13	14	(15)	16
17	18	19	20	21	22	23
24/31	25	26	27	28	29	30

NOVIEMBRE
L	M	M	J	V	S	D
	1	2	3	4	5	6
7	(8)	9	10	(11)	12	13
14	15	16	17	18	19	20
21	22	23	24	25	26	27
28	29	30				

DICIEMBRE
L	M	M	J	V	S	D
			1	2	3	4
5	6	(7)	8	9	(10)	11
12	13	14	15	16	17	18
19	20	21	22	23	25	24
26	27	28	29	30	31	

› To ask for the date say:

—¿Qué fecha es hoy? *What's the date today?*

› When giving the date, always begin with the phrase **"Hoy es el..."**

—Hoy es el cuatro de julio. *Today is the fourth of July.*

› Begin with the number, followed by the preposition **de** *(of)*, and then the month.

el seis de agosto *August sixth*

—¿Qué fecha es hoy? ¿El treinta de abril? *What's the date today? April thirtieth?*
—No, hoy es el primero de mayo. *No, today is May first.*

› The article **el** is omitted when the day of the week is expressed.

Hoy es jueves, 20 de abril. *Today is Thursday, April 20.*

¿Tú lo sabías?

Cuando en español damos *(we give)* una fecha como 10-8, no es el 8 de octubre sino *(but rather)* el 10 de agosto.

LEARNING TIP

Think of the birthdays of your friends and the members of your family. What are the dates? **"El cumpleaños de** (name) **es el** (day) **de** (month)."

ESTRUCTURAS

B. Las estaciones del año

La primavera

El verano

El otoño

El invierno

Práctica

18. En el otoño With a classmate, take turns reading the following and answering the questions.

En el otoño, las calles de Buenos Aires están llenas de niños que van a la escuela. Las clases empiezan en marzo y, en julio, hay vacaciones de invierno.

1. ¿De qué están llenas las calles de Buenos Aires en el otoño?   *de niños*

2. ¿Adónde van los niños?   *a la escuela*

3. ¿En qué mes empiezan las clases?   *en marzo*

4. ¿Qué hay en julio?   *vacaciones de invierno*

5. ¿Cómo se dice *spring break* en español?   *vacaciones de primavera*

19. El calendario With your classmate, look at the dates circled on the calendar on page 17 and take turns saying them in Spanish.

20. ¿Qué estación te gusta? Conduct a survey of your classmates to find out which is their favorite season.

> **Modelo** —¿*Cuál es tu estación favorita?*
> —*Me gusta el (la)…*

21. Una canción Listen to a folk song you would hear during the Feast of San Fermín in northern Spain. This feast is famous for bulls being let loose to chase people through the narrow streets of the old city of Pamplona. After listening to the song a couple of times, try to sing it.

CD1-7

> Uno de enero,
> dos de febrero,
> tres de marzo,
> cuatro de abril,
> cinco de mayo,
> seis de junio,
> siete de julio,
> San Fermín.

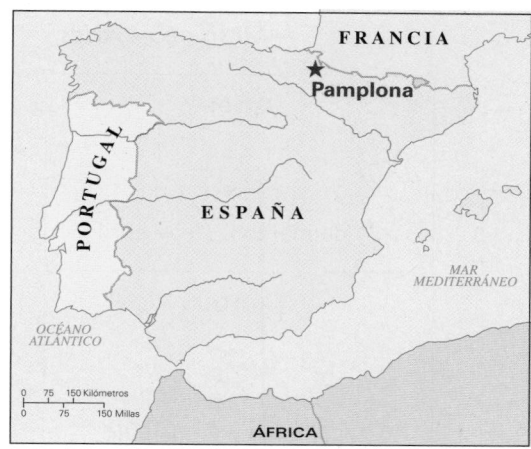

© Danny Lehman/Corbis

Celebración de San Fermín, en España (Spain)

Para conversar

22. **Oye, ¿cuál es tu signo?** *(Hey, what's your sign?)* Survey your classmates to find out when everybody's birthday is and what signs everyone belongs to. For help, use the chart with the Zodiac and the corresponding dates.

> **Modelo** —¿*Cuándo es tu cumpleaños?*
> —*Mi cumpleaños es el dos de abril.*
> —¿*Cuál es tu signo?*
> —*Mi signo es Aries.*

22. Oye, ¿cuál es tu signo? Expansion Name dates at random and have students give you the corresponding signs.

Aries	Tauro	Géminis
21 de marzo a 19 de abril	20 de abril a 20 de mayo	21 de mayo a 21 de junio
Cáncer	**Leo**	**Virgo**
22 de junio a 22 de julio	23 de julio a 22 de agosto	23 de agosto a 21 de septiembre
Libra	**Escorpión**	**Sagitario**
22 de septiembre a 22 de octubre	23 de octubre a 21 de noviembre	22 de noviembre a 21 de diciembre
Capricornio	**Acuario**	**Piscis**
22 de diciembre a 19 de enero	20 de enero a 19 de febrero	20 de febrero a 20 de marzo

23. **Cumpleaños** Imagine that these friends of yours live in the southern hemisphere. Knowing that the seasons are reversed there, can you indicate in which seasons their birthdays fall? With a classmate, take turns asking and answering questions.

> **Modelo** —¿*En qué estación cae* (falls) *el cumpleaños de Mirta?*
> —*El cumpleaños de Mirta cae en el verano.*

1. Mirta: 14 de febrero   _verano_
2. Carlos: 25 de mayo   _otoño_
3. Marta: 7 de julio   _invierno_
4. Luis: 10 de marzo   _verano_
5. Alina: 15 de octubre   _primavera_
6. Sara: 13 de agosto   _invierno_

6 Subject pronouns *(Pronombres personales usados como sujetos)*

Singular		Plural	
yo	*I*	**nosotros**	*we (masc.)*
		nosotras	*we (fem.)*
tú	*you (familiar)*	**vosotros**	*you (masc., familiar)*
		vosotras	*you (fem., familiar)*
usted	*you (formal)*	**ustedes**	*you (formal)*
él	*he*	**ellos**	*they (masc.)*
ella	*she*	**ellas**	*they (fem.)*

❭ The **tú** form is used as the equivalent of *you* to address a friend, a coworker, a relative, or a child. The **usted** form is used in general to express deference or respect. In most Spanish-speaking countries today, young people tend to call each other **tú** even if they have just met. If in doubt, use **usted**.

❭ The plural form of **tú** is **vosotros(as)**, which is used only in Spain. In Latin America, the plural form **ustedes** (abbreviated **Uds.**) is used as the plural form of both **usted** (abbreviated **Ud.**) and **tú**.

❭ The masculine plural forms **nosotros** and **ellos** can refer to masculine gender alone or to both genders together. The plural form **ustedes** has only one form for both genders.

—Juan, ¿de dónde son tú y tus amigas?	*Juan, where are you and your (female) friends from?*
—**Nosotros** somos de Arizona.	*We are from Arizona.*
—¿Pedro y Ana son de San Diego?	*Are Pedro and Ana from San Diego?*
—Sí, **ellos** son de San Diego.	*Yes, they are from San Diego.*

LEARNING TIP
Think of yourself talking to some of the people you know. What is your relationship to them? Formal? Informal? Whom would you call **tú**? Whom would you call **usted**? When would you use **ustedes**? Now picture yourself talking about them. What pronoun would you use to refer to a man? A woman? Two men? Two women? One of them and yourself?

Activity Suggestion Write the subject pronouns on the board, then pronounce them while pointing to yourself and to one or more students. You may also draw stick figures on the board or on flash cards to practice the subject pronouns with students in groups or individually.

¿Tú lo sabías?

En la cultura hispánica, es común expresar cariño *(love)* llamando a las personas por el diminutivo de su nombre. Por ejemplo: a Carlos, Carlitos; a Ana, Anita. También es muy común usar sobrenombres *(nicknames)*, que no necesariamente son diminutivos. Por ejemplo: Enrique: Quique; Dolores: Lola; José: Pepe; Mercedes: Mecha.

❭ **¿Qué sobrenombres son populares en inglés?**

Práctica

24. ¿Quiénes somos? Identify the personal pronoun that corresponds to each picture below.

25. Pronombres Say what pronouns would be used to refer to the following people.

1. La doctora Soto — ella
2. Carlos y yo *(masc.)* — nosotros
3. Marcelo y Fernando — ellos
4. Usted y Marité — ustedes
5. Marité y sus amigas — ellas
6. Sara y yo *(fem.)* — nosotras
7. un niño — él

26. ¿Tú, Ud., Uds.? With your classmate, take turns saying whether you would use **tú, usted,** or **ustedes** to address the following people.

1. Adriancito   *tú*
2. your parents' elderly friend   *usted*
3. two strangers   *ustedes*
4. your math professor   *usted*
5. your best friend   *tú*
6. an older lady you just met   *usted*
7. a twelve-year-old girl   *tú*
8. three gentlemen you just met   *ustedes*

Info Tell students that in some Hispanic families children use **Ud.** with parents and/or grandparents.

Para conversar

27. Habla con tu compañero(a). With a classmate, take turns asking and answering these questions in the affirmative. Use the appropriate subject pronouns.

1. ¿Ana es estudiante?   *Sí, ella es estudiante.*
2. ¿Luis es de San Antonio?   *Sí, él es de San Antonio.*
3. ¿Olga y Eva son profesoras?   *Sí, ellas son profesoras.*
4. ¿Marcos y Sergio son de Tejas?   *Sí, ellos son de Tejas.*
5. ¿Sara y Juan son de México?   *Sí, ellos son de México.*

7 Present indicative of *ser* (*Presente de indicativo del verbo* **ser**)

ser *to be*		
Singular		
yo	**soy**	*I am*
tú	**eres**	*you are (fam.)*
Ud.		*you are (form.)*
él	**es**	*he is*
ella		*she is*
Ø		*it is*
Plural		
nosotros(as)	**somos**	*we are*
vosotros(as)	**sois**	*you are (fam.)*
Uds.		*you are (form.)*
ellos	**son**	*they are (masc.)*
ellas		*they are (fem.)*

ESTRUCTURAS

> The verb **ser**, *to be*, is irregular. Its forms, like the forms of other irregular verbs, must be memorized.

> The verb **ser** is commonly used to express identity, place of origin, occupation, characteristic, and nationality.

—¿De dónde **son** ustedes?   *Where are you from?*

—Nosotros **somos** de México.   *We are from Mexico.*

—¿Ud. **es** estudiante?   *Are you a student?*

—No, yo **soy** profesora.   *No, I am a professor.*

¡Atención! The indefinite article **(un, una)** is not used after the verb **ser** when describing profession, nationality, religion, or party affiliation, unless an adjective follows the noun.

La doctora Rojas **es profesora.**

BUT: La doctora Rojas **es una profesora excelente.**

LEARNING TIP
Say where several people that you know are from, including yourself and your family. Think of people individually and in pairs.

> **Un dicho** (A saying)
> **El tiempo es oro** (gold). Equivalent: *Time is money.*

Práctica

28. **Minidiálogo** Complete this conversation between two students, using the present indicative of the verb **ser.**

—¿El doctor Vega ___es___ profesor?

—Sí, él ___es___ profesor de español.

—¿De dónde ___es___ él?

—Él ___es___ de Colombia. ¿De dónde ___son___ Uds.?

—Nosotros ___somos___ de Perú. ¿Marité y Sara ___son___ de California?

—No, ellas ___son___ de Colorado. ¿De dónde ___eres___ tú?

—Yo ___soy___ de Arizona.

29. **¿De dónde somos?** Write sentences to say where these people are from, using the information in the illustration on page 25.

1. ellos — Ellos son de Oregón.

2. tú — Tú eres de California.

3. Juan, Mario y José — Juan, Mario y José son de Arizona.

4. Carlos y yo — Carlos y yo somos de Nuevo México.

5. yo — Yo soy de Tejas.

6. nosotras — Nosotras somos de Colorado.

7. Teresa — Teresa es de Utah.

8. ustedes — Ustedes son de Nevada.

Ellos

Ustedes

Teresa

Nosotras

Oregón

Nevada

California

Utah Colorado

Arizona Nuevo México

Tejas

Tú

Juan, Mario y José

Carlos y yo

Yo

¿Tú lo sabías?

En los Estados Unidos, la influencia hispánica se nota en nombres de estados (states) como Colorado (red), Tejas (tiles), Nevada (snowed), Montana (mountain), y ciudades (cities) como Sacramento, San Francisco, Santa Bárbara y El Paso (the pass). En Canadá, un ejemplo es el de la península de El Labrador (the farmer).

› En tu estado, ¿hay ciudades o calles (streets) con nombres en español? ¿cuáles?

Para conversar

30. ¡Habla con tu compañero(a)! Ask each other information about yourselves, your friends, and your relatives. Use the verb **ser,** paying atention to the correct conjugation. You should ask at least four questions. Then join another pair of students and tell them about yourselves.

Modelo —¿Quién (Who) eres tú?
—Soy...
—¿De dónde eres?
—Soy de...
—¿De dónde son tus padres (parents)?
—Mis padres son de...
—Mi padre es de... y mi madre es de...

▶ ¡Vamos a ver!

Antes de ver el video (Before watching the video)

31. Preguntas With a classmate, take turns responding to the following statements or questions.

1. Hola. Tú eres _____,¹ ¿verdad?
2. ¿Cómo te llamas (tú)?
3. ¡Mucho gusto!
4. ¿Cómo te va?
5. ¿Qué hay de nuevo?
6. ¿De dónde eres tú?
7. ¿De dónde es tu papá?, ¿Y tu mamá?
8. ¡Encantado(a)!
9. ¿Cuál es tu número de teléfono?
10. ¿Hay una fiesta (party) hoy?
11. Hoy es mi cumpleaños.
12. Nos vemos el _____.²

El video: Un día con María Inés

—¿Cómo se llama, señorita?
—Me llamo María Inés Hidalgo.

—Hasta mañana. Saludos a Teresa.
—Gracias.

—Hola, ¿cómo te llamas?
—Carlitos.

—Yo soy de Los Ángeles, ¿y ustedes?
—Nosotros somos de Arizona.

¹your classmate's name
²the day you'll see your classmate again

Después de ver el video *(After watching the video)*

María Inés **el Dr. Trujillo** **la señora** **Rodolfo** **Carlitos** **el Sr. Paz**

32. ¿Quién lo dice? *(Who says it?)* Identify the person who said each of the following in the dialogues.

1. Sí... es mi cumpleaños. Carlitos
2. Oye..., ¿hay una fiesta hoy? María Inés
3. Tres-ocho-seis-nueve-cuatro-siete-dos. Rodolfo
4. Nosotros somos de Arizona. Usted es estudiante, ¿verdad? el Sr. Paz
5. Hasta mañana. Saludos a Teresa. la señora
6. Tome asiento, por favor. Dr. Trujillo

33. Hablemos. With a classmate, take turns asking and answering the following questions. Base your answers on the dialogues.

1. ¿El doctor Trujillo es profesor o estudiante? Es profesor.
2. ¿De dónde es María Inés? María Inés es de Los Ángeles.
3. ¿De dónde es el papá de María Inés? El papá de María Inés es de Tejas.
4. ¿Es el cumpleaños de María Inés o el cumpleaños de Carlitos? Es el cumpleaños de Carlitos.
5. ¿La fiesta es hoy o mañana? La fiesta es hoy.
6. ¿De dónde son el señor Paz y sus *(his)* amigos? El Sr. Paz y sus amigos son de Arizona.
7. ¿La mamá de María Inés es mexicana o norteamericana? Es mexicana.
8. ¿María Inés es estudiante de la Universidad de California o de la Universidad de Arizona? Es estudiante de la Universidad de California.

34. ¿Qué pasa después? You and a classmate use your imagination to write exchanges that will take place the next day between the following people. Now compare the exchanges you wrote with those of another group.

1. Dr. Trujillo and Miss Hidalgo
2. María Inés and Rodolfo
3. María Inés and Sergio
4. Rodolfo and Sergio
5. Dr. Trujillo, Rodolfo, and Sergio
6. Rodolfo and the lady at the cafeteria
7. Mr. Paz and Dr. Trujillo
8. Sergio and Carlitos

ASÍ SOMOS

🔊 ¡Vamos a escuchar!

Así somos. = *This is the way we are.*

> **ESTRATEGI** **Listening for the main idea** Learning to listen in a foreign language takes practice. Throughout the course, you will practice a variety of techniques to help make the process easier. When you listen for the main idea, focus on getting the general idea of what you hear. Don't worry about understanding every word; just try to grasp what a conversation or passage is about.

CD1-8 **35. Una llamada de teléfono** Rosalía calls Jorge to check on some information. Listen to their phone call and, in one or two words, jot down what the subject of the conversation is.

¡Vamos a conversar!

> **ESTRATEGIA** **Speaking for basic communication** Throughout your study of Spanish, you will be learning to express yourself orally, first with very basic ideas and gradually with greater sophistication. As you start to speak Spanish, remember the following tips.
>
> Keep it simple. Use the vocabulary and structures you already know.
>
> Try to speak clearly and accurately, but don't be afraid to make mistakes.
>
> Use short sentences or phrases to convey what you want to say until you feel more comfortable using Spanish.
>
> Talk to yourself and others whenever you can, using the Spanish you learn in each class.

👥 **36. Hola, ¿qué tal?** Greet a classmate you don't know well and use the following questions to get to know him or her. Introduce yourself and ask questions. Then answer your classmate's questions in short form using the right conjugation.

> **Modelo** —¿Cómo te llamas?
> —Me llamo Bernardo.
> —¿De dónde eres?
> —Soy de Argentina...

👥 **37. ¿Cómo somos?** Using the appropriate forms of the verb **ser**, describe the following people, using the characteristics below. Then, with a classmate, talk about yourselves and your loved ones.

yo	cómico(a)
mi mamá	realista
mi papá	optimista
mis amigos	pesimista
mis amigos y yo	estudioso(a)
tú	paciente (impaciente)
	atlético(a)
	inteligente
	conservador(a)
	liberal
	romántico(a)
	tímido(a)

(HINT: If the subject is plural, add an **-s** to the adjective if it ends in a vowel. Add **-es** if it ends in a consonant.)

35. Una llamada de teléfono Activity Suggestion Have students listen to the conversation a second time and ask them for more information.
1. ¿La fiesta es el jueves o el viernes?
2. ¿Es a las siete o a las ocho?
3. ¿Es una fiesta de la clase de español o una fiesta de cumpleaños?

37. ¿Cómo somos? Follow up Have students ask you about your characteristics (e.g., "¿Es usted paciente?").

38. ¿Qué dices tú? *(What do you say?)* What would you say in the following situations? What might the other person say? Act out scenes with a classmate. Take turns playing each role.

1. You ask your friend Sara what's new and you offer her a seat. ¿Qué hay de nuevo, Sara? Siéntate.
2. You ask your professor how to say *birthday* in Spanish. Add that Spanish is difficult. ¿Cómo se dice *birthday* en español? El español es difícil.
3. You ask Fernando where he is from, and tell him where you are from. ¿De dónde eres tú, Fernando? Yo soy de...
4. You ask someone what today's date is. ¿Qué fecha es hoy?
5. You ask a classmate what his address is. ¿Cuál es tu dirección?
6. You ask someone if there's class today. ¿Hay clase hoy?

39. Para conocernos mejor *(To get to know each other better)* Work with a classmate whom you would like to get to know better. Take turns asking each other these questions.

39. Para conocernos mejor Expansion Have students ask you the same questions, using the **Ud.** form.

1. Hola, ¿cómo estás?
2. ¿Cómo te llamas?
3. ¿De dónde eres?
4. ¿Cuál es tu dirección?
5. ¿En qué mes es tu cumpleaños?
6. ¿Cuál es tu signo?
7. ¿Qué color te gusta?
8. ¿Tú eres optimista, pesimista o realista?
9. ¿Tú eres romántico(a)?
10. ¿Eres tímido(a)?
11. ¿Tu papá es conservador o liberal?
12. ¿Tu mamá es paciente o impaciente?
13. ¿Tus amigos son cómicos?
14. ¿Tú y tus amigos son inteligentes?

40. Una actividad especial para toda la clase

Vamos a conocernos mejor. The whole class is involved in a fun activity to get to know as many classmates as possible.

Step 1: In groups of three, students take turns asking questions about each other, for example: classmates' names and how to spell them, how they are and what's new in their lives, where they are from, where their parents are from, what colors they like, when their birthdays are, what their signs are, one or two words they each might use to describe themselves, etc.

(HINT: the phrase **yo también** = *I also* may be used as a response.)

Step 2: Each student shares some information about one of his/her classmates with the rest of the class.

© Goodluz/Shutterstock.com

◀)) Un poema para memorizar

CD1-9

Yo soy un hombre° sincero   *man*
de donde crece° la palma,   *grows*
y antes de morirme° quiero°   *antes... before I die / I want*
echar° mis versos del alma°.   *to give out / soul*

José Martí (Cuba), from *Versos sencillos* (1891).

ASÍ SOMOS

¡Vamos a leer!

Antes de leer *(Before reading)*

41. Cognados Possible answers: **universidad, profesor(a), historia, excepto, música, clase, literatura, economía.**

> **ESTRATEGIA** **Recognizing cognates** Many times Spanish words that look like English ones also have the same or very similar meanings. These words are cognates (**cognados**). You have seen numerous cognates in this lesson: for example, **color, programa, alfabeto,** and the months of the year.

¡Atención! Although Spanish–English cognates look alike, they are pronounced differently.

41. **Cognados** Look over the following reading and make a list of all the cognates you find. Use your knowledge of common academic subjects in English to help you.

42. **Comprensión** As you read the information about the five professors, find the answers to the following questions.

1. ¿De dónde es el profesor Vargas? ¿Qué enseña *(teaches)*?   Es de Lima, Perú. Enseña español.
2. ¿De qué estado *(state)* es la doctora Díaz? ¿Qué clase enseña?   Es de California. Enseña historia.
3. ¿De qué país *(country)* es el profesor de música? ¿Cómo se llama?   Es de Chile. Se llama Sergio Álvarez.
4. ¿Quién enseña literatura?   La doctora Eva Rojas.
5. ¿Qué profesores son de Colombia?   La doctora Eva Rojas y el doctor Jorge Pérez.
6. ¿Qué enseña Jorge Pérez?   Enseña economía.
7. ¿Qué días enseña el Dr. Vargas?   Enseña los lunes, miércoles y viernes.
8. ¿Qué días no enseña la doctora Ana Díaz?   No enseña los viernes.
9. ¿Quién enseña los sábados?   El Sr. Álvarez enseña los sábados.
10. ¿Qué enseña la profesora Rojas?   Ella enseña literatura hispanoamericana.
11. La profesora Rojas probablemente enseña literatura argentina, ¿no?   Sí, probablemente enseña literatura argentina.
12. ¿El Dr. Pérez enseña solamente *(only)* por la mañana y por la tarde?   No, enseña por la noche.

UNIVERSIDAD CENTRAL • **Nuevos profesores**

Dr. Luis Vargas
de Lima, Perú
Profesor de español
Enseña los lunes, miércoles y viernes.

Dra. Ana Díaz
de San Diego, CA
Profesora de historia
Enseña todos los días excepto el viernes.

Sergio Álvarez
de Santiago, Chile
Profesor de música
Enseña una clase los sábados.

Dra. Eva Rojas
de Medellín, Colombia
Profesora de literatura
Enseña literatura hispanoamericana.

Dr. Jorge Pérez
de Bogotá, Colombia
Profesor de economía.
Enseña una clase por la noche.

Después de leer... desde tu mundo *(from your world)*

43. Información Give some information about yourself.

NOMBRE Y APELLIDO: _____
SOY DE: _____
ESTUDIO: _____
VIVO[1] EN: _____
ESTUDIO LOS DÍAS: _____
TRABAJO LOS DÍAS: _____

As a class, create your own class directory with five students with whom you may share study time, including this and any other useful information you wish to include.

¡Vamos a escribir!

Antes de escribir *(Before writing)*

> **ESTRATEGIA** **Generating ideas by brainstorming** Before beginning to write, you need to generate ideas about a topic. Brainstorming is like thinking aloud. Allow your mind to wander and write down all of your thoughts and ideas about your topic. When brainstorming, avoid censoring your ideas. You can discard the least useful or interesting ideas later before you actually write.

¡A escribir!

44. Un mensaje electrónico *(An e-mail)* You will be exchanging e-mails with a Spanish-speaking student from another state. Before writing your e-mail, brainstorm the types of information and questions you can include.

1. Jot down information that you can provide about yourself. Include name, origin, nationality, where you are a student, characteristics, etc.
2. Write the questions you want to ask him or her.
3. Now organize your thoughts and the ideas from your brainstorming and write a draft **(borrador)** of the e-mail. Begin your e-mail with **Hola** and close with a farewell phrase.

Después de escribir

45. A revisar Before writing the final version of your e-mail, your instructor might want you to exchange your first draft with that of a classmate and peer edit each other's work. Use the following two guidelines.

> correct use of subject pronouns
> formation and agreement (with subject) of the verb **ser**

44. Un mensaje electrónico Activity Suggestion Consider setting up a pen-pal relationship **(amigos por correspondencia)** with another institution in your country or abroad. In your country, you might contact ESL or EFL programs geared to Spanish speakers, or Spanish programs similar to yours. Abroad, you might want to contact programs geared to international learners of Spanish, or programs in which speakers are learning English.

45. A revisar Activity Suggestion To facilitate peer editing, assign partners and instruct students to return the partner's paper during the next class. In this way, students can benefit from each other's help even if the writing activities are regularly done outside class. Change partners periodically during the course.

[1] I live.

Suggestion: After students read all the information in this section, ask what aspects interest them the most. Then have them go to the Web and get additional information about those aspects.

 ## Los mexicoamericanos

Tú probablemente conoces *(know)* a muchos mexicoamericanos. Están *(They are)* en las escuelas, en las universidades, en los lugares de trabajo *(places of work)* y en las iglesias. La mayoría se ha adaptado a la cultura norteamericana, pero conserva su lengua, su música, su comida *(food)* y su unidad familiar. Muchos se destacan *(stand out)* en la educación, en la política, en las artes y en la literatura. Entre ellos está Janet Napolitano, presidenta de la Universidad de California, que fue también gobernadora de Arizona.

Online Cultural Questions In instructor resources, there are 100 questions covering the cultural material found in these sections. These can be used in written quizzes, as part of the final oral exam, or as part of an end-of-term contest.

La política

Xavier Becerra, congresista de California, fue elegido por primera vez en 1992. Es presidente del Caucus Demócrata y es el miembro de más alto rango en el Subcomité del Seguro Social. Otros políticos mexicoamericanos son Toni Cárdenas y Andy Meléndrez.

Susana Martínez, mexicoamericana, es la primera gobernadora hispana de un estado americano: Nuevo México.

El pensamiento y la literatura

Las artes plásticas

Paz y armonía con la naturaleza, mural de Leo Tanguma, forma parte de una exposición artística en el aeropuerto internacional de Denver, Colorado.

Sandra Cisneros es una novelista y poeta mexicoamericana famosa por escribir novelas sobre la cultura chicana, como *La casa en Mango Street.*

Las diversiones y celebraciones con amigos mexicoamericanos

© Danita Delimont / Alamy

Diversiones

Entre los artistas mexicoamericanos del cine y televisión se destacan Eva Longoria, Jessica Alba y Edward James Olmos.

Celebraciones

El Cinco de Mayo es una fiesta tradicional de los mexicanos en los Estados Unidos. Celebran la victoria de los mexicanos sobre los franceses en Puebla, México.

Los Estados Unidos hispánicos y el español en el mundo

Más *(More)* del 5% de los habitantes del mundo *(world)* hablan *(speak)* español. En los Estados Unidos, hay más de 50 millones de hispanos y la mayoría hablan este idioma *(language)* como primera *(first)* lengua. La influencia hispana se nota también *(also)* en otros aspectos de la vida *(life)*, como en la comida, la arquitectura y la música. En las universidades y en las escuelas secundarias de este país *(country)*, miles *(thousands)* de estudiantes estudian español.

Se habla español en España, todos los países de Hispanoamérica, Ceuta y Melilla (territorios españoles en África) y en Guinea Ecuatorial (África).

♦♦♦ Háganse preguntas. *(Ask each other.)*

The class is divided into groups of 3 or 4 students. Each group will prepare questions about the seven pieces of information, to ask the rest of the class.

iLrn™

To learn more about Hispanic communities in the United States, watch the cultural footage in the Media Library.

¿Cuánto sé ahora?

Take this test. When you have finished, check your answers in the answer key provided in Appendix D. Then use a red pen to correct any mistakes you may have made. Are you ready?

A. The alphabet Spell out these last names in Spanish. Add the names of the missing consonants.

1. Fox: ____efe____ o ____equis____
2. Wilson: ____doble ve____ i ____ele____ ____ese____ o ____ene____
3. Kurt: ____ka____ u ____ere____ ____te____
4. Jackson: ____jota____ a ____ce____ ____ka____ ____ese____ o ____ene____
5. Budge: ____be____ u ____de____ ____ge____ e
6. Hill: ____hache____ i ____ele____ ____ele____
7. McDevit: ____eme____ ____ce____ ____de____ e ____ve____ i ____te____
8. Perry: ____pe____ e ____erre____ ____erre____ ____i griega o ye____
9. Quentin: ____cu____ u e ____ene____ ____te____ i ____ene____
10. Zeller: ____zeta____ e ____ele____ ____ele____ e ____ere____

B. Cardinal numbers (11–39) Write the following numbers in Spanish.

1. 21 ____veintiuno____
2. 12 ____doce____
3. 27 ____veintisiete____
4. 15 ____quince____
5. 32 ____treinta y dos____
6. 17 ____diecisiete____
7. 20 ____veinte____
8. 13 ____trece____
9. 39 ____treinta y nueve____
10. 28 ____veintiocho____
11. 30 ____treinta____
12. 11 ____once____
13. 14 ____catorce____
14. 16 ____dieciséis____

C. Colors What colors come to mind when you think of the following?

1. a canary ____amarillo____
2. an orange ____anaranjado____
3. a pine tree ____verde____
4. a violet ____morado____
5. a dark night ____negro____
6. a mouse ____gris____
7. coffee ____marrón____
8. the American flag ____blanco, rojo, azul____

D. Days of the week Write the names of the missing days in the week sequence.

____sábado____, domingo, ____lunes____, martes, ____miércoles____, jueves, ____viernes____

E. Months of the year Write the dates of the following celebrations.

1. Halloween: ____el treinta y uno de octubre____
2. Independence Day: ____el cuatro de julio____
3. The first day of the year: ____el primero (uno) de enero____
4. Valentine's Day: ____el catorce de febrero____
5. Christmas: ____el veinticinco de diciembre____
6. Veteran's Day: ____el once de noviembre____
7. Batalla de Puebla: ____el cinco de mayo____

F. Seasons of the year In what season does each of the following months fall in the United States?

1. julio   _____verano_____
2. febrero   _____invierno_____
3. mayo   _____primavera_____
4. octubre   _____otoño_____

G. Subject pronouns and the present indicative of *ser* Complete the following minidialogues, using the present indicative of the verb **ser.**

—Marta, ¿de dónde _____eres_____ tú?

—Yo _____soy_____ de Chile. Y ustedes, ¿de dónde _____son_____?

—Carlos _____es_____ de Perú, y Olga y yo _____somos_____ de Cuba.

H. Just words Select the word or phrase that does not belong in each group.

1. calle	dirección	despedida	_despedida_
2. biblioteca	fácil	difícil	_biblioteca_
3. ¿Cómo estás?	¿Cómo te va?	¿Cómo se dice?	_¿Cómo se dice?_
4. El gusto es mío.	Tome asiento.	Encantada.	_Tome asiento._
5. Por la noche	Saludos	Por la tarde	_Saludos_
6. cafetería	lunes	sábado	_cafetería_
7. clase	discoteca	estudiante	_discoteca_
8. inglés	cumpleaños	español	_cumpleaños_

I. Culture

1. Answer the following questions, based on information from the **¿Tú lo sabías?** sections.

   a. ¿Qué nombre *(name)* de mujer *(woman)*, muy popular en España y en Latinoamérica, se usa también como segundo nombre *(middle name)* para hombres? _____María_____

   b. ¿Cuál es el sobrenombre de Mercedes? _____Mecha_____

   c. ¿Y de José? _____Pepe_____

2. Answer the following questions, based on the information found in the **El mundo hispánico y tú** section.

   a. ¿Cuántos millones de hispanos hay en los Estados Unidos aproximadamente?
   _____Más de 50 millones._____

   b. ¿Quién es Sandra Cisneros? _____Una novelista y poeta mexicoamericana._____

J. Un dicho Do you remember the Spanish saying about the importance of time? Find it in this lesson. El tiempo es oro.

LECCIÓN **2**

EN LA UNIVERSIDAD

Estudiantes de la Universidad Nacional de la Florida

© iStock/Getty Images

OBJETIVOS COMUNICATIVOS

You will learn vocabulary related to the classroom, useful questions and answers, and some polite expressions.

SITUACIONES

Si necesitas ayuda...

ESTRUCTURAS

1 Gender and number

2 Definite and indefinite articles

3 Cardinal numbers 40–100

4 Telling time

5 Present indicative of regular **-ar** verbs

6 Negative and interrogative sentences

7 Possession with **de**

ASÍ SOMOS

▶ **¡Vamos a ver!**
Watching and understanding situations

¡Vamos a escuchar!
Listening for specifics and guessing intelligently

¡Vamos a conversar!
Asking for repetition

¡Vamos a leer!
Guessing the meanings of unknown words

¡Vamos a escribir!
Conducting and reporting an interview

EL MUNDO HISPÁNICO Y TÚ

❯ Los cubanoamericanos

AUTOPRUEBA

You will review what you learned in this lesson.

© RosalreneBetancourt 1/Alamy

Activity Suggestion Build on what students know. Formulate questions about the pictures on pages 36 and 37, in response to which students can use the verb **ser,** the impersonal **hay,** the days of the week, and colors. To introduce the lesson topic, ask your students:
1. En la foto, ¿hay estudiantes o profesores?
2. ¿Qué colores hay?
3. Tú estás en esta foto. ¿Qué día crees que es en la foto?, ¿domingo o lunes? Explica.

 **LOS CUBANOAMERICANOS** Más de medio *(a half)* millón de cubanos viven en Miami, donde ejercen una gran influencia cultural y económica. Antes de la llegada *(arrival)* de los cubanos en 1959, Miami era *(was)* fundamentalmente un centro turístico. Hoy es un centro industrial y comercial de primer orden *(first-class)* y el puente *(bridge)* que une la economía de los Estados Unidos con la de Latinoamérica y con la de España *(Spain)*.

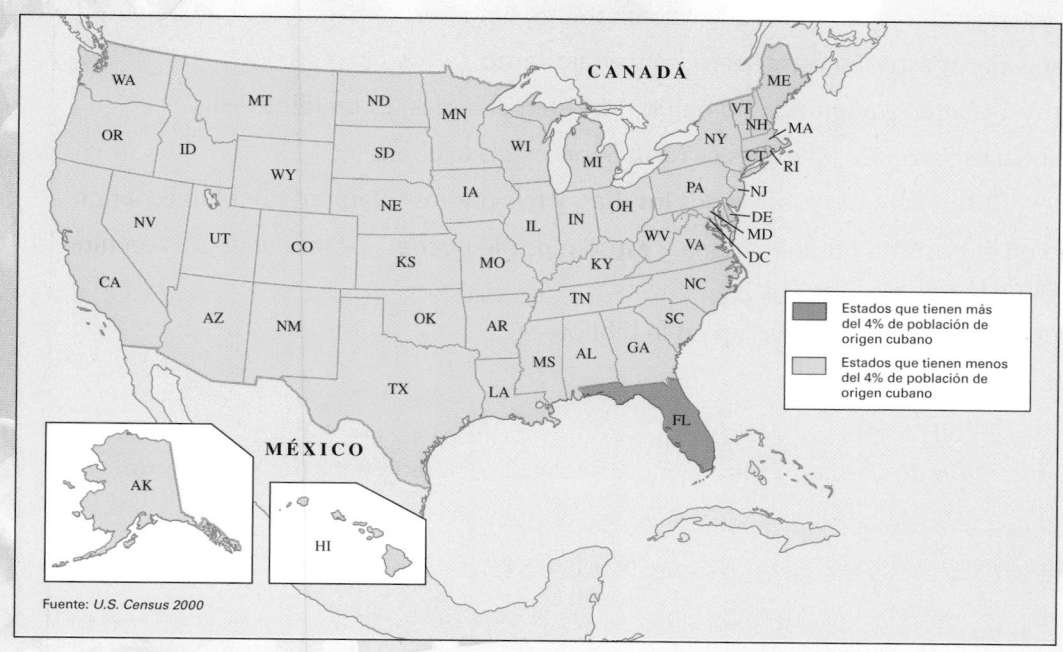

Fuente: *U.S. Census 2000*

Estados que tienen más del 4% de población de origen cubano

Estados que tienen menos del 4% de población de origen cubano

🔊 Si necesitas ayuda...

CD1-10

▶ ¡Ubíquelos!

Carmen and Sergio study at the Universidad Internacional de la Florida. Watch the Miami video to get a sense of their surroundings.

© Stephen Coburn/Shutterstock.com

Sergio, un chico cubanoamericano, conversa con Carmen, una chica de Guadalajara, México. Los dos son estudiantes de la Universidad Internacional de la Florida, en Miami, y toman una clase de matemáticas juntos. Sergio es alto, moreno y guapo. Carmen es bonita y muy inteligente.

SERGIO: ¿Cuántas clases tomas tú, Carmen?

CARMEN: Yo tomo solamente tres clases, porque trabajo treinta horas por semana. Necesito ganar dinero.

SERGIO: Yo tomo seis clases este semestre, pero no trabajo tanto.

CARMEN: Yo necesito trabajar, y además... no hablo muy bien el inglés. Es un idioma difícil...

SERGIO: ¡No, chica! No es verdad... ¡El inglés es fácil! Si necesitas ayuda...

CARMEN: ¿En serio? ¡Sí! Necesito practicar todos los días, y mis padres solamente hablan español.

SERGIO: Yo trabajo en el hospital por la mañana y estudio por la noche. ¿Deseas estudiar conmigo el sábado por la tarde?

CARMEN: ¡Perfecto! ¿A las dos? ¿en mi casa o en la biblioteca?

SERGIO: En tu casa. ¿Cuál es tu dirección?

CARMEN: Calle Siete, número cien.

SERGIO: *(Anota la dirección de Carmen.)* Muy bien. Nos vemos el sábado a las dos de la tarde.

El sábado, Sergio llega a la casa de Carmen a las dos y media.

SERGIO: ¿Qué hora es? ¿las dos y media? ¡Lo siento! Yo llego tarde a todas partes. ¡No soy muy puntual!

CARMEN: ¡No hay problema! ¿Deseas una taza de café?

SERGIO: Sí, por favor. ¡Oh, Carmen! Yo necesito tomar una clase de literatura el semestre próximo.

CARMEN: ¡Yo también! Si necesitas ayuda...

SERGIO: ¡Sí! ¿Estudiamos juntos?

CARMEN: ¡Buena idea! ¿Otra taza de café? ¿y un sándwich?

SERGIO: Sí, gracias. ¡Acepto! Eres muy amable.

Activity Suggestion While role-playing this dialogue, students should review vocabulary from **Lección 2** by asking each other the meanings of words and phrases.

¿ Tú lo sabías?

Una expresión muy común entre *(among)* cubanos es **chico(a)** *(young man/girl)*, equivalente a las expresiones *dude* y *girl*.

› **¿Son muy populares estas expresiones en este país?**

---

1. Hablemos. With a classmate, take turns asking and answering the following questions. Base your answers on the dialogue and on your own circumstances.

En el diálogo

1. ¿Sergio es mexicano? No, es cubanoamericano.
2. ¿Cómo es Sergio? Sergio es alto, moreno y guapo.
3. ¿Cómo es Carmen? Es bonita y muy inteligente.
4. ¿Cuántas clases toma Carmen? Toma tres clases.
5. ¿Sergio trabaja o no trabaja? Trabaja.
6. ¿Carmen habla bien o no habla bien el inglés? No habla bien el inglés.
7. ¿Carmen y Sergio estudian juntos? Sí, estudian juntos.
8. ¿Cuál es la dirección de Carmen? Calle Siete, número 100 (cien).
9. ¿Sergio es puntual o no es puntual? No es puntual.
10. ¿Qué desea tomar Sergio? Desea tomar café.

¿Y tú?

1. ¿Tú eres estadounidense?
2. ¿Tú eres alto(a)?
3. ¿Tú eres inteligente?
4. ¿Cuántas clases tomas tú? (Yo tomo...)
5. ¿Tú trabajas? (Yo [no] trabajo [en]...)
6. ¿Tú hablas o no hablas bien el español? (Yo hablo...)
7. ¿Dónde estudias tú? (Yo estudio...)
8. ¿Cuál es tu dirección?
9. ¿Tú eres puntual o no eres puntual?
10. ¿Tú deseas tomar café o una soda? (Yo deseo...)

¿ Tú lo sabías?

Cuando los hispanos dan *(give)* una dirección, usan primero la palabra **calle** o **avenida**, luego *(then)* dan el nombre de la calle o avenida y luego el número: Calle Quinta #120.

› **Además *(Besides)* de la palabra *street*, ¿qué otras palabras usan en este país cuando dan *(they give)* una dirección?**

VOCABULARIO

🔊 En el diálogo

Cognados

cubanoamericano(a)[1]	*Cuban American*
el hospital	*hospital*
la idea	*idea*
inteligente	*intelligent*
internacional	*international*
la literatura	*literature*
las matemáticas	*mathematics, math*
perfecto(a)	*perfect*
el problema	*problem*
puntual	*punctual*
el sándwich	*sandwich*
el semestre	*semester*

Nombres

la ayuda	*help*
el café	*coffee*
la casa	*house*
la chica, la muchacha	*young woman, girl*
el chico, el muchacho	*young man, boy*
el dinero	*money*
la hora	*hour, time (of day)*
el idioma, la lengua	*language*
el dinero	*money*
los padres	*parents*
la semana	*week*
la tarde	*afternoon*
la taza	*cup*
la verdad	*truth*

Verbos

aceptar	*to accept*
anotar	*to write down*
conversar, platicar	*to talk, to converse*
desear	*to wish, to want*
estudiar	*to study*
ganar	*to earn*
hablar	*to speak*
llegar	*to arrive*
necesitar	*to need*
practicar	*to practice*

Adjetivos

alto(a)	*tall*
amable, cortés	*polite*
bonito(a), lindo(a)	*pretty*
guapo(a)	*handsome*
juntos(as)	*together*
mi	*my*
moreno(a)	*dark*
otro(a)	*other, another*
próximo(a)	*next*
todos(as)	*all, every*

Otras palabras y expresiones

a todas partes, a todos lados	*everywhere*
además	*besides*
con	*with*
conmigo	*with me*
¿cuántos(as)?	*how many?*
de la tarde[2]	*in the afternoon*
¿En serio?	*Seriously?*
este semestre	*this semester*
llegar tarde	*to be late*
Lo siento.	*I'm sorry.*
los (las) dos	*both (of them)*
No hay problema.	*(There's) no problem.*
o	*or*
pero	*but*
¿por qué?	*why?*
si	*if, whether*
también	*also, too*
todos los días	*every day*
un (una)	*a, an*

Vocabulario Expansion Show students a map of Spain to present the different languages and dialects of Spain and surrounding countries, using the same question/response format.

Portugal	portugués
España	español, castellano
Galicia	gallego
el País Vasco	vascuence
Cataluña	catalán
Valencia	valenciano
Francia	francés
las Islas Baleares	mallorquín

[1] Names (and adjectives) of nationalities are not capitalized in Spanish.

[2] When speaking of specific time: las *tres de* la tarde.

Más sobre el tema

Vocabulario para la clase

Activity Suggestion Divide the class into two teams. A member of one team points to an object and selects a member of the opposite team to identify it. You might also have students spell the names of the objects to practice the alphabet.

la luz
la pared
la ventana
el mapa
la pizarra
el reloj
la mochila
la tablilla de anuncios
el borrador
el marcador
la pluma, el bolígrafo
la tiza
la silla
el reloj
la puerta
la computadora
el lápiz
el papel
el libro
el escritorio
el pupitre
el cuaderno
el cesto de papeles

Otros idiomas

alemán[1]	German
árabe	Arabic
chino	Chinese
francés	French
italiano	Italian
japonés	Japanese
portugués	Portuguese
ruso	Russian

LEARNING TIP

You may want to rewrite the words that you're learning by grouping or rearranging them under specific categories or themes. For instance, words about the classroom (**la mochila, la ventana, el escritorio, la computadora,** etc.), parts of the day (**la tarde, la noche**), languages (**el español, el francés, el chino**), adjectives of nationality (**español[a], francés [francesa], chino[a]**), etc. Write down all thematically related words under a specific core theme or category of meaning (semantic field).

[1] All languages are masculine.

Práctica

2. ¿Qué es? Write the word or phrase from the vocabulary that corresponds to each of the following.

1. seis meses ___semestre___
2. lugar *(place)* donde vivimos *(we live)* ___casa___
3. Necesito una para tomar café. ___taza___
4. Nunca *(Never)* llega tarde. ___puntual___

5. persona de Cuba ___cubano(a)___
6. lengua ___idioma___
7. platicar ___conversar___
8. siete días ___semana___

3. En la clase Review the words referring to people and objects you see in the classroom, then name the numbered items below.

3. En la clase Activity Suggestion Have a student stand in front of the class. Have members of the class name an item one at a time. The student points to that item.

4. Para completar Complete the following sentences, using appropriate vocabulary.

1. Carlos es alto, ___moreno___ y guapo.
2. Sandra es una ___chica / muchacha___ cubanoamericana y Julio es un ___chico / muchacho___ de El Salvador.
3. El chino y el árabe son ___idiomas / lenguas___ muy difíciles.
4. Necesito ___ganar___ dinero.
5. Tú necesitas ___practicar___ el español todos los días, de lunes a viernes.
6. Sandra ___platica / habla / conversa___ con unos chicos de México para practicar el español.
7. Alberto ___toma___ cinco clases este semestre.
8. ¿Tú hablas cinco idiomas? ¡Caramba! ¿En ___serio___?

Para conversar

👥 5. **Habla con tu compañero(a).** With a classmate, take turns asking and answering the following questions.

1. ¿Qué idioma hablan en Tokio?
2. ¿Qué idioma hablan en Río de Janeiro?
3. En Moscú, ¿hablan alemán o ruso?
4. En Roma, ¿hablan francés o italiano?
5. ¿Qué idioma hablan en Arabia Saudita?
6. ¿Tú deseas dominar el español o el chino? (Yo deseo...)
7. ¿Hay un reloj en la clase? (Sí, hay... / No, no hay...) ¿Hay mapas en la pared?
8. ¿Cuántas pizarras hay en la clase? ¿Cuántas ventanas hay?
9. ¿Hay una tablilla de anuncios en la clase?
10. ¿Hay un escritorio en la clase? ¿Hay un cesto de papeles?

👥 6. **Una escuelita** *(A little school)* With a classmate, play the roles of two people who are in charge of opening a small school for about 50 children. Take turns saying what you need for two classrooms. (Necesitamos...)

🔊 **Pronunciación**

CD1-11

A. The Spanish *i*

The Spanish **i** is pronounced like the double **e** in the English word *see.* Listen to your teacher and repeat the following sentences.

El chino es difícil.   ¡Es una idea magnífica!
El inglés es fácil.   Liliana estudia en Chile.
Mimí es de Madrid.   Alicia vive en París.
¿Viajan a Nicaragua?

Expansion Have students take turns reading these sentences. Walk around the classroom and check their pronunciation.

CD1-12

B. The Spanish *o*

The Spanish **o** is a short, pure vowel. It corresponds to the *o* in the English word *no,* but without the glide. Listen to your teacher and repeat the following sentences.

Yo trabajo con Rodolfo y con Orlando.
Nosotros hablamos un poco de chino.
Necesito solo dos borradores y dos libros.
Yo como arroz con pollo.

CD1-13

C. The Spanish *u*

The Spanish **u** is shorter in length than the English *u.* It corresponds to the *ue* sound in the English word *Sue.* Listen to your teacher and repeat the following sentences.

Los muchachos usan uniforme en la escuela.
Laura y Úrsula Hurtado son de Uruguay.
Yo estudio en una universidad pública.
Mucho gusto, señor Muñoz. ¿Usted es de Perú?

ESTRUCTURAS

1 Gender and number *(Género y número)*

A. Gender

> In Spanish, nouns—including those denoting nonliving things—are either masculine or feminine.

> Most nouns that end in **-o** are masculine, while most nouns that end in **-a** are feminine.

el escritorio

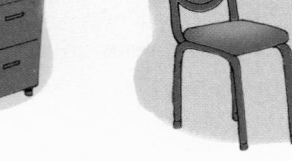
la silla

el libro

la ventana

> Nouns that denote males are masculine and nouns that denote females are feminine.

el hombre

la mujer

¡Atención! Some common exceptions include the words **el día** *(day)* and **el mapa** *(map)*, which end in **-a** but are masculine, and the word **la mano** *(hand)*, which ends in **-o** but is feminine.

Here are some helpful rules to remember about gender.

> Some masculine names ending in **-o** have a corresponding feminine form ending in **-a**: **el secretario / la secretaria.**

> When a masculine noun ends in a consonant, the corresponding feminine noun is often formed by adding **-a**: **el profesor / la profesora.**

> Many nouns that refer to people use the same form for both genders: **el estudiante / la estudiante.** In such cases, gender is indicated by the article **el** (masculine) or **la** (feminine).

> Nouns ending in **-sión, -ción, -tad, -dad,** and **-umbre** are feminine.

la televisión *television*	**la conversación** *conversation*
la libertad *liberty, freedom*	**la verdad** *truth*
la muchedumbre *crowd*	**la universidad** *university*

> Many words that end in **-ma** are masculine.

el poema *poem*   **el problema** *problem*

el programa *program*   **el tema** *subject, theme*

el sistema *system*   **el clima** *climate*

el idioma *language*

> You must learn the genders of nouns that have other endings and that do not refer to male or female beings.

el borrador *eraser*   **el papel** *paper*

el café *coffee*   **la pared** *wall*

el hospital *hospital*   **el reloj** *clock, watch*

el lápiz *pencil*   **la tarde** *afternoon*

la luz *light*

la noche *night*

Práctica

7. **¿El o la?** Read the following words aloud, adding the article **el** or **la** to each word, as appropriate, to indicate that the noun is masculine or feminine.

_el_ mapa	_la_ pared	_la_ verdad
_la_ luz	_la_ silla	_el_ clima
_el_ marcador	_el_ papel	_el_ hospital
_el_ idioma	_la_ ciudad	_el_ pupitre
_la_ sociedad	_la_ tarde	_la_ noche
_el_ día	_la_ señora	_la_ señorita
_la_ mujer	_la_ mano	_el_ café
_el_ profesor	_la_ dirección	_la_ hora
_la_ libertad	_el_ señor	_la_ lengua
_el_ problema	_la_ muchedumbre	_el_ español

B. Plural forms

> The plurals of nouns are formed by adding **-s** to words ending in vowels and **-es** to words ending in consonants.

señora ⇒ señora**s**   reloj ⇒ reloj**es**

silla ⇒ silla**s**   borrador ⇒ borrador**es**

libro ⇒ libro**s**   lección ⇒ leccion**es**

¡Atención! Note that the plural form of **lección** does not have a written accent. See Appendix A.

[1] **el** = the *(masc.)*; **la** = the *(fem.)*

ESTRUCTURAS

> When a noun ends in **-z**, change the **-z** to **c** and add **-es**.

lápi**z** ⇒ lápi**ces**
lu**z** ⇒ lu**ces**

> When the plural refers to two or more nouns of different genders, the masculine form is used.

dos secretari**as** y un secretari**o** ⇒ tres secretari**os**

Práctica

Activity Suggestion Write nouns in the plural on the chalkboard, using colored chalk to emphasize plural endings. Then have students explain to you the rules for plural formation.

8. ¿Cuántos hay? You and a classmate take turns asking about the number or the quantities of the items listed below that you see in your classroom. Use the word **cuántos (cuántas)** in your questions. Change each item or person to the plural.

Modelo   estudiante
—¿Cuántos estudiantes hay en la clase?
—Hay veinte estudiantes.

Follow-up Play the game ¿Qué ves? Introduce the first- and second-person singular of the verb **ver** by writing the question ¿Qué ves? and the answer Veo... on the chalkboard. Ask a student to describe what he or she sees in the classroom. Then ask the next student, "Y tú, ¿qué ves?" He or she must repeat the original phrase and add one more item.
— ¿Qué ves?
— Veo los libros.
— Y tú, ¿qué ves?
— Veo los libros y la pizarra.
You may want to have students play the game in groups of five or six.

1. ventana
2. puerta
3. pupitre
4. cesto de papeles
5. borrador
6. lápiz
7. silla
8. chico
9. chica
10. mapa

2   Definite and indefinite articles (Artículos determinados e indeterminados)

A. The definite article

> Spanish has four forms that are equivalent to the English definite article *the*.

	Masculine	Feminine	English
Singular	el	la	*the*
Plural	los	las	

el profesor   **los** profesores
la profesora   **las** profesoras
el lápiz   **los** lápices

Expansion Have students close their books and practice changing the nouns from the vocabulary lists from singular to plural or vice versa, identifying the appropriate articles.
I: profesor
S1: el profesor
S2: los profesores

B. The indefinite article

> The Spanish equivalents of *a (an)* and *some* are as follows.

	Masculine	Feminine	English
Singular	un	una	*a (an)*
Plural	unos	unas	*some*

un libro   **unos** libros
una silla   **unas** sillas
un profesor   **unos** profesores

LEARNING TIP
Language learning is a cumulative process, so you should connect what you are studying with what you have already learned. For instance, articles, like nouns and most adjectives, are either masculine or feminine.

Práctica

9. ¿Qué es? Identify the following objects or people using the appropriate definite articles.

9. ¿Qué es? Expansion
In pairs, have students ask each other how many objects or people there are in each drawing. Point out that the interrogative **¿cuántos(as)?** must agree with the noun it modifies.

—¿Cuántas sillas hay?
—Hay una silla.

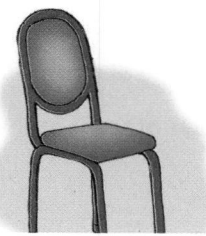
1. _____ la silla _____

2. _____ el lápiz _____

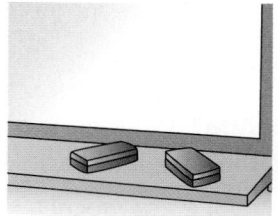
3. _____ los borradores _____

4. _____ la calle _____

5. _____ las chicas / las estudiantes _____

6. _____ el profesor _____

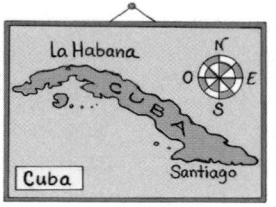
7. _____ el mapa _____

8. _____ las ventanas _____

10. En la clase With a classmate, take turns asking each other questions about the items or people that can be found in the classroom, according to the illustrations. Follow the model.

Modelo —¿Hay un cuaderno?
—No, pero hay un libro.

1. _____ ¿Hay una ventana? _____
   _____ No, pero hay una puerta. _____

2. _____ ¿Hay una chica? _____
   _____ No, pero hay un chico. _____

3. _____ ¿Hay un mapa? _____
   _____ No, pero hay un reloj. _____

4. _____ ¿Hay un pupitre? _____
   _____ No, pero hay una silla. _____

5. _____ ¿Hay una pluma? _____
   _____ No, pero hay un lápiz. _____

6. _____ ¿Hay un marcador? _____
   _____ No, pero hay un borrador. _____

1.

2.

3.

4.

5.

6.

ESTRUCTURAS

Para conversar

11. ¿Qué necesito? With a classmate, talk about what you need. Your classmate should answer by using a noun and an indefinite article.

> **Modelo** —¿Qué necesitas?
> —Yo necesito un libro.

12. ¿Qué hay en tu mochila? Working in groups, take turns asking each other whether or not there are certain items in your backpacks.

> **Modelo** —¿Hay un reloj en tu mochila?
> —No. Hay un lápiz en mi mochila.

3 Cardinal numbers 40–100 (Números cardinales 40–100)

40 **cuarenta**	68 **sesenta y ocho**	90 **noventa**
41 **cuarenta y uno** (and so on)	70 **setenta**	95 **noventa y cinco**
50 **cincuenta**	77 **setenta y siete**	100 **cien (ciento)**
53 **cincuenta y tres**	80 **ochenta**	
60 **sesenta**	84 **ochenta y cuatro**	

> **Note** that **y** appears only in numbers between 31 and 99.

> **■■■ Un dicho ▮**
> **Más vale pájaro en mano que cien volando.**
> Equivalent: *A bird in the hand is worth two in the bush.*

> **LEARNING TIP**
> Count from 40 to 100 first by twos, then by fives, then by tens.

Práctica

13. Especialistas When saying phone numbers, people in many Spanish-speaking countries tend to say the first number alone and the rest of the numbers in pairs. Using this system, give the names and phone numbers of the specialists the following people would call for each situation.

> **Modelo** Your nephew has a bad case of acne.
> *Dr. José Carreras: cuatro, cero, dos, cuarenta y uno, ochenta.*

1. Your nephew has a bad case of acne.
2. Mrs. Vega thinks she is pregnant.
3. Your grandmother has blurred vision.
4. Your friend's child is sick.
5. Your neighbor has frequent chest pains.

ESPECIALISTAS

Cardiólogos	342-7859
Barrios, Gustavo	561-6294
Martínez, Cristina	
Dermatólogos	402-4180
Carreras, José	829-3785
Rivas, Francisco	
Ginecólogos	607-5391
García, Rosaura M.	243-7160
Torres, Marcelo	
Oftalmólogos	750-4538
López, Arnaldo	962-6875
Ugarte, Eloísa	
Pediatras	806-9952
Méndez, Carolina	693-4931
Rodríguez, Estela	

13. Especialistas Answers 1. Dr. Francisco Rivas: ocho, ventinueve, treinta y siete, ochenta y cinco 2. Dra. Rosaura M. García: seis, cero, siete, cincuenta y tres, noventa y uno; Dr. Marcelo Torres: dos, cuarenta y tres, setenta y uno, sesenta 3. Dr. Arnaldo López: siete, cincuenta, cuarenta y cinco, treinta y ocho; Dra. Eloísa Ugarte: nueve, sesenta y dos, sesenta y ocho, setenta y cinco 4. Dra. Carolina Méndez: ocho, cero, seis, noventa y nueve, cincuenta y dos; Dra. Estela Rodríguez: seis, noventa y tres, cuarenta y nueve, treinta y uno 5. Dr. Gustavo Barrios: tres, cuarenta y dos, setenta y ocho, cincuenta y nueve; Dra. Cristina Martínez: cinco, sesenta y uno, sesenta y dos, noventa y cuatro

Para conversar

14. ¿Cuánto necesitamos? *(How much do we need?)* You and your classmate are in charge of buying school supplies. See what items you need and how much each item costs. First read the price of each item and then take turns indicating how much money you need to buy the items.

Modelo

—¿Cuánto necesitamos para comprar tres mapas?
—Necesitamos 75 dólares para comprar tres mapas.

Artículos	Precio	Total
3 mapas	$25,00	
40 bolígrafos	$1,50	
200 (doscientos) marcadores	$0,50	
45 borradores	$2,00	
2 tablillas de anuncios	$34,00	
10 cestos de papeles	$3,50	
4 relojes	$10,00	
83 cuadernos	$1,00	

14. ¿Cuánto necesitamos? Answers 1. setenta y cinco dólares / tres mapas 2. sesenta dólares / cuarenta bolígrafos 3. cien dólares / doscientos marcadores 4. noventa dólares / cuarenta y cinco borradores 5. sesenta y ocho dólares / dos tablillas de anuncios 6. treinta y cinco dólares / diez cestos de papeles 7. cuarenta dólares / cuatro relojes 8. ochenta y tres dólares / ochenta y tres cuadernos

4 Telling time *(La hora)*

› To ask what time it is, say, **"¿Qué hora es?"** To tell the time in Spanish, the following word order is used.

Es la			**y**		
or	+	*hour*	+	or	+	*minutes*
Son las			**menos**		

› **Es** is used with **una**.
Es la una.

› **Son** is used with all the other hours.
Son las cuatro.

› The feminine definite article is always used before the hour, since it refers to *la* **hora.**
Es **la** una y media.
Son **las** diez y cuarto.[1]

› The hour is given first, then the minutes.
Son las **once** menos **veinte.**

› The equivalent of *past* or *after* is **y.**
Es la una **y** veinticinco.

› The equivalent of *to* or *till* is **menos.** It is used with fractions of time up to a half hour.
Son las ocho **menos** cinco.

Activity Suggestion Bring in a clock, make one out of a paper plate, or draw clock faces on the board to illustrate the time.

[1]It is becoming increasingly popular to substitute **y quince** for **y cuarto, y treinta** for **y media,** and **y treinta y cinco, y cuarenta,** etc., for **menos veinticinco, menos veinte,** and so on.

ESTRUCTURAS

¡Atención! The equivalent of *at + time* is *a + la(s) + time*.

—¿Qué hora es? — *What time is it?*
—Son las dos y cuarto. — *It's a quarter past two.*
—¿A qué hora es la clase? — *What time is the class?*
—La clase es a las dos y media. — *The class is at two-thirty.*

Activity Suggestion
Emphasize the difference between *it's* **(es, son)** and *at* **(a la, a las)**.

> To specify whether the time is A.M. or P.M., use **de la mañana, de la tarde,** or **de la noche,** respectively.

—¿La clase es a las 8 **de la mañana**? — *Is the class at 8 A.M.?*
—No, ¡es a las 8 **de la noche**! — *No, it's at 8 P.M.!*

> To indicate that an activity takes place at an undefined time in the morning, afternoon or evening, use **por la mañana, por la tarde,** or **por la noche,** respectively.

—¿Estudiamos **por la mañana**? — *Shall we study in the morning?*
—No, **por la tarde**. — *No, in the afternoon.*

Práctica

15. ¿Qué hora es? With a classmate, take turns giving the time indicated on the clocks in the illustration. Start with clock number one.

Follow-up Using a map of the world, ask students to tell time in the different time zones. Practice the following expressions taught in Lesson 1: **de la mañana, de la tarde,** and **de la noche. Son las dos de la tarde en Chicago. ¿Qué hora es en Madrid? ¿Y en Japón?** Have students take turns asking each other the different times in other cities and countries.

15. ¿Qué hora es? Answers
1. Son las cinco. 2. Son las diez y media. 3. Son las cinco menos diez. 4. Es la una menos cuarto. 5. Son las seis y cinco. 6. Son las doce. 7. Son las seis menos cuarto. 8. Es la una y cuarto. 9. Es la una y veinte. 10. Es la una y media. 11. Son las seis menos veinte. 12. Son las once menos cuarto.

¿Tú lo sabías?

Para los horarios *(schedules)* de aviones *(planes)*, autobuses, trenes, televisión y algunas *(some)* invitaciones, se usa el sistema de 24 horas. Por ejemplo, las cuatro de la tarde son las dieciséis horas.

> **¿Se usa el sistema de 24 horas en este país?**

¡Atención! When we refer to after-midnight hours, for example **0:30,** we still use **horas,** in plural.

El programa empieza (starts) *a las 0:15 horas.*

16. Un mensaje telefónico Based on the information provided in the phone message, read the notes and complete the statements.

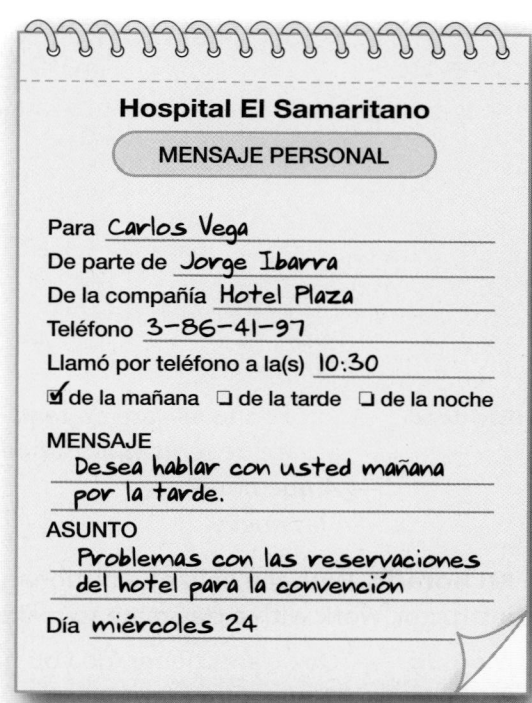

1. El mensaje es para ___Carlos Vega___.
2. El Sr. Vega trabaja en el ___Hospital El Samaritano___.
3. El mensaje es de parte de[1] ___Jorge Ibarra___.
4. El Sr. Ibarra trabaja para el ___Hotel Plaza___.
5. El número de teléfono del hotel es el ___3-86-41-97___.
6. El mensaje es: ___Desea hablar con Ud. mañana por la tarde___.
7. El Sr. Ibarra llamó *(called)* a las ___diez y media de la mañana___ del ___miércoles 24___.
8. En el hotel hay problemas con ___las reservaciones del hotel para la convención___.

Hospital El Samaritano

MENSAJE PERSONAL

Para **Carlos Vega**
De parte de **Jorge Ibarra**
De la compañía **Hotel Plaza**
Teléfono **3-86-41-97**
Llamó por teléfono a la(s) **10:30**
☑ de la mañana ☐ de la tarde ☐ de la noche

MENSAJE
Desea hablar con usted mañana por la tarde.

ASUNTO
Problemas con las reservaciones del hotel para la convención

Día **miércoles 24**

17. ¿A qué hora es...? With a classmate, take turns asking each other what times the programs in the listing are on and what programs are on at different times.

Modelo   —¿A qué hora es Telediario?
—Es a las seis.
—¿Qué hay a las siete y media?
—Música Latina.

Programación del Canal 36

Viernes

Hora	Programa	Hora	Programa
6:00	Telediario	9:00	Noticiero Televisa
6:50	Noticias Internacionales	9:30	Música
7:00	Religión	10:00	Fútbol
7:30	Música Latina	10:30	Noticias de Última Hora
8:00	"María" (Telenovela)		

[1]*de parte de* = *person who is calling*

ESTRUCTURAS

Para conversar

18. Horario de clases This is María Elena's schedule. With a classmate, carry on a conversation to figure out when her classes are.

HORA	LUNES	MARTES	MIÉRCOLES	JUEVES	VIERNES	SÁBADO
8:00–9:00	Sicología		Sicología		Sicología	
9:00–10:00	Biología		Biología		Biología	Tenis
10:00–11:30		Historia		Historia		
12:15–1:00			ALMUERZO[1]			
1:00–2:00	Literatura		Literatura	Literatura		Laboratorio de Biología
5:00–6:30		Educación Física		Educación Física		
7:00–8:30	Arte		Arte			

> **Modelo** —¿Cuándo es la clase de tenis?
> —La clase de tenis es los sábados.
> —¿A qué hora?
> —A las nueve.

19. Mi horario With the help of a dictionary and/or your instructor, work with a classmate to make up each other's schedules.

> **Modelo** —¿Qué clases tienes (do you have) los lunes?
> —¿A qué hora es tu clase de… ?

18. Horario de clases
Activity Suggestion Write a list of popular courses on the chalkboard. In order to encourage real communication, you may want to introduce the following questions and statements.
S1: ¿Qué estudias?
S2: Estudio...
S1: ¿Cuándo es la clase?
S2: Los martes y jueves.
S1: ¿A qué hora es la clase de... ?
S2: Es a la(s)...
S1: ¿Cómo se llama el (la) profesor(a)?
S2: Se llama...
After completing the schedule, students should check their partners' notes to see if each has the correct information.

19. Mi horario Activity Suggestion
In groups of three, students will give information about one or two of their classes. Write on the board:
Yo tengo (I have) **una clase de** _____
los _____ **y** _____ **a la(s)** _____
de la _____.

5   Present indicative of regular *-ar* verbs

(Presente de indicativo de los verbos regulares terminados en -ar)

> Spanish verbs are classified into three main patterns of conjugation, according to the infinitive ending. The three infinitive endings are **-ar, -er,** and **-ir.**

> The infinitive of Spanish verbs consists of a stem (such as **habl-**) and an ending (such as **-ar**).

> The stem **habl-** does not change. The endings change with the subject.

Activity Suggestion Review subject pronouns by pointing to students or stick figures on the board or on index cards. Write the infinitive form of the verb on the board with additional choices to complete a simple sentence.
Yo / Tú / Él, Ella / Ud. (etc.)
hablar español / francés / italiano (etc.)
Then have students form complete sentences by giving the correct pronoun you elicit and a choice from the list.

Activity Suggestion Point to yourself and say **Yo hablo inglés.** Then address a student: **Tú hablas inglés.** Then point to a male student: **Él habla inglés,** and so on.

Activity Suggestion Be sure students know what verb conjugation means. Have them conjugate the verb *to be* orally in English.
Suggestion Write verb endings on the board.
-o / -amos
-as / -áis
-a / -an

[1] lunch

hablar *to speak*			
Singular			
yo	habl**o**	Yo **hablo** español.	*I speak Spanish.*
tú	habl**as**	Tú **hablas** francés.	*You (inf.) speak French.*
Ud.	habl**a**	Ud. **habla** alemán.	*You (form.) speak German.*
él	habl**a**	Él **habla** italiano.	*He speaks Italian.*
ella	habl**a**	Ella **habla** portugués.	*She speaks Portuguese.*

Plural			
nosotros(as)	habl**amos**	Nosotros **hablamos** español.	*We speak Spanish.*
vosotros(as)	habl**áis**	Vosotros **habláis** francés.	*You (inf.) speak French.*
Uds.	habl**an**	Uds. **hablan** alemán.	*You (form.) speak German.*
ellos	habl**an**	Ellos **hablan** italiano.	*They (masc.) speak Italian.*
ellas	habl**an**	Ellas **hablan** portugués.	*They (fem.) speak Portuguese.*

—¿Qué idiomas **hablas tú**?   *What languages do you speak?*
—Yo **hablo** inglés y español.   *I speak English and Spanish.*
—¿Y Pierre?   *And Pierre?*
—Él **habla** francés.   *He speaks French.*

❯ Regular verbs ending in **-ar** are all conjugated the same way as **hablar**. Some other common **-ar** verbs are:

Activity Suggestion Ask students simple, personalized questions about themselves and their friends. Illustrate vocabulary words and write cognates on the board.
¿Qué necesitas, dinero *(money)* o amor *(love)*?
¿Dónde trabajas, en *(city 1)* o en *(city 2)*?
¿Qué lenguas hablas/estudias, español o inglés?
¿A qué hora regresas de clase?
¿Deseas estudiar o hablar por teléfono?

aceptar *to accept*	**necesitar** *to need*
conversar *to talk*	**practicar** *to practice*
desear *to want, wish*	**regresar** *to return*
estudiar *to study*	**tomar** *to take*
ganar *to earn*	**trabajar** *to work*
llegar *to arrive*	

—¿Uds. **estudian** por la noche?   *Do you study in the evening?*
—No, nosotros **estudiamos** por la tarde.   *No, we study in the afternoon.*
—¿Qué **necesitas** tú?   *What do you need?*
—Yo **necesito** un libro.   *I need a book.*

¡Atención! Notice that the verb forms for **Ud., él,** and **ella** are the same. In addition, **Uds., ellos,** and **ellas** share common verb forms. This is true for all verbs in all tenses.

❯ The Spanish present tense is equivalent to three English forms.

Yo **hablo** inglés.

I speak English.
I do speak English.
I am speaking English.

LEARNING TIP
In **Lección 1** you were introduced to the verb **ser.** Realize now that the **-ar** verbs *conjugate* in those same persons (**yo, tú/Ud.,** and **él/ella**) and numbers (the singular and plural forms of each person). In fact, all verbal tenses in Spanish (present, past, future) conjugate according to the very same categories: person and number.

ESTRUCTURAS

> Because the verb endings indicate who is performing the action, the subject pronouns are frequently omitted.

Necesito un lápiz.	*I need a pencil.*
Estudiamos inglés.	*We study English.*
Hoy **trabajo**.	*I work today.*

> Subject pronouns can, however, be used for emphasis or clarification.

—¿**Ellos** hablan inglés?	*Do they speak English?*
—**Ella** habla inglés y **él** habla alemán.	*She speaks English, and he speaks German.*

> In Spanish, as in English, when two verbs are used together, the second verb remains in the infinitive.

—¿Con quién necesita **hablar** Ud.?	*With whom do you need to speak?*
—Necesito **hablar** con el Sr. Vega.	*I need to speak with Mr. Vega.*

¿Tú lo sabías?

El español es el idioma vernáculo *(native)* de más de 470.000.000[1] de personas.
> ¿**Cuántas personas crees tú que hablan inglés en el mundo *(world)*?**

Práctica

 **20. ¡Habla con tu compañero(a)!** With a classmate, take turns asking and answering the following questions to indicate what people do.

1. Yo estudio francés. ¿Qué idioma estudias tú?
2. Carlos trabaja por la noche. ¿Tú trabajas por la mañana, por la tarde o por la noche? ¿Ganas mucho dinero? (¿O no trabajas?)
3. Mis amigos y yo conversamos en la cafetería. ¿Tú y tus amigos conversan en la cafetería o en la biblioteca? ¿Hablan inglés o español?
4. Los chicos practican el español todos los días. ¿Qué días practicas tú?
5. Nosotros hablamos inglés. ¿Qué idioma hablan en Arabia Saudita?
6. Yo no siempre *(always)* acepto las invitaciones de mis amigos. ¿Tú siempre aceptas las invitaciones de tus amigos?
7. Las chicas toman cuatro clases. ¿Cuántas clases toman tú y tus amigos?
8. Yo llego a la universidad a las ocho de la mañana. ¿A qué hora llegas tú? ¿A qué hora regresas a tu casa?
9. Delia anota la dirección de Sergio. ¿Qué anotan ustedes?
10. Nosotros deseamos estudiar alemán. ¿Qué idioma deseas estudiar tú además del español?

20. ¡Habla con tu compañero(a)!
Expansion
1. Have students work in groups of three or four and take turns asking each other how to say verb phrases: **¿Cómo se dice** *we speak*? The other members of the group should correct any errors.
2. Ask students to give the corresponding subject pronouns as you or another student gives a list of verb forms.
I: estudias
S1: tú estudias
I: deseamos
S2: nosotros deseamos
3. Write a short sentence builder on the board and ask students to combine the elements to form five original sentences.
Yo / Ud. / Tú / Ellas / Paco (etc.)
trabajar / necesitar / estudiar (etc.) **a las seis / en la clase / cuadernos** (etc.)

▬▬ Un dicho ▮
El trabajo dignifica.
Equivalent: *Work dignifies.*

---

[1]*470 million.* Note that, in Spanish numbers, a period is used instead of a comma to indicate thousands.

21. **¿Qué pasa aquí?** With a classmate, talk about what is going on in these drawings, using the subject pronouns given and the verbs **trabajar, hablar, necesitar, regresar, tomar,** and **estudiar.**

1. _____Nosotros hablamos inglés_____.

2. _____Yo estudio por la noche_____.

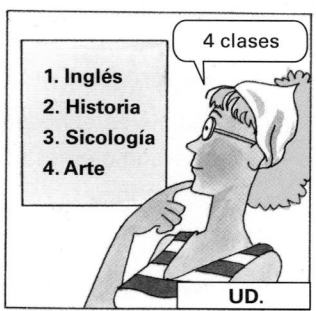

3. _____Ud. toma cuatro clases_____.

4. _La Dra. Santos trabaja en el hospital_.

5. _____Ellas necesitan dinero_____.

6. _____Tú regresas a la clase_____.

22. **¿Qué idioma hablan?** Indicate what languages these people speak.

> **Modelo** Jean-Pierre, que *(who)* es de París, habla *francés.*

1. Mao, que enseña *(teaches)* en la Universidad de Beijing, habla _____chino_____.
2. María Mercedes, que trabaja en la Pequeña Habana, habla _____español_____.
3. Vittorino y Gina, que estudian en Florencia, hablan _____italiano_____.
4. Carolyn, que es de Toronto, Canadá, habla _____inglés_____.
5. João, que trabaja en Río de Janeiro, Brasil, habla _____portugués_____.
6. Hans, que es de Alemania, habla _____alemán_____.

Para conversar

23. **Dos estudiantes conversan.** With a classmate, have a conversation about where you work, what days you work, what languages you speak, how many classes you take, and what you need. Take notes.

> **Modelo** —¿Dónde trabajas?
> —Trabajo en la ciudad de Chicago.
> —¿Qué días trabajas?
> —Trabajo los lunes, miércoles y viernes.

24. **Mi compañero(a)...** Now each student will share some information about his/her classmate with the rest of the class.

> **Modelo** (Sam) *trabaja en Chicago. Él trabaja los lunes, miércoles y viernes.*

ESTRUCTURAS

6 | Negative and interrogative sentences (Oraciones negativas e interrogativas)

A. Negative sentences

> To make a sentence negative, simply place the word **no** in front of the verb.

Yo trabajo en el hospital.	*I work at the hospital.*
Yo **no** trabajo en el hospital.	*I don't work at the hospital.*
Ella habla inglés.	*She speaks English.*
Ella **no** habla inglés.	*She doesn't speak English.*

> If the answer to a question is negative, the word **no** will appear twice, at the beginning of the sentence, as in English, and in front of the verb.

—¿Habla Ud. japonés?	*Do you speak Japanese?*
—**No,** yo **no** hablo japonés.	*No, I don't speak Japanese.*

The subject pronoun may be omitted.

—**No, no** hablo japonés.	*No, I don't speak Japanese.*

> ### ▬▬▬ Un dicho ▮
> **El saber no ocupa lugar.**
> Equivalent: *One can never know too much.*

B. Interrogative sentences

> In Spanish, there are several ways of asking a question to elicit a *yes* or *no* answer.

¿**Ud.** habla portugués?	
¿Habla **Ud.** portugués?	**Sí,** yo hablo portugués. (**No,** yo **no** hablo portugués).
¿Habla portugués **Ud.**?	

> These three questions ask for the same information and have the same meaning. The subject may be placed at the beginning of the sentence, after the verb, or at the end of the sentence.

> **¡Atención!** When speaking, the difference between a statement and a question is intonation. When asking *yes* or *no* questions, the voice goes up at the end of the last word.
>
> **¿Ud. habla italiano?**

> Note that a written question in Spanish begins with an inverted question mark.

> Another common way to ask a question in Spanish is to add tag questions such as **¿no?** and **¿verdad?** at the end of a statement.
>
> | | |
> |---|---|
> | Ud. habla ruso, **¿verdad?** | *You speak Russian, don't you?* |

> A question that asks for information begins with an interrogative word, and the verb, not the subject, is placed after the interrogative word.

¿Dónde **trabajas** tú?	*Where do you work?*
¿Cuándo **regresan** ellos?	*When do they return?*
¿Qué **necesita** Ud.?	*What do you need?*
¿Quién **es** el profesor?	*Who is the professor?*

¡Atención! Spanish does not use an auxiliary verb, such as *do* or *does,* in negative or interrogative sentences.

Práctica

25. ¿Qué preguntan? *(What do they ask?)* In the cafeteria, you overhear some conversations, but you miss all the questions. Supply them.

1. _____¿Qué estudias?_____ Estudio matemáticas.
2. _____¿Trabajas en el hospital?_____ Sí, trabajo en el hospital.
3. _____¿Trabajas por la mañana?_____ No, no trabajo por la mañana. Trabajo por la tarde.
4. _____¿De dónde son Uds.?_____ Somos de California.
5. _____¿Dónde estudian Uds.?_____ Estudiamos en la biblioteca.
6. _____¿Qué días estudian Uds.?_____ Estudiamos los sábados.
7. _____¿Qué necesitas?_____ Necesito el libro de español y, además, necesito una pluma.
8. _____¿Carlos es profesor?_____ No, Carlos no es profesor. Él es estudiante.
9. ¿Cómo se dice *language* en español? Se dice *idioma.*
10. _____¿Qué desean tomar Uds.?_____ Deseamos tomar café.

25. ¿Qué preguntan? Expansión Have students work in pairs and take turns asking and answering their questions.

26. ¡No! With a classmate, take turns answering the following questions in the negative and adding the correct answers.

Modelo ¿Tú eres profesor?
No, no soy profesor. Soy *estudiante.*

1. ¿Tú trabajas los sábados?
   No, no trabajo los sábados. Trabajo _____.

2. ¿Tú necesitas una pluma?
   No, no necesito una pluma. Necesito _____.

3. ¿Tú tomas cuatro clases?
   No, no tomo cuatro clases. Tomo _____ clases.

4. ¿Tú regresas a tu casa a las tres?
   No, yo no regreso a mi casa a las tres. Regreso _____.

5. ¿Tú estudias literatura?
   No, no estudio literatura. Estudio _____.

6. ¿Uds. son de Perú?
   No, nosotros no somos de Perú. Somos de _____.

ESTRUCTURAS

Para conversar

27. **Un nuevo amigo** With a classmate, read the following information about David Rojas. Then form ten questions about him. Your partner should answer in complete sentences.

Me llamo David Rojas. Soy cubanoamericano y estudio en la Universidad Internacional de la Florida. Tomo cuatro clases por la mañana, trabajo por la tarde y estudio por la noche; los sábados y los domingos no trabajo. Hablo tres idiomas: español, inglés y un poco de francés, y ahora deseo estudiar portugués. Trabajo mucho porque necesito dinero.

> HINT:
> Be aware of these interrogative words.
> ¿Dónde? *(Where?)*
> ¿Qué? *(What?)*
> ¿Cuándo? *(When?)*
> ¿Cuántos(as)? *(How many?)*
> ¿Quién(es)? *(Who?)*
> ¿Por qué? *(Why?)* (porque = *because*)

David Rojas

Some of the questions may require a yes or no answer. After completing the questions, join another group to ask your questions and answer theirs.

---

7 Possession with *de* (El caso posesivo)

> The **de** + *noun* construction is used to express possession or relationship. Spanish does *not* use the apostrophe.

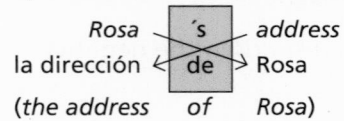

Rosa	's	address
la dirección ←	de →	Rosa
(*the address*	*of*	*Rosa*)

la clase **de la Dra. Peña** *Dr. Peña's class*
el libro **de Dora** *Dora's book*

Irene, la amiga de Carmen

¡Atención! Note the use of the definite article before the words **dirección, clase,** and **libro.**

—¿Quién es Francisco Acosta? *Who is Francisco Acosta?*
—Es **el profesor de Carmen.** *He is Carmen's professor.*

—¿Cuál es **la dirección de Irene**? *What is Irene's address?*
—Calle Magdalena, número seis. *Six Magdalena Street.*

Práctica

28. Deseamos saber... *(We want to know . . .)* With a classmate, look carefully at the illustrations and then take turns answering the questions that follow.

1. ¿Quiénes son las amigas de Sergio?
   Las amigas de Sergio son Eva y Ana .

4. ¿Quién es el Sr. Soto?
   El Sr. Soto es el papá de Anita .

2. ¿Qué necesita Olga?
   Olga necesita el libro de Dora .

5. ¿Quién es de Cuba?
   La mamá de Laura es de Cuba .

3. ¿Qué necesita Luis?
   Luis necesita el número de teléfono de Raúl .

6. ¿Quiénes son Pedro y José?
   Pedro y José son los estudiantes de la Dra. Vega .

Para conversar

29. ¿Lo necesitas o no? *(Do you need it or not?)* Take turns asking other members of the class if they need certain things.

Modelo   —¿*Necesitas el reloj de Raúl?*
   —*No, yo no necesito el reloj de Raúl. /*
   Sí, yo necesito el reloj de Raúl.

 **Un dicho** ❙
En casa del herrero, cuchillo de palo.
Equivalent: *The shoemaker's son always goes barefoot.*

LEARNING TIP
If a certain concept such as a grammar point is giving you difficulty after having been "with it" for a while, take a break, relax, and after five or ten minutes, resume your language study afresh. As you find out what points become more challenging for you, try to make these the first points you go over during your next study session.

ASÍ SOMOS

► ¡Vamos a ver!

Antes de ver el video

30. ¡Habla con tu compañero(a)! You and a classmate take turns asking and answering the following questions.

1. ¿A qué hora es la clase de español?
2. ¿Tú estudias en la biblioteca o en tu casa? ¿Estudias por la mañana, por la tarde o por la noche?
3. ¿Tú trabajas o estudias esta noche?
4. ¿Estudias solo(a) *(by yourself)* o con un(a) amigo(a)?
5. ¿Necesitas más tiempo para estudiar o para trabajar?
6. ¿Cómo se dice *backpack* en español?
7. ¿El español es un idioma fácil o difícil?
8. ¿Tú practicas el español todos los días? ¿Necesitas practicar más *(more)*?
9. ¿Tú hablas otros idiomas?
10. ¿Tú deseas estudiar otro idioma? ¿Cuál?

El video: El primer día de clases

Julio anota la dirección y el número de teléfono de Gloria.

—¿Tú hablas otros idiomas?
—Sí, hablo francés y un poco de portugués.

Después de ver el video

Gloria

Julio

Sandra

31. ¿Quién lo dice? Identify the person who said each of the following in the dialogues.

1. Yo trabajo en el hospital por la noche. Julio
2. ¡Necesitas más tiempo para estudiar! Gloria
3. ¡Ay, chica!¡En ese caso yo hablo chino! Gloria
4. Oye, ¿deseas estudiar conmigo el sábado por la mañana? Julio
5. Yo hablo italiano. Sandra
6. ¿Cómo se dice *backpack* en español? Sandra
7. ¡Sí! ¿Estudiamos en mi casa? Y por la tarde vamos a la Calle Ocho. Gloria
8. El español es un idioma difícil. Sandra
9. ¡Perfecto! Nos vemos el sábado. Julio

32. Hablemos. With a classmate, take turns asking and answering the following questions. Base your answers on the dialogues.

1. ¿Gloria es cubanoamericana?   Sí, es cubanoamericana.
2. ¿A qué hora es la clase de inglés?   Es a las diez y media.
3. ¿Julio y Olga estudian esta noche?   No, no estudian esta noche.
4. ¿Julio trabaja en el hospital por la mañana o por la noche?   Trabaja por la noche.
5. ¿Cuántas clases toma Julio?   Toma cinco clases.
6. ¿Qué necesita Julio?   Necesita más dinero y más tiempo para estudiar.
7. ¿Cuál es la dirección de Gloria?   Calle Quinta número 120.
8. ¿Gloria habla otros idiomas?   Sí, habla francés y un poco de portugués.

33. ¿Qué pasa después? You and a classmate use your imagination to talk about what the characters do the next day. In Spanish, discuss the following.

1. Whether Julio works or studies in the morning.
2. Whether Olga and José Luis study in the library.
3. Whether José Luis writes down Olga's phone number or Olga's address.
4. Whether or not Sandra practices Spanish.
5. Whether or not Gloria speaks French with a friend.
6. Whether or not Sandra wishes to study other languages.

Now compare your statements with those of another group.

🔊 ¡Vamos a escuchar!

> **ESTRATEGIA** Listening for specifics and guessing intelligently
> Often, when listening, you have specific information in mind that you want
> to know or that you expect to hear. Concentrating on these specifics helps
> your understanding and allows you to "discard" unrelated information. For
> example, if your Spanish-speaking housemate wants you to buy some things on
> your way home, you automatically listen for the items you need to buy. If he or
> she asks you to pick up **café, pan, leche y huevos,** by guessing intelligently you
> know you're expected to buy **leche** and **huevos** even if you aren't sure what
> they are.

CD1-14 **34. Necesitamos muchas cosas** Julio and Carmen need to make some classroom-related
purchases. Listen to their conversation and mark only the items they need to buy. Read the
list before listening. If you hear an unknown word, make an intelligent guess about it.

_____	tablilla de anuncios	_____	tiza
___✓___	cesto de papeles	___✓___	calculadora
___✓___	mochila	___✓___	carpetas
___✓___	reloj	___✓___	sacapuntas
___✓___	mapas	_____	bolígrafos
___✓___	archivo	___✓___	pizarras

¡Vamos a conversar!

> **ESTRATEGIA** Asking for repetition Conversing is a process of negotiation.
> Be ready to ask the person you are speaking with, for instance, to repeat
> whenever there's something important you didn't understand or didn't hear
> well. Here are some phrases you can use in these situations.
>
> › **¿Cómo?** *(What?)* or **¿Perdón?** *(I beg your pardon?)*
>
> › **Repite, por favor** *(informal)* or **Repita, por favor** *(formal). (Please
> repeat.)*
>
> › **Más despacio, por favor.** *(More slowly, please.)*
>
> › **Otra vez, por favor.** *(Once more, please.)*

35. ¿Cómo? With a classmate, take turns asking about each other's classes. Find out which classes
your classmate takes, on what days, and who the professors are. Use the phrases you've just
learned to ask for repetitions when necessary.

36. ¿Qué dices? What would you say in the following situations? What might the other person
say? Act out scenes with a classmate. Take turns playing each role.

1. You ask a friend if he/she wishes to study with you in the library. Ask at what time.
   ¿Deseas estudiar conmigo en la biblioteca? ¿A qué hora?
2. Tell a friend when you study and when you work. Ask him/her about his/her schedule.
   Answers will vary.
3. You accuse someone of not being punctual. Add that he/she is late everywhere.
   No eres puntual. Siempre llegas tarde a todas partes.

4. You ask someone how many classes he/she takes.
   ¿Cuántas clases tomas tú?
5. You ask a friend if he/she wants a cup of coffee and a sandwich.
   ¿Deseas una taza de café? ¿y un sándwich?

37. Para conocernos mejor To do this activity, work with a classmate whom you would like to get to know. Take turns asking each other these questions.

1. ¿Qué idiomas hablas tú? ¿Deseas estudiar otro idioma? (¿Cuál?)

37. Para conocernos mejor Expansion Have students choose appropriate questions to ask you, using the **Ud.** form.

2. ¿A qué hora es tu primera clase? ¿Tú estudias en la biblioteca o en tu casa? ¿Cuántas horas estudias?

3. ¿Tú trabajas los sábados y los domingos? ¿Necesitas ganar dinero?

4. ¿Tú eres puntual o llegas tarde a todas partes? ¿Necesitas más tiempo para estudiar?

5. ¿Qué hora es? ¿A qué hora regresas a tu casa hoy? ¿Y mañana?

6. ¿Tus padres hablan español o hablan solamente inglés?

7. ¿Tú y tus amigos conversan en español o en inglés? ¿Dónde conversan?

8. ¿Qué idiomas son fáciles? ¿Qué idiomas son difíciles?

38. Una actividad especial para toda la clase

El club de español All the students are members of the Spanish Club and are having a get-together after class.

Step 1: Divide into small groups and ask each other questions about the following: How many classes everyone takes this semester, your general schedule, and whether or not you need help with any of your classes. You might make plans to study together. Decide when, where, and at what time. Look around the classroom and describe what you see *(Hay...)*. Describe some of your classmates.

© wavebreakmedia/Shutterstock.com

Step 2: Join another group and give some information about the members of your group.

◀))) Un poema para memorizar
CD1-15

Mi verso es de un verde claro°   *light*
y de un carmín encendido°:   carmín... *light red*
mi verso es un ciervo herido°   ciervo... *wounded deer*
que busca° en el monte amparo°.   *Looks for / shelter*

José Martí (Cuba), from *Versos sencillos* (1891).

1. ¿Qué colores menciona Martí en el poema?
2. ¿Cuál es la nacionalidad de José Martí?

¡Vamos a leer!

Antes de leer

> ▶ **ESTRATEGIA** Guessing the meanings of unknown words
> When you read, you can often guess the meanings of some of the words you
> don't know by paying attention to the context. Look at the words surrounding
> an unknown word. Are there cognates, familiar words, or explanation or
> information that give clues to the meaning of the word? If a word seems
> important to the general meaning of a passage, try to make logical guesses
> about its meaning based on context before you consult a dictionary.

39. ¿Qué significa? Read the following sentences and choose the definition that best fits the context.

1. El profesor Griego **enseña** ciencias políticas en la universidad.
   a. learns   b. teaches   c. supervises

2. La señora Jiménez es profesora de literatura española en el departamento de **lenguas**.
   a. languages   b. humanities   c. arts

3. El estudiante **ayuda** a sus amigos a estudiar para el examen de cálculo porque las matemáticas
   son fáciles para él.
   a. helps   b. tests   c. demands

¡A leer!

ORGANIZACIÓN DE ESTUDIANTES HISPANOS

La profesora del año

La Dra. Isabel Junco, de La Habana, Cuba, es profesora de
literatura española y latinoamericana en el departamento de
Lengua y Literatura. Este semestre ella enseña un seminario
sobre° la poesía de Rubén Darío. Además de enseñar literatura,
la profesora Junco enseña dos clases de francés en la sección
de la noche. Ella habla cuatro idiomas: español, inglés, francés
y portugués. La Dra. Junco acaba de publicar° un libro sobre la
poesía° del famoso poeta y patriota cubano José Martí.
La Dra. Junco es una profesora excelente y es muy respetada y
admirada por todos sus estudiantes. Además de enseñar, trabaja
como voluntaria con "Cuba Libre°", una organización dedicada
a ayudar a los refugiados cubanos.

about

acaba... *has
just published / poetry*

Free

40. Comprensión Now, as you read the article about Dra. Isabel Junco again, find the answers to
the following questions.

1. ¿Quién es la profesora del año?   Isabel Junco
2. ¿De dónde es la Dra. Junco?   Es de La Habana, Cuba.
3. ¿Qué enseña?   Enseña literatura española y latinoamericana.
4. ¿En qué departamento trabaja?   En el Departamento de Lengua y Literatura.
5. ¿Qué enseña este semestre?   Un seminario sobre la poesía de Rubén Darío.

6. ¿Qué idioma enseña? Enseña francés.

7. ¿Qué idiomas habla? Ella habla español, inglés, francés y portugués.

8. ¿Qué acaba de publicar? Un libro sobre la poesía de José Martí.

9. ¿Quién es José Martí? Un famoso poeta y patriota cubano.

10. La Dra. Junco, ¿es una buena profesora? Sí, es una profesora excelente.

11. ¿Con qué organización trabaja Isabel Junco? Trabaja con "Cuba Libre".

12. ¿A quiénes ayuda "Cuba Libre"? Ayuda a los refugiados cubanos.

Después de leer... desde tu mundo

41. **Mi profesor(a) favorito(a)** In groups of three, talk about your favorite professor, whom you want to select as professor of the year.

   Include information such as his/her nationality, the languages he/she speaks, the days he/she teaches, etc.

¡Vamos a escribir!

Antes de escribir

> **ESTRATEGIA** **Conducting and reporting an interview**
> To prepare an effective interview, use your knowledge of the person you plan to interview and what readers might want to know about the person or the subject the interviewee will talk about.
>
> › Include questions that ask for information.
> › Prepare more questions than you think you need, and organize them in a logical sequence.

42. **Una entrevista** *(An interview)* You write a column about new students for the school paper and must interview a Spanish-speaking student for your next article. Brainstorm eight to ten questions you might ask and organize them in a logical sequence.

42. Una entrevista Activity Suggestion If possible, help arrange for students to interview Spanish speakers.

¡A escribir!

43. **Informe** Now write a draft **(borrador)** of your interview article. Sequence the information you obtained so that it flows smoothly.

Después de escribir

44. **A revisar** Before writing the final version of your interview, exchange your first draft with that of a classmate and peer edit each other's work. Use the following guidelines.

   › noun-adjective and noun-article agreement (in gender and number)

   › subject-verb agreement (in person and number)

   › logical sequence of information

Activity Suggestion If there is time, you may want to follow up with individual oral presentations before small groups in which the group asks further questions of the presenter about his or her interviewee.

EL MUNDO HISPÁNICO Y TÚ

Suggestion After students read all the information in this section, ask what aspects interest them the most. Then have them go to the Web and get additional information about those aspects.

 ## Los cubanoamericanos

¿Sabes qué tienen en común las famosas actrices Eva Mendes y Cameron Díaz, los senadores Marco Rubio, Bob Menéndez y Ted Cruz, Ileana Ros, la presidenta *(chairwoman)* de un subcomité de asuntos exteriores de la Cámara de Representantes, el modisto Narciso Rodríguez, el cantante *(singer)* rapero Pitbull y el jugador de Los Ángeles Dodgers Yasiel Puig? ¡Todos son cubanoamericanos!

Online Cultural Questions In instructor resources, there are 100 questions covering the cultural material found in these sections. These can be used in written quizzes, as part of the final oral exam, or as part of an end-of-term contest.

Economía y política

Los cubanos son el 4% de los hispanos en los Estados Unidos, pero como la mayor parte de ellos vinieron *(most of them came)* por razones políticas y no económicas, son los inmigrantes hispanos de más alto nivel educacional y de mayor ingreso *(income)* per cápita y los más conservadores.

Ileana Ros-Lehtinen (1952–) es la primera mujer hispana elegida *(elected)* al Congreso de los Estados Unidos (1989–presente).

El cubanoamericano **Marco Rubio** es un ejemplo de autosuperación. Hijo de una familia de inmigrantes pobres, estudió para abogado y hoy es senador de los EE.UU.

El entretenimiento

Pitbull (Armando Christian Pérez) es un rapero cubanoamericano. Su album *Planet Pit* incluye la canción "Give me everything", su primer éxito *(hit)* en el *Billboard Hot 100*.

Cameron Díaz actúa en muchas películas *(movies)*, como *Annie* y *The Counselor.*

SEAN DRAKES / Alamy

En **la Pequeña Habana,** un barrio *(neighborhood)* cubano de la ciudad de Miami, muchos de los bancos, cafés, restaurantes, mercados y tiendas son de propiedad cubana, y el español es el idioma más hablado *(spoken)*. Anualmente se celebra allí el **Festival de la calle Ocho**, que es parte de la celebración del **Carnaval**.

El mundo de la moda[1] y los negocios[2]

© Gary Gershoff/WireImage/Getty Images

Narciso Rodríguez, famoso diseñador de ropa *(clothing)*. Entre sus clientas están las actrices Salma Hayek y Sara Jessica Parker.

👤👤👤 Háganse preguntas

The class will be divided into groups of 3 or 4 students. The instructor will assign one of the seven items of information presented here to each group. The members of each group will prepare questions about the item assigned to them to ask the rest of the class.

[1]fashion
[2]business

© Richard Ellis/Contributor/Hulton Archive/
Rex Banner/Getty Images

La revolución cubana incautó *(seized)* los negocios azucareros de la familia Fanjul en Cuba, pero hoy Fanjul Corp., dirigida por **Alfonso Fanjul,** es la mayor empresa azucarera de la Florida. Sin embargo, el Sr. Fanjul declaró: "Si hay alguna manera *(some way)* de que la bandera familiar pueda volver *(may come back)* a Cuba, estaré encantado de hacerlo".

iLrn™

To learn more about Hispanic communities in the United States, watch the cultural footage in the Media Library.

AUTOPRUEBA

¿Cuánto sé ahora?

Take this test. When you have finished, check your answers in the answer key provided in Appendix D. Then use a red pen to correct any mistakes you may have made. Are you ready?

A. Gender and number and definite articles Write **el, la, los,** or **las** before each noun.

1. _las_ matemáticas
2. _el_ problema
3. _la_ muchacha
4. _la_ dirección
5. _los_ idiomas
6. _el_ marcador
7. _la_ decisión
8. _los_ pupitres

9. _las_ ciudades
10. _la_ libertad
11. _la_ solución
12. _la_ muchedumbre
13. _las_ luces
14. _los_ días
15. _los_ lápices
16. _el_ café

B. Gender and number and indefinite articles Write **un, una, unos,** or **unas** before each noun.

1. _una_ universidad
2. _una_ mochila
3. _unos_ libros
4. _un_ mapa
5. _unas_ manos
6. _un_ programa
7. _unos_ relojes
8. _una_ pared

9. _unos_ hombres
10. _una_ mujer
11. _una_ conversación
12. _unos_ poemas
13. _unos_ borradores
14. _un_ tema
15. _un_ hospital
16. _una_ noche

C. Cardinal numbers (40–100) Using simple arithmetic, write the results.

1. 20 más 22: _cuarenta y dos_
2. 60 más 40: _cien_
3. 60 menos 7: _cincuenta y tres_
4. 29 más 32: _sesenta y uno_
5. 100 menos 20: _ochenta_

6. 40 más 39: _setenta y nueve_
7. 50 más 40: _noventa_
8. 95 menos 9: _ochenta y seis_
9. 90 menos 40: _cincuenta_
10. 99 menos 39: _sesenta_

D. Telling time Use the cues given to say at what time the following classes are.

1. ¿A qué hora es la clase de francés? (9:15 a.m.)
   La clase de francés es a las nueve y cuarto de la mañana.

2. ¿A qué hora acaba (ends) la clase de español? (1:55 p.m.)
   La clase de español acaba a las dos menos cinco de la tarde.

3. ¿A qué hora es la clase de historia? (8:25 p.m.)
   La clase de historia es a las ocho y veinticinco de la noche.

E. Present indicative of -ar verbs and negative and interrogative sentences
Complete the following sentences, using the Spanish equivalents of the verbs in parentheses.

1. Eva y yo ___hablamos___ francés. *(speak)*
2. Los chicos ___conversan___ en la clase. *(converse)*
3. ¿Tú ___estudias___ en la biblioteca? *(study)*
4. ¿Usted ___necesita___ los mapas, señora? *(need)*
5. Yo ___regreso___ a las dos de la tarde. *(return)*
6. ¿Fernando ___trabaja___ los domingos? *(works)*
7. Ella ___gana___ mucho dinero. *(earns)*
8. ¿Uds. ___llegan___ tarde? *(arrive)*

F. Possession with *de* Give the Spanish equivalents of the words in parentheses.

1. ___La computadora de la chica___ está en el pupitre. *(The girl's computer)*
2. ___Las mochilas de los muchachos___ son negras. *(The boys' backpacks)*
3. ___El profesor de Alina___ es de México. *(Alina's professor)*

G. Just words . . . Match the questions in the first column with the answers in the second column.

1. ¿Qué deseas? ___k___
2. ¿Qué clase tomas? ___n___
3. ¿Dónde trabaja? ___h___
4. ¿Es puntual? ___a___
5. ¿Qué necesitan? ___m___
6. ¿A qué hora llegan? ___d___
7. ¿Cómo se dice *clock*? ___c___
8. ¿Con quién estudia Nora? ___l___
9. ¿Qué idioma hablan? ___f___
10. ¿Cuántas clases tomas? ___e___
11. ¿Tú trabajas? ___i___
12. ¿Ana habla portugués? ___g___
13. ¿Nos vemos el sábado? ___b___
14. ¿Estudiamos juntos? ___j___

a. No, siempre llega tarde.
b. Sí, a las nueve de la noche.
c. Reloj.
d. A las ocho de la mañana.
e. Solamente una.
f. Ruso.
g. Sí, y yo también.
h. En un hospital.
i. Sí, veinte horas por semana.
j. ¡Sí! ¡Yo necesito ayuda!
k. Otra taza de café.
l. Conmigo.
m. Un cesto de papeles.
n. Química.

H. Culture

1. Complete the following, based on information in the **¿Tú lo sabías?** sections.
   a. Cuando los hispanos dan una dirección, usan primero la palabra ___calle___ o ___avenida___.
   b. Para los horarios de aviones, autobuses, televisión y algunas invitaciones, se usa el sistema de ___24___ horas.
2. Complete the following, based on information found in the **El mundo hispánico y tú…** sectíon.
   a. Buena parte de los cubanos vinieron por razones políticas, no ___económicas___.
   b. En la Pequeña Habana, el ___español___ es el idioma más hablado.

I. Un dicho Do you remember the Spanish saying about the importance of knowledge? Find it in this lesson. El saber no ocupa lugar.

POR TELÉFONO

Una chica habla por teléfono.

OBJETIVOS COMUNICATIVOS

You will learn vocabulary used to describe people and activities and to make and receive phone calls.

SITUACIONES

Dos compañeros de cuarto

ESTRUCTURAS

1 Possessive adjectives

2 Cardinal numbers 101–1000

3 Descriptive adjectives: Forms, position, and agreement with articles and nouns

4 Present indicative of regular **-er** and **-ir** verbs

5 Present indicative of the irregular verbs **tener** and **venir**

6 The personal **a**

ASÍ SOMOS

¡Vamos a ver!
Watching and understanding situations

¡Vamos a escuchar!
Taking a phone call

¡Vamos a conversar!
Using stock phrases

¡Vamos a leer!
Activating background knowledge

¡Vamos a escribir!
Analyzing writing models

EL MUNDO HISPÁNICO Y TÚ

❯ Los puertorriqueños en los Estados Unidos

AUTOPRUEBA

You will review what you learned in this lesson.

Supri Suharjoto/Shutterstock.com

Activity Suggestion Use this and the opener photo to introduce the lesson theme. Ask your students:
1. ¿Hablas mucho por teléfono con tus amigos? ¿Y por Internet?
2. ¿Con quién(es) hablas todos los días?
3. ¿A quién crees tú que le envía mensajes de texto *(sends text messages)* la chica de la foto? ¿A su novio?

 **LOS PUERTORRIQUEÑOS** Los puertorriqueños son el segundo grupo más grande *(largest)* de hispanos en los Estados Unidos. Como Puerto Rico es un Estado Libre Asociado a este país, los puertorriqueños son ciudadanos estadounidenses y no necesitan pasaporte ni visa para entrar en el país.

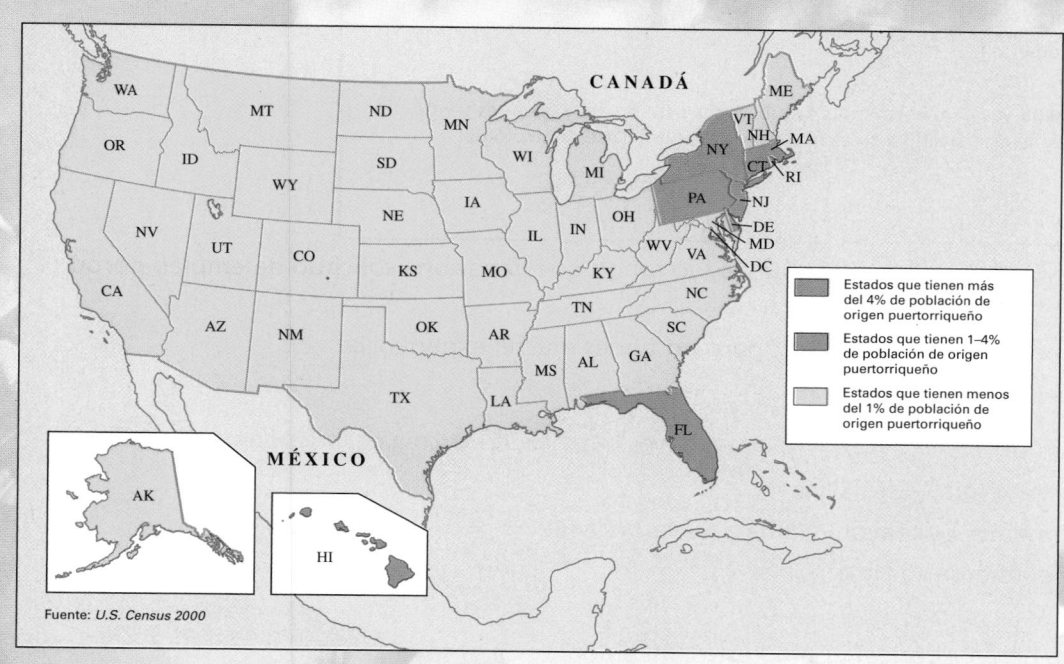

Fuente: *U.S. Census 2000*

SITUACIONES

🔊 Dos compañeros de cuarto
CD1-16

▶ ¡Ubíquelos!
Carlos and David live and study in New York, where there are more Puerto Ricans than in San Juan, the capital of Puerto Rico. Watching the video will give you a sense of the two young men's surroundings: "La Gran Manzana" (The Big Apple).

Carlos Saldaña y David Cortés son compañeros de cuarto y viven en un apartamento muy pequeño en Nueva York. Carlos es moreno, de estatura mediana y muy simpático. David es alto, guapo y muy inteligente. Los dos son puertorriqueños y asisten a la universidad.

CARLOS: ¿Tienes el periódico? Necesito leer los anuncios.

DAVID: Sí, aquí está. ¡Ah! Hay un mensaje electrónico de tu novia.

Carlos lee el mensaje.

> A: Carlos@amigo.com
> De: Silvia@pr.com
> Asunto: Examen
> Mi amor: Tengo que llevar a mi hermano a la biblioteca esta noche y después tengo que estudiar porque mañana tengo un examen parcial en mi clase de sicología.
> Nos vemos mañana.
> Silvia

CARLOS: ¡Silvia no viene esta noche...! Bueno, yo tengo que llenar una solicitud de empleo porque necesito ganar dinero...

DAVID: Sí, tienes problemas económicos, pero no tienes mucha experiencia.

CARLOS: ¡Es verdad!

Carlos come un sándwich de queso y una manzana, bebe un refresco y después llama a su novia.

CARLOS: *(Al teléfono)* Hola. ¿Está Silvia?

TERESA: Sí, un momento, por favor. *(Llama a Silvia.)* ¡Silvia!

SILVIA: *(Contesta el teléfono.)* Hola.

CARLOS: ¿Silvia?

SILVIA: Sí, con ella habla. ¿Carlos? ¿Cómo estás, mi amor?

CARLOS: No muy bien. ¡Tú no vienes esta noche!

SILVIA: No, mi vida. Tengo mucho que hacer.

CARLOS: ¿Deseas beber algo en el café San Juan?

SILVIA: No, lo siento. Tengo que estudiar. ¿y tú? ¿No tienes que llenar una solicitud de empleo?

CARLOS: Sí… y también tengo que escribir un informe para mi clase de historia…

SILVIA: Entonces… Hasta mañana, mi amor. ¡Y buena suerte!

CARLOS: Gracias. Hasta mañana…

Carlos habla con David.

DAVID: ¿Silvia estudia con Fernando esta noche?

CARLOS: ¿Quién es Fernando?

DAVID: Creo que es un amigo de Teresa. Él y Silvia tienen una clase juntos. Según Silvia, es un muchacho encantador…

CARLOS: ¡Ajá! ¡Con razón no viene esta noche y no acepta mi invitación! ¡Chau! ¡Me voy!

DAVID: ¿Adónde?

CARLOS: ¡A casa de Silvia!

¿ Tú lo sabías?

Para contestar el teléfono *(To answer the phone)*:
En México: **Bueno**
En España *(Spain)*: **Diga, Dígame, ¿Sí?**
En Cuba y en otras regiones del Caribe: **Oigo, Hola**
En Argentina: **¿Sí?, Hable, Hola, Aló**
❭ **¿Cómo se contesta el teléfono en este país *(this country)*?**

Activity Suggestion While role-playing this dialogue, students should review vocabulary from **Lección 3** by asking each other the meanings of words and phrases.

1. Hablemos. With a classmate, take turns asking and answering the following questions. Base your answers on the dialogue and on your own circumstances.

Activity Suggestion Have students ask you the same questions about the dialogue. Always give them the wrong answers, and have them correct you.

En el diálogo

1. ¿Dónde viven Carlos y David?
2. ¿Carlos es muy alto?
3. ¿Cómo es David?
4. ¿Qué lee Carlos en el periódico?
5. ¿Qué recibe Carlos de su novia?
6. ¿Qué tiene Silvia mañana?
7. ¿Qué tiene que hacer Silvia?
8. ¿Qué tiene que escribir Carlos mañana?
9. ¿Con quién estudia Silvia?
10. ¿Acepta Silvia la invitación de Carlos?

¿Y tú?

1. ¿Dónde vives tú?
2. ¿Tú eres alto(a)?
3. ¿Cómo eres tú?
4. ¿Tú lees el periódico todos los días?
5. ¿Tú recibes muchos mensajes electrónicos?
6. ¿Cuándo tienes exámenes tú?
7. ¿Qué tienes que hacer tú?
8. ¿Qué tienes que escribir tú?
9. ¿Con quién estudias tú?
10. ¿Tú recibes muchas invitaciones?

1. Hablemos Answers 1. Viven en un apartamento. 2. No, es de estatura mediana. 3. Es alto, guapo y muy inteligente. 4. Lee los anuncios. 5. Recibe un mensaje electrónico. 6. Tiene un examen parcial. 7. Tiene que estudiar. 8. Tiene que llenar una solicitud de empleo y escribir un informe. 9. Estudia con Teresa y Fernando. 10. No, Silvia no acepta la invitación de Carlos.

¿ Tú lo sabías?

Español y **castellano** son equivalentes.
❭ **¿Hay mucha diferencia entre el inglés que hablan en Inglaterra *(England)* y el que se habla en este país?**

VOCABULARIO

🔊 En el diálogo

Cognados

el apartamento	apartment
el café	café, coffee shop
el examen	exam
la experiencia	experience
la historia	history
la invitación	invitation
el mensaje	message
el momento	moment
puertorriqueño(a)	Puerto Rican
la sicología	psychology

Nombres

el anuncio, aviso	advertisement
el (la) compañero(a) de cuarto	roommate
el empleo, el trabajo	job
el examen parcial	midterm exam
la hermana	sister
el hermano	brother
el informe	report
la manzana	apple
el mensaje (correo) electrónico	e-mail
la novia	girlfriend
el novio	boyfriend
el periódico, el diario	newspaper
el queso	cheese
el refresco[1], la soda	soda pop
la solicitud	application
_____ de empleo	job application

Verbos

asistir (a)	to attend
beber, tomar	to drink
comer	to eat
contestar	to answer
creer	to think, to believe
escribir	to write
leer	to read
llamar	to call
llenar	to fill out
llevar	to take (someone or something someplace)
tener	to have
venir	to come
vivir	to live

Adjetivos

económico(a)	financial
encantador(a)	charming
pequeño(a)	small, little
simpático(a)	likable

Otras palabras y expresiones

Aquí está.	Here it is.
beber algo[2]	to have something to drink
Con ella habla.[3]	This is she. (Speaking.)
con razón	no wonder
de estatura mediana	of medium height
después	afterwards
entonces	then, in that case
Es verdad.	It's true.
¿Está... ?	Is . . . (name) there?
esta noche	tonight
Me voy.	I'm leaving.
mi amor	my love
mi vida	my love (life)
para	for
que[4]	that
¿quién? (¿quiénes?)	who?
según	according to
tener mucho que hacer	to have a lot to do
tener que + infinitivo	to have to + infinitive

---

[1] Also la **gaseosa**

[2] **comer algo** to have something to eat
[3] **Con él habla.** This is he. (Speaking.)
[4] **que** is not omitted: Yo creo **que** ella es bonita.
   I think she's pretty.

Más sobre el tema

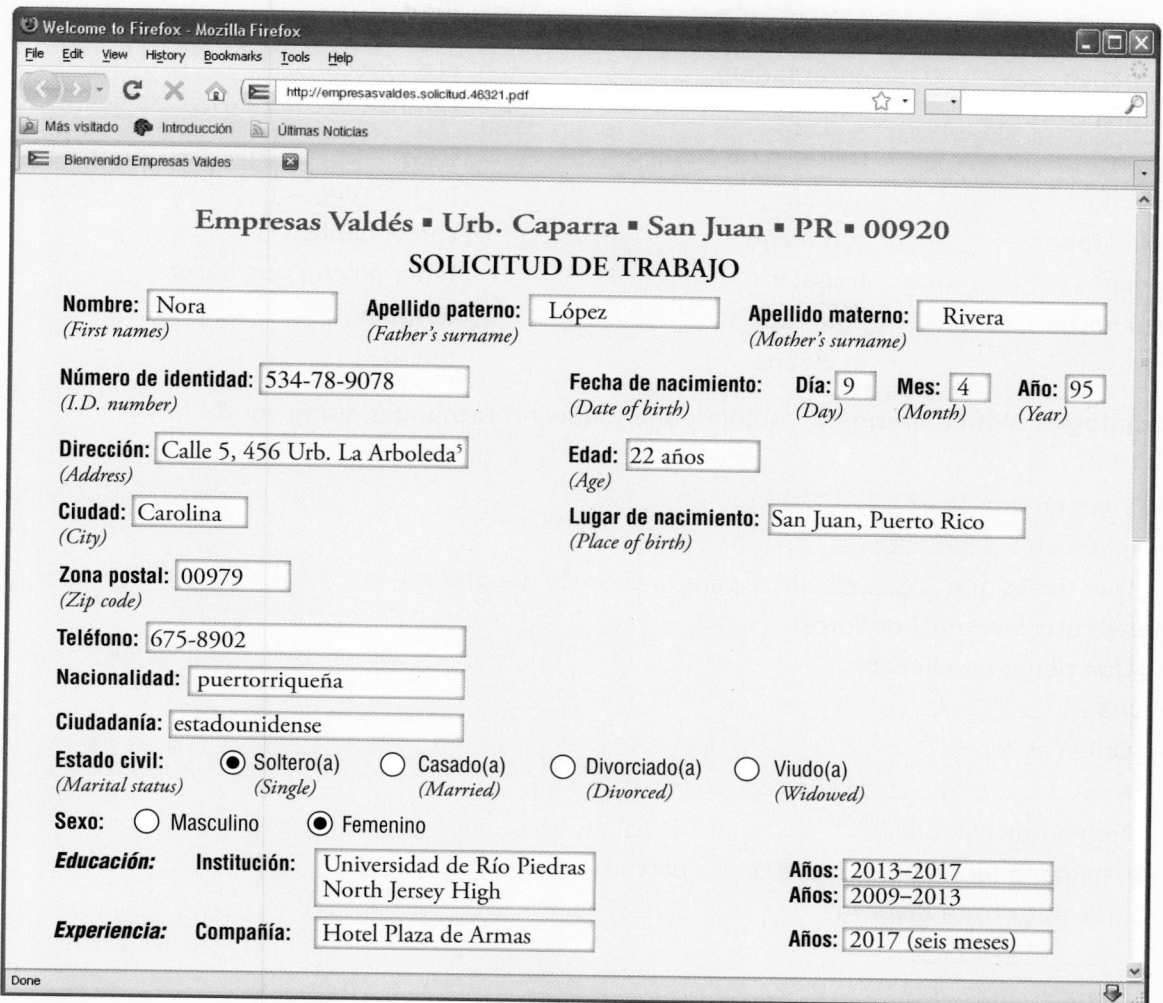

Empresas Valdés ▪ Urb. Caparra ▪ San Juan ▪ PR ▪ 00920

SOLICITUD DE TRABAJO

Nombre: Nora
(First names)

Apellido paterno: López
(Father's surname)

Apellido materno: Rivera
(Mother's surname)

Número de identidad: 534-78-9078
(I.D. number)

Fecha de nacimiento:
(Date of birth)
Día: 9 *(Day)*
Mes: 4 *(Month)*
Año: 95 *(Year)*

Dirección: Calle 5, 456 Urb. La Arboleda[5]
(Address)

Edad: 22 años
(Age)

Ciudad: Carolina
(City)

Lugar de nacimiento: San Juan, Puerto Rico
(Place of birth)

Zona postal: 00979
(Zip code)

Teléfono: 675-8902

Nacionalidad: puertorriqueña

Ciudadanía: estadounidense

Estado civil: *(Marital status)* ● Soltero(a) *(Single)*   ○ Casado(a) *(Married)*   ○ Divorciado(a) *(Divorced)*   ○ Viudo(a) *(Widowed)*

Sexo: ○ Masculino   ● Femenino

Educación: **Institución:** Universidad de Río Piedras / North Jersey High   **Años:** 2013–2017 / **Años:** 2009–2013

Experiencia: **Compañía:** Hotel Plaza de Armas   **Años:** 2017 (seis meses)

Características

antipático(a)	unpleasant
bajo(a)	short
delgado(a)	thin, slender
feo(a)	ugly
gordo(a)	fat
optimista[6]	optimist
pelirrojo(a)	red-headed
pesimista[6]	pessimist
realista[6]	realist
rubio(a)	blond
terco(a)	stubborn

Datos personales *(Personal data)*

lugar donde trabaja	place of employment
número de la licencia de conducir	driver's license number
número de seguro social	social security number
ocupación	occupation
profesión	profession
solicitud electrónica	online application form

[5] Given that the postal system in Puerto Rico is that of the United States, there have been trends toward reversing the street name and number so as to conform to American conventions. Remember, though: this is just in the case of Puerto Rico.

[6] The ending of this kind of adjective (**-ista**) does not change, regardless of gender: **un chico optimista; una chica optimista.**

VOCABULARIO

Práctica

2. Palabras Circle the word or phrase that does not belong in each group.

1. simpático	encantador	(económico)
2. hermano	(anuncio)	compañero de cuarto
3. (suerte)	solicitud de empleo	trabajo
4. mi amor	mi vida	(mi informe)
5. al teléfono	(con razón)	con él habla
6. (llamar)	trabajar	tener mucho que hacer
7. esta noche	(aquí está)	después
8. (refresco)	manzana	queso

3. Minidiálogos With a classmate, complete the following exchanges, using vocabulary from this lesson.

1. —¿Vives en una casa?

   —No, en un ___apartamento___.

2. —¿Qué tienes que ___leer___ para tu clase de geografía?

   ¡Tengo que leer muchos libros!

3. —¿Qué tienes que llenar?

   —Una ___solicitud___.

4. —¿Quién es Teresa?

   —Es mi ___compañera___ de cuarto.

5. —¿Tienes que estudiar?

   —Sí, mañana tengo un ___examen___ parcial.

6. —¿Cuál es tu fruta favorita?

   —La ___manzana___.

7. —¿Elena es alta?

   —No, es de ___estatura___ mediana.

8. —Me ___voy___. Chau.

   —Adiós.

4. ¿Qué es? Write the vocabulary word or phrase that corresponds to each of the following.

1. persona de Puerto Rico ___puertorriqueño(a)___

2. trabajo ___empleo___

3. clase en la que estudiamos a Abraham Lincoln ___historia___

4. anuncio ___aviso___

5. opuesto (opposite) de grande (big) ___pequeño(a)___

6. lo que llenamos para solicitar algo ___solicitud___

7. muy simpática ___encantadora___

8. diario ___periódico___

9. tipo de mensaje que recibimos en la computadora ___electrónico___

10. mi amor ___mi vida___

Para conversar

 5. Habla con tu compañero(a) de clase. With a classmate, take turns asking and answering the following questions.

1. ¿Cuál es tu apellido paterno? ¿Y tu apellido materno?
2. ¿Cuál es tu nacionalidad? ¿Cuál es tu estado civil?
3. ¿Cuál es tu lugar de nacimiento? ¿Cuál es tu edad?
4. ¿Tú tienes tu número de seguro social en tu billetera *(wallet)*? (Sí (No), yo (no) tengo...)
5. ¿Tú eres optimista, pesimista o realista?
6. ¿Tú eres un poco *(a little)* terco(a)?
7. ¿Tu mejor *(best)* amigo(a) es moreno(a), rubio(a) o pelirrojo(a)? ¿Es guapo(a) o feo(a)?
8. ¿Tu mamá *(mom)* es alta, baja o de estatura mediana?
9. ¿Cómo se dice *driver's license* en español?
10. ¿Cómo se dice *social security number* en español?

CD1-17

Pronunciación

Linking

- In Spanish, a final consonant is always linked with the next initial vowel sound.

  Andrés es el amigo de Rafael.   Son estudiantes argentinos.

- When two identical consonants are together, they are pronounced as one.

  Los señores son nativos.

- When two identical vowels are together, they are pronounced as one long vowel.

  ¿Está Ana Acosta?   Habla Arturo Olivera.

- The final vowel of one word is linked with the initial vowel of the following word to form one syllable.

  La novia de Orlando es rubia.   Ella es de Asunción y él es de Inglaterra.

Pronunciación Suggestion Have students take turns reading these sentences. Walk around the classroom and check their pronunciation.

ESTRUCTURAS

1 Possessive adjectives *(Los adjetivos posesivos)*

Forms of the Possessive Adjectives		
Singular	**Plural**	
mi	mis	*my*
tu	tus	*your (fam.)*
su	sus	*his*
		her
		your (form.)
		its
		their
nuestro(a)	nuestros(as)	*our*
vuestro(a)	vuestros(as)	*your (fam.)*

> Possessive adjectives always precede the nouns they introduce. They agree in number with the nouns they modify.

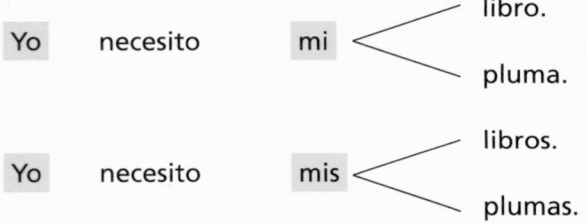

| Yo | necesito | mi | libro. / pluma. |

| Yo | necesito | mis | libros. / plumas. |

> **Nuestro** and **vuestro** are the only possessive adjectives that have the feminine endings **-a** and **-as.** The others take the same endings for both genders.

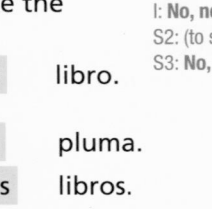

Nosotros	necesitamos	nuestro	libro.
		nuestra	pluma.
Nosotros	necesitamos	nuestros	libros.
		nuestras	plumas.

Activity Suggestion Before you begin class, ask five or six students each to place an object they own on a table in front of the room. Students should then try to find out what belongs to whom. They may direct questions to you or to other members of the class in order to try to identify the owner of each article. Encourage them to take notes (similar to the tally sheet in the board game Clue) to facilitate the search for the owners.
S1: (to instructor) ¿**Es el libro de Silvia?**
I: **No, no es su libro.**
S2: (to student) ¿**Es tu libro?**
S3: **No, no es mi libro.**

> Possessive adjectives agree in gender with the thing possessed and *not* with the possessor. For example, two male students referring to their female professor will say **nuestra profesora.**

> Because **su** and **sus** have several possible meanings, the form **de él** (or **de ella, de ellos, de ellas, de Ud., de Uds.**) can be substituted to avoid confusion. The "formula" is: *article + noun + de + pronoun.*

> sus plumas → las plumas **de él** (**ella, Ud.,** etc.)
> su libro → el libro **de él** (**ella, Ud.,** etc.)

—¿De dónde son **tus** amigos?   *Where are your friends from?*
—**Mis** amigos son de Puerto Rico.   *My friends are from Puerto Rico.*

—¿Quién es la profesora **de Uds.?**   *Who is your professor?*
—**Nuestra** profesora es la doctora Paz.   *Our professor is Dr. Paz.*

Práctica

6. Minidiálogos Complete the following exchanges, using the corresponding possessive adjectives. Then act them out with a classmate.

1. —Inés, ¿a qué hora es _____tu_____ clase de español?

   —_____Mi_____ clase de español es a las 9. ¿A qué hora es la clase de Ana?

   —_____Su_____ clase (La clase de ella) es a las 10.

2. —¿De dónde es la profesora de Uds.?

   —_____Nuestra_____ profesora es de San Juan; es puertorriqueña.

3. —Anita, ¿_____tus_____ hermanos hablan inglés?

   —Sí, _____mis_____ hermanos hablan inglés.

   —¿Y las hermanas de Raúl?

   —No, _____sus_____ hermanas (las hermanas de él) no hablan inglés.

4. —Sr. Vega, ¿_____sus_____ clases son por la mañana o por la tarde?

   —_____Mis_____ clases son por la tarde.

5. —Sergio, ¿dónde trabaja la compañera de cuarto de Rita?

   —_____Su_____ compañera de cuarto (La compañera de cuarto de ella) trabaja en el hospital.

6. —¿Dónde viven los amigos de Uds.?

   —_____Nuestros_____ amigos viven en California.

7. Respuestas negativas (*Negative answers*) Answer the following questions *in the negative,* using the appropriate possessive adjectives.

1. ¿Lorena es la novia de Alberto?   No, no es su novia.
2. ¿Necesitas tu libro de español?   No, no necesito mi libro de español.
3. ¿La profesora de Uds. es de México?   No, nuestra profesora no es de México.
4. ¿Carlos y Daniel son tus amigos?   No, no son mis amigos.
5. ¿El Dr. Paz y la Dra. Ruiz son profesores de Uds.?   No, no son nuestros profesores.
6. ¿Tú necesitas mis cuadernos?   No, no necesito tus cuadernos.
7. ¿Tú necesitas la dirección de los chicos?   No, no necesito su dirección.
8. ¿Marisa y Olga son amigas de Claudia?   No, no son sus amigas.

Para conversar

8. Deseamos saber... (*We want to know . . .*) With a classmate, prepare six questions you want to ask Carlos and David about their apartment, their friends, their classes, etc. Some of the questions should be addressed to both of them, and some to one of them. Make sure you use the appropriate possessive adjectives.

ESTRUCTURAS

2 Cardinal numbers 101–1000 (Los números cardinales 101–1000)

101	**ciento uno** (and so on)	600	**seiscientos**
200	**doscientos**	700	**setecientos**
300	**trescientos**	800	**ochocientos**
400	**cuatrocientos**	900	**novecientos**
500	**quinientos**	1000	**mil**

Activity Suggestion Dictating numbers at random is a good exercise. A game of Bingo in Spanish may also be popular with students (see the Introduction for instructions).
Note Remind students that when counting objects, plural hundreds should agree in gender and number with the nouns they modify.

trescientos libros	**trescientas** sillas
quinientos pesos	**quinientas** computadoras

> When counting beyond 100 (101 to 199), **ciento** is used.

> **Y** appears only in numbers between 16 and 99. It is not used to separate thousands, hundreds, and tens from each other: **mil quinientos ochenta y seis.**

> In Spanish, one does not count in hundreds beyond 1000; thus, 1100 is expressed as **mil cien.** After 1000, thousands are counted **dos mil, tres mil,** and so on. Note that Spanish uses a period rather than a comma to indicate thousands.

—¿Cuál es su fecha de nacimiento?	*What is the date of your birthday?*
—El tres de abril de mil novecientos ochenta y dos.	*April third, nineteen (hundred and) eighty-two.*

> When modifying a feminine noun, the feminine form is used: **doscientas sillas.**

> To ask how much a single item costs, say, **¿Cuánto cuesta?** For multiple items, use **¿Cuánto cuestan?**

—¿Cuánto cuesta el escritorio?	*How much does the desk cost?*
—Cuesta **ciento cincuenta** dólares.	*It costs a hundred and fifty dollars.*
—¿Cuánto cuestan las ventanas?	*How much do the windows cost?*
—Cuestan **mil cien** dólares.	*They cost eleven hundred dollars.*

Práctica

9. Un poco de aritmética With a classmate, take turns solving the following.

1. ¿Cuánto es ciento veinte más ochenta? _____ doscientos _____
2. ¿Cuánto es doscientos diez más ciento veinte? _____ trescientos treinta _____
3. ¿Cuánto es cuatrocientos noventa menos cuarenta? _____ cuatrocientos cincuenta _____
4. ¿Cuánto es cincuenta por diez? _____ quinientos _____
5. ¿Cuánto es mil doscientos entre dos? _____ seiscientos _____
6. ¿Cuánto es mil menos trescientos? _____ setecientos _____
7. ¿Cuánto es setenta y ocho por diez? _____ setecientos ochenta _____
8. ¿Cuánto es mil menos doscientos? _____ ochocientos _____
9. ¿Cuánto es cuatrocientos cincuenta más cuatrocientos cincuenta? _____ novecientos _____
10. ¿Cuánto es cinco mil por veinte? _____ cien mil _____

10. De compras *(Shopping)* With a classmate, look at the illustration and ask how much each item costs.

> **Modelo** —*¿Cuánto cuesta el sofá?*
> —*El sofá cuesta novecientos noventa dólares.*

(HINT: el cuadro = *picture*

el auto = *car*

el televisor = *TV set*)

Para conversar

11. En el año... *(In the year . . .)* Mention different historic events from the list below to different classmates. Your classmates should say the year in which each event took place. If you need help, refer to the years in the box.

1492	1969
1776	2001
1861	2014
1914	

1. Los Juegos Olímpicos de Rusia 2014
2. La Primera Guerra Mundial *(World War I)* 1914
3. La llegada de Cristóbal Colón a América 1492
4. La independencia de los Estados Unidos 1776
5. La Guerra Civil en los Estados Unidos 1861
6. La llegada del hombre a la luna *(moon)* 1969
7. El ataque a las torres gemelas de Nueva York 2001
8. Las fechas de nacimiento de Uds.

© Maria Grazia Casella / Alamy

Estatua de Cristóbal Colón, Santo Domingo, República Dominicana

 **12. Buscamos apartamento.** *(We're looking for an apartment.)* In groups of three or four, try to figure out how much one-room, two-room, and three-room apartments cost. Discuss different locations.

Modelo *Yo creo que un apartamento de una habitación en Manhattan debe costar tres mil dolares por mes.*

HINT:
- de una habitación
- de dos habitaciones
- de tres habitaciones

3 Descriptive adjectives: Forms, position, and agreement with articles and nouns *(Adjetivos calificativos: formas, posición y concordancia con artículos y nombres)*

A. Forms of adjectives

❯ Descriptive adjectives identify characteristics or qualities such as color, size, and personality. In Spanish, these adjectives agree in gender and number with the nouns they modify. Adjectives ending in **-o** are made feminine by changing the **-o** to **-a**.

el muchach**o** cuban**o**	la muchach**a** cuban**a**
el chic**o** rubi**o**	la chic**a** rubi**a**
el lápiz roj**o**	la pluma roj**a**

> **▬▬ Un dicho ▮**
> **A palabras necias°, oídos sordos°.**
> Equivalent: *Take no notice of the stupid things people say.*

foolish / oídos... *deaf ears*

❯ Adjectives ending in **-e** or in a **consonant** have the same form for the masculine and the feminine.

el chico inteligent**e**	la chica inteligent**e**
el esposo feli**z** *(happy)*	la esposa feli**z**
el libro fáci**l**	la clase fáci**l**

❯ Adjectives of nationality that end in a consonant add an **-a** in the feminine.

el muchacho español	la muchacha español**a**
el señor inglés	la señora ingles**a**

❯ Adjectives ending in **-or, -án, -ón,** or **-ín** add an **-a** in the feminine.

el alumno trabajad**or** ⎫
                                ⎬ *the hardworking student*
la alumna trabajad**ora** ⎭

¡Atención! Adjectives that have an accent in the last syllable of the masculine form drop it in the feminine: **inglés → inglesa.**[1]

[1]For rules on accent marks, see Appendix A.

> To form the plural, adjectives follow the same rules as nouns. For adjectives ending in a vowel, add **-s;** for adjectives ending in a consonant, add **-es;** for adjectives ending in **-z,** change the **-z** to **c** and add **-es.**

bonita	bonita**s**
español	español**es**
feli**z**	feli**ces**

B. Position of adjectives

> Descriptive adjectives generally follow the noun.

Miguel es un chico **inteligente.**	*Miguel is an intelligent boy.*
Necesito dos plumas **rojas.**	*I need two red pens.*

> Adjectives denoting nationality always follow the noun.

El profesor **mexicano** trabaja en la universidad.

C. Agreement of articles, nouns, and adjectives

> In Spanish, the article, noun, and adjective agree in gender and number.

un muchach**o alto**	**una** muchacha **alta**
los muchach**os altos**	**las** muchach**as altas**

> When an adjective modifies two or more nouns, the plural form is used.

la silla y la mesa **rojas**

> If two nouns described together are of different genders, the masculine plural form of the adjective is used.

la chic**a** puertorriqueñ**a**
el chic**o** puertorriqueñ**o** } la chica y el chic**o** **puertorriqueños**

© Lester Cohen/AMA2011/WireImage/Getty Images

© Alexander Tamargo/Getty Images Entertainment/Getty Images

Dos cantantes puertorriqueños: Jennifer López y Chayanne

ESTRUCTURAS

Práctica

13. Nacionalidades You have probably heard of these celebrities. With a classmate, take turns matching them with their nationalities. Be sure to use the verb **ser** and to make any necessary changes to the adjectives.

mexicano   español
norteamericano, estadounidense   cubano
dominicano   inglés
colombiano   puertorriqueño

La actriz Sofía Vergara

1. La princesa Charlotte ___Es inglesa.___
2. Sofía Vergara ___Es colombiana.___
3. Jorge Ramos y Salma Hayek ___Son mexicanos.___
4. Gloria Estefan y Andy García ___Son cubanos.___
5. Penélope Cruz y Antonio Banderas ___Son españoles.___
6. Ann Hathaway ___Es estadounidense.___
7. Jean Paul Sartre y Albert Camus ___Son franceses.___
8. Jennifer López y Chayanne ___Son puertorriqueños.___

14. ¡Al contrario! *(On the contrary!)* With a classmate, take turns asking and answering the following questions. In your answers, contradict what is stated.

Modelo   —*¿Rosaura es alta?*
           —*No, es baja.*

1. ¿Rita y Sara son delgadas?   No, son gordas.
2. ¿La hermana de Diego es fea?   No, es bonita.
3. ¿El novio de Marisa es guapo?   No, es feo.
4. ¿Tú eres impaciente?   No, soy paciente.
5. ¿Las amigas de Graciela son antipáticas?   No, son simpáticas.
6. ¿El hermano de Olga es moreno?   No, es rubio.
7. ¿Los muchachos son bajos?   No, son altos.
8. ¿Mario es pesimista?   No, es optimista.

15. ¿Cómo son? *(What are they like?)* With a classmate, take turns describing the following people, using as many descriptive adjectives as possible.

1. Reese Witherspoon
2. Antonio Banderas
3. Roseanne
4. Brad Pitt
5. Julia Roberts
6. las chicas de la clase
7. los chicos de la clase
8. tu mejor amigo(a)

> **LEARNING TIP**
> Empower yourself by asking for help any time you feel you need it, by using the following questions: **¿Cómo se dice... ?** and **¿Qué quiere decir... ?** *(What does . . . mean?)*

Para conversar

16. Características Suggestion Students ask the instructor if he/she is *(one of the adjectives from the zodiac list)*: **Profesor(a), ¿Ud. es afectuoso(a)?**

 **16. Características** Get together in groups of three or four and, referring to the characteristics listed for all the signs of the zodiac, decide whether or not they correspond to your personalities. Then each person in the group will think of someone he or she knows and check out that person's sign. Do the characteristics fit that person?

Aries: valientes, dinámicos, interesantes y un poco (*a little*) impacientes	**Libra:** amables, diplomáticos, idealistas y un poco indecisos
Tauro: prácticos, pacientes, leales (*loyal*) y un poco tercos	**Escorpión:** valientes, leales, trabajadores (*hardworking*) y un poco sarcásticos
Géminis: inteligentes, enigmáticos, no muy religiosos y un poco superficiales	**Sagitario:** lógicos, optimistas, encantadores y un poco egoístas
Cáncer: amistosos, afectuosos, hogareños (*family oriented*) y muy sensibles (*sensitive*)	**Capricornio:** maduros, disciplinados, trabajadores y muy reservados
Leo: optimistas, románticos, divertidos y un poco egoístas	**Acuario:** compasivos, independientes, un poco excéntricos y un poco tercos
Virgo: inteligentes, eficientes, generosos y un poco inseguros	**Piscis:** creativos, espirituales, compasivos y un poco indecisos

17. El hombre ideal... la mujer ideal With a classmate, list ten characteristics that make a man or a woman the ideal partner. When you have finished, join another group and compare your lists. How are they the same? How do they differ? Then each person tells one characteristic they find most important in a man or a woman.

17. El hombre ideal... la mujer ideal Is there one characteristic that most students think is important?

Modelo —¿Cómo es la mujer ideal? or —¿Cómo es el hombre ideal?
—El hombre ideal es... —La mujer ideal es...

4 Present indicative of regular *-er* and *-ir* verbs (*Presente de indicativo de los verbos regulares que terminan en* **-er** *y en* **-ir**)

comer *to eat*		vivir *to live*	
yo	com**o**	yo	viv**o**
tú	com**es**	tú	viv**es**
Ud.		Ud.	
él	com**e**	él	viv**e**
ella		ella	
nosotros(as)	com**emos**	nosotros(as)	viv**imos**
vosotros(as)	com**éis**	vosotros(as)	viv**ís**
Uds.		Uds.	
ellos	com**en**	ellos	viv**en**
ellas		ellas	

ESTRUCTURAS

> Other verbs conjugated like **comer:**

aprender *to learn*	**beber** *to drink*
creer *to believe, to think*	**vender** *to sell*
leer *to read*	**deber** *must, should*
correr *to run*	

—¿Dónde **comen** ustedes? — *Where do you eat?*

—Eva y yo **comemos** en la cafetería y Anabel **come** en su apartamento. — *Eva and I eat in the cafeteria and Anabel eats in her apartment.*

—¿Tú **crees** que Marcos es simpático? — *Do you think Marcos is nice?*

—Sí, yo **creo** que es muy simpático. — *Yes, I think that he's very nice.*

—¿Qué periódico **lee** Ud., señorita? — *What newspaper do you read, miss?*

—Yo **leo** *El New York Times.* — *I read The New York Times.*

> Other verbs conjugated like **vivir:**

asistir *to attend*	**escribir** *to write*	**recibir** *to receive*
abrir *to open*	**decidir** *to decide*	

—¿Dónde **viven** Uds.? — *Where do you live?*

—Nosotros **vivimos** en la calle Seis. — *We live on Sixth Street.*

—¿Tú **escribes** con lápiz o con pluma? — *Do you write with a pencil or with a pen?*

—**Escribo** con bolígrafo. — *I write with a ballpoint pen.*

■ **Un proverbio** ▮

No solo de pan vive el hombre.
Equivalent: *Man does not live by bread alone.*

Other verbs conjugated like *comer*
Have students write short sentences using each one of these verbs and these subjects: **yo, tú, ella, nosotros, ustedes, ellos.**

Activity Suggestion Students use these verbs to tell you something about themselves or to give an opinion: **Yo corro por la mañana.**

Activity Suggestion Present this material as you presented **-ar** verbs. Emphasize that the endings for **-er** and **-ir** verbs are the same except for the **nosotros(as)** and **vosotros(as)** forms.

Práctica

18. **¿Y los demás?** *(And the others?)* The following is what David does. With a classmate, use your imagination to indicate what other people do differently.

> **Modelo** David come a las seis. (Nosotros)
> *Nosotros comemos a las ocho.*

1. David come en su apartamento. (Nosotros)
2. … vive en la calle Quinta. (Yo)
3. … recibe mensajes electrónicos de sus amigos. (Tú)
4. … lee el periódico *New York Times*. (Mi papá)
5. … vende sus libros de historia. (Mis amigos)
6. … bebe café. (Nosotras)
7. … debe estudiar por la mañana. (Eva y Dora)
8. … escribe en español. (Tú)
9. … corre por la noche. (Mi hermano)
10. … cree que el español es fácil. (Los estudiantes)
11. … asiste a clases los martes y jueves. (Nosotros)
12. … abre su ventana por la noche. (Yo)

19. Deseo saber... With a classmate, take turns turning the statements on page 86 into questions to ask each other.

> **Modelo** —¿Tú comes en tu apartamento?
> —No, yo no como en mi apartamento; como en la cafetería.

20. ¿Qué hacemos? *(What do we do?)* With a classmate, complete the following sentences by describing what one or both of you do or don't do. Use regular **-er** and **-ir** verbs in your answers.

> **Modelos** _____ el diario por la mañana.
> *Yo (no) leo el diario por la mañana.*
> or *Nosotros (no) leemos el diario por la mañana.*

1. _____ mucho *(a lot of)* café.
2. _____ en la cafetería de la universidad.
3. _____ mucho dinero.
4. _____ a la universidad.
5. _____ en Arizona.
6. _____ estudiar más *(more)*.
7. _____ español.
8. _____ en Santa Claus.
9. _____ por la mañana.
10. _____ en el cuaderno.
11. _____ la puerta de la clase.
12. _____ en un apartamento.

███ Un dicho ▐

Debes comer para vivir, no vivir para comer.
Equivalent: *You should eat to live, not live to eat.*

Para conversar

21. Dime... *(Tell me . . .)* With a classmate, take turns asking and answering the following questions in complete sentences.

1. ¿Tú asistes a clases todos los días? ¿A qué universidad asiste tu mejor *(best)* amigo(a)?
2. ¿Dónde vives? ¿Vives en una casa o en un apartamento? ¿Dónde viven tus padres?
3. ¿Dónde comes? ¿A qué hora comes? ¿Cómes sándwiches de queso? ¿Comes manzanas? ¿Tus amigos comen contigo[1] *(with you)*?
4. ¿Tú y tus amigos comen comida *(food)* mexicana o comida italiana? ¿Ustedes comen en la cafetería?

   *21. Dime... **Suggestion** Have students ask you the same questions, using the **Ud**. form.*

5. ¿Tú bebes refrescos o café? ¿Qué beben tus amigos?
6. ¿Aprendes mucho en la clase de español? ¿Debes estudiar más?
7. ¿Tú lees periódicos en español? ¿Tú crees que es fácil o difícil leer en español?
8. ¿Tú escribes en inglés o en español? ¿Tú y tus amigos leen el periódico?
9. ¿Tú vendes tus libros? ¿Los estudiantes reciben mucho dinero por sus libros?
10. ¿Tú debes trabajar mañana o debes estudiar? ¿Crees que es mejor *(better)* estudiar en tu casa o en la biblioteca?
11. ¿Recibes muchos mensajes electrónicos? ¿Tú crees que es mejor recibir mensajes electrónicos o textos?
12. ¿Tú corres todos los días? ¿Tus amigos corren? ¿Tú abres tu ventana por la noche?

[1] **conmigo** = *with me*

ESTRUCTURAS

22. **¿Estás de acuerdo?** *(Do you agree?)* In groups of three, express your opinion about each of the following **(Yo creo que...).** The others agree **(Estoy de acuerdo)** or disagree **(No estoy de acuerdo).** Use the hints and other descriptive words that you already know.

(HINT: fácil   *easy*   bueno   *good*)

1. la clase de español
2. el presidente
3. los programas de TV en español
4. Nueva York
5. Christina Aguilera
6. el idioma árabe
7. los profesores de la universidad
8. Howard Stern

Christina Aguilera

© Helga Esteb/Shutterstock.com

5 Present indicative of the irregular verbs *tener* and *venir*

(Presente de indicativo de los verbos irregulares tener y venir*)*

tener *to have*		venir *to come*	
yo	**tengo**	yo	**vengo**
tú	**tienes**	tú	**vienes**
Ud.		Ud.	
él	**tiene**	él	**viene**
ella		ella	
nosotros(as)	**tenemos**	nosotros(as)	**venimos**
vosotros(as)	**tenéis**	vosotros(as)	**venís**
Uds.		Uds.	
ellos	**tienen**	ellos	**vienen**
ellas		ellas	

—¿Cuántas clases **tienen** Uds.?   *How many classes do you have?*
—**Tenemos** dos. ¿Cuántas **tienes** tú?   *We have two. How many do you have?*
—Yo **tengo** cuatro.   *I have four.*
—¿A qué hora **vienen** Uds. a la universidad?   *What time do you come to the university?*
—Yo **vengo** a las ocho y Teresa **viene** a las diez.   *I come at eight and Teresa comes at ten.*
—¿Las chicas **vienen** los sábados?   *Do the girls come on Saturdays?*
—Sí, y nosotras **venimos** con ellas.   *Yes, and we come with them.*

¡Atención! **Tener que** means *to have to*, and it is followed by an infinitive: Olga **tiene que** trabajar hoy. *Olga has to work today.*

Activity Suggestion Half of the members of the class use their imaginations to say with whom they come to the university (an actor, athlete, historical figure, cartoon character, etc.). The rest of the class tries to remember who comes with whom.

Práctica

23. Compañeros de estudio *(Study partners)* Using the present indicative of **tener** and **venir,** complete the following paragraph about what Rafael says he will do next Saturday.

Yo no _____ vengo _____ a la universidad el sábado porque no _____ tengo _____ clases. Mis compañeros de cuarto y yo _____ tenemos _____ que estudiar este *(this)* sábado porque _____ tenemos _____ un examen muy difícil el lunes. Mis amigos _____ vienen _____ a mi casa por la tarde para estudiar conmigo. Mi amigo Luis no _____ tiene _____ examen el lunes. Por eso él no _____ viene _____ a mi casa a estudiar.

24. ¿Qué tienes que hacer? You and a classmate talk about nine things you have to do this week.

1. trabajar / ¿cuántas horas?
2. estudiar / ¿qué días?
3. escribir / ¿qué?
4. llamar / ¿a quién?
5. llenar / ¿qué?
6. asistir / ¿adónde?
7. practicar / ¿qué?
8. aceptar / ¿qué?
9. hablar / ¿con quién?
10. contestar / ¿qué?

Join another group and compare your responses to theirs.

Él es Luis. ¿Tú crees que tiene que trabajar o que tiene que escribir un informe?

Para conversar

25. Entrevista With a classmate, take turns asking and answering these questions.

1. ¿Tú tienes mi número de teléfono? ¿Tienes mi dirección?
2. ¿El (La) profesor(a) tiene tu número de teléfono? ¿Tiene tu número de seguro social?
3. ¿Tú y tus amigos vienen a la universidad los sábados? ¿Vienen los domingos?
4. ¿Tú tienes problemas económicos? ¿Tienes que trabajar más?
5. ¿Tienes que trabajar los sábados y los domingos?
6. ¿A qué hora vienes tú a tu primera clase? ¿Vienes en ómnibus o en auto?
7. ¿Qué días vienes a la universidad? ¿Qué días no vienes?
8. ¿Tienes exámenes parciales en tus otras clases?
9. ¿Tienes compañero(a) de cuarto o vives solo(a)?
10. ¿Qué días tienes mucho que hacer? ¿Qué días no tienes mucho que hacer?

6 The personal *a* (La *a* personal)

❯ The preposition **a** is used in Spanish before a direct object[1] referring to a specific person or persons. It is called "the personal **a**" and has no equivalent in English.

Yo llamo **a** mi amiga.	Nosotros llamamos **a** los estudiantes.
D.O.	D.O.
I call my friend.	*We call the students.*
D.O.	D.O.

❯ The personal **a** is *not* used when the direct object is not a person.

Yo llamo un taxi.   *I call a taxi.*

Nosotros llevamos los libros a la biblioteca.   *We take the books to the library.*

❯ The verb **tener** generally does not take the personal **a,** even if the direct object is a person.

Yo tengo muchos amigos.   *I have many friends.*

—¿Tú llevas **a** tu novia a la universidad?   *Do you take your girlfriend to the university?*

—Yo no tengo novia. Llevo **a** Jorge y **a** Luis.   *I don't have a girlfriend. I take Jorge and Luis.*

¡Atención! When there is a series of direct object nouns referring to people, the personal **a** is repeated: **Llevo *a* Jorge y *a* Luis.**

Práctica

26. **Todos nosotros** *(All of us)* With a classmate, take turns matching the items in column A with the items in column B. Add the personal **a** to the items in column B when needed.

A		B	
1. Yo llevo	_____h_____	a. ___a___ sus padres.	
2. El doctor llama	_____e_____	b. ___x___ muchos *(many)* estudiantes.	
3. Ana visita	_____a_____	c. ___a___ nuestros amigos.	
4. Yo necesito	_____g_____	d. ___a___ tu amigo a la universidad?	
5. Nosotros invitamos	_____c_____	e. ___a___ sus pacientes *(patients)*.	
6. El profesor tiene	_____b_____	f. ___x___ tu invitación.	
7. ¿Tú llevas	_____d_____	g. ___x___ el informe.	
8. Raúl acepta	_____f_____	h. ___a___ mi hermano a la biblioteca.	

[1]See **Lección 6** for further explanation of the direct object.

27. Minidiálogos Use the personal **a** when needed to complete the following exchanges. Then act them out with a classmate.

1. —¿Cuántos hermanos tienes tú?

   —Yo no tengo _____ hermanos. Tengo dos _____ hermanas.

2. —¿A quién llevas tú a la universidad?

   —Yo llevo ____a____ mi hermana y ____a____ mis amigos.

3. —¿Tú llamas ____a____ tu compañero de cuarto?

   —Sí, necesito hablar con él.

4. —¿Adónde llevas los _____ cuadernos?

   —A la clase.

5. —¿Qué escribe Ud.?

   —Escribo _____ un informe para mi clase de historia.

6. —¿Tú llamas _____ un taxi?

   —No, llamo ____a____ mi amigo Raúl.

28. ¿Cómo se dice... ? With a classmate, take turns giving the Spanish equivalents of the words in parentheses. Include the personal **a** when necessary.

1. Yo llevo ____a mi hermana____ a la Universidad. *(my sister)*

2. Yo tengo _un(a) compañero(a) de cuarto_. *(a roommate)*

3. Nosotros necesitamos ____a la profesora____ de literatura, la Dra. Rojas. *(the professor)*

4. Yo llevo ____a los estudiantes____ a la biblioteca. *(the students)*

5. ¿Tú llamas ____a tu novio(a)____ todos los días? *(your boyfriend / girlfriend)*

6. Eva tiene ____dos hemanos____. *(two brothers)*

Para conversar

29. ¿Qué haces? *(What do you do?)* With a classmate, talk about whom you call, visit, or see *(Yo veo a...)* on different days of the week.

30. ¡Una fiesta! *(A party!)* With a classmate, decide which members of the class you want to take or invite **(invitar)** to the party next Saturday. Give reasons for your choices.

© Dmitriy Shironosov/Shutterstock.com

▷ # ¡Vamos a ver!

Antes de ver el video

31. Antes de ver el video With a classmate, take turns responding to the following.

1. si viven en un apartamento o en una casa
2. si comen en la cafetería de la universidad
3. si beben mucho café
4. dónde trabajan
5. cómo son sus padres
6. si necesitan estudiar más o ganar más dinero
7. si tienen conocimiento *(knowledge)* de computadoras
8. si leen los anuncios en el periódico
9. si reciben muchos mensajes electrónicos de sus amigos
10. si tienen exámenes parciales en sus clases
11. si tienen que escribir un informe
12. si desean comer algo después de la clase

El video: Dos puertorriqueñas en Nueva York

—Tengo que llenar la solicitud de empleo de la compañía Sandoval.

—Hola. ¿Está Mariana?
—Sí, con ella habla.

—Tengo que escribir un informe para mi clase de literatura, pero acepto tu invitación...

Después de ver el video

Mariana

Olga

Rafael

32. ¿Quién lo dice? Identify the person who said each of the following in the dialogues.

1. Oye, mañana tenemos el examen parcial en la clase de historia. _____Rafael_____
2. Pero recibo mensajes electrónicos de mi amiga de Brasil. _____Mariana_____
3. ¡Acepto tu invitación! _____Olga_____
4. Pero tú no tienes conocimiento de computadoras. _____Olga_____
5. Tengo que llenar la solicitud de empleo de la compañía Sandoval. _____Mariana_____
6. Buena idea. Nos vemos a las seis. Oye... ¿está Olga? _____Rafael_____
7. ¿Deseas beber algo en el café París? _____Rafael_____
8. Tú no hablas portugués. _____Olga_____
9. ¡Ajá! ¡Con razón Rafael viene a estudiar conmigo! _____Mariana_____

33. Hablemos. With a classmate, take turns asking and answering the following questions. Base your answers on the dialogue.

En el diálogo

1. ¿Quién es la compañera de cuarto de Olga? Mariana es la compañera de cuarto de Olga.
2. ¿Dónde conversan las chicas? Conversan en la sala.
3. ¿Cómo es Olga? ¿Cómo es Mariana? Olga es morena, alta, bonita y muy inteligente. Mariana es baja, rubia y muy simpática.
4. ¿Mariana tiene dinero o tiene problemas económicos? Tiene problemas económicos.
5. ¿Mariana tiene conocimiento de computadoras? No, no tiene conocimiento de computadoras.
6. ¿Qué recibe Mariana de Brasil? Recibe mensajes electrónicos.
7. ¿Qué tienen Rafael y Mariana mañana? Tienen un examen parcial.
8. ¿Qué tiene que escribir Olga? Tiene que escribir un informe.
9. ¿Acepta Olga la invitación de Rafael? Sí, acepta la invitación.
10. ¿Rafael viene o no a estudiar con Mariana? Sí, viene a estudiar con ella.

34. ¿Qué pasa después? You and a classmate use your imaginations to talk about what happens to the characters after they leave the café. In Spanish, discuss the following.

1. what time the girls return to their apartment
2. whether Mariana fills out the job application
3. whether Mariana receives another e-mail from her friend from Brazil
4. whether Olga reads a book or the paper
5. whether Rafael calls Olga again (otra vez) or he comes to the girls' apartment
6. whether Mariana studies for the history exam
7. whether Olga writes the report for her literature class or watches TV (mira la tele)
8. if Rafael calls another girl when he arrives at his apartment

Now compare your statements to those of another group.

ASÍ SOMOS

🔊 ¡Vamos a escuchar!

CD1-18 **35. Hola** Javier calls his friend Marta. Listen to their conversation and answer the first question to identify the reason for his call. Then listen a second time for the specifics and answer the remaining questions.

1. ¿Por qué llama a Marta? Porque desea estudiar con Marta.
2. ¿Qué hay mañana? Un examen de inglés.
3. ¿Dónde estudian Javier y Marta? ¿A qué hora? Estudian en la casa de Javier a las cinco.
4. ¿Para qué clase tiene que escribir un informe Marta? Para la clase de historia.

¡Vamos a conversar!

37. ¿Qué dices tú? Answers
1. Ellas/Ellos son muy bonitas (guapos) y muy inteligentes.
2. a) ¿Dónde vives? b) ¿A qué hora regresas a casa por la noche?
3. Sí, con ella/él habla. 4. Tengo que trabajar por la mañana. 5. Srta. Vega, ¿Ud. tiene mucho que hacer mañana? 6. Tengo que llenar una solicitud de empleo. 7. ¿Cuál es su/tú número de seguro social? 8. Tengo un examen parcial en mi clase de sicología.

36. ¿Estudiamos el lunes? With a classmate, agree on a day, time, and place to study Spanish together. Use some of the preceding phrases in your conversation as you try to find a day and time that's convenient for both of you.

37. ¿Qué dices tú? What would you say in the following situations?

1. You are asked what your friends are like. Say they are very pretty (handsome) and very intelligent.
2. You have agreed to pick up a classmate on your way to school. Ask her where she lives and what time she gets home in the evening.
3. Your phone rings and you answer it. The call is for you. You tell the caller it's you speaking.
4. You tell a friend that you have to work in the morning.
5. You ask Miss Vega if she has a lot to do tomorrow.
6. You tell someone that you have to fill out a job application.
7. You ask someone what his social security number is.
8. You tell someone that you have a midterm in your psychology class.

38. Para conocernos mejor To do this activity, work with a classmate whom you would like to get to know. Take turns asking each other these questions.

1. ¿Vives en una casa o en un apartamento pequeño? ¿Vives con tu familia?

2. ¿Qué días asistes a la universidad? ¿Tus clases son por la mañana, por la tarde o por la noche? ¿Cuál de tus clases es la más difícil?

3. ¿A qué hora estudias? ¿Estudias solo(a) o con tu compañero(a) de clase? ¿Él/Ella es muy inteligente? ¿Tienes que escribir muchos informes para tus clases? ¿Son fáciles?

4. ¿Tienes problemas económicos? ¿Necesitas trabajar? ¿Tienes experiencia? ¿Cuánto dinero deseas ganar en tu trabajo? ¿Lees los anuncios en los periódicos todos los días? ¿Qué periódico lees?

5. ¿Qué tienes que hacer mañana por la mañana? ¿Y por la tarde?

6. ¿Tienes novio(a)? (¿Cómo es?) ¿Tienes hermanos? (¿Cómo son?)

7. ¿Tú comes en tu casa o en la cafetería? ¿Bebes refrescos? ¿Deseas comer un sándwich de queso o una manzana? ¿Cuál tiene menos *(fewer)* calorías?

8. ¿Tú crees que debes estudiar más o que debes trabajar más? Generalmente, ¿tienes mucho que hacer?

38. Para conocernos mejor Expansion Have students ask you the same questions, using the **Ud.** form.

39. Una actividad especial para toda la clase

En la oficina de empleos The class will practice posing and answering professional interview questions.

Step 1: The class will be divided into pairs: Each pair made up of one interviewer and one interviewee. Using the job application and the **datos personales** on page 75, the candidates will be interviewed for a possible job.

Step 2: The interviewers will give some information on the candidates they interviewed to the rest of the class.

© Goodluz/Shutterstock.com

🔊 Un poema para memorizar

CD1-19

Con los pobres° de la tierra°	*poor people / earth*
Quiero yo mi suerte° echar:	*destiny*
El arroyo° de la sierra°	*brook / mountain*
Me complace° más que el mar°.	*Me… pleases me / sea*

José Martí (Cuba), from *Versos sencillos* (1891).

1. ¿Con quiénes *(whom)* quiere echar su suerte José Martí? Con los pobres de la tierra.

2. ¿Qué le complace más? ¿el arroyo o el mar? El arroyo.

Note: The previous poem by José Martí and this one are the lyrics for the song "Guantanamera".

¡Vamos a leer!

Antes de leer

> **ESTRATEGIA** **Activating background knowledge** Bringing your own experiences to a new reading helps prepare you for the kinds of information you may encounter. By thinking about what you know of a topic before reading, you will be better able to anticipate the content of a text and understand more of what you read.

40. Un mensaje electrónico Aurora Paz and Sergio Guzmán have recently met in a chat room. Before reading an e-mail from Aurora to Sergio, discuss with a classmate what information you would give about yourself to a new cyberfriend and what questions you would ask to get to know someone.

¡A leer!
El mensaje de Aurora

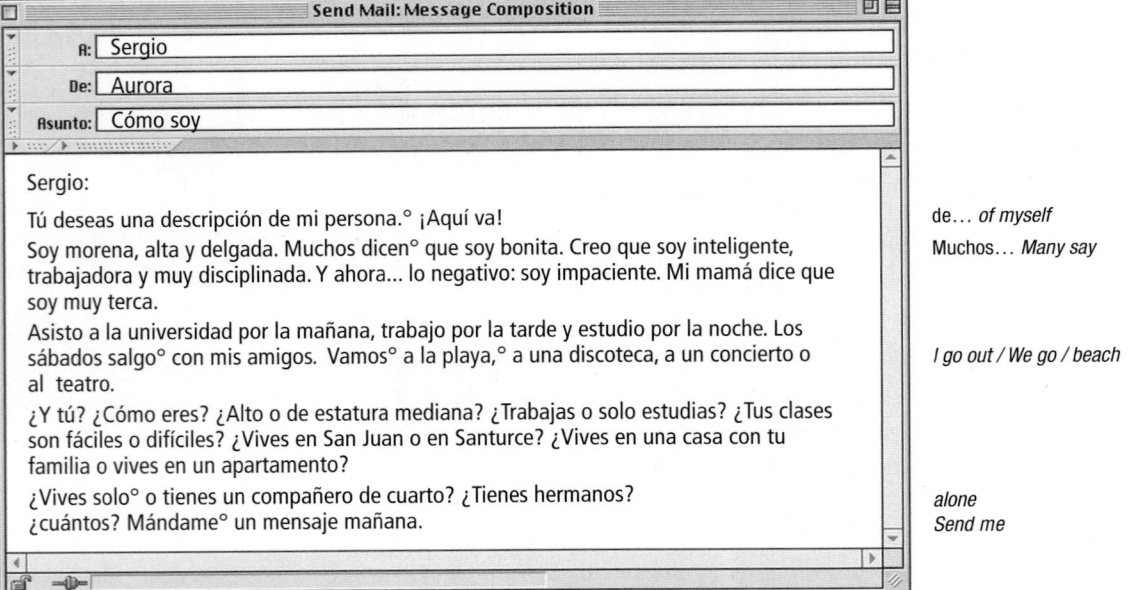

```
Send Mail: Message Composition

A:       Sergio
De:      Aurora
Asunto:  Cómo soy

Sergio:
    Tú deseas una descripción de mi persona.° ¡Aquí va!       de... of myself
    Soy morena, alta y delgada. Muchos dicen° que soy bonita. Creo que soy inteligente,    Muchos... Many say
    trabajadora y muy disciplinada. Y ahora... lo negativo: soy impaciente. Mi mamá dice que
    soy muy terca.
    Asisto a la universidad por la mañana, trabajo por la tarde y estudio por la noche. Los
    sábados salgo° con mis amigos.  Vamos° a la playa,° a una discoteca, a un concierto o    I go out / We go / beach
    al teatro.
    ¿Y tú? ¿Cómo eres? ¿Alto o de estatura mediana? ¿Trabajas o solo estudias? ¿Tus clases
    son fáciles o difíciles? ¿Vives en San Juan o en Santurce? ¿Vives en una casa con tu
    familia o vives en un apartamento?
    ¿Vives solo° o tienes un compañero de cuarto? ¿Tienes hermanos?    alone
    ¿cuántos? Mándame° un mensaje mañana.    Send me
```

41. Comprensión As you read the e-mail, find the answers to the following questions.

1. ¿Qué desea Sergio? Sergio desea una descripción de Aurora.

2. ¿Aurora es rubia? No, es morena.

3. ¿Qué características positivas tiene? Es inteligente, trabajadora y muy disciplinada.

4. ¿Qué dice la mamá de Aurora? Dice que Aurora es muy terca.

5. ¿Qué actividades tiene Aurora todos los días? Asiste a la universidad, trabaja y estudia.

6. Los sábados, ¿trabaja o sale con sus amigos? Los sábados sale con sus amigos.

7. ¿Adónde va (goes) con sus amigos? Va a la playa, a la discoteca, a un concierto o al teatro.

8. ¿Qué pregunta (asks) Aurora sobre las clases de Sergio? Pregunta si son fáciles o difíciles.

9. ¿Qué ciudades puertorriqueñas menciona Aurora? Menciona San Juan y Santurce.

10. ¿Qué pregunta ella sobre la familia de Sergio? Pregunta cuántos hermanos tiene.

Después de leer... desde su mundo

42. Caracteristicas In groups of three or four, discuss your positive and negative traits. Then describe the positive and negative characteristics of your best friend.

¡Vamos a escribir!

Antes de escribir

> **ESTRATEGIA** **Analyzing writing models** A model or written sample is often an excellent aid for your development as a writer in Spanish. By examining how a letter, an article, or another piece of writing is organized and what words are used, you can gain helpful ideas about how to construct your own writing.

43. Organización Look at the e-mail in **¡A leer!** and ask yourself the following questions.

1. What is the main idea that groups together the sentences in each paragraph?
2. How does Aurora describe herself? How would you describe yourself?
3. What activities does she talk about in the second paragraph?
4. What questions does she ask Sergio in the third paragraph? What questions would you ask?

¡A escribir!

44. Mensaje electrónico You have a new cyberacquaintance. Write the first draft **(primer borrador)** of an e-mail to send to this person, following the organization of Aurora's e-mail to Sergio. You may want to use some of the questions that you brainstormed for the pre-reading activity in **¡A leer!**

Después de escribir

45. A revisar Before writing the final version of your e-mail, exchange your first draft with a classmate's and peer edit each other's work using the following guidelines:

> noun-adjective-article agreement (in gender and number)
> subject-verb agreement (in person and number)
> clear organization and use of the model

If students do not have Spanish-speaking pen pals, have each student exchange e-mails with a classmate and respond to his/her partner's e-mail.

EL MUNDO HISPÁNICO Y TÚ

Los puertorriqueños en los Estados Unidos

Aproximadamente 5 000 000 de puertorriqueños viven en los Estados Unidos, el 70% de ellos en Nueva York y Nueva Jersey. En la ciudad de Nueva York viven más puertorriqueños que en San Juan, la capital de Puerto Rico. El desfile puertorriqueño de Nueva York es uno de los más coloridos y espectaculares de esta ciudad, y unos tres millones de personas asisten a él *(attend it)*. Tiene lugar *(It takes place)* el segundo domingo de junio.

La mayoría de los puertorriqueños llegaron *(arrived)* a los Estados Unidos después de la Segunda Guerra Mundial *(Second World War)* y, para muchos, fue *(it was)* muy difícil adaptarse a la vida de la gran ciudad. En las últimas décadas, han llegado de Puerto Rico miles de profesionales, artistas y gente de negocios *(businesspeople)*. Algunos ejemplos de puertorriqueños exitosos son Sonia Sotomayor, jueza *(judge)* de la Corte Suprema de los Estados Unidos; Nydia Velázquez y José Serrano, congresistas; Ricky Martin y Chayanne, cantantes; Rosalyn Sánchez y Benicio del Toro, artistas de Hollywood, y Félix "Tito" Trinidad, ex triple campeón de boxeo.

El Día del Desfile Nacional Anual de los Puertorriqueños

Nuyorican Poets Café, una de las instituciones neoyorquinas dedicadas a la poesía, la música, las artes visuales, la comedia y el teatro

La música y el baile

La puertorriqueña **Jennifer López** es famosa por su talento como cantante y bailarina. Además es actriz de cine. Se hizo famosa con la película *Selena*, sobre la vida de esa cantante texana.

Ricky Martin es un cantante puertorriqueño que logró el *crossover.* Sus canciones se cantan en todo el mundo en español y en inglés.

El cine y la televisión

© Jaguar PS/Shutterstock.com

© Amanda Edwards/WireImage/Getty Images

Benicio del Toro, famoso actor y productor de cine puertorriqueño, es ganador *(winner)* de varios premios *(awards),* incluyendo el Óscar por su actuación *(acting)* en las películas *21 Grams* y *Traffic.*

Carlos Ponce nació *(was born)* en Puerto Rico, hijo de padres cubanos. Es cantante, compositor y actor de cine y de televisión. También fue *(was)* periodista *(journalist)* para "Entertaiment Tonight". Entre sus últimos trabajos está la película *Single in South Beach* (2015).

Los beisbolistas puertorriqueños

El béisbol es el deporte nacional de Puerto Rico, a diferencia de otros países latinoamericanos donde el fútbol es el deporte popular.

Háganse preguntas

The class is divided into groups of 3 or 4 students. Each group will prepare questions about the seven pieces of information to ask the rest of the class.

© Getty Images Sport/Getty Images

Carlos Beltrán, jardinero *(outfielder)* del equipo *(team)* los Yankees de Nueva York

iLrn™
To learn more about Hispanic communities in the United States, watch the cultural footage in the Media Library.

AUTOPRUEBA

¿Cuánto sé ahora?

Take this test. When you have finished, check your answers in the answer key provided in Appendix D. Then use a red pen to correct any mistakes you may have made. Are you ready?

A. Possessive adjectives Complete these sentences, using the Spanish equivalents of the possessive adjectives given.

1. __Mi__ examen de historia es a las nueve. *(My)*
2. Jorge, tienes un mensaje de __tu__ novia. *(your)*
3. Estela llama a __sus__ padres los sábados. *(her)*
4. __Mis__ hermanos vienen mañana. *(My)*
5. __Nuestros__ padres viven en Nevada. *(Our)*
6. Carmen, ¿__tus__ amigos asisten a la universidad? *(your)*
7. __Nuestra__ profesora de español es muy simpática. *(Our)*
8. Raúl vive con __su__ hermano en un apartamento. *(his)*

B. Cardinal numbers Write the following numbers in Spanish.

1. 195   ciento noventa y cinco
2. 286   doscientos ochenta y seis
3. 371   trescientos setenta y uno
4. 460   cuatrocientos sesenta
5. 553   quinientos cincuenta y tres
6. 644   seiscientos cuarenta y cuatro
7. 732   setecientos treinta y dos
8. 827   ochocientos veintisiete
9. 918   novecientos dieciocho
10. 1000   mil

C. Descriptive adjectives Complete the following sentences with the opposites of the adjectives given.

1. Ramiro no es gordo; es __delgado__.
2. Tu hermana no es fea; es muy __bonita__.
3. Esos niños *(children)* no son morenos; son __rubios__.
4. Mis padres no son pesimistas; son __optimistas__.
5. Su novia no es alta; es __baja__.
6. Nuestro apartamento no es grande; es muy __pequeño__.
7. Esa chica no es simpática; es __antipática__.
8. La clase de literatura no es fácil. Es una clase __difícil__.

D. Present indicative of regular -er and -ir verbs Complete each sentence using the appropriate verb in the list in the correct form. Some sentences accept two verbs.

deber	abrir
aprender	creer
vender	leer
comer	recibir
escribir	beber

1. Nosotros __aprendemos / leemos / escribimos__ mucho en la clase de español.
2. ¿Tú __comes / lees / bebes__ en la cafetería?
3. Yo __creo__ que Elena habla portugués.
4. ¿Ustedes __leen__ muchos libros?
5. Carlos __bebe__ café.
6. Usted __debe__ estudiar más.
7. Ellos __venden__ sus libros por *(for)* treinta dólares.
8. Yo __abro__ las ventanas.
9. Ellos __reciben__ mensajes electrónicos.
10. Nosotros __escribimos__ con lápiz.

E. The verbs *tener* and *venir* Complete the following minidialogues, using the present indicative of **tener** and **venir**.

1. —Inés, ¿tú ___vienes___ a clase los martes?

   —No, yo no ___vengo___ a clase los martes.

   —¿Por qué?

   —Porque yo no ___tengo___ clase los martes.

2. —¿A qué hora ___vienen___ Uds. a la universidad?

   —Nosotros ___venimos___ a las ocho porque ___tenemos___ una clase a las ocho y media.

3. —Alicia, ¿tus amigas ___vienen___ hoy?

   —No, ___vienen___ el sábado.

4. —¿Tú ___tienes___ el número de teléfono de la profesora?

   —No, pero Andrés y Luis ___tienen___ su número de teléfono.

F. The personal *a* Give the Spanish equivalents of the words in parentheses.

1. Yo ___llamo a mis amigos___ todos los domingos. *(call my friends)*
2. Elena ___lleva a su hermano___ a la universidad. *(takes her brother)*
3. Nosotros ___llamamos a Nora y a Alicia___ los lunes. *(call Nora and Alicia)*

G. Just words . . . Choose the word in parentheses that best completes each sentence.

1. Necesito el periódico para (tomar, leer, asistir) los anuncios. leer
2. Mario, tienes un (mensaje, momento, informe) de tu novia. mensaje
3. Mi compañero de cuarto tiene que (contestar, llamar, llenar) una solicitud de empleo. llenar
4. ¿Tú tienes problemas (encantadores, guapos, económicos)? económicos
5. Mi hermano tiene que (venir, escribir, creer) un informe para su clase de historia. escribir
6. Voy a (comer, beber, llenar) una manzana. comer
7. Esa chica viene (queso, adonde, esta noche). esta noche
8. Alicia tiene un examen (simpático, alto, parcial) hoy. parcial
9. Voy a tomar un (diario, refresco, novio). refresco
10. Hoy tengo mucho que (venir, hacer, tener). hacer

H. Cultura

1. Answer the following questions, based on information from the **¿Tú lo sabías?** sections.

   a. ¿Cómo contestan el teléfono en Cuba? ___Oigo.___

   b. ¿Cuál es un equivalente del idioma **español**? ___castellano___

2. Complete the following, based on the information found in the **El mundo hispánico y tú** section.

   a. El ___béisbol___ es el deporte nacional de Puerto Rico.

   b. Jennifer López es una famosa ___actriz / cantante / bailarina___ puertorriqueña.

I. Un dicho Do you remember the Spanish saying that discourages overeating? Find it in this lesson. Debes comer para vivir, no vivir para comer.

© Jupiterimages/Stockbyte/Getty Images

Una fiesta de quinceañera

OBJETIVOS COMUNICATIVOS

You will learn vocabulary related to planning weekend activities, needs and preferences, and states of mind.

SITUACIONES

¡Bienvenido!

ESTRUCTURAS

1 Pronouns as objects of prepositions
2 Contractions
3 Present indicative of the irregular verbs **ir, dar,** and **estar**
4 **Ir a** + *infinitive*
5 Present indicative of **e:ie** stem-changing verbs
6 Expressions with **tener**

ASÍ SOMOS

¡Vamos a ver!
Watching and understanding situations

¡Vamos a escuchar!
Listening to voice mail

¡Vamos a conversar!
Asking for additional information

¡Vamos a leer!
Identifying text formats

¡Vamos a escribir!
Writing an e-mail

EL MUNDO HISPÁNICO Y TÚ

❯ México

AUTOPRUEBA

You will review what you learned in this lesson.

© oliveromg / shutterstock.com

Activity Suggestion Use this and the opener photo to introduce the lesson theme. Ask your students:
1. ¿Te gusta el vestido (*dress*) de la chica?
2. ¿Con quién baila la chica?
3. ¿Qué fiesta celebran los niños?

MÉXICO, con más de cien millones de habitantes, ocupa por su población el primer lugar entre los países del mundo hispano, y tiene casi tres veces el área de Texas. Su capital, la Ciudad de México hasta hace poco conocida oficialmente como, D.F. (Distrito Federal), con unos 24 millones de habitantes, es el centro urbano más grande del mundo.

© LEHTIKUVA OY/REX/Newscom

Catedral Metropolitana, Ciudad de México

🔊 ¡Bienvenido!
CD1-20

▶ **¡Ubíquelos!**

Gabriela is a native of Mexico City, and Luis, who is from Ecuador, now resides there. Watch the video and you will see "plazas," museums, and monuments that reflect Mexico's diverse history, and are part of the two young people's lives.

© Image Source/Getty Images

Gabriela Alvarado y su amigo Luis Junco están en el Zócalo, en la Ciudad de México. Luis va a pasar la Navidad y el Año Nuevo con la familia de Gabriela porque él es de Ecuador y este año no va a su país para las fiestas. Luis acaba de hablar por teléfono con su mamá.

GABRIELA: ¿Cómo está tu mamá? ¿Está triste porque tú no estás en Quito? ¿O está preocupada? Tú eres su hijo favorito, ¿no?

LUIS: ¡No, no! Mi mamá está muy ocupada con los preparativos para la fiesta de quinceañera[1] de Gloria, mi hermanita. Ella cumple quince años el veinte de diciembre.

GABRIELA: ¿Van a tener muchos invitados?

LUIS: Sí, van todos los parientes, los amigos, los vecinos… Ella baila el primer vals con mi papá y después con uno de los muchachos. ¡Y mi mamá va a preparar mucha comida! ¡Ah! Y mi hermano va a sacar muchas fotos.

GABRIELA: ¿Y tú no piensas ir?

LUIS: No… no tengo dinero para el viaje… ¡Soy muy pobre! Prefiero ir para el cumpleaños de mi mamá, que es en febrero.

GABRIELA: Pues aquí vas a ver las posadas, que empiezan el dieciséis de diciembre. ¡Ah! Y este fin de semana es el santo de mi tío Rodolfo y damos una fiesta. ¡Y tú estás invitado!

LUIS: ¡Gracias! ¿La fiesta es en tu casa o en la casa de don Rodolfo?

GABRIELA: Esta vez es en la casa de mi abuela.

LUIS: Ah, sí. Doña Nieves. Oye, son las doce. ¿Quieres ir a comer algo? ¿No tienes hambre?

GABRIELA: No, pero tengo mucha sed y estoy un poco cansada. ¿Por qué no vamos a mi casa? Tomamos una soda y charlamos un rato…

LUIS: Sí, pero esta noche vamos al cine ¿no? ¿O prefieres ir a una discoteca?

GABRIELA: Bueno… yo no bailo muy bien…

LUIS: ¡Magnífico! Vamos al cine, entonces, porque yo como bailarín, ¡soy un desastre!

[1] the party to celebrate a girl's fifteenth birthday

Activity Suggestion While role-playing this dialogue, students should review vocabulary from **Lección 4** by asking each other the meanings of words and phrases.

1. Hablemos Answers 1. Va a pasar la Navidad en México. 2. No, está muy ocupada. 3. La hermanita de Luis. 4. Va a bailar el primer vals con su papá. 5. Porque no tiene dinero para el viaje. 6. Tiene mucha sed. 7. Van a ir al cine. 8. No, ella no baila muy bien. 9. Prefiere ir al cine.

1. Hablemos. With a classmate, take turns asking and answering the following questions. Base your answers on the dialogue and on your own circumstances.

En el diálogo

1. ¿Dónde va a pasar Luis la Navidad?

2. ¿La mamá de Luis está triste?

3. ¿Quién cumple 15 años?

4. ¿Con quién va a bailar Gloria el primer vals?

5. ¿Por qué no va a ir Luis a la fiesta?

6. ¿Gabriela tiene hambre o tiene sed?

7. ¿Adónde van a ir Luis y Gabriela?

8. ¿Gabriela baila bien?

9. ¿Luis prefiere ir al cine o a una discoteca?

¿Y tú?

1. ¿Dónde vas a pasar tú la Navidad? (Voy a pasar...)

2. ¿Tú estás triste? (Estoy...)

3. ¿Cuántos años cumples tú?

4. ¿Con quién bailas tú?

5. ¿Tú tienes mucho dinero?

6. Cuando tienes sed, ¿bebes agua *(water)* o bebes una soda?

7. ¿Adónde vas a ir tú hoy? (Voy a ir a...)

8. ¿Tú eres buen bailarín (buena bailarina)?

9. ¿A dónde prefieres ir tú?

© Blend Images/Shutterstock.com

¿Es el día de su cumpleaños o de su santo? ¿Cuántos años crees tú que cumple el chico? ¿La chica es su novia o su hermana?

1. Hablemos Suggestion Have students ask you the questions about the dialogue. Always give them the wrong answers and have them correct you.

VOCABULARIO

🔊 En el diálogo

Cognados

el desastre	disaster
la discoteca	discotheque
la familia	family
favorito(a)	favorite
la foto, la fotografía	photo, photograph
invitado(a)	invited
el parque	park

Nombres

la abuela	grandmother
el abuelo	grandfather
el año	year
el Año Nuevo	New Year
el bailarín (la bailarina)	dancer
el cine	movie theater
la comida	food
la fiesta	party
las fiestas	holidays
el fin de semana	weekend
la hermanita	little sister
la hija	daughter
el hijo	son
el (la) invitado(a)	guest
la mamá, la madre	mom, mother
la Navidad	Christmas
el país	country, nation
el papá, el padre	dad, father
los parientes	relatives
los preparativos	preparations
el santo	saint's day
la tía	aunt
el tío	uncle
el vals	waltz
el (la) vecino(a)	neighbor
la vez	time (in a series)
el viaje	trip

Verbos

bailar	to dance
charlar	to chat
cumplir	to turn (years old)
dar	to give
empezar (e:ie), comenzar (e:ie)	to begin, to start
estar	to be
ir	to go
pasar	to spend (time)
pensar (e:ie)	to think
pensar + *infinitive*	to plan (to do something)
preferir (e:ie)	to prefer
preparar	to prepare
querer (e:ie)	to want, to wish
ver (yo veo)	to see

Adjetivos

bienvenido(a)	welcome
cansado(a)	tired
este(a)	this
magnífico(a)	great, magnificent
muchos(as)	many
ocupado(a)	busy
pobre	poor
preocupado(a)	worried
primero[1](a)	first
triste	sad

Otras palabras y expresiones

acabar de + *infinitive*	to have just (done something)
dar (pasar, poner) una película	to show a movie
don	a title of respect, used with a man's first name
doña	a title of respect, used with a woman's first name
esta vez	this time
pues...	well . . .
que	that, which
sacar (tomar) una foto	to take a picture
tener hambre	to be hungry
tener sed	to be thirsty
un poco	a little
un rato	a while
Vamos.	Let's go.

[1]Primero drops the **o** before masculine singular nouns: el primer año

Más sobre el tema

Actividades para un fin de semana

ir	*to go*
_____ a un baile	*to go to a dance*
_____ a un concierto	*to go to a concert*
_____ a un partido (o juego) de…	*to go to a _____ game*
_____ a la montaña	*to go to the mountains*
_____ a la playa	*to go to the beach*
_____ al museo	*to go to the museum*
_____ al parque de diversiones	*to go to the amusement park*
_____ al teatro	*to go to the theater*
_____ al zoológico	*to go to the zoo*
ver una película	*to see a movie*

Para describir cómo estamos

aburrido(a)	*bored*
alegre	*joyful*
animado(a)	*animated*
aturdido(a)	*dazed*
contento(a)	*happy, content*
enfermo(a)	*sick*
enojado(a), enfadado(a)	*angry*
entusiasmado(a)	*enthusiastic*
furioso(a)	*furious*
nervioso(a)	*nervous*

el árbol de Navidad · ¡Salud! · el brindis · Ellos cantan. · los parlantes · el lector MP3 · el ponche · el vino · la mesa

¿Tú lo sabías?

La celebración familiar más importante para los hispanos es la Nochebuena (*Christmas Eve*), no la Navidad, el día 25.

VOCABULARIO

Práctica

2. ¿Qué es? Write the words or phrases that correspond to the following.

1. lugar donde vamos a bailar _____discoteca_____
2. empezar _____comenzar_____
3. padres, hijos, hermanos, etc. _____familia / parientes_____
4. foto _____fotografía_____
5. el que preferimos _____favorito_____
6. composición musical _____vals_____
7. doce meses _____año_____
8. sábado y domingo _____fin de semana_____

3. Para completar Complete the following sentences logically, using vocabulary from this lesson.

1. Yo soy el hijo _____favorito_____ de mi mamá.
2. En la fiesta de mi abuelo, yo voy a _____sacar / tomar_____ muchas fotografías de la familia.
3. ¿De qué _____país_____ son _____don_____ Manuel y su hijo?, ¿de México?
4. Mi hermanita va a _____cumplir_____ quince años el dos de mayo.
5. ¿Uds. acaban de llegar? _____¡Bienvenidos!_____
6. En la fiesta de Año _____Nuevo_____ vamos a bailar. Yo voy a _____preparar_____ mucha comida y vamos a tener muchos _____invitados_____.
7. Diego no tiene dinero. Es muy _____pobre_____.
8. Aquí en México vas a _____ver_____ las posadas.
9. ¿Deseas ir al cine? ¡Magnífico! Entonces _____vamos_____ al cine.
10. Esta _____vez_____ vamos a _____pasar_____ el día en el parque.

Para conversar

4. Habla con tu compañero(a) de clase. With a classmate, take turns asking and answering these questions.

1. ¿Prefieres ir a un baile, a un concierto o al teatro? (Yo prefiero...)
2. ¿Prefieres ir a un parque de diversiones o a la playa?
3. ¿Prefieres ir a un partido de fútbol o a la montaña?
4. ¿Prefieres ir al museo o al zoológico?
5. ¿Estás animado(a) o aburrido(a)? (Estoy...)
6. ¿Estás triste o contento(a) hoy? ¿Estás entusiasmado(a)?
7. ¿Estás enfadado(a) con tu mejor (best) amigo(a)?
8. ¿Estás nervioso(a) cuando tienes un examen?
9. ¿Vienes a la universidad cuando estás enfermo(a)?
10. En diciembre, ¿tienes un árbol de Navidad en tu casa?
11. ¿Tienes un lector MP3? ¿Te gusta cantar? (Me gusta...)
12. En tu cumpleaños, ¿tú y tus amigos tienen un brindis? Cuando tú brindas, ¿qué dices (What do you say)? (Digo...)

5. **Planes** With a classmate, ask each other about what you plan to do at different times in the near future.

> **Modelo** —¿Vas a ir a... ?
> —(No) Pienso ir a...

6. **Una fiesta** You and a classmate play the roles of two friends who are planning a party and cannot agree on anything: the day, the time, the place, whom to invite, what to serve, etc.

> **Modelo** —¿Damos una fiesta el sábado?
> —No... el domingo.

Pronunciación

CD1-21

A. The Spanish *b* and *v*

The Spanish **b** and **v** are pronounced exactly alike. Both sound like a weak English *b*, as in the word *Abe*. In Spanish, they are even weaker when pronounced between vowels. The lips don't quite touch. Never pronounce these consonants like the English *v*. Listen to your instructor and repeat the following words.

Beto vive en Bogotá.   Don Gustavo es mi abuelo.
Bienvenida a Bolivia.   Víctor Barrios viene de Brasil.

1-22

B. The Spanish *d*

The Spanish **d** is slightly softer than the *d* in the English word *day*. When pronounced between two vowels or at the end of a word, it is similar to the *th* in the English word *they*. Listen to your instructor and repeat the following words.

Doña Delia es de Colorado.   David y Adela están invitados.
¿Ustedes están cansados?   Daniel Aranda está preocupado.

1-23

C. The Spanish *g* (before *a*, *o*, or *u*)

❯ When followed by **a**, **o**, or **u**, the Spanish **g** is similar to the *g* in the English word *guy*. Listen to your instructor and repeat the following words.

Gustavo es gordo.
Gabriel Gómez es guapo.

❯ When pronounced between vowels, the Spanish **g** is much softer. Repeat after your instructor.

Mi amigo es uruguayo.
Ágata nos aguarda.

❯ In the combinations **gue** and **gui**, the **u** is silent. Repeat after your instructor.

Guillermo Guevara toca la guitarra.
El Sr. Rodríguez tiene un águila.

Activity Suggestion
Have students take turns reading the sentences in the **Pronunciación** section. Walk around the classroom and check their pronunciation.

Activity Suggestion
Model each word and have the class repeat the sounds and words together and individually. The following sentences provide additional pronunciation practice using words in context.
b/v: Basilio y Víctor venden bebidas baratas.
Benito y Bárbara van a viajar a Bolivia.
d: Deme dos docenas de dátiles.
Doña Dolores desea bailar con don Diego.
g: Los enemigos de mis enemigos son mis amigos.
Un lago es más grande que una laguna.

ESTRUCTURAS

1 Pronouns as objects of prepositions
(Pronombres usados como objetos de preposición)

> The object of a preposition is the noun or pronoun that immediately follows the preposition:
> **La fiesta es para María (ella). Ellos van con nosotros.**

Singular		Plural	
mí	*me*	**nosotros(as)**	*us*
ti	*you* (fam.)	**vosotros(as)**	*you* (fam.)
Ud.	*you* (form.)	**Uds.**	*you* (form.)
él	*him*	**ellos**	*them* (masc.)
ella	*her*	**ellas**	*them* (fem.)

Activity Suggestion Ask students to recall the prepositions they have used in previous lessons and to write a list on the board.

a   en   con   para
de   por

Activity Suggestion Walk around the room and pick up items belonging to students (e.g., books, pencils, etc.) and ask the class, "¿Es (Son) para mí?" Students should answer, "**No, no son para Ud. Son para él (ella, ellos, etc.)**".

▬▬ Un dicho ▮
Hoy por ti, mañana por mí.
Equivalent: *One hand washes the other.*

> Only the first and second-person singular, **mí** and **ti**, are different from regular subject pronouns.

—¿Hablan de **mí**?	*Are you talking about me?*
—No, no hablamos de **ti**;	*No, we are not talking about you;*
hablamos de **ella**.	*we're talking about her.*

> **Mí** and **ti** combine with **con** to become **conmigo** *(with me)* and **contigo** *(with you)*, respectively.

—¿Estudias **conmigo**	*Are you studying with me*
o con Carlos?	*or with Carlos?*
—No estudio **contigo**;	*I'm not studying with you;*
estudio **con él**.	*I'm studying with him.*

Práctica

7. Minidiálogos Complete the following dialogues, using the Spanish equivalent of the words in parentheses. Then act them out with a classmate, adding a sentence or two to each dialogue.

1. —¿Deseas estudiar ___conmigo___ o ___con él___ ? *(with me / with him)*
   —Yo deseo estudiar ___contigo___. *(with you)*

2. —¿Para quién es el vino? ¿___para ti___ o ___para ellos___? *(for you / for them)*
   —Es ___para mí___. *(for me)*

3. —¿Para quién es el ponche? ¿___para ella___ o ___para nosotros___? *(for her / for us)*
   —Es ___para Uds.___. *(for you, pl.)*

7. Minidiálogos Expansion Based on the structures presented in this exercise, the instructor (I) ask students (S) personalized questions. Remind them to respond using the appropriate prepositions and pronouns.
I: **¿Vienes al café conmigo?**
S1:   *Sí, voy contigo.*
I: **¿Los libros son de Anita y de Paula?**
S2:   *No, no son de ellas.*

Para conversar

8. ¡Habla con tu compañero(a)! Interview a classmate, using the following questions and two questions of your own. When you have finished, switch roles. Use the appropriate prepositions and pronouns in your responses. Answer in complete sentences.

1. ¿Hablas con tus amigos en la clase?
2. ¿Deseas estudiar español conmigo?
3. ¿Trabajas para tus padres?
4. ¿Vives cerca de *(near)* tus abuelos?
5. ¿Hablas mucho con tus amigos por teléfono?
6. ¿Tus amigos vienen a la universidad contigo?

Activity Suggestion Review *"Possession with de"* in **Lección 2.** Include questions such as **¿Es el libro de la señorita Smith o del señor Jones? ¿Es el bolígrafo del estudiante o de la profesora? ¿De quién es el cuaderno?** Remind students that when referring to someone with a title (**señor(a), señorita, doctor(a),** etc.), the definite article is used.

2 Contractions *(Contracciones)*

❯ There are only two contractions in Spanish: **al** and **del.** Both the preposition **a** *(to, toward)* and the personal **a** followed by the article **el** contract to **al.**

| Llamo | a | + | el | profesor. |
| Llamo | | al | | profesor. |

Activity Suggestion Have students ask each other if they want to go to certain places (e.g., **"¿Deseas ir al cine?"**). Then have them ask if they are coming from certain places. (e.g., **"¿Vienes del cine?"**)

❯ The preposition **de** *(of, from)* followed by the article **el** contracts to **del.**

| Tiene los libros | de | + | el | profesor. |
| Tiene los libros | | del | | profesor. |

—¿Llevas **al** amigo de Ana?   *Are you taking Ana's friend?*
—No, llevo **a las** primas de Eva.   *No, I'm taking Eva's cousins.*

—¿La casa es **de la** Sra. Vega?   *Is it Mrs. Vega's house?*
—No, es **del** Sr. Parra.   *No, it's Mr. Parra's.*

¡Atención! **A + el** and **de + el** must always be contracted to **al** and **del.** None of the other combinations (**de la, de las, de los, a la, a las, a los**) is contracted: **Llaman a los hijos de los profesores.**

LEARNING TIP
Practice "seeing" yourself coming from and going to certain places: **Vengo del hotel; voy al cine.**

Práctica

9. Minidiálogos Complete the following dialogues, using **de la, de las, del, de los, a la, a las, al,** or **a los.** Then act them out with a classmate.

1. —¿Adónde desean ir Uds. hoy?
   —Yo deseo ir ___al___ cine y Eduardo desea ir ___a la___ biblioteca. ¿Adónde deseas ir tú?
   —Yo deseo ir ___a la___ montaña.

9. Minidiálogos Suggestion Emphasize to students that the **a** in **al** may be a personal **a** with no equivalent in English and the **de** in **del** may be equivalent to the *'s* form in English.

2. —¿De qué hablan Uds.?
   —Hablamos ___del___ viaje a México.
3. —¿La computadora es ___de los___ padres de Alicia?
   —No, es ___de las___ hijas de la señora Gómez.
4. —¿A quién llamas?
   —Llamo ___al___ hermano de mi amiga Sandra.
5. —¿Adónde llevas ___a los___ muchachos?
   —Llevo ___a los___ muchachos ___a la___ fiesta ___del___ hermano de Ana.

ESTRUCTURAS

10. **Preguntas y respuestas** With a classmate, take turns asking and answering the following questions, using the cues provided. Pay special attention to the use of contractions.

   1. ¿De quién es el árbol de Navidad? (amigo de mi tío) Es del amigo de mi tío.
   2. ¿De quién son los parlantes? (señorita Vargas) Son de la señorita Vargas.
   3. ¿A quiénes llevas a la fiesta? (chicos) Llevo a los chicos.
   4. ¿A quién piensan invitar *(to invite)* Uds.? (señor Robles) Pensamos invitar al señor Robles.
   5. ¿De dónde vienen Uds.? (concierto) Venimos del concierto.
   6. ¿Adónde llevan Uds. a sus hijos? (teatro) Llevamos a nuestros hijos al teatro.
   7. ¿Las fotos son de los muchachos? (no, las muchachas) No, son de las muchachas.
   8. ¿De quién hablan Uds.? (estudiantes) Hablamos de los estudiantes.

Para conversar

11. **¿Qué pasa aquí?** In a hotel lobby, you and your classmate observe what is going on. Take turns asking each other who is calling whom, where people are coming from, how they relate to each other, etc. Use prepositions, contractions, and pronouns.

3 Present indicative of the irregular verbs *ir*, *dar*, and *estar*

(Presente de indicativo de los verbos irregulares ir, dar y estar)

	ir *to go*	dar *to give*	estar *to be*
yo	voy	doy	estoy
tú	vas	das	estás
Ud. / él / ella	va	da	está
nosotros(as)	vamos	damos	estamos
vosotros(as)	vais	dais	estáis
Uds. / ellos / ellas	van	dan	están

—Susana **da** una fiesta hoy.	*Susana is giving a party today.*
¿Tú **vas**?	*Are you going?*
—No, no **voy** porque **estoy** muy cansada.	*No, I'm not going because I am very tired.*
—Entonces **voy** con Ana y Beto. ¿Dónde **están** ellos?	*Then I'm going with Ana and Beto. Where are they?*
—**Están** en la universidad. Vienen a las tres.	*They're at the college. They're coming at three.*

¿Tú lo sabías?

En los países hispanos, las chicas y los muchachos generalmente van en grupos a fiestas, al teatro y a conciertos.

❯ En este país, ¿los chicos prefieren salir en grupos o en parejas *(couples)*?

❯ The verb **estar,** *to be,* is used here to indicate current condition **(estoy muy cansada)** and location **(están en la universidad). Ser,** another equivalent of the English verb *to be,* has been used up to now to refer to origin **(él es de México),** nationality **(ellas son mexicanas),** characteristics **(Jorge es rubio),** profession **(Elsa es profesora),** and time **(son las doce).**

❯ Other frequent uses of **dar** are **dar un examen, dar una conferencia** *(lecture),* and **dar una orden** *(order).*

Activity Suggestion After introducing the verb **ir,** write the following list of places on the board: **cafetería / biblioteca / banco / club / clase de... / oficina del (de la) profesor(a) / residencia / fiesta / trabajo / librería.** Referring to the list, students should work in groups of four and ask each other where they plan to go after class in the afternoon, in the evening, and at midnight.
—*¿Adónde vas después de la clase (esta tarde / noche, a medianoche)?*
—*Voy a la cafetería.*

ESTRUCTURAS

Práctica

12. Unos y otros Using the present indicative of **ir, dar,** or **estar,** as appropriate, write statements combining elements from columns A and B. Several combinations are possible. When you have finished, join one or two of your classmates and compare your statements.

A

1. Yo
2. Tú
3. Mi papá
4. La profesora
5. Mis amigos y yo
6. Los estudiantes

B

a. fiestas los sábados.
b. en la biblioteca.
c. al cine o al teatro los sábados.
d. muy contento(a).
e. exámenes difíciles.
f. a la playa en el verano.
g. al zoológico.
h. muy cansado(a).
i. dinero para los pobres.
j. en la universidad.

12. Unos y otros Suggestion Write the following adjectives on the board with one model sentence. Then have students take turns describing how they feel and why: **cansado(a) / deprimido(a) / aburrido(a) / furioso(a) / nervioso(a) / desilusionado(a) / preocupado(a) / sorprendido(a) / triste / contento(a) / enojado(a) / enfermo(a) / tranquilo(a) / ocupado(a)**
MODELO *Estoy nervioso(a) porque tengo examen.*

13. ¿Y los demás? Complete the following statements in a logical manner, by using the verb given in the sentence.

1. Roberto está en el parque y nosotros... estamos
2. Yo doy una fiesta esta noche y tú... das
3. Tú vas al museo y yo... voy
4. Yo estoy muy enojado(a) y ellos... están
5. Nosotros damos una fiesta de Navidad y él... da
6. Ellos van hoy y nosotros... vamos
7. Ella está nerviosa y su novio... está
8. Julia está aburrida y yo... estoy

13. ¿Y los demás? Suggestion Have students do this exercise on the board; then have the class compare and check the responses. Use some of the students' sentences in a dictation exercise the following day as a quick review.

Para conversar

14. ¡Habla con tu compañero(a)! Interview a classmate, using the following questions. When you have finished, switch roles. You both should answer in complete sentences.

1. ¿Cómo estás? ¿Estás preocupado(a)? ¿por qué?
2. ¿Dónde están tus amigos hoy?
3. ¿Estás muy ocupado(a) hoy? ¿Qué tienes que hacer?
4. ¿Tus amigos dan una fiesta de Navidad? ¿dónde?
5. ¿Tú vas a muchas fiestas?
6. En tu familia, ¿quién da fiestas de Año Nuevo?
7. ¿Tu mejor amiga va a dar la fiesta el sábado o el domingo?
8. ¿Tú y tus amigos van al cine los sábados?

14. ¡Habla con tu compañero! Expansion Encourage students to give expanded responses for each question.
—*¿Estás cansado hoy?*
—*Sí, estoy cansado. Trabajo mucho.*
For homework, have students write a brief paragraph based on the information their classmates have given.

15. ¿Adónde vamos? Imagine that you or you and one classmate are walking around town and walk around the classroom. You will bump into several of your classmates. Ask them where they are going now. Here is a list of places that people go to.

la playa	el cine	el parque
el parque de diversiones	el concierto	el zoológico
el teatro	el museo	la tienda *(store)*

Modelo　—¡Hola! ¿Adónde vas (van ustedes)?
　　　　　—Voy (Vamos) al cine. ¿y tú?
　　　　　—Yo voy a la tienda.

After everyone sits down, the instructor will ask where everyone is going.

4　*Ir a* + infinitive *(Ir a + infinitivo)*

> **Ir a** + *infinitive* is used to express future action. It is equivalent to the English expression *to be going (to)* + *infinitive*. The "formula" is as follows.

ir *(conjugated)*	+ a +	infinitive
Voy	**a**	**trabajar.**
I am going		*to work.*

—¿Con quién **vas a bailar**　　　　*With whom are you going to dance*
　en la fiesta?　　　　　　　　　　*at the party?*
—**Voy a bailar** contigo.　　　　　*I'm going to dance with you.*
—¿Uds. **van a cantar?**　　　　　*Are you going to sing?*
—No, **vamos a bailar.**　　　　　　*No, we're going to dance.*

Práctica

16. Lo que va a pasar What do you think these people are going to do? Consider where they are and what time of day it is.

16. Lo que va a pasar Suggestion Ask two or three students to read the sentences aloud. The class should listen to each sentence and correct the responses if necessary.

Modelo　José / en el hospital / por la tarde
　　　　　José va a trabajar en el hospital por la tarde.

1. yo / en mi casa / por la noche
2. los estudiantes / en la clase / por la mañana
3. nosotros / en la discoteca / por la noche
4. tú / en la cafetería / a las doce
5. Susana / en su casa / por la mañana
6. Uds. / en la fiesta / por la noche
7. mis amigos / en la biblioteca / el sábado
8. el profesor / en la universidad

16. Lo que va a pasar Answers *Answers will vary. Possibilities:* 1. Voy a leer en mi casa por la noche. 2. Los estudiantes van a estar en la clase por la mañana. 3. Nosotros vamos a bailar en la discoteca por la noche. 4. Tú vas a comer en la cafetería a las doce. 5. Susana va a estudiar en su casa por la mañana. 6. Uds. van a cantar en la fiesta por la noche. 7. Mis amigos van a estudiar en la biblioteca el sábado. 8. El profesor va a trabajar en la universidad.

ESTRUCTURAS

Para conversar

17. ¡Habla con tu compañero(a)! Interview a classmate, using the following questions. Your classmate should answer in complete sentences. When you have finished, switch roles.

1. ¿Cuántas horas vas a estudiar hoy? ¿Con quién vas a estudiar? ¿dónde?

2. ¿Vas a comer en tu casa o en la cafetería? ¿A qué hora vas a comer? ¿Tú y tu familia van a comer juntos?

3. ¿Qué vas a hacer este fin de semana? ¿Vas a ir a un baile?

4. ¿Adónde van a ir tus amigos el sábado? ¿Qué van a hacer? ¿Van a ir a un concierto?

5. ¿Tú y tu familia van a dar una fiesta? ¿cuándo? ¿dónde? ¿A quiénes van a invitar?

18. ¿Qué van a hacer? What are these people going to do? With a classmate, take turns asking and answering questions, using the information in the illustrations.

Modelo —¿Con quién va a bailar Marisol?
—Va a bailar con Tito.

Marisol

1. Roberto

2. Elisa

3. Julio y Estrella

4. Daniel

5. Eduardo

6. Graciela

7. Beto y Ana

5 Present indicative of *e:ie* stem-changing verbs

(Presente de indicativo de los verbos que cambian en la raíz e:ie)

❯ Some Spanish verbs undergo a stem change in the present indicative. For these verbs, when **e** is the last stem vowel and it is stressed, it changes to **ie** as follows.

preferir *to prefer*			
yo	prefiero	nosotros(as)	preferimos
tú	prefieres	vosotros(as)	preferís
Ud. ⎤		Uds. ⎤	
él ⎬	prefiere	ellos ⎬	prefieren
ella ⎦		ellas ⎦	

—¿A qué hora **piensas** ir a la fiesta?   *What time are you planning to go to the party?*
—**Prefiero** ir a las diez. ¿y tú?   *I prefer to go at ten. And you?*
—Yo **no quiero** ir. Estoy cansado.   *I don't want to go. I'm tired.*

—¿A qué hora **empiezan** a[1] estudiar Uds.?   *What time do you start to study?*
—**Empezamos** a las tres.   *We start at three.*

❯ Note that the stem vowel is not stressed in the verb forms used with **nosotros(as)** and **vosotros(as)**; therefore, the **e** does not change to **ie**.

❯ Stem-changing verbs have the same endings as regular **-ar, -er,** and **-ir** verbs.

❯ Some verbs that undergo this change are:

cerrar *to close*
comenzar *to begin, to start*
empezar *to begin, to start*
entender *to understand*
pensar *to think*
pensar (+ *infinitive*) *to plan (to do something)*
perder *to lose*
querer *to want, to wish, to love*

Activity Suggestion Ask students personalized questions based on the verbs and phrases used in the suggested sentence builder on page 118.
1. ¿Cuándo empieza tu clase de... ?
2. ¿Quieres ir a un concierto?
3. ¿Prefieres la clase de... o la clase de... ?
4. ¿Dónde prefieres vivir?
5. ¿Qué / Dónde prefieres comer?
6. ¿Adónde quieres ir mañana (el sábado, etc.)?
7. ¿Quieres tomar café?
8. ¿Qué idiomas entiendes?

Activity Suggestion Have students write short sentences using all these verbs and all subject pronouns.

▬ Un dicho ▌
Ojos que no ven, corazón que no siente.
Equivalent: *Out of sight, out of mind.*

---

[1]The preposition **a** is used after **empezar** and **comenzar** when they are followed by infinitives.

ESTRUCTURAS

Práctica

19. ¿Tú lo sabes... ? With a classmate, complete each statement with the correct form of the verb in parentheses, and by answering the questions that follow it.

1. Yo (preferir) comer...	¿qué?	¿dónde?	¿con quiénes?
2. Nosotros (preferir) ir...	¿adónde?	¿con quiénes?	¿qué días?
3. Tú (querer) bailar...	¿qué?	¿con quién?	
4. Nosotros (querer) charlar...	¿con quiénes?	¿cuándo?	
5. Mi papá (pensar) leer...	¿qué?	¿cuándo?	
6. Nosotros (cerrar)...	¿qué?	¿cuándo?	
7. Mis amigos (perder)...	¿qué?	¿dónde?	
8. Ellos (empezar)...	¿qué?	¿en qué mes?	
9. Yo (comenzar) a...	¿qué?	¿a qué hora?	
10. Tú no (entender)...	¿qué?		

20. Orientación You have just enrolled at a new university, and some current students are helping to orient you. Compare their routines and preferences with your own.

1. Comenzamos las clases a las nueve.
2. No entendemos inglés.
3. Pensamos trabajar mañana.
4. Queremos ir al zoológico.
5. Preferimos beber ponche.
6. No cerramos las ventanas por la noche.

Para conversar

21. ¡Habla con tu compañero(a)! Interview a classmate, using the following questions. Your classmate should answer in complete sentences. When you have finished, switch roles.

1. ¿Tienes sed? ¿Qué quieres beber? ¿Prefieres café o refresco?
2. ¿Dónde quieres comer hoy? ¿Qué quieres comer? ¿Tus amigos quieren comer contigo?
3. ¿Tú prefieres comer en un restaurante o en la cafetería de la universidad?
4. ¿A dónde piensas ir este fin de semana?
5. ¿Qué prefieres hacer, ir al zoológico o ir a un parque de diversiones?
6. ¿Tú entiendes una conversación en español?
7. ¿Tú cierras las ventanas por la noche?
8. ¿A qué hora empieza tu primera *(first)* clase?

¿ Tú lo sabías?

Muchos productos norteamericanos, como las sodas y los chicles, son muy populares en los países hispanos.

> ¿Qué productos extranjeros *(foreign)* son populares en este país?

6 Expressions with *tener* (*Expresiones con* tener)

> Many useful idiomatic expressions that use *to be + adjective* in English are formed with **tener** + *noun* in Spanish.

tener (mucho) frío	*to be (very) cold*
tener (mucha) sed	*to be (very) thirsty*
tener (mucha) hambre	*to be (very) hungry*
tener (mucho) calor	*to be (very) hot*
tener (mucho) sueño	*to be (very) sleepy*
tener (mucha) prisa	*to be in a (great) hurry*
tener (mucho) miedo	*to be (quite) afraid, scared*
tener (mucho) cuidado	*to be (very) careful*
tener razón	*to be right*
no tener razón[1]	*to be wrong*
tener... años (de edad)	*to be . . . years old*

—¿**Tienes** calor? — *Are you hot?*
—Sí, y también **tengo** mucha **sed**. — *Yes, and I'm also very thirsty.*
—¿Deseas comer pollo? — *Do you want to eat chicken?*
—No, gracias, no **tengo hambre**. — *No, thank you, I'm not hungry.*
—¿Cuántos **años tienes**? — *How old are you?*
—**Tengo** diecinueve **años**. — *I'm nineteen years old.*
—Tenemos que trabajar más. — *We have to work harder (more).*
—**Tienes razón**... — *You're right . . .*

¡Atención! Note that Spanish uses **mucho(a)** *(adjective) + noun* (as in **mucha hambre**) the way English uses *very + adjective* (as in *very hungry*).

Activity Suggestion Review the verb **tener** before presenting these expressions. Emphasize that the idioms should not be translated literally, but should be learned as a whole. Point out that not every English construction of this kind has a Spanish counterpart with **tener**, e.g., *I am tired* translates as **Estoy cansado(a)**.

Additional expressions
tener suerte *(to be lucky)*
tener éxito *(to be successful)*

Activity Suggestion Act out being hungry, cold, in a hurry, etc. Students should ask you "**¿Tiene hambre?**", "**¿Tiene frío?**", etc.

Activity Suggestion Introduce **tener... años (de edad)** by showing photos of famous people or by listing their names and professions on the board. Have students identify them and give their approximate ages. You may want to introduce **aproximadamente** at this time.

Shakira es una cantante colombiana. Tiene aproximadamente cuarenta años.

David Bisbal es un cantante español. Tiene unos treinta y cinco años.

Maribel

1. Maribel tiene frío o tiene calor?
2. Maribel tiene sed. ¿Tú creees que quiere beber ponche, vino o café?
3. Maribel tiene hambre. ¿Tú crees que quiere comer un sándwich de queso o una manzana?
4. ¿Maribel quiere bailar o tiene sueño?
5. ¿Cuántos años crees tú que tiene Maribel?

© Alexander Sysoev/Shutterstock.com

[1]Incorrectness is also conveyed by the expression **estar equivocado(a)** *(to be wrong)*.

Práctica

22. ¿Qué tienen? Using expressions with **tener**, indicate how these people feel.

1. **José** tiene miedo.

2. **Yo** tengo hambre.

3. **Tú** tienes sueño.

4. **La profesora** tiene prisa.

5. **Ud.** tiene frío.

6. **Felipe** tiene calor y sed.

7. **Marisa y Elena** tienen calor.

8. **Ella** tiene cuatro años.

Quito es la capital de Ecuador.

9. **Susana** tiene razón.

23. ¡Siete problemas y un cumpleaños! Which expression with **tener** would you use in each of the following situations?

1. You are in the Sahara desert in the middle of summer. Tengo mucho calor.
2. A big dog is chasing you. Tengo miedo.
3. You have only a minute to get to your next class. Tengo prisa.
4. You are in Alaska in the middle of winter. Tengo mucho frío.
5. You haven't eaten for an entire day. Tengo mucha hambre.
6. You got up at 4 a.m. and it is now midnight. Tengo mucho sueño.
7. You just ran for two hours in the sun. Tengo mucho calor y tengo sed.
8. You are blowing out twenty candles on your birthday cake. Tengo veinte años.

Para conversar

24. ¡Habla con tu compañero(a)! Interview a classmate, using the following questions. When you have finished, switch roles.

1. ¿Qué bebes cuando tienes sed? ¿y cuando tienes frío?
2. ¿Qué comes cuando tienes hambre? ¿y qué haces cuándo no tienes hambre?
3. ¿Cuántos años tienes? ¿Cuántos años tiene tu mejor *(best)* amigo(a)?
4. ¿Cuántos años tiene tu mamá? ¿y tu papá?
5. En tu familia, ¿quién tiene razón siempre? ¿y en la clase?
6. ¿Tienes miedo a veces *(sometimes)*? ¿Debes tener más cuidado?

25. Tenemos huéspedes. *(We have guests.)* This is group activity for at least 5 students. Three or four students play the role of a family with children. The other students receive that family in their house. Imagine that Mr. and Mrs. Vega and their two children, Anita and Luisito, are staying with you and your classmate. Take turns asking them individually and/or collectively whether they are hungry, thirsty, etc. When possible, ask them also if they want a drink, etc.

© Iakov Filimonov/Shutterstock.com

¿ Tú lo sabías?

En español se dice "¡Salud!" *(Cheers)* para brindar. En España también dicen "Salud, amor y pesetas[1]" *(Health, love, and money).*

[1]**Pesetas** were the monetary unit in Spain before the use of the Euro.

⊙ ¡Vamos a ver!

Antes de ver el video

26. Habla con tu compañero(a). You and a classmate take turns asking and answering the following questions.

1. ¿Tú vas a veces a la casa de tus tíos? ¿Tienes muchos primos *(cousins)*?

2. ¿Tú vas a pasar el Año Nuevo con tus amigos o con tu familia? ¿y la Navidad?

3. ¿Tienes hambre? ¿Tienes sed? ¿Tienes sueño?

4. ¿Prefieres beber una soda o un vaso de agua?

5. ¿Estás cansado(a)? ¿Estás contento(a) o triste?

6. ¿Vas al parque con tus amigos a veces?

7. ¿Piensas ir a la tienda *(store)* mañana?

8. ¿Qué vas a hacer pasado mañana *(the day after tomorrow)*?

9. ¿Tú vas a dar una fiesta el viernes?

10. ¿Tú celebras *(celebrate)* el día de tu santo? ¿Celebras el día de San Patricio?

11. ¿Tú y tu familia tienen mariachis cuando dan fiestas?

12. Cuando das una fiesta, ¿muchas chicas (muchos chicos) quieren bailar contigo?

13. ¿Vas a dar una fiesta la semana que viene? ¿Vas a bailar este fin de semana? ¿Invitas a tus vecinos cuando das una fiesta?

14. ¿Quieres platicar un rato más?

El video: Julia visita la Ciudad de México

¡Bienvenida, hijita! ¡Ay! ¡Dame un abrazo!

—¿Cuándo empiezan las posadas?

—La semana que viene. Este fin de semana pensamos ir a una discoteca de la Zona Rosa.

Después de ver el video

Doña Luz

Lupita

Julia

Don Rodolfo

27. ¿Quién lo dice? Identify the person who said each of the following in the dialogues.

1. Pasado mañana damos una fiesta aquí en casa. Lupita
2. Entonces quiero sacar muchas fotos. Julia
3. Mario, una soda para tu prima. Doña Luz
4. ¡Pero no tengo sueño! Quiero platicar un rato más. Julia
5. ¡Bienvenida, hijita! ¡Ay! ¡Dame un abrazo! *(Give me a hug!)* Doña Luz
6. ¡La pobre Julia está aturdida! Lupita
7. ¡Mamá! ¡Una pregunta a la vez! Lupita
8. ¿Cómo estás, sobrina? ¿Qué tal el viaje? Don Rodolfo
9. Y su hermano está bien, también. Julia

28. Hablemos. With a classmate, take turns asking and answering the following questions. Base your answers on the dialogues.

1. ¿Dónde va a pasar Julia la Navidad?
2. ¿Julia tiene hambre o tiene sed?
3. ¿Qué quiere beber Julia?
4. ¿Adónde van a ir Julia y Lupita mañana?
5. ¿Es el santo o el cumpleaños del abuelo de Lupita?
6. ¿Quiénes van a venir a la fiesta?
7. ¿Cuándo empiezan las posadas?
8. ¿Julia tiene sueño?

28. Hablemos Answers 1. Julia va a pasar la Navidad con sus tíos en México. 2. Tiene mucha sed. 3. Quiere beber un vaso de agua. 4. Van a ir al parque de Chapultepec. 5. Es el santo. 6. Muchos de sus amigos van a venir a la fiesta. 7. Empiezan la semana que viene. 8. No, Julia no tiene sueño.

29. ¿Qué pasa después? You and a classmate use your imaginations to say what the characters do. In Spanish, discuss the following.

1. Whether or not doña Luz calls Julia's father.
2. Whether or not Julia is still **(todavía)** tired.
3. Whether Julia converses with her uncle.
4. Whether Julia and Lupita eat a lot of food at the party.
5. Whether or not Julia dances with Mario.
6. Whether or not Julia takes pictures of don Gustavo.
7. With whom Julia dances when she goes to the discotheque.
8. Whether or not Julia and Lupita take part **(toman parte)** in the **posadas.**

Now compare your statements to those of another group.

ASÍ SOMOS

🔊 ¡Vamos a escuchar!

CD1-24 **30. Un mensaje telefónico** A relative of your Spanish-speaking housemate has left a voice mail for her. Listen to the message and make a note of the specifics of the call for your housemate. Listen to the message as many times as necessary.

1. ¿Quién llama? Susana
2. ¿Quiénes vienen? Susana y Roberto
3. ¿Cuándo vienen? el jueves 20 de agosto
4. ¿Dónde van a estar? en el hotel Asturias
5. ¿Qué quieren hacer el sábado? visitar el Museo de Arte y por la noche ir al teatro

¡Vamos a conversar!

31. ¿Y qué más? For each of the following statements, write two or three questions you might ask to get more information.

1. Ana viene.
2. Necesito dinero.
3. Quiero libros.

32. ¿Tú qué dices? What would you say in the following situations? What might the other person say? Act out the scenes with a classmate. Take turns playing each role.

1. Someone offers you something to eat. Decline, saying that you are not hungry because you have just been eating.
2. You are planning a weekend with a friend. Ask where he/she wants to go; offer as many choices as possible.
3. A friend of yours is obviously upset. Try to find out what's wrong by asking him/her whether he/she is angry, nervous, etc.
4. You have three days off. Tell a friend what you are going to do for fun and ask him/her what he/she is going to do.
5. You are talking to an acquaintance from Mexico. Tell him/her what you and your friends do when you have a party. Ask what he/she and his/her friends do *(hacen)*.

33. Para conocernos mejor To do this activity, work with a classmate whom you would like to get to know. Take turns asking and answering these questions.

1. ¿Cuántos años tienes? ¿Cuándo es tu cumpleaños? ¿Cuántos años vas a cumplir?
2. ¿Estás invitado(a) a una fiesta? ¿Asistes a muchas fiestas? ¿Tú das fiestas a veces *(sometimes)*?
3. En una fiesta, ¿prefieres bailar o charlar con un amigo? ¿Bailas bien o eres un desastre como bailarín (bailarina)? ¿Quieres ir a una discoteca?
4. ¿Dónde vas a pasar el Año Nuevo? ¿Vas a dar una fiesta? ¿Vas a bailar?
5. ¿Qué piensas hacer este fin de semana? ¿Adónde piensas ir? ¿Piensas ir con tus amigos?
6. ¿Prefieres ir a un museo o a un parque de diversiones? ¿a la playa o a la montaña?
7. ¿Tienes hambre o acabas de comer? ¿Quieres beber algo?

33. Para conocernos mejor Expansion
Have students ask you the same questions, using the **Ud.** form.

8. ¿Tú eres el hijo (la hija) favorito(a) de tus padres?
9. ¿Estás contento(a) o triste hoy? ¿Estás cansado(a)? ¿Estás enojado(a)?
10. ¿Dónde vas a estar mañana por la mañana? ¿y por la tarde? ¿y por la noche?

34. Una actividad especial para toda la clase

Actividades para un fin de semana The Spanish class is planning activities for Friday and Saturday, December 30th and 31st, to entertain some Spanish students who are visiting this country. The class is divided into groups of three or four. Each group will plan where you are going to go (think of several places) and what you are going to do.

© Syda Productions/Shutterstock.com

Step 1. Make plans for the New Year's Eve party, including what time it's going to start, what you are going to serve **(servir),** and whom you are going to invite **(invitar).** Make sure you talk about what you **want** to do, **plan** to do, and **prefer** to do.

Step 2. One of the students in each group will share one or two things that the members of the group plan to do.

🔊 Un poema para memorizar

CD1-25

Por una mirada°, un mundo°,   look / world
por una sonrisa°, un cielo°,   smile / heaven
por un beso°... ¡yo no sé   kiss
que te diera° por un beso!   yo… *I don't know what I would give you*

Gustavo Adolfo Bécquer (España), "Rima XXIII."

1. ¿Qué daría *(would give)* el poeta por una mirada? un mundo
2. ¿Qué daría por una sonrisa? un cielo

¡Vamos a leer!

Antes de leer

> **ESTRATEGIA** **Identifying text formats** Before reading a text, it is useful to look at the title, subtitles, photos or illustrations, and format to get a general idea of the nature of the text. For example, is it an informative article, a calendar of events, an advertisement, or an interview? Recognizing formats can help orient you to the type of information to expect.

35. ¿De qué habla? Look at the reading that follows. Have you come across similar types of texts? Where did this reading possibly appear? What is the title? Who is featured? Why? What might be said about them? Use this information to help you decipher the specifics of this reading.

¡A leer!

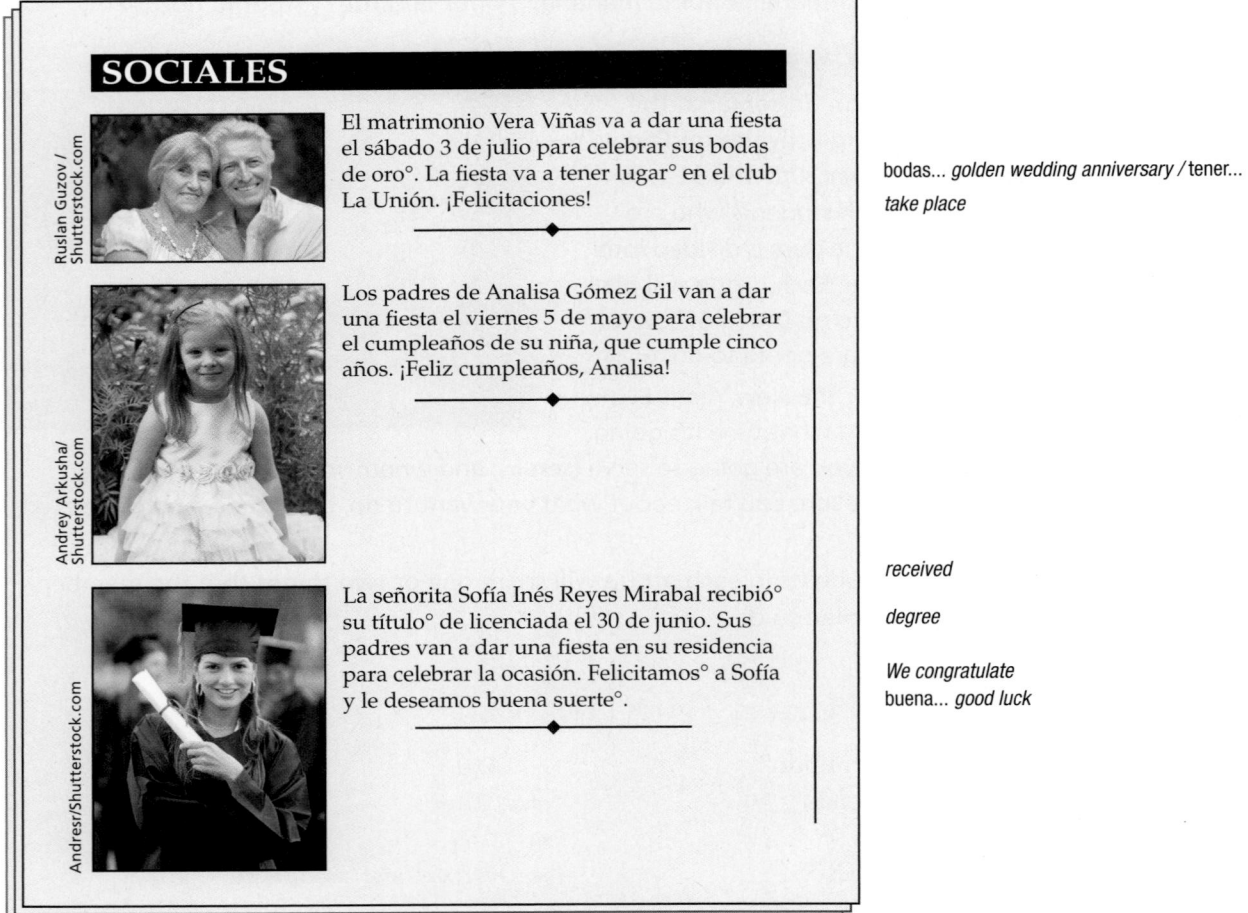

SOCIALES

El matrimonio Vera Viñas va a dar una fiesta el sábado 3 de julio para celebrar sus bodas de oro°. La fiesta va a tener lugar° en el club La Unión. ¡Felicitaciones!

bodas... *golden wedding anniversary* / tener... *take place*

Los padres de Analisa Gómez Gil van a dar una fiesta el viernes 5 de mayo para celebrar el cumpleaños de su niña, que cumple cinco años. ¡Feliz cumpleaños, Analisa!

La señorita Sofía Inés Reyes Mirabal recibió° su título° de licenciada el 30 de junio. Sus padres van a dar una fiesta en su residencia para celebrar la ocasión. Felicitamos° a Sofía y le deseamos buena suerte°.

received

degree

We congratulate
buena... *good luck*

36. Comprensión As you read the **Sociales** section of the newspaper, find the answers to the following questions.

1. ¿Qué va a celebrar el matrimonio Vera Viñas el 3 de julio?
2. ¿Dónde va a tener lugar la fiesta?

3. ¿Quiénes van a dar una fiesta el viernes 5 de mayo?

4. ¿Qué van a celebrar?

5. ¿Cuántos años cumple Analisa?

6. ¿Qué recibió Sofía Inés?

7. ¿Quiénes van a dar una fiesta en su residencia?

8. ¿Qué le deseamos a Sofía Inés?

Después de leer... desde tu mundo

37. Celebraciones In groups of three or four, talk about your plans for several holidays in the year.

(HINT: Día de Acción de Gracias = *Thanksgiving*)

¡Vamos a escribir!

Antes de escribir

> **ESTRATEGIA** **Writing an e-mail** Although e-mails are more informal than letters, they follow a similar pattern.
> - Greeting: **Querido(a)...: Hola...:** (Use a colon after the name.)
> - Body: one or more paragraphs that include the purpose of the message, the information you want to convey, and questions you want to ask
> - Closing: **Bueno, nos vemos el día..., Besos** *(Kisses)*, **Tu amigo(a)...**

38. Una invitación You will write an e-mail in which you invite a friend to spend a weekend with you. Before writing, jot down the information you want to include.

> When will it be? When should your friend arrive?

> What are the general plans and schedule of activities for the weekend? What are you going to do each day?

> Ask your friend if he or she prefers or wants to do one activity or another.

¡A escribir!

39. Una invitación Write your **primer borrador** of the message. Remember to use an appropriate greeting and closing.

Después de escribir

40. A revisar Before writing the final version, exchange your first draft with a classmate and peer edit each other's work using the following guidelines.

> use of **ir a** + *infinitive*

> formation of **e:ie** stem-changing verbs

> form of the e-mail: greeting, body, and closing

EL MUNDO HISPÁNICO Y TÚ

México

México es el país vecino al sur de los Estados Unidos. ¿Te interesan sus bellezas *(beauties)* naturales? ¿Sus reliquias históricas? ¿Sus centros turísticos? ¿Sus museos de arte? ¿Quieres conocer solamente la capital o quieres ver también ciudades como Guadalajara, Guanajuato y San Miguel Allende?

› Quizás *(Perhaps)* quieres estudiar en México para perfeccionar tu español o seguir una carrera específica.

› ¡México lo tiene todo! Playas famosas como Acapulco, Cancún y Puerto Vallarta. Su música es popular en todo el mundo, y las obras *(works)* de sus escritores están traducidas a muchas lenguas. Sus telenovelas se ven en muchos países, incluyendo aquellos *(those)* donde no se habla español. Su comida ya es internacional, ¡y en los Estados Unidos, la salsa mexicana se vende *(is sold)* más que el "ketchup"!

Ruinas arquitectónicas y edificios coloniales

Chichén Itzá, en el estado de Yucatán, es un ejemplo de la arquitectura mesoamericana. Los mayas y los aztecas construyeron *(built)* estos monumentos en honor al Sol y a la Luna, que eran, para ellos, los dioses de la vida y de la muerte. Las pirámides mayas y aztecas son las más grandes fuera de Egipto.

En la Ciudad de México está el **Palacio Nacional,** situado en El Zócalo, la plaza más grande de Latinoamérica. El palacio es una muestra de la arquitectura colonial española. Fue construido sobre las ruinas del palacio de Monctezuma, emperador azteca a la llegada *(arrival)* de los españoles.

Ciudades de interés turístico

Guadalajara, la segunda ciudad más grande del país, origen del mariachi y del tequila. En esta ciudad hay un gran número de firmas internacionales, y está considerada como "la ciudad del futuro".

La **Ciudad de México** —la más grande del país— también es la ciudad que tiene la mayor población de las Américas.

Las artes plásticas y la literatura

Frida Kahlo es la pintora más famosa de México y esposa del gran pintor Diego Rivera. Las obras de Frida incluyen muchos autorretratos *(self-portraits)* como este, en el que se pintó *(painted herself)* frente al espejo *(mirror)*.

Octavio Paz (1914–1998), ganador del Premio Nobel de Literatura 1990, fue *(was)* un pensador e intérprete de la cultura mexicana. Su obra *El Laberinto de la Soledad* es un estudio de la identidad mexicana.

Dos grandes universidades

La UNAM[1], fundada en 1553, es la segunda universidad más antigua de Norteamérica y está considerada una de las mejores *(best)* instituciones educacionales de Latinoamérica. La UNAM ofrece cursos para estudiantes extranjeros *(foreign)* durante todo el año.

Otra universidad importante es la **Universidad Autónoma de Guadalajara,** una universidad privada. Estudiantes de muchos países (incluyendo los Estados Unidos) estudian en la UAG. La **UAG** fue la primera universidad privada de México. Fue fundada en 1935 por un grupo de estudiantes opuestos al proyecto de educación socialista del presidente Lázaro Cárdenas.

Háganse preguntas

The class will be divided into groups of 3 or 4 students. The instructor will assign one of the eight items of information presented here to each group. The members in each group will prepare questions about the item assigned to them to ask the rest of the class.

iLrn™

To learn more about México, watch the cultural footage in the Media Library.

[1] Universidad Nacional Autónoma de México

AUTOPRUEBA

¿Cuánto sé ahora?

Take this test. When you have finished, check your answers in the answer key provided in Appendix D. Then use a red pen to correct any mistakes you may have made. Are you ready?

A. Pronouns as objects of prepositions Complete the following mindialogues, using the Spanish equivalents of the word in parentheses.

1. La fiesta no es para _____mí_____. Es para _____ti_____, Lupita. *(me / you [fam.])*
2. Mis amigos no quieren ir a la discoteca _____contigo_____. Quieren ir _____conmigo_____. *(with you / with me)*
3. Tus abuelos siempre hablan de _____ustedes_____. *(you [plural])*
4. Doña Teresa quiere ir al cine con _____nosotros_____, no con _____usted_____, Don Carlos. *(us / you [formal])*
5. La comida es para _____ella_____, no para _____él_____. *(her / him)*
6. Este fin de semana, ¿vas a salir con _____ellos_____? *(them [masc.])*

B. Contractions Complete the following sentences, using the Spanish equivalents of the words in parentheses.

1. Nosotros venimos _____del zoológico_____ y ellos vienen _____de la playa_____. *(from the zoo / from the beach)*
2. ¿Quieres ir _____a la fiesta de Navidad_____ o _____al teatro_____? *(to the Christmas Party / to the theater)*
3. Nosotros llevamos _____al hijo del Sr. Vega_____ a la universidad. *(Mr. Vega's son)*
4. Yo quiero ver _____a los hijos de mi vecino_____. *(my neighbor's children)*

C. Present indicative of the irregular verbs *ir, dar,* and *estar* Complete the following minidialogues, using the present indicative of **ir, dar,** or **estar**, as appropriate.

1. —¿Tú _____vas_____ al teatro hoy?
   —Sí, _____voy_____ con mi hermanita.
2. —¿Quién _____da_____ la fiesta de Fin de Año?
   —Rosa y Celia _____dan_____ la fiesta en su casa.
3. —Este fin de semana yo _____estoy_____ muy contenta.
   —¿Por qué _____estás_____ contenta?
   —Porque mis padres _____están_____ en mi casa.
4. —¿Aurora y Ramiro _____van_____ al zoológico contigo?
   —Sí, y después _____vamos_____ a un museo.
5. —¿Tú _____das_____ mucho dinero para la fiesta?
   —No, yo no _____doy_____ dinero porque soy pobre.

D. *Ir a* + infinitive Complete the following sentences, using the appropriate form of **ir a** plus the Spanish equivalents of the verbs given.

1. Ellos _____van a servir_____ el ponche. *(serve)*
2. Yo no _____voy a bailar_____ en la fiesta. *(dance)*
3. Mi hermanita _____va a celebrar_____ sus quince años. *(celebrate)*
4. Tú _____vas a charlar_____ con los invitados. *(chat)*
5. Ustedes _____van a preparar_____ la comida *(prepare)*
6. Nosotros _____vamos a llevar_____ a los niños al parque de diversiones. *(take)*

E. Present indicative of *e:ie* stem-changing verbs Complete the following sentences, using the present indicative of the verbs given.

1. ¿A qué hora __empieza__ (empezar) la fiesta?
2. ¿Tu abuelo __entiende__ (entender) una conversación en inglés?
3. Yo no __pienso__ (pensar) ir a la playa este sábado.
4. Nosotros __preferimos__ (preferir) ir al cine hoy. ¿Ustedes __quieren__ (querer) ir con nosotros?
5. Nuestras clases __comienzan__ (comenzar) en septiembre.
6. Arturo y yo __pensamos__ (pensar) ir a la montaña y sacar muchas fotos.
7. Cuando Uds. van a Las Vegas, ¿__pierden__ (perder) mucho dinero?
8. ¿Tú __cierras__ (cerrar) las puertas antes de salir?

F. Expressions with *tener* Write the Spanish equivalents of the words in parentheses.

1. Mis primos __tienen prisa__. *(are in a hurry)*
2. Yo __no tengo hambre__, pero __tengo mucha sed__. *(am not hungry / am very thirsty)*
3. Nosotros vamos a abrir la ventana porque __tenemos calor__. *(we are hot)*
4. Las chicas __tienen mucho sueño__. *(are very sleepy)*
5. ¿Tú __tienes miedo__, Anita? *(are afraid)*
6. Ud. __tiene razón__, Srta. Peña. María __tiene diez años__. *(are right / is ten years old)*

G. Just words . . . Choose the word or phrase that best completes each sentence.

1. Yo estoy (aturdido, contento, aburrido) porque mi novia está conmigo. ¡Ella es una chica encantadora! contento
2. Quiero comer algo porque tengo (sueño, miedo, hambre). hambre
3. Voy a (sacar, charlar, pensar) muchas fotos. sacar
4. Voy a pasar el (fin de semana, viaje, vecino) con mi abuela. fin de semana
5. ¡Un brindis! (¡Semana!, ¡Salud!, ¡Árbol!) ¡Salud!
6. Yo estoy muy (preocupado, bienvenido, ocupado) porque mi tío está enfermo. preocupado
7. Ana está (enojada, cansada, entusiasmada) porque su novio no está invitado a la fiesta. enojada
8. Ellos bailan y (comienzan, ven, cantan) en la fiesta. cantan
9. Nora va a tomar algo porque tiene (prisa, sed, cuidado). sed
10. Nosotros (pensamos, queremos, acabamos) de hablar con Eva. acabamos

H. Culture

1. Complete the following, based on the information found in the **¿Tú lo sabías?** sections.
   a. Las posadas representan el viaje de María y __José__ desde Nazaret a Belén.
   b. Los hispanos generalmente celebran el cumpleaños y también el día de su __santo__.
2. Complete the following, based on information found in the **El mundo hispánico y tú** section.
   a. __Guadalajara__ es la segunda ciudad más grande de México.
   b. La Universidad __Autónoma__ de Guadalajara es una universidad privada.
   c. Frida Kahlo es una famosa __pintora__ mexicana.

I. Un dicho Do you remember the Spanish saying that is equivalent to "Out of sight, out of mind"? Find it in this lesson.

Activity I Answer:
Ojos que no ven, corazón que no siente.

LAS COMIDAS

iStock/Getty Images

Una familia comiendo paella, una comida típica de España.

OBJETIVOS COMUNICATIVOS

You will learn vocabulary related to restaurants, menus, ordering meals, and paying the bill. You will also learn to talk about the weather.

SITUACIONES

¿Qué comemos... ?

ESTRUCTURAS

1 Comparative forms
2 Irregular comparative forms
3 Present indicative of **o:ue** stem-changing verbs
4 Present progressive
5 Uses of **ser** and **estar**
6 Weather expressions

ASÍ SOMOS

▶ **¡Vamos a ver!**
Watching and understanding situations

¡Vamos a escuchar!
Listening for details I

¡Vamos a conversar!
Providing supporting details

¡Vamos a leer!
Expanding your vocabulary through reading

¡Vamos a escribir!
Solidifying and repurposing what you learn

EL MUNDO HISPÁNICO Y TÚ

❯ Guatemala
❯ El Salvador

AUTOPRUEBA

You will review what you learned in this lesson.

© Claudia Mejia Castillo/Shutterstock.com

▶

Guatemala fue *(was)* parte del imperio maya. Aunque el español es el idioma oficial, solo lo habla el 60% de la población; el resto habla alguna lengua maya.

El Salvador tiene más de seis millones de habitantes en un área aproximadamente del tamaño *(size)* del estado de Massachusetts. Su capital, San Salvador, es la ciudad más industrializada de Centroamérica.

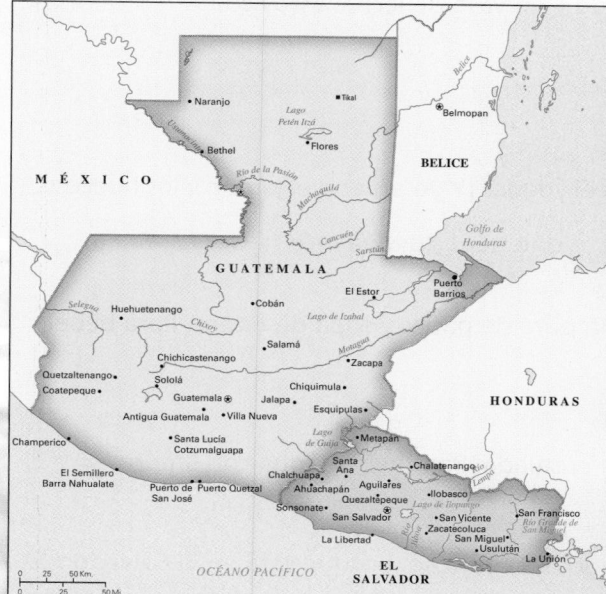

La Merced, Antigua, Guatemala
© loca4motion / Shutterstock.com

Plaza Libertad, San Salvador, El Salvador
© Photolibrary/Getty Images

SITUACIONES

🔊 ¿Qué comemos... ?
CD1-26

▶ ¡Ubíquelos!
Rogelio and Maribel are visiting the city of Antigua. They see churches and visit markets. Watch the video, and enjoy the sights. You will also "visit" Maribel's home town in El Salvador.

Rogelio Silva y su esposa Maribel están de vacaciones en la ciudad de Antigua. Rogelio es alto y bastante guapo. Es moreno, de ojos castaños. Maribel es de estatura mediana; no es muy bonita, pero es muy simpática. Rogelio es dos años mayor que su esposa.

En este momento están en el restaurante del hotel, y van a desayunar. Los dos están leyendo el menú.

ROGELIO: Yo quiero jamón con huevos revueltos y pan tostado. Para beber, jugo de frutas y chocolate caliente.

MARIBEL: Yo voy a pedir yogur, y para beber... té helado y un vaso de leche. Estoy contando calorías; además, yo no tengo tanta hambre como tú.

El camarero trae la comida.

ROGELIO: ¡Mmm! ¡El jamón está muy sabroso!

MARIBEL: *(Está mirando su yogur.)* ¿Por qué no pruebas el yogur? ¡Y yo pruebo el jamón y los huevos...!

Al mediodía, Rogelio y Maribel están en un restaurante que tiene comida internacional. Van a almorzar.

ROGELIO: *(Al camarero)* Tráigame biftec y langosta con puré de papas y sopa de fideos. Para beber, vino tinto. De postre... flan con crema y helado.

El mozo anota el pedido.

MARIBEL: Tráigame pescado, una papa al horno y una ensalada. Para beber, agua con limón.

Rogelio y Maribel están conversando.

ROGELIO: Tenemos un correo electrónico de mi hermano. Está furioso, porque está en El Salvador, que tiene algunas de las playas más hermosas del mundo, y no puede hacer surfing porque llueve todos los días.

MARIBEL: ¡Por supuesto! ¡Están en la estación de las lluvias! ¿Y... qué está haciendo tu cuñada?

ROGELIO: Siempre está mirando telenovelas en el hotel. ¡Ella lo está pasando muy bien!

El mozo trae la comida.

MARIBEL: ¿Por qué no pruebas la ensalada... ? Yo quiero un pedazo de tu biftec... y un poco de flan y de helado...

Cuando terminan de comer, los dos beben café. Rogelio paga la cuenta y deja una buena propina.

Por la noche, los dos están cenando en su habitación, porque están muy cansados.

ROGELIO: *(Mirando la comida.)* A ver... pollo frito, sopa de verduras, ensalada de camarones... y torta de chocolate.

MARIBEL: Yo tengo un pedazo de pollo a la parrilla, ensalada... y un refresco de dieta.

Maribel "prueba" el pollo frito, toma la sopa y come un pedazo de la torta.

Activity Suggestion Have students act out the dialogue in groups of three.

ROGELIO: Maribel, voy a salir un rato. ¡Y voy solo! En seguida vuelvo.

MARIBEL: Pero... ¿no estás cansado? ¿Qué pasa, mi amor? ¿Estás enojado... ?

ROGELIO: No. ¡Estoy muerto de hambre!

1. Hablemos. With a classmate, take turns asking and answering the following questions. Base your answers on the dialogue and on your own circumstances.

En el diálogo

1. ¿Rogelio es bajo?
2. ¿Rogelio es menor *(younger)* que su esposa?
3. ¿Cómo es Maribel?
4. ¿Qué desayuna Rogelio?
5. ¿Cuándo van a almorzar Rogelio y Maribel?
6. ¿Qué va a almorzar Rogelio?
7. ¿Por qué está furioso el hermano de Rogelio?
8. ¿Qué está haciendo la cuñada de Rogelio en el hotel?
9. ¿Dónde cenan Rogelio y Maribel?
10. Cuando almuerzan, ¿por qué no pide postre Maribel?
11. ¿Qué beben Maribel y Rogelio cuando terminan de comer?
12. ¿Qué problema tiene Rogelio? ¿Está cansado?

¿Y tú?

1. ¿Tú eres alto(a) o bajo(a)?
2. ¿Tú eres mayor *(older)* o menor que tu mejor amigo(a)?
3. ¿Tu mejor amiga es muy bonita?
4. ¿Qué desayunas tú generalmente?
5. ¿A qué hora almuerzas tú?
6. ¿Tú comes langosta o prefieres comer pescado?
7. ¿Tú haces surfing? (Yo hago...)
8. ¿Tú miras mucha televisión? ¿Miras telenovelas?
9. Cuando estás en un hotel, ¿tú prefieres cenar en el restaurante o en tu habitación?
10. ¿Tú comes postre o no? ¿Qué postre te gusta?
11. ¿Qué bebes tú después de la comida?
12. ¿Tú estás muerto(a) de hambre ahora? ¿Qué quieres comer?

1. Hablemos Answers 1. No, es alto. 2. No, es mayor. 3. No es bonita, pero es simpática. 4. Jamón con huevos revueltos y pan tostado. Para beber, jugo de frutas y chocolate caliente. 5. Van a almorzar al mediodía. 6. Biftec y langosta con puré de papas y sopa de fideos. 7. Porque en El Salvador llueve todos los días y no puede hacer surfing. 8. Está mirando telenovelas. 9. Cenan en la habitación. 10. Porque está contando calorías. 11. Beben café. 12. No, está muerto de hambre.

1. Hablemos Expansion Have students ask you the same questions about the dialogue. Always give them the wrong answers and have them correct you.

VOCABULARIO

◀) En el diálogo

Cognados

las calorías	calories
el chocolate	chocolate
la crema	cream
la ensalada	salad
la fruta	fruit
el hotel	hotel
el limón	lemon
el menú	menu
el restaurante	restaurant
la sopa	soup
el té	tea
las vacaciones[1]	vacation
el yogur	yogurt

Nombres

el agua[2] *(fem.)*	water
el biftec, bistec	steak
el (la) camarero(a), el (la) mozo(a)	waiter, waitress; server
los camarones	shrimp
la cuenta	bill, check
la cuñada	sister-in-law
la esposa, la mujer	wife
el esposo, el marido	husband
la estación	season
los fideos	noodles
el flan	caramel custard
la habitación, el cuarto	room
el helado	ice cream
el huevo	egg
el jamón	ham
el jugo de frutas	fruit juice
la langosta	lobster
la leche	milk
la lluvia	rain
el mundo	world
el pan	bread
_____ tostado, la tostada	toast
la papa	potato
_____ al horno (asada)	baked potato
el pedazo, trozo	piece

el pedido	order
el pescado	fish
el pollo	chicken
la propina	tip
el puré de papas	mashed potatoes
el refresco	soft drink, soda pop
la telenovela	soap opera
la torta	cake
la verdura, la legumbre	vegetable
el vaso	glass

Verbos

almorzar (o:ue)	to have lunch
cenar	to have dinner
contar (o:ue)	to count
dejar	to leave (something)
desayunar	to have breakfast
hacer (yo hago)	to do, to make
llover (o:ue)	to rain
mirar	to look at, to watch (e.g., TV)
pagar	to pay
pedir[3] (e:i)	to order
poder (o:ue)	to be able (to)
probar (o:ue)	to taste
salir (yo salgo)	to go out
terminar (de)	to finish, to end
traer (yo traigo)	to bring

© Syda Productions/Shutterstock.com

Pablo y Elisa

¿Crees tú que Elisa es la novia de Pablo o que es su esposa?
¿Con qué crees que ellos están brindando?

---

[1] **Vacaciones** is always used in the plural in Spanish.
[2] When a feminine noun starts with a stressed **a**, the masculine article is used.

[3] This stem-changing verb will be studied in Lesson 6.

Adjetivos

algunos(as)	*some*
caliente	*hot*
frito(a)	*fried*
helado(a)	*iced*
hermoso(a)	*beautiful*
mayor	*older*
revueltos(as)	*scrambled*
sabroso(a), rico(a)	*tasty*
solo(a)	*alone, by oneself*
tinto	*red (when referring to wine)*

Otras palabras y expresiones

a la parrilla	*grilled*
A ver.	*Let's see.*
al mediodía	*at noon*
bastante	*quite*
cuando	*when*
de dieta, dietético(a)	*diet*
de ojos castaños	*with brown eyes*
de postre	*for dessert*
en este momento	*at this moment*
en seguida, enseguida	*right away*
En seguida vuelvo.	*I'll be right back.*
estar de vacaciones	*to be on vacation*
estar muerto(a) de hambre	*to be starving*
hacer surfing	*to surf*
más	*more*
para beber	*to drink*
pasarlo bien	*to have a good time*
¡Por supuesto!	*Of course!*
¿Qué pasa?	*What's the matter?, What's happening?*
siempre	*always*
terminar de comer	*to finish eating*
tomar sopa[4]	*to eat soup*
tráigame	*bring me*

Más sobre el tema

Para comer

el arroz con leche	*rice pudding*
el arroz con pollo	*chicken and rice*
el cordero	*lamb*
los frijoles	*beans*
la hamburguesa	*hamburger*
las papas fritas	*French fries*
el pastel	*pastry, pie*
el pavo	*turkey*
el perro caliente	*hot dog*

Bebidas *(Drinks)*

el agua mineral	*mineral water*
la bebida alcohólica	*alcoholic beverage*
la cerveza	*beer*
el champán	*champagne*
la sidra[5]	*cider*

Para poner la mesa

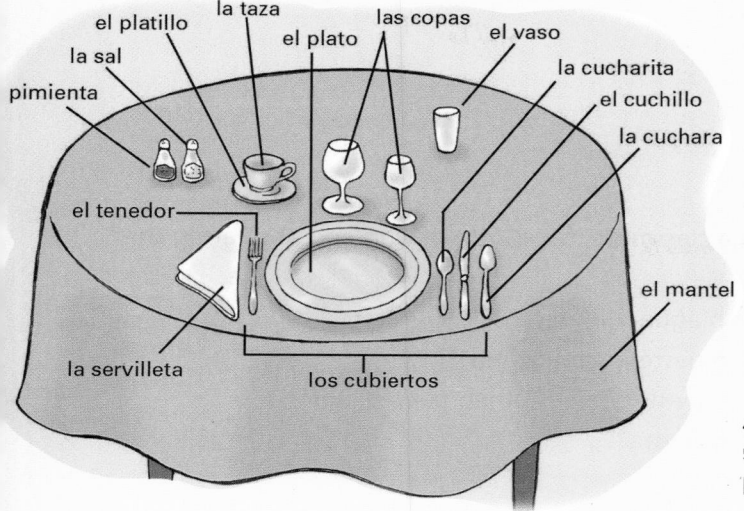

el platillo, la taza, el plato, las copas, el vaso, la sal, pimienta, la cucharita, el cuchillo, la cuchara, el tenedor, el mantel, la servilleta, los cubiertos

LEARNING TIP

To organize your Spanish study sessions, create standard checklists that will provide a habitual structure. What categories should you include? These will depend on your style of learning. Pay attention to how you approach specific aspects of language learning and build your own studying strategies on those.

[4] **tomar helado** *to eat ice cream*
[5] In Spanish-speaking countries, **sidra** is an alcoholic beverage.

VOCABULARIO

Práctica

2. Completa la oración. Choose the word or phrase that best completes each sentence.

1. Para beber quiero (cordero, cerveza, huevo). cerveza
2. De postre queremos (pavo, fideos, arroz con leche). arroz con leche
3. Necesito (un cuchillo, una cuchara, un tenedor) para tomar la sopa. una cuchara
4. Voy a poner la mesa. ¿Dónde está (el mantel, la habitación, el camarero)? el mantel
5. Quiero comer (leche, papa, torta) asada. papa

3. ¿Qué es? Write the words or phrases from the vocabulary that correspond to the following.

1. pedazo trozo
2. esposa mujer
3. comer al mediodía almorzar

4. sabroso(a) rico(a)
5. las doce del día mediodía
6. banana, por ejemplo fruta

¿ Tú lo sabías?

Después de comer, los hispanos se quedan sentados
(remain seated) alrededor de la mesa y conversan. A esto
se le llama "hacer la sobremesa".

> **¿Se hace la sobremesa en este país?**

---

4. Minidiálogos Complete the following exchanges, using vocabulary from this lesson.

1. —Estás muerta de _____hambre_____, ¿no?
   —Sí, deseo huevos fritos o revueltos, con _____jamón_____.
2. —¿Deseas tomar café?
   —Sí, con _____crema_____. Voy a llamar al _____camarero / mozo_____.
3. —¿Qué desea Ud. para cenar?
   —Deseo pollo _____frito_____, _____ensalada_____ de camarones y,
   de _____postre_____, arroz con leche.
4. —¿Vas a tomar _____agua_____ mineral?
   —No, agua con _____limón_____.
5. —¿Quién va a pagar la _____cuenta_____, Elsa o tú?
   —Elsa _____paga_____ la cuenta y yo dejo la _____propina_____.
6. —¿Elsa no quiere comer postre?
   —No, porque está contando _____calorías_____.

Para conversar

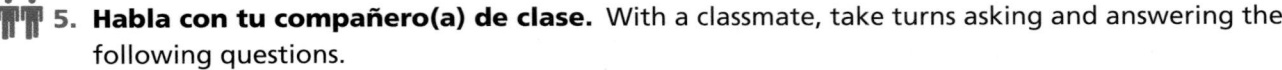

5. Habla con tu compañero(a) de clase. With a classmate, take turns asking and answering the following questions.

1. ¿Tú prefieres beber cerveza, champán, sidra o agua mineral?
2. De postre, ¿prefieres comer arroz con leche o pastel de manzana?
3. El Día de Acción de Gracias *(Thanksgiving)*, ¿tú y tu familia comen pavo o jamón?
4. ¿Prefieres comer arroz con pollo o un perro caliente?
5. ¿Prefieres comer papas fritas o puré de papas?

6. ¿Tú usas *(use)* mucha sal y pimienta en la comida?

7. ¿Qué cubiertos necesitas para comer bistec, tomar sopa y comer flan?

8. Cuando pones la mesa, ¿usas mantel y servilletas?

6. Tráigame... With a classmate, take turns playing a customer and a server. The server recommends things to eat, things for dessert, and things to drink **(Yo le recomiendo…).** The customer has other ideas and orders something else **(No, tráigame…).**

¿Tú lo sabías?

En los países hispanos, la propina generalmente es del 10%. Con frecuencia la propina está incluida en la cuenta. Si Ud. no está seguro de esto, debe preguntar *(ask):* ¿Está incluido el servicio?

❭ **Generalmente, ¿cuánto se deja de propina en un restaurante en este país?**

Pronunciación

CD1-27

A. The Spanish *p*

The Spanish **p** is pronounced like the English *p* in the word *sparks,* but with no expulsion of air. Listen to your instructor and repeat the following phrases.

Paco **p**refiere **p**apas fritas.

Pedro **P**érez **p**ide **p**escado.

Mi esposa está un **p**oco **p**reocupada.

Mi **p**adre **p**aga y deja **p**ropina.

CD1-28

B. The Spanish *t*

The Spanish **t** is pronounced by placing the tongue against the upper teeth, as in the English word *stop.* Listen to your instructor and repeat the following phrases.

Cris**t**ina es**t**á en Gua**t**emala.

Teresa y Ar**t**uro es**t**án en la fiesta.

También **t**ienen **t**orta.

En el ho**t**el, **T**ito **t**oma vino **t**into.

CD1-29

C. The Spanish *c*

The Spanish sound for the letter **c** in the combinations **ca, co,** and **cu** is /k/, pronounced as in the English word *car,* but with no expulsion of air. Listen to your instructor and repeat the following phrases.

Carlos **c**ome **c**amarones.

Carlos to**c**a *(plays)* músi**c**a **c**ubana.

¿**C**uánto **c**uesta el **c**afé?

Carmen **C**ortés no **c**ome **c**arne.

CD1-30

D. The Spanish *q*

The Spanish **q** is always followed by a **u;** it is pronounced like the *c* in the English word *come,* but without any expulsion of air. Listen to your instructor and repeat the following phrases.

¿**Q**ué **q**uiere **Q**uique?

Ra**q**uel **Q**uijano estudia **q**uímica.

Ro**q**ue **Q**uintana come **q**ueso.

En**ri**que A**q**uino tiene **q**uince años.

Activity Suggestion
Have students take turns reading these sentences. Walk around the classroom and check their pronunciation.

ESTRUCTURAS

1 Comparative forms (Formas comparativas)

A. Comparisons of inequality

> In Spanish, the comparative of inequality of most adjectives, adverbs, and nouns is formed by placing **más** *(more)* or **menos** *(less)* before the adjective, the adverb, or the noun and **que** *(than)* after it.

		adjective		
más *(more)*		or		
	+	*adverb*	+	**que** *(than)*
menos *(less)*		or		
		noun		

—¿Tú eres **más alta que** Ana?　　　*Are you taller than Ana?*
—Sí, ella es mucho **más baja que** yo.　　　*Yes, she is much shorter than I.*

¡Atención! **De** is used instead of **que** before a numerical expression of quantity or amount.

Luis tiene **más de** treinta años.　　　*Luis is over thirty years old.*
Hay **menos de** veinte　　　*There are fewer than twenty*
　estudiantes aquí.　　　　*students here.*

B. Comparisons of equality

> To form comparisons of equality with adjectives, adverbs, and nouns, use the adverb **tan** or the adjective **tanto(a, os, as)** and **como**.

When comparing adjectives or adverbs:

tan *(as)* — bonita / tarde　　+ **como**

—Luis es **tan** inteligente **como** Sergio.
—Sí, pero él no es **tan** guapo
　como Sergio.
—Carol habla muy bien el español.
—Tú hablas **tan** bien **como** ella.
—Tú tomas mucho café.
—Sí, pero no tomo **tanto** café como tú.

When comparing nouns:

tanto *(as much)* dinero
tanta bebida
　　　　　　　　　+ **como**
tantos *(as many)* libros
tantas plumas

Luis is as intelligent as Sergio.
Yes, but he is not as handsome
　as Sergio.

Carol speaks Spanish very well.
You speak as well as she (does).

You drink a lot of coffee.
Yes, but I don't drink as much
　coffee as you (do).

> **■ Un dicho ■**
> **No es tan fiero el león como lo pintan.**
> Equivalent: *His bark is worse than his bite.*

Activity Suggestion Write the following sample sentence and list of adjectives on the board or on an overhead: **Yo soy más / menos... que...**

feliz	inteligente
serio(a)	alto(a)
simpático(a)	rico(a)
independiente	pobre
interesante	paciente
trabajador(a)	bajo(a)

Activity Suggestion Using the adjectives learned by students in **Lecciones 1–4**, the instructor (I) asks personalized questions that require students (S) to compare themselves to other classmates, friends, and family members.
I:　¿Eres tan alto(a) como (classmate)?
S1: *Sí, soy tan alto(a) como él (ella).*
I:　¿Tienes tanto dinero como tu papá?
S2: *No, no tengo tanto dinero como él.*
I:　¿Hablas tan rápido como yo?
S3: *No, no hablo tan rápido como Ud.*
Have students work in pairs and ask each other similar questions.

C. The superlative

❯ The superlative construction is similar to the comparative. It is formed by placing the definite article before the person or thing being compared.

definite article	+	(noun)	+	más or menos	+	adjective	+	de

—¿Quieres ir a Antigua?

—Sí, es **la ciudad más hermosa** de Guatemala.

Do you want to go to Antigua?

Yes, it's the most beautiful city in Guatemala.

—Juan no es muy inteligente.

—No, es **el**[1] **menos inteligente** de la familia.

Juan is not very intelligent.

No, he is the least intelligent (one) in the family.

¡Atención! Note that the Spanish **de** translates to the English *in* after a superlative.

Es la ciudad más hermosa **de** Guatemala.

It's the most beautiful city in Guatemala.

Es la chica más bonita **de** la clase.

She is the prettiest girl in the class.

> ▬▬ **Un dicho** ▮
> **Amigo y vino, el más antiguo.**
> Equivalent: *Old friends and old wine are best.*

Práctica

7. ¿Cómo son? With a classmate, compare the people in the picture to each other.

Carlos   Rosa   María   Juan

Activity Suggestion Review basic interrogative expressions. After presenting the superlative construction, ask students factual questions that begin with **¿Quién?, ¿Qué?, ¿Cuál?, ¿Dónde?,** and **¿Quiénes?**

¿Quién es el actor más rico *(rich)* de los EE.UU.?
¿Quién es la actriz más bonita?
¿Dónde está la montaña más alta *(high)* del mundo?
¿Cuál es la ciudad más grande de España?
¿Qué coche es el más caro / barato?

1. María es ___más baja (más gorda) que___ Rosa.
2. Rosa es ___más alta (más delgada) que___ María.
3. Carlos es ___más alto que___ Rosa y que María.
4. Carlos es ___más alto que___ Juan.
5. Juan es ___más bajo (más delgado) que___ Carlos.
6. Juan es ___más bajo (más delgado) que___ María.
7. Juan es ___el más bajo___ de todos.
8. Carlos es ___el más alto___ de todos.

[1]As in English, the noun may be omitted.

8. Comparando Establish comparisons between the following people, places, and things using the adjectives provided and adding any necessary words.

Modelo Michael Jordan / Danny DeVito (alto)
*Michael Jordan es **más** alto que Danny DeVito.*

1. Brasil / Costa Rica (grande) *(big)*
2. el español / el inglés (fácil)
3. Jennifer López / Sofía Vergara (bonita)
4. el jamón / el pavo (sabroso)
5. el agua mineral / el champán (caro) *(expensive)*
6. Nora, cuatro horas / Olga, cuatro horas (trabajar, horas)

Now, with a classmate, take turns comparing more people, places, and things.

8. Comparando Answers *Answers may vary.*
1. Brasil es más grande que Costa Rica.
2. El español es más fácil que el inglés.
3. Jennifer López (no) es tan bonita como Sofía Vergara.
4. El jamón es tan sabroso como el pavo.
5. El agua mineral es menos cara que el champán.
6. Nora trabaja tantas horas como Olga.

9. Comparaciones y más comparaciones Complete the following, using the appropriate comparative forms.

1. Los camarones son ___más / menos___ caros que el pescado.
2. Ese hotel tiene ___tantos___ cuartos como el Hotel Hilton.
3. El pastel de manzana es ___tan___ sabroso como el arroz con leche.
4. Yo trabajo ___tantas___ horas como tú.
5. Este restaurante es muy caro. Es el ___más___ caro de la ciudad.
6. Rafael no es muy inteligente. Él es el ___menos___ inteligente de la clase.

Para conversar

10. ¡A conocernos mejor! With a classmate, take turns asking each other comparative questions. Start with the following questions; then add five more of your own. Answers should be given in complete sentences.

1. En la clase, ¿quién es el más simpático de los estudiantes? ¿Tu mejor amigo es tan simpático como tu mejor amiga?
2. En tu familia, ¿quién gana más dinero? ¿Quién gana menos dinero? ¿Tú tienes tanto dinero como tus padres?
3. ¿Cuál de tus clases es más fácil? ¿Cuál es la más difícil? ¿Qué clase prefieres? ¿Por qué?
4. ¿Tú bailas tan bien como Ricky Martin? ¿Cantas tan bien como él?
5. ¿Tú eres tan guapo como Brad Pitt? (¿Tan bonita como Jennifer López?) ¿Quién es el más guapo de tus amigos? ¿La más bonita de tus amigas?

11. ¡Vamos a comparar! *(Let's compare!)* In groups of three or four, make comparisons between each one of you and other members of the class. You might want to include the instructor.

Decide who is the tallest, the most intelligent, the most charming, etc.

8. Comparando Expansion
Play a game of "telephone" by dividing the class into groups of five or six. Player A describes the player on his or her right to the player on his or her left. That player then describes A to the player on his or her left and repeats what A said about the player to A's right. The "phone call" should be done in a whisper. The person to A's right is the last player and reiterates aloud all he or she has heard. Each person is responsible for correcting any errors in his or her contribution to the chain.

■ **Un dicho** ▮

El tiempo vuela.
Equivalent:
Time flies.

10. ¡A conocernos mejor! Expansion Have students work in pairs to write five to ten "controversial" statements: **Los hombres son menos pacientes que las mujeres. El español es más difícil que el chino. El fútbol norteamericano es más violento que el boxeo.** (etc.) Collect the papers and write the most interesting statements on the board or overhead projector, to be shown in class the next day. In groups of three or four, students must agree or disagree with the statements. Encourage students to state why they disagree or to change the original statement to one that is more acceptable.

2 Irregular comparative forms *(Formas comparativas irregulares)*

> The following adjectives and adverbs have irregular comparative and superlative forms in Spanish.

Adjective	Adverb	Comparative	Superlative
bueno	bien	mejor	el (la) mejor
malo	mal	peor	el (la) peor
grande		mayor	el (la) mayor
pequeño		menor	el (la) menor

—El restaurante El Dorado es muy **malo.**

—Sí, pero la cafetería de la universidad es **peor.**

—Eva es una **buena** estudiante.

—Sí, es **la mejor** de la clase.

The El Dorado Restaurant is very bad.

Yes, but the university's cafeteria is worse.

Eva is a good student.

Yes, she's the best in the class.

> When the adjectives **grande** and **pequeño** refer to size, the regular forms are generally used.

Tu casa es **más grande** que la de Carolina.

Your house is bigger than Carolina's.

> When these adjectives refer to age, the irregular forms are used.

Ella es **mucho mayor** que yo.

Teresa es **menor** que Carlos.

Ella es **la menor** de todos.

She is much older than I.

Teresa is younger than Carlos.

She is the youngest of all.

Práctica

12. Dime... *(Tell me . . .)* Answer the following questions with complete sentences.

1. Mi sobrina tiene siete años y mi sobrino tiene cinco. ¿Quién es mayor? ¿Quién es menor?

2. Mi tío tiene cuarenta años y mi tía tiene treinta y ocho. ¿Quién es menor? ¿Quién es mayor?

3. ¿Quién habla mejor el español, tú o el profesor (la profesora)?

4. Pedro tiene una "B" en inglés; Antonio tiene una "C"; y José tiene una "F". ¿Quién es el peor estudiante? ¿Quién es el mejor estudiante?

Now write three original comparative situations, using the ones you have just completed as models. When you have finished, take turns giving and responding to situations with a classmate.

12. Dime... Answers 1. Su sobrina es mayor. Su sobrino es menor. 2. Su tía es menor. Su tío es mayor. 3. El profesor (La profesora) habla mejor el español. 4. José es el peor estudiante. Pedro es el mejor estudiante.

ESTRUCTURAS

Para conversar

13. ¡Habla con tu compañero(a)! Interview a classmate, using the following questions. When you have finished, switch roles.

1. ¿Cuál crees tú que es el mejor lugar para ir de vacaciones?
2. ¿Qué crees tú que tiene menos calorías, el yogur o el chocolate?
3. ¿Quién es el (la) mayor de tu familia? ¿Quién es el (la) menor?
4. ¿Quién trabaja más, tu papá o tu mamá?
5. ¿Cuál crees tú que es la mejor película (film) del año? ¿y la peor?
6. De los restaurantes de la ciudad donde vives, ¿cuál es el mejor? ¿y el peor?
7. ¿Cuál crees tú que es la mejor universidad de tu país?
8. ¿Quiénes crees tú que manejan (drive) mejor: los hombres o las mujeres?
9. ¿Cuál crees tú que es el mejor programa de la televisión? ¿y el peor?
10. ¿Cuál crees tú que es la mejor estación del año y cuál es la peor? ¿por qué?

Now change the **tú** form to the **Ud.** form, and ask your instructor the same questions.

13. ¡Habla con tu compañero(a)!
Follow-up Copy several pages from a *Consumer Reports* magazine and distribute the copies to students. Working in pairs, they should select products to compare and give a brief report to the class. Encourage students to tell why the products are good, better, and best, or bad, worse, and worst: **La computadora *Mac* es buena porque tiene muchos programas. La *Gateway* es mejor porque…**

3 Present indicative of *o:ue* stem-changing verbs *(Presente de indicativo de los verbos que cambian en la raíz o:ue)*

> Some verbs undergo a stem change in the present indicative. For these verbs, when **o** is the last stem vowel and it is stressed, it changes to **ue**.

poder *to be able*	
puedo	podemos
puedes	podéis
puede	pueden

—¿**Puedes** ir conmigo al restaurante?   *Can you go with me to the restaurant?*
—No, no **puedo.** No tengo dinero.   *No, I can't. I don't have (any) money.*

> Other verbs that undergo this change:[1]

almorzar	*to have lunch*	**llover**	*(impersonal) to rain*
contar	*to tell, to count*	**morir**	*to die*
costar	*to cost*	**recordar**	*to remember*
dormir	*to sleep*	**volar**	*to fly*
encontrar	*to find*	**volver**	*to return*

—¿A qué hora **vuelven** Uds.?   *At what time are you returning?*
—**Volvemos** a las doce.   *We'll return at twelve o'clock.*
—Entonces **almorzamos** a   *Then we'll have lunch at*
    las doce y media.   *twelve-thirty.*

Note that the stem vowel is not stressed in the verb forms used with **nosotros(as)** and **vosotros(as);** therefore, the **o** does not change to **ue.**

[1]For a complete list of stem-changing verbs, see Appendix B.

Práctica

14. ¿Con quién habla Marité? Marité is talking to her roommate, who is sound asleep. Complete the story, supplying the missing **(o:ue)** verbs. Think logically before filling in the blanks. Then read it aloud.

MARITÉ: ¡Teresa, me voy! No __encuentro__ mis libros. ¿Dónde están? No __puedo__ ir a mi clase sin *(without)* mis libros. ¡Oye! Hoy __almuerzo__ con Pedro en la cafetería; no tengo dinero y los sándwiches en la cafetería __cuestan__ tres dólares. ¡Ay, Teresa! hoy tengo que llamar a Marta y no __encuentro__ su número de teléfono. ¿Tú __recuerdas__ el número de Marta? ¡Oye! ¿Roberto __vuela__ a San Salvador hoy? ¿Vas al aeropuerto con él? *(Mira por la ventana.)* ¡Ay, cómo __llueve__! Necesito tu impermeable *(raincoat)*. ¡Ah!, hoy __vuelvo__ a casa a las cinco. *(Abre la puerta de Teresa.)* ¡Teresa! ¡Teresa! ¿Por qué no contestas *(answer)*?

TERESA: (Mmm…) Nunca __puedo__ dormir cuando tú estás en casa.

MARITÉ: Tú __duermes__ mucho. No necesitas dormir más. Me voy. Nos vemos.

15. Minidiálogos Complete the following exchanges, using the verbs given.

1. — Ana, Silvia necesita llamar a Raúl y no __encuentra__ su número de teléfono. ¿Tú tienes su número? (encontrar)

   — No, y no __recuerdo__ cuál es. (recordar)

2. — Cuando Uds. comen, ¿__cuentan__ calorías? (contar)

   — No, nosotros(as) no __contamos__ calorías. (contar)

3. —¿Rosa y tú __pueden__ ir con nosotros a la cafetería? (poder)

   — No, hoy no __podemos__ ir. (poder)

4. —¿Cuántas horas __duermes__ tú? (dormir)

   — Yo __duermo__ ocho horas. (dormir)

14. ¿Con quién habla Marité?
Activity Suggestion Drill students on the following verb forms and encourage them to use the forms in sentences.
1. *Yo* puedo llevar los discos compactos. (Uds., Ella, Tú, Nosotros, Jorge)
2. *Ella* no encuentra las cartas. (Nosotros, Uds., Yo, Ellos, Tú)
3. *Mi nieto* cuenta de uno a cien. (Yo, Ellos, Uds., Tú, Nosotros)

16. Uds. preguntan. With a classmate, prepare four or five questions to ask a member of another group, using stem-changing **(o:ue)** verbs.

Para conversar

17. Habla con tu compañero(a). Interview a classmate, using the following questions. When you have finished, switch roles.

1. ¿Dónde almuerzas generalmente, en la cafetería o en tu casa? ¿A qué hora? ¿Almuerzas solo(a) o con tus amigos(as)? ¿Qué bebida tomas en el almuerzo?

2. En la cafetería, ¿cuánto cuestan las hamburguesas? ¿Cuánto cuesta un sándwich de jamón y queso? ¿Y uno de ensalada de pollo? ¿Qué prefieres comer tú?

3. ¿Te gusta la comida de la cafetería? ¿Es buena? ¿Es muy cara *(expensive)*?

4. Cuando comes en un restaurante muy bueno, ¿cuentas las calorías o comes mucho?

5. Cuando vas a salir, ¿siempre encuentras las llaves *(keys)* de tu casa?

6. ¿A qué hora vuelves a tu casa hoy? ¿Vuelves muy tarde *(late)* o vuelves temprano *(early)*? ¿Vuelves a la universidad los sábados?

7. ¿Llueve mucho en tu ciudad? ¿En qué meses llueve más? ¿Tú vienes a la universidad cuando llueve mucho o prefieres no salir de tu casa? Si no sales *(go out)*, ¿qué haces?

8. ¿Recuerdas la dirección del profesor (de la profesora)? ¿y la de tu mejor amigo(a)?

18. Compañeros de cuarto You are interviewing a prospective roommate. Your roommate asks how much the apartment costs, what he/she can do and cannot do in the apartment, etc. Tell him/her how much the apartment costs and ask pertinent questions about his/her schedule and routine. Give details about yours.

4 Present progressive (Estar + gerundio)

> The present progressive describes an action that is in progress. It is formed with the present tense of **estar** and the **gerundio,** which is equivalent to the English present participle (the -ing form of the verb).

Gerundio		
hablar	*comer*	*escribir*
habl **-ando**	com **-iendo**	escrib **-iendo**
speaking	*eating*	*writing*

Activity Suggestion
Charades: Act like you are reading, eating, drinking, etc. Students should ask you: **¿Qué está leyendo?** etc. Give them answers.
Activity Suggestion Use colored chalk to write the endings for the following present participles on the board.
hablar: habl -ando *speaking*
comer: com -iendo *eating*
abrir: abr -iendo *opening*
Emphasize that only **estar** is used in the present progressive. Act out a situation and ask students: **¿Qué estoy haciendo?**

—¿Qué **estás tomando**? *What are you drinking?*
—**Estoy tomando** chocolate caliente. *I am drinking hot chocolate.*
 Y tú, ¿qué **estás comiendo**? *And you, what are you eating?*
—**Estoy comiendo** un pedazo de pastel. *I'm eating a piece of cake.*

—¿Qué **están haciendo** los niños? *What are the children doing?*
—**Están escribiendo.** *They are writing.*

> The following forms are irregular.

pedir:	**pidiendo**	dormir:	**durmiendo**
decir:	**diciendo**	traer:	**trayendo**
servir:	**sirviendo**	leer:	**leyendo**

—¿Daniel **está leyendo**? *Is Daniel reading?*
—No, **está durmiendo.** *No, he's sleeping.*

—¿Qué **está sirviendo** el camarero? *What is the waiter serving?*
—**Está sirviendo** las bebidas. *He's serving the drinks.*

—¿José **está pidiendo** champán? *Is José ordering champagne?*
—No, porque el champán *No, because champagne*
 cuesta 70 quetzales. *costs 70 quetzales.*

> Note that as shown with **traer** and **leer,** the **i** of **-iendo** becomes **y** between vowels.

¡Atención! In Spanish, the present progressive is never used to indicate a future action. The present tense is used in future expressions that would require the present progressive in English.

Trabajo mañana. *I'm working tomorrow.*

Some verbs, such as **ser, estar, ir,** and **venir,** are rarely used in the progressive construction.

¿Tú lo sabías?

El **quetzal** es la unidad monetaria de Guatemala. Argentina, Chile, Colombia, Cuba, México, República Dominicana y Uruguay usan el **peso**. Otras unidades monetarias de los países de habla hispana son: el **boliviano** en Bolivia, el **colón** en Costa Rica y El Salvador[1], el **dólar** en Ecuador, Panamá y Puerto Rico, el **lempira** en Honduras, el **córdoba** en Nicaragua, el **nuevo sol** en Perú, el **guaraní** en Paraguay, el **bolívar** en Venezuela y el **euro** en España. El valor de estas monedas no es estable y su equivalencia con el dólar varía frecuentemente.

> **¿Cuál es la unidad monetaria de este país?**

Práctica

19. ¿Qué están haciendo? ¿Qué está pasando? With a classmate, take turns asking each other what the following people are doing **(haciendo)** or what is happening **(está...).**

Tú... estás comiendo.

Yo... estoy escribiendo.

Raúl y Sara... están bailando.

Eva... está sirviendo café.

La profesora... está leyendo.

Nosotros... y el chico...
Nosotros estamos hablando y el chico está durmiendo.

Marta... está pidiendo langosta.

Tengo frío.

Leo... está diciendo que tene frío.

Afuera está lloviendo.

19. ¿Qué están haciendo? Suggestion Drill students on the following verb forms and encourage them to use the forms in sentences.

1. *Él* está estudiando. (Tú, Julia y Pedro, Yo, Nosotras)

2. *Yo* estoy leyendo un libro. (Tú y yo, Ella, Tú, Uds.)

3. *Tú* no estás pidiendo la llave. (Ud., Nosotros, Ellas, Yo)

[1]The dollar is legal tender in this country.

20. ¿Cuál es la pregunta? With a classmate, take turns supplying the questions that prompted the following answers. Make sure you use the present progressive.

1. Estoy comiendo bistec, papas fritas y frutas.
2. Estamos leyendo el menú.
3. El camarero está sirviendo las bebidas.
4. Ellos están diciendo que quieren camarones.
5. Mi esposo está durmiendo en el sofá.
6. Estamos comiendo verduras porque estamos contando calorías.
7. Estoy haciendo puré de papas, pollo a la parrilla y, de postre, flan.
8. Los niños están pidiendo perros calientes.
9. Mi cuñada está desayunando jugo de frutas, leche y pan tostado.
10. Al mediodía los chicos están mirando televisión.

Expansion Remind students to expand on the dialogues whenever possible.
Follow-up Remind students that since the present progressive is used to describe an action in progress, it is frequently used when making excuses. In pairs, students should practice inviting their classmates to an event. The classmate should refuse by offering an excuse that he or she is busy at that moment. Tell students to be as specific as possible in the invitation, as well as in the excuse.
S1: **¿Quieres ir al cine conmigo? Hay una buena película** *(movie).*
S2: **No, lo siento. Estoy estudiando en este momento.**

20. ¿Cuál es la pregunta? Answers
1. ¿Qué estás comiendo? 2. ¿Qué están leyendo (Uds.)? 3. ¿Qué está sirviendo el camarero? 4. ¿Qué están diciendo ellos? 5. ¿Dónde está durmiendo tu esposo? 6. ¿Por qué están comiendo verduras? 7. ¿Qué estás haciendo? 8. ¿Qué están pidiendo los niños? 9. ¿Qué está desayunando tu cuñada? 10. ¿Qué están mirando los niños al mediodía?

21. Según donde están *(According to where they are)* With a classmate, discuss what you think these people are doing. Give two or three possibilities for each situation.

1. la secretaria / en la oficina
2. los estudiantes / en la clase
3. los chicos / en la cafetería
4. el profesor / en la universidad
5. los muchachos y las muchachas / en la fiesta
6. el Sr. Vega / en su cuarto
7. el camarero / en el restaurante
8. la Srta. Barrios / en su apartamento

Para conversar

22. Chicos The instructor will play the role of resident assistant in a dorm. He/She will leave the classroom for one minute, then return and ask each student what he/she is doing. Each person will claim to be doing something worthwhile and accuse another student of doing something against the rules. That student will deny it and say he/she is doing something else.

(HINT: **fumar** *to smoke*)

5 Uses of *ser* and *estar* (Usos de ser y estar)

The English verb *to be* has two Spanish equivalents, **ser** and **estar**. As a general rule, **ser** expresses *who* or *what* the subject is *essentially*, and **estar** indicates *state* or *condition*. **Ser** and **estar** are *not* interchangeable.

A. Uses of *ser*

Ser expresses a fundamental quality and identifies the essence of a person or thing.

> It describes the basic nature or character of a person or thing. It is also used with expressions of age that do not refer to a specific number of years.

Amanda **es** hermosa y muy inteligente. **Es** joven *(young)*, pero **es** muy madura.

> It is used to denote nationality, origin, and profession or trade.
  Amanda **es** guatemalteca. **Es** de la ciudad de Guatemala. **Es** estudiante.

> It is used to indicate relationship or possession.
  Amanda **es** la sobrina del Sr. Álvarez. Los discos compactos **son** de Amanda.

> It is used with expressions of time and with dates.
  Son las cuatro y cuarto de la tarde. Hoy **es** miércoles, cuatro de abril.

> It is used with events as the equivalent of *to take place*.
  La fiesta **es** en la casa de Amanda.

> It describes the materials that things are made of.
  La mesa **es** de metal.

■■■ Un dicho ■
No todo lo que brilla es oro.
Equivalent: *All that glitters is not gold.*

Activity Suggestion Review the uses of **ser** presented in the previous lessons: origin, occupation, nationality (page 23); description (page 82); possession (page 58); dates (page 17); and time (page 49). Then review these uses by asking personalized questions.
1. ¿De dónde eres?
2. ¿Qué eres, profesor(a) o estudiante?
3. ¿Cuál es tu nacionalidad?
4. ¿Cómo eres, alto(a) o bajo(a)?
5. ¿De quién es ese libro?
6. ¿Qué día es hoy? ¿Qué hora es?

Práctica

23. **¡Habla con tu compañero(a)!** Interview a classmate, using the following questions and two of your own. When you have finished, switch roles.

    1. ¿Eres norteamericano(a)? ¿De dónde eres?
    2. ¿De qué ciudad eres?
    3. ¿Cómo es tu mamá? ¿Cómo es tu papá?
    4. ¿De dónde son tus abuelos?
    5. ¿Quién es tu mejor amigo(a)? ¿Cómo es?
    6. ¿Eres optimista o pesimista?
    7. ¿Dónde son tus clases? ¿Tienes clases hoy?
    8. ¿Qué fecha es hoy? ¿Qué dia es?
    9. ¿Qué hora es?
    10. ¿Tu reloj es de oro (*gold*)?

23. ¡Habla con tu compañero(a)! Expansion Have students write two or more personalized questions that illustrate each use of **ser.** They should then interview each other, using their questions. As a homework assignment, have each student write a brief description of his or her classmate, based on the information received from both sets of questions. Have several pairs share their descriptions at the next class meeting as a review.

ESTRUCTURAS

B. Uses of *estar*

Estar is used to express more transitory qualities and often implies the possibility of change.

> It indicates place or location.
> Mi marido no **está** aquí. ¿**Está** en el restaurante?

> It is used to indicate condition.
> Mis amigos **están** muy cansados. El profesor **está** enfermo.

> With personal reactions, it describes what is perceived through the senses—that is, how a person or thing seems, looks, tastes, or feels.
> El ponche **está** muy sabroso.

> It is used in the present progressive tense.
> Yo **estoy** estudiando y Ana **está** leyendo.

LEARNING TIP
Remember to "stay" with **each use**, creating as many examples as possible and always personalizing them. (Yes, it's all about you!) For example: *Yo* **estoy** en la universidad, mi mamá **está** en casa, mis amigos **están** en la cafetería, etc.

Práctica

24. **En el Club Náutico** Imagine that you and your family are at a nautical club celebrating Mother´s Day (**el Día de las madres**), and answer the following questions.

    1. ¿En qué ciudad y en qué calle está el club?
    2. ¿Quiénes de tu familia están comiendo contigo en el club?
    3. ¿Quién está sirviendo la comida?
    4. ¿Qué estás comiendo tú? ¿Qué estás bebiendo?
    5. ¿Cómo está la comida?
    6. ¿Uds. están contentos o tristes?
    7. ¿Uds. están conversando? ¿Lo están pasando bien?
    8. ¿Quién está diciendo que va a pagar la cuenta?

25. **Minidiálogos** Complete the following dialogues, using the appropriate forms of **ser** or **estar**. Then act them out with a classmate.

    1. —¿De dónde ___son___ tus padres?
       —Mi papá ___es___ de México y mi mamá ___es___ de Chile; pero ahora ellos ___están___ viviendo en Guatemala.
       —¿Tu papá ___es___ profesor?
       —Sí, él ___es___ profesor, y ahora ___está___ trabajando en la universidad.
    2. —¿Carlos ___es___ tu novio?
       —No, él ___es___ mi hermano.
       —¿Cómo ___es___ él?
       —___Es___ alto, rubio, de ojos castaños y ___es___ muy simpático.
       —¿Dónde ___está___ trabajando él ahora?
       —No ___está___ trabajando. ___Está___ estudiando en la universidad.
    3. —¿Qué ___están___ bebiendo Uds.?
       —Yo ___estoy___ bebiendo té helado, y Rosa ___está___ bebiendo un refresco de limón.
    4. —¿Dónde ___es___ la fiesta de Maricela?
       —___Es___ en su casa. Yo no voy porque ___estoy___ muy cansado(a).

5. —¿Qué __estás__ comiendo?

—__Estoy__ comiendo flan.

—¿__Está__ sabroso?

—Sí, __está__ muy rico.

6. —¿De quién __es__ ese *(that)* reloj?

—__Es__ de María.

—¿__Es__ de oro?

—No, __es__ de plata *(silver)*.

26. **En un restaurante** Answer the following questions according to what you see in the illustration. Take turns responding with a classmate.

26. En un restaurante Answers *Answers may vary.* 1. Hoy es lunes. / Hoy es el 25 de abril. / Son las doce y cuarto. 2. Es casado. 3. Creo que es la esposa. 4. Es bonita. / Es guapo. 5. Están en el restaurante "El Sombrero". 6. Está comiendo langosta: / Sí, está muy sabrosa. 7. Es el camarero. 8. Está sirviendo café. 9. Está pensando en la fiesta. / La fiesta es en el Club Miramar. 10. Está contenta.

1. ¿Qué día es hoy? ¿Qué fecha es hoy? ¿Qué hora es?

2. ¿Luis es casado o soltero?

3. ¿Tú crees que Eva es la esposa o la mamá de Luis?

4. ¿Eva es bonita o fea? ¿Cómo es Luis?

5. ¿Dónde están Eva y Luis?

6. ¿Qué está comiendo Luis? ¿Está sabrosa la langosta?

7. ¿Quién es José?

8. ¿Qué está sirviendo José?

9. ¿En qué está pensando José? ¿Dónde es la fiesta?

10. ¿Isabel está contenta o triste?

ESTRUCTURAS

Para conversar

 27. ¿Quién es? With two or three other students, prepare a description of a famous person. Include as much information as possible (nationality, profession, physical characteristics, etc.). Read your description to the rest of the class and see who can identify your subject.

6 Weather expressions *(Expresiones para describir el tiempo)*

› In the following expressions, Spanish uses the verb **hacer,** *to make,* followed by a noun.

Es el 13 de agosto. Eva está en Phoenix, Arizona.

Hace sol y **hace** mucho **calor.**

Es el 20 de enero. Luis está en Alaska. **Hace** mucho **frío.**

Ana y Raúl están en Chicago en octubre. Hoy **hace** mucho **viento.**

› To ask about the weather, say, **¿Qué tiempo hace?** *(What's the weather like?)*

—**¿Qué tiempo hace** hoy?   *What's the weather like today?*
—**Hace** buen (mal) tiempo.   *The weather is good (bad).*
—**¿Hace frío** en Guatemala?   *Is it cold in Guatemala?*
—No, Guatemala es el país de   *No, Guatemala is the country of*
   la eterna primavera.   *eternal spring.*

› The following words used to describe the weather do not combine with **hacer;** they are impersonal verbs used only in the infinitive, present participle, past participle, and third person singular forms of all tenses.

   llover (o:ue) *to rain*   **Llueve.** *It rains.*
   nevar (e:ie) *to snow*   **Nieva.** *It snows.*

› Other weather-related words are **lluvia** *(rain)* and **niebla** *(fog).*

   —¿Vas a volar hoy a San Salvador?   *Are you going to fly to San Salvador today?*
   —No, porque **hay niebla.**   *No, because it's foggy.*

Práctica

28. Minidiálogos Study the words in the following list; then complete the dialogues.

el paraguas *umbrella*　　**el sombrero** *hat*　　**el suéter** *sweater*
el impermeable *raincoat*　　**el abrigo** *coat*

1. —¿Necesitas un paraguas?
   —Sí, porque ___está lloviendo___ mucho. También necesito un abrigo porque ___hace frío___.
2. —¿Por qué no quieres llevar el suéter?
   —¡Porque ___no hace frío___, ___hace calor___!
3. —¿Vas a llevar el sombrero?
   —Sí, porque ___hace sol___.
4. —¿Necesitas un suéter y un abrigo?
   —Sí, porque ___hace mucho frío___.
5. —¿Un impermeable? ¿Por qué? ¿Está lloviendo?
   —No, pero ___está nevando___.
6. —¡Qué lluvia! Necesito un ___paraguas___ y un ___impermeable___.
   —¡Yo también!

29. ¿Qué tiempo hace? Say what the weather will be like in different locations at different times of the year.

1. Portland, Oregón—el 2 de enero　Hace frío. Llueve.
2. Anchorage, Alaska—el 25 de diciembre　Hace mucho frío. Nieva.
3. Phoenix, Arizona—el 13 de agosto　Hace mucho calor. Hace sol.
4. Londres *(London)*—el 5 de febrero　Hace frío. Hay niebla.
5. Chicago—el 6 de marzo　Hace mucho viento.

> ### ▮▮▮ Un dicho ▮
> **Marzo ventoso, abril lluvioso hacen a mayo florido y hermoso.**
> Equivalent: *March winds and April showers bring May flowers.*

LEARNING TIP
Note that when talking about weather conditions, the normal Spanish sentence structure is modified. Instead of the general *subject + verb + object* structure, one uses **Hace** or **Hay** (impersonal forms of **hacer** and **haber**—that is, in this construction the verb is not conjugated) + the particular weather expression, or just the impersonal weather-related verb, such as **Llueve** or **Nieva.** The repertory of sentence structures in Spanish, just as in English, goes beyond the basic one you know. Start recognizing any variant structure (syntactic) patterns.

Para conversar

30. De visita *(Visiting)* A visiting professor from Guatemala is planning a weekend visit to your hometown. What questions is he or she likely to ask about the weather there and what clothes to bring? How will you respond? Act out the scene with a classmate. Say at least three lines each.

31. ¿Dónde quiero vivir? In groups of three, talk about the places where you want to live and those where you don't want to live. Keep in mind the kind of weather in said places.

32. El pronóstico del tiempo *(The weather forecast)* You and a classmate are in charge of preparing the weather report for a local TV station. Discuss the weather in your area today.

| Sol | Nublado | Cubierto | Posibilidad de lluvia | Lluvia | Tormenta | Nieve |

ASÍ SOMOS

▶ ¡Vamos a ver!

Antes de ver el video

33. Prepárate. To prepare to watch the video, you and a classmate talk about the following.

1. si almuerzan en restaurantes frecuentemente
2. si tienen un restaurante favorito (¿cuál?)
3. si prefieren papas fritas o puré de papas
4. si creen que la langosta es más cara (*expensive*) o más barata (*inexpensive*) que el pescado
5. si prefieren beber vino tinto o agua mineral
6. si prefieren comer un pedazo de torta o tomar un helado
7. si pasan más tiempo durmiendo, estudiando o mirando la tele
8. si hoy hace calor o hace frío y si hace sol o llueve
9. si lo pasan bien cuando van de vacaciones
10. si reciben muchos mensajes electrónicos

El video: En un restaurante

Cristina está leyendo el menú.

El mozo anota el pedido.

Cristina llama a su mamá.

Fernando y Cristina están conversando.

Después de ver el video

Cristina

Fernando

Camarero

34. ¿Quién lo dice? Identify the person who said each of the following in the dialogues.

1. Tráigame biftec con papas fritas y sopa de verduras. ___Fernando___
2. Mañana vuelvo a mi dieta. ___Cristina___
3. Voy a llamar a mamá para ver qué están haciendo los niños. ___Cristina___
4. Las papas fritas tienen más sabor que las papas asadas. ___Fernando___
5. Yo a veces almuerzo aquí. Preparan una ensalada de camarones muy rica. ___Fernando___
6. ¡Están bien! ¡Eres imposible! ___Fernando___
7. ¿Qué desean comer? ___Camarero___
8. Pollo a la parrilla con ensalada y una papa al horno. ___Cristina___
9. Tengo que contar calorías. ___Cristina___
10. Estamos solos... podemos conversar. ___Cristina___

35. Hablemos Answers 1. Fernando es de El Salvador. 2. Es contador. 3. Cristina es de Guatemala. 4. Trabaja en una fábrica. 5. Es delgado y de estatura mediana. No es muy guapo, pero es inteligente y simpático. 6. Está leyendo el menú. 7. Cuesta 80 quetzales. 8. Cristina va a comer pollo a la parrilla con ensalada y una papa al horno. Va a beber agua mineral. 9. Va a llamar a su mamá. 10. Está mirando su telenovela.

35. Hablemos. With a classmate, take turns asking and answering the following questions. Base your answers on the dialogue.

En el diálogo

1. ¿De dónde es Fernando?
2. ¿Fernando es contador[1] o profesor?
3. ¿De dónde es Cristina?
4. ¿Dónde trabaja Fernando?
5. ¿Cómo es Fernando?
6. ¿Qué está leyendo Cristina?
7. ¿Cuánto cuesta la langosta?
8. ¿Qué va a comer Cristina y qué va a beber?
9. ¿A quién va a llamar Cristina?
10. ¿Qué está haciendo la mamá de Cristina?

36. ¿Qué pasa después? You and a classmate use your imaginations to talk about what happens to the characters in the video after Cristina and Fernando leave the restaurant. In Spanish, discuss the following:

1. The time when Fernando and Cristina return home
2. What the weather is like
3. What the children are doing (HINT: **jugar** = *to play*)
4. Whether the grandmother is watching another soap opera or sleeping
5. Whether they have another e-mail (from whom?)
6. Whether they watch TV for a while or talk in the living room
7. Where they have dinner that evening and what they eat and drink
8. Whether or not Cristina goes back to her diet

Now compare your statements to those of another group.

[1]contador: *accountant*

🔊 ¡Vamos a escuchar!

> **ESTRATEGIA** **Listening for details I** In the preceding lessons, you have practiced listening for the main idea and for specific information in different types of oral texts. When listening for details, draw on the strategies you've already learned and concentrate on the specific information you want to obtain, such as the what, where, and when. Also use your knowledge of the topic and format (voice mail, ad, public service announcement, etc.) to anticipate the kind of information you will hear. This will help you understand more of the details.

CD1-31 **37. Un anuncio de radio** You hear a commercial about a new restaurant that has just opened near where you live. You want to know what it's like, its menu, the hours, specific location, prices of dishes, etc. Listen attentively and jot down the following information. Listen a second time for any details you missed.

nombre del restaurante _____ El Quetzal _____

dirección _____ calle Presidente, 24 _____

tipo de comida _____ comida tipica guatemalteca (y platos internacionales) _____

horas del almuerzo _____ 12 a 3 _____

horas de la cena _____ 8 a 11 _____

cómo son los precios _____ precios razonables _____

¡Vamos a conversar!

> **ESTRATEGIA** **Providing supporting details** To express a point of view effectively, give an explanation, or inform others about a topic, you need to include details or information that make the topic interesting to your listener, help him or her understand it, and support and expand on your basic idea.

38. Un restaurante nuevo You're interested in going to the new restaurant you have just heard about (or your favorite restaurant). Tell two classmates about it, giving as much information as you can about the restaurant to explain why it's a good choice. Answer their questions about the food, the specialties **(especialidades),** the prices, etc., and find out if they want to try it.

39. ¿Qué dices tú? What would you say in the following situations? What might the other person say? Act out the scenes with a classmate. Take turns playing each role.

1. You describe your mother and a friend describes his/hers. Make comparisons between them.
2. You and a friend are at a restaurant. Order a complete meal, including drinks and dessert. Then, ask for the check.
3. You tell your dining companion that you can pay the bill and ask if he/she can leave the tip.
4. You are cooking a gourmet dinner. Ask your roommate to set the table. Name the utensils and other items you want. Your roommate doesn't know where things are.
5. You are hosting a party at your home. Some of your guests have brought children. Offer a selection of beverages.

39. ¿Qué dices tú? Answers 1. *Answers will vary.* 2. *Answers will vary.* 3. Yo puedo pagar la cuenta. ¿Puedes dejar la propina? 4. ¿Puedes poner la mesa, por favor? *(Items will vary.)* 5. *Answers will vary.*

40. Para conocernos mejor To do this activity, work with a classmate whom you would like to get to know. Take turns asking and answering these questions.

1. En el desayuno, ¿prefieres tomar café, chocolate caliente o leche? ¿Prefieres comer huevos fritos o revueltos? ¿Comes frutas o tomas jugo de frutas?

2. En la cafetería, ¿comes hamburguesas o perros calientes? ¿Qué bebes? ¿Tú tomas refrescos de dieta?

3. Generalmente, ¿almuerzas en tu casa o en la cafetería? ¿Almuerzas solo(a) o con tus amigos(as)?

4. ¿Vives con tu familia o en un apartamento? ¿Solo(a) o con un amigo(a)?

40. Para conocernos mejor Expansion Ask questions about today's weather. For example: **¿Hace frío o hace calor hoy? ¿Está lloviendo? ¿Hace sol? ¿Hace buen tiempo o mal tiempo hoy?**

5. ¿Cómo es tu mamá? ¿Y tu papá? ¿Quién es mayor? ¿Tienes hermanos? (¿Cuántos? ¿Son mayores o menores que tú?)

6. ¿Quién es tu mejor amigo(a)? ¿Cómo es? ¿Dónde está ahora?

7. ¿Qué tiempo hace hoy? ¿Qué usas cuando llueve? ¿Y cuando hace mucho frío?

8. En tu ciudad, ¿llueve poco o llueve mucho? ¿Qué prefieres hacer cuando está lloviendo?

9. En el lugar donde vives, ¿hace mucho frío en el invierno? ¿Nieva? ¿Prefieres vivir en un lugar donde hace frío o en un lugar donde hace calor?

10. En la ciudad donde viven tus padres, ¿generalmente hace buen tiempo o mal tiempo?

41. Una actividad especial para toda la clase

En el restaurante "La Casita" The classroom is a restaurant. One third of the students will be servers. The rest will sit at the "tables" in groups of two or three.

Step 1: The "servers" will tell the "customers" what the day's specialty **(la especialidad del día)** is, and then will write down the orders. The "customers" will order a main course, two drinks, and dessert, and then ask for the check.

Each "server" will turn in the orders to the "chef" (the instructor).

The "customers" should make plans for the evening. The servers should do the same during their free time.

Step 2: One of the students in each group will share one or two things that the members of the group plan to do.

🔊 Un poema para memorizar

CD1-32

¿Qué es poesía?, dices mientras clavas°   *you stare at me*
en mi pupila tu pupila azul.
¿Qué es poesía?, ¿Y tú me lo preguntas°?   *me… you ask me*
Poesía eres tú…

© CREATISTA/Shutterstock.com

Gustavo Adolfo Bécquer (España), "Rima XXI."

1. ¿Qué pregunta ella, mirando el poeta? ¿Qué es poesía?

2. ¿Qué contesta el poeta? Poesía eres tú…

¡Vamos a leer!

Antes de leer

> **ESTRATEGIA** **Expanding your vocabulary through reading** Just as in English, reading in any language increases your vocabulary. Some ways of doing this are by looking for cognates, for word families **(comer-comida-comedor),** and for words that pertain to topics of interest to you.

42. **Cómo mantenernos saludables** *(How to stay healthy)* The following reading about healthful eating habits contains numerous words that are unfamiliar to you. As you answer these questions, make it a goal to learn at least five new words.

¡A leer!

Tácticas y estrategias para tener buena salud *(health)*

Es mejor…

1. … comer muchas verduras y frutas.
2. … cocinar *(to cook)* la carne, el pollo y el pescado al horno o a la parrilla *(grilled)*.
3. … cocinar las verduras al vapor *(steamed)*.
4. … beber mucha agua.
5. … tomar leche sin grasa *(fat free)*.
6. … comer alimentos *(foods)* bajos en grasa y en azúcar *(sugar)*.
7. … hacer ejercicio *(exercise)* por lo menos tres veces por semana, por 30 minutos.

No es una buena idea…

1. … tener alimentos con muchas calorías en el refrigerador y en la despensa *(pantry)*.
2. … comer mucha comida frita.
3. … comer mucho por la noche.
4. … beber mucha cerveza y muchos refrescos.
5. … beber mucho café.
6. … tener una vida *(life)* sedentaria.
7. … fumar *(to smoke)*.

Monkey Business Images/Shutterstock.com

El Dr. Rafael Mirabal siempre da muy buenos consejos *(advice).* Su filosofía es "mente sana en cuerpo sano".

43. Comprensión Find the answers to the following questions in the reading.

1. ¿Qué alimentos debemos preferir?
2. ¿Cómo debemos cocinar la carne y el pescado?
3. ¿Cómo debemos cocinar las verduras?
4. ¿Debemos beber mucha o poca agua?
5. ¿Qué tipo de leche debemos preferir?
6. ¿Debemos comer alimentos que tienen mucha grasa?
7. ¿Cuántas veces a la semana debemos hacer ejercicio? ¿por cuánto tiempo?
8. ¿Qué alimentos no debemos tener en la casa?
9. ¿Debemos comer mucha comida frita?
10. ¿Es una buena idea comer mucho por la noche?
11. ¿Qué no debemos beber en exceso?
12. ¿Qué tipo de vida debemos evitar *(avoid)*?

43. Comprensión Answers 1. Verduras y frutas. 2. Al horno o a la parrilla. 3. Al vapor. 4. Debemos beber mucha agua. 5. Leche sin grasa. 6. No, no debemos comer alimentos que tienen mucha grasa. 7. Por lo menos tres veces por semana por 30 minutos. 8. No debemos tener alimentos con muchas calorías. 9. No, no debemos comer mucha comida frita. 10. No, no es una buena idea. 11. No debemos beber cerveza, refrescos o café en exceso. 12. Debemos evitar una vida sedentaria.

Después de leer...

44. Desde su mundo In groups of three or four, discuss your preferences for specific dishes and foods. Do you have good eating habits?

¡Vamos a escribir!

Antes de escribir

> **ESTRATEGIA** **Solidifying and repurposing what you learn** You were asked to use the reading activity for the goal of increasing your vocabulary on the basic subjects of food and health. To add new words to those you already use, you need to practice and reuse them whenever you can.

45. ¿Qué comes? In preparation for inviting your classmates to dinner, interview two classmates about their food preferences and general eating habits to find out about the kinds of food and drinks they like. Be sure to use some of the words you learned from the reading and don't forget to ask about dessert! Take notes.

46. Un menú sabroso You are planning to invite two classmates to an evening of fine and healthy dining at your place! Before writing an e-mail invitation, use your notes from the preceding activity to plan the menu. Also, organize the paragraphs of your e-mail according to what you will communicate in each, including the occasion, comments about the menu, day, time, and place.

¡A escribir!

47. Una invitación a una comida Write your **primer borrador** of the e-mail invitation. Remember the greetings and closings presented in **Lección 4.** You may want to begin by saying: **Quiero invitarlos** *(invite you)* **a cenar en mi casa...**

Después de escribir

48. A revisar Before writing the final version, exchange your first draft with that of a classmate and peer edit each other's work, using the following guidelines.

> spelling of foods
> formation and subject-verb agreement of verbs, especially stem-changing and irregular verbs
> completeness of information (when, what time, where)

Guatemala

¿No te gustan los inviernos muy fríos, ni los veranos muy calurosos *(hot)*?

Entonces puedes visitar un país donde la primavera parece *(seems)* eterna: Guatemala. Además, el país tiene mucho más que ofrecer al visitante: sus paisajes, sus playas, sus selvas tropicales, sus centros arqueológicos y su artesanía *(arts and crafts)*.

La economía

Guatemala es un país agrícola. Sus productos principales son café, bananas, algodón *(cotton)* y madera. La moneda guatemalteca es el quetzal, nombre del pájaro que es el símbolo de Guatemala.

Tradiciones

En Guatemala se mezclan las tradiciones, los mitos y las costumbres mayas con la cultura europea y universal. Esto se ve en su religión, su artesanía, sus vestidos y su música.

Guatemala turística

Tikal es la mejor muestra de la cultura precolombina, y el más grande de sus centros ceremoniales.

Antigua, capital de Guatemala hasta el año 1776, es una de las principales atracciones turísticas de Guatemala.

La literatura y la artesanía

Antes de Colón

Dos libros que se conservan son *el Popol Vuh,* que recoge las creencias mayas sobre el origen del mundo y una historia de su civilización, y los *Libros de Chilán Balam,* que incluyen historia, mitología y profecías.

Reciente

Los autores más conocidos son Miguel Ángel Asturias (Premio Nobel de Literatura, 1967), Rafael Arévalo, Augusto Monterroso y Rigoberta Menchú (Premio Nobel de la Paz, 1992).

La artesanía

Guatemala es famosa por sus cerámicas. Hay dos tipos de cerámicas: la de origen hispánico vidriada y decorativa, y la cerámica de origen indígena, pintada con frutas, mariposas y pájaros.

El Salvador

Si quieres ver volcanes, debes visitar El Salvador, llamado "la tierra de los volcanes".

El Salvador es el más pequeño de los países de Centroamérica y uno de los más bellos *(beautiful)*. Tiene unos 300 kilómetros de costa, y sus playas están entre las más hermosas de América. La capital de El Salvador es San Salvador, la ciudad más industrializada de Centroamérica. Los principales productos industriales del país son textiles y artículos de cuero, madera y metal. La agricultura también es importante en El Salvador; entre los productos agrícolas que exporta el país están el café y las bananas.

Deporte

El deporte principal es el fútbol. **El Estadio Cuscatlán,** en la capital, es el más grande de Centroamérica. El jugador más importante del país es **Jorge "El Mágico" González.**

Carlos Borbon/La Nacion de Costa Rica/Newscom

EDAGR ROMERO/AP Images

El Salvador turístico

© Stefano Paterna/Alamy

El Volcán de Izalco es el más joven del país. Su última erupción fue en 1966.

© Stefano Paterna/Alamy

La Joya de Cerén es un pueblo maya del siglo *(century)* VII. El pueblo se mantiene en perfectas condiciones, porque estaba *(it was)* cubierto por la ceniza *(ash)* de un volcán.

Háganse preguntas

The class will be divided into groups of 3 or 4 students. The instructor will assign one of the eight items of information presented here to each group. The members in each group will prepare questions about the item assigned to them to ask the rest of the class.

iLrn™

To learn more about Guatemala and El Salvador, watch the cultural footage in the Media Library.

¿Cuánto sé ahora?

Take this test. When you have finished, check your answers in the answer key provided in Appendix D. Then use a red pen to correct any mistakes you may have made. Are you ready?

A. Comparisons Establish comparison between the following people and things, using the Spanish equivalents of the words given.

1. Los camarones / el pescado (expensive)

   Los camarones son _____más caros que_____ el pescado.

   El pescado es _____menos caro que_____ los camarones.

2. Rafael 6' 2" / Elvira 5' 10" (tall)

   Rafael es _____más alto que_____ Elvira.

   Elvira es _____menos alta que_____ Rafael.

3. Un hotel / una casa (big)

   Un hotel es _____más grande que_____ una casa.

   Una casa es _____menos grande que_____ un hotel.

4. Elsa 10 horas / Marcelo 10 horas (working hours)

   Elsa trabaja _____tantas horas como_____ Marcelo.

5. Ana es muy bonita. / Elisa es muy bonita. (pretty)

   Ana es _____tan bonita como_____ Elisa.

B. Irregular comparative and superlative forms Complete the following sentences, using the irregular comparative and superlative forms and the information given.

1. Yo 30 años / Ernesto 20 años

   Yo soy ____mayor____ que Ernesto.

   Ernesto es ____menor____ que yo.

2. El profesor / los estudiantes (hablar español)

   El profesor habla español ____mejor____ que los estudiantes.

   Los estudiantes hablan español ____peor____ que el profesor.

3. Eva: "A" en literatura / Sara: "B" en literatura / Ramón: "D" en literatura

   Eva es ____la mejor____ estudiante de los tres.

   Ramón es ____el peor____ estudiante de los tres.

C. Present indicative of o:ue stem-changing verbs Complete the following sentences, using the present indicative of the verbs given.

1. ¿Cuánto ____cuestan____ las habitaciones en ese (that) hotel? (costar)

2. ¿A qué hora ____almuerzan____ Uds.? (almorzar)

3. Nosotros no ____contamos____ calorías. (contar)

4. ¿En qué cuarto ____duerme____ tu cuñada? (dormir)

5. ¿A qué hora ____vuelves____ tú del restaurante? (volver)

6. José y yo no ____podemos____ ir de vacaciones con Uds. (poder)

7. Yo no ____recuerdo____ la dirección del profesor. (recordar)

8. En California no ____llueve____ mucho. (llover)

D. Present progressive Write sentences saying what these people are doing. Use the verbs given.

1. Nosotros __estamos pidiendo__ las bebidas. (pedir)
2. Los camareros __están sirviendo__ el postre. (servir)
3. Yo __estoy leyendo__ el periódico. (leer)
4. Estela y yo __estamos poniendo__ los platos y los cubiertos en la mesa. (poner)
5. ¿Tú __estás tomando__ jugo de frutas o chocolate caliente? (tomar)
6. Mi esposo __está diciendo__ que él paga la cuenta. (decir)

E. Uses of *ser* and *estar* Form sentences, using the elements provided and the appropriate forms of **ser** or **estar**. Add the necessary connectors.

1. Elsa / mamá / Marcela __Elsa es la mamá de Marcela.__
2. restaurante Miramar / calle Siete __El restaurante Miramar está en la calle Siete.__
3. ¡Mmmm! / el pollo / delicioso ¡Mmmm! __¡El pollo está delicioso!__
4. Roberto / de México / pero ahora / en Guatemala __Roberto es de México, pero ahora está en Guatemala.__
5. café / frío __El café está frío.__
6. escritorio / metal __El escritorio es de metal.__

F. Weather expressions Complete the following sentences appropriately.

1. No puedo salir ahora porque __está lloviendo__ mucho y no tengo paraguas.
2. En Chicago __nieva__ mucho en el invierno.
3. Hoy no __hace__ frío.
4. Me gusta estar en la playa cuando __hace__ sol.
5. Hoy no hay vuelos *(flights)* porque __hay__ niebla.

G. Just words . . . Choose the word or phrase that does not belong in each group.

1. copa vaso plato __plato__
2. servilleta cuchillo tenedor __servilleta__
3. camarones cordero langosta __cordero__
4. desayunar almorzar volver __volver__
5. leche torta helado __leche__
6. cuenta pescado propina __pescado__
7. mantel sal pimienta __mantel__
8. a la parrilla al mediodía frito __al mediodía__

H. Culture

1. Complete the following, based on the information found in the **¿Tú lo sabías?** sections.
   a. En los países hispanos, la __propina__ frecuentemente está incluida en la cuenta.
   b. El __euro__ es la unidad monetaria de España.
2. Answer the following questions, based on the information found in the **El mundo hispánico y tú** section.
   a. ¿Cuál es la moneda guatemalteca? __el quetzal__
   b. ¿Qué escritor guatemalteco recibió el Premio Nobel de Literatura en 1967? __Miguel Ángel Asturias__

I. Un dicho Do you remember the Spanish saying that is equivalent to *March winds and April showers bring May flowers.* Find it in this lesson. __Marzo ventoso, abril lluvioso hacen a mayo florido y hermoso.__

LOS QUEHACERES DE LA CASA

Esta pareja comparte los quehaceres de la casa.

OBJETIVOS COMUNICATIVOS

You will learn vocabulary related to household chores, family relationships, and various parts of a house.

SITUACIONES

¡Tocan a la puerta!

ESTRUCTURAS

1 Demonstrative adjectives and pronouns
2 Present indicative of **e:i** stem-changing verbs
3 Affirmative and negative expressions
4 Verbs with irregular first-person forms
5 **Saber** vs. **conocer**
6 Direct object pronouns

ASÍ SOMOS

▶ **¡Vamos a ver!**

Watching and understanding situations

¡Vamos a escuchar!

Listening for details II

¡Vamos a conversar!

Reporting

¡Vamos a leer!

Skimming

¡Vamos a escribir!

Sequencing steps for a recipe

EL MUNDO HISPÁNICO Y TÚ

❯ Honduras

❯ Nicaragua

AUTOPRUEBA

You will review what you learned in this lesson.

Activity Suggestion Use this and the opener photo to introduce the lesson theme. Ask your students:
1. **¿Qué días lavas la ropa?**
2. **¿Qué otros trabajos de la casa haces ese día?**
3. **¿Alguien te ayuda?** (HINT: **nadie**)

▶

Honduras debe su nombre a que cuando Colón llegó a estas costas de Centroamérica, quedó sorprendido por la profundidad *(depth)* de las aguas junto a la tierra, así que llamó al lugar Honduras (de **hondo** = *deep*). Aquí floreció el gran imperio maya unos 500 años antes de la llegada de los conquistadores.

Nicaragua, con un área un poco mayor que la del estado de Nueva York, es el país más extenso de Centroamérica, pero menos de una décima parte de su territorio es cultivable. La mayor parte de la población vive en el oeste del país, junto a los lagos Nicaragua y Managua y al océano Pacífico.

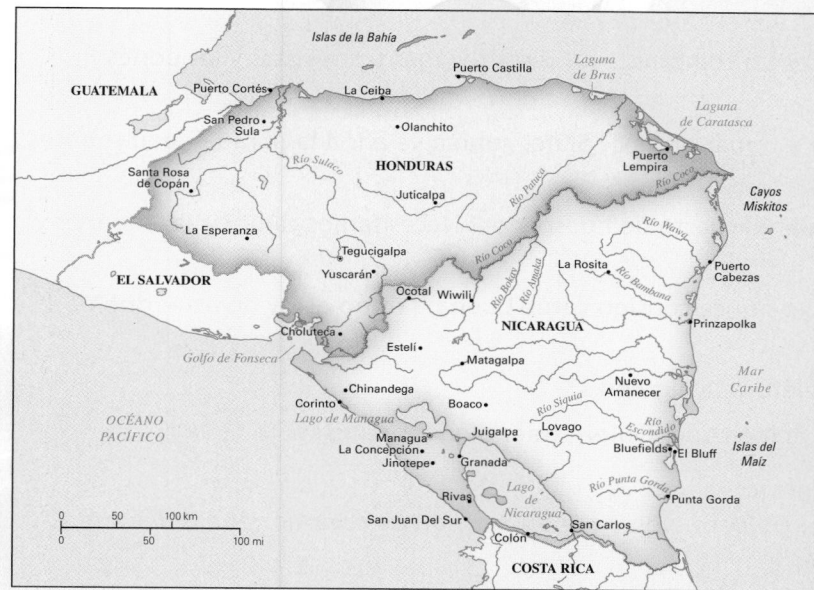

Roatán, una isla que pertenece a Honduras

Un sembrío *(field)* de tobaco en Condega, Nicaragua

SITUACIONES

▶) ¡Tocan a la puerta!
CD1-33

▶ ¡Ubíquelos!

Beatriz and Guillermo live in Tegucigalpa, the capital of Honduras. Watch the video to see many places of historical interest. You will also see Managua, the capital of Nicaragua, where Beatriz's mother lives.

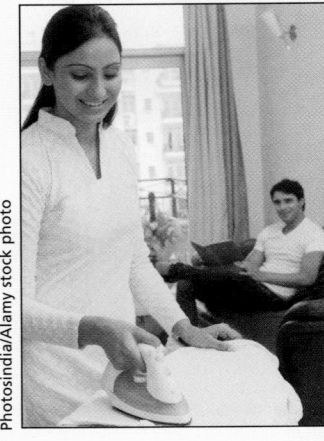

Photosindia/Alamy stock photo

Beatriz y su esposo Guillermo viven en Tegucigalpa, Honduras. Hoy es viernes y tienen mucho que hacer porque mañana llega la mamá de Beatriz, que viene a visitarlos.

GUILLERMO: ¿Dónde está mi camisa azul? La necesito para ir al mercado.

BEATRIZ: Estoy planchándola. ¿Por qué no barres el garaje? Aquí está la escoba.

GUILLERMO: Estoy leyendo una revista. Hay un artículo muy interesante...

BEATRIZ: ¡Tienes que ayudar con los quehaceres de la casa! ¡Tú nunca haces nada!

GUILLERMO: *(Suspira)* ¡Tú siempre dices eso! Pero yo a veces lavo los platos... Y cuando necesitamos algo del mercado, yo lo compro... Y a veces cocino...

BEATRIZ: Sí, es verdad que a veces haces las compras... y a veces recoges tus revistas y las pones debajo de la cama...

GUILLERMO: Y mañana... ¿tu mamá va a tomar un taxi? Si no, ¿quién va a ir a la parada de autobuses a buscarla?

BEATRIZ: ¡Tú! ¡Ya lo sé! ¿Puedes arreglar el cuarto de huéspedes? Necesitamos cambiar las sábanas y después tienes que comprar carne.

GUILLERMO: No, tú siempre dices que yo nunca consigo carne buena. ¡Yo no estoy de acuerdo! Y... ¿qué vas a hacer tú?

BEATRIZ: Pues... yo voy a llamar por teléfono a alguien.

GUILLERMO: Bueno. Ahora salgo para el mercado. Quiero traer algunas revistas.

Beatriz llama a una agencia de empleos.
Tres horas después, tocan a la puerta. Guillermo esconde un montón de revistas debajo del sofá y mira por la ventana.

GUILLERMO: Es una mujer... ¿quién es? No la conozco.

BEATRIZ: ¿Puedes abrir la puerta, por favor? ¡Rápido! Y después puedes leer el artículo... ¡Tenemos criada!

En una guía telefónica en español, alfabetizan los nombres según los dos apellidos, por ejemplo:
Núñez Arzuaga, Pedro
Núñez Lara, Inés
❭ **¿Cómo alfabetizan los nombres en una guía telefónica en este país?**

1. Hablemos. With a classmate, take turns asking and answering the following questions. Base your answers on the dialogue and on your own circumstances.

En el diálogo

1. ¿En qué país viven Beatriz y Guillermo?
2. ¿Por qué tienen ellos mucho que hacer hoy?
3. ¿Para qué necesita Guillermo su camisa azul?
4. ¿Qué está haciendo Beatriz?
5. ¿Qué está leyendo Guillermo?
6. ¿Qué dice Beatriz que Guillermo tiene que hacer?
7. ¿Dónde pone Guillermo las revistas?
8. ¿Qué tiene que arreglar Guillermo?
9. ¿Qué necesitan cambiar?
10. ¿Qué tiene que comprar Guillermo?
11. ¿Quien llama a una agencia de empleos?
12. ¿Qué tienen Guillermo y Beatriz?

¿Y tú?

1. ¿En qué estado (*state*) o provincia vives tú?
2. ¿Tú tienes mucho que hacer? ¿por qué?
3. ¿Te gusta el color azul?
4. ¿Qué crees tú que está leyendo tu mejor amigo(a)?
5. ¿Tú estás leyendo un buen libro?
6. ¿Tú haces los trabajos de la casa? (Yo hago...)
7. ¿Dónde pones tú las revistas? (Yo pongo...)
8. ¿Tu casa tiene cuarto de huéspedes?
9. ¿Qué días cambias las sábanas de tu cama?
10. ¿Tú tienes que comprar algo?, ¿qué?
11. ¿A quién llamas tú?
12 ¿Tú tienes criada en tu casa?

Actualmente muchos hombres hispanos, especialmente los más jóvenes, comparten con sus esposas los trabajos de la casa. Esto se debe a que a menudo los dos trabajan fuera de la casa.
❭ **Generalmente, ¿comparten los hombres norteamericanos con sus esposas los quehaceres de la casa?**

Africa Studio/Shutterstock.com

Esta empleada doméstica hace todos los trabajos de la casa, excepto uno. ¿Qué creen Uds. que ella no hace?

1. Hablemos Answers 1. Viven en Honduras. 2. Porque mañana va a llegar la mamá de Beatriz. 3. Para ir al mercado 4. Está planchando una camisa. 5. Está leyendo un artículo en una revista. 6. Dice que tiene que ayudar con los quehaceres de la casa. 7. Debajo de la cama y el sofá. 8. El cuarto de huéspedes 9. Las sábanas 10. Tiene que comprar carne. 11. Beatriz 12. Tienen criada.

VOCABULARIO

🔊 En el diálogo

Cognados

la agencia	agency
el artículo	article
el autobús, el bus, el ómnibus	bus
el garaje	garage
interesante	interesting
el sofá	sofa
el taxi	taxi

Nombres

la agencia de empleos	employment office
la cama	bed
la camisa	shirt
la carne	meat
la criada, la empleada doméstica	maid
el cuarto de huéspedes	guest room
la escoba	broom
el mercado	market
la parada de autobuses	bus stop
los quehaceres (trabajos) de la casa	housework
la revista	magazine
la sábana	sheet

Verbos

arreglar	to tidy up, to fix
ayudar	to help
barrer	to sweep
buscar	to get, to pick up, to look for
cambiar	to change
cocinar	to cook
comprar	to buy
conocer (yo conozco)	to know, to be acquainted with
conseguir (e:i)	to get, to obtain
decir (e:i) (yo digo)	to say, to tell
esconder	to hide
lavar	to wash

_____ los platos, fregar (e:ie)	to wash dishes
planchar	to iron
poner (yo pongo)	to put
probar (o:ue)	to try
recoger	to pick up
saber (yo sé)	to know (a fact; how to)
suspirar	to sigh
tomar	to take (e.g., a taxi or a bus)
traer	to bring
visitar	to visit

Otras palabras y expresiones

a veces	sometimes
ahora	now
algo	something, anything
alguien	someone, somebody
debajo (de)	under
eso	that (neutral)
estar de acuerdo	to agree, to be in agreement
hacer las compras	to do the shopping
mirar por la ventana	to look out the window
¡Rápido!	Quick!
tocar a la puerta	to knock on the door
un montón de	a bunch of
¡Ya lo sé!	I know (it)!

© Blue Jean Images/Getty Images

Ellos son Gabriel y su esposa Analía. ¿Qué trabajos de la casa están haciendo?

Más sobre el tema

cortar el césped	*to cut (mow) the grass*
doblar la ropa	*to fold clothes*
lavar la ropa	*to wash the clothes (do laundry)*
limpiar (el cuarto de baño)	*to clean (the bathroom)*
pasar la aspiradora	*to vacuum*
sacar la basura	*to take out the trash*
sacudir los muebles	*to dust the furniture*
secar (los platos)	*to dry (the dishes)*
trapear el piso	*to mop the floor*

LEARNING TIP
Especially when learning concrete actions (verbs) such as **arreglar, barrer, recoger, cocinar, lavar, planchar,** etc., you might want to reinforce their meanings in your mind by stating which ones you do and what is done by other people. For example: **Yo arreglo mi cuarto. Mi mamá plancha la ropa.**

La familia de Dora

Ana Soto (de) Paz — Luis Paz
mi abuela — mi abuelo

Sergio — Sara — Raúl — Eva
mi tío — mi tía — mi padre — mi madre

Amalia — David — Olga — José — Dora
mi prima — mi primo — mi hermana — mi hermano — Yo soy Dora.

Related vocabulary: **la bisabuela** *(great-grandmother);* **el bisabuelo** *(great-grandfather);* **la hermanastra** *(stepsister);* **el hermanastro** *(stepbrother);* **la hijastra** *(stepdaughter);* **el hijastro** *(stepson);* **la madrastra** *(stepmother);* **la media hermana** *(half sister);* **el medio hermano** *(half brother);* **el padrastro** *(stepfather)*

Más sobre la familia

el (la) cuñado(a)	*brother (sister)-in-law*
el (la) hijo(a)	*son (daughter)*
el (la) nieto(a)	*grandchild*
la nuera	*daughter-in-law*
el (la) sobrino(a)	nephew (niece)
el (la) suegro(a)	*father (mother)-in-law*
el yerno	*son-in-law*

La casa

la cocina	*kitchen*	el cuarto de baño	*bathroom*
el comedor	*dining room*	_____ de lavar	*laundry room*
el dormitorio, la recámara *(Méx.),* la pieza	*bedroom*	la sala	*living room*
		la sala de estar	*family room*
		el sótano	*basement*

¿Tú lo sabías?

En los países de habla hispana, el concepto de familia es más amplio e incluye a todos los parientes: tíos, primos, sobrinos, etcétera. Generalmente, la relación entre ellos es muy estrecha *(close)*.

❯ Generalmente, ¿con qué miembros de la familia tienen los norteamericanos una relación estrecha?

VOCABULARIO

Práctica

2. ¿Qué es? Write the words or phrases that correspond to the following.

1. ómnibus _autobús / bus_
2. la hermana de mi esposo _cuñada_
3. *Newsweek,* por ejemplo _revista_
4. comprar _hacer las compras_
5. opuesto de **llevar** _traer_
6. opuesto de **siempre** _nunca_
7. parte de la casa donde comemos _comedor_
8. recámara _dormitorio / pieza_
9. lavar los platos _fregar_
10. la usamos para barrer _escoba_

3. Oraciones incompletas Complete the following sentences, using vocabulary from this lesson.

1. Yo voy a arreglar el cuarto de _huéspedes_ y también voy a _lavar_ las sábanas. ¿Tú puedes _doblarlas_?
2. Necesitamos una _criada_. Voy a llamar a la agencia de _empleos_.
3. Tocan a la _puerta_. Voy a _mirar_ por la ventana antes de *(before)* _abrir_.
4. Tú y yo nunca estamos de _acuerdo_.
5. ¿Dónde vas a _poner_ esas sábanas? ¿En mi _cama_?
6. Hoy tengo que hacer un _montón_ de cosas: doblar la _ropa_, limpiar el _cuarto_ de baño y la sala, sacar la _basura_ y _sacudir_ los muebles.
7. Carlos, ¿tú puedes ir a _buscar_ a mi prima a la _parada_ de autobuses? Ella no quiere tomar un _taxi_.
8. Elba va a trapear el _piso_ de la sala y va a barrer el sótano.

4. Habla con tu compañero(a) de clase. With a classmate, take turns asking and answering the following questions.

1. ¿Prefieres fregar o secar los platos?
2. ¿Prefieres pasar la aspiradora o trapear el piso?
3. En tu casa, ¿quién limpia el baño? ¿Quién corta el césped?
4. ¿Prefieres lavar la ropa o planchar?
5. ¿Tú vas a doblar la ropa o vas a sacar la basura?
6. ¿Tu lavadora *(washing machine)* está en el cuarto de lavar o en el garaje?
7. ¿Tu televisor *(TV set)* está en la sala o en la sala de estar?
8. ¿Tú comes en el comedor o en la cocina?
9. ¿Cuántos dormitorios tiene tu casa o apartamento? ¿Tú vives con tu familia?
10. ¿Tú eres el nieto (la nieta) favorito(a) de tus abuelos? ¿Quién es tu tío(a) favorito(a)? ¿Tú tienes sobrinos? ¿Tienes muchos primos?

Para conversar

5. Relaciones familiares With a classmate, look at the family tree on page 169 and ask each other questions about the relationships among the people in the illustration.

(HINT: ¿Cuál es la relación que existe entre _____ y _____?)

6. ¿Quién puede ayudarme? With a classmate, take turns asking for help and saying that you can't help. Say what you have to do.

Modelo —¿Puedes ayudarme a... ?
—No puedo; tengo que...

7. Prefiero hacer otra cosa. *(I prefer to do something else.)* With a classmate, take turns indicating what you frankly *hate* to do, and stating what you *would rather* do.

Modelo *Francamente, yo odio pasar la aspiradora; prefiero sacudir los muebles.*

Pronunciación

CD1-34

A. The Spanish *j*

The Spanish **j** sounds somewhat like the *h* in the English word *hit*. It is never pronounced like the English *j* in *John* or *James*. Listen to your instructor and repeat the following phrases.

Julia y Javier trabajan hoy.

Juan José viene el jueves.

Juana deja a su hijo aquí.

Jimena jamás juega al tenis.

CD1-35

B. The Spanish *g* (before *e* or *i*)

When followed by **e** or **i**, the Spanish **g** sounds like the Spanish **j** mentioned above. Listen to your instructor and repeat the following phrases.

Gerardo recoge a Genaro.

Eva Gil es inteligente.

El general Ginés está en Argentina.

Los gitanos están en Los Ángeles.

CD1-36

C. The Spanish *h*

The Spanish **h** is always silent. Listen to your instructor and repeat the following phrases.

Humberto Hernández es de Honduras.

Hilda es la hija de Hugo.

Tu hermano está en el hotel.

¿Hay hamburguesas hoy?

Activity Suggestion Have students take turns reading these sentences. Walk around the room and check their pronunciation.

¿Tú lo sabías?

En la mayoría de los países de habla hispana, cuando una mujer se casa *(gets married)* retiene su apellido de soltera *(maiden name)*. Puede también añadir *(add)* el apellido de su esposo. Por ejemplo, Ana Soto está casada con Luis Paz y su nombre completo es Ana Soto (de) Paz. La mayoría de los hispanos usan dos apellidos: el del padre y el de la madre, en ese orden. Por ejemplo, el nombre completo de Raúl (el hijo de Ana y Luis) es Raúl Paz Soto.

> Cuando las mujeres de este país se casan, ¿usan el apellido del esposo? ¿Usan su apellido de soltera?

ESTRUCTURAS

1 ## Demonstrative adjectives and pronouns *(Los adjetivos y los pronombres demostrativos)*

esa chica

aquel hombre

aquella chica

esta chica

Activity Suggestion Draw figures on the board to demonstrate the uses of **este, ese,** and **aquel.** Point out the differences between the demonstrative adjectives by using arrows or dotted lines.

A. Demonstrative adjectives

› Demonstrative adjectives point out persons or things. Like all other adjectives, they agree in gender and number with the nouns they modify. The forms of the demonstrative adjectives are as follows.

Masculine		Feminine		
Singular	*Plural*	*Singular*	*Plural*	
este	estos	esta	estas	*this, these*
ese	esos	esa	esas	*that, those*
aquel	aquellos	aquella	aquellas	*that, those* (at a distance in space or time)

—¿Qué vas a fregar?
—**Este** plato, **esas** tazas y **aquellos** vasos.

What are you going to wash?
This dish, those cups, and those glasses (over there).

B. Demonstrative pronouns

› The forms of the demonstrative pronouns are as follows.

Masculine		Feminine			
Singular	*Plural*	*Singular*	*Plural*	*Neuter*	
este	estos	esta	estas	esto	*this (one), these*
ese	esos	esa	esas	eso	*that (one), those*
aquel	aquellos	aquella	aquellas	aquello	*that (one), those (at a distance)*

› The masculine and feminine demonstrative pronouns are the same as the demonstrative adjectives.[1]

[1]The Real Academia accepted the use of demonstrative pronouns without written accents. However, it is possible to find old publications that still keep the accent on the demonstrative pronouns (for example: éste).

> Each demonstrative pronoun has a neuter form. They are **esto, eso,** and **aquello.** The neuter forms, which do not change in number or gender, are used to refer to situations, ideas, and nonspecific objects or things, equivalent to the English *this, that matter; this, that business;* and *this, that stuff.*

—¿Entiendes **eso**?	*Do you understand that?*
—No, es muy difícil.	*No, it's very difficult.*
—¿Qué es **esto**?	*What's this?*
—¿Quién sabe?	*Who knows?*

Práctica

8. Los quehaceres de la casa Two roommates, Amalia and Celia, are doing a lot of housework today. With a classmate, complete their conversation, using demonstrative adjectives. Then play the roles of the two girls.

AMALIA: Celia, ¿tú necesitas _____estas_____ *(these)* sábanas que están aquí?

CELIA: Sí, y también _____esas_____ *(those)* camisas.

AMALIA: Tienes que fregar _____estos_____ *(these)* vasos *(glasses)* y _____esos_____ *(those)* platos.

CELIA: Y tú tienes que sacudir _____esta_____ *(this)* mesa y _____este_____ *(this)* escritorio.

AMALIA: ¿Dónde vamos a poner _____aquel_____ *(that over there)* sofá?

CELIA: En la sala de estar. Y _____esta_____ *(this)* vez, Daniel tiene que ayudar.

AMALIA: Es verdad. ¡Ah! ¿Dónde quieres poner _____aquellas_____ *(those over there)* revistas?

CELIA: En _____aquella_____ *(that over there)* mesa. Oye... ¿qué es _____eso_____ *(that)* que está debajo del sofá?

AMALIA: ¿Quién sabe? *(Who knows?)*

9. Este, ese y aquel With a classmate, play the roles of two friends. Take turns asking and answering the questions. The one who answers always rejects the objects indicated and wants the ones far away from both.

1. ¿Vas a leer estas revistas? _____No, voy a leer aquellas._____
2. ¿Vas a lavar esta ropa? _____No, voy a lavar aquella._____
3. ¿Vas a secar estos platos? _____No, voy a secar aquellos._____
4. ¿Vas a comprar en este mercado? _____No, voy a comprar en aquel._____

Para conversar

10. ¡Habla con tu compañero(a)! With a classmate, take turns asking each other who the other students in the class are. Respond, using the appropriate demonstrative adjectives and descriptions.

Modelo —¿Quién es Sandra?
—Es aquella chica rubia.

ESTRUCTURAS

2 Present indicative of *e:i* stem-changing verbs *(Presente indicativo de los verbos que cambian en la raíz e:i)*

servir *to serve*	
sirvo	servimos
sirves	servís
sirve	sirven

❭ Some **-ir** verbs undergo a special stem change in the present indicative. For these verbs, when **e** is the last stem vowel and it is stressed, it changes to **i**.

> —¿Qué **sirven** Uds. en sus fiestas?   *What do you serve at your parties?*
> —**Servimos** champán.   *We serve champagne.*

❭ Note that the stem vowel is not stressed in the **nosotros(as)** and **vosotros(as)** verb forms; therefore, the **e** does not change to **i**.

❭ Other verbs that undergo this change:[1]

conseguir	*to get, to obtain*	**pedir**	*to ask for, to request, to order*
decir	*to say, to tell*	**seguir**	*to follow, to continue*

❭ The verb **decir** undergoes the same change, but in addition it has an irregular first-person singular form: **yo digo.**

❭ Note that in the present tense **seguir** and **conseguir** drop the **u** before **a** or **o: yo sigo, yo consigo.**

Summary of the present indicative of stem-changing verbs

e:ie	*o:ue*	*e:i*
cerrar	almorzar	conseguir
comenzar	contar	decir
empezar	costar	pedir
entender	dormir	seguir
pensar	encontrar	servir
perder	llover	
preferir	morir	
querer	mostrar	
	poder	
	probar	
	recordar	
	volar	
	volver	

Add to this list as you learn other stem-changing verbs.

[1]For a complete list of stem-changing verbs, see Appendix B.

Práctica

11. ¿Qué hacemos y qué decimos? Form complete sentences by combining the words in the three columns in sequence, starting with A. Use each subject and each verb at least once.

A	B	C
yo	decir	la comida
nosotros	servir	un cuarto
Amalia y Celia	pedir	que necesitamos un sofá nuevo
mis padres	conseguir	revistas
tú	seguir	información sobre Honduras
mi cuñado		a mis amigos
		estudiando español

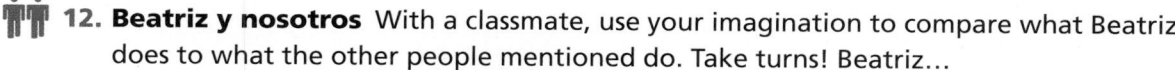

12. Beatriz y nosotros With a classmate, use your imagination to compare what Beatriz does to what the other people mentioned do. Take turns! Beatriz…

1. … consigue carne buena en el mercado. (Mi mamá)
2. … dice que es más difícil planchar que limpiar el baño. (Yo)
3. … sirve cerveza en sus fiestas. (Mis amigos)
4. … pide tamales cuando va a un restaurante mexicano. (Tú)
5. … siempre sigue la moda *(fashion)*. (Nosotros)
6. … consigue frijoles en un mercado mexicano. (Yo)
7. … dice que ella no quiere sacar la basura. (Mi papá)
8. … sirve el café después de la comida. (Tú)
9. … pide ravioles cuando va a un restaurante italiano. (Mis amigos y yo)
10. … sigue en su clase de literatura. (Yo)

Para conversar

13. ¡Habla con tu compañero(a)! Interview a classmate, using the following questions. When you have finished, switch roles.

1. ¿Hay muchos restaurantes que sirven comida mexicana en esta ciudad? ¿Qué pides cuando vas a un restaurante mexicano?
2. Cuando vas a un restaurante, ¿qué pides de postre? ¿y para beber?
3. Cuando das una fiesta, ¿qué sirves para comer? ¿y para beber?
4. ¿Dónde consiguen los estudiantes libros en español? ¿Tú consigues revistas en español?
5. ¿Tú dices que es mejor vivir en una casa o en un apartamento?
6. ¿Tú siempre sigues los consejos *(advice)* de tus padres? ¿Tus amigos siguen tus consejos?

14. Yo digo… In groups of three, discuss what you think the worst chores are when you have to do housework.

Modelo   *Yo digo que lo peor* (the worst thing) *es doblar la ropa.*

Now one person in each group reports to the class: _____ *dice que lo peor es…* y _____ *dice que…*

Is there a chore that most people agree is the worst?

ESTRUCTURAS

3 Affirmative and negative expressions (Expresiones afirmativas y negativas)

Affirmative	Negative
algo *something, anything*	**nada** *nothing, not anything*
alguien *someone, somebody, anyone*	**nadie** *nobody, no one, not anyone*
alguno(a), algún *any, some*	**ninguno(a), ningún** *no, none, not any*
a veces *sometimes*	**nunca, jamás** *never*
siempre *always*	
también *also, too*	**tampoco** *neither, not either*
o *or*	
o... o *either . . . or*	**ni... ni** *neither . . . nor*

—¿Necesitas **algo** más?   *Do you need anything else?*

—No, no necesito **nada** más.   *No, I don't need anything else.*

—¿Tienes **algunos** amigos de Nicaragua?   *Do you have any friends from Nicaragua?*

—No, no tengo **ningún** amigo nicaragüense.[1]   *No, I don't have any Nicaraguan friends.*

—¿Hay **alguien** en tu recámara?   *Is there anybody in your room?*

—No, no hay **nadie.**   *No, there's no one.*

—¿Quieres café **o** té?   *Do you want coffee or tea?*

—Yo no bebo **ni** café **ni** té.   *I don't drink either coffee or tea.*

¡Atención! Note that **alguno(a)** may be used in the plural forms, but **ninguno(a)** is not pluralized.

› **Alguno** and **ninguno** drop the **-o** before a masculine singular noun: *algún* niño, *ningún* niño; but *alguna* niña, *ninguna* niña.

¡Atención! **No** is never used as an adjective, as it sometimes is in English: *No person could do all that.*

› Spanish sentences frequently use a double negative form to express a degree of negation: the adverb **no** is placed before the verb and the second negative word either follows the verb or appears at the end of the sentence. If, however, the negative word precedes the verb, **no** is never used.

No hablo español **nunca.**
or: **Nunca** hablo español.   *I never speak Spanish.*

No compro **nada nunca.**
or: **Nunca** compro **nada.**   *I never buy anything.*

> **■■■■ Un dicho ■**
> **Más vale tarde que nunca.**
> Equivalent: *Better late than never.*

› Note that Spanish often uses several negatives in one sentence.

Yo **no** quiero **nada tampoco.**   *I don't want anything either.*

[1]In some cases before an **e** or **i**, the **u** is not silent. To indicate this, a **diéresis** (two dots) is added over the **u** (pingüino, Mayagüez).

Práctica

15. No estoy de acuerdo. Change the following statements to express the opposite.

1. Diego nunca corta el césped los sábados. Diego siempre corta el césped los sábados.
2. Mi mamá necesita comprar algo en el mercado. Mi mamá no necesita comprar nada en el mercado.
3. Nadie va a ir a recoger a mi suegra. Alguien va a ir a recoger a mi suegra.
4. Mi sobrina pasa la aspiradora a veces. Mi sobrina no pasa la aspiradora nunca.
5. Mireya seca o los platos o las tazas. Mireya no seca ni los platos ni las tazas.
6. Aquí no hay ningún lugar interesante. Aquí hay muchos lugares interesantes.
7. Rita va a ir a Honduras y yo voy a ir también. Rita no va a ir a Honduras y yo no voy a ir tampoco.
8. Nosotros tenemos algunos amigos de Honduras. Nosotros no tenemos ningún amigo de Honduras.

Para conversar

16. ¡Habla con tu compañero(a)! Interview a classmate, answering the following questions in the negative. Use the expressions you have just learned. When you have finished, switch roles and create new questions.

1. ¿Quieres ir a Nicaragua o a Honduras?
2. ¿Tienes algunos amigos en Managua?
3. Yo no hablo portugués. ¿Y tú?
4. ¿Siempre vas a restaurantes chinos?
5. ¿Siempre vienes con alguien aquí?
6. ¿Compras algo cuando vas de vacaciones?

17. Siempre... a veces... nunca With a classmate, tell each other four things that you always do, four things that you sometimes do, and four things that you never do. Compare notes.

Modelo —*Yo siempre leo libros en Internet. A veces compro libros en la librería. Nunca voy a la biblioteca.*

18. Quejas *(Complaints)* With a classmate, write a list of complaints frequently heard on campus. Use the expressions you have just learned.

Modelo *Nunca podemos comer nada en la cafetería.*

■■■ Un dicho ■

Nadie es profeta en su tierra.
Equivalent: *A prophet is not recognized in his own land.*

ESTRUCTURAS

4 Verbs with irregular first-person forms (*Verbos irregulares en la primera persona*)

The following verbs are irregular in the first-person singular of the present tense.

Verb	*yo* form	Regular forms
salir (*to go out*)	**salgo**	sales, sale, salimos, salís, salen
hacer (*to do, make*)	**hago**	haces, hace, hacemos, hacéis, hacen
poner (*to put, place*)	**pongo**	pones, pone, ponemos, ponéis, ponen
traer (*to bring*)	**traigo**	traes, trae, traemos, traéis, traen
conducir (*to drive*)	**conduzco**	conduces, conduce, conducimos, conducís, conducen
traducir (*to translate*)	**traduzco**	traduces, traduce, traducimos, traducís, traducen
conocer (*to know*)	**conozco**	conoces, conoce, conocemos, conocéis, conocen
caber (*to fit*)	**quepo**	cabes, cabe, cabemos, cabéis, caben
ver (*to see*)	**veo**	ves, ve, vemos, veis, ven
saber (*to know*)	**sé**	sabes, sabe, sabemos, sabéis, saben

Activity Suggestion To help students learn these forms, give infinitives at random, point to different students, and ask each to give you the first-person form. Do this at a very fast pace. You might also review the regular forms of these verbs by giving pronouns and nouns in order and having the class give you the corresponding verb forms.

—¿Qué haces los domingos?   *What do you do on Sundays?*
—No **hago** nada.   *I don't do anything.*

—¿Estás mirando por la ventana?   *Are you looking out the window?*
—Sí, pero no **veo** nada.   *Yes, but I don't see anything.*

19. Celia y yo Answers 1. salgo… 2. conduzco… 3. veo… 4. conozco… 5. traigo… 6. quepo… 7. sé… 8. hago…
19. Celia y yo Follow-up As a homework assignment, have students write two original questions for each irregular verb on the chart. As a quick review, have students work in pairs the next day to answer their classmates' questions.

Práctica

19. **Celia y yo** Compare this information about Celia to what you do, by completing the following sentences.

1. Celia sale de su casa a las siete y yo...
2. Celia conduce un Ford y yo...
3. Celia ve a sus amigos los sábados y yo...
4. Celia conoce a muchos estudiantes y yo...
5. Celia trae a su hermana a la universidad y yo...

6. Celia cabe con su familia en un coche (*car*) muy pequeño y yo...
7. Celia sabe hablar portugués y yo...
8. Celia no hace nada los domingos y yo...

20. **De viaje** Read this paragraph about Amalia's preparations for her trip to Nicaragua and then rewrite it as if you were Amalia, starting with **Yo...**

Amalia sale para Nicaragua esta noche. Va con su amiga Susan. Conduce al banco para cobrar (*cash*) un cheque regresa a su casa, pone todos los documentos en su bolso de mano (*handbag*) y después hace las maletas (*packs*). Como sabe que hay mucho tráfico, sale de su casa a las cinco para ir al aeropuerto. Cuando llega al aeropuerto, ve que Susan está esperando.

20. De viaje Verb forms: salgo… Voy… Conduzco… regreso… pongo… hago… sé… salgo… llego… veo…

> ▬ **Un dicho** ▮
> **El hombre propone y Dios dispone.**
> Equivalent: *Man proposes and God provides.*

Un dicho: Tell student that the verbs **proponer** and **disponer** are conjugated like **poner**.

Para conversar

21. ¡Habla con tu compañero(a)! Your classmate is traveling to Tegucigalpa. Here is a list of questions you want to ask in order to help him/her prepare for the trip. Your classmate should conjugate the verbs correctly and answer in complete sentences. Then create new questions with the same verbs, focusing on a trip to Nicaragua.

1. ¿Conoces Tegucigalpa? ¿Sabes a qué distancia está de aquí?
2. ¿Sabes cuál es la moneda *(currency)* de Honduras? ¿Sabes a cómo está el cambio de moneda *(rate of exchange)*?
3. ¿Haces la reservación del hotel antes de salir de viaje? ¿Dónde pones el pasaporte?
4. El día del viaje, ¿sales de casa con tiempo? ¿Conduces tu coche para ir al aeropuerto?
5. ¿Conoces a alguien en Tegucigalpa?
6. ¿Traes muchas cosas para tu familia? ¿Compras algo para ti?

Activity Suggestion Teach the difference between **llevar** and **tomar** at this point.

Activity Suggestion Point out that **cómo** is not required to say that someone knows how to do something.

5 | *Saber* vs. *conocer*

Spanish has two verbs that mean *to know*, **saber** and **conocer.**

A. *Saber* means:

› to know something by heart.
Yo **sé** un poema de Rubén Darío.

› to know a fact.
Yo **sé** que Rubén Darío es un poeta nicaragüense.

› to know how to do something.
Yo **sé** bailar salsa.

B. *Conocer* means:

› to be familiar or acquainted with a person.
Nosotros **conocemos** a Ester Núñez.

› to be acquainted with a place.
Ellos **conocen** Honduras.

› to be acquainted with an artist's or writer's work.
¿Tú **conoces** la poesía de Rubén Darío?

Yo no **sé** bailar muy bien.

22. *¿Saber o conocer… ?* **Follow-up** Write the following phrases on the board: **Conozco a... Sé que...** Have students describe each other, their friends, or their family members by completing the phrase: **Conozco a la profesora de español. Sé que conduce un Ford.**

Práctica

22. *¿Saber o conocer… ?* With a classmate, tell what these people know, using **saber** or **conocer.**

1. Natalia ___conoce___ al suegro de Mirta. Ella ___sabe___ dónde vive él, pero no ___sabe___ su número de teléfono.
2. David ___conoce___ muchas ciudades de España, pero no ___sabe___ hablar español.
3. Estela ___conoce___ muchos poemas de ese poeta, pero no ___sabe___ ninguno de memoria.
4. Roberto ___conoce___ a la familia que da la fiesta de Año Nuevo, pero no ___sabe___ dónde es la fiesta.
5. Yo ___sé___ que Lorca es un poeta español.

ESTRUCTURAS

Para conversar

23. Habla con tu compañero(a) de clase. With a classmate, take turns asking and answering the following questions.

1. ¿Cuántos idiomas sabes hablar? ¿Cuáles son? ¿Sabes cantar canciones *(songs)* en español?
2. ¿Conoces a los padres de tu mejor amigo(a)? ¿Conoces a sus abuelos?
3. ¿Sabes dónde vive el profesor (la profesora)? ¿Sabes su número de teléfono?
4. ¿Sabes tocar *(play)* el piano? ¿el violín? ¿la guitarra?
5. ¿Sabes cocinar? ¿Sabes planchar?
6. ¿Conoces un buen restaurante mexicano? ¿Sabes en qué calle está?
7. ¿Conoces a algún actor famoso personalmente?
8. ¿Conoces las novelas de Jane Austen? ¿Conoces Inglaterra *(England)*?
9. ¿Conoces los poemas de Emily Dickinson? ¿Sabes alguno de memoria?
10. ¿Sabes bailar salsa? ¿Sabes bailar el tango? ¿Qué sabes bailar?

24. ¿Qué sabes? o ¿Qué conoces? With a classmate, talk about the places you are familiar with and the ones you want to know, some people you know, facts you know about your college, city or state, and things you know how to do. Compare notes!

6 | Direct object pronouns *(Pronombres usados como complemento directo)*

A. The direct object

> In addition to a subject, most sentences have an object that directly receives the action of the verb.

Ellos	compran	el libro.
S.	V.	D.O.

In the preceding sentence, the subject **(Ellos)** performs the action, while **el libro,** the direct object, directly receives the action of the verb. The direct object of a sentence may be either a person or a thing.

> The direct object can be easily identified as the answer to the questions *whom?* and *what?* about what the subject is doing.

Ellos compran **el libro.**	*What are they buying?*
Pepe visita a **su primo.**	*Whom does Pepe visit?*
Yo llamo a **mis padres.**	*Whom do I call?*

> Direct object pronouns may be used in place of the direct object.

> ███ **Un dicho** ▌
> **El que la sigue, la consigue.**
> Equivalent: *If at first you don't succeed, try, try again.*

B. Forms of the direct object pronouns

Singular		Plural	
me	me	**nos**	us
te	you (fam.)	**os**	you (fam.)
lo	you (form., masc.)	**los**	you (form., masc.)
	him, it (masc.)		them (masc.)
la	you (form., fem.)	**las**	you (form., fem.)
	her, it (fem.)		them (fem.)

—¿Tú tienes **la lista**?	*Do you have the list?*
—Sí, yo **la** tengo.	*Yes, I have it.*
—¿Seca Ud. **los platos**?	*Do you dry the dishes?*
—Sí, yo **los** seco.	*Yes, I dry them.*

C. Position of direct object pronouns

❯ In Spanish, object pronouns are normally placed before a conjugated verb.

		D.O.			D.O.	
Ellos sirven		**la comida.**			*They serve the meal.*	
Ellos		**la**	sirven.		*They serve it.*	

❯ In negative sentences, the **no** must precede the object pronoun.

		D.O.			D.O.	
Ellos sirven		**la comida.**			*They serve the meal.*	
Ellos		**la**	sirven.		*They serve it.*	
Ellos	**no**	**la**	sirven.		*They don't serve it.*	

❯ When an infinitive is used with a conjugated verb, the direct object pronoun may either be attached to the infinitive or be placed before the conjugated verb. The same principle applies with the present participle in progressive constructions.

Yo puedo leer**lo.**	
Yo **lo** puedo leer.	*I can read it.*
Yo estoy leyéndo**lo.**	
Yo **lo** estoy leyendo.	*I am reading it.*

¡Atención! When a direct object pronoun is attached to a present participle (**leyéndolo**), an accent mark is added to maintain the correct stress.

> ### ▰▰ Un dicho ▮
> **A quien madruga (*gets up very early*), Dios lo ayuda.**
> Equivalent: *The early bird gets the worm.*

ESTRUCTURAS

Práctica

25. **¿Qué quiere Julio?** Complete the following dialogue, using the appropriate direct object pronouns[1]. Then act it out with a classmate.

   JULIO: ¿Tú me puedes llevar a casa hoy?

   DELIA: Sí, __yo te__ puedo llevar a las tres.

   JULIO: ¡Ah! Necesito la maleta (*suitcase*) de mamá. ¿Tú __la__ tienes?

   DELIA: Sí, yo __la__ tengo. ¿Tú quieres llevar __la__ a Tegucigalpa?

   JULIO: Sí. También necesito comprar cheques de viajero (*travelers checks*)...

   DELIA: Podemos comprar __los__ esta tarde.

   JULIO: Rosa y yo tenemos que estar en el aeropuerto a las ocho de la noche. ¿Tú __nos__ puedes llevar?

   DELIA: Sí, yo __los__ puedo llevar...

   JULIO: ¡Ah! Las sobrinas de Rosa quieren ir al aeropuerto con nosotros. ¿Tú __las__ puedes traer a mi casa a las siete?

   DELIA: ¡No! ¡Yo no tengo un servicio de taxi!

26. **Yo lo hago.** You and your roommates are doing chores. Volunteer to do the following tasks yourself.

> **LEARNING TIP**
> Save a small part of your study sessions to learn things through repetition. This will help embed the material in your long-term memory.

   Modelo —¿Quién lava las sábanas?
   —*Yo las lavo.*

   1. ¿Quién barre el garaje? Yo lo barro.
   2. ¿Quién friega los platos? Yo los friego.
   3. ¿Quién limpia el cuarto de baño? Yo lo limpio.
   4. ¿Quién corta el césped? Yo lo corto.
   5. ¿Quién pasa la aspiradora? Yo la paso.
   6. ¿Quién sacude los muebles? Yo los sacudo.
   7. ¿Quién lava la ropa? Yo la lavo.
   8. ¿Quién prepara la comida? Yo la preparo.

27. **Nadie hace lo mismo.** With a classmate, take turns forming the second sentence. Use direct object pronouns and the cues provided to indicate what people do differently.

   Modelo —Yo pongo las revistas en la mesa. (Teresa / en su escritorio)
   —*Teresa las pone en su escritorio.*

   1. Don Manuel consigue la carne en el supermercado. Nosotros la conseguimos en la carnicería.
   (nosotros / en la carnicería)

   2. Yo voy a llevar a Tito a su casa. Elena va a llevarlo (lo va a llevar) a la parada de autobuses.
   (Elena / a la parada de autobuses)

   3. Yo plancho las camisas en la cocina. Julio las plancha en su dormitorio.
   (Julio / en su dormitorio)

   4. Nosotros hacemos las compras los viernes. Mis padres las hacen los sábados.
   (mis padres / los sábados)

   5. Elisa trapea el piso dos veces por semana. Tú lo trapeas todos los días.
   (tú / todos los días)

   6. Nosotros sabemos el número de teléfono de Irene. Yo no lo sé.
   (yo / no)

[1]Remember that in progressive tenses and when an infinitive follows the conjugated verb the direct object pronoun may be *before* the verb or *attached* to it: *Te* **puedo llevar** o **Puedo llevarte.**

28. ¿Tú lo sabes... ? With a classmate, take turns answering the questions below, basing your answers on the illustrations. Use direct object pronouns in your responses.

1. ¿A qué hora llama Sara a Luis? Lo llama a las ocho y media.
2. ¿Cuándo tiene que llamar Luis a Sara? Tiene que llamarla (La tiene que llamar) mañana.
3. ¿Pepe puede llevar a los chicos a casa? No, no los puede llevar (no puede llevarlos).
4. ¿Dónde tiene Pepe los libros? Los tiene en la mesa.
5. ¿Quién abre la puerta? Paco la abre.
6. ¿Quién sirve el café? Esteban lo sirve.
7. ¿Quién bebe el refresco? Juan lo bebe.
8. ¿Quién tiene las cartas? Eva las tiene.

Para conversar

29. ¡Habla con tu compañero(a)! You and your classmate play the roles of two roommates who are planning their weekend activities. Take turns answering the following questions, using appropriate direct object pronouns.

1. ¿Quieres dar la fiesta el viernes o el sábado?
2. ¿Vamos a invitar a los chicos de la clase?
3. ¿Tú puedes comprar las bebidas?
4. Mi auto no funciona. ¿Puedes llevarme al mercado?
5. Vamos a tener que limpiar la casa. ¿Quién puede ayudarnos?
6. ¿Quién va a preparar el postre?
7. Yo no puedo ir contigo a la iglesia (church) el domingo. ¿Alguien puede llevarte?
8. Mis amigos y yo queremos ver el partido de fútbol por la tarde. ¿Y tú?

30. ¿Quién lo hace? With a classmate, ask each other who does what around the house, with other members of the family, etc. Use the appropriate direct object pronouns in the answers.

Modelo —¿Quién friega los platos?
—Mi mamá los friega.

▶ ¡Vamos a ver!

Antes de ver el video

31. Preguntas You and a classmate take turns asking and answering the following questions.

1. ¿Tú tienes un hermano o hermana mayor?
2. Cuando tú haces los quehaceres de la casa, ¿prefieres lavar los platos o barrer la cocina?
3. ¿Tú haces todo el trabajo, ayudas a tu mamá o nunca haces nada?
4. ¿Tú haces la cama todos los días? ¿Qué días cambias las sábanas de tu cama?
5. Cuando tú arreglas tu cuarto, ¿pones todas las cosas en su lugar?
6. ¿Qué días haces las compras en el mercado? ¿Consigues carne buena?
7. ¿Siempre tienes una lista o sabes lo que tienes que comprar?
8. Si tú sabes que alguien va a visitarte, ¿limpias tu casa o apartamento?
9. ¿Qué ciudad quieres conocer tú?
10. Cuando tu familia quiere visitar una ciudad, ¿tú estás de acuerdo?
11. Si tú tomas el ómnibus, ¿tienes que ir a la parada de autobuses?
12. Cuando tocan a la puerta, ¿tú miras por la ventana para ver quién es?

El video: Hoy llega tía Nora

¡Amalia! Yo estoy cocinando. Tú tienes que lavar los platos y barrer la cocina.

Para él, arreglar su cuarto es esconderlo todo debajo de la cama.

¡Pedro! Tienes que ir al Mercado Municipal. Y a ver si esta vez consigues carne buena…

¡Daniel! ¡Rápido! ¡Todo esto va debajo de la cama!

Después de ver el video

Ester

Celia

Amalia

Pedro

32. ¿Quién lo dice? Identify the person who said each of the following in the dialogues.

1. Yo sé lo que tengo que comprar. _____Pedro_____
2. Y a ver si esta vez consigues carne buena. _____Ester_____
3. ¿Y qué va a hacer Celia mientras yo hago todo el trabajo? _____Amalia_____
4. ¡Pedro! Tienes que ir al Mercado Municipal. _____Ester_____
5. ¿Papá va a ir a buscar a tía Nora a la parada de autobuses? _____Amalia_____
6. Yo estoy planchando las camisas de papá. _____Celia_____
7. No, ella dice que es mejor tomar un taxi. _____Ester_____
8. ¿Quién va a hacer las compras en el mercado? _____Amalia_____
9. ¡Qué trabajo tenemos cuando mi cuñada viene a visitarnos! _____Ester_____

33. Hablemos Answers 1. Es de Tegucigalpa, Honduras. 2. Están haciendo los trabajos de la casa. 3. Tiene que lavar los platos y barrer la cocina. 4. Está planchando las camisas de su papá. 5. Va a hacer las camas y va a cambiar las sábanas. 6. Nora va a dormir en el cuarto de Daniel. Daniel va a dormir en el sofá de la sala. 7. Pedro va a hacer las compras en el mercado. 8. Quiere conocer Managua. 9. No, Nora va a tomar un taxi. 10. Las va a poner debajo de la cama.

33. Hablemos. With a classmate, take turns asking and answering the following questions. Base your answers on the dialogue.

En el diálogo

1. ¿De dónde es la familia Núñez Arzuaga?
2. ¿Qué están haciendo Ester y sus hijos?
3. ¿Qué tiene que hacer Amalia?
4. ¿Qué está haciendo Celia?
5. ¿Qué va a hacer Celia después?
6. ¿Dónde va a dormir Nora? ¿Y Daniel?
7. ¿Quién va a hacer las compras en el mercado?
8. ¿Qué ciudad quiere conocer Amalia?
9. ¿Pedro va a ir a la parada de autobuses a buscar a Nora?
10. ¿Dónde va a poner Daniel las revistas?

34. ¿Qué pasa después? With a classmate, use your imagination to say what the characters do. In Spanish, discuss the following.

1. Whether or not doña Nora does any cooking the day after she arrives. What does she prepare? Or do they all go to a restaurant?
2. While she is visiting, does doña Nora help with any housework? What does she do? Does she tell Daniel that he has to help?
3. Does Daniel sleep on the sofa every night or does doña Nora sleep on the sofa sometimes?
4. Does doña Nora go to the market sometimes? Does she pay for **(por)** anything?
5. Where do they take doña Nora while she is visiting? Name three or four places.
6. Do they tell doña Nora that they want to visit Managua next year? Does she think it's a good idea?
7. Does doña Nora tell Daniel that he shouldn't hide his magazines under the bed?
8. Are they sad or happy when doña Nora returns to Managua? Give reasons.

Now compare your statements to those of another group.

ASÍ SOMOS

🔊 ¡Vamos a escuchar!

> **ESTRATEGIA** **Listening for details II** Remember what you have learned in preceding lessons about focusing your listening. Anticipate the kinds of information you will hear, concentrate on listening for the details you want to know, and ignore extraneous information.

CD1-37 **35. Propaganda de televisión** Everybody in your household has been discussing the need for extra cleaning help as you are all very busy. You hear a TV commercial on cleaning services. Listen once and make notes of the following details so that you can report to your housemates in the **A conversar...** activity.

1. nombre del servicio

2. dos servicios que ofrece

3. el número de teléfono

35. Propaganda de televisión Answers
1. Las Manos Mágicas 2. planchar la ropa, limpiar la casa (barrer, sacudir los muebles, trapear el piso, pasar la aspiradora), cortar el césped, otros trabajos en el patio 3. 84-27-35

> **ESTRATEGIA** **Reporting** When you tell something you hear to another person, you can use **decir (Ramón dice que va a limpiar)** or you can simply report the information without specifying the source. When restating what you hear, use the language you know.

¡Vamos a conversar!

36. Un servicio fenomenal Get together with two classmates. Today they happen to be your housemates, too! You all heard a TV commercial for a cleaning service and now take turns telling the others what you recall about the services offered and what cleaning help you think you need. Decide what help you most need and who's going to call for prices.

37. ¿Qué dices tú What would you say in the following situations? What might the other person say? Act out the scenes with a classmate. Take turns playing each role.

1. You and your roommate are trying to divide household chores. Volunteer for those chores that you want to do.

2. Talk about some members of your family and indicate with whom you always agree and with whom you never agree.

3. You complain about chores that certain people in your family never do.

4. You are trying to sell or rent your house or apartment. Describe it to a prospective buyer, by giving as many details as possible.

© iStock/Getty Images

38. Para conocernos mejor To do this activity, work with a classmate whom you would like to get to know. Take turns asking and answering these questions.

1. ¿Te gusta hacer los quehaceres de la casa? ¿Cuáles no te gusta hacer?
2. En tu casa, ¿quién lava los platos? ¿Quién barre la cocina? ¿Quién saca la basura?
3. ¿Alguien te ayuda a arreglar tu cuarto? ¿Tú escondes tus revistas debajo de tu cama?
4. ¿Te gusta hacer las compras en el mercado? ¿Qué día las haces?
5. ¿Qué días cambias las sábanas de tu cama? ¿Las lavas ese mismo *(same)* día?
6. ¿Tu casa tiene sótano? ¿Tiene cuarto de lavar? ¿Tiene garaje para dos coches *(cars)* o para tres coches?
7. ¿Algunos de tus parientes viven en otras ciudades? ¿Vas a visitarlos? ¿Ellos te visitan?
8. Cuando tocan a la puerta, ¿tú miras por la ventana antes de abrirla?

39. Una actividad especial para toda la clase

Los quehaceres de la casa Students will play the roles of brothers and sisters who have to do chores.

Step 1: The class is divided into groups of three or four, and each group decides who is going to do what. You offer to do something by saying **Yo voy a...** or **Yo puedo....** To tell others what they have to do, say **Tú tienes que....** Refuse to do something by saying **Yo no quiero....** Make sure all the housework is done. Decide also who is going to do the shopping.

Step 2: One of the students in each group shares some information about the members' decisions. He/She may accuse one of his/her brothers or sisters of not wanting to do anything.

🔊 Un poema para memorizar
CD1-38

Los suspiros° son aire, y van al aire.	*sighs*
Las lágrimas° son agua y van al mar°	*tears / sea*
Dime°, mujer: cuando el amor se olvida°	*Tell me / se… is forgotten*
¿Sabes tú adónde va?	

Gustavo Adolfo Bécquer (España), "Rima XXXVIII."

1. ¿Qué son los suspiros? ¿Adónde van?
   Son aire. Van al aire.
2. ¿Qué son las lágrimas? ¿Adónde van?
   Son agua. Van al mar.
3. ¿Qué le pregunta el poeta a la mujer?
   Cuando el amor se olvida, ¿sabes tú adónde va?

¡Vamos a leer!
Antes de leer

> **ESTRATEGIA** **Skimming** When skimming, you look over a text quickly to get the gist or general idea of its content. Scanning is a similar technique often used along with skimming; however, when scanning, you look for very specific information. For example, you might scan a TV listing to locate a basketball game you know is on.

40. La receta You will be reading a recipe for **flan,** one of the most popular desserts in the Spanish-speaking world. Imagine that you have promised to make a dessert for dinner at a friend's. You don't have a lot of time so you first skim the recipe to decide whether it's relatively easy and quick to make.

    1. ¿Hay muchos o pocos ingredientes? ¿Son fáciles o difíciles de encontrar?

    2. ¿Cuánto tiempo tiene que estar en el horno *(oven)*?

    3. ¿Vas a preparar un flan? ¿Por qué sí o por qué no?

¡A leer!

Sección de cocina

Flan casero
Ingredientes:
    1 taza de azúcar
    4 huevos
    2 latas de leche evaporada
    1 cucharadita *(tsp)* de esencia de vainilla *(vanilla extract)*
    caramelo líquido

© Marcelo Krelling/Shutterstock.com

Preparación:
1. Poner[1] los huevos en un bol. Agregar el azúcar y revolver con una cuchara de madera.
2. Agregar la leche lentamente. Agregar la esencia de vainilla.
3. Para hacer el caramelo, poner azúcar y un poco de agua en el fuego. Cuando la mezcla tenga color dorado, sacarla del fuego.
4. Poner el caramelo líquido en el molde y, cuando ya está frío, poner la preparación.
5. Cocinar en el horno a baño María *(double boiler)* a 350° por una hora.
6. Ya que esté tibio, ponerlo en el refrigerador.
7. Servirlo frío, solo o con crema.

[1]In Spanish the infinitive is often used as a command to give instructions or directions.

41. Comprensión As you read the recipe, find the answers to the following questions.

1. ¿Cuáles son los ingredientes del flan?
2. ¿Qué hacemos con el azúcar *(sugar)* para hacer el caramelo? ¿Qué color va a tener el azúcar?
3. Después de batir los huevos, ¿qué agregamos *(add)*?
4. ¿Cómo debemos cocinar el flan? ¿a qué temperatura y por cuánto tiempo?
5. ¿Qué debemos hacer después de sacarlo del horno?
6. ¿Qué podemos hacer antes de servirlo?

41. Comprensión Answers 1. Los ingredientes son 1 taza de azúcar, 4 huevos, 2 latas de leche evaporada, 1 cucharadita de esencia de vainilla y caramelo líquido. 2. Poner azúcar y un poco de agua en el fuego. La mezcla va a tener color dorado. 3. Azúcar, leche, escencia de vainilla 4. En el horno, a 350 grados, por una hora. 5. Ponerlo en el refrigerador. 6. Podemos ponerle crema.

Después de leer... desde su mundo

 42. ¿Te gusta... ? In groups of three or four, find out who likes to cook and what types of food your classmates like to make. Do they have a favorite recipe?

¡Vamos a escribir!

Antes de escribir

> **ESTRATEGIA** **Sequencing steps for a recipe** When following a recipe, the preparation process generally requires a precise order of steps. The sequence of a well-written recipe can save preparation time as well as ensure a tasty final result. Here are some sequencing words you can use: **primero, luego, después, finalmente.**

43. Tu receta favorita You will be sharing with the class how you make one of your favorite dishes. First, make a list of the steps to follow in the order in which they should be completed. With the help of a bilingual dictionary, look up only the words you absolutely need. Here are some verbs commonly used in recipes.

agregar to add	**revolver (o:ue)** to mix	**freír**[1] to fry
batir to beat	**cocinar** to cook	**hervir (e:ie)** to boil

¡A escribir!

44. Receta Write your **primer borrador** of the recipe, using the **flan** recipe as a model and being sure to sequence the steps carefully.

Después de escribir

45. Mi receta Before writing the final version, exchange your first draft with a classmate and peer edit each other's work using the following guidelines.

> use of infinitives in cooking instructions

> subject-verb agreement

> clear and logical sequence of steps

 46. Del libro de cocina de... ¡la clase de español! Prepare a cookbook with the recipes from the entire class. You might want to confer as a class to set aside a day or an evening to gather socially and cook recipes from your class cookbook! Take the opportunity to mingle and chat in Spanish.

[1]Present indicative: frío, fríes, fríe, freímos, freís, fríen

Honduras

Honduras es uno de los países más grandes de Centroamérica, y las famosas ruinas de Copán son su mayor atracción turística. ¿Qué te parece la idea de hacer una excursión a este país?

Puntos de interés turístico

La mayor atracción turística del país es **Copán,** una de las ciudades más importantes de la civilización maya.

La biosfera del **río Plátano** fue *(was)* nominada como una de las maravillas naturales del mundo moderno.

Economía

La economía del país se basa en la agricultura. Sin embargo, Honduras es el único país centroamericano que no tiene volcanes. Esto no es favorable para la agricultura, pues las tierras volcánicas generalmente son fértiles. Honduras tiene muchos problemas políticos y sociales.

Población

Honduras tiene una población principalmente mestiza, de indios, españoles y africanos. La influencia africana se ve en el folclore del país. **La Ceiba** es el carnaval que se celebra durante una semana con música y exposiciones y donde se comen los platos típicos del país.

Ciudades importantes

Plaza Morazán, Tegucigalpa

Tegucigalpa es la capital, el centro administrativo y la ciudad más grande **y con mayor población. San Pedro Sula** es el centro industrial y comercial más importante del país. Es la ciudad más grande.

Hondureños famosos

Salvador Moncata, científico casado con la princesa belga María Esmeralda, y América Ferrara, de padres hondureños, actriz y ganadora del premio Golden Globe, son dos hondureños de fama internacional.

Nicaragua

Nicaragua, el más grande de los países centroamericanos y uno de los más pobres de todo el continente, tiene algo que hay en muy pocos países: un lago de agua dulce *(fresh water lake)* —el mayor de Centroamérica— donde hay tiburones *(sharks)* y peces que, generalmente, solo viven en agua salada.

La economía

La economía nicaragüense se basa en la agricultura. El país exporta café, mariscos, algodón, tabaco, bananas, carne, azúcar y oro.

La literatura y el arte

El más famoso de los escritores nicaragüenses es Rubén Darío, principal creador del modernismo en la lengua española. La música nicaragüense es una mezcla de sonidos indígenas y españoles. Su artesanía es la más variada de Latinoamérica. Gran parte de las obras de arte nicaraguenses se basan en la naturaleza del país. Un ejemplo son las obras de Fernan Sarabia, pintor y escultor.

Rubén Darío, escritor nicaragüense

Turismo

Sus playas, lagos, volcanes y bosques *(forests)* hacen de Nicaragua el paraíso natural de Centroamérica.

Ciudades importantes

Managua, la capital de Nicaragua desde *(since)* 1851, está situada en la costa sur del lago Managua.

Granada es la ciudad más antigua del país y una de las ciudades más hermosas de Nicaragua.

Háganse preguntas

The class will be divided into groups of 3 or 4 students. The instructor will assign one of the eight items of information presented here to each group. The members of each group will prepare questions about the item assigned to them to ask the rest of the class.

iLrn™

To learn more about Honduras and Nicaragua, watch the cultural footage in the Media Library.

AUTOPRUEBA

¿Cuánto sé ahora?

Take this test. When you have finished, check your answers in the answer key provided in Appendix D. Then use a red pen to correct any mistakes you may have made. Are you ready?

A. Demonstrative adjectives and pronouns Complete the following sentences, using the appropriate demonstrative adjectives and pronouns.

1. Yo necesito _____este_____ escritorio, _____esta_____ silla y _____esos_____ mapas. *(this / this / those)*
2. _____Aquel_____ señor es el profesor de inglés y _____aquellas_____ chicas son sus estudiantes. *(That over there / those over there)*
3. Ellas estudian tres horas por día. _____Eso_____ es muy importante. *(That)*

B. Present indicative of *e:i* stem-changing verbs Complete the following sentences, using the present indicative of the verbs in the list, as needed.

| decir (2) | servir (2) | seguir | pedir | conseguir |

1. Juan está en Nicaragua pero Estrella _____sigue_____ en Honduras.
2. Yo siempre _____digo_____ que mi sobrina Susana es la favorita de sus abuelos, pero ella _____dice_____ que eso no es verdad.
3. Nosotros _____servimos_____ el postre y la criada _____sirve_____ el café.
4. Yo generalmente _____consigo_____ carne buena.
5. ¿Qué _____piden_____ Uds. cuando van a un restaurante mexicano?

C. Affirmative and negative expressions Answer the following questions in the negative.

1. ¿Tú sacudes los muebles todos los días? No, yo no sacudo los muebles todos los días.
2. ¿Uds. lavan o doblan la ropa? No, nosotros ni lavamos ni doblamos la ropa.
3. ¿Hay algunas sábanas en el armario *(closet)*? No, no hay ninguna sábana en el armario.
4. ¿Hay alguien en el cuarto de huéspedes? No, no hay nadie.

D. Verbs with irregular first-person forms Complete the following sentences, using the present indicative of the verbs in the list, as needed.

| traducir | hacer | conocer | saber | salir |
| poner | caber | ver | traer | conducir |

1. Yo _____conduzco_____ un Ford, modelo 2008.
2. Yo no _____sé_____ dónde está la agencia de empleos.
3. Yo no _____quepo_____ en este taxi. ¡Hay ocho personas!
4. Yo siempre _____salgo_____ de mi casa a las siete de la mañana.
5. Yo _____traduzco_____ las lecciones del inglés al portugués.
6. Yo no _____veo_____ mi camisa. ¿Dónde está?
7. Yo no _____hago_____ las compras los sábados.
8. Yo nunca _____pongo_____ las sillas aquí.
9. Yo no _____conozco_____ Honduras.
10. Yo _____traigo_____ la carne para la cena.

E. *Saber* vs. *conocer* Form sentences, using **saber** and/or **conocer**.

1. Ellos / que nosotros / somos hermanos, / pero no / a mi hermana. Ellos saben que nosotros somos hermanos, pero no conocen a mi hermana.
2. Yo / al cuñado / de María, / pero no / dónde vive. Yo conozco al cuñado de María, pero no sé dónde vive.

3. James / Buenos Aires / pero no / hablar español. James conoce Buenos Aires, pero no sabe hablar español.

4. Mis primos no / bailar salsa. Mis primos no saben bailar salsa.

F. **Direct object pronouns** Answer the following questions in the affirmative. Substitute direct object pronouns for the direct objects.

1. ¿Tú conoces a la cuñada de Amalia? Sí, yo la conozco.

2. ¿Tus tíos saben tu número de teléfono? Sí, mis tíos lo saben.

3. ¿Sus abuelos los llevan a Uds. al teatro? Sí, nuestros abuelos nos llevan al teatro.

4. ¿Tus primos te llaman por teléfono? Sí, mis primos me llaman por teléfono.

5. ¿Tú puedes llevarme a la parada de autobuses? Sí, yo puedo llevarte.

6. ¿Tú escondes las revistas en tu cuarto? Sí, yo las escondo en mi cuarto.

7. ¿Tú lavas los platos? Sí, yo los lavo.

8. ¿Uds. sacan la basura todos los días? Sí, nosotros la sacamos todos los días.

G. **Just words . . .** Complete the following, using vocabulary from Lesson 6.

1. Yo voy a pasar la __aspiradora__, Ana va a __sacudir__ los muebles, Julio va a cortar el __césped__ y mamá va a doblar la __ropa__.

2. Tocan a la puerta; voy a __abrir__. Yo no __sé__ quién es.

3. Voy a barrer. ¿Dónde está la __escoba__? Elena va a arreglar el cuarto de __huéspedes__.

4. ¿Tu prima está en el comedor o en la __sala__ de estar? ¿Tú crees que ella puede __planchar__ las camisas de Tito?

5. ¿Tú vas a ir en autobús o vas a tomar un __taxi__? ¿Vas a llamar a la __agencia__ de empleos?

6. Yo __salgo__ de mi casa a las siete y vuelvo a las once.

7. Raúl es mi __cuñado__; es el hermano de mi esposo.

8. Tengo un __montón__ de revistas en español. Muchas tienen __artículos__ muy interesantes que yo quiero leer.

9. Ana __dice__ que Carlos no es inteligente, pero yo no estoy de __acuerdo__.

10. ¿Uds. comen en la __cocina__ o en el comedor? ¿Tu casa tiene __cuarto__ de lavar?

H. **Culture**

1. Complete the following sentences, based on information found in the **¿Tú lo sabías?** sections.

   a. Actualmente, muchos hombres hispanos, especialmente los más jóvenes, comparten *(share)* con su esposa con los __trabajos__ de la casa.

   b. En la mayoría de los países de habla hispana, cuando una mujer se casa, retiene su apellido de __soltera__.

2. Answer the following questions, based on the information found in the **El mundo hispánico y tú** section.

   a. ¿Cuál es la capital de Honduras? Tegucigalpa

   b. ¿En qué se basa la economía de Nicaragua? En la agricultura

I. **Un dicho** Do you remember the Spanish saying that states that it is better to do things later than never? Find it in this lesson. Más vale tarde que nunca.

EN UN HOTEL

Un hotel de cinco estrellas con piscina

iStock/Getty Images

OBJETIVOS COMUNICATIVOS

You will learn vocabulary related to checking in at a hotel and asking about accommodations and tourism.

SITUACIONES

De vacaciones en Costa Rica

ESTRUCTURAS

1 Indirect object pronouns
2 Constructions with **gustar**
3 Time expressions with **hacer**
4 Preterite of regular verbs
5 Ordinal numbers

ASÍ SOMOS

¡Vamos a ver!
Watching and understanding situations

¡Vamos a escuchar!
Listening to authentic language

¡Vamos a conversar!
Simplifying ideas through paraphrasing

Rincón literario
Using prior knowledge to guess the meaning of new vocabulary
La liebre y la tortuga by Esopo

¡Vamos a escribir!
Sequencing steps for writing a didactic story

EL MUNDO HISPÁNICO Y TÚ

› Costa Rica
› Panamá

AUTOPRUEBA

You will review what you learned in this lesson.

Robert Kneschke/Shutterstock.com

Activity Suggestion Use this and the opener photo to introduce the lesson theme. Ask your students:
1. ¿Te gusta viajar? ¿A qué lugares?
2. ¿Qué tipo de hoteles te gusta?
3. Si estás en este hotel, ¿en qué piso quieres estar? ¿Cuántos días quieres estar aquí?

 COSTA RICA, llamada "la Suiza de Centroamérica" por su estabilidad política, es una nación progresista y democrática. El país no tiene ejército *(army);* la educación es obligatoria y gratuita *(free)* y el analfabetismo casi no existe. La mayoría de los ticos (como se les llama a los costarricenses) es de origen español.

PANAMÁ está situada en el istmo que une Norteamérica con Sudamérica. Panamá fue *(was)* una provincia de Colombia hasta 1903 y, por lo tanto *(therefore)*, es la república hispanoamericana de más reciente creación.

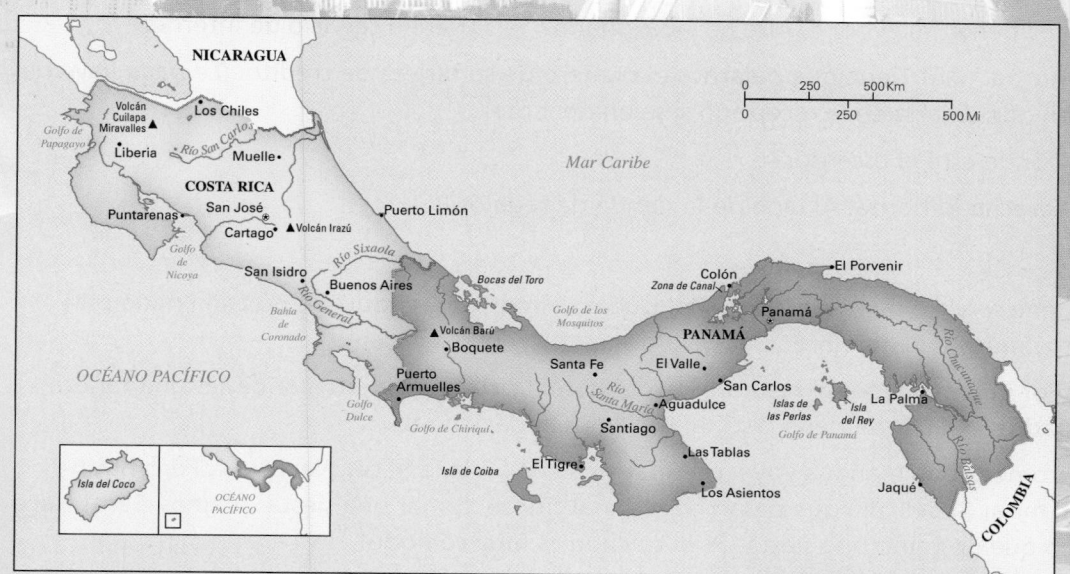

De vacaciones en Costa Rica

CD2-2

▶ ¡Ubíquelas!

Delia and Sara are staying in a hotel in San José while they visit Costa Rica. Watching the video will give you a preview of the places the girls can visit.

Nicolas McComber/iStockphoto.com

La semana pasada, Delia y Sara, dos chicas panameñas, decidieron pasar sus vacaciones juntas. Ahora están en un hotel de Costa Rica, hablando con un empleado.

EMPLEADO: *(A Delia)* ¿En qué puedo servirle, señorita?

DELIA: Buenos días. Mi amiga y yo tenemos reservación para una habitación doble. Yo llamé ayer para confirmarla. La reservación está a nombre de Delia Villalobos.

EMPLEADO: A ver... Sí, Delia Villalobos. Su habitación está en el cuarto piso, señorita. El botones puede llevar sus maletas al cuarto.

SARA: No, no es necesario. No tenemos mucho equipaje.

DELIA: ¿Los cuartos tienen televisor? ¿Aire acondicionado? Y… ¿tienen servicio de Internet?

EMPLEADO: Sí, señorita. ¡Ah! Tiene que dejarnos el número de su tarjeta de crédito. *(Le da la llave del cuarto.)* Tienen que dejarla en la recepción si salen del hotel.

SARA: Gracias. ¿Dónde está el ascensor?

EMPLEADO: A la derecha, señorita. Al lado de la tienda de regalos.

En el cuarto

DELIA: El hotel tiene servicio de habitación. ¿Por qué no almorzamos aquí? Yo no comí nada esta mañana y estoy muerta de hambre…

SARA: ¡Ay, no! ¿Por qué no vamos al restaurante del hotel? Después quiero mandarles una tarjeta postal a mis padres. Y el hotel tiene piscina. Podemos nadar un rato…

DELIA: Sara, te prometo que mañana voy a caminar y correr… Voy a hacer ejercicio… Pero hoy quiero comer, mirar la película que pasan en el canal cinco y tomar una siesta. ¡Vamos, Sara! Hace mucho tiempo que no tomo una siesta. ¡Y el colchón es muy cómodo!

SARA: No me gusta dormir cuando estoy de vacaciones. Esta noche, después de cenar, podemos mirar las noticias, y después…

DELIA: ¡Está bien! Vamos al restaurante.

Delia y Sara caminan hacia el restaurante y ven a un grupo de muchachos muy guapos cerca de la piscina.

DELIA: Sara… ¡Tengo una idea brillante! ¿Por qué no nadamos un rato después de almorzar? ¡Tenemos que usar la piscina!

SARA: Pero… ¿No estás cansada? ¿No quieres dormir?

DELIA: ¡Ya dormimos anoche! Y tú descansaste anteayer, antes del viaje… Y mañana vamos a ir al jardín Lankester y al parque Braulio Carrillo.

SARA: ¿Solas… ?

DELIA: O quizás con algunos nuevos amigos…

¿Tú lo sabías?

En muchos países hispanos, especialmente en los pueblos pequeños, hay hoteles donde las habitaciones no tienen baño privado. Generalmente tienen uno o dos baños por piso.

› ¿Cuál es la situación en los *bed and breakfasts* de este país?

1. **Hablemos.** With a classmate, take turns asking and answering the following questions. Base your answers on the dialogue and on your own circumstances.

En el diálogo

1. ¿Dónde están de vacaciones Delia y Sara? Están de vacaciones en Costa Rica.
2. ¿En qué piso está la habitación de las chicas? Está en el cuarto piso.
3. ¿Las chicas tienen mucho equipaje? No, no tienen mucho equipaje.
4. ¿Los cuartos del hotel tienen servicio de Internet? Sí, tienen servicio de Internet.
5. ¿Qué quiere mandarles Sara a sus padres? Quiere mandarles una tarjeta postal.
6. ¿Qué quiere hacer Sara en el hotel? Quiere ir al restaurante y nadar un rato.
7. ¿Qué quiere mirar Delia? Quiere mirar una película.
8. ¿Cómo es el colchón de Delia? Es muy cómodo.
9. ¿Dónde van a comer Delia y Sara? Van a comer en el restaurante del hotel.
10. ¿Qué no le gusta hacer a Sara cuando está de vacaciones? No le gusta dormir.

¿Y tú?

1. ¿Adónde vas tú de vacaciones?
2. En un hotel, ¿en qué piso prefieres tener tu habitación?
3. ¿Tú viajas con mucho equipaje?
4. ¿Tú tienes Internet en tu casa?
5. ¿A quiénes les mandas tú tarjetas postales?
6. ¿Tu casa tiene piscina? ¿Tú sabes nadar?
7. ¿Tú prefieres mirar las noticias o ver una película?
8. ¿Cómo es tu colchón?, ¿cómodo o incómodo?
9. En un hotel, ¿tú comes en tu habitación o en el restaurante del hotel?
10. ¿Qué te gusta hacer a ti cuando estás de vacaciones?

◀) En el diálogo

Cognados

brillante	*brilliant*
doble	*double*
el grupo	*group*
necesario(a)	*necessary*
panameño(a)	*Panamanian*
la reservación, la reserva	*reservation*
el servicio	*service*

Nombres

el aire acondicionado	*air conditioner*
el botones	*bellhop*
el canal	*channel*
el colchón	*mattress*
el (la) empleado(a)	*clerk, employee*
el equipaje	*luggage*
el (la) Internet, la Red	*internet, World Wide Web*
el jardín	*garden*
la llave	*key*
la maleta, la valija	*suitcase*
la noticia	*piece of news*
la película	*movie, film*
la piscina, la alberca (Méx.)	*swimming pool*
el piso	*floor*
la recepción	*front desk, reception desk*
el servicio de habitación (cuarto)	*room service*
la siesta	*nap*
la tarjeta de crédito[1]	*credit card*
_____ postal	*post card*
el televisor	*TV set*
la tienda	*shop*
_____ de regalos	*gift shop*

Verbos

caminar	*to walk*
confirmar	*to confirm*
descansar	*to rest*
gustar	*to like, to be pleasing to*
mandar, enviar	*to send*
nadar	*to swim*
prometer	*to promise*

Adjetivos

cómodo(a)	*comfortable*
cuarto(a)	*fourth*
juntos(as)	*together*
pasado(a)	*last*

Otras palabras y expresiones

a la derecha[2]	*to the right*
a nombre de	*under the name of*
al lado de	*next to*
anoche	*last night*
anteayer	*the day before yesterday*
antes (de)	*before*
ayer	*yesterday*
cerca (de)	*near*
¿En qué puedo servirle?	*How may I help you?*
Hace mucho tiempo que no tomo (duermo) una siesta.	*I haven't taken a nap for a long time.*
hacer ejercicio	*to exercise*
hacia	*towards*
mucho tiempo	*a long time*
pasar (dar) una película	*to show a movie*
quizá(s)	*perhaps*
¡Vamos!	*Come on!*

Westend61/Getty Images

El botones lleva a los turistas a la habitación. ¿El botones está ayudando a los turistas con las maletas? Cuando vas a un hotel, ¿el botones te ayuda con las maletas?

---

[1] tarjeta de débito *debit card*

[2] a la izquierda *to the left*

Más sobre el tema

la cama sencilla

la ducha

la bañadera, la bañera

la toalla

la cama doble

el jabón

la habitación doble

el inodoro

el lavabo

la recepción

¿En qué puedo servirle?

el ascensor, el elevador

la escalera

el sofá

Las comidas

el desayuno	*breakfast*
el almuerzo	*lunch*
la merienda	*afternoon snack*
la cena	*dinner, supper*

Para hablar de turismo

¿A cómo está el cambio de moneda?	*What is the rate of exchange?*
la aduana	*customs*
cancelar	*to cancel*
con vista a	*overlooking*
el consulado	*consulate*
desocupar el cuarto	*to vacate the room*
la embajada	*embassy*
la escalera mecánica	*escalator*
la habitación sencilla	*single room*
libre	*vacant*
la lista de espera	*waiting list*
el mar	*sea*
el pasaporte	*passport*
pasar por la aduana	*to go through customs*
la pensión	*boarding house*
viajar	*to travel*

¿Tú lo sabías?

En los países de habla hispana, el desayuno consiste en una taza de café con leche y pan con mantequilla.

❯ Generalmente, ¿qué desayuna la gente en este país cuando está en un hotel?

VOCABULARIO

Práctica

2. **Preguntas y respuestas** Match the questions in the first column with the answers in the second column.

1. ¿Tienen reservación? _____g_____   a. El botones.
2. ¿Miraste las noticias? _____d_____   b. No, prefiero caminar.
3. ¿Le vas a dar la tarjeta de crédito? _____h_____   c. En el cuarto.
4. ¿Vas a tomar una siesta? _____f_____   d. No, mi cuarto no tiene televisor.
5. ¿Vas a tomar un taxi? _____b_____   e. Muy cómodo.
6. ¿Quién lleva las maletas? _____a_____   f. Sí, necesito decansar.
7. ¿Cómo es tu colchón? _____e_____   g. Sí, yo la confirmé ayer.
8. ¿En qué piso estás? _____c_____   h. No, solamente el número.

3. **Oraciones incompletas** Complete the following sentences, using vocabulary from this lesson.

1. ¿En qué _____puedo_____ servirle, señor?
2. Tengo una idea _____brillante_____.
3. Voy a comprar dos _____tarjetas_____ postales.
4. Hace mucho _____tiempo_____ que no veo a mi hermana.
5. Elsa es mi vecina. Vive al _____lado_____ de mi casa.
6. Ana es _____panameña_____; es de la ciudad de Panamá.
7. Necesito la _____llave_____ para abrir la puerta.
8. ¿Quieres comer algo? ¡_____Vamos_____! Yo sé que tienes hambre.
9. ¿A _____nombre_____ de quién está la reservación?
10. La recepción está a la derecha, _____al lado_____ de la escalera.

Para conversar

4. **Habla con tu compañero(a).** With a classmate, take turns asking and answering these questions.

1. ¿Tienes una cama sencilla o una cama doble en tu cuarto?
2. ¿Prefieres usar la ducha o la bañadera? ¿Tienes que limpiar el inodoro y el lavabo a veces?
3. ¿Cuántas toallas hay en tu baño? ¿Qué jabón usas tú?
4. ¿A qué hora sirven el desayuno en tu casa? ¿Y el almuerzo? ¿Y la cena? ¿Tú tomas la merienda?
5. ¿Prefieres usar el ascensor, la escalera mecánica o la escalera?
6. En un hotel, ¿prefieres una habitación con vista al mar o a la montaña?
7. Generalmente, ¿a qué hora desocupas el cuarto cuando estás en un hotel?
8. Cuando viajas, ¿prefieres estar en un hotel o en una pensión?
9. Si no hay cuartos libres en tu hotel favorito, ¿pones tu nombre en la lista de espera?
10. Si vuelves de un país extranjero, ¿tienes que pasar por la aduana?

5. **¿En qué puedo servirle?** With a classmate, take turns playing the part of a hotel employee and a customer who wants to find out about specific accommodations that the hotel has to offer. The employee's answers will determine what kind of hotel it is.

> Modelo —Buenas tardes. Quiero una habitación sencilla.
> —No tenemos habitaciones sencillas. Todas son dobles y muy cómodas.

6. **Quejas** (*Complaints*) With classmates, play the roles of two guests and the concierge. The guests complain about everything when staying at a hotel. Discuss everything that you find wrong with the place and the service.

> Modelo —No hay agua caliente. Tampoco hay suficientes toallas en el baño.
> —Lo siento. Voy a darles otra habitación.

¿Tú lo sabías?

La moneda (*currency*) que utilizan con más frecuencia los latinoamericanos cuando viajan fuera de su país es el dólar estadounidense, porque es fácil cambiar dólares en la mayoría de los bancos principales.

> ⟩ **¿Se puede cambiar dinero de otros países en los bancos de este país?**

Pronunciación

CD2-3

A. The Spanish *ll*

In most countries, the Spanish *ll* has a sound similar to the *y* in the English word *yes*. Listen to your instructor and repeat the following sentences.

Me llamo Raúl Allende.

Ellos llevan las llaves.

El Dr. Llanes vive en la calle Portillo.

Las llamas llegaron del Callao.

Expansion Have students take turns reading these sentences. Walk around the classroom and check their pronunciation.

CD2-4

B. The Spanish *ñ*

The Spanish *ñ* is similar to the *ny* in the English word *canyon*. Listen to your instructor and repeat the following sentences.

El señor Saldaña está en España.

La señorita Núñez viene mañana.

La señora Peña tiene treinta años.

La niña sueña con ir a la montaña.

¿Tú lo sabías?

Al seleccionar un hotel en Latinoamérica, hay que tener en cuenta (*keep in mind*) que los precios que dan no incluyen los impuestos (*taxes*) que, en la mayoría de los países, son muy altos.

> ⟩ **En este país, los precios que dan los hoteles ¿incluyen los impuestos?**

1 | Indirect object pronouns *(Pronombres usados como complemento indirecto)*

❯ In addition to a subject and a direct object, a sentence may have an indirect object.

Él **te** da **el libro.**
  I.O.   D.O.

He gives you the book.
      I.O.   D.O.

❯ An indirect object describes *to whom* or *for whom* an action is done. An indirect object pronoun can be used in place of an indirect object. In Spanish, the indirect object pronoun includes the meaning *to* or *for*: **Yo *les* mando los libros (a los estudiantes).**

❯ The forms of the indirect object pronouns are as follows. Notice that the indirect object pronouns are the same as the direct object pronouns, except in the third person.

Singular		Plural	
me	*(to, for) me*	**nos**	*(to, for) us*
te	*(to, for) you* (fam.)	**os**	*(to, for) you* (fam.)
le	*(to, for) you* (form.) *(to, for) him* *(to, for) her*	**les**	*(to, for) you* (form.) *(to, for) them* (masc., fem.)

❯ Indirect object pronouns are usually placed in front of the conjugated verb.

—¿Qué **te** está diciendo el empleado?
—Que puedo pagar con dólares.

What is the employee saying to you?
That I can pay with dollars.

—¿En qué idioma **les** hablan sus padres a ustedes?
—Ellos **nos** hablan en español.

In what language do your parents speak to you?
They speak to us in Spanish.

¡Guau, guau!

Siempre **les** habla en español.

❯ In sentences with a conjugated verb followed by an infinitive, the indirect object pronoun may either be placed in front of the conjugated verb or be attached to the infinitive.

Le quiero dar dinero.
Quiero dar**le** dinero.

I want to give him money.

❯ When used in sentences with the present progressive, an indirect object pronoun may either be placed in front of the conjugated verb or be attached to the present participle.

Nos está diciendo que viene hoy.
Está diciéndo**nos**[1] que viene hoy.

He is telling us that he is coming today.

[1]When an indirect object pronoun is attached to a **gerundio,** an accent mark is added to maintain the correct stress.

¡Atención! The indirect object pronouns **le** and **les** sometimes require clarification when the person to whom they refer is not specified. Spanish provides clarification (or emphasis) by using the preposition **a** + *personal pronoun* or *noun*.

Le doy el pasaje.	*I am giving the ticket . . . (to him? to her? to you?)*
but: **Le** doy el pasaje **a ella**.	*I am giving the ticket to her.*

Note, however, that the prepositional phrase is optional, while the indirect object pronoun must always be used.

Le traigo un libro a **Roberto**.	*I am bringing a book to Roberto.*
¿**Les** vas a dar el dinero **a ellas?**	*Are you going to give the money to them?*

Práctica

7. Comentarios You are at a hotel, waiting for a friend to arrive, and you overhear some people making the following comments. Complete their sentences with the appropriate indirect object pronouns.

1. ____Nos____ dan las llaves. (a nosotros)
2. ____Les____ doy el equipaje. (a ellos)
3. ____Le____ doy la maleta. (a él)
4. ____Le____ doy las tarjetas postales. (a ella)
5. ____Les____ traigo el teléfono inteligente. (a Uds.)
6. ____Le____ piden el pasaporte. (a ella)
7. ____Te____ traigo la valija. (a ti)
8. ____Le____ traen el periódico. (a él)
9. ____Les____ decimos gracias. (a ellos)
10. ____Me____ dan las bebidas. (a mí)

8. Minidiálogos Add the appropriate indirect object pronouns to the following exchanges, and then act them out with a classmate.

1. —¿Qué ____les____ va a traer el botones a Uds.?
   ____Nos____ va a traer el equipaje.

2. —¿Qué ____le____ compras a tu mamá para su cumpleaños?
   —Voy a comprar ____le____ un televisor.

3. —¿Qué tienes que decir ____le____ al empleado?
   ____Le____ tengo que decir que necesito la llave de mi cuarto.

4. —¿Quién ____te____ va a comprar el teléfono inteligente? ¿Y la computadora?
   —Mi hermano ____me____ va a comprar el teléfono inteligente y Aba ____me____ va a comprar la computadora.

5. —¿Quién ____les____ sirve el desayuno a Rosa y a ti?
   —El camarero ____nos____ sirve el desayuno y el almuerzo.

9. ¿Qué van a hacer? With a classmate, take turns asking each other what the people depicted here are doing or are going to do. Remember to use the appropriate indirect object pronouns in your questions and answers.

Eva y Sara

Juan

1. dar

Olga

Andrés

2. dar

Paco   Ana

3. dar

Paco   sus padres

4. dar

el camarero

Pedro

5. traer

el camarero

Nora   Luis

6. traer

10. ¿Qué necesitan? The following people are going on a trip and need certain items. Say who is going to give, bring, or buy the things they need.

Modelo Óscar necesita un mapa.   *El papá de Óscar le va a traer (comprar, dar) el mapa.*

tu mamá	el amigo de...
nuestros amigos	el papá de...
los chicos	

mi hermano	el novio de...
la abuela de...	su esposo(a)

1. Yo necesito una tarjeta de crédito.
2. Teresa necesita el pasaporte.
3. Tú necesitas dos maletas.
4. Raúl y yo necesitamos cien dólares.
5. Alicia necesita un abrigo.
6. Nosotros necesitamos dinero para comprar los pasajes.
7. María necesita hacer una reservación en el hotel.
8. Ellos necesitan una maleta.

Para conversar

11. ¡Habla con tu compañero(a)! You are going on a trip to Panamá to visit your aunt and uncle. Discuss with a classmate what you are doing now and what you are going to do once you get there. Answer the questions in complete sentences.

1. ¿Les estás escribiendo a tus tíos de Panamá?
2. ¿Qué les estás diciendo?
3. ¿Qué les vas a llevar a tus tíos?
4. ¿Tu papá te va a dar su teléfono inteligente?
5. ¿Nos vas a escribir desde *(from)* Panamá?
6. ¿Me vas a dejar la llave de tu casa?
7. ¿Qué les vas a traer a tus padres?
8. ¿Qué me vas a traer a mí?

12. De Costa Rica You and your classmate are going on a trip to Costa Rica. Ask each other what you are going to bring people as gifts. Add five more persons or groups of people that will receive your gifts.

1. a tu mamá
2. a tus hermanos
3. a tu mejor amigo(a)
4. a tus compañeros de clase
5. a tus tíos favoritos

2 Constructions with *gustar* *(Construcciones con gustar)*

> The verb **gustar** means *to like* (literally, *to be pleasing to*). **Gustar** is always used with an indirect object pronoun (**me** in the following example).

Me gusta tu casa.	*I like your house.*
I.O. V. S.	S. V. D.O.
	Your house is pleasing to me.
	S. V. I.O.

> The two most commonly used forms of **gustar** are the third-person singular form, **gusta,** used if the subject is singular or if **gustar** is followed by one or more infinitives; and the third-person plural form, **gustan,** used if the subject is plural.

Indirect object pronouns

Me ⎤
Te ⎟   **gusta** ⟨ esta ciudad. / viajar en el verano. / cantar y bailar.
Le ⎟
Nos ⎟
Os ⎟   **gustan** —— estas maletas.
Les ⎦

Activity Suggestion Write a short sentence builder on the board and have students make up sentences that describe what they, their friends, and their families like and don't like. Remind them to include things that are not on the list.
A mí / A ti / A mi madre, padre / A mis amigos(as) / A (Tomás) / A los estudiantes / A nosotros
me / te / le(s) / nos
gusta(n)
estudiar / los discos de… / viajar a… / las vacaciones / hablar por teléfono con… / el champán / los exámenes

> Note that the verb **gustar** agrees with the *subject* of the sentence—that is, with the person or thing being liked.

Me gusta **Lima.**	*I like Lima.*
No me gustan es**as maletas.**	*I don't like those suitcases.*

¡Atención! When what is liked is an activity, **gustar** is followed by the infinitive.

Me gusta **ir** al cine.	*I like to go to the movies.*

> The person who does the liking is the indirect object.

Me gustan los hoteles de esta ciudad.
I.O.

—¿**Te** gusta Panamá?	*Do you like Panama?*
—Sí, **me** gusta **mucho** Panamá, pero **me** gusta **más** Guatemala.	*Yes, I like Panama very much, but I like Guatemala better.*
—A Eva **le** gusta México y **a nosotros nos** gusta Costa Rica.	*Eva likes Mexico and we like Costa Rica.*

¡Atención! Note that the words **mucho** and **más** *(better)* immediately follow **gustar.**

> The preposition **a** + *noun* or *pronoun* may be used to emphasize or specify the name of the person referred to by the indirect object pronoun.

A Eva (A ella) le gusta nadar y **a mí** me gusta bailar.	*Eva (She) likes to swim and I like to dance.*

LEARNING TIP
The construction with **gustar** is one of the cases in which Spanish expresses something in a way quite different from English. This structure will require some understanding on its own terms.
Spanish: **Me gusta…** *(. . . appeals to me)*

ESTRUCTURAS

Práctica

13. Entrevista a tu compañero(a). You have used certain constructions with **gustar (me gusta, te gusta).** To review, get together with a classmate and ask each other whether or not you like the following things.

1. tomar el ascensor (usar la escalera mecánica)
2. mirar la televisión (ir al cine)
3. leer un periódico (leer una revista)
4. nadar en la piscina (correr)
5. dormir la siesta (hacer ejercicio)
6. comer en tu habitación (ir a un restaurante)
7. ir a la tienda de regalos (ir al parque)

If you address someone as **usted, le** is used instead of **te.** Now choose questions from the list above to ask your instructor.

14. ¿Qué nos gusta más? Rewrite the following sentences, using constructions with **gustar más.**

Modelo   Ellos prefieren comer en la habitación.
A ellos les gusta más comer en la habitación.

1. Nosotros preferimos una habitación con vista al mar.   A nosotros nos gusta más una habitación con vista al mar.
2. ¿Ud. prefiere usar el ascensor o la escalera mecánica?   ¿A Ud. le gusta más usar el ascensor o la escalera mecánica?
3. Graciela prefiere un cuarto con aire acondicionado.   A Graciela le gusta más un cuarto con aire acondicionado.
4. ¿Tú prefieres estar de vacaciones con un grupo de amigos?   ¿A ti te gusta más estar de vacaciones con un grupo de amigos?
5. ¿Uds. prefieren mirar las noticias o ver una película?   ¿A Uds. les gusta más mirar las noticias o ver una película?
6. Yo prefiero tomar una siesta antes de cenar.   A mí me gusta más tomar una siesta antes de cenar.
7. Mis padres prefieren las ciudades grandes.   A mis padres les gustan más las ciudades grandes.
8. Las chicas prefieren bailar salsa.   A las chicas les gusta más bailar salsa.
9. ¿Ud. prefiere pagar con tarjeta de crédito?   ¿A Ud. le gusta más pagar con tarjeta de crédito?
10. Yo prefiero las películas españolas.   A mí me gustan más las películas españolas.

15. Los fines de semana Interview a classmate to find out what the following members of his or her family like and don't like to do on weekends. When you have finished, switch roles.

Modelo   —*A tu hermana, ¿qué le gusta hacer? ¿Qué no le gusta hacer?*
—*A mi hermana le gusta mucho ir a bailar. No le gusta trabajar.*

1. a ti
2. a tus hermanos
3. a tu padre
4. a Uds.
5. a tus primos
6. a tu mamá

16. ¿Nos gusta o no? Look at the illustrations below and say what these people like (or don't like) and what they like (or don't like) to do.

Modelo
A Juan le gusta leer.

Juan

16. ¿Nos gusta o no? Expansion Have students look at each illustration and say whether they like or don't like certain things, and what they like or don't like to do. **A mí (no) me gusta(n)…**

Inés

1. _____ A Inés le gusta bailar. _____

Jorge   Mario

2. _____ A Jorge y a Mario no les gusta el café. _____

Yo

3. _____ A mí me gustan las frutas. _____

Nosotras

4. _____ A nosotras nos gusta jugar al tenis. _____

Tú

5. _____ A ti te gusta la hamburguesa, pero no te gusta el perro caliente. _____

Ud.

6. _____ A Ud. le gustan el teatro y el cine. _____

ESTRUCTURAS

Para conversar

17. ¡Habla con tu compañero(a)! Interview a classmate, using the following questions. When you have finished, switch roles.

1. ¿Dónde te gusta pasar tus vacaciones?, ¿en la playa o en la montaña?
2. ¿Te gustan más las ciudades grandes o las ciudades pequeñas?
3. ¿Te gusta vivir cerca de una playa?
4. ¿Te gusta más ir a un museo o a un parque de diversiones?
5. ¿Qué les gusta hacer a tus amigos los fines de semana?
6. A ti y a tus padres ¿les gusta viajar juntos?
7. ¿A tu mejor amiga le gustan las canciones de Enrique Iglesias?
8. ¿Qué estación del año te gusta más? ¿Por qué?
9. ¿Qué día de la semana te gusta más? ¿Por qué?
10. ¿Qué te gusta hacer cuando llueve? ¿Qué no te gusta hacer?

18. ¿Y a usted? With a classmate, prepare four questions to ask your instructor about his or her likes and dislikes. Ask him/her formal questions **(usted)** and write his/her answers.

19. Para comparar Compare your likes and dislikes with those of two classmates and their relatives. Consider your tastes in food, music, weekend activities, classes, and travel.

Modelo　—A mí me gusta la música de Carlos Santana.
　　　　　—A mis padres también les gusta Santana. A mí me gusta Green Day.
　　　　　—A todos nos gusta Green Day. A mí también me gusta la música latina.

---

3 Time expressions with *hacer* (Expresiones de tiempo con el verbo *hacer*)

> English uses the present perfect progressive or the present perfect tense to express how long something has been going on.

I have been living here for twenty years.

Activity Suggestion Write the following sentences on the board and instruct students to complete them orally or in writing.
Hace un año que yo...
Hace dos días que yo...
Hace cinco años que yo...

> Spanish uses the following construction.

Hace	+	*length of time*	+	**que**	+	*verb (in the present tense)*
Hace		veinte años		que		vivo aquí.

—**¿Cuánto tiempo hace que** Ud. estudia español?　　*How long have you been studying Spanish?*

—**Hace** tres meses **que** estudio español.　　*I have been studying Spanish for three months.*

—¿Tienes mucha hambre?　　*Are you very hungry?*

—¡Sí! **Hace** ocho horas **que** no como.　　*Yes! I haven't eaten for eight hours.*

¡Atención! To ask how long something has been going on, use the expression **¿Cuánto tiempo hace que... ?**

LEARNING TIP
Note that just as with some weather expressions **(hace calor, hace frío,** etc.**), hace** is used with time expressions in Spanish **(hace mucho tiempo, hace tres meses,** and so on**).**

Práctica

20. ¿Cuánto tiempo hace... ? Tell how long each action depicted below has been going on. Use **hace... que** and the length of time specified.

1. veinte minutos

2. tres años

3. una hora

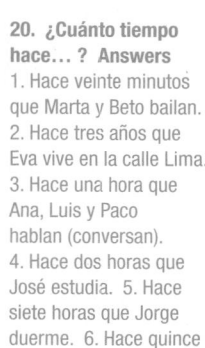

20. ¿Cuánto tiempo hace... ? Answers
1. Hace veinte minutos que Marta y Beto bailan.
2. Hace tres años que Eva vive en la calle Lima.
3. Hace una hora que Ana, Luis y Paco hablan (conversan).
4. Hace dos horas que José estudia. 5. Hace siete horas que Jorge duerme. 6. Hace quince días que Pablo está en el hospital.

4. dos horas

5. siete horas

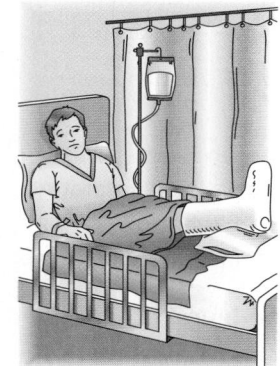

6. quince días

Para conversar

21. ¡Habla con tu compañero(a)! Interview a classmate, using the following questions, and create five more of your own. When you have finished, switch roles.

> **Modelo** —¿Cuánto tiempo hace que vives en la misma *(same)* casa?
> —*Hace cinco años que vivo en la misma casa.*

21. ¡Habla con tu compañero(a)! Expansion Have students interview three other members of the class and write down their responses. As a follow-up activity, have them report their findings orally or in a short paragraph.

1. ¿Cuánto tiempo hace que no tienes vacaciones?
2. ¿Cuánto tiempo hace que no sales en grupo con tus amigos?
3. ¿Cuánto tiempo hace que empezaste a estudiar español?
4. ¿Cuánto tiempo hace que conoces a tu mejor amigo(a)?
5. ¿Cuánto tiempo hace que tienes la licencia para conducir?

22. Queremos saber... In groups of three, prepare six questions to ask your instructor, using time expressions with **hacer.** You may want to use the verb **enseñar** *(to teach)* in your questions.

22. Queremos saber... Follow-up Have groups take turns asking you one question until all of each group's questions have been asked.

> **Modelo** —¿Cuánto tiempo hace que enseña español?

ESTRUCTURAS

4 Preterite of regular verbs *(Pretérito de verbos regulares)*

❭ Spanish has two simple past tenses: the preterite and the imperfect. (The imperfect tense will be studied in **Lección 10**.) The preterite tense is used to refer to actions or states that the speaker views as completed in the past.

Activity Suggestion Write the following sentence builder on the board and ask students to form at least ten original sentences.
Ayer / La semana pasada / El año pasado / Anoche / Esta mañana / El viernes pasado
yo / tú / él / ella / nosotros / Ud. / el profesor / mi amigo(a)
escribirle una tarjeta postal a... / beber... / viajar a... / llegar a clase a la(s)... / leer... / empezar a estudiar a la(s)... / charlar con... / trabajar en... / estudiar en... / salir con... / vender...
Give students practice in interrogative and negative sentences to stress the absence of any structural equivalent to the English auxiliary *did*. Ask them the following personalized questions.
1. ¿Quién te escribió la semana pasada?
2. ¿Dónde pasaste tus vacaciones el año pasado?
3. ¿Cuánto te costó el libro de español?
4. ¿A quién le pediste dinero?
5. ¿Qué celebraste el mes pasado?
6. ¿Comiste en un restaurante la semana pasada?
7. ¿A quién llamaste por teléfono?
8. ¿Con quién saliste el sábado pasado?

❭ The preterite of regular verbs is formed as follows. Note that the endings for the **-er** and **-ir** verbs are the same.

-ar verbs	-er verbs	-ir verbs
tomar *to take*	**comer** *to eat*	**escribir** *to write*
tom**é**	com**í**	escrib**í**
tom**aste**	com**iste**	escrib**iste**
tom**ó**	com**ió**	escrib**ió**
tom**amos**	com**imos**	escrib**imos**
tom**asteis**	com**isteis**	escrib**isteis**
tom**aron**	com**ieron**	escrib**ieron**

—¿**Hablaste** con Silvia ayer?   *Did you speak with Silvia yesterday?*
—Sí, **comí** con ella en la cafetería.   *Yes, I ate with her in the cafeteria.*
—¿Le **escribió** Roberto?   *Did Roberto write to her?*
—Sí, **recibió** una tarjeta de él ayer.   *Yes, she received a card from him yesterday.*

❭ The first-person plural of **-ar** and **-ir** verbs is identical to the present tense forms.

—¿A qué hora salieron Uds.?   *What time did you leave?*
—**Salimos** de casa a las seis y no **llegamos** hasta las siete.   *We left home at six, and we didn't arrive until seven.*

❭ Verbs ending in **-gar**, **-car**, and **-zar** change **g** to **gu**, **c** to **qu**, and **z** to **c** before **-é** in the first-person singular of the preterite: **pagar → pagué; buscar** *(to look for)* **→ busqué; empezar → empecé.**

—¿A qué hora **llegaste** a la pensión?   *What time did you arrive at the boarding house?*
—**Llegué** a las ocho y **empecé** a trabajar enseguida.   *I arrived at eight, and I started to work right away.*

❭ Certain **-er** and **-ir** verbs with the stem ending in a vowel change **i** to **y** in the third-person singular and plural endings: **leer → leyó, leyeron; creer → creyó, creyeron.**

Él lo **leyó** en el periódico, pero no lo **creyó**.   *He read it in the newspaper, but he didn't believe it.*

❭ Verbs of the **-ar** and **-er** groups that are stem-changing in the present indicative are regular in the preterite.

Rosa **volvió** a las seis y **cerró** las puertas.   *Rosa returned at six o'clock and closed the doors.*

> **■■■ Un dicho ▌**
> **Salió de Guatemala y entró en Guatepeor.**
> Equivalent: *He went from bad to worse.*

❯ Spanish has no equivalent for the English word *did* used as an auxiliary verb in questions and negative sentences.

—¿Encontraste el dinero?	*Did you find the money?*
—No lo busqué.	*I didn't look for it.*
—¿Dejaste una buena propina?	*Did you leave a good tip?*
—Sí, dejé el 20 por ciento.	*Yes, I left 20 percent.*

Práctica

23. Minidiálogos Complete the following exchanges, using the verbs given. Then, act them out with a classmate.

1. almorzar (2)   pagar (2)

   —¿Dónde ___almorzaste___ (tú) ayer?

   —___Almorcé___ en la cafetería con mi hermana.

   —¿Quién ___pagó___ la cuenta?

   —Yo la ___pagué___ con mi tarjeta de crédito.

2. llegar (2)   empezar

   —Carmen, ¿a qué hora ___llegaste___ (tú) a tu casa anoche?

   —___Llegué___ a las cinco y ___empecé___ a estudiar para el examen.

3. llamar (2)   invitar

   —¿A quiénes ___llamaron___ Uds. anoche?

   —___Llamamos___ a nuestros padres y ellos nos ___invitaron___ a comer en el restaurante.

4. recibir (2)   mandar   gustar   comprar (2)

   —Rosa, ¿___recibiste___ el regalo que te ___mandé___?

   —Sí, lo ___recibí___ y me ___gustó___ mucho. ¿Dónde lo ___compraste___?

   —Lo ___compré___ anteayer en la tienda de regalos del hotel.

5. leer (2)   creer (2)

   —¿Dónde ___leyó___ Ud. esas noticias?

   —Las ___leí___ anoche en el periódico.

   —¿Ud. las ___creyó___?

   —Sí, yo las ___creí___.

6. encontrar (2)   buscar

   —¿Ud. ___encontró___ las tarjetas?

   —No, las ___busqué___ pero no las ___encontré___.

7. prometer

   —¿Qué les ___prometiste___ tú a los niños?

   —Les ___prometí___ llevarlos al parque.

24. ¿Qué compraron? With a classmate, ask each other questions about what the people in the word bank purchased and how much each item cost.

Modelo Tú —¿Qué compraste tú? tú
—Compré una blusa (blouse). tu amigo(a)
—¿Cuánto te costó? el (la) profesor(a)
—Me costó cuarenta dólares. tu tío(a)
yo

1.

2.

3.

4.

5.

Para conversar

25. ¡Habla con tu compañero(a)! With a classmate, talk about what you did this morning, yesterday, and last weekend. Focus on routine and extraordinary activities, using regular verbs in the preterite.

Modelo —¿Qué comiste ayer?
—Ayer comí ensalada de papas.

26. ¿Qué hiciste tú... ? With a classmate, have a conversation about what your family and friends did yesterday using the following verbs.

Modelo —¿Dónde almorzaste ayer?
—Almorcé en la cafetería.

26. ¿Qué hiciste tú... ? Expansion Have students choose one of their classmates' answers and report to the class: **Jim comió… ayer.**

almorzar	escribir	mirar	trabajar	volver	conversar
cenar	leer	pagar	ver	mandar	bailar
cerrar	llegar	practicar	buscar	salir	beber

5 Ordinal numbers (Números ordinales)

primero(a)[1]	first	**sexto(a)**	sixth
segundo(a)[1]	second	**séptimo(a)**	seventh
tercero(a)[1]	third	**octavo(a)**	eighth
cuarto(a)	fourth	**noveno(a)**	ninth
quinto(a)	fifth	**décimo(a)**	tenth

> Ordinal numbers agree in gender and number with the nouns they modify.

el segundo **chico** la segunda **chica**
los primeros **días** las primeras **semanas**

> Ordinal numbers are seldom used after **décimo** (tenth).

> ### ■■■ Un dicho ■
> **Los últimos serán los primeros.**
> Equivalent: *The last shall be first.*

[1]abbreviated 1.º, 2.º, 3.º, etc. for masculine forms, and 1.ª, 2.ª, 3.ª, etc. for feminine forms

¡Atención! The ordinal numbers **primero** and **tercero** drop the final -**o** before masculine singular nouns.

el **primer**[1] día

—Nosotros estamos en el **segundo** piso, ¿y Uds.?

—Estamos en el **tercer** piso.

el **tercer**[2] año

We are on the second floor. And you?

We are on the third floor.

[1]abbreviated 1er   [2]abbreviated 3er

Práctica

27. Ordena los números. Match the cardinal numbers in column A with the corresponding ordinal numbers in column B.

A

nueve	_i_	cuatro	_j_
dos	_h_	ocho	_f_
cinco	_g_	tres	_e_
siete	_a_	seis	_d_
uno	_c_	diez	_b_

B

a. séptimo	f. octavo
b. décimo	g. quinto
c. primero	h. segundo
d. sexto	i. noveno
e. tercero	j. cuarto

28. ¿Es el primero... ? Complete the following sentences with the appropriate ordinal numbers.

1. Enero es el ____primer____ mes del año y "c" es la ____tercera____ letra del abecedario.
2. Febrero es el ____segundo____ mes del año y mayo es el ____quinto____ mes.
3. En el calendario hispano el miércoles es el ____tercer____ día de la semana y el domingo es el ____séptimo____ día.
4. El Día de Acción de Gracias es el ____cuarto____ jueves de noviembre.
5. El ____sexto____ mes del año es junio y el ____décimo____ mes es octubre.

29. Concurso de belleza *(Beauty contest)* In a beauty contest, these are the ten finalists. With a classmate, put their names in order according to the points that they have accumulated.

Modelo *Maribel Fuentes es la primera; Isabel Reyes...*

1. Lucía Ayala: 450 pts.
2. Teresa Peñarol: 560 pts.
3. Ana Luisa Peña: 380 pts.
4. Maribel Fuentes: 850 pts.
5. Silvia Torres: 600 pts.
6. Mireya Vargas: 760 pts.
7. María Inés Valles: 490 pts.
8. Isabel Reyes: 800 pts.
9. Marcela Vigo: 700 pts.
10. Gloria Calderón: 500 pts.

29. Concurso de belleza Answers la primera: Maribel Fuentes; la segunda: Isabel Reyes; la tercera: Mireya Vargas; la cuarta: Marcela Vigo; la quinta: Silvia Torres; la sexta: Teresa Peñarol; la séptima: Gloria Calderón; la octava: María Inés Valles; la novena: Lucía Ayala; la décima: Ana Luisa Peña

Para conversar

30. ¿En qué piso están? Imagine that the whole class is staying at a 10-story hotel in Costa Rica. Your classmates were assigned rooms on different floors. With a classmate, have a conversation about who is on what floor, where the restaurant is, where the swimming pool is, etc.

Modelo   —¿En qué piso está Karina?
            —Karina está en el segundo piso.

▶ ¡Vamos a ver!

Antes de ver el video

31. Preguntas You and a classmate, take turns asking and answering the following questions in complete sentences:

1. Cuando tú reservas una habitación en un hotel, ¿llamas para confirmarla?

2. ¿Prefieres una habitación en el octavo piso o en el primer piso? ¿Por qué?

3. Cuando tú estás en un hotel, ¿quién lleva tu equipaje a tu cuarto, tú o el botones?

4. Cuando sales del hotel, ¿llevas la llave contigo o la dejas en la recepción?

5. Generalmente, ¿hasta qué hora sirven la cena en un restaurante? Si estás en un hotel, ¿tú usas el servicio de habitación?

6. Si tu cuarto está en el tercer piso, ¿usas el ascensor o usas la escalera para hacer ejercicio?

7. Si el hotel tiene piscina, ¿nadas un rato?

8. Cuando tú miras televisión, ¿te gusta más ver las noticias o ver una película?

9. ¿Prefieres ver un drama o una comedia romántica?

10. ¿Tú prefieres mandarles mensajes instantáneos a tus amigos o prefieres mandarles tarjetas postales?

El video: Una familia panameña en Costa Rica

Me llamo Rubén Saldaña. Mi familia y yo necesitamos una habitación para cuatro personas, con dos camas dobles.

Vamos a nuestro cuarto. ¿Dónde está el ascensor? Estoy cansada.

Yo voy a usar la escalera. Necesito hacer ejercicio.

¿Por qué no miras la película con nosotras? Te prometo que te va a gustar. Es una comedia romántica…

Después de ver el video

El empleado　　**Rubén**　　**Paola**　　**Beatriz**　　**Ariana**

32. ¿Quién lo dice? Identify the person who said each of the following in the dialogues.

1. El botones puede llevar las maletas a su cuarto. ___el empleado___
2. A mí me gusta más mirar las noticias. ___Rubén___
3. Yo quiero mirar televisión hasta tarde. ___Ariana___
4. Rubén... ya cenamos... ¡Y tú comiste muchísimo! ___Beatriz___
5. No me gusta la cama. El colchón no es muy cómodo. ___Paola___
6. ¿En qué puedo servirle, señor? ___el empleado___
7. ¿El hotel tiene servicio de habitación? ___Rubén___
8. Yo necesito mandarle un mensaje instantáneo a Carolina. ___Paola___
9. ¿Por qué no miras la película con nosotras? ___Beatriz___
10. Yo voy a usar la escalera. Necesito hacer ejercicio. ___Ariana___

33. Hablemos. With a classmate, take turns asking and answering the following questions. Base your answers on the dialogue.

1. ¿Dónde están Rubén Saldaña y su familia? Están en un hotel en San José.
2. ¿Qué pide la familia Saldaña en el hotel? Pide una habitación para cuatro personas con dos camas dobles.
3. ¿En qué piso está la habitación de la familia Saldaña? Está en el tercer piso.
4. ¿A quién quiere mandarle un mensaje instantáneo Paola? Quiere mandarle un mensaje a Carolina.
5. ¿Quién lleva las maletas al cuarto? El botones las lleva.
6. En el hotel, ¿hasta qué hora sirven la cena? Sirven la cena hasta las once de la noche.
7. ¿Ariana va a usar la escalera o el ascensor? ¿Por qué? Va a usar la escalera porque necesita hacer ejercicio.
8. ¿Qué quiere hacer Paola en la piscina? Quiere nadar un rato.
9. ¿Qué dice Paola del colchón? Dice que no es muy cómodo.
10. ¿Qué quieren mirar Beatriz y las chicas? ¿Qué quiere mirar Rubén? Quieren mirar una película. Quiere mirar las noticias.

34. ¿Qué pasa después... ? You and a classmate, use your imagination to say what the characters do. In Spanish, discuss the following.

1. Whether Paola sends Carolina a message or sends her another postcard, and what she says to her friend.
2. Whether or not they watch the movie on channel 4.
3. Whether Beatriz watches the news with her husband after the movie.
4. Whether or not they go to the Lankester Garden and to the Braulio Carrillo Park and what they do afterward.
5. Whether they go to a restaurant in the evening or whether they use room service. Does Rubén eat a lot?
6. Whether there are other teenagers at the hotel and whether the girls talk to them.

Now compare your statements with those of the members of another group.

ASÍ SOMOS

¡Vamos a escuchar!

> **ESTRATEGIA** **Listening to authentic language** When listening to authentic programs and commercials, listen as attentively as you can, but don't feel frustated if you don't understand everything. Seek out opportunities to listen to Spanish speakers or Spanish-language television and try to identify what the subject of conversation or discussion is; catch as many words and phrases as you can. With time and continued practice, your comprehension level *will* improve.

CD2-5 **35. Turismo local** You will listen three times to a fragment from a Costa Rican TV program on local tourism.

35. Turismo local Answers 1. Trata del Hotel Casa Camarona y de los restaurantes de la zona. 2. a. Tiene diecisiete habitaciones. b. Está en la zona del Refugio Gandoca Manzanillo. Trabajan ocho personas. c. Hay restaurantes de comida tradicional caribeña y de comida internacional o rápida. 3. Dan a un (gran) patio (que colinda con la playa).

1. Escuche por primera vez y conteste: ¿De qué trata *(deals with)* este fragmento?
2. Escuche por segunda vez y conteste:
   a. ¿Cuántas habitaciones tiene el hotel?
   b. ¿Dónde está el hotel? ¿Cuántas personas trabajan en el hotel?
   c. ¿Qué tipos de restaurantes hay en la zona?
3. Escuche por tercera vez y conteste: ¿Qué vista *(view)* tienen las habitaciones del hotel?

¡Vamos a conversar!

36. ¿Cómo? Answers *Answers will vary. Some possibilities:* 1. Hoy doy una fiesta en nuestra casa en honor a mamá, que cumple años. **Hoy hay una fiesta en casa porque es el cumpleaños de mamá.** 2. Carlos viene a mi apartamento para estudiar conmigo cada vez que tenemos examen. **Carlos y yo estudiamos juntos cuando tenemos examen.** 3. No sé qué estarán haciendo los niños en este momento. Eso me desconcierta un poco. **No sé qué hacen los niños. Estoy un poco preocupado(a).** 4. Hoy llegan nuestros primos para visitarnos. ¡Qué jaleo tenemos! ¡Qué de trajines tenemos! **Hoy nos visitan nuestros primos. Tenemos mucho trabajo.** 5. Voy a aprovechar la espléndida piscina que tiene el hotel, nadando un rato. **Voy a nadar en la piscina del hotel.**

> **ESTRATEGIA** **Simplifying ideas through paraphrasing** An important skill in conversation is to be able to bring the interaction to a manageable level so you can participate. Paraphrasing and simplifying ideas is one technique that enables you to engage with others in discussion. For instance, when talking with someone, you can demonstrate your understanding of a statement by expressing it in simpler words.

36. ¿Cómo? You will hear a series of sentences on familiar topics. Listen and express an approximation of the message of each one. Then compare your responses with those of a classmate to determine whether you've understood the essence of the message.

CD2-6

Modelo *You hear:* Para quienes les gusta la comida internacional hay un gran número de restaurantes en la zona entre los cuales escoger. *Sample paraphrase:* Si te gusta la comida internacional, hay muchos restaurantes aquí que la sirven.

37. ¿Qué dice Ud.? What would you say in the following situations? What might the other person say? Act out the scenes with a classmate. Take turns playing each role.

1. You have just checked into a hotel. You want to know what time they serve breakfast, and whether they have room service. ¿A qué hora sirven el desayuno? ¿Uds. tienen servicio de habitación?
2. You tell someone that you want to send a postcard to your best friend. Quiero mandarle una tarjeta postal a mi mejor amigo(a).
3. You tell a traveling companion that you want to go to your room for a while because they are showing a good movie on channel four. Quiero ir a mi cuarto por un rato porque en el canal cuatro ponen una película muy buena.
4. You are checking in at a hotel in Costa Rica. Ask about prices and accommodations. Make sure you get a room with an ocean view. *Answers will vary.*
5. You are a hotel employee and ask a guest what you can do for him/her. ¿En qué puedo servirle?
6. You ask the concierge three questions: what time you have to vacate the room, where the American embassy or consulate is, and what the exchange rate is. ¿A qué hora debo desocupar la habitación? ¿Dónde está la embajada estadounidense o el consulado estadounidense? ¿Y a cómo está el cambio?

38. Para conocernos mejor To do this activity, work with a classmate whom you would like to get to know. Take turns asking each other these questions.

1. Cuando viajas, ¿haces reservaciones para el hotel antes de salir de viaje? ¿Prefieres una habitación interior o con vista a la calle (al mar)? ¿Cuál es tu hotel favorito?

2. ¿Prefieres un cuarto en el segundo piso o en el décimo piso? Si el cuarto no tiene baño privado, ¿lo aceptas?

3. Cuando viajas, ¿les mandas tarjetas postales a tus amigos? ¿Sacas muchas fotografías cuando viajas? ¿Usas tu teléfono inteligente para sacar las fotos? ¿Compras algo en la tienda de regalos del hotel?

4. ¿Prefieres cenar en tu cuarto si el hotel tiene servicio de habitación o te gusta más ir a un restaurante? ¿Cuál es tu restaurante favorito? ¿Es muy caro?

5. Cuando estás de viaje, ¿miras televisión? ¿Qué tipos de programas te gustan más? ¿Tienes un canal favorito? ¿Cuál? ¿Viste alguna película anoche? ¿Te gustó?

6. ¿Qué lugares te gusta visitar cuando estás de vacaciones? ¿Te gusta más viajar solo(a), con tus amigos o con tu familia? ¿Cuándo son tus próximas vacaciones? ¿Adónde piensas ir? ¿Cuánto tiempo hace que no viajas?

38. Para conocenos mejor Expansion Have students ask you the same questions, using the **Ud.** form.

39. Una actividad especial para toda la clase

Muchos hoteles Students will play the part of tourists and hotel receptionists.

Step 1: Two or more "hotels" are set up in different corners of the classroom. Two or more students are hotel clerks. The rest of the students play the part of tourists looking to find accommodations. They should discuss how long they plan to stay and ask about room types, availability, and prices. The students should ask whether breakfast is included and inquire about any other amenities the hotel provides such as a pool, gym (gimnasio) facilities, or internet connections. They should also include questions about the restaurants, entertainment, and shopping available nearby. The students should "shop around" before deciding where to stay.

Step 2: Some students will inform the rest of the class about their experience.

Jupiterimages/Pixland/Getty Images

Rincón literario

Esopo (c. 600 A.C.[1])

Esopo, escritor de la Grecia Antigua, es famoso por sus
fábulas, que llegan a nosotros a través[2] de la tradición
oral y de traducciones escritas. La fábula tiene un objetivo
didáctico, que se expresa en la moraleja. En muchas fábulas,
los personajes son animales.

Antes de leer

Album / Oronoz / Album/Superstock

> **ESTRATEGIA** **Using prior knowledge to guess the
> meaning of new vocabulary** You probably know Aesop's
> fable "The Tortoise and the Hare." Think about the story's plot
> and moral. What words and expressions might you find in this
> narration? Which ones do you know in Spanish?

40. Una fábula Do the following:

1. Skim the fable, without looking at the English
   equivalents of the glossed words, and try to guess their meanings.
2. List the reflexive verbs that you recognize.

¡A leer!

41. Comprensión As you read the selection, find the answers to the following questions.

1. ¿Por qué se está burlando la liebre de la tortuga? Porque la tortuga es muy lenta.
2. ¿La liebre acepta el reto? Sí, lo acepta.
3. ¿Cómo camina la tortuga hacia la meta? Camina lentamente.
4. ¿Qué hace la liebre? Se acuesta y descansa en el camino y al final se duerme.
5. ¿Qué ve cuando se despierta? Ve que la tortuga llega a la meta y obtiene la victoria.
6. ¿Cuál es la moraleja? Con paciencia y constancia, siempre se triunfa.

La liebre y la tortuga

Cierto día, una liebre se está burlando de la tortuga que, como todos sabemos,
es muy lenta. La tortuga se ríe y le contesta:

—Tú eres muy rápida y corres como el viento, pero yo sé que puedo ganarte en
una competencia.

La liebre, totalmente segura de que eso es imposible, continúa burlándose de la
tortuga y acepta el reto.

El día de la carrera,° las dos empiezan a correr al mismo tiempo. La tortuga
camina lentamente hacia la meta.° La liebre, que se cree invencible, se
acuesta y descansa° en el camino muchas veces y al final se duerme.

Cuando se despierta y empieza a correr, ve que la tortuga llega a la meta y
obtiene la victoria.

Moraleja: Con paciencia y constancia siempre se triunfa.

race
goal
rests

---

[1] circa *(around)* 600 años antes de Cristo = *before Christ* (B.C.)
[2] *through*

Después de leer...

42. Reflexiones In groups of three, apply the moral of the story to this scenario, which is a part of student life.

> Dos estudiantes: Luis y Sergio
>
> Luis es muy inteligente y tiene dinero, de modo que no tiene que trabajar. Él raramente estudia y todo lo deja para última hora. Sergio encuentra difíciles varias de sus clases y trabaja veinte horas por semana. Él es disciplinado y estudia mucho. ¿Cuál de los dos triunfa? ¿por qué? Den detalles sobre la rutina diaria de los dos. Comparen los hábitos de estos estudiantes con los de ustedes.

¡Vamos a escribir!

Antes de escribir

> **► ESTRATEGIA** **Sequencing steps for writing a didactic story** When telling a story that is meant to teach something, the process requires an order of steps. The following might be useful.
>
> 1. Presentation and description of the characters
> 2. The scenario
> 3. The problem or the challenge the characters face
> 4. The action
> 5. What happens at the end
> 6. The moral of the story

¡A escribir!

43. Narración Using the conversation you had with your partners as a guide, write a story about Luis and Sergio, providing details about their personalities and their routine. The story should illustrate the moral of the fable that you read on page 218.

Después de escribir

44. Before writing the final version, exchange your first draft with a classmate and peer edit each other's work, using the guidelines suggested in the strategy. Pay attention to the use of the reflexive construction.

EL MUNDO HISPÁNICO Y TÚ

Costa Rica

Suggestion After students read all the information in this section, ask what aspects interest them the most. Then have them go to the Web and get additional information about those aspects.

¿Te gusta acampar, ir a la playa, escalar *(to climb)* montañas y estar cerca de la naturaleza, pero al mismo tiempo quieres proteger el medio ambiente *(environment)*? En ese caso, debes admirar el ecoturismo, que trata *(tries)* de conservar los recursos naturales del planeta y educar a los turistas en cuestiones ambientales. Quizás puedes unirte a las millones de personas que viajan a Costa Rica, el país más visitado de Centroamérica.

Un país extraordinario

Online Cultural Questions In Instructor Resources, there are 100 questions covering the cultural material found in these sections. These can be used in written quizzes, as part of the final oral exam, or as part of an end-of-term contest.

Costa Rica tiene una de las mejores economías de Centroamérica. Produce principalmente café, bananas, caña de azúcar *(sugar cane)* y flores. Costa Rica es uno de los pocos países de Latinoamérica con una democracia bien consolidada. En 1948 abolió *(abolished)* el ejército *(army)*.

San José, la capital, no es una gran ciudad, pero tiene lugares muy interesantes como el Jardín Botánico de Lankester y el Museo del Oro.

Un gran presidente

Costa Rica es un país muy pequeño, pero su flora y fauna son muy variadas y están muy bien protegidas. El pequeño país tiene 28 parques nacionales y más de 300 reservas biológicas. Más de la mitad de su territorio está cubierto de bosques en los que habita gran cantidad de mamíferos, aves y reptiles.

En 2009, la Fundación Nueva Economía clasificó a Costa Rica como el país "más verde" del mundo.

Óscar Arias fue presidente de Costa Rica desde 1986 hasta 1990 y desde 2006 hasta 2010. Trabajó con los presidentes de Guatemala, El Salvador y Honduras para terminar con la guerra en Centroamérica. En 1987 recibió el Premio Nobel de la Paz.

Panamá

Panamá está situado en el istmo que une Centroamérica con Sudamérica. Es un pequeño país de poco más de 75.000 km^2 de extensión y menos de 4 millones de habitantes. Su mayor atracción y principal fuente de ingreso *(source of income)*, es el Canal de Panamá, que fue construido por los Estados Unidos y operado por este país hasta el último día del siglo pasado. Junto al Canal están las dos ciudades más grandes del país: Ciudad de Panamá, su capital, y Colón, su segunda ciudad más importante.

Ampliación del canal

Jim Mone/AP Images

Desde 1914, el **Canal de Panamá** ha hecho *(has made)* más fácil, más rápido y más barato *(cheaper)* el comercio entre Oriente y Occidente. Recientemente se construyó un nuevo carril para los barcos más grandes.

Otros puntos de interés turístico

Vilainecrevette/Shutterstock.com

Los ecoturistas comienzan a descubrir las bellezas ecológicas de Panamá, especialmente sus selvas tropicales, la gran cantidad de **arrecifes** *(reefs)* de coral de sus costas y la extraordinaria variedad de peces que viven en ellos.

Un famoso cantante y actor

REUTERS/Santiago Orozco

Rubén Blades es un famoso cantante y actor, que trabajó en muchas películas de Hollywood. Participa activamente en la política de su país.

Refugio de vida silvestre

Radius/Superstock

La isla **Barro Colorado** es un refugio de vida silvestre donde se hacen investigaciones científicas controladas por el Instituto Smithsonian.

 ## Háganse preguntas...

The class will be divided into groups of 3 or 4 students. The instructor will assign one of the seven items of information presented here to each group. The members of each group will prepare questions about the item assigned to them to ask the rest of the class.

iLrn™

To learn more about Costa Rica and Panamá, watch the cultural footage in the Media Library.

AUTOPRUEBA

¿Cuánto sé ahora?

Take this test. When you have finished, check your answers in the answer key provided in Appendix D. Then use a red pen to correct any mistakes you may have made. Are you ready?

A. Indirect object pronouns Give the Spanish equivalents of the words in parentheses.

1. —¿Qué <u>vas a traernos</u> de México, tía? *(are you going to bring us)*
   <u>Les voy a traer</u> muchas cosas. *(I'm going to bring you)*

2. —¿Tú <u>le hablas</u> en español? *(speak to her)*
   —Sí, pero ella <u>me contesta</u> en inglés. *(answers me)*

3. —Anita, tu papá <u>te manda</u> dinero? *(sends you)*
   —Sí, y yo <u>le escribo</u> todos los días. *(write to him)*

B. Constructions with *gustar* Give the Spanish equivalents. Use the verb *gustar*.

1. <u>A mis padres les gustan más</u> las ciudades grandes. *(My parents prefer)*
2. ¿Qué <u>le gusta hacer</u> los fines de semana, señorita? *(do you like to do)*
3. <u>Nos gusta mucho</u> esta pensión. *(We very much like)*
4. <u>No me gusta</u> hacer ejercicio. *(I don't like)*
5. ¿<u>Te gusta más</u> la comida mexicana o la comida italiana, Anita? *(Do you prefer)*

C. Time expressions with *hacer* Form sentences with the elements provided, using the expression **hace... que**. Follow the model.

Modelo   una hora / él / trabajar
   Hace una hora que él trabaja.

1. dos días / yo / no dormir Hace dos días que yo no duermo.
2. un mes / tú / no llamarme Hace un mes que tú no me llamas.
3. media hora / nosotras / estar / aquí Hace media hora que nosotras estamos aquí.
4. un año / ellos / vivir / Panamá Hace un año que ellos viven en Panamá.
5. doce horas / Eva / no comer Hace doce horas que Eva no come.
6. quince minutos / Uds. / hablar / por teléfono Hace quince minutos que Uds. hablan por teléfono.

D. The preterite Change all the verbs to the preterite.

1. Él llama al hotel y reserva un cuarto. llamó / reservó
2. Yo llego temprano y empiezo a trabajar. llegué / empecé
3. Tú sales a las siete y vuelves a las diez. saliste / volviste
4. Ana busca un libro y lo lee. buscó / leyó
5. Nosotros comemos sándwiches y bebemos café. comimos / bebimos
6. Ellos abren las ventanas y cierran las puertas. abrieron / cerraron
7. Yo toco el piano y canto. toqué / canté
8. Ustedes almuerzan a la una y después estudian. almorzaron / estudiaron
9. ¿Usted no cree lo que lee? creyó / leyó
10. Los libros cuestan cien dólares y la computadora cuesta mil dólares. costaron / costó

E. Ordinal numbers   Give the Spanish equivalents of the words in parentheses.

1. Eva está en el _____primer_____ piso y yo estoy en el _____tercer_____ piso. (first / third)
2. Este es mi _____segundo_____ año y el _____cuarto_____ año de Marisa. (second / fourth)
3. ¿Prefieres estar en el _____quinto_____ piso o en el _____décimo_____ piso? (fifth / tenth)

F. Just words   Match the questions in column A with the answers in column B.

A

1. ¿Dónde está la tienda de regalos? _i_
2. ¿Quién lleva las maletas al cuarto? _f_
3. ¿Tiene reservación? _l_
4. ¿Reservaste un cuarto? _b_
5. ¿Tienes que limpiar la ducha? _d_
6. ¿Hay jabón en el baño? _n_
7. ¿El hotel tiene piscina? _a_
8. ¿Está a la derecha? _m_
9. ¿Usas el elevador? _c_
10. ¿Es una cama doble? _g_
11. ¿Puedes abrir la puerta? _h_
12. ¿Teresa llegó anoche? _j_
13. ¿Vas a tomar una siesta? _k_
14. ¿Viste a tu cuñada? _e_

B

a. ¡Sí! ¡Podemos nadar!
b. Sí, con vista al mar.
c. No, la escalera mecánica.
d. Sí, y la bañadera y el inodoro.
e. No, hace mucho tiempo que no la veo.
f. El botones.
g. No, sencilla.
h. No. No tengo la llave.
i. Al lado del ascensor.
j. No, anteayer.
k. Sí, necesito descansar.
l. Sí, a nombre de Luis Vega.
m. No, a la izquierda.
n. Sí, pero no hay toallas.

G. Cultura

1. Complete the following, based on the information found in the **¿Tú lo sabías?** sections.
    a. Las _____pensiones_____ son más económicas que los hoteles y generalmente incluyen el cuarto y la _____comida_____.
    b. En algunos hoteles hispanoamericanos hay _____habitaciones_____ que no tienen _____baño_____ privado.
2. Complete the following, based on the information found in the **El mundo hispánico y tú** section.
    a. Costa Rica tiene una de las mejores _____economías_____ de Centroamérica.
    b. La principal fuente de ingreso de Panamá proviene del famoso _____Canal_____ de Panamá.

H. Un dicho   Do you remember the Spanish saying that is equivalent to *"He went from bad to worse"*? Find it in this lesson. Salió de Guatemala y entró en Guatepeor.

HACIENDO DILIGENCIAS

La señora está haciendo una diligencia en el banco.

iStockphoto.com/Deborah Cheramie

OBJETIVOS COMUNICATIVOS

You will learn vocabulary related to banking and running errands. You will also be able to talk about different kinds of flowers.

SITUACIONES

¡Qué romántico eres!

ESTRUCTURAS

1 Direct and indirect object pronouns used together

2 Preterite of **ser, ir,** and **dar**

3 Preterite of **e:i** and **o:u** stem-changing verbs

4 Uses of **por** and **para**

5 Formation of adverbs

▷ ASÍ SOMOS

¡Vamos a ver!
Watching and understanding situations

¡Vamos a escuchar!
Guessing meaning from context

¡Vamos a conversar!
Paraphrasing practice I

Rincón literario
Reading poetry
"Cuadrados y ángulos" by Alfonsina Storni

¡Vamos a escribir!
Brainstorming and organizing

EL MUNDO HISPÁNICO Y TÚ

> Puerto Rico

AUTOPRUEBA

You will review what you learned in this lesson.

RosalreneBetancourt 8 / Alamy

PUERTO RICO, "La Isla del Encanto" es la menor de las islas que forman el archipiélago de las Antillas Mayores. La artesanía indígena es característica de la isla. Muchos puertorriqueños se identifican como *boricuas…* y dicen que tienen la dicha de vivir en uno de los lugares más hermosos del mundo.

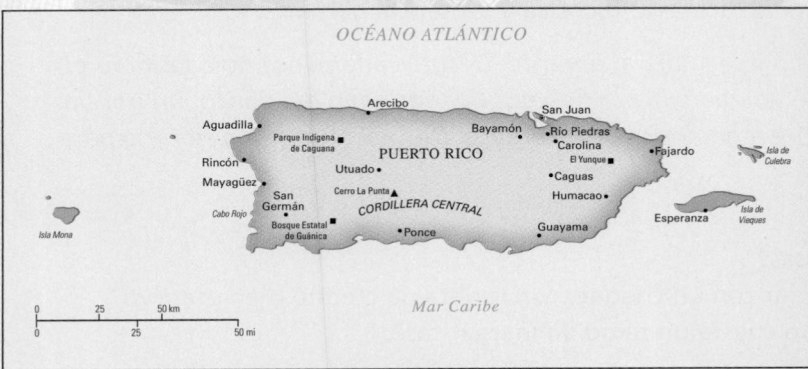

Unknown Artist (Puerto Rico), Small Mask, 1970s. Papier mâché. Image © Davis Art Images

SITUACIONES

¡Qué romántico eres!

▶ ¡Ubíquelos!
Luis lives in San Juan, the capital of Puerto Rico. Watching the video will give you an opportunity to learn about the places that he and his family often visit.

Pamela Moore/Getty Images

Luis, un chico de veinte años, vive con sus padres en San Juan, la capital de Puerto Rico. Hoy tiene el día libre, de modo que decidió hacer diligencias. Primero fue al banco. Estacionó su motocicleta y no vio la boca de incendios.

En el banco

Luis: Me llamo Luis Fernando Torres Rivera y tengo una cuenta corriente en este banco. Quiero cobrar un cheque y abrir una cuenta de ahorros. ¡Ah! También quiero solicitar un préstamo. Necesito cinco mil dólares para comprar un coche.

Empleado: Tiene que llenar esta planilla, firmarla, fecharla y dársela al gerente.

Luis llenó la planilla, la firmó, la fechó y se la dio al gerente. Desgraciadamente no consiguió el préstamo porque él no tiene trabajo y tiene muchas deudas. Cuando salió del banco, un policía le dio una multa por estacionar frente a una boca de incendios. Después fue a una florería para comprar flores para Eva, su novia.

En la florería

Luis: ¿Cuánto cuesta un ramo de rosas?

Empleada: Treinta dólares. ¿Va a pagar con un cheque, con tarjeta de crédito o en efectivo?

Luis: No tengo mi chequera. ¿Cuánto cuesta un ramo de margaritas?

Empleada: Veinte dólares.

Luis: Tengo solamente cinco dólares… y quiero comprar un regalo para mi novia…

Empleada: Con cinco dólares puede comprarle una tarjeta de cumpleaños.

Luis compró la tarjeta, fue a su casa y durmió por un rato. A las cinco, tomó una decisión: Le pidió a su mamá unas flores del jardín y se las llevó a su novia.

En casa de su novia

Luis: Flores... ¡para la flor más bonita!

Eva: ¡Ay, gracias! ¡Me encantan! ¡Qué romántico eres!

Luis: *(Piensa.)* No soy romántico... ¡Soy pobre!

> **LEARNING TIP**
> You are learning standard Spanish for the most part. As is the case in English, different regions of the Spanish-speaking world use different words for common things. For example, Luis and Eva would normally use the following Puerto Rican terms: **motocicleta = motora, florería = floristería**, and **policía = guardia.**

¿Tú lo sabías?

El uso de cheques no es tan común en Latinoamérica como en los Estados Unidos y en Canadá, pero muchos bancos tienen sus propias *(own)* tarjetas de crédito.

> **Generalmente, ¿cómo paga la gente de este país cuando va de compras?**

 1. Hablemos. With a classmate, take turns asking and answering the following questions. Base your answers on the dialogue and on your own circumstances.

En el diálogo

1. ¿Con quién vive Luis?
2. ¿Luis tiene que trabajar hoy?
3. ¿Qué tipo *(type)* de cuenta quiere abrir Luis?
4. ¿Para qué necesita dinero Luis?
5. ¿Por qué no consiguió Luis el préstamo?
6. ¿Cómo se llama la novia de Luis?
7. ¿Por qué le dieron una multa a Luis?
8. ¿Qué quiere comprar Luis en la florería?
9. ¿Cuánto dinero tiene Luis para comprarle un regalo a su novia?
10. ¿Luis es romántico?

¿Y tú?

1. ¿Con quién vives tú?
2. ¿Tú también tienes el día libre?
3. ¿Tú tienes cuenta en el banco? ¿De qué tipo?
4. ¿Tú también necesitas dinero? ¿Para qué lo necesitas?
5. ¿Tú tienes deudas?
6. ¿Tú tienes novio(a)? (¿Cómo se llama?)
7. ¿A ti te dieron una multa alguna vez *(ever)*?
8. ¿Qué flores prefieres tú?
9. ¿Tú vas a comprar un regalo? ¿Cuánto dinero tienes?
10. Y tú, ¿eres romántico(a)?

1. Hablemos. Answers 1. Vive con sus padres. 2. No, tiene el día libre. 3. Quiere abrir una cuenta de ahorros. 4. Para comprar un coche. 5. Porque no tiene trabajo y tiene muchas deudas. 6. Se llama Eva. 7. Por estacionar frente a una boca de incendios. 8. Un ramo de rosas. 9. Tiene cinco dólares. 10. No, es pobre.

¿Tú lo sabías?

En los países hispanos por lo general los jóvenes *(young people)* viven con su familia hasta que se casan *(get married)*, pero esto está cambiando un poco, especialmente en las ciudades grandes.

> **Generalmente, ¿hasta qué edad viven con sus padres los jóvenes de este país?**

1. Hablemos. Expansion Have students ask you the same questions about the dialogue. Always give them the wrong answer, and have them correct you.

VOCABULARIO

🔊 En el diálogo

Cognados

el banco	*bank*
la capital	*capital*
el cheque	*check*
la motocicleta, la moto	*motorcycle*
el (la) policía[1], el (la) agente de policía	*policeman (policewoman), police officer*
la rosa	*rose*
solamente	*only*

Nombres

la boca de incendios, el hidrante	*fire hydrant*
la chequera, el talonario de cheques	*checkbook*
la cuenta	*account*
_____ corriente	*checking account*
_____ de ahorros	*savings account*
la deuda	*debt*
la flor	*flower*
la florería	*flower shop*
el (la) gerente	*manager*
el incendio, el fuego	*fire*
la margarita	*daisy*
la multa	*fine, ticket*
los pantalones	*pants, trousers*
la planilla	*form*
el préstamo	*loan*
el ramo	*bouquet*
el regalo	*present*

Verbos

estacionar, aparcar, parquear	*to park*
fechar	*to date*
firmar	*to sign*

Otras palabras y expresiones

abrir una cuenta	*to open an account*
cobrar (cambiar) un cheque	*to cash a check*
dar (poner, imponer) una multa	*to fine, to give a ticket*
desgraciadamente, desafortunadamente, por desgracia	*unfortunately*
en efectivo	*in cash*
encantarle a uno	*to love*
frente a	*in front of*
hacer diligencias	*to run errands*
solicitar (pedir) un préstamo	*to apply for a loan*
¡Qué romántico(a) eres!	*How romantic you are!*
tener el día libre	*to have the day off*

James Carman/Blend Images/Getty Images

¿Tú lo sabías?

Cada nación latinoamericana tiene un banco central encargado de *(in charge of)* emitir el dinero y de controlar la actividad de los bancos comerciales. En algunos países hay también sucursales *(branches)* de bancos extranjeros.

❯ En este país, ¿qué institución está encargada de emitir el dinero?

---

[1] **la policía** also means *police corps*

Más sobre el tema

Flores

 la camelia

 el clavel

 el geranio

 el girasol

 la lila

 la orquidea

 el pensamiento

 el tulipán

 la violeta

En el banco

a plazos	*in installments*
ahorrar	*to save (e.g. money)*
al contado	*in cash*
el cajero automático	*automatic teller (ATM)*
la cuenta conjunta	*joint account*
deber	*to owe*
depositar	*to deposit*
la firma	*signature*
gratis	*free of charge*
el impuesto	*tax*
prestar	*to lend*
el presupuesto	*budget*
el recibo	*receipt*
el saldo	*balance (of a bank account)*
el seguro	*insurance*

Jorge y Sara

1. Jorge va a ir al banco. ¿Va a abrir una cuenta de ahorros? ¿Va a solicitar un préstamo? ¿Va a cobrar un cheque o va a sacar dinero del cajero automatico?

2. Sara va a ir a la florería. ¿Va a comprar claveles, margaritas o girasoles? ¿Va a pagar en efectivo o con una tarjeta de crédito? ¿Va a pedir un recibo?

3. ¿Van a hacer otras diligencias? ¿Van a tener el día libre mañana?

Related Vocabulary Other vocabulary words you may want to introduce at this point are: **talones** *(checks [Spain])*; **hacer un depósito** *(to make a deposit)*; **poner la fecha** *(to date)*.

VOCABULARIO

Práctica

2. Preguntas y respuestas Match the questions in column A with the responses in column B.

A

1. ___h___ ¿Cuál es tu flor favorita?
2. ___j___ ¿Vas a ir al banco?
3. ___f___ ¿Dónde estacionaste la moto?
4. ___b___ ¿Hablaste con el policía?
5. ___d___ ¿Compraste el regalo para Olga?
6. ___i___ ¿Firmaste la planilla?
7. ___a___ ¿Pagaste en efectivo?
8. ___e___ ¿Tienes una cuenta corriente?
9. ___c___ ¿Vas en auto?
10. ___g___ ¿Tienes que trabajar?

B

a. No, con un cheque.
b. Sí, y me dio una multa.
c. No, en motocicleta.
d. Sí, se lo di anoche.
e. No, de ahorros.
f. Frente a una boca de incendios.
g. No, tengo el día libre.
h. La rosa.
i. Sí, pero no la feché.
j. Sí, voy a solicitar un préstamo.

3. ¿Qué es? Write the words or phrases that correspond to the following.

1. boca de incendio
2. lugar donde venden flores
3. fuego
4. de modo que
5. dinero que solicitamos en el banco
6. por desgracia
7. gustarle mucho a uno
8. poner la fecha
9. chequera
10. Wells Fargo, por ejemplo

3. ¿Qué es? Answers
1. hidrante 2. florería
3. incendio 4. de manera
que 5. préstamo
6. desgraciadamente
(desafortunadamente)
7. encantarle a uno 8. fechar
9. talonario de cheques
10. banco

4. Oraciones incompletas Complete the following sentences, using vocabulary from this lesson.

1. Por ___desgracia___ no me van a dar el préstamo.
2. Hoy tengo que hacer muchas ___diligencias___.
3. Mi esposa y yo vamos a ___abrir___ una cuenta corriente en el banco.
4. Le compré un ___ramo___ de rosas amarillas.
5. No tengo dinero y tengo que pagar muchas ___deudas___.
6. San Juan es la ___capital___ de Puerto Rico.
7. Me gustan mucho las flores. ¡Me ___encantan___!
8. ¿Escribiste un poema para tu novia? ¡Qué ___romántico___ eres!
9. ¿Vas a pagar con un cheque o en ___efectivo___?
10. ¿Tienes que trabajar o tienes el día ___libre___?

Para conversar

5. Habla con tu compañero(a) de clase. With a classmate, take turns asking and answering these questions.

1. ¿Tus padres te prestan dinero a veces? ¿Alguien te debe dinero a ti?
2. ¿Tú sabes cuál es el saldo de tu cuenta corriente? ¿Tú y tus padres tienen una cuenta conjunta? ¿Tú ahorras dinero todos los meses? ¿Tienes un presupuesto?
3. ¿Depositaste dinero en el banco ayer? ¿Sacaste dinero del cajero automático? En tu banco, ¿los cheques son gratis?
4. ¿Qué cosas pagas tú al contado? ¿y a plazos?
5. ¿Tú pagas los impuestos el quince de abril? ¿Es fácil imitar tu firma?
6. ¿Qué flor te gusta más? ¿Cuándo compras flores?

6. **¡Cuántas diligencias!** With a classmate, play the roles of two roommates who were supposed to run several errands yesterday. You ask each other whether or not you did certain things. Include follow-up questions as much as possible. **(¿Fuiste a... ?, ¿Compraste... ?, etc.)**

¿Fuiste al supermercado?

 Pronunciación

CD 2-8

A. The Spanish l

The Spanish **l** is pronounced like the *l* in the English word *lean*. The tip of the tongue must touch the palate. Listen to your instructor and repeat the following sentences.

Laura y Silvia le dan el regalo a Maribel en el hotel.

Daniel dice que Alicia Mirabal es un ángel.

CD 2-9

B. The Spanish r

The Spanish **r** sounds something like the *dd* in the English word *ladder*. Listen to your instructor and repeat the following sentences.

Sara Burgos fue a la tintorería a las tres y cuarto de la tarde.

Teresa Vera compró flores para Laura en la florería Girasol.

CD 2-10

C. The Spanish sound /rr/

At the beginning of a word and after the letters **l, n,** and **s, r** is a strong trill. Listen to your instructor and repeat the following sentences.

Tito dio una vuelta alrededor de la manzana.

Enrique Reyes y Rosa Manrique son de Israel. Los dos son honrados.

In other positions, the strong trill is represented by **rr**. Listen to your instructor and repeat the following sentences.

El señor Arriola toca la guitarra en su carro.

Luis Herrera y su perro corren hasta el correo, que está en su barrio.

CD 2-11

D. The Spanish z

In Latin America, the Spanish **z** is pronounced like the *ss* in the English word *pressing*. In Spain, it is pronounced like the *th* in the English word *think*.

La taza azul es de Zoila y el lápiz es de Zulma.

El señor Paz compró zapatos en la zapatería Zúñiga.

Activity Suggestion
Have students take turns reading these sentences. Walk around the classroom and check their pronunciation.

gilaxia/E+/Getty Images

ESTRUCTURAS

1 Direct and indirect object pronouns used together *(Pronombres de complemento directo e indirecto usados juntos)*

› When an indirect object pronoun and a direct object pronoun are used together, the indirect object pronoun always comes first.

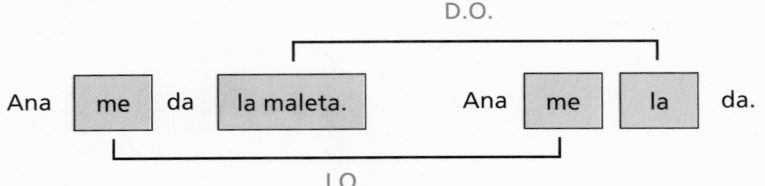

Activity Suggestion Review the direct and indirect objects presented in **Lecciones 6** and **7**. Write the following on the board. *He gives it to me.* **(el libro) Él me lo da.**
Emphasize the possible combinations:

me		lo
te	+	la
nos		los
se		las

Activity Suggestion Ask several students to exchange personal articles. Then ask each student, **"¿Quién te prestó el libro (la mochila, el lápiz, etc.)?"** The student should reply using the correct direct and indirect object pronouns. Then ask another student who lent what to whom.
I: *(to María)* **¿Quién te prestó el libro?**
S1: **José me lo prestó.**
I: **¿Quién le prestó el libro a María?**
S2: **José se lo prestó.**

› With an infinitive, the pronouns can either be placed before the conjugated verb or be attached to the infinitive.

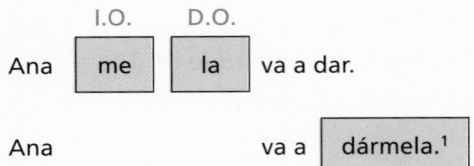

› With the present progressive, the pronouns can either be placed before the conjugated verb or be attached to the gerund.

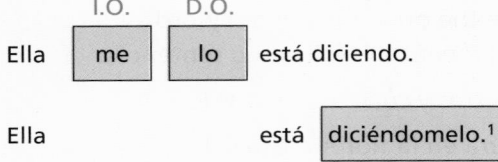

› If both pronouns begin with **l**, the indirect object pronoun (**le** or **les**) is changed to **se**.

For clarification, it is sometimes necessary to add **a él, a ella, a Ud., a Uds., a ellos,** or **a ellas.**

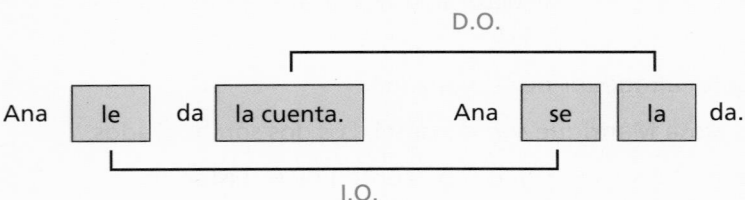

—¿A quién le da la cuenta Ana?
—**Se la** da **a él.**

Necesito veinte dólares. ¿Puedes dármelos?

[1]Note the use of the written accent, which follows the rules for accentuation. See Appendix A.

Práctica

7. Minidiálogos Complete the following exchanges, using direct and indirect object pronouns. Then act them out with a classmate, adding a sentence or two to each dialogue.

1. —¿Le vas a dar las lilas a tu novia?
   —Sí, ____se las____ voy a dar esta tarde.

2. —¿Uds. nos van a dar el recibo?
   —Sí, ____se lo____ vamos a dar.

3. —¿Tus padres le van a pagar las deudas a Jorge?
   —No, no ____se las____ van a pagar.

4. —¿Tu hermano siempre te presta la moto?
   —Sí, él siempre ____me la____ presta.

5. —¿Me compraste los claveles?
   —Sí, ____te los____ compré.

6. —¿El gerente les va a dar la chequera a Uds.?
   —Sí, ____nos la____ va a dar.

7. —¿Tú me vas a traer la planilla hoy?
   —Sí, ____te la____ voy a traer.

8. Él nos ayuda. You have a friend who is always willing to help others. Explain how, using the information provided.

> **Modelo** —Yo quiero dos orquídeas. (traer)
> —*Mi amigo **me las** trae.*

1. Tú necesitas los cheques. (traer) Mi amigo te los trae.

2. Yo solamente necesito dos tarjetas. (comprar) Mi amigo me las compra.

3. Nosotros necesitamos un préstamo. (dar) Mi amigo nos lo da.

4. Elsa necesita cheques de viajero. (comprar) Mi amigo se los compra.

5. Mis hermanos necesitan dinero. (prestar) Mi amigo se lo presta.

6. Ud. necesita la chequera. (traer) Mi amigo se la trae.

7. Yo quiero el talonario de cheques. (buscar) Mi amigo me lo busca.

9. Lo siento. With a classmate, take turns asking and answering questions about what the following people want and whether you can help them. Use the verbs **mandar, dar, prestar, comprar,** and **traer.** Use direct and indirect object pronouns together.

> **Modelo** —*¿Qué quiere Elisa?*
> —*Quiere dinero. ¿Tú se lo puedes mandar?*
> —*No, lo siento. Yo no puedo mandárselo.*

1. Carlos

2. Ana y Paco

3. Javier

4. Lidia

5. Lucía

ESTRUCTURAS

10. ¿Puedes hacerlo? You are in a bad mood, and people keep asking you to do things you don't want to do. Tell them you can't do the favors they are requesting.

> **Modelo** —¿Puedes traerme las violetas?
> —*No, no puedo traér**telas.***

1. ¿Puedes comprarle el regalo a mamá? No, no puedo comprárselo.
2. ¿Puedes buscarme la chequera? No, no puedo buscártela (buscársela).
3. ¿Puedes llevarle las flores a Luisa? No, no puedo llevárselas.
4. ¿Puedes darle los cheques a Raúl? No, no puedo dárselos.
5. ¿Puedes traernos los claveles del jardín? No, no puedo traérselos.
6. ¿Puedes comprarnos un ramo de rosas? No, no puedo comprárselo.

11. Otro modelo Now repeat Activity 10, following the model below.

> **Modelo** —¿Puedes traerme los geranios?
> —*No, no **te los** puedo traer.*

10. ¿Puedes hacerlo? Expansion 1 Have students do this activity in groups of three. Each student should answer two questions as a cranky person.
S1: **¿Vas a mandarme el dinero?**
S2: **No, no voy a mandártelo.**

10. ¿Puedes hacerlo? Expansion 2 As an expansion activity for more advanced students, have students respond to the initial question and then have them say how to obtain the item requested.
S1: **¿Vas a mandarme el dinero?**
S2: **No, no voy a mandártelo. Puedes pedírselo a tu padre.**
S3: **¿Puedes darle los discos a** (Student 1)**?**
S4: **No, no puedo dárselos. Puede pedírselos a su amigo.**

10. ¿Puedes hacerlo? Alternative Answers 1. No, no se lo puedo comprar. 2. No, no te (se) la puedo buscar. 3. No, no se las puedo llevar. 4. No, no se los puedo dar. 5. No, no se los puedo traer. 6. No, no se lo puedo comprar.

11. Otro modelo. Activity Suggestion Have students do this activity in pairs. Encourage them to make three other requests not mentioned in the exercise.

Para conversar

12. ¡Habla con tu compañero(a)! Interview a classmate, using the following questions and two questions of your own. Answer the questions in complete sentences. When you have finished, switch roles. Answers should be given with indirect object pronouns.

1. Cuando tú necesitas dinero, ¿a quién se lo pides?
2. Cuando tú les pides dinero a tus padres, ¿te lo dan?
3. Si yo necesito tu libro de español, ¿me lo prestas?
4. Si Uds. no entienden algo, ¿se lo preguntan *(ask)* a su profesor(a)?
5. Si tú y yo somos amigo(as) y yo necesito tu motocicleta, ¿tú me la prestas?
6. Necesito las planillas. ¿Puedes traérmelas?
7. Necesito cheques. ¿Tú me los puedes conseguir?
8. Yo no tengo el número de teléfono del profesor (de la profesora). ¿Tú se lo puedes pedir?

13. ¿Qué necesitamos? In groups of three, talk about what each of you needs. Then ask a member of the group whether he/she can lend you, give you, or send you the needed items.

> **Modelo** —*Necesito dinero. ¿Puedes prestármelo?*
> —*Sí, cómo no* (of course). *Yo puedo prestártelo.* o
> —*No, lo siento. No puedo prestártelo.*

13. ¿Qué necesitamos? Activity Suggestion If the answer is negative, the student should give a reason.

2 Preterite of *ser*, *ir*, and *dar* (*Pretérito de los verbos* ser, ir *y* dar)

❯ The preterite forms of **ser**, **ir**, and **dar** are irregular.

ser *to be*	ir *to go*	dar *to give*
fui	fui	di
fuiste	fuiste	diste
fue	fue	dio
fuimos	fuimos	dimos
fuisteis	fuisteis	disteis
fueron	fueron	dieron

Activity Suggestion Write a short sentence builder on the board, and have students write as many sentences as possible in three minutes. Yo / Tú / El profesor (La profesora) / Mi(s) amigo(a)(s) / Usted(es) / Nosotros(as) ser / ir / dar a la tienda / a la casa de… / un regalo a… / una buena nota a… / el último en llegar a la fiesta / a España / el primero en llegar a clase

❯ Note that **ser** and **ir** have identical forms in the preterite.

—Ayer **fue** el cumpleaños de Lucía, ¿no?   *Yesterday was Lucía's birthday, right?*

—Sí, Ana y yo **fuimos** a su casa y le **dimos**   *Yes, Ana and I went to her house and gave her*
los regalos.   *the presents.*

—¿**Fuiste** a la fiesta que **dio** Sara?   *Did you go to the party that Sara gave?*

—Sí, **fui. Fue** la mejor fiesta del año.   *Yes, I went. It was the best party of the year.*

Práctica

14. ¿Y los demás? With a classmate, use your imagination to compare what Rafael did to what the other people mentioned did. Take turns!

1. … fue al banco y solicitó un préstamo. (Yo)
2. … fue a la florería y compró un ramo de camelias. (Nosotros)
3. … fue al cine con sus amigos el sábado pasado. (Las chicas)
4. … fue el mejor estudiante de su clase de inglés. (Yo)
5. … compró una tarjeta para su mamá. (Ellas)
6. … dio una fiesta para celebrar su cumpleaños. (Ellos)
7. … le dio flores a su novia. ¡Qué romántico! (Tú)
8. … fue a visitar a sus padres y les dio un regalo. (Ustedes)

15. La última vez With a classmate, talk about when the last time was that each of you . . .

1. went to a concert or to the theater (with whom?)
2. went to the bank (to do what?)
3. gave a party (to celebrate what?)
4. gave someone money (to whom and how much?)

> ▮▮▮▮ **Un dicho** ▮
> **Todo tiempo pasado fue mejor.**
> Equivalent: *Those were the good old days.*

Para conversar

16. ¡Habla con tu compañero(a)! Interview a classmate, using the following questions. Answer the questions in complete sentences, paying attention to the conjugation of the verbs **ser, dar,** and **ir.** When you have finished, switch roles.

1. ¿Cuándo fue la última vez *(last time)* que fuiste al banco? ¿Alguien fue contigo? ¿Te dieron un préstamo?

2. ¿Cuándo fue la última vez que sacaste dinero del cajero automático?

3. ¿Cuándo fue la última vez que fuiste a una florería? ¿Le diste un ramo de flores a tu mamá para el Día de las Madres? Cuando fue tu cumpleaños, ¿alguien te dio flores?

4. ¿Te dieron una multa alguna vez?

5. ¿Ayer fue tu día libre o trabajaste? ¿A dónde fuiste el sábado pasado? ¿Tú y tus amigos fueron a una fiesta la semana pasada?

3 Preterite of *e:i* and *o:u* stem-changing verbs *(Pretérito de los verbos que cambian en la raíz: e:i y o:u)*

> Verbs of the **-ir** conjugation that have a stem change in the present tense change **e** to **i** and **o** to **u** in the third-person singular and plural of the preterite.[1]

preferir *to prefer*		**dormir** *to sleep*	
preferí	preferimos	dormí	dormimos
preferiste	preferisteis	dormiste	dormisteis
prefirió	prefirieron	durmió	durmieron

> Other verbs that follow the same pattern:

pedir   seguir
mentir *(to lie)*   conseguir
servir   morir
repetir *(to repeat)*

—¿Cómo **durmieron** Uds. anoche?   *How did you sleep last night?*
—Nosotros **dormimos** bien, pero Paco no   *We slept well, but Paco didn't*
  durmió muy bien.   * sleep very well.*

—¿Qué **pidieron** ellos?   *What did they order?*
—Raúl **pidió** camarones y Rosa **pidió**   *Raúl ordered shrimp and Rosa*
  langosta.   * ordered lobster.*
—Eva dice que ella no comió nada.   *Eva says that she didn't eat anything*
—Te **mintió**.   *She lied to you.*

Activity Suggestion Group verbs on the board in the following manner.

e:ie	e:i	o:ue
mentir	servir	dormir
preferir	pedir	morir

Practice the use of the third person of these verbs by telling one student something you did and having him or her repeat the information to the rest of the class.
I: **Yo pedí café en la cafetería esta mañana.**
S1: **El (La) profesor(a) pidió café.**

Activity Suggestion Ask the class the following personalized questions or write them on the board and have students use them to interview each other.
1. **¿Quién te mintió recientemente?**
2. **¿Dónde durmió tu compañero(a) de cuarto anoche?**
3. **¿Quién te sirvió la cena anoche?**
4. **¿Qué te pidió tu amigo(a) (hermano[a]) para su cumpleaños?**
5. **¿Dónde consiguió tu padre (madre) / hermano(a) / amigo(a) libros en español?**

[1]Remember that the -ar and -er stem-changing verbs are regular in the preterite: **él cerró, ellos volvieron.** Exceptions are **poder** and **querer**, which are explained in **Lección 9.**

Práctica

17. Anoche With a classmate, take turns describing what the following people did last night. Use the verbs given (or similar).

1. Arturo (preferir)

Arturo prefirió dormir en el sofá.

2. Ernesto (pedir)

Ernesto le pidió dinero a Daniel.

3. Paco (seguir)

Paco siguió a su mamá.

4. Rosa (dormir)

Rosa durmió mal. (o no durmió bien)

5. el mozo (servir)

El mozo sirvió el café.

6. Pilar (conseguir)

Pilar consiguió trabajo.

18. ¿Qué hicieron? Find out what the following people did yesterday in different places.

1. En la cafetería, yo ___pedí___ (pedir) café y Rosa y Alicia ___pidieron___ (pedir) té.
2. En el banco, Carlos ___pidió___ (pedir) un préstamo, pero no lo ___consiguió___ (conseguir).
3. En el hotel, Uds. ___durmieron___ (dormir) bien, pero yo ___dormí___ (dormir) mal.
4. En la universidad, Rafael le ___mintió___ (mentir) a su profesor de química.
5. En la fiesta, las chicas ___prefirieron___ (preferir) tomar vino.
6. En la clase, el profesor ___repitió___ (repetir) dos veces las preguntas.
7. En el restaurante, el camarero ___sirvió___ (servir) la cena.
8. En la calle Lima, dos personas ___murieron___ (morir) en un accidente.

■ Un dicho ■

El pez muere por la boca.

Equivalent: *Engage brain before putting mouth in gear.*

ESTRUCTURAS

Para conversar

19. ¡Qué mala suerte! With two classmates, imagine that you have a friend who had really bad luck last Friday the 13th. Brainstorm to come up with all the bad things that happened to him. Use the verbs studied in this section.

> **¿Tú lo sabías?**
>
> En los países hispanos el día de "mala suerte" es el martes trece y no el viernes trece. Dice un dicho, "Martes trece ni te cases ni te embarques" *(Don't get married or get on a ship [travel] on Tuesday the 13th).*
>
> ❯ **En este país, ¿toman muy en serio la idea de que el viernes trece es un día de mala suerte?**

4 Uses of *por* and *para* (Usos de por y para)

A. Uses of *por*

The preposition **por** is used to express the following concepts.

> motion or approximate location *(through, around, along, by)*

Luis salió **por** la ventana.	*Luis went out through the window.*
Enrique va **por** la calle Juárez.	*Enrique is going down Juárez Street.*
Gustavo pasó **por** el hotel.	*Gustavo went by the hotel.*

> cause or motive of an action *(because of, on account of, on behalf of)*

Llegamos tarde **por** la lluvia.	*We were late because of the rain.*
Lo hago **por** ellos.	*I do it on their behalf.*

> means, manner, unit of measure *(by, for, per)*

Siempre viajamos **por** tren.	*We always travel by train.*
Van a 100 kilómetros **por** hora.	*They're going 100 kilometers per hour.*

> *in exchange for*

Te doy 50 dólares **por** esa cámara.	*I'll give you 50 dollars for that camera.*

> period of time during which an action takes place *(during, in, for)*

Ella trabaja **por** la mañana.	*She works in the morning.*
Va a estar aquí **por** dos meses.	*He's going to be here for two months.*

> *in search of, for*

Voy a venir **por** ti a las siete.	*I'll come by for you at seven.*

¿Podemos estar con Uds. **por** un mes?

Activity Suggestion Write a summary of the uses of **por** on the board and have students give examples of each use. Write one or two of their sentences under each category.

Activity Suggestion Write the following phrases on the board or on an overhead transparency and have students complete each sentence. Students may also work in groups of three or four and compare their responses.
1. Camino a *(On the way to)* clase paso por...
2. A veces llego tarde por...
3. Me gusta viajar por...
4. Mi ciudad es famosa por...
5. Pagué cincuenta / cien dólares por...

> **Un dicho**
>
> **Hoy por ti y mañana por mí.**
> Equivalent: *I do something for you today and you do something for me tomorrow.*

Práctica

20. **Entrevista a tu compañero(a).** Interview a classmate, using the following questions. When you have finished, switch roles.

1. ¿Tienes clases por la mañana? ¿Qué haces por la tarde?
2. Antes de ir a clase, ¿vas por tus amigos? ¿Alguien viene por ti?
3. ¿Cuánto pagaste por tu libro de español?
4. ¿Pasaste por mi casa anoche?
5. Si tu pierdes la llave de tu casa, ¿entras por la ventana?
6. En tu familia, ¿quién hace mucho por ti?
7. ¿A quién llamas tú por teléfono todos los días?
8. ¿Prefieres viajar por ómnibus o por avión (plane)? ¿Por qué?

B. Uses of *para*

The preposition **para** is used to express the following concepts.

> destination

Mañana salgo **para** San Juan.	*Tomorrow I am leaving for San Juan.*
¿A qué hora hay autobuses **para** Río Piedras?	*What time are there buses for Río Piedras?*

> goal for a point in the future (*by* or *for* a certain time)

Quiero el dinero **para** el sábado.	*I want the money for Saturday.*
Debo estar allí **para** el mes de noviembre.	*I must be there by the month of November.*

> whom or what something is for

Compré una mesa **para** mi cuarto.	*I bought a table for my room.*
Compramos los libros **para** Fernando.	*We bought the books for Fernando.*

> *in order to*

Necesito mil dólares **para** pagar la multa.	*I need a thousand dollars in order to pay the fine.*
Vamos al teatro **para** celebrar mi cumpleaños.	*We are going to the theater (in order) to celebrate my birthday.*

> objective or goal

Mi novio estudia **para** médico.	*My boyfriend is studying to be a doctor.*

LEARNING TIP
Using **por** and **para** correctly takes time. Reading all the examples is only the first step. With *each* use, think of as many examples as possible, always *personalizing* them—that is, using them in sentences reflecting your own circumstances.

ESTRUCTURAS

Práctica

21. Cosas que pasan Look at the illustrations and describe what is happening, using **por** or **para**.

1. Fuimos _por autobús (ómnibus)_ a la capital.

2. Daniel salió _por la ventana_.

3. La torta es _para Ana_.

4. Luisa va a estar en San Juan _por dos meses_.

5. Jorge pagó 35 _dólares por_ el vino.

6. Eva sale mañana _por la mañana_.

22. Planes Complete the following description of a trip to Mexico, using **por** and **para**.

Roberto y yo salimos _para_ Cancún la semana próxima. Vamos a viajar _por_ avión. Tenemos pasajes _para_ el sábado _por_ la mañana. Pagamos tres mil dólares _por_ el pasaje, pero como pensamos pasar _por_ Guatemala, donde vamos a estar _por_ unos días, no es muy caro. Mañana _por_ la tarde vamos a la tienda _para_ comprar algunos regalos _para_ nuestros amigos mexicanos. Desde Guatemala vamos a llamar _por_ teléfono a nuestros amigos en Cancún y ellos van a ir al aeropuerto _por_ nosotros.

23. ¿Por o para? Use **por** or **para** to finish each of the following. Add the necessary words to complete the sentences. When you have finished, join one of your classmates and compare your work.

1. Llamé al gerente…
2. Mis clases son…
3. Necesito dinero…
4. Mi hermano estudia…
5. No tengo la llave. Voy a entrar…
6. El lunes salgo…
7. Siempre viajo…
8. Hoy mis padres vienen…
9. ¿Cuánto pagaste… ?
10. No vinimos a clase…
11. Los regalos son…
12. ¿A qué hora son los viajes… ?
13. Necesito volver de mi viaje…
14. Vamos a estar en la capital…

Para conversar

24. De viaje Plan a trip to Puerto Rico with a classmate. Using the paragraph in Activity 23 as a model, describe your travel plans.

5 Formation of adverbs (La formación de los adverbios)

> Most Spanish adverbs are formed by adding **-mente** (the equivalent of the English *-ly*) to the adjective.

especial	*special*	especial**mente**	*especially*
reciente	*recent*	reciente**mente**	*recently*
general	*general*	general**mente**	*generally*
probable	*probable*	probable**mente**	*probably*

> Adjectives ending in **-o** change the **-o** to **-a** before adding **-mente.**

lento	*slow*	lent**amente**	*slowly*
rápido	*rapid*	rápid**amente**	*rapidly*
desafortunado	*unfortunate*	desafortunad**amente**	*unfortunately*

> If two or more adverbs are used together, both change the **-o** to **-a,** but only the last adverb takes the **-mente** ending.

Habló clara y **lentamente.**   *He spoke clearly and slowly.*

> If the adjective has an accent, the adverb retains it.

fácil   **fácilmente**

Camina **lentamente.**

Práctica

25. De adjetivos a adverbios Change the following adjectives to adverbs.

1. fácil fácilmente
2. feliz felizmente
3. claro *(clear)* claramente
4. raro *(rare)* raramente
5. necesario necesariamente

6. frecuente *(frequent)* frecuentemente
7. triste tristemente
8. trágico *(tragic)* trágicamente
9. alegre *(merry)* alegremente
10. desgraciado desgraciadamente

26. ¿Qué dice Sergio? Complete the following sentences with appropriate adverbs.

1. El profesor de español habla ____lenta____ y ____claramente____. Por eso lo entiendo.
2. Yo ____generalmente____ voy al banco los lunes.
3. Mi abuela camina muy ____lentamente____.
4. ____Desgraciadamente____ no tengo dinero para pagar los impuestos.
5. Mis padres ____raramente____ van a fiestas. No les gustan las fiestas.
6. Yo visito a mis padres ____frecuentemente____; por lo menos, dos o tres veces por semana.
7. El pobre Carlos me habló ____tristemente____ de sus deudas.
8. Los regalos son ____especialmente____ para Rita porque hoy es su cumpleaños.
9. Los niños corren ____rápidamente____.
10. ____Probablemente____ no voy a poder ir al viaje porque tengo que trabajar.

27. ¡Habla con tu compañero(a)! Interview a classmate, using the following questions and two of your own. Include adverbs in your responses. When you have finished, switch roles.

1. ¿A qué hora sales de tu casa por la mañana?
2. ¿Tú y tu familia van de compras juntos?

3. ¿Tú ves a tus abuelos a menudo *(often)*?
4. ¿Vas al teatro a menudo?
5. ¿Tú tienes mucho dinero?

Para conversar

28. Lo que hacemos With a classmate, discuss what you frequently do, rarely do, and what, unfortunately, you can't do.

Modelo   —*Yo raramente visito a mis abuelos.*

▶ ¡Vamos a ver!

Antes de ver el video

29. Preguntas You and a classmate, take turns asking and answering the following questions.

1. ¿Tú vives en una calle o en una avenida?
2. ¿Tú desayunas solo(a), con un(a) compañero(a) de cuarto o con tu familia?
3. ¿A quién le cuentas tú lo que te pasa *(happens)*?
4. ¿Cuándo fue la última vez *(the last time)* que fuiste a la tintorería *(dry cleaner)*?
5. ¿Prefieres tener un coche o una motocicleta? Si tú conduces, ¿estacionas a veces frente a una boca de incendios?
6. ¿Te dieron una multa alguna vez? ¿por qué?
7. La última vez que fuiste al banco, ¿depositaste dinero en tu cuenta de ahorros o en tu cuenta corriente?
8. ¿Le compraste un regalo a alguien? ¿Se lo diste? ¿Le gustó?
9. Si tienes peces de colores *(gold fish)* y les das demasiada comida, ¿qué les va a pasar?
10. ¿Tú eres supersticioso(a)? ¿Piensas salir de tu casa el próximo viernes 13?

El video: Un martes 13

—¿Fuiste a la tinteroría a recoger tus pantalones?

—Sí… ese fue mi primer problema…

—Estacioné la motocicleta frente a una boca de incendios y un policía me dio una multa.

—¡Pobrecito!

—Bueno… desgraciadamente es alérgica a las flores…

—¡Ay, Edwin! ¡Qué desastre!

Después de ver el video

Mamá

Edwin

30. ¿Quién lo dice? Identify the person who said each of the following in the dialogue.

1. ¿Fuiste a la tintorería a recoger tus pantalones *(pants)?* Mamá
2. Después pedí un préstamo, pero no me lo dieron. Edwin
3. Tu papá tampoco consiguió el préstamo que pidió. Mamá
4. Después compré dos peces de colores para Martita. Edwin
5. ¿Compraste el regalo para tu novia? Mamá
6. Sí, pero su ex novio le regaló una enciclopedia. Edwin
7. En fin... fui a la florería y le compré un ramo de rosas. Edwin
8. Pero tú tienes una moto casi nueva. Mamá
9. ¡Ya sé por qué pasó todo eso! ¡Ayer fue martes trece! Mamá
10. ¡Pero el próximo martes trece no salgo de casa! Edwin

31. Hablemos. With a classmate, take turns asking and answering the following questions. Base your answers on the dialogue.

1. ¿Edwin durmió bien anoche? No, no durmió muy bien.
2. ¿Qué le está contando Edwin a su mamá? Le está contando todo lo que le pasó ayer.
3. ¿Para qué fue Edwin a la tintorería? Fue a recoger sus pantalones.
4. ¿Por qué le dio el policía una multa a Edwin? Porque estacionó su motocicleta frente a una boca de incendios.
5. ¿En qué cuentas depositó Edwin dinero? Depositó el dinero en su cuenta corriente y en su cuenta de ahorros.
6. ¿Consiguió el papá de Edwin el préstamo que pidió? No, no lo consiguió.
7. ¿Qué compró Edwin para Martita? ¿Qué les pasó a los peces? Compró dos peces de colores. Los peces murieron.
8. ¿Qué compró Edwin en la florería? Compró un ramo de rosas.
9. ¿Para qué tiene que ahorrar dinero Edwin? Tiene que ahorrar dinero para comprar una motocicleta.
10. ¿Qué no piensa hacer Edwin el próximo martes trece? No piensa salir de su casa.

32. ¿Qué pasa después... ? You and a classmate, use your imagination to say what the characters do. In Spanish, discuss the following.

1. Three or four things that you think happened to Edwin's mother yesterday.
2. How much money you think Edwin deposited in his savings account and in his checking account.
3. How much money he applied for and whether or not he is going to apply for another loan.
4. Whether or not Edwin bought another present for his girlfriend. What?
5. Whether or not Edwin saves enough **(suficiente)** money to buy another motorcycle.
6. What you think Edwin is going to do next Tuesday the thirteenth.
7. How much he paid for the ticket and whether he ever parked in front of a fire hydrant again.

Now compare your statements with those of the members of another group.

¡Vamos a escuchar!

> **ESTRATEGIA** **Guessing meaning from context** When you listen to speech, you can use informed guesswork to figure out the approximate meaning of an unknown word or phrase, just as you have been learning to do when reading. Use your knowledge of the topic and the words you do know to help you decipher unfamiliar words.

CD 2-12 **33. ¿Qué significa?** You will listen to three commercials for different products and services. Guess the meanings of the following words and phrases.

Commercial 1:

a. mándale   b. va a quedar encantada

Commercial 2:

a. perrito   c. venga

b. gatito   d. cuidarlos

Commercial 3:

a. bancarios   b. estamos a su disposición

> **ESTRATEGIA** **Paraphrasing practice I** In **A conversar...** of **Lección 7**, you were introduced to the technique of simplifying statements in your own words. This helps you manage a conversation by confirming that you understand. The following is the first of four activities in which you will practice paraphrasing what you hear.

¡Vamos a conversar!

34. ¿Qué dice? Listen to the following sentences and restate them in a simpler way in your own words. Then compare your responses with those of a classmate.

CD 2-13

Modelo *You hear:* Me resulta imposible sacar dinero del cajero automático. Parece que está roto o fuera de servicio.
Simple paraphrase: No puedo sacar dinero del cajero automático porque no funciona.

35. ¿Qué dices tú? What would you say in the following situations? What might the other person say? Act out the scenes with a classmate. Take turns playing each role.

1. Mention four transactions that people can make at a bank.
2. You ask Mrs. López if she got the loan that she asked for at the bank.
3. You ask a friend if she prefers to pay with a credit card, with a check, or in cash when she goes to the store.
4. A young man wants to send flowers to his girlfriend. Make suggestions about what kind of flowers to send.
5. You are talking to a friend about your activities last week. Mention several things you did and places you went to. Mention whether or not you gave a party.

33. ¿Qué significa? Answers
Commercial 1: a. send her b. she will be delighted (enchanted); *Commercial 2:* a. little dog b. little cat c. come d. to take care of them; *Commercial 3:* a. banking *(adj.)* b. we are at your service

34. ¿Qué dice? Answers *Answers will vary. Some possibilities:* 1. Ya era hora de que le concedieran el préstamo a Francisco. **Francisco ya recibió el préstamo. (Ya le dieron el préstamo a Francisco.)** 2. Lo que pasó fue que el policía me dio una multa porque vio que estacioné frente a una boca de incendios. **Estacioné frente a una boca de incendios y el policía me dio una multa.** 3. Las rosas siempre le causan una fuerte reacción dermatológica a Arturo. **Arturo es alérgico a las rosas.** 4. Como llegué a casa a las nueve, mis padres, que siempre cenan a las ocho, cenaron sin mí y yo cené solo. **Yo cené solo porque mis padres cenaron a las ocho y yo llegué a las nueve.** 5. Mi novio me ha dado varios regalos el día de mi cumpleaños: una película en DVD, un aparato para escuchar música en discos compactos y además, me regaló dos entradas para el concierto de Chayanne. **Mi novio me dio varios regalos en mi cumpleaños: un DVD y un reproductor de discos compactos. Además vamos (a ir) a ver a Chayanne. (Mi novio me regaló varias cosas en mi cumpleaños...)**

35. ¿Qué dices tú? Answers
1. *Answers will vary.*
2. Señora López, ¿consiguió el préstamo que pidió en el banco? 3. Cuando tú vas a la tienda, ¿prefieres pagar con una tarjeta de crédito, con un cheque o en efectivo?
4–5. *Answers will vary.*

36. Para conocernos mejor To do this activity, work with a classmate whom you would like to get to know. Take turns asking each other these questions.

1. ¿Fuiste al banco la semana pasada? ¿Depositaste dinero? ¿Cobraste un cheque? ¿Sacaste dinero del cajero automático? ¿Solicitaste un préstamo?

36. Para conocernos mejor
Suggestion Have students ask you the same questions, using the **Ud.** form.

2. ¿Compraste algún regalo el mes pasado? (¿para quién? ¿Le gustó a esa persona el regalo?) ¿y tú? ¿Recibiste algún regalo?

3. ¿Compras flores frecuentemente? ¿Cuáles son tus flores favoritas? ¿Cuáles son las flores favoritas de tu mamá?

4. ¿Te gustan las motocicletas? ¿Tienes una? Muchas personas dicen que las motocicletas son peligrosas *(dangerous)*. ¿Qué piensas tú? ¿Son peligrosas o no?

5. Si tu mejor amigo(a) necesita dinero, ¿tú se lo prestas? Y si tú necesitas dinero, ¿tu mejor amigo(a) te lo presta?

6. ¿Cuándo fue la última vez que tú diste una fiesta? ¿Cuándo fue la última vez que fuiste a una fiesta?

7. ¿Te dieron una multa alguna vez? ¿Te estacionas frente a una boca de incendios alguna vez?

8. ¿Qué diligencias tienes que hacer la semana próxima? ¿Tienes que trabajar mañana o tienes el día libre?

37. Una actividad para toda la clase

Bancos y florerías It's a day for running errands in the classroom.

Step 1: There will be two or three banks and two or three flower shops. Each will have three or four employees. The rest of the students will be customers.

Step 2: The employees and customers will make transactions and ask and answer questions. The customers will complain about the service.

michaeljung/Shutterstock.com

Rincón literario

Alfonsina Storni (Argentina: 1892–1938)

Prisma VWPics/Superstock

Alfonsina Storni, una de las poetisas más importantes del período modernista, fue lo que hoy llamamos una feminista, una mujer de ideas liberales que luchó° contra los prejuicios y las convenciones sociales de su época por conseguir una mayor libertad para la mujer. Fue actriz de teatro, maestra rural y profesora de literatura.

fought

Su poesía es a veces torturada, intelectual y de ritmos duros. En ella se refleja su idea de que la mujer, a pesar de ser igual que el hombre, vive en una especie de esclavitud° con respecto a este.

slavery

El final de la vida de Alfonsina Storni fue trágico. Al saber que tenía cáncer, escribió un breve poema que tituló "Voy a dormir", y se suicidó en el mar. Su muerte° inspiró la famosa canción "Alfonsina y el mar". Entre sus libros de poemas podemos mencionar *El dulce daño, Ocre*, considerado por muchos críticos como el mejor, *Mundo de siete pozos y Macarilla y trébol.*

death

Antes de leer

> **ESTRATEGIA** **Reading poetry** Just as in the case of short stories or essays, paying attention to a poem's title and skimming through it can help you understand it. In poetry, the rhyme, the symbols and images, and sometimes the repetition of certain sounds, words, or phrases give the reader what is necessary to aid comprehension and to appreciate the work.

El poema

1. The title of the poem is "Cuadrados y ángulos." What do these words mean to you?
2. What words are repeated throughout the poem?
3. Read the poem aloud in order to sense the feeling of *sameness* that expresses the lack of originality the poet wants to convey.

Cuadrados y ángulos

Casas enfiladas°, casas enfiladas,
casas enfiladas,
cuadrados°, cuadrados, cuadrados,
casas enfiladas.
Las gentes ya tienen el alma° cuadrada,
ideas en fila,
y ángulo en la espalda°;
yo misma he vertido° ayer una lágrima°
Dios mío°, cuadrada.

in a row

squares

soul

back

have shed / tear

Dios... my God

Alfonsina Storni, "Cuadrados y ángulos," *El dulce daño* (1918).

38. **Comprensión** As you read the poem, find the answers to the following questions.

1. ¿Cómo están las casas?
2. ¿Qué formas geométricas usa la poetisa?
3. Según la poetisa, ¿cómo es el alma de las gentes?
4. ¿Qué dice de las ideas?
5. ¿Qué ha vertido la poetisa?

38. Comprensión Answers 1. Enfiladas
2. Cuadrados y ángulos 3. Cuadrada
4. Que están en fila 5. Una lágrima cuadrada

Después de leer... reflexiones

39. **Preguntas** In groups of three, have a conversation about the following.

1. ¿Prefieren ustedes vivir en una vecindad *(neighborhood)* en la que las casas son iguales o muy similares o en una vecindad en la que todas las casas son diferentes y originales? ¿por qué?
2. Generalmente, ¿ustedes prefieren pensar como la mayoría de la gente o prefieren ser individualistas? ¿por qué?

¡Vamos a escribir!

Antes de escribir

> **ESTRATEGIA** **Brainstorming and organizing** When getting ready to write, you should think about your main topic and two or three subtopics. Jot down everything that comes to mind, and then try to organize your ideas and, if applicable, a sequence of events.

¡A escribir!

40. **Mis ideas** Write the **primer borrador** (first draft) of your essay. You will write two or three paragraphs describing how you think and how you live your life. Do you generally try to agree **(tratas de estar de acuerdo)** with what other people think or do you have a tendency to think and do things your own way? Do you work well with others? Do you accept other people's ideas easily or not? Do you try to impose **(imponer)** your ideas on them?

Después de escribir

41. **¡A revisar!** Before writing the final version of your essay, exchange your first draft with a classmate's and peer edit each other's work, using the following guidelines:

a. correct use of verbs
b. organization according to ideas

EL MUNDO HISPÁNICO Y TÚ

Suggestion After students read all the information in this section, ask what aspects interest them the most. Then have them go to the Web and get additional information about those aspects.

Puerto Rico

Puerto Rico es ideal para pasar unos días. Allí vas a necesitar un traje de baño *(swimsuit),* pero no vas a necesitar pasaporte. ¿Recuerdas? Puerto Rico es un Estado Libre Asociado *(Commonwealth)* de los Estados Unidos. Además, es el único país hispano donde el español y el inglés son idiomas oficiales. Sus hermosas playas, sus barrios y edificios coloniales, sus modernas ciudades, un bosque tropical y San Juan, su capital, son atracciones para el turista.

Los puertorriqueños llaman a la isla *Borinquen*, nombre que viene de los primitivos habitantes de la isla, los indios taínos. Su cultura es una mezcla de las tradiciones indígenas, españolas, africanas, y de la cultura de los Estados Unidos.

Online Cultural Questions In Instructor Resources, there are 100 questions covering the cultural material found in these sections. These can be used in written quizzes, as part of the final oral exam, or as part of an end-of-term contest.

M. Timothy O'Keefe / Alamy

© kai hecker/Shutterstock.com

La economía y el turismo

Actualmente, la economía del país depende del turismo y de la industria. Sin embargo, debido a la crisis mundial y a las malas políticas económicas del gobierno, el país tiene hoy una enorme deuda pública. Además, aunque los puertorriqueños son ciudadanos de los EE.UU., no pagan impuesto federal.

La economía de Puerto Rico es una de las más diversas de toda Latinoamérica. Numerosas empresas multinacionales tienen en el país industrias electrónicas, farmacéuticas, textiles y biotecnológicas.

Los miles de turistas que visitan Puerto Rico todos los años, en busca de *(looking for)* su sol y sus playas, o para admirar la arquitectura colonial de El Viejo San Juan o el bosque tropical El Yunque, dejan millones de dólares en sus hoteles, restaurantes y centros de diversión.

La música

La música tradicional puertorriqueña es la **plena,** una canción que cuenta los eventos de la vida diaria, como los corridos mexicanos.

La música actual es una combinación de los ritmos puertorriqueños con la música de Cuba, los Estados Unidos, Jamaica, etc.

La **salsa** nació *(was born)* en Nueva York entre los emigrantes de Puerto Rico y Cuba. Es muy rítmica y está hecha *(made)* para bailar.

Fotomaton / Alamy

En la década de los noventa, apareció el **reguetón,** un género derivado del *reggae* de Jamaica, del hip-hop norteamericano y de diferentes ritmos puertorriqueños.

La comida

La comida puertorriqueña es una combinación de las comidas de los taínos, de los esclavos africanos y de la comida española y americana. Algunos de los platos típicos de la cocina puertorriqueña

Steve Manson/iStock/Getty Images

son los **asopaos** (arroz con pollo, carne o pescado), el sancocho (sopa de vegetales y carne) y el **mofongo** (puré de plátanos verdes con carne o pollo). Por supuesto, vas a encontrar comida internacional en los muchos restaurantes de la isla.

El Viejo San Juan

El Viejo San Juan es uno de los barrios coloniales de Hispanoamérica mejor conservados. Se identifica por sus calles de adoquines *(paving stones),* sus edificios de diferentes colores, sus plazas, museos y galerías de arte, tiendas y restaurantes.

El Yunque

El Yunque es un bosque tropical situado al este de San Juan. Tiene muchas caídas de agua, gran variedad de plantas, orquídeas, helechos, árboles y diferentes especies de animales. El más famoso de ellos es el **coquí**, una pequeña ranita que es el símbolo de Puerto Rico.

Otras atracciones turísticas de Puerto Rico son sus playas, sus casinos y su intensa vida nocturna.

Háganse preguntas

The class will be divided into groups of 3 or 4 students. The instructor will assign one of the six items of information presented here to each group. The members in each group will prepare questions about the item assigned to them to ask the rest of the class.

iLrn™

To learn more about Puerto Rico, watch the cultural footage in the Media Library.

AUTOPRUEBA

¿Cuánto sé ahora?

Take this test. When you have finished, check your answers in the answer key provided in Appendix D. Then use a red pen to correct any mistakes you may have made. Are you ready?

A. Direct and indirect object pronouns used together Complete the following sentences using the Spanish equivalents of the words in parentheses.

1. Yo compré un ramo de margaritas y _____se lo mandé_____. *(sent it to her)*

2. Yo necesito mi chequera. ¿Tú _____me la puedes traer_____? *(can bring it to me)*

3. Nosotros necesitamos la computadora. Ana _____puede prestárnosla_____. *(can lend it to us)*

4. Si tú quieres mis valijas, yo _____puedo dártelas_____. *(can give them to you)*

5. Yo sé que ustedes necesitan los cheques, pero yo _____no puedo traérselos_____. *(cannot bring them to you)*

6. Cuando mi hermano necesita dinero, yo _____se lo mando_____. *(send it to him)*

B. Preterite of *ir, ser,* and *dar* Change all verbs to the preterite.

1. Yo voy a su casa y le doy el recibo. fui / di

2. Nosotros somos sus estudiantes. Ella es nuestra profesora favorita. fuimos / fue

3. Teresa va a la florería y nosotros le damos el dinero para comprar rosas. fue / dimos

4. ¿Tú eres estudiante de la doctora Fuentes? fuiste

5. Tu vas al teatro con Nora y nosotros vamos al baile con Fernando. fuiste / fuimos

6. Ellos le dan un ramo de claveles para su cumpleaños. dieron

7. El banco no le da el préstamo y tú no le das dinero. dio / diste

8. ¿Qué le dan ustedes a su mamá? dieron

C. Preterite of *e:i* and *o:u* stem-changing verbs Complete the following sentences, using the preterite tense of the verbs listed below, as needed.

   mentir   dormir   seguir   conseguir   pedir   repetir   morir   servir

1. ¿_____Durmieron_____ ellos en el hotel el jueves?

2. Los chicos _____siguieron_____ a sus amigos a la tienda.

3. Nosotros _____servimos_____ sándwiches de jamón y queso.

4. Ella me _____mintió_____. No tiene veinte años.

5. ¿No _____consiguió_____ Ud. el dinero para ir de vacaciones?

6. ¿Qué le _____pidieron_____ los niños a Santa Claus?

7. El hombre _____murió_____ en un accidente.

8. Ella me _____repitió_____ la pregunta.

9. Anoche yo _____dormí_____ bien, pero Ana _____durmió_____ muy mal.

10. ¿Ud. _____pidió_____ un préstamo en el banco ayer?

D. Uses of *por* and *para* Complete the following, using *por* and *para*.

En San Juan vamos a llamar (1)____por____ teléfono a nuestra amiga Julia, que estudia allí (2)____para____ abogada. Ella va a venir (3)____por____ nosotros. Tenemos que regresar (4)____para____ el treinta de agosto (5)____para____ empezar las clases. (6)____Para____ pagar (7)____por____ el viaje y (8)____por____ los regalos que compramos (9)____para____ nuestros padres, vamos a pedir un préstamo en el banco.

E. Formation of adverbs Give the Spanish equivalents of the adverbs in parentheses.

1. Me gustan las flores, _especialmente_ las rosas. *(especially)*
2. Yo _frecuentemente_ voy a conciertos. *(frequently)*
3. El profesor habló ____lenta____ y ___claramente___ . *(slowly and clearly)*
4. Vino a verme _recientemente_ . *(recently)*
5. _Generalmente_ voy al banco los sábados. *(Generally)*
6. _Desafortunadamente_ no tengo dinero. *(Unfortunately)*

F. Just words . . . Choose the word or phrase that does not belong in each group.

1. girasol — geranio — (préstamo)
2. (fechar) — estacionar — aparcar
3. de modo que — de manera que — (creo que)
4. No trabajo. — (Trabajo.) — Tengo el día libre.
5. pedir — (parquear) — solicitar
6. (hidrante) — orquídeas — pensamientos
7. flores — jardín — (talonario de cheques)
8. (estacionar) — fechar — firmar
9. incendio — (gerente) — fuego
10. (boca de incendios) — banco — cajero automático
11. (multa) — tulipán — lila
12. por desgracia — (al contado) — desafortunadamente
13. saldo — cuenta de ahorros — (fuego)
14. cuenta corriente — (ramo) — presupuesto

G. Cultura

1. Complete the following, based on the information found in the **¿Tú lo sabías?** sections.
   a. Cada nación latinoamericana tiene un banco ____central____ .
   b. Muchos bancos latinoamericanos tienen su propia ____tarjeta____ de crédito.
2. Complete the following, based on the **El mundo hispánico y tú** section.
   a. Puerto Rico es un Estado Libre ____Asociado____ de los Estados Unidos.
   b. Una importante fuente de ingreso de Puerto Rico es el ____turismo____ .

H. Un dicho Do you remember the Spanish saying that is equivalent to "Those were the good old days"? Find it in this lesson. Todo tiempo pasado fue mejor.

PREPARATIVOS PARA UNA FIESTA

Celebrando un aniversario de bodas

OBJETIVOS COMUNICATIVOS

You will learn vocabulary related to shopping for groceries, meal preparation, and daily routines.

SITUACIONES

¡Feliz aniversario!

ESTRUCTURAS

1 Reflexive constructions
2 Some uses of the definite article
3 Possessive pronouns
4 Irregular preterites
5 **Hace...** meaning *ago*

ASÍ SOMOS

▶ **¡Vamos a ver!**
Watching and understanding situations

¡Vamos a escuchar!
Dealing with fast speech

¡Vamos a conversar!
Using pauses to manage a conversation

Rincón literario
Skimming for key information
La señorita Julia by Ana Cortesi

¡Vamos a escribir!
Organize ideas in order of importance

EL MUNDO HISPÁNICO Y TÚ

› Cuba

› La República Dominicana

AUTOPRUEBA

You will review what you learned in this lesson.

Robert Nicholas/OJO Images/Getty Images

Activity Suggestion Use this and the opener photo to introduce the lesson theme. Ask your students:
1. ¿Cuándo es el aniversario de bodas de tus padres?
2. ¿Cómo celebraste tu cumpleaños el año pasado?
3. Tú estás en esta fiesta de aniversario de tus padres. ¿Crees que lo vas a pasar bien o no? ¿por qué?

CUBA es la mayor de las islas del archipiélago de las Antillas. Su figura es similar a la de un cocodrilo y, como es larga y estrecha *(narrow)*, tiene extensas costas en las cuales hay playas de gran belleza *(beauty)*. Muchos llaman a Cuba "la Perla de las Antillas".

LA REPÚBLICA DOMINICANA es parte de la isla que Colón llamó La Española. Tiene una naturaleza extraordinaria, fascinante historia y gran riqueza cultural. Es un destino turístico sin igual. Sus hermosas playas, como Punta Cana, La Romana y Puerto Plata, atraen millones de turistas todos los años.

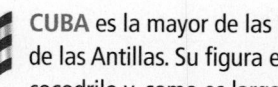

Roxana Gonzalez / Shutterstock.com

El Malecón, la avenida más famosa de la Havana

Petr Kopka / Shutterstock.com

La Playa Bávaro en Punta Cana

🔊 ¡Feliz aniversario!
CD2-14

▶ **¡Ubíquelos!**

Don Carlos lives with his family in Santo Domingo, the capital of the Dominican Republic, but still misses his native Cuba. When you watch this video, you will get a sense of the places he remembers. You will also see places that are now part of their lives.

Matelly/Cultura/Getty Images

g-stockstudio/Shutterstock

Don Carlos Ferreyra y su esposa, doña Consuelo, celebran sus bodas de oro. Ellos viven ahora en Santo Domingo, la capital de la República Dominicana, con su hija Noemí y su yerno Daniel y sus tres nietos, Graciela, Alberto y Teresa. Don Carlos y su esposa vinieron de Cuba hace más de cuarenta años, después de la revolución castrista[1]. A veces los dos extrañan los lugares donde nacieron y donde pasaron su infancia y su juventud: La Habana, Camagüey, Pinar del Río... Graciela, Alberto y Teresa están ahora en un supermercado, haciendo las compras.

GRACIELA: *(A Teresa)* ¿Trajiste la lista que te dio mamá?

TERESA: ¡Ay, no! ¡Me olvidé de traerla! La puse en mi otra cartera... pero me acuerdo de todas las cosas que necesitamos.

ALBERTO: Yo también: manzanas, naranjas, mangos, plátanos, uvas, aguacates...

TERESA: Y verduras: cebolla, lechuga, pepinos, zanahorias...

GRACIELA: ¡No podemos acordarnos de todo! A ver... azúcar, tres latas de salsa de tomate, pan, mantequilla...

TERESA: ¡Ay, chicos! ¡Yo tengo la culpa! ¡Y mamá está contando con nosotros!

ALBERTO: Yo la ayudé. Es verdad que me levanté un poco tarde, pero... fui a la pescadería y traje el pescado que le gusta al abuelo.

GRACIELA: ¡Yo me levanté a las seis! ¡Y tuve solamente dos horas para bañarme, lavarme la cabeza y vestirme!

TERESA: ¡Pobrecita! Yo me levanté muy temprano, ¡a pesar de que no me acosté hasta la medianoche!

Los chicos terminan de hacer las compras y están listos para pagar.

ALBERTO: *(A Teresa)* ¿Tú tienes tu tarjeta de crédito? La mía está en mi billetera, que está en mi cuarto.

[1]de Fidel Castro, líder de la revolución cubana

TERESA: ¡La mía está en mi otra cartera! Graciela, ¿tú tienes la tuya?

GRACIELA: No... ¿No te acuerdas que yo perdí la mía hace una semana?

TERESA: Vamos a tener que llamar a mamá...

Por la noche, todos se divierten en la fiesta. Alberto toca la guitarra y Graciela canta unas canciones cubanas. Don Carlos recita un poema de José Martí. A las dos de la mañana, los invitados se van.

NOEMÍ: *(A sus tres hijos)* Todo estuvo muy bien pero, de ahora en adelante, ¡yo hago las compras en el supermercado!

¿Tú lo sabías?

En los países hispanos frecuentemente hay dos o más generaciones que viven en la misma *(same)* casa. Los abuelos, por ejemplo, muchas veces viven con sus hijos y contribuyen al cuidado *(care)* de los niños. Muy raramente las personas mayores viven en una casa de ancianos *(nursing home)*.

> **En este país, ¿las personas mayores generalmente viven con sus hijos o en una casa de ancianos?**

---

1. Hablemos. With a classmate, take turns asking and answering the following questions. Base your answers on the dialogue and on your own circumstances.

En el diálogo

1. ¿Dónde pasaron su infancia don Carlos y doña Consuelo?
2. ¿Qué extrañan ellos?
3. ¿De qué se olvidó Teresa? ¿De qué se acuerda?
4. ¿Qué verduras va a comprar Teresa?
5. ¿Qué compró Alberto? ¿Dónde lo compró?
6. ¿A qué hora se levantó Graciela?
7. ¿Dónde tiene Alberto su tarjeta de crédito?
8. ¿Qué perdió Graciela hace una semana?
9. ¿Quién tocó la guitarra en la fiesta?
10. ¿Qué recitó don Carlos?

¿Y tú?

1. ¿Dónde pasaste tu niñez?
2. ¿Qué extrañas tú? ¿Extrañas a alguien?
3. ¿Tú te olvidas de muchas cosas o siempre te acuerdas de todo?
4. ¿Qué verduras te gustan a ti?
5. ¿Tú compras pescado a veces? ¿Dónde lo compras?
6. ¿A qué hora te levantas tú? ¿A qué hora te acuestas? (Me levanto / Me acuesto...)
7. ¿Tú tienes tarjetas de crédito? ¿Las usas frecuentemente?
8. ¿Tú perdiste algo recientemente? ¿Qué?
9. ¿Tú tocas algún instrumento? ¿Cuál es tu favorito?
10. ¿Te gusta leer poemas? ¿Quién es tu poeta favorito?

1. Hablemos Expansion Have students ask you the same questions. Always give them the wrong answers and have them correct you.

1. Hablemos Answers 1. Pasaron su infancia en Cuba. 2. Extrañan los lugares donde nacieron y donde pasaron su infancia y su juventud. 3. Se olvidó de traer la lista. Se acuerda de todas las cosas que necesitan. 4. Va a comprar cebollas, lechuga, pepinos y zanahorias. 5. Compró pescado. Lo compró en la pescadería. 6. Se levantó a las seis. 7. La tiene en la billetera. 8. Perdió la tarjeta de crédito. 9. Alberto tocó la guitarra. 10. Recitó un poema de José Martí.

VOCABULARIO

🔊 En el diálogo

Cognados

el aniversario	anniversary
la guitarra	guitar
la lista	list
el mango	mango
la revolución	revolution
el supermercado	supermarket
el tomate	tomato

Nombres

el aguacate	avocado
el azúcar	sugar
la billetera	wallet
la boda	wedding
la canción	song
la cartera, el bolso	purse
la cebolla	onion
la infancia, la niñez	childhood
la juventud	youth
la lata, el bote (Méx.)	can
la lechuga	lettuce
el lugar	place
la mantequilla	butter
la medianoche	midnight
la naranja	orange
el oro	gold
el pepino	cucumber
la pescadería	fish store
el plátano, la banana	banana
pobrecito(a)	poor thing
la salsa	sauce
las uvas	grapes
la zanahoria	carrot

Verbos

acordarse (o:ue) (de)	to remember
acostarse (o:ue)	to go to bed
bañarse	to bathe
celebrar, festejar	to celebrate
divertirse (e:ie)	to have fun, to have a good time
extrañar	to miss
irse	to leave, to go away
levantarse	to get up
nacer	to be born
olvidarse (de)	to forget
recitar	to recite
tocar	to play (e.g., a musical instrument)
vestirse (e:i)	to get dressed

Otras palabras y expresiones

a pesar de que	in spite of the fact that
las bodas de oro	golden (wedding) anniversary
de ahora en adelante	from now on
hace una semana	a week ago
lavarse la cabeza	to wash one's hair
temprano	early
tener la culpa	to be at fault

Una adivinanza°   *riddle*

A un naranjo° me subí;°   *orange tree / I climbed*

naranjas encontré;

naranjas no comí;

naranjas no dejé.

¿Cuántas naranjas había° en el árbol?[1]   *were there*

[1]*Answer:* dos naranjas

© Georgios Alexandris/Shutterstock.com

¿Tú lo sabías?

La palabra **salsa** *(sauce, spice)* se usa también para referirse a la música caribeña. Actualmente este ritmo, basado en la música afrocubana, es muy popular en muchos países.

› **¿Cuáles son los ritmos típicos de este país?**

Más sobre el tema

el apio
el aceite
el durazno, el melocotón
la sandía
el vinagre
la margarina
la piña
el repollo
las fresas
el papel higiénico

Para hacer compras

la carnicería	meat market
la farmacia	pharmacy
la ferretería	hardware store
la joyería	jewelry store
la panadería	bakery
la zapatería	shoe store

Instrumentos musicales

la batería	drums
el clarinete	clarinet
el contrabajo	bass
la flauta	flute
el órgano	organ
el piano	piano
la trompeta	trumpet
el violín	violin

¿Tú lo sabías?

Aunque en la actualidad los supermercados son muy populares en los países de habla hispana, todavía es costumbre comprar en pequeñas tiendas especializadas en uno o dos productos: panadería, pescadería, etc. La mayoría de los pueblos tienen un mercado central, con pequeñas tiendas. Mucha gente todavía prefiere comprar en estos mercados donde los precios son más bajos y los clientes pueden regatear (bargain) con los vendedores (merchants).

❯ ¿Hay en su ciudad pequeñas tiendas que se especializan en dos o más productos? ¿Hay mercados al aire libre?

VOCABULARIO

Práctica

2. ¿Qué es? Write the words or phrases from the vocabulary that correspond to the following.

1. fruta cítrica ___naranja___
2. banana ___plátano___
3. celebrar ___festejar___
4. opuesto de acordarse ___olvidarse___
5. cartera ___bolso___
6. lugar donde compramos pescado ___pescadería___
7. infancia ___niñez___
8. las doce de la noche ___medianoche___

3. Para completar Complete the following sentences, using vocabulary from this lesson.

1. La ___revolución___ castrista empezó en Cuba en 1959.
2. Ellos ___celebran___ sus ___bodas___ de oro este año.
3. De ___ahora___ en adelante yo voy a estudiar más.
4. Voy a ___recitar___ un poema.
5. ¿Dónde tienes tu tarjeta de crédito: en la ___billetera___ o en la cartera?
6. Voy a comprar tres ___latas / botes___ de salsa de ___tomate___.
7. En el ___supermercado___ yo siempre compro muchas ___frutas___: mangos, aguacates, piñas y naranjas.
8. Cuando voy a la ___pescadería___ siempre compro salmón.

Para conversar

4. Habla con tu compañero(a) de clase. With a classmate, take turns asking and answering the following questions.

1. Para preparar una ensalada, ¿usas apio o repollo? ¿Tú le pones aceite y vinagre a la ensalada?
2. Cuando preparas una ensalada de frutas, ¿prefieres usar duraznos, sandía o fresas? ¿Usas piña y bananas?
3. Cuando comes pan tostado, ¿prefieres usar mantequilla o margarina? ¿Y cuando haces una torta?
4. ¿Qué días haces las compras en el supermercado? ¿Hay una panadería? ¿Y una carnicería?
5. La última vez (last time) que fuiste al supermercado, ¿te acordaste de comprar papel higiénico? ¿Qué te olvidaste de comprar?
6. ¿Cuándo fue la última vez que fuiste a una joyería? ¿A una zapatería? ¿Tú crees que hay más mujeres o más hombres que van a la ferretería?
7. ¿Tú tocas algún instrumento musical? ¿Te gusta más el violín, la batería o el contrabajo?
8. ¿Te gusta la música de jazz? ¿Prefieres aprender a tocar la trompeta, el clarinete o la flauta? Si uno sabe tocar el piano, ¿es fácil aprender a tocar el órgano?

Pronunciación

La entonación

Intonation refers to the variations in the pitch of your voice when you are talking. Intonation patterns in Spanish are different from those in English. Note the following regarding Spanish intonation.

1. For normal statements, the pitch generally rises on the first stressed syllable.

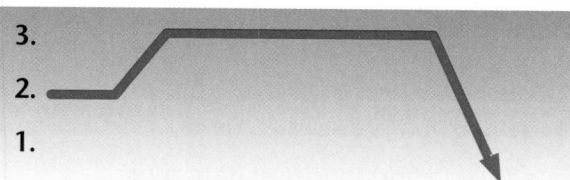

Yo compré el regalo para Elena.

2. For questions eliciting information, the pitch is highest on the stressed syllable of the interrogative pronoun.

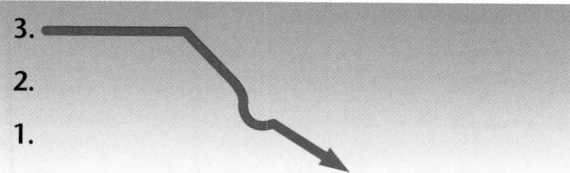

¿Cómo está tu mamá?

3. For questions that can be answered with **sí** or **no,** the pitch is generally highest on the last stressed syllable.

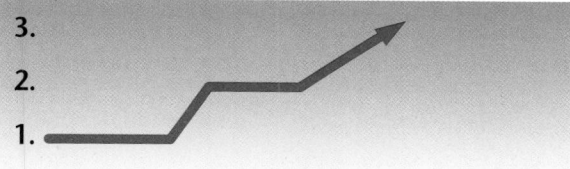

¿Fuiste al mercado ayer?

4. In exclamations, the pitch is highest on the first stressed syllable.

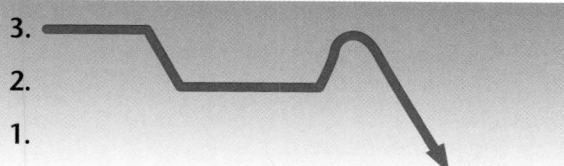

¡Qué bonita es esa chica!

Activity Suggestion Read the following sentences in random order and have students indicate which intonation pattern is used. You may also copy the sentences onto the board or an overhead transparency for additional practice in pronunciation.
1. ¿Dónde vive tu hermano? ¿Cuál es la puerta de salida para el vuelo a Caracas? ¿Qué hicieron tus amigos anoche?
2. ¿Tus padres hacen mucho por ti? ¿Van Uds. a casa de tía Eva?
3. ¡Por suerte gané la lotería! ¡Ah, sí! ¡Caramba! ¡Ya es tarde!

ESTRUCTURAS

1 Reflexive constructions (Construcciones reflexivas)

A. Reflexive pronouns

Subjects		Reflexive pronouns
yo	**me**	*myself, to (for) myself*
tú	**te**	*yourself, to (for) yourself (**tú** form)*
nosotros(as)	**nos**	*ourselves, to (for) ourselves*
vosotros(as)	**os**	*yourselves, to (for) yourselves (**vosotros** form)*
Ud.		*yourself, to (for) yourself (**Ud.** form)*
Uds.		*yourselves, to (for) yourselves (**Uds.** form)*
él		*himself, to (for) himself*
ella	**se**	*herself, to (for) herself*
		itself, to (for) itself
ellos, ellas		*themselves, to (for) themselves*

> Reflexive pronouns are used whenever the direct or indirect object is the same as the subject of the sentence.

> Note that except for **se**, the reflexive pronouns have the same forms as the direct and indirect object pronouns.

> The third-person singular and plural **se** is invariable.

> Reflexive pronouns are positioned in the sentence in the same manner as object pronouns. They are placed in front of a conjugated verb—**Yo *me* levanto**—or they may be attached to an infinitive or to a present participle: **Yo voy a levantar*me*. Yo estoy levantándo*me*.**

B. Reflexive verbs

> Many verbs can be made reflexive in Spanish: that is, they can be made to act upon the subject by the use of a reflexive pronoun.

lavarse	to wash oneself
Yo **me lavo.**	*I wash (myself).*
Tú **te lavas.**	*You wash (yourself). (**tú** form)*
Ud. **se lava.**	*You wash (yourself). (**Ud.** form)*
Él **se lava.**	*He washes (himself).*
Ella **se lava.**	*She washes (herself).*
Nosotros(as) **nos lavamos.**	*We wash (ourselves).*
Vosotros(as) **os laváis.**	*You wash (yourselves). (**vosotros** form)*
Uds. **se lavan.**	*You wash (yourselves). (**Uds.** form)*
Ellos **se lavan.**	*They (masc.) wash (themselves).*
Ellas **se lavan.**	*They (fem.) wash (themselves).*

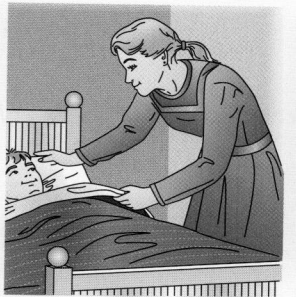
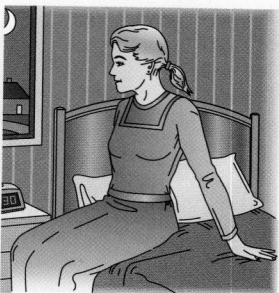

Julia baña al perro.   Julia se baña.   Elsa acuesta a su hijo a las siete.   Elsa se acuesta a las diez.

› In addition to the verbs included in the vocabulary list, the following verbs are commonly used in reflexive constructions.

afeitarse	to shave
cepillarse los dientes	to brush one's teeth
despertarse (e:ie)	to wake up
desvestirse (e:i)	to get undressed
peinarse	to comb one's hair
preocuparse (por)	to worry (about)
quejarse	to complain
sentarse (e:ie)	to sit (down)
sentirse (e:ie)	to feel (mood or physical condition)

—¿A qué hora **se acuestan** Uds.?   *What time do you go to bed?*
—Yo **me acuesto** a las diez y Ana   *I go to bed at ten and Ana*
 se acuesta a las doce.   *goes to bed at twelve.*

¡Atención! The Spanish reflexives are seldom translated using the reflexive pronouns in English: **Yo me acuesto** = *I go to bed.*

› The following verbs have different meanings when they are used with reflexive pronouns.

acostar (o:ue) *to put to bed*	acostarse *to go to bed*
dormir (o:ue) *to sleep*	dormirse *to fall asleep*
ir *to go*	irse *to go away, leave*
levantar *to raise, lift*	levantarse *to get up*
llamar *to call*	llamarse *to be called*
poner *to put, place*	ponerse *to put on*
probar (o:ue) *to try; to taste*	probarse *to try on*
quitar *to take away*	quitarse *to take off*

—¿A qué hora se **levantaron** Uds.?   *What time did you get up?*
—**Nos levantamos** muy temprano.   *We got up very early.*
—¿Ya **te vas**?   *Are you leaving already?*
—Sí, tengo que ir al mercado.   *Yes, I have to go to the market.*

Activity Suggestion Ask students personalized questions that use reflexive and non-reflexive verbs.

1. ¿Cuántas horas duermes generalmente?
2. ¿Qué haces cuando no puedes dormirte?
3. ¿Cómo se llama tu novio(a)?
4. ¿Lo (La) llamas frecuentemente por teléfono?
5. ¿Te gusta levantar pesas (weights)?
6. ¿Te gusta levantarte temprano por la mañana?
7. Cuando estás en casa con tu familia, ¿quién te despierta?
8. ¿Tu compañero(a) de cuarto se despierta temprano?
9. ¿A qué hora te despiertas los fines de semana?
10. ¿Generalmente te bañas por la mañana o por la noche?
11. ¿Te gusta bañar a tu perro / gato?
12. ¿Qué te pones cuando hace frío?
13. ¿Quién pone la mesa en tu casa?

ESTRUCTURAS

Summary of Personal Pronouns				
Subject	**Direct object**	**Indirect object**	**Reflexive**	**Object of prepositions**
yo	me	me	me	mí
tú	te	te	te	ti
usted (fem.)	la	le	se	usted
usted (masc.)	lo			usted
él	lo			él
ella	la			ella
nosotros(as)	nos	nos	nos	nosotros(as)
vosotros(as)	os	os	os	vosotros(as)
ustedes (fem.)	las	les	se	ustedes
ustedes (masc.)	los			ustedes
ellos	los			ellos
ellas	las			ellas

Práctica

5. **Todos los días** Indicate what you and your relatives do and how you feel, by adding the correct forms of the verbs in parentheses.

1. Mis hermanos __se afeitan__ (afeitarse) y __se peinan__ (peinarse) cuando van a salir.

2. Yo __me levanto__ (levantarse) a las seis de la mañana y __me acuesto__ (acostarse) a las once de la noche.

3. ¿Tú __te lavas__ (lavarse) la cabeza cuando __te bañas__ (bañarse)?

4. Rogelio __se despierta__ (despertarse) muy temprano, pero los sábados no __se levanta__ (levantarse) hasta las diez.

5. Carlos __se baña__ (bañarse), __se cepilla__ (cepillarse) los dientes y __se viste__ (vestirse) antes de salir.

6. Cuando nosotros vamos a la zapatería, siempre __nos probamos__ (probarse) muchos zapatos.

7. Eva __se sienta__ (sentarse) cerca de la puerta. Ana y yo __nos sentamos__ (sentarse) cerca de la pizarra.

8. Mis padres __se preocupan__ (preocuparse) por nosotros y nosotros __nos preocupamos__ (preocuparse) por ellos.

9. ¿Cómo __te sientes__ (sentirse), Anita? Yo no __me siento__ (sentirse) muy bien.

10. Yo nunca __me quejo__ (quejarse), pero Laura __se queja__ (quejarse) de todo.

11. Yo __me desvisto__ (desvestirse) y __me quito__ (quitarse) los zapatos (shoes) cuando llego a mi casa.

12. Yo a veces __me duermo__ (dormirse) mirando la tele.

> ▬▬ **Un dicho** ▮
> **Yo me lavo las manos.**
> Equivalent: *I wash my hands (of this).*

6. ¿Qué hacen? Say what these people are doing.

1. María _duerme_ bien.

2. Los estudiantes _se duermen_ en la clase.

3. Juan le _quita_ el dinero al niño.

4. Pepito _se quita_ el suéter.

5. Yo _levanto_ la _mano_ en la clase.

6. Yo _me levanto_ a las seis.

7. Rosa _pone_ el _plato_ en la _mesa_.

6. ¿Qué hacen? Activity Suggestion
After students describe the illustrations, have them say or write questions that would elicit the responses they have given: **María duerme bien. ¿Cómo duerme María?**

8. Rosa _se pone_ el vestido (*dress*).

7. ¿Y los demás? With a classmate, use your imaginations to compare what Alberto does to what the other people mentioned do. Take turns!

Alberto...

1. se levanta a las seis de la mañana y se acuesta a las once de la noche. (Yo)
2. se baña y se lava la cabeza por la noche. (Tú)
3. se cepilla los dientes dos veces al día. (Nosotros)
4. se preocupa por su hermano menor. (Mis amigos)
5. se despierta a las ocho los sábados. (Yo)
6. se sienta cerca de la pizarra cuando está en la clase. (Tú)
7. se queja cuando tiene que trabajar mucho. (Nosotros)
8. se llama Alberto Julián Ibarra. (Yo)
9. nunca se prueba la ropa antes de comprarla. (Las chicas)
10. no se siente muy bien hoy. (Tú)

ESTRUCTURAS

Para conversar

8. **¡Habla con tu compañero(a)!** Interview a classmate, using the following questions and two of your own. When you have finished, switch roles. You should answer in complete sentences with the correct pronouns.

1. ¿A qué hora te levantas tú generalmente? ¿y los sábados? ¿A qué hora te levantaste hoy?
2. ¿A qué hora te acuestas? ¿A qué hora te acostaste anoche? ¿Dormiste bien?
3. ¿Puedes bañarte y vestirte en diez minutos? ¿Te lavas la cabeza cuando te bañas? ¿Te bañas por la mañana o por la tarde?
4. ¿Te miras en el espejo para peinarte?
5. ¿Te acordaste de traer el libro de español hoy? ¿A veces te olvidas de traerlo?
6. ¿Cómo se llama tu mejor amigo(a)? ¿Cómo se llama tu abuelo? ¿y tu abuela?
7. ¿Se preocupan tus padres por ti? ¿Tú te preocupas por alguien? ¿Por quién?
8. ¿Qué te pones cuando hace frío: un suéter o un abrigo? Cuando llueve, ¿te pones un impermeable o usas un paraguas?
9. ¿Siempre te pruebas los zapatos antes de comprarlos?
10. ¿Te quitas los zapatos cuando llegas a tu casa? ¿Te gusta caminar sin *(without)* zapatos?

9. **El Sr. Vega** With a classmate, take turns asking "Mr. Vega" the same questions in Activity 9, to inquire about his circumstances. Pay attention to the pronouns.

2 Some uses of the definite article *(Algunos usos del artículo definido)*

The definite article has the following uses in Spanish.

› The possessive adjective is often replaced by the definite article. An indirect object pronoun or a reflexive pronoun (if the subject performs the action upon himself or herself) usually indicates who the possessor is. Note the use of the definite article in Spanish in the following specific situations indicating possession.

› With parts of the body

Voy a cortar**le el pelo.**	*I'm going to cut his hair.*
Me lavé **las manos.**	*I washed my hands.*

› With articles of clothing and personal belongings

¿**Te** quitaste **el abrigo**?	*Did you take off your coat?*
Ellos **se** quitaron **el suéter.**	*They took off their sweaters.*

¡Atención! The number of the subject and verb generally does not affect the number of the thing possessed. Spanish uses the singular to indicate that each person has only one of any particular object.

Ellas se quitaron **el abrigo.**	*They took off their coats.*
(Each one has one coat.)	
but: Ellas se quitaron **los zapatos.**	*They took off their shoes.*
(Each one has two shoes.)	

❯ The definite article is used with abstract and generic nouns.

Me gusta **el té**, pero prefiero **el café**.	*I like tea, but I prefer coffee.*
Las madres siempre se preocupan por sus hijos.	*Mothers always worry about their children.*
La educación es muy importante.	*Education is very important.*

❯ The definite article is used with certain nouns, including **cárcel** (*jail*), **iglesia** (*church*), and **escuela,** when they are preceded by a preposition.

—¿Vas a **la iglesia** los domingos?	*Do you go to church on Sundays?*
—No, voy a **la iglesia** los sábados.	*No, I go to church on Saturdays.*
—¿Dónde están los chicos?	*Where are the children?*
—Están en **la escuela.**	*They're at school.*
—¿Jorge está en **la cárcel?**	*Is Jorge in jail?*
—Sí, yo lo visito todas las semanas.	*Yes, I visit him every week.*

❯ Remember that the definite article is also used with days of the week, when indicating titles in indirect address, and when telling time.

El Sr. Vega viene **el sábado** a **las tres** de la tarde.	*Mr. Vega is coming on Saturday at three o' clock in the afternoon.*

Práctica

10. Minidiálogos Supply the Spanish equivalents of the words in parentheses. Then act out the dialogues with a classmate.

1. —¿Tú vas todos los domingos a ___la iglesia___? *(church)*
   —No, los domingos voy a ___la cárcel___ a visitar a un amigo de mi hijo. *(jail)*

2. —¿Tú hablas frecuentemente con ___el señor___ Silva? *(Mr.)*
   —No, pero hablo con su esposa, ___la doctora___ Álvarez. *(Dr.)*

3. —¿Qué dice ella de los problemas de ___la educación___? *(education)*
   —Ella dice que son muchos.

4. —¿Qué están haciendo ___la señorita___ Gómez y ___la señora___ Díaz? *(Miss / Mrs.)*
   —Se están poniendo ___el abrigo___ porque hace mucho frío. *(their coats)*

5. —Luisito, ¿dónde estás?
   —Estoy en el baño. Me estoy lavando ___las manos___. *(my hands)*

6. —Amalia, ¿cuándo es tu clase de piano?
   —Es ___el martes___ ___a las___ tres. *(on Tuesday / at)*

7. —___Los hombres___ conducen mejor que ___las mujeres___. *(Men / women)*
   —No, yo creo que ___las mujeres___ conducen mucho mejor. *(women)*

8. —¿Te gusta ___la comida___ italiana? *(food)*
   —Me encanta.

■ Un dicho ▌

Las apariencias engañan.
Equivalent: *Appearances are deceiving.*

ESTRUCTURAS

Para conversar

👥 **11. ¡Habla con tu compañero(a)!** With a classmate, take turns asking and answering the following questions in complete sentences.

1. ¿Qué te gusta más, el pescado o la carne? ¿Te gustan más las naranjas o las uvas?
2. ¿Qué te gusta más, el café o el té? ¿El agua mineral o los refrescos?
3. ¿Te lavas la cabeza todos los días? ¿Qué champú usas?
4. ¿Te quitas los zapatos cuando llegas a tu casa? ¿Te cambias de ropa?
5. ¿Te gustan los idiomas extranjeros *(foreign)*? ¿Te gusta más el francés o el español?
6. ¿Vas a la iglesia los domingos? ¿A qué hora vas? ¿Con quién vas?
7. ¿Qué es más importante para ti, el amor o el dinero?
8. ¿Quiénes conducen mejor, los hombres o las mujeres? ¿Quiénes son más eficientes?

3 Possessive pronouns (Pronombres posesivos)

Singular		Plural		
Masculine	**Feminine**	**Masculine**	**Feminine**	
el mío	la mía	los míos	las mías	*mine*
el tuyo	la tuya	los tuyos	las tuyas	*yours* (fam.)
el suyo	la suya	los suyos	las suyas	*yours* (form.) *his* *hers*
el nuestro	la nuestra	los nuestros	las nuestras	*ours*
el vuestro	la vuestra	los vuestros	las vuestras	*yours* (fam.)
el suyo	la suya	los suyos	las suyas	*yours* (form.) *theirs*

LEARNING TIP
Remember that pronouns are especially useful when, in conversation or writing, you need to refer again to an idea or something or someone that you have already introduced. For example: **La novia de Luis es de Perú.** *La mía es de Chile.*

In Spanish, possessive pronouns agree in gender and number with the thing possessed. They are generally used with the definite article.

—Aquí están **mis maletas.** ¿Dónde están **las tuyas**?
Here are my suitcases. Where are yours?
—**Las mías** están en mi cuarto.
Mine are in my room.

—**Nuestro profesor** es de Colombia.
Our professor is from Colombia.
—**El nuestro** es de Venezuela.
Ours is from Venezuela.

—**Mi apartamento** está en la calle Palma.
My apartment is on Palma Street.
—**El mío** está en la calle Estrella.
Mine is on Estrella Street.

¡Atención! After the verb **ser**, the definite article is frequently omitted.

—¿Estos billetes son **suyos**, señor?

Are these tickets yours, sir?

—No, no son **míos**.

No, they're not mine.

> Because the third-person forms of the possessive pronouns (**el suyo, la suya, los suyos, las suyas**) can be ambiguous, they can be replaced by the pronouns below for clarification.

	Ud.		
el de	él	el [libro]	de él
la de	ella	el	**de él**
los de	Uds.		
las de	ellos	Es **suyo.** (*unclarified*)	
	ellas	Es **el de él.** (*clarified*)	

—Estas maletas son de Eva y de Jorge, ¿no?

These suitcases are Eva's and Jorge's, aren't they?

—Bueno, la maleta azul es **de ella y** la maleta marrón es **de él.**

Well, the blue suitcase is hers, and the brown suitcase is his.

—¿El piano es **de Uds.**?

Is the piano yours?

—No, es **de ellos.**

No, it's theirs.

Un dicho

Lo que es tuyo es mío y lo que es mío es tuyo.
Equivalent: *What's yours is mine and what's mine is yours.*

Tell students what a selfish person would say: "**Lo que es tuyo es mío, y lo que es mío, es mío.**"

Práctica

12. **Preguntas y respuestas** Match the questions in column **A** with the answers in column **B.**

A		**B**
1. ¿La casa es de ustedes?	f	a. Sí, es suya.
2. ¿Los mapas son tuyos?	h	b. Sí, son mías.
3. ¿El reloj es de Ana?	g	c. Sí, es tuyo.
4. ¿Los bolígrafos son de ustedes?	e	d. Sí, es mía.
5. ¿El mantel es mío?	c	e. No, no son nuestros.
6. ¿La mochila es de Luisa?	a	f. Sí, es nuestra.
7. ¿Las revistas son tuyas?	b	g. Sí, es suyo.
8. ¿La computadora es tuya?	d	h. No, no son míos.

ESTRUCTURAS

13. **Minidiálogos** Complete the following dialogues using the correct possessive pronouns.

   1. —Mis padres viven en Cuba. ¿Dónde viven ___los suyos___, señor Suárez? *(yours)*

      — ___Los míos___ viven en Costa Rica. *(mine)*

   2. —Mis llaves están en la mesa. ¿Dónde están ___las tuyas___, María? *(yours)*

      — ___Las mías___ están en mi cuarto, pero Armando no tiene ___las suyas___. *(mine / his)*

   3. —Yo no tengo mi equipaje en el cuarto. ¿Elsa tiene ___el suyo___ en su cuarto? *(hers)*

      —Sí, y también tiene ___el nuestro___. *(ours)*

14. **Comparaciones** With a classmate, make comparisons between the objects and people described and those in your own experience. Use appropriate possessive pronouns when asking each other questions.

   Modelo —El hermano de Teresa tiene quince años. ¿Y el tuyo?
   —*El mío tiene dieciocho.*

   1. Los mejores amigos de Rosa son de Cuba.
   2. El apartamento de Ana tiene cuatro cuartos.
   3. Los padres de Ramiro viven en Pinar del Río.
   4. El cumpleaños de Jorge es en septiembre.
   5. Las maletas de Alina son verdes.
   6. La hermana de Rafael es muy bonita.
   7. El idioma de Hans es alemán.
   8. Las primas de Enrique son cubanas.

Para conversar

15. **Así es la vida** *(Such is life)* In groups of three, compare some aspects of your lives, such as your rooms or apartments, relatives, classes, jobs, and so on. For example:

   Modelo —*Mi apartamento está cerca de* (near) *la universidad.*

      —*El mío está cerca también.*

      —*El mío está lejos.*

---

4 Irregular preterites *(Pretéritos irregulares)*

> The following Spanish verbs are irregular in the preterite.

tener: tuve, tuviste, tuvo, tuvimos, tuvisteis, tuvieron

estar: estuve, estuviste, estuvo, estuvimos, estuvisteis, estuvieron

poder: pude, pudiste, pudo, pudimos, pudisteis, pudieron

poner: puse, pusiste, puso, pusimos, pusisteis, pusieron

saber: supe, supiste, supo, supimos, supisteis, supieron

hacer: hice, hiciste, hizo,[1] hicimos, hicisteis, hicieron

venir: vine, viniste, vino, vinimos, vinisteis, vinieron

querer: quise, quisiste, quiso, quisimos, quisisteis, quisieron

---

[1]Note that in the third-person singular form, **c** changes to **z** in order to maintain the soft sound.

decir: dije, dijiste, dijo, dijimos, dijisteis, dijeron[1]

traer: traje, trajiste, trajo, trajimos, trajisteis, trajeron[1]

conducir: conduje, condujiste, condujo, condujimos, condujisteis, condujeron[1]

traducir: traduje, tradujiste, tradujo, tradujimos, tradujisteis, tradujeron[1]

—¿Por qué no **viniste** anoche?   *Why didn't you come last night?*

—No **pude; tuve** que trabajar.   *I wasn't able to; I had to work.*
    Y tú, ¿qué **hiciste**?   *And you, what did you do?*

—Yo **estuve** en casa toda la noche.   *I was home all night.*

—¿Qué me **trajeron** Uds.?   *What did you bring me?*

—Te **trajimos** una cámara.   *We brought you a camera.*

—¿Dónde la **pusieron**?   *Where did you put it?*

—La **pusimos** en tu cuarto.   *We put it in your room.*

¡Atención! The preterite of **hay** (impersonal form of **haber**) is **hubo** *(there was, there were)*.

Anoche **hubo** un concierto.   *Last night there was a concert.*

[1]Note that in the third-person plural ending of these verbs, the **i** is omitted.

Práctica

16. ¡Qué idiotas! Elsa and David are arguing. Complete their dialogue, using the preterite of the verbs given. Then act it out with a classmate.

ELSA: ¿Dónde ___estuviste___ (estar) (tú) anoche? ¡___Viniste___ (Venir) muy tarde!

DAVID: ¡Te lo ___dije___ (decir)! ___Estuve___ (Estar) en casa de mamá. ___Tuve___ (Tener) que hablar con papá. No te llamé porque no ___pude___ (poder).

ELSA: ¿No ___pudiste___ (poder) o no ___quisiste___ (querer)?

DAVID: Bueno. ¿Dónde ___pusiste___ (poner) tú los documentos que yo ___traduje___ (traducir) ayer en la oficina?

ELSA: ¡Tú no ___trajiste___ (traer) ningún documento!

DAVID: No... los empleados los ___trajeron___ (traer) cuando ___vinieron___ (venir) ayer.

ELSA: Ellos no me ___dijeron___ (decir) nada. ¡Son unos idiotas!

17. Ayer Read what the following people typically do. Then, using your imagination, say what everyone did differently yesterday.

1. Yo estoy en mi casa por la mañana. estuve
2. Tú vienes a la universidad a las diez de la mañana. viniste
3. Paquito hace ejercicio por la tarde. hizo
4. Julio tiene que trabajar en el mercado. tuvo
5. Nosotros traemos a nuestros hijos a la escuela. trajimos
6. Ellos traducen las lecciones al inglés. tradujeron
7. María se pone el suéter azul. puso
8. Yo conduzco mi coche. conduje

ESTRUCTURAS

Para conversar

18. ¡Habla con tu compañero(a)! With a classmate, take turns asking each other the following questions and answering in complete sentences.

1. ¿Qué tuviste que hacer ayer? ¿Tuviste mucho trabajo? ¿Estuviste muy ocupado(a)?
2. ¿Qué hicieron tú y tus amigos ayer? ¿Tú hiciste algo interesante el sábado pasado?
3. ¿Dónde estuvieron tú y tu familia anoche? ¿Qué hicieron tus padres? ¿Tú estuviste en la biblioteca ayer?
4. ¿Hubo una fiesta en tu casa el mes pasado? ¿Quiénes vinieron?
5. ¿Hiciste ejercicio ayer? ¿Alguien tuvo que ayudarte?
6. ¿Viniste a clase la semana pasada? ¿Viniste solo(a)? ¿Qué días viniste?
7. ¿Pudiste venir temprano a la universidad ayer? ¿A qué hora viniste? ¿Alguien vino contigo? ¿Qué te pusiste para venir a la universidad? ¿Trajiste tu libro de español?
8. ¿Condujiste tu auto ayer o viniste en autobús?

19. ¿Qué hiciste? In groups of three, ask each other about what you did yesterday, last night, or last week. Use irregular preterite forms in your questions. Ask for as many details as possible.

Modelo —¿Qué hicieron tú y tus amigos el fin de semana?

—Hicimos un viaje a Nueva York. ¿Qué hicieron el sábado?

Marco Rubino/Shutterstock.com

---

5 Hace... meaning ago (Hace... como equivalente de ago)

Hace + *preterite* indicates how long ago something took place.

In sentences using the preterite and in some cases the imperfect, **hace** + *period of time* is the equivalent of the English *ago*.

When **hace** is placed at the beginning of the sentence, the construction is as follows.

Hace + *period of time*	+ **que**
Hace + *dos años*	+ **que** la conocí.

—¿Cuánto tiempo hace que conociste a tu novia?
How long ago did you meet your girlfriend?

—**Hace tres años que** la conocí.
I met her three years ago.

—**Hace diez años que** ellos vinieron a los Estados Unidos. ¿Y tú?
They came to the United States ten years ago. And you?

—Yo llegué **hace cuatro años.**
I arrived four years ago.

¡Atención! Note that it is also possible to say: **Hace cuatro años que yo llegué.**

LEARNING TIP
Here is another case of an English expression that uses the impersonal form **hace** in Spanish, along with weather expressions **(Lección 5)** and time expressions **(Lección 7).**

Activity Suggestion Review time expressions with **hacer** in Lección 7.

Práctica

20. ¿Cuánto tiempo hace? Say how long ago everything happened, according to the information provided.

20. ¿Cuánto tiempo hace? Answers 1. Hace seis meses que mi nieto nació. 2. Hace dos años que el Sr. Calderón compró la ferretería. 3. Hace tres horas y media que yo desayuné. 4. Hace cinco días que mis hijos fueron a Lima. 5. Hace quince minutos que Ramiro empezó a tocar la trompeta.

> **Modelo** Mi padre viajó el martes. Hoy es viernes.
>
> *Mi padre viajó hace tres días.*

1. Mi nieto nació en junio. Estamos en diciembre.
2. El Sr. Calderón compró la ferretería en el año 2017. Estamos en el año 2019.
3. Yo desayuné a las ocho. Son las once y media.
4. Mis hijos fueron a Lima el lunes. Hoy es sábado.
5. Ramiro empezó a tocar la trompeta a las doce. Son las doce y cuarto.

Para conversar

21. Dime... With a classmate, take turns asking and answering these questions in complete sentences.

1. ¿Cuánto tiempo hace que llegaste a la universidad?
2. ¿Cuánto tiempo hace que conociste a tu profesor (a)?
3. ¿Cuánto tiempo hace que empezaste a estudiar aquí?
4. ¿Cuánto tiempo hace que tuviste un examen?
5. ¿Cuánto tiempo hace que terminaste la escuela secundaria?
6. ¿Cuánto tiempo hace que aprendiste a conducir?
7. ¿Cuánto tiempo hace que compraste tu coche?
8. ¿Cuánto tiempo hace que almorzaste?

22. ¡Hace mucho tiempo! With a classmate, take turns asking each other how long ago you did each of the following things.

> **Modelo** visitar un museo
>
> —¿Cuánto tiempo hace que visitaste un museo?
>
> —Hace seis meses que visité un museo.
> (Visité un museo hace seis meses.)

1. ir a la playa
2. ir al dentista
3. dar una fiesta
4. ir de compras
5. ir al cine
6. empezar a estudiar
7. ver a tus padres
8. ir de vacaciones
9. llamar a tu mejor amigo(a)
10. levantarse

Now, use similar questions to interview your instructor.

23. Acontecimientos importantes With a classmate, prepare two questions about how long ago an important event took place in his/her life. Then join another pair, and ask them your questions and answer theirs.

> **Modelo** —¿Cuánto tiempo hace que empezaste a estudiar español?
>
> —Hace un año que empecé a estudiar español.
> (Empecé a estudiar español hace un año.)

▶ ¡Vamos a ver!

Antes de ver el video

24. Antes de ver el video You and a classmate take turns asking and answering the following questions.

1. ¿Cuántos años vas a cumplir en tu próximo cumpleaños?
2. Para festejar tu cumpleaños, ¿das una fiesta en tu casa o lo festejas en un restaurante?
3. ¿Tú sabes dónde pasaron tus padres su infancia y su juventud? ¿Ellos extrañan esos lugares?
4. ¿Tú sabes tocar la guitarra y cantar? ¿Sabes cantar "La guantanamera"? ¿Quieres aprender a cantarla?
5. ¿Tú tuviste que levantarte temprano ayer? ¿Qué hiciste? ¿Te acostaste muy tarde anoche?
6. ¿Tú puedes bañarte, lavarte la cabeza y vestirte en veinte minutos?
7. Generalmente, ¿a qué hora es la cena en tu casa?
8. ¿Tú tienes alguna receta especial?
9. El congrí, una comida cubana típica, se hace con arroz blanco y frijoles negros. ¿Tú sabes cocinarlo?
10. ¿Tú usas lechuga, tomates, cebollas, pepinos y zanahorias para preparar una ensalada?
11. Cuando fuiste al mercado, ¿te acordaste de comprar frutas? ¿Qué frutas compraste? ¿Pusiste algunas en el refrigerador?
12. Cuando haces una ensalada de frutas, ¿le pones azúcar? ¿La sirves con crema?
13. ¿Tú sabes preparar un flan? ¿Sabes preparar dulce de leche?
14. Cuando haces espaguetis, ¿usas salsa de tomate? ¿Tú la preparas o compras una lata de salsa de tomate?

El video: Guantanamera

—¿Y tú, Mario? ¿Qué hiciste?

—Yo tuve que levantarme muy temprano para ir a la pescadería para comprar un pargo, el pescado que le gusta a abuelo.

—Extrañas Cuba, ¿verdad?

—Mucho. Extraño los lugares donde pasé mi infancia y mi juventud: La Habana, Camagüey… Pinar del Rio…

Después de ver el video

Graciela

Magali

Mario

Don Rogelio

25. ¿Quién lo dice? Identify the person who said each of the following in the dialogues.

1. Yo tuve que levantarme muy temprano para ir a la pescadería. Mario
2. Extraño los lugares donde pasé mi infancia y mi juventud. don Rogelio
3. Tu tío César va a hacer el lechón asado. Graciela
4. Yo le pongo azúcar y la sirvo con crema. Mario
5. ¿Qué estás haciendo, abuelo? Magali
6. ¡Ay, pobrecito! Yo me levanté a las cinco. Magali
7. Estoy leyendo unos poemas de José Martí. don Rogelio
8. Todavía tengo que bañarme, lavarme la cabeza y vestirme. Graciela

26. Hablemos. With a classmate, take turns asking and answering the following questions. Base your answers on the dialogue.

1. ¿Cuántos años cumple don Rogelio? Cumple setenta años.
2. ¿Qué trajo Magali para preparar el congrí? Trajo arroz y frijoles.
3. ¿Qué trajo Magali para la ensalada? Trajo lechuga, tomates, cebollas, pepinos y zanahorias.
4. ¿A qué hora tuvo que levantarse Mario? ¿Adónde fue? ¿Qué compró?
   Mario se levantó muy temprano y fue a la pescadería para comprar pescado (un pargo).
5. ¿A qué hora se levantó Magali? ¿A qué hora se acostó? ¿Con quién estuvo hablando?
   Magali se levantó a las cinco y se acostó a las once. Estuvo hablando con Ramón.
6. ¿Qué frutas necesita Mario? Mario necesita naranjas, mangos, plátanos, manzanas y uvas.
7. ¿Qué se olvidó de comprar Magali? Se olvidó de comprar café, dulce de leche, pan y mantequilla y leche para el flan.
8. ¿Dónde está don Rogelio? ¿Qué está haciendo? Don Rogelio está en su cuarto, leyendo unos poemas de José Martí.
9. ¿Qué extraña don Rogelio? ¿Qué ciudades recuerda?
   Extraña los lugares donde pasó su infancia y su juventud. Recuerda La Habana, Camagüey y Pinar del Río.
10. ¿Qué instrumento toca don Rogelio? Don Rogelio toca la guitarra.

27. ¿Qué pasa después... ? You and a classmate use your imaginations to say what the characters do. In Spanish, discuss the following.

1. Whether or not everybody liked the barbecued pork that César prepared and what he served with it.
2. Whether or not everybody liked the fruit salad that Ramón prepared.
3. Whether or not Graciela was able to bathe, wash her hair, and get dressed before eight.
4. Whether Magali's grandpa played the guitar at the party and whether he and Magali sang their favorite song.
5. What Graciela and Magali bought at the supermarket a week after the party.
6. Whether Mario had to get up early the day after the party.
7. Whether Magali went to bed before eleven the night after the party.
8. Whether Mrs. Torales gave them another recipe.

Now compare your answers to those of the members of another group.

ASÍ SOMOS

🔊 ¡Vamos a escuchar!

28. ¿Qué dijeron? Listen to a conversation between Ester and Raúl, and answer the following questions when you feel you can provide the answers or make guesses.

CD2-16

1. ¿Qué festejan hoy Ester y Raúl? Festejan el cumpleaños de su mamá.
2. ¿Qué necesita Ester para la ensalada? Necesita lechuga, tomates y pepino.
3. ¿Qué va a comprar Raúl en la pescadería? Va a comprar pescado (un pargo).
4. ¿Quién va a traer el postre? Elena.
5. ¿Para qué debe ir Raúl a la joyería? Para recoger el regalo para su mamá.

¡Vamos a conversar!

29. Este... Take turns telling a classmate about the last birthday you celebrated. Your goal is to describe the celebration as fully as you can. Tell whose birthday you celebrated, where, how many people attended, and talk about the food, gifts, etc. Use some of the phrases above when you need to pause or gain time to think.

30. ¿Qué dicen Uds.? What would you say in the following situations? What might the other person say? Act out the scenes with a classmate. Take turns playing each role.

1. You and your roommate are going to decide what you need from the grocery store. Don't forget to include fruits and vegetables. *Answers will vary.*

2. You are talking to a prospective roommate and want to know about his/her daily routine. Ask him/her pertinent questions. *Answers will vary.*

3. You are in Santo Domingo. Your Dominican friend is going to accompany you downtown to do some shopping. Tell him/her which stores you have to go to. You want to buy nails, shoes, a bracelet, medicine, etc. Say what time you want to leave. *Answers will vary.*

4. Last night you called your friend Fernando and he wasn't home. Ask him where he was, what he had to do, whether or not he was able to speak with his parents, and what they said about the party. ¿Dónde estuviste anoche? ¿Qué tuviste que hacer? ¿Pudiste hablar con tus padres? ¿Qué dijeron de la fiesta?

31. Para conocernos mejor To do this activity, work with a classmate whom you would like to get to know. Take turns asking and answering these questions.

1. ¿Cuánto tiempo hace que empezaste a estudiar en esta universidad? ¿Te gusta la universidad? ¿Tienes muchos amigos aquí?

   31. Para conocernos mejor Expansion Have students ask you the same questions, using the Ud. form.

2. ¿Sabes algún poema en español? ¿Alguna canción? ¿Te gusta recitar poemas?

3. ¿Hiciste algo de interés anteayer? ¿Adónde fuiste? ¿Con quién estuviste? ¿Tuviste que trabajar? ¿Hubo una fiesta en tu casa?

4. ¿Qué hiciste anoche para cenar? ¿Tienes alguna receta *(recipe)* especial? ¿Dónde la conseguiste?

5. ¿A qué hora te despertaste hoy? ¿A qué hora te levantas generalmente? ¿Te gusta acostarte temprano o tarde?

6. Generalmente, ¿te bañas por la mañana o por la tarde? ¿Qué jabón usas? ¿Te lavas la cabeza todos los días? ¿Necesitas mucho tiempo para vestirte?

7. ¿Tomas café? ¿Le pones azúcar y crema? ¿Lo tomas después de las comidas o con las comidas?

8. ¿Dónde naciste? ¿Extrañas el lugar donde pasaste tu niñez? ¿Extrañas a tus amigos de la escuela? ¿Tú sabes dónde pasaron tus padres su juventud?

32. Una actividad especial para toda la clase

De compras en el supermercado The class will be divided into groups of 3 or 4 "siblings" who need to do a lot of shopping.

Step 1: You are going to the supermarket. Make a list of things you need to buy to prepare a fruit salad, a green salad, and chicken and vegetable soup.

Step 2: You also need to buy a hammer, shoes, and a piece of jewelry for your grandmother. Talk about what stores you have to go to. You also need to try to figure out how much everything will cost, and how you are going to pay for it.

bokan/Shutterstock.com

Rincón literario

Ana Cortesi (Paraguay: 1936–)

Ana Cortesi, nacida en Paraguay y educada en Argentina, es autora de libros de texto para la enseñanza del español a nivel universitario. También publicó varios cuentos, entre ellos "La ciudad caníbal" y "La cicatriz", y poemas de tono intimista en los que expresa nostalgia por su patria.

Photographed by DanaArts

Antes de leer

> **ESTRATEGIA** **Skimming for key information** In this story, you find out that *la señorita Julia* is 80 years old. Alberto falls in love with the beautiful girl in the painting (Julia, at eighteen years of age), and hates the woman that she has become. Those feelings turn into an obsession. What might happen?

¡A leer!

33. Comprensión Read the selection and find the answers to the following questions.

1. ¿En qué consiste el trabajo de Alberto? En hacer un inventario.
2. ¿Cómo es el cuadro que Alberto contempla durante horas? Es de una muchacha de belleza espléndida, con margaritas en el regazo.
3. ¿Qué diferencia hay entre la muchacha del cuadro y la señorita Julia? Una es joven y la otra es vieja.
4. ¿Por qué mata Alberto a la señorita Julia? Porque la odia. No es joven y hermosa como la muchacha del cuadro.
5. ¿Qué hace la criada cuando descubre el cadáver de la señorita Julia? Llama a la policía.
6. ¿Cómo pueden estar seguros los policías de que no falta nada en la casa? Porque hay un inventario completo.
7. ¿Qué diferencia hay entre el cuadro que el inventario describe y el que ven los policías? El cuadro que ven los policías es el cuadro de una pareja.

La señorita Julia

Alberto Aguirre necesita ganar algún dinero para poder asistir a la universidad. Solicita y obtiene un trabajo en la casa de la señorita Julia Ocampos, anciana° de ochenta años, que tiene muchísimo dinero y vive sola, con una criada.

    El trabajo de Alberto consiste en hacer un inventario completo de todas las posesiones de la señorita Julia.

    Un día, Alberto sube a un cuarto pequeño, con cortinas de encaje° blanco y olor a jazmines. Es entonces que nota el cuadro enorme colgado en la pared. Es el retrato de una muchacha de belleza° espléndida, sentada bajo un árbol grande con margaritas en el regazo°.

    Alberto pasa horas en el cuarto, contemplando el cuadro. Allí trabaja, come, sueña°, vive…

    Un día oye los pasos° de la señorita Julia, que viene hacia el cuarto.

    —¿Quién es? —pregunta Alberto, señalando el cuadro con mezcla de admiración, respeto y delirio.

    —Soy yo… —responde la señorita Julia—, yo a los dieciocho años.

old lady

lace

beauty

lap

dreams

steps

Alberto mira el cuadro y mira a la señorita Julia, alternativamente. En su corazón nace un profundo odio° por la señorita Julia, que es vieja y arrugada° y tiene el pelo blanco.

hatred
wrinkled

Cada día que pasa, Alberto está más pálido y nervioso. Casi no trabaja. Cada día está más enamorado de la muchacha del cuadro, y cada día odia más a la señorita Julia.

Una noche, cuando está listo para regresar a su casa, oye pasos que vienen hacia el cuarto. Es la señorita Julia.

—Su trabajo está terminado —dice—; no necesita regresar mañana…

Alberto mata a la señorita Julia y pone el cadáver de la anciana a los pies de la muchacha.

Pasan dos días. La criada llama a la policía cuando descubre el cuerpo de la señorita Julia en el cuarto de arriba.

—Estoy segura de que fue un ladrón —solloza° la criada.

weeps

—¿Falta algo de valor? —pregunta uno de los policías, mirando a su alrededor.

La criada tiene una idea: Va a buscar el inventario detallado, escrito por Alberto con su letra pequeña y apretada. Los dos policías leen el inventario y van por toda la casa y ven que no falta nada.

Regresan al cuarto.

Parados al lado de la ventana con cortinas de encaje blanco, leen la descripción del cuadro que tienen frente a ellos: "retrato de una muchacha de belleza espléndida, sentada bajo un árbol grande, con margaritas en el regazo."

—¡Qué raro! —exclama uno de los policías, frunciendo° el ceño—. Según este inventario, es el retrato de una muchacha, no de una pareja°…

frowning
couple

Después de leer... reflexiones

34. El amor In groups of three or four, discuss the following.

1. En una relación amorosa, ¿es mas importante el aspecto físico o la personalidad? Expliquen.
2. Imaginen ustedes lo que sucede *(happens)* si Alberto puede retroceder *(go back)* en el tiempo, y conoce a la señorita Julia cuando ella es joven.

¡Vamos a escribir!

Antes de escribir

> **ESTRATEGIA** **Organizing ideas in order of importance** Brainstorm, write down your ideas, and group them, starting with the one you consider the most important.
>
> ❯ ¿Qué tipo de persona me haría feliz? As you write, think about what physical characteristics you prefer, and what traits you admire most in a person. Do you believe that opposites attract or that it is important to have things in common?

¡A escribir!

35. El compañero (La compañera) ideal Write the **primer borrador**.

Después de escribir

36. A revisar Before writing the final version, exchange your first draft with a classmate´s and peer edit each other´s work.

Cuba

Suggestion After students read all the information in this section, ask what aspects interest them the most. Then have them go to the Web and get additional information about those aspects.

Decíamos hasta hace poco: "Hay dos Cubas: una antes de Castro; otra, después de él". Parece que pronto habrá otra más: la Cuba después de las nuevas relaciones con los Estados Unidos. La Cuba anterior a la revolución no era (was) el paraíso que describen los primeros emigrados, pero era (was) el país con mejor estándar de vida de Latinoamérica, después de Argentina y Uruguay. La Cuba revolucionaria, en lo económico, fue un completo fracaso (failure). ¿Qué va a pasar ahora? La opinión de cubanos y extranjeros está muy dividida. Los optimistas esperan grandes cambios; los pesimitas creen que todo seguirá más o menos igual (the same). Pero por sus bellezas naturales, Cuba será siempre "La perla de las Antillas".

Online Cultural Questions In Instructor Resources, there are 100 questions covering the cultural material found in these sections. These can be used in written quizzes, as part of the final oral exam, or as part of an end-of-term contest.

Puntos de interés turístico

La Habana, la capital, es la ciudad más grande de las Antillas. En su parte antigua, la Habana Vieja, hay muchos edificios coloniales: la Catedral, la Plaza de Armas, el Templete… y al otro lado de la bahía, las fortalezas de El Morro y La Cabaña.

Varadero es la playa más famosa de Cuba y una de las mejores del mundo. Otras bellas playas cubanas son Santa María del Mar, en La Habana, Santa Lucía, en Camagüey, y Guardalabarca, en Holguín.

Las artes

La pintura

El más famoso de los pintores cubanos es **Wifredo Lam.** Su ascendencia —blanca, negra y china— se refleja en sus cuadros. Algunas de sus obras están expuestas en el Museo de Arte Moderno de Nueva York y en el Museo Reina Sofía de Madrid.

La literatura

En Cuba encontramos escritores notables en todas las épocas. De la época colonial, el más famoso es José Martí. Entre los contemporáneos sobresalen (excel) los novelistas Reinaldo Arenas, Zoe Valdés y Daína Chaviano.

La música

Umbral de Wilfredo Lam

La música cubana es una combinación de la música española y de la africana. Los ritmos tradicionales son *la rumba*, *la conga*, *el son* y *el danzón*. De creación más reciente son *el bolero*, *el mambo* y *el cha cha chá*.

La República Dominicana

La isla que hoy conocemos como Santo Domingo fue descubierta por Colón en su primer viaje (1492). La República Dominicana ocupa las dos terceras partes de la isla. La otra tercera parte la ocupa Haití.

La capital

Santo Domingo, la capital, fue la primera ciudad europea fundada *(founded)* en América. Tiene una zona colonial con hermosas construcciones como el Hospital de San Nicolás de Bari, el Monasterio de San Francisco y la Catedral de Santa María la Menor, donde según dicen los dominicanos, están los restos de Cristóbal Colón.

Giovanni Guarino/imageBROKER/Corbis

La música

El *merengue* es el ritmo y el baile típicos de la República Dominicana. Uno de los más famosos compositores y cantantes de *merengue es* **Juan Luis Guerra.**

En todos los pueblos hay discotecas donde se bailan, además del merengue, otros ritmos populares como *la bachata.*

AP Images/Jorge Saenz

Los deportes

El deporte nacional dominicano es el béisbol, que en el Caribe se llama "la pelota". Muchos jugadores de las Grandes Ligas de los Estados Unidos son dominicanos. Entre ellos se destacan **David Ortiz,** Adrián Beltré y Robinson Cano.

Getty Images Sport/Getty Images

La economía

La economía de la República Dominicana se basa en el turismo, las zonas francas *(duty-free zones),* la agricultura, la minería y el dinero que envían a sus familiares en el país más de un millón de dominicanos residentes en los Estados Unidos. La República Dominicana es el cuarto exportador de ropa del mundo.

Háganse preguntas

The class will be divided into groups of 3 or 4 students. The instructor will assign one of the five items of information presented here to each group. The members in each group will prepare questions about the item assigned to them to ask the rest of the class.

iLrn™

To learn more about Cuba and the Dominican Republic, watch the cultural footage in the Media Library.

AUTOPRUEBA

¿Cuánto sé ahora?

A. Reflexive constructions Complete the following sentences, using the correct forms of the verbs given.

1. Mi padre __se afeita__ (afeitarse) por la mañana, pero mi hermano y yo __nos afeitamos__ (afeitarse) por la tarde.
2. Yo __me levanto__ (levantarse) a las siete y __me acuesto__ (acostarse) a las once de la noche.
3. Ayer todos __se divirtieron__ (divertirse) mucho en la fiesta de nuestro aniversario de bodas.
4. ¿Tú __te bañas__ (bañarse) por la mañana o por la tarde?
5. Paquito __se lava__ (lavarse) las manos antes de comer.
6. Ayer yo __me olvidé__ (olvidarse) de llevar la lista al supermercado.
7. Nosotros __nos acordamos__ (acordarse) de los lugares donde pasamos nuestra niñez.
8. ¿Uds. __se quitan__ (quitarse) los zapatos (shoes) cuando llegan a su casa? ¿Qué __se ponen__ (ponerse)?
9. ¿A qué hora __se despierta__ (despertarse) Ud.?
10. Nosotros __nos preocupamos__ (preocuparse) por nuestros hijos.
11. En la clase, ¿tú __te sientas__ (sentarse) cerca de la puerta?
12. Yo __me visto__ (vestirse) en diez minutos.

B. Some uses of the definite article Give the Spanish equivalents of the words in parentheses.

1. Yo me voy a poner __la camisa azul__. *(my blue shirt)*
2. Los niños están __en la escuela__. *(in school)*
3. Las chicas se quitaron __el abrigo__. *(their coats)*
4. Tienes que lavarte __las manos__. *(your hands)*
5. __Los padres__ se preocupan por sus hijos. *(Parents)*
6. __El café__ tiene cafeína. *(Coffee)*

C. Possessive pronouns Give the Spanish equivalents of the pronouns in parentheses.

1. El vestido de Nora está aquí. __El mío__ está en mi cuarto. *(Mine)*
2. Mis revistas están aquí. ¿Dónde están __las suyas__, Sr. Vega? *(yours)*
3. Ellos van a enviar sus cartas (letters) hoy. ¿Cuándo vamos a enviar __las nuestras__? *(ours)*
4. No tengo maletas. ¿Puedes prestarme __las tuyas__, Anita? *(yours)*
5. Aquí están los regalos de Jorge. ¿Dónde están __los nuestros__? *(ours)*
6. Juan necesita tu cuaderno, Eva. __El suyo (El de él)__ está en la universidad. *(His)*
7. La hija de Mirta nació en Cuba. __La nuestra__ nació en Chile. *(Ours)*
8. Ana y Luis celebran su aniversario de bodas en febrero. ¿Cuándo celebran Uds. __el suyo (el de Uds.)__? *(yours)*
9. Su billetera está en el cuarto. ¿Dónde está __la mía__? *(mine)*
10. Yo tengo mi guitarra. ¿Ud. tiene __la suya (la de Ud.)__, señorita? *(yours)*

D. Irregular preterites Change all verbs to the preterite.

1. Ellas vienen a mi casa y traen a sus hijos. vinieron / trajeron
2. Yo estoy en casa porque no tengo que trabajar. estuve / tuve
3. Ella pone el dinero en el banco, pero no puede conseguir un préstamo. puso / pudo
4. Yo conduzco mi coche porque no quiero conducir el coche de mi papá. conduje / quise
5. ¿Qué te dicen ellos? ¿Hacen el trabajo? dijeron / Hicieron
6. Juan viene a las seis y hace ejercicio contigo. vino / hizo
7. Yo traigo los documentos y los traduzco. traje / traduje

8. ¿Tú puedes comprar las frutas? ¿Dónde las pones? *pudiste / pusiste*

9. ¿Roberto trae a los niños? ¿Cómo lo saben Uds? *trajo / supieron*

10. Nosotros venimos en ómnibus y tú vienes en auto. *vinimos / viniste*

E. *Hace… meaning* **ago** Say how long ago everything happened, according to the information provided.

1. Llegué aquí a las dos. Son las dos y media. *Hace media hora que llegué.*
2. Vi a Carlos el lunes. Hoy es jueves. *Hace tres días que vi a Carlos.*
3. Conocí a Eva en enero. Estamos en mayo. *Hace cuatro meses que conocí a Eva.*
4. Compré mi coche en el año 2017. Estamos en el año 2020. *Hace tres años que compré mi coche.*
5. Carlitos empezó a tocar el piano a las tres de la tarde. Son las tres y cuarto.
   Hace quince minutos que Carlitos empezó a tocar el piano.

F. Just words . . .

a. Write the words or phrases that correspond to the following.

1. niñez ___infancia___
2. cartera ___bolso___
3. durazno ___melocotón___
4. lata ___bote___
5. opuesto de **mediodía** ___medianoche___
6. lugar donde compramos carne ___carnicería___
7. instrumento que tocan en las iglesias ___órgano___
8. fruta cítrica ___naranja___

b. Complete the following appropriately, using vocabulary from Lesson 9.

1. ¿Compraste papel ___higiénico___?
2. ¿Te acordaste de comprar azúcar o te ___olvidaste___?
3. Roberto puso el dinero en la ___billetera___.
4. De ahora en ___adelante___ me voy a ___levantar___ a las seis de la mañana y me voy a ___acostar___ a las diez de la noche.
5. Me bañé y me lavé la ___cabeza___ y después me ___vestí___.
6. ¿Los chicos no se ___divirtieron___ en la fiesta anoche? Bueno… Yo no tengo la ___culpa___.
7. Mis abuelos celebraron sus ___bodas___ de oro.
8. Yo le voy a prestar veinte dólares, a ___pesar___ de que no tengo mucho dinero.
9. Fui a la ___zapatería___ para comprar zapatos y después fui a la ___farmacia___ para comprar medicina.
10. Hace un año que no veo a mi hermana. La ___extraño___ mucho.

G. Cultura

1. Complete the following, based on the information found in the **¿Tú lo sabías?** sections.

   a. En los países de habla hispana todavía es costumbre comprar en tiendas especializadas en uno o dos ___productos___.
   b. La palabra **salsa** *(sauce)* se usa también para referirse a la ___música___ caribeña.

2. Complete the following based on the information in the **El mundo hispánico y tú** section.

   a. Wifredo Lam es el más famoso de los ___pintores___ cubanos.
   b. La música típica de la República Dominicana es el ___merengue___.

H. Un dicho Do you remember the Spanish saying that is equivalent to *Appearances are deceiving*? Find it in this lesson. *Las apariencias engañan.*

BUSCANDO APARTAMENTO

Roman Samborskyi/Shutterstock.com

Una pareja busca apartamento en la ciudad de Caracas

OBJETIVOS COMUNICATIVOS

You will learn vocabulary related to renting an apartment, the various parts of a house, home furniture, and appliances.

SITUACIONES

Dos amigos

ESTRUCTURAS

1 The imperfect
2 The preterite contrasted with the imperfect
3 Verbs that change meaning in the preterite
4 The relative pronouns **que** and **quien**

Activity Suggestion Use this amd the opener photo to introduce the lesson theme. Ask your students:
1. ¿Prefieres vivir en una casa o en un apartamento?
2. ¿Vives cerca o lejos *(far)* de la universidad? ¿Te gusta el lugar donde vives?
3. ¿Te gusta la idea de vivir en uno de estos edificios?

ASÍ SOMOS

¡Vamos a ver!

Watching and understanding situations

¡Vamos a escuchar!

Training yourself to listen for units of meaning

¡Vamos a conversar!

Paraphrasing practice II

Rincón literario

Having a famous character in the title of a story

La tela de Penélope o quién engaña a quién by Augusto Monterroso

¡Vamos a escribir!

Analyzing feelings

EL MUNDO HISPÁNICO Y TÚ

❯ Venezuela

AUTOPRUEBA

You will review what you learned in this lesson.

Goodluz/Shutterstock.com

VENEZUELA Cuando los conquistadores españoles llegaron al lago Maracaibo, las construcciones de los indígenas a orillas del lago les recordaron las de Venecia, y por eso llamaron al país "Venezuela", nombre que significa "pequeña Venecia".

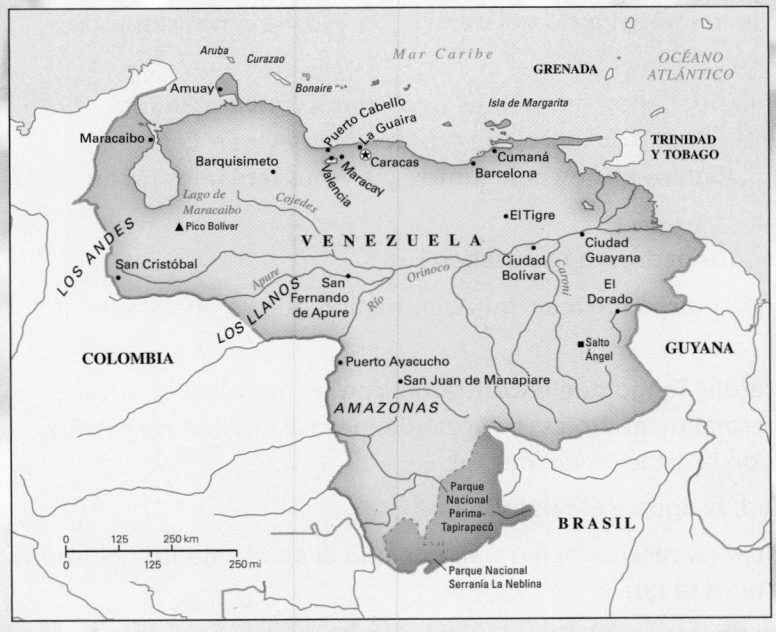

Una plataforma petrolera en el lago de Maracaibo, Venezuela

Paulo Fridman/SambaPhoto/Getty Images

SITUACIONES

🔊 Dos amigos
CD2-17

▶ **¡Ubíquelos!**
Álvaro and Mirta are two Venezuelan students who live in Caracas, the capital of Venezuela. This video will give you a sense of their surroundings and an appreciation for the "presence" of Simón Bolívar, the great liberator who was born in this city.

Antoniodiaz/Shutterstock.com

Álvaro y Mirta, dos estudiantes venezolanos, se encuentran en un café de Caracas para tomar algo y charlar un rato. Mirta está tratando de encontrar un apartamento, que ella va a compartir con su hermana. Ahora las chicas viven en una pensión y tienen que mudarse. Álvaro conoció a Mirta el año pasado en una clase de historia y ahora son muy buenos amigos. En este momento están hablando de su niñez.

Álvaro: ¿Dónde vivías tú cuando eras niña?

Mirta: Yo vivía en un pueblo pequeño, en una casa antigua y muy grande, con habitaciones amplias, de paredes blancas. La casa de mis abuelos no quedaba lejos, y los veíamos casi todos los días. ¿Y tú?

Álvaro: Yo vivía en Caracas. Cuando tenía siete años, mis padres y yo fuimos a vivir a Bogotá, pero volvimos tres años después. Como yo era hijo único, me gustaba más vivir en Caracas, porque todos mis primos estaban aquí. Íbamos a la escuela juntos, y a veces teníamos los mismos maestros.

Mirta: Yo no sabía que eras hijo único... ¿Tus padres te malcriaban?

Álvaro: *(Se ríe.)* No, pero mi abuela, sí. ¡Y todavía me malcría! Ayer me dijo que yo necesitaba un traje nuevo, y quizás un coche...

Mirta: *(Se ríe también.)* ¡Caramba! ¡Es tarde! Tengo que encontrarme con mi hermana para ver un apartamento desocupado que yo quiero alquilar. No es muy grande, pero el alquiler no es muy caro, y está amueblado. ¡Y está cerca de la estación del metro!

Álvaro: ¿El alquiler incluye la electricidad, el agua y el teléfono?

Mirta: El teléfono, no. Yo voy a tratar de convencer a mi hermana de que el apartamento no es muy chico y de que el barrio no es malo... pero sé que se va a quejar.

ÁLVARO: Cuando yo me mudé a mi apartamento, no tenía muebles... Bueno, tenía una mesita de noche, una cómoda y una bolsa de dormir... pero ustedes estaban acostumbradas a vivir en una casa grande...

MIRTA: Bueno... esos eran otros tiempos... ¡No es lo mismo!

ÁLVARO: ¿Me vas a llamar para decirme si tienes una nueva dirección?

MIRTA: Sí, yo te voy a avisar.

1. Hablemos. With a classmate, take turns asking and answering the following questions. Base your answers on the dialogue and on your own circumstances.

En el diálogo

1. ¿Cuándo y dónde conoció Álvaro a Mirta?
2. ¿Dónde vivía Mirta cuando era niña?
3. ¿Mirta veía a sus abuelos frecuentemente?
4. ¿Álvaro tiene muchos hermanos?
5. ¿Quién malcría a Álvaro?
6. ¿Para qué va a encontrarse Mirta con su hermana?
7. ¿Cómo es el apartamento que quiere alquilar Mirta?
8. ¿El apartamento tiene muebles?
9. ¿Qué incluye el alquiler del apartamento?
10. Según Mirta, ¿quién se va a quejar?

¿Y tú?

1. ¿Cuándo y dónde conociste a tu mejor amigo(a)?
2. ¿Dónde vivías tú cuando eras niño(a)? (Yo vivía…)
3. ¿Tus abuelos vivían cerca *(near)* o lejos de tu casa?
4. ¿Tú eres hijo(a) único(a)?
5. ¿Alguien te malcriaba a ti?
6. ¿Tú tienes que encontrarte con alguien hoy?
7. ¿Cómo es el lugar donde tú vives?
8. ¿Qué muebles tienes tú?
9. ¿Tú pagas alquiler en el lugar donde vives?
10. ¿De qué te quejas tú?

Alexander Chaikin/Shutterstock.com

¿Cómo es el apartamento que quiere alquilar Mirta?

VOCABULARIO

🔊 En el diálogo

Cognados

la electricidad	*electricity*
la estación	*station*
venezolano(a)	*Venezuelan*

Nombres

el alquiler	*rent*
el barrio, la vecindad	*neighborhood*
la bolsa (el saco) de dormir	*sleeping bag*
el coche, el carro, el auto, el automóvil	*car*
la cómoda	*chest of drawers*
la escuela[1]	*school*
el (la) maestro(a)	*teacher*
la mesita de noche	*night stand*
el metro, el subterráneo	*subway*
los muebles	*furniture*
el (la) niño(a)	*child*
el pueblo	*town*
el traje	*suit*

Verbos

alquilar	*to rent*
avisar	*to let know, to advise*
compartir	*to share*
conocer	*to meet (for the first time)*
convencer	*to convince*
encontrarse (o:ue)	*to meet (someone somewhere)*
incluir[2]	*to include*
malcriar	*to spoil (e.g., a child)*
mudarse	*to move (from one house to another)*
quedar	*to be located*
quejarse	*to complain*
reírse[3]	*to laugh*

Adjetivos

acostumbrado(a)	*used to*
amplio(a)	*large, ample*
antiguo(a)	*old*
amueblado(a)	*furnished*
caro(a)	*expensive*
chico(a)	*small*
desocupado(a)	*vacant*
mismo(a)	*same*
único(a)	*only*

Otras palabras y expresiones

el (la) hijo(a) único(a)	*only child*
lejos	*far*
lo mismo	*the same thing*
todavía	*still*

¿Tú lo sabías?

La palabra **barrio** equivale simplemente al inglés *neighborhood,* pero en muchos lugares de los Estados Unidos y en algunos países latinoamericanos tiene una connotación negativa.
> ¿Te gusta el barrio donde vives?

JGI/Tom Grill/Getty Images

Esta pareja se encuentra a tomar un café. ¿Crees que ya se conocen? ¿Dónde te encuentras tú con tus amigos a tomar café?

---

[1] **escuela primaria** = *elementary school;* **escuela secundaria** = *secondary school*
[2] present indicative: **incluyo, incluyes, incluye, incluimos, incluís, incluyen**
[3] present indicative: **me río, te ríes, se ríe, nos reímos, os reís, se ríen**

Más sobre el tema

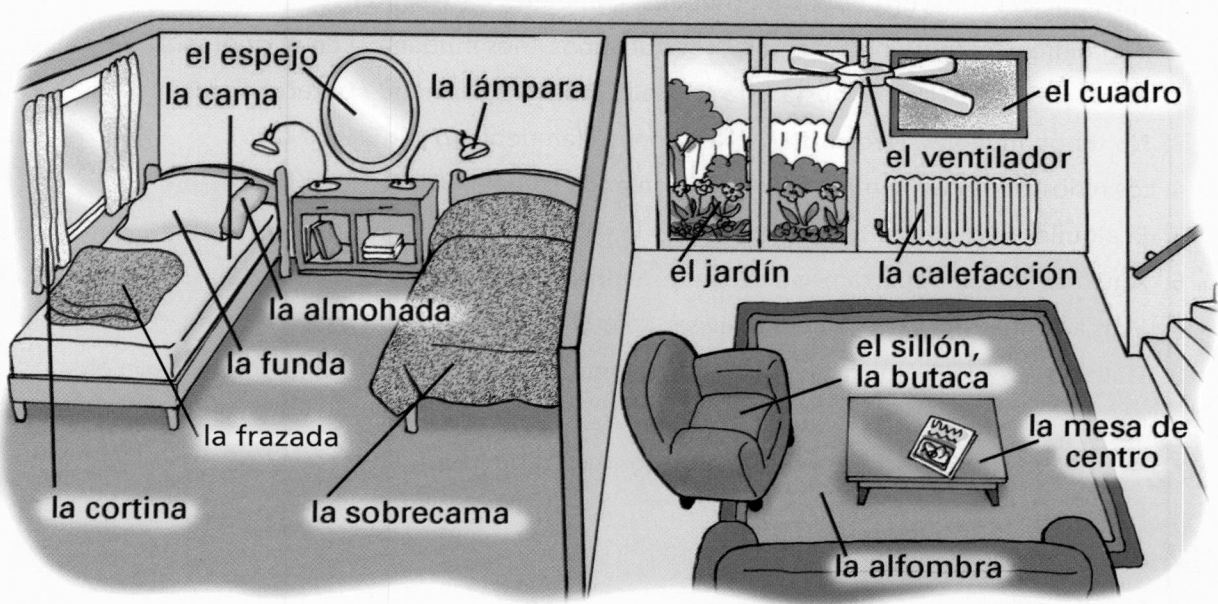

Aparatos electrodomésticos y batería de cocina *(Home appliances and cookware)*

la cacerola	*pot*
la cafetera	*coffee pot, coffee-maker*
el horno	*oven*
la lavadora	*washing machine*
la licuadora	*blender*
el microondas	*microwave (oven)*
la plancha	*iron*
el refrigerador	*refrigerator*
la sartén	*frying pan*
la secadora	*clothes dryer*
la tostadora	*toaster*
la tabla de planchar	*ironing board*

Otro mueble

el librero	*bookshelf*

LEARNING TIP

Exercise your memory so that it may aid you in learning Spanish. Think of combining several new vocabulary items in funny or otherwise memorable statements, and visualize these statements in your mind. This will help you remember the new words.

▰ Un dicho ▮

Si quieres ver a la persona que causa muchos de tus problemas, mírate en el espejo.
Equivalent: *If you want to see the person who causes most of your problems, look in the mirror.*

Westend61/Getty Images

VOCABULARIO

Práctica

2. Palabras Select the word or phrase that best completes each sentence.

1. Alejandra y yo (nos encontramos / nos quejamos / nos mudamos) en el cine. nos encontramos

2. Me voy a mudar. No me gusta esta (bolsa de dormir / vecindad / butaca). vecindad

3. No tengo muebles. Necesito un apartamento (amueblado / antiguo / caro). amueblado

4. Los niños (todavía / lo mismo / lejos) están en la escuela. todavía

5. El alquiler (incluye / se queja / convence) la electricidad y el agua. incluye

6. Aquí hay muchos apartamentos (desocupados / mismos / acostumbrados). desocupados

7. ¿Vas a comprar la casa o la vas a (avisar / alquilar / convencer)? alquilar

8. Guillermo es muy cómico. Siempre (me río / me quejo / me afeito) cuando estoy con él.
   me río

3. ¿Qué es? Write the words or phrases that correspond to the following.

1. barrio _____vecindad_____

2. metro _____subterráneo_____

3. coche _____carro, auto_____

4. opuesto de moderno _____antiguo_____

5. que no está ocupado _____desocupado_____

6. que tiene muebles _____amueblado(a)_____

4. Para completar Complete the following, using appropriate vocabulary.

1. Ayer compré una bolsa de _____dormir_____.

2. Tengo un _____auto (coche)_____ muy viejo, pero no me _____quejo_____ porque no tengo que usar el autobús para ir a la universidad.

3. Voy a comprar algunos _____muebles_____ para mi cuarto: dos mesitas de _____noche_____ y una _____cómoda_____.

4. ¿Dónde _____conoció_____ usted a su novio(a)?

5. No necesito comprar muebles porque el apartamento está _____amueblado_____.

6. Quiero _____mudarme_____ pero no encuentro ningún apartamento _____desocupado_____ cerca de aquí.

7. Creo que yo puedo _____convencer_____ a mi esposo(a) de alquilar esa casa, porque está en un _____barrio_____ muy bueno.

8. ¿Dónde _____queda_____ la pensión donde vives?

Para conversar

5. Habla con tu compañero(a) de clase. With a classmate, take turns asking and answering the following questions.

1. ¿Hay una butaca y una mesa de centro en tu sala de estar? ¿Tienes un librero?

2. ¿Hay cuadros en la pared? ¿Hay un espejo?

3. ¿Hay una lámpara en tu mesita de noche? ¿Hay un reloj?

4. ¿Qué días cambias las sábanas y las fundas de tu cama? ¿Tienes una sobrecama? ¿Cuántas frazadas usas en el invierno?

5. ¿Tu casa tiene calefacción? ¿Hay un ventilador en tu dormitorio?

6. ¿Tu lavadora y tu secadora están en el garaje o en el cuarto de lavar? ¿Y la tabla de planchar?

7. ¿Qué usas más frecuentemente: el horno o el microondas? ¿la licuadora, la tostadora o la cafetera? ¿la cacerola o la sartén?

8. ¿Qué hay en tu refrigerador para comer? ¿Y para beber?

6. Mañana nos mudamos. With a classmate, play the roles of two people who are moving into a new house or apartment. Ask each other whether or not you have certain pieces of furniture, appliances, and kitchen utensils. You each answer what you have, and mention what you have to buy.

Modelo —*¿Tenemos... ?*
—*Sí, tenemos..., pero tenemos que comprar...*

7. No estamos de acuerdo. You and a classmate play the roles of two roommates looking for a new apartment. One likes everything and the other finds fault with everything.

Modelo —*Las cortinas son muy bonitas.*
—*No me gusta el color...*

Pronunciación

CD2-18

Pronunciation in context

In this lesson, there are some new words and phrases that may be challenging to pronounce. For further pronunciation practice of Spanish sounds, listen to your instructor and repeat the following sentences.

1. **Ahora** las chicas viven en una **pensión.**
2. Están hablando de su **niñez.**
3. La casa de sus abuelos no **quedaba lejos.**
4. ¿Tus padres **te malcriaban**?
5. El apartamento **está amueblado.**
6. **Incluye la electricidad** y el teléfono.
7. Voy a tratar de **convencer** a mi hermana.
8. Ustedes **están acostumbradas** a vivir en una casa grande.

ESTRUCTURAS

1 The imperfect (El imperfecto de indicativo)

> There are two simple past tenses in the Spanish indicative: the preterite, which you studied in **Lecciones 7, 8,** and **9,** and the imperfect.

A. Regular forms

> To form the regular imperfect, add the following endings to the verb stem.

-ar verbs		-er and -ir verbs			
hablar		**comer**		**vivir**	
habl-	**aba**	com-	**ía**	viv-	**ía**
habl-	**abas**	com-	**ías**	viv-	**ías**
habl-	**aba**	com-	**ía**	viv-	**ía**
habl-	**ábamos**	com-	**íamos**	viv-	**íamos**
habl-	**abais**	com-	**íais**	viv-	**íais**
habl-	**aban**	com-	**ían**	viv-	**ían**

> Note that the endings of the **-er** and **-ir** verbs are the same, and that there is a written accent on the first **í** of the endings of the **-er** and **-ir** verbs.

> The Spanish imperfect tense is equivalent to three English forms.

Yo **vivía** en Caracas.

I used to live in Caracas.
I was living in Caracas.
I lived in Caracas.

> The imperfect is used to refer to habitual or repeated actions in the past, with no reference to when they began or ended.

—¿Ustedes **tenían** una casa en Caracas?   Did you have a house in Caracas?
—No, **vivíamos** en un apartamento.   No, we lived in an apartment.

> The imperfect is also used to refer to actions, events, or conditions that the speaker views as *in the process* of happening in the past, again with no reference to when they began or ended.

Veníamos para casa cuando
   vimos a Raúl.

We were coming home when
   we saw Raúl.

¿ Tú lo sabías?

En las grandes ciudades españolas y latinoamericanas, la mayoría de la gente vive en apartamentos, que en España se llaman **pisos.** Los apartamentos se alquilan o se compran. Muchos edificios tienen oficinas o tiendas en la planta baja y apartamentos en los otros pisos.

> En la ciudad donde vives, ¿la mayoría de la gente vive en casas o en apartamentos?

B. Irregular forms

〉 Only three verbs are irregular in the imperfect tense: **ser, ver,** and **ir.**

ser	ver	ir
era	veía	iba
eras	veías	ibas
era	veía	iba
éramos	veíamos	íbamos
erais	veíais	ibais
eran	veían	iban

—¿**Ibas** mucho a casa de tus abuelos
   cuando **eras** niño?

—Sí, los **veía** todos los sábados.

—¿Adónde **iban** ustedes de vacaciones
   cuando eran niños?

—**Íbamos** a la playa o a las montañas.

*Did you often go to your grandparents' house
   when you were a child?*

Yes, I used to see them every Saturday.

*Where did you go on vacation when you were
   children?*

We used to go to the beach or to the mountains.

Práctica

8. **Hace diez años Answers** Mi familia y yo **vivíamos** en Caracas. Mi padre **trabajaba** para la compañía Sandoval y mi madre **enseñaba** en la universidad. **Era** una profesora excelente. Mis hermanos y yo **asistíamos** a la escuela. Generalmente **pasábamos** las vacaciones en isla Margarita. Allí **íbamos** a la playa y **nadábamos.** Mis abuelos **vivían** en Maracaibo y no los **veíamos** mucho, pero siempre les **escribíamos.**

8. **Hace diez años** Ten years ago, María wrote this composition about herself and her family. Rewrite her composition, using the imperfect tense.

Mi familia y yo vivimos en Caracas. Mi padre trabaja para la compañía
Sandoval y mi madre enseña en la universidad. Es una profesora excelente.
Mis hermanos y yo asistimos a la escuela. Generalmente pasamos las
vacaciones en isla Margarita. Allí vamos a la playa y nadamos.
Mis abuelos viven en Maracaibo y no los vemos mucho, pero
siempre les escribimos.

9. **Tu historia** Now write a paragraph about your own childhood, using Activity 8
as a model. 9. **Tu historia Expansion** Have students complete this activity in pairs. Then have them change classmates, and
have each student tell his or her new classmate about the childhood of the previous classmate.

10. **Adolescentes** Compare your teenage years with those of a classmate by taking turns
completing the following sentences.
   1. Cuando yo era adolescente...
   2. Mi familia y yo siempre...
   3. Mis abuelos...
   4. Mi mejor amigo(a)...
   5. Frecuentemente, nosotros...
   6. Cuando yo tenía dieciséis años...
   7. En la escuela, yo...
   8. Todos los fines de semana, mis amigos y yo...
   9. En el verano...
   10. Cuando yo quería salir con mis amigos, mis padres...

11. ¡Habla con tu compañero(a)! Interview a classmate, using the following questions and two of your own. When you have finished, switch roles.

1. ¿Dónde vivías cuando tenías diez años? ¿Vivías en una ciudad grande o en un pueblo pequeño? ¿Vivías en una casa o en un apartamento?

2. ¿A qué escuela ibas? ¿La escuela quedaba cerca o lejos de tu casa? ¿Tenías muchos(as) amigos(as) en la escuela? ¿Tenías buenos maestros?

3. ¿Te gustaba estudiar? ¿Eras un(a) buen(a) estudiante? ¿Sacabas buenas notas *(grades)*?

4. ¿Con quiénes ibas de vacaciones? Generalmente, ¿ibas a la playa o a la montaña? ¿Qué hacías durante las vacaciones?

5. ¿Preferías pasar las vacaciones en el campo *(country)* o en la ciudad?

6. Generalmente, ¿cuánto tiempo estabas de vacaciones? ¿Qué era lo que más te gustaba hacer en tus vacaciones? ¿Siempre hacías lo mismo?

12. Recuerdos Get together with a classmate and compare your high school years. Ask pertinent questions.

Modelo —¿Te gustaba la ciudad donde vivías?
—Sí, me gustaba mucho.

Alliance/Shutterstock.com

¿Te gustaba la ciudad donde vivías?

2 The preterite contrasted with the imperfect *(El pretérito contrastado con el imperfecto)*

❯ The difference between the preterite and the imperfect can be visualized in the following way.

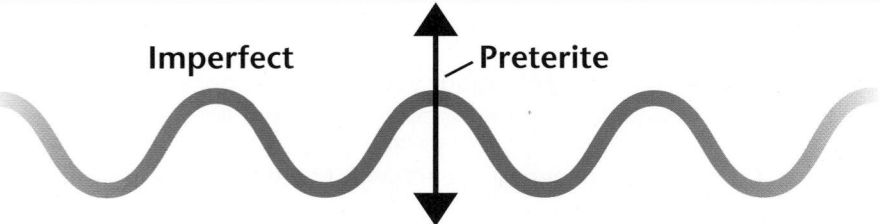

Imperfect / **Preterite**

The wavy line representing the imperfect shows an action or event taking place over a period of time in the past. There is no reference to when the action began or ended. The vertical line representing the preterite shows an action or event as completed in the past.

In some instances, the choice between the preterite and the imperfect depends on how the speaker views the action or event. The following table on page 293 summarizes some of the most important uses of both tenses.

Preterite	Imperfect

1. Reports past actions that the speaker views as finished and completed.
 	
  Yo **estuve** allí el año pasado.
 	
  Ayer **compré** una bolsa de dormir.
 	
  Nosotros **vinimos** a California en el año 2010.
	1. Describes past actions in the process of happening, with no reference to their beginnings or ends.
	
	  Iba a la biblioteca cuando lo vi.

2. Sums up a condition or state viewed as a whole (and no longer in effect).
 	
  Me **sentí** mal todo el día.
 	
  Eva **estuvo** enferma toda la semana pasada.
	2. Refers to repeated or habitual actions or events: *used to* . . .
	
	  Cuando **era** niña **iba**[1] de vacaciones a Montevideo.

	3. Describes a physical, mental, or emotional state or condition in the past. Me **sentía** muy mal.
	4. Expresses time in the past. **Eran** las ocho de la noche cuando llegaron a su casa.
	5. Is generally used in indirect discourse. Me dijo que **podía** encontrarse con nosotras.
	6. Describes age in the past. Cuando **tenía** veinte años, vivía en Chile.
	7. Describes or sets the stage in the past. **Hacía** frío y **llovía**.

Activity Suggestion To help students acquire a feel for the difference between the tenses, narrate several paragraphs from a well-known story in English. Pause after each sentence and ask students which tense they would use and why. *Ricitos de oro y los tres ositos (Goldilocks and the Three Bears)* is a good choice.
Once upon a time, there *was* a beautiful little town. *(imperfect)* In that town *lived* a lovely little girl. *(imperfect)* She *had* long, blond hair and everyone *called* her Goldilocks. *(imperfect)* One morning, *she got up* early, *washed* her face, *dressed* herself, and *went* for a walk in the forest. *(preterite)*

LEARNING TIP
Using the preterite and the imperfect correctly takes time. To personalize some of the uses, say what you *used to do* when you were a child. Then say what you did last week. Think of as many examples as possible.

[1]Note that this use of the imperfect also corresponds to the English *would* used to describe a repeated action in the past: *When I was a child, I used to go to Montevideo on vacation. = When I was a child, **I would go** to Montevideo on vacation.*

ESTRUCTURAS

Preterite or Imperfect . . . ?

1. Eran las siete de la mañana cuando Beto salió de su casa.

2. ¡Brrr! Llovía y hacía frío.

3. Cuando Beto iba por la calle Lima, vio un accidente. CALLE LIMA

4. Beto llegó a la biblioteca. 2º PISO. Subió al 2º piso.

5. En el 2º piso, Beto vio a Eva.

6. Beto le preguntó si quería ir a la cafetería, pero ella le dijo que no podía ir. ¿Quieres ir a la cafetería? No puedo ir.

7. Beto fue a la cafetería solo. Se sentía muy triste... CAFETERÍA

8. Beto comió solo. Cuando Beto era pequeño, siempre comía solo.

9. Beto volvió a su casa.

10. Beto cenó con su familia.

11. Eran las nueve cuando Beto se acostó.

12. Beto no pudo dormir porque le dolió la cabeza toda la noche.

Práctica

13. Minidiálogos Complete the following dialogues. Then act them out with a classmate.

1. —¿Cuántos años ___tenías___ (tener) tú cuando ___viniste___ (venir) a vivir a Caracas?
   —___Tenía___ (Tener) doce años.

2. —¿Qué te ___dijo___ (decir) la maestra ayer?
   —Me ___dijo___ (decir) que yo ___debía___ (deber) volver mañana.

3. —¿Qué tiempo ___hacía___ (hacer) cuando ustedes ___salieron___ (salir) de casa esta mañana?
   —___Hacía___ (Hacer) frío y ___nevaba___ (nevar).

4. —¿Adónde ___iban___ (ir) ustedes de vacaciones cuando ___eran___ (ser) niños?
   —Siempre ___íbamos___ (ir) a la playa, pero un verano mis padres ___decidieron___ (decidir) alquilar una casa en las montañas y esas ___fueron___ (ser) nuestras mejores vacaciones.

5. —¿Qué hora ___era___ (ser) cuando tú ___llegaste___ (llegar) a casa ayer?
   —___Eran___ (Ser) las ocho.
   —¿___Fuiste___ (Ir) a la tienda?
   —Sí, ___fui___ (ir) con Nora. Cuando nosotras ___íbamos___ (ir) para la tienda, ___vimos___ (ver) un accidente en la calle Bolívar.
   —¿___Murió___ (Morir) alguien?
   —No, por suerte no ___murió___ (morir) nadie.

14. Preguntas y respuestas Match the questions in column A with the answers in column B.

A		B
1. ¿Qué hiciste ayer?	_g_	a. No, no me gustaba estudiar.
2. ¿Ana tenía hermanos?	_i_	b. Sí, cuando íbamos para la biblioteca.
3. ¿Dónde quedaba la escuela?	_k_	c. No, nos quedamos en casa.
4. ¿Tú eras buen estudiante?	_a_	d. No, porque no me sentía bien.
5. ¿No salieron anoche?	_c_	e. Sí, pero no vine a la universidad.
6. ¿Qué te dijo tu mamá ayer?	_j_	f. Las seis y media.
7. ¿No fuiste a la fiesta el sábado?	_d_	g. Me encontré con Eva en el cine.
8. ¿Hubo clase el lunes pasado?	_e_	h. No, porque vivían en otra ciudad.
9. ¿Vieron a Julio ayer?	_b_	i. No, era hija única.
10. ¿Qué hora era cuando llegaron?	_f_	j. Que necesitaba muebles nuevos.
11. ¿Veías a tus abuelos frecuentemente?	_h_	k. No muy lejos de mi casa.
12. ¿Qué tiempo hacía cuando saliste?	_l_	l. Llovía.

15. ¡Pobre Beto! With a classmate, go to the illustration on page 294 and prepare questions about what Beto's day was like. Take turns asking and answering the questions.

16. ¿Pretérito o imperfecto? You and a classmate take turns giving the Spanish equivalents of the words in parentheses.

1. Anoche yo ___no fui___ a la fiesta porque ___no me sentía___ bien. *(didn't go / wasn't feeling)*
2. Cuando yo ___me desperté___ esta mañana, ___hacía frío___ y ___llovía___. *(got up / it was cold/ it was raining)*
3. Cuando Dori ___tenía___ diez años, sus padres ___la llevaron___ a España. *(was / took her)*
4. Cuando nosotros ___éramos___ niños, ___íbamos___ de vacaciones a Costa Rica. *(were / we used to go)*
5. Mi primer novio ___era___ alto y guapo. *(was)*
6. Ayer mi mamá ___me dijo___ que ___necesitaba___ muebles nuevos. *(told me / she needed)*
7. Jorge ___estuvo___ enfermo todo el día ayer. *(was)*
8. Yo ___iba___ para la estación del metro ayer cuando ___vi___ un accidente en la calle Magnolia. ___Eran___ las dos de la tarde. *(was going / I saw / It was)*

ESTRUCTURAS

Para conversar

17. ¡Habla con tu compañero(a)! Interview a classmate. Ask the following questions to practice the preterite and the imperfect. Then add four more questions of your own to practice both tenses. When you have finished, switch roles.

1. ¿Cuántos años tenías cuando conociste a tu mejor amigo(a)?
2. ¿A qué escuela ibas cuando tenías 12 años?
3. ¿Siempre ibas de vacaciones en el verano?
4. ¿Te divertías mucho en las vacaciones?
5. ¿Cómo era tu primer(a) novio(a)?
6. ¿A qué hora te levantaste ayer? ¿Qué hiciste?
7. ¿Te encontraste con algún (alguna) amigo(a)?
8. ¿Qué tiempo hacía cuando saliste de tu casa?
9. ¿Llegaste tarde a clase hoy? ¿A qué hora llegaste?
10. ¿Tuviste algún examen la semana pasada (last)?

18. Cuando usted era adolescente... In groups of four or five, prepare five to six questions to ask your instructor about his or her life as a teenager.

3 Verbs that change meaning in the preterite (Verbos que cambian de significado en el pretérito)

> Some Spanish verbs change meaning when they are used in the preterite. Note the usage of the verbs in the following examples.

conocer:	conocí (preterite)	*I met*
	conocía (imperfect)	*I knew (was acquainted or familiar with)*
	Anoche **conocí** a una chica muy simpática.	*(I met her for the first time.)*
	Yo no **conocía** la ciudad.	*(I wasn't familiar with the city.)*
saber:	supe (preterite)	*I found out, I learned*
	sabía (imperfect)	*I knew*
	Lo **supe** cuando él me lo dijo.	*(I found it out.)*
	Yo no **sabía** que te gustaba el golf.	*(I wasn't aware of it.)*
no querer:	no quise (preterite)	*I refused*
	no quería (imperfect)	*I didn't want*
	Raúl **no quiso** ir.	*(didn't want to and refused)*
	Rita **no quería** ir, pero después decidió ir.	*(didn't want to at the time)*
	—¿Tú **conocías** al cuñado de Carmen?	*Did you know Carmen's brother-in-law?*
	—No, lo **conocí** anoche.	*No, I met him last night.*
	—¿Y Roberto? ¿No vino?	*And Roberto? Didn't he come?*
	—No, **no quiso** venir.	*No, he refused to come.*
	—Yo tampoco **quería** venir, pero vine para traer a Anita.	*I didn't want to come either, but I came to bring Anita.*

Práctica

19. Una telenovela Act out the following scene from a soap opera with a classmate, providing the missing verbs.

ADRIÁN: ¿Tú ___sabías___ que Rosaura estaba embarazada (*pregnant*)?

SARA: No, lo ___supe___ anoche.

ADRIÁN: ¡Qué horrible! Dicen que su esposo es un idiota. Los padres de ella no ___quisieron___ ir a la boda (*wedding*). Ese día se fueron a Europa.

SARA: Pero, ¿dónde ___conoció___ Rosaura a Lorenzo?

ADRIÁN: En una fiesta. Rosaura no ___quería___ ir, pero Olga la llevó.

SARA: ¿Olga ___conocía___ a Lorenzo?

ADRIÁN: Sí, Olga es la ex esposa de Lorenzo...

Para conversar

20. La próxima escena With a classmate, write and act out the scene that follows the one you read in **19. Una telenovela.** Some words you might use: **divorciarse, el (la) amante** (*lover*), **irse de casa, los problemas económicos,** etc.

21. ¡Habla con tu compañero(a)! Interview a classmate, using the following questions and at least two of your own. When you have finished, switch roles. Anwer the questions in complete sentences.

1. ¿Conocías tú al profesor (a la profesora) antes de empezar esta clase?
2. ¿Cuándo lo (la) conociste?
3. ¿Sabías tú la nacionalidad del profesor (de la profesora)?
4. ¿Cuándo la supiste?
5. Yo no quería venir a clase hoy. ¿Y tú?
6. La última vez (*last time*) que no viniste a clase, ¿fue porque no pudiste o porque no quisiste?
7. ¿Cuándo conociste a tu mejor amigo(a) o novio(a)?
8. De niño(a), ¿conocías a alguien interesante? ¿A quién?
9. ¿Cuándo supiste que Santa Claus no traía los regalos?
10. De niño(a), ¿qué cosas no querías comer?

Jack Hollingsworth/Exactostock-1598/ Superstock

Él es el profesor Domínguez. ¿Tú lo conoces? ¿Sabías que era de Costa Rica?
   Hoy no vino a clase. ¿Fue porque no pudo o porque no quiso?

4 The relative pronouns *que* and *quien* (*Los pronombres relativos* que *y* quien)

Relative pronouns are used to combine two sentences that have a common element, usually a noun or a pronoun.

A. The relative pronoun *que*

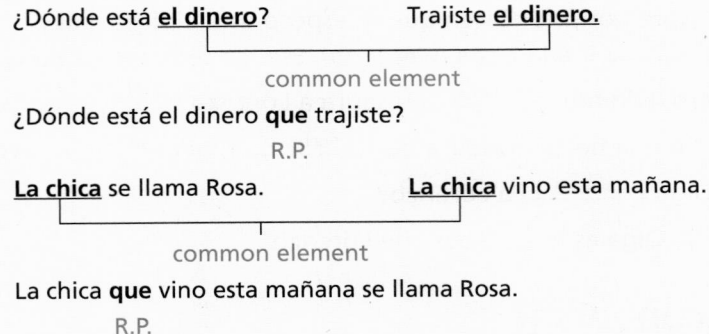

¿Dónde está **el dinero**?   Trajiste **el dinero.**

common element

¿Dónde está el dinero **que** trajiste?

R.P.

La chica se llama Rosa.   **La chica** vino esta mañana.

common element

La chica **que** vino esta mañana se llama Rosa.

R.P.

> The relative pronoun **que** not only helps to combine the two sentences in each of the examples, but also replaces the nouns **el dinero** and **la chica** in the combined sentences.

> The relative pronoun **que** is invariable and is used for both persons and things. It is the Spanish equivalent of *that, which*, and *who*. Unlike its English equivalents, the Spanish **que** is never omitted.

—¿Para quién es el sofá **que** compraste?   *For whom is the sofa that you bought?*
—Es para la señora **que** alquiló el apartamento.   *It is for the lady who rented the apartment.*

B. The relative pronoun *quien*

—¿La muchacha **con quien** hablabas es estadounidense?   *Is the girl with whom you were talking an American?*
—No, es venezolana.   *No, she's a Venezuelan.*

—¿Quiénes son esos señores?   *Who are those gentlemen?*
—Son los señores **de quienes** te habló José.   *They are the gentlemen about whom José spoke to you.*

> The relative pronoun **quien** is used only with persons.

> The plural of **quien** is **quienes. Quien** does not change for gender.

> **Quien** is generally used after prepositions, e.g., **con quien, de quienes.**

> **Quien** is the Spanish equivalent of *whom* and *that*.

Práctica

22. Minidiálogos Complete the following dialogues, using **que, quien,** or **quienes.** Then act them out with a classmate.

1. —¿Quién es el muchacho ____que____ va a compartir el apartamento con Mario?

   —Es el hermano del chico con ____quien____ estudio.

2. —¿Dónde pusiste el ventilador ____que____ traje ayer?

   —Lo puse en el cuarto de los niños.

3. —Los muchachos con ____quienes____ trabajo estuvieron aquí ayer.

   —¿Trajeron el microondas ____que____ les pedí?

   —Sí, y lo dejaron en la cocina.

4. —¿Vas a salir sola esta noche?

   —No, voy a salir con Roberto, el muchacho de ____quien____ te hablé ayer.

5. —¿Esa es la chica ____que____ estudia contigo?

   —No, es la muchacha con ____quien____ trabajo.

6. —¿Quién es la persona ____que____ todavía te malcría?

   —Mi abuela. Ayer me regaló un traje magnífico.

7. —¿Sandra es la chica ____que____ te invitó a su fiesta?

   —No, ella es la muchacha ____que____ trabaja para mi papá.

> ■■■■ **Un dicho** ▌
>
> **El que ríe al último, ríe mejor.**
> Equivalent: *He who laughs last, laughs best.*

Para conversar

23. ¡Habla con tu compañero(a)! Interview a classmate using the following questions. When you have finished, switch roles.

1. ¿Cómo se llama la persona a quien más admiras? ¿Quién es la persona que más te admira a ti?
2. ¿Cómo se llama el profesor o la profesora que enseña tu clase favorita?
3. ¿Quiénes son las personas que viven contigo? ¿Quiénes son los que estudian contigo?
4. ¿Cómo se llaman las personas con quienes vas a salir el sábado?
5. ¿Quién es la persona que más te quiere? ¿Quién es la persona a quién tú más quieres?
6. ¿Cuál es la comida que más te gusta? ¿Cuál es la que menos te gusta?
7. ¿Cuál es el color que más te gusta? ¿Cuál es el color que menos te gusta?
8. ¿Dónde está el banco en el que tienes tu cuenta corriente?
9. ¿Quién es el actor que más te gusta? ¿Y la actriz *(actress)* que más te gusta?
10. ¿Quién es la persona con quien te gusta ir al cine?

▶ ¡Vamos a ver!

Antes de ver el video

24. Preguntas You and a classmate take turns asking and answering the following questions. Answers should be given in complete sentences.

1. ¿Cuándo y dónde conociste a tu mejor amigo(a)?
2. ¿Tú te encontraste con tus amigos la semana pasada?
3. Cuando tú das una fiesta, ¿cuántos invitados tienes, por lo general?
4. Cuando tú eras niño(a), ¿quién hacía los trabajos de la casa?
5. ¿A qué escuela asistías cuando eras niño(a)? ¿Estaba cerca o lejos de tu casa?
6. ¿Tú te quejabas de todo cuando eras chico(a)? Generalmente, ¿estabas de acuerdo con tus padres?
7. ¿Vas a tratar de convencer a tu papá de que tú necesitas más dinero?
8. ¿Te gusta tu barrio o quieres mudarte?
9. Si tú alquilas un apartamento, ¿tiene que estar amueblado o tú tienes muebles?
10. Generalmente, el alquiler incluye la electricidad y el agua. ¿Incluye también el teléfono?
11. Los edificios de apartamentos que hay en tu ciudad, ¿tienen muchos apartamentos desocupados?
12. Generalmente, ¿qué muebles hay en una sala comedor?
13. ¿Hay una cómoda en tu dormitorio? ¿Hay una mesita de noche?
14. ¿Tú duermes a veces en una bolsa de dormir? ¿Es tan cómoda como tu cama?

El video: Marísol se queja de todo

—Vamos, que es tarde. ¿Dónde pusiste la llave?

—Te la di esta mañana… ¡Ah, no! Está en mi bolso.

—Esta es la sala comedor. Como ven, es muy amplia. Tiene un sofá, una mesa y cuatro sillas.

—*(A Cristina)* Podemos tener solamente un invitado a la vez.

—Yo sé que a ti te gustó el apartamento que vimos anteayer.

—Sí, yo no quería ver este porque tampoco me gusta el barrio donde está y el otro estaba más cerca de la universidad. Este está muy lejos.

Después de ver el video

Silvia

Marisol

el encargado

Cristina

25. ¿Quién lo dice? Identify the person who said each of the following in the dialogue.

1. Cuando eras chica también te quejabas de todo. ___Cristina___
2. Cuando veníamos para acá vi un edificio de apartamentos mucho mejor que este. ___Marisol___
3. Vamos, que es tarde. ¿Dónde pusiste la llave? ___Silvia___
4. Yo sé que a ti te gustó el apartamento que vimos anteayer. ___Cristina___
5. Entonces, ¿no piensan alquilar el apartamento? ___el encargado___
6. El apartamento tiene que estar amueblado porque no tenemos muebles. ___Silvia___
7. Bueno... tenemos bolsas de dormir. ___Marisol___
8. Esta es la sala comedor. Como ven, es muy amplia. ___el encargado___

26. Hablemos. With a classmate, take turns asking and answering the following questions. Base your answers on the dialogue.

En el diálogo

1. ¿De qué ciudad vinieron Silvia, Marisol y Cristina? Vinieron de Mérida.
2. ¿Dónde conocieron Silvia y Marisol a Cristina? Conocieron a Cristina cuando estaban en la escuela.
3. ¿A qué hora dijo Cristina que podía encontrarse con sus amigas? A las tres.
4. ¿Cómo van a ir las chicas al apartamento? Van a ir en el metro.
5. ¿Dónde puso Marisol la llave? La puso en su bolso.
6. ¿Qué incluye el alquiler? Incluye la electricidad y el agua.
7. ¿Cómo es el baño del apartamento? Es muy chico.
8. ¿Marisol conocía a Cristina cuando las dos eran chicas? Sí, la conocía.
9. ¿Qué dice Marisol del barrio donde está el apartamento? Dice que no le gusta el barrio donde está.
10. ¿Qué va a hacer Silvia enseguida? Va a escribirle a su papá para convencerlo de que necesitan más dinero.

27. ¿Qué pasa después...? You and a classmate, use your imagination to say what the characters do. In Spanish, discuss the following.

1. Whether Hugo took Cristina to see another apartment or whether she took a taxi.
2. Whether or not the girls had to buy (some) furniture and why or why not.
3. What the girls used to do when they were little. Name three or four things.
4. Whether the girls saw another building that had vacant apartments.
5. Whether they went to see another apartment, and whether Marisol liked it.
6. Whether or not Marisol continued to complain about everything.
7. Whether or not Silvia's father sent them more money.
8. Whether or not the super (el encargado) was able to rent the apartment.

Now compare your answers to those of the members of another group.

🔊 ¡A escuchar!

> **ESTRATEGIA** **Training yourself to listen for units of meaning** One of the most challenging aspects of listening to native speech as a beginning Spanish learner is telling where a word or a part of a sentence ends and the next one begins. Linking, which you read about in **Lección 3**, can contribute to the challenge of hearing words or phrases distinctly. Remember that if two adjacent letters are the same (for example, **las sopas** or **va a tomar**), they sound almost like one in speech. Be aware of this and listen for logical phrases or groups of words.

CD2-19 **28. En busca de un apartamento** You will listen to several sentences that are transcribed below without spacing between words. Listen as many times as needed and mark the divisions between the words.

1. elapartamentoquevimosenesteedificionotienecalefacción
2. nopiensanalquilareseapartamentoporquenoestáamueblado
3. megustamáselotroapartamentoporqueestácercadelmetro
4. levanaavisarmañanasipuedemudarseestasemana
5. ellosquedaronenencontrarseenlauniversidadalauna

28. En busca de un apartamento Answers
1. El apartamento que vimos en este edificio no tiene calefacción. 2. No piensan alquilar ese apartamento porque no está amueblado. 3. Me gusta más el otro apartamento porque está cerca del metro. 4. Le van a avisar mañana si puede mudarse esta semana. 5. Ellos quedaron en encontrarse en la universidad a la una.

¡Vamos a conversar!

29. ¿Qué dijo? Answers *Answers will vary. Possibilities:* 1. Nos vamos a mudar porque no nos gusta nuestro apartamento. 2. No pude ir a la casa de Marcela porque no tenía su dirección. 3. Cuando yo era chica, no hacía nada porque teníamos criadas. 4. Alquilamos el apartamento amueblado. 5. El alquiler no incluía la electricidad.

> **ESTRATEGIA** **Paraphrasing practice II** When paraphrasing, remember that your goal is to simplify what you hear, using words that you know. Developing this skill can be useful in conversation as well as in writing to summarize and report or explain something that you have heard or read.

CD2-20 **29. ¿Qué dijo?** You will hear five sentences. Listen and restate them in your own words. Then compare your responses with those of a classmate.

30. ¿Qué dices tú? What would you say in the following situations? What might the other person say? Act out the scenes with a classmate. Take turns playing each role.

1. You are talking to a real estate agent. You are looking for a house in a good neighborhood, with five bedrooms, air conditioning, and a three-car garage.
2. You and your friend are going to share an apartment. Describe one that you have just seen, and tell him/her why you should take the apartment. Your friend doesn't think it is a good idea. *Answers will vary.*
3. You are going to give a bridal shower for a friend who has nothing. Decide what appliances and other necessities you think that your guests can buy. *Answers will vary.*
4. You ask the super of an apartment building if the rent includes electricity, water, and phone.
5. You tell someone where you lived when you were a child and where you and your family used to go on vacation. *Answers will vary.*

30. ¿Qué dices tú? Answers 1. Necesito una casa en un buen barrio, con cinco habitaciones, aire acondicionado y un garaje para tres coches. 4. ¿El alquiler incluye la electricidad, el agua y el teléfono?

31. Para conocernos mejor To do this activity, work with a classmate whom you would like to get to know. Take turns asking and answering these questions.

1. ¿Dónde vivías cuando eras niño(a)? ¿La escuela a la que asistías quedaba cerca o lejos de tu casa? ¿Cómo ibas a la escuela? ¿A qué hora empezaban las clases? ¿Almorzabas en la cafetería? ¿A qué hora volvías a tu casa?

2. ¿A qué hora cenabas? ¿Qué hacías después de cenar? ¿A qué hora te acostabas? ¿Trabajabas los fines de semana?

3. ¿Cuántos dormitorios tiene tu casa o apartamento? ¿Te gusta tu barrio o quieres mudarte?

4. ¿Qué aparatos electrodomésticos hay en la cocina? ¿Usas más la cafetera o la licuadora? ¿Te gusta más usar el horno o el microondas? ¿por qué?

5. ¿Qué muebles hay en tu dormitorio? ¿y en tu sala de estar? ¿Tienes muchos cuadros en la pared? ¿Hay fotografías de tus parientes y amigos?

31. Para conocernos mejor Expansion Have students ask you the same questions, using the **Ud.** form.

32. Una actividad para toda la clase

Cuando éramos niños Students will take turns describing their childhoods.

Step 1: Divide the class into groups of 3 or 4 and talk about the following.

    a. Where you lived, whether you liked your neighborhood, and whether you lived in a house or an apartment

    b. What furniture you had in your room and whether you shared your room with a sibling

    c. Where you used to go on vacation

    d. Whether you used to see your grandparents often or not

    e What you used to like to do and to eat

    f. Who your best friend was and whether you are still friends

Step 2: One of the people in each group shares some information about his/her childhood with the rest of the class.

Marilyn Conway/Photographer's Choice/Getty Images

Rincón literario

Augusto Monterroso (Guatemala: 1921–2003)

Este conocido escritor, nacido *(born)* en Honduras, pasó su infancia y su juventud en Guatemala, y siempre se consideró guatemalteco. Además de escritor, fue profesor y diplomático. Sus cuentos son cortos y de carácter irónico. Escribe sobre algunos aspectos de la sociedad contemporánea o sobre momentos históricos de su país.

Su primer libro fue *Obras completas y otros cuentos* (1959) y su obra más conocida es *La oveja negra y demás fábulas* (1969), de donde es este cuento. En las fábulas, el autor presenta a los animales como superiores a los seres humanos *(human beings)*.

Antes de leer

> **ESTRATEGIA** **Having a famous character in the title of a story** We know that Penelope, a character from Homer's poem *The Odyssey,* was a very faithful woman. In fact, she is the symbol of fidelity. For many years, she weaved a shroud while waiting for her husband, Ulysses, to return. Keep this in mind as you read the story.

¡A leer!

33. **Comprensión** Read the selection and find the answers to the following questions.

   1. ¿Dónde vivía Ulises? En Grecia.
   2. ¿Cómo describe el autor a Ulises? Dice que es sabio y astuto.
   3. ¿Quién era Penélope y cómo era? Era la esposa de Ulises. Era muy bella y singularmente dotada.
   4. ¿Pasaba mucho tiempo sola? Sí, largas temporadas.
   5. ¿Cuál era el único defecto de Penélope? Su afición a tejer.
   6. ¿Qué hacía Ulises mientras ella empezaba uno de sus interminables tejidos? Se iba a recorrer el mundo y a buscarse a sí mismo.
   7. ¿Qué hacía Penélope mientras Ulises viajaba? Coqueteaba con sus pretendientes.
   8. ¿Qué dice de Homero el autor? Que Homero a veces dormía y no se daba cuenta de nada.

La tela de Penélope o quién engaña a quién

Hace muchos años vivía en Grecia un hombre llamado Ulises (quien a pesar de ser bastante sabio° era muy astuto), casado con Penélope, mujer bella y singularmente dotada cuyo único defecto era su gran afición a tejer°, costumbre gracias a la cual pudo pasar sola largas temporadas.

Dice la leyenda que en cada ocasión en que Ulises con su astucia observaba que a pesar de sus prohibiciones ella se disponía° una vez más a iniciar uno de sus interminables tejidos, se le podía ver por las noches preparando sus botas y una buena barca, hasta que sin decirle nada se iba a recorrer el mundo y a buscarse a sí mismo.

wise

weave

se… get ready

De esta manera ella conseguía mantenerlo alejado mientras coqueteaba° con sus pretendientes, haciéndoles creer que tejía mientras Ulises viajaba y no que Ulises viajaba mientras ella tejía, como pudo haber imaginado Homero, que, como se sabe, a veces dormía y no se daba cuenta de nada.

flirted

Augusto Monterroso, "La tela de Penélope o quién engaña a quién," *El paraíso imperfecto: Antología tímida*. Penguin Random House Grupo Editorial España, 2013. © Augusto Monterroso. Used with permission.

Después de leer... reflexiones

 34. Dos dichos In groups of three or four, discuss the following:

En inglés se dice *"Absence makes the heart grow fonder"* pero en español se dice "Ausencia quiere decir olvido". Den su opinión sobre estos dichos.

¿Con cuál de estas ideas están ustedes de acuerdo? ¿Creen que la ausencia aumenta *(increases)* el amor o que puede destruir una relación amorosa?

Den detalles y ejemplos.

¡Vamos a escribir!

Antes de escribir

> **ESTRATEGIA** **Analyzing feelings** When writing about how you feel about something, you have to "step out" of yourself and think clearly about your own views. Think of situations in which you have felt strongly about something and analyze your feelings.

35. La fidelidad Write about one of these topics:

1. Yo soy (no soy) capaz *(able)* de ser completamente fiel.
2. Yo confío (no confío) plenamente en la persona a quien amo.

¡A escribir!

36. Write the **primer borrador.**

Después de escribir

37. A revisar Before writing the final version, exchange your first draft with a classmate's and peer edit each other's work. Make sure to have followed the guidelines.

Venezuela

Suggestion After students read all the information in this section, ask what aspects interest them the most. Then have them go to the Web and get additional information about those aspects.

Venezuela está en el norte de Sudamérica. Es uno de los diez mayores exportadores de petróleo del mundo. Más de la octava parte del petróleo importado por los Estados Unidos viene de Venezuela. El presidente del país es Nicolás Maduro, que parece *(seems)* seguir los pasos *(to follow in the footsteps)* de Hugo Chávez y Fidel Castro, el dictador cubano. Venezuela fue el primer país de Sudamérica que proclamó su independencia de España.

Caracas, ciudad de contrastes

Caracas, la capital de Venezuela, es el centro gubernamental, financiero y cultural del país. El rápido crecimiento *(growth)* de su población ha influenciado profundamente el desarrollo *(development)* urbano de la ciudad.

En Caracas se mezclan lo ultramoderno con lo antiguo, y el lujo *(luxury)* con la pobreza *(poverty)*.

Paolo Costa/Shutterstock.com

La industria petrolera

© Mark Antman/The Image Works

Estos **pozos petroleros**° *(oil wells)* están en el lago Maracaibo, que es el lago más grande de Sudamérica. Desafortunadamente, sus aguas están muy contaminadas, y una de las razones es el daño *(damage)* que causa la extracción del petróleo.

Online Cultural Questions In Instructor Resources, there are 100 questions covering the cultural material found in these sections. These can be used in written quizzes, as part of the final oral exam, or as part of an end-of-term contest.

Puntos de atracción turística

El Salto Ángel está en el Parque Nacional Canaima. Es el salto de agua más alto del mundo, con una altura de 3.485 pies *(feet)*. Es tan grande la altura que, antes de *(before)* llegar al suelo, mucha del agua se evapora o se convierte en una fina niebla cuando hay fuertes vientos.

El turismo en **la isla Margarita** crece año tras *(after)* año. Sus paisajes maravillosos, sus excelentes hoteles y su vida nocturna atraen no solamente a los venezolanos, sino *(but)* también a muchos extranjeros, especialmente a los europeos.

LOOK-foto / LOOK-foto/Superstock

Alice Nerr/Shutterstock.com

Archivos de la Biblioteca Nacional, Caracas-Venezuela

La literatura

Venezuela tiene muchos escritores importantes del siglo XX, muchos de ellos conocidos por sus obras polémicas. Entre ellos se destaca **Teresa de la Parra**. Esta escritora pertenecía a la aristocracia. Fue periodista y novelista. Su obra más importante es *Ifigenia*, que relata el drama de la mujer frente a la sociedad machista.

La música

Mathew Imaging/WireImage/Getty Images

La música venezolana no tiene fronteras ni edades. Se escucha desde el tradicional joropo hasta el reggaetón. En la música clásica se destaca **Gustavo Dudamel,** director de la Orquesta Filarmónica de Los Ángeles. Es el representante venezolano de más fama internacional de la música clásica de hoy en día.

Una reina de belleza venezolana

© JUAN BARRETO/AFP/Getty Images

La venezolana **Stefania Fernández** fue coronada Miss Universo en Bahamas, en 2009. Ganó un certamen en que participaron candidatas de 83 países.

👥 Háganse preguntas...

The class will be divided into groups of 3 or 4 students. The instructor will assign one the seven items of information presented here to each group. The members in each group will prepare questions about the item assigned to them to ask the rest of the class.

iLrn™

To learn more about Venezuela, watch the cultural footage in the Media Library.

¿Cuánto sé ahora?

Take this test. When you have finished, check your answers in the answer key provided in Appendix D. Then use a red pen to correct any mistakes you may have made. Are you ready?

A. The imperfect Change all verbs to the imperfect tense.

1. Son las tres de la tarde; llueve y hace frío. Eran / llovía / hacía
2. Mi novio vive en la calle Lima y trabaja en la calle Oliva. vivía / trabajaba
3. Nosotros hablamos español y estudiamos francés. hablábamos / estudiábamos
4. Los chicos almuerzan en la cafetería. Los sándwiches les cuestan dos dólares. almorzaban / costaban
5. ¿Tú vas a la casa de tus abuelos? ¿Los ves a menudo? ibas / veías
6. Yo soy muy estudiosa y aprendo mucho. era / aprendía
7. Nosotros vamos de vacaciones todos los veranos y nos divertimos mucho. íbamos / nos divertíamos
8. Ellos salen a las siete y llegan a las ocho. salían / llegaban

B. The preterite contrasted with the imperfect Complete the following sentences, using the preterite or the imperfect of each verb in parentheses.

1. Anoche Alberto me ____dijo____ (decir) que ____necesitaba____ (necesitar) alquilar un apartamento, pero que no ____podía____ (poder) ser muy caro porque él no ____tenía____ (tener) mucho dinero.
2. Ayer mi hermana y yo ____compramos____ (comprar) dos bolsas de dormir para las vacaciones. Cuando nosotras ____éramos____ (ser) niñas siempre ____llevábamos____ (llevar) bolsas de dormir cuando ____íbamos____ (ir) de vacaciones.
3. Cuando yo ____tenía____ (tener) diez años, mi familia y yo ____vinimos____ (venir) a los Estados Unidos a vivir. Nosotros ____hablábamos____ (hablar) inglés y español y ____estudiábamos____ (estudiar) portugués.
4. —¿Cómo te ____fue____ (ir) anoche en la fiesta de Silvia?
   —No muy bien. (Yo) ____Tuve____ (tener) que irme a las diez porque no me ____sentía____ (sentir) bien.
5. Cuando Amalia ____iba____ (ir) a la biblioteca, ____vio____ (ver) un accidente en la calle Quinta. Dos personas ____murieron____ (morir).
6. ____Eran____ (Ser) las ocho de la noche cuando nosotros ____salimos____ (salir) de casa. ____Llovía____ (llover) y ____hacía____ (hacer) mucho frío. ____Volvimos____ (volver) a casa en seguida.

C. Verbs that change meaning in the preterite Complete the following exchanges, using the preterite or the imperfect of the verbs given.

1. conocer —¿Tú ____conocías____ a la profesora de español?
   —No, la ____conocí____ el primer día de clases.
2. saber —¿Uds. ____sabían____ que Marta tuvo que mudarse de la pensión?
   —No, lo ____supimos____ ayer, cuando ella nos lo dijo.
3. no querer —¿Jorge vino hoy a clase?
   —No, él no ____quiso____ venir. Decidió quedarse (to stay) en su casa.
   —Yo no ____quería____ venir tampoco, pero vine porque tenía un examen.

D. The relative pronouns *que* and *quien* Give the Spanish equivalents of the words in parentheses.

1. Esa es la chica _que se queja_ de todo. *(who complains)*
2. Yo hablé con los muchachos _que se mudaron_ ayer. *(who moved)*
3. Esta es la butaca _que nos gusta_. *(that we like)*
4. El chico _a quien conocí_ anoche se llama Esteban. *(whom I met)*
5. La señora _para quien_ compramos el refrigerador está aquí. *(for whom)*

E. Just words . . . Match the questions in column A with the answers in column B.

A		B
1. ¿Te gusta tu barrio?	h	a. No, en subterráneo.
2. ¿Vas a comprar la casa?	k	b. La electricidad y el agua.
3. ¿Dónde están los niños?	o	c. No, el microondas.
4. ¿Vienes en coche?	a	d. No, soy hija única.
5. ¿Qué muebles necesitas?	m	e. No, voy a vivir sola.
6. ¿Tienes hermanos?	d	f. En la calle Rubén Darío.
7. ¿Qué incluye el alquiler?	b	g. No, eran muy estrictos.
8. ¿Dónde queda tu apartamento?	f	h. No, me voy a mudar.
9. ¿Dónde pusiste el queso?	n	i. En el garaje.
10. ¿Vas a usar el horno?	c	j. No, pero la voy a convencer.
11. ¿Vas a compartir el apartamento?	e	k. No, la voy a alquilar.
12. ¿Tus padres te malcriaban?	g	l. Sí, necesito una frazada.
13. ¿Ella no quiere salir contigo?	j	m. Una mesa de centro y una butaca.
14. ¿Tienes frío?	l	n. En el refrigerador.
15. ¿Dónde están la lavadora y la secadora?	i	o. En la escuela.

F. Cultura

1. Complete the following, based on the information found in the **¿Tú lo sabías?** sections.
   a. La palabra _barrio_ tiene una connotación negativa en algunos países.
   b. En España, los apartamentos se llaman _pisos_.
2. Complete the following based on the information found in the **El mundo hispánico y tú** section.
   a. Venezuela es uno de los diez mayores exportadores de _petróleo_ del mundo.
   b. La música tradicional de Venezuela es el _joropo_.

G. Un dicho Do you remember the Spanish saying that is equivalent to *He who laughs last, laughs best*? Find it in this lesson. El que ríe al último, ríe mejor.

¡BUEN VIAJE!

Dos pasajeros de viaje a Bogotá

Prasit Rodphan/Shutterstock.com

OBJETIVOS COMUNICATIVOS

You will learn vocabulary related to travel.

SITUACIONES

Una luna de miel ideal

ESTRUCTURAS

1 The subjunctive mood
2 The subjunctive with verbs of volition
3 The subjunctive with verbs of emotion

ASÍ SOMOS

▶ **¡Vamos a ver!**
Watching and understanding situations

¡Vamos a escuchar!
Recognizing linking or transition words

¡Vamos a conversar!
Using courtesy expressions and common phrases

Rincón literario
Reading literature
Sala de espera by Enrique Anderson Imbert

¡Vamos a escribir!
Assessing your needs as a writer

EL MUNDO HISPÁNICO Y TÚ

❯ Colombia

AUTOPRUEBA

You will review what you learned in this lesson.

michaeljung/Shutterstock.com

Activity Suggestion Use this and the opener photo to introduce the lesson theme. Ask your students:
1. ¿A qué ciudades qiueres viajar?
2. ¿Con quién quieres viajar?
3. ¿Prefieres viajar en avión o en barco? ¿Por qué?

▶

COLOMBIA es la única nación nombrada en honor de Cristóbal Colón. Su extensión es algo mayor que las de los estados de California y Tejas juntos. Es el cuarto país sudamericano en tamaño *(size)*, y es el único con costas en el océano Pacífico y en el mar Caribe.

JeremyRichards/Shutterstock.com

Monumento a Colón en Cartegena de Indias, Colombia

🔊 Una luna de miel ideal

CD2-21

▶ **¡Ubíquelos!**

Alina and Marcos live in Bogotá, the capital of Colombia. The video will show you many of the places that they can visit in this beautiful city, including good restaurants and excellent music clubs and theaters.

racorn/Shutterstock.com

Marcos y Alina, su prometida, están planeando su luna de miel. Piensan casarse el mes que viene y no pueden ponerse de acuerdo.

MARCOS: Yo te sugiero que consideres la idea de ir a Costa Rica, que tiene bosques tropicales magníficos y excelentes hoteles con precios buenísimos. Hay unos paquetes turísticos que incluyen el pasaje (en clase turista) y el hospedaje. Hay vuelos directos y vuelos que hacen escala.

ALINA: Pero yo quiero conocer Buenos Aires y Río de Janeiro... Mi padrino acaba de volver de Río y de Buenos Aires y le encantaron. Él nos aconseja que vayamos a una de esas dos ciudades... ¡o a las dos!

MARCOS: Sí, querida, pero... ¿cuánto cuesta un pasaje de ida y vuelta a Río? ¡Una fortuna, probablemente! Pablo, mi compañero de trabajo, nos recomienda que nos quedemos aquí, en Colombia, y hagamos una excursión. Podemos viajar en tren. ¡Es más barato!

ALINA: ¡Ay, no! Pablo es muy tacaño. Por eso él y su esposa se van a divorciar. ¡No quiero que le pidas su opinión!

MARCOS: Pero tú sabes que no me gusta viajar en avión ni en barco. ¡Río está muy lejos! Y temo no tener dinero para un viaje como ese.

ALINA: Bueno… podemos hacer un crucero por el Caribe... ¡Un crucero es muy romántico! Mis padres fueron de vacaciones a Puerto Rico y les gustó mucho.

MARCOS: ¡Tengo una idea brillante! Mis abuelos se van de vacaciones a los Estados Unidos y su casa va a estar vacía por una semana. Podemos quedarnos allí... ¡Y no nos va a costar un centavo! Creo que encontré el lugar ideal. ¡Ojalá que podamos usar su casa!

ALINA: Tus abuelos viven en un pueblo muy pequeño. ¡Allí no hay nada que hacer! Espero que cambies de idea. Además… mis padres nos van a regalar el viaje de luna de miel.

MARCOS: ¿En serio? En ese caso, quiero ir a Río y a Buenos Aires. *(Se acerca a Alina y le da un beso.)* ¡Es una idea excelente!

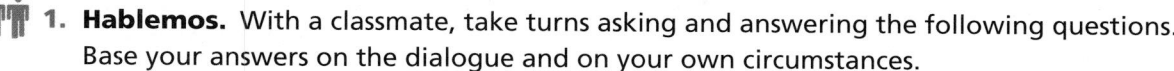

¿Tú lo sabías?

En los países hispanos, las parejas *(couples)* generalmente están comprometidas durante años, porque no se casan hasta terminar los estudios o tener un buen puesto *(job)*. Muchos esperan hasta tener un apartamento amueblado o una casa.

> Por lo general, ¿las parejas de este país están comprometidas por mucho tiempo antes de casarse?

1. Hablemos. With a classmate, take turns asking and answering the following questions. Base your answers on the dialogue and on your own circumstances.

En el diálogo

1. ¿Qué están planeando Marcos y Alina? Están planeando su luna de miel.
2. ¿Qué lugares quiere conocer Alina? Quiere conocer Buenos Aires y Río de Janeiro.
3. ¿Qué le recomienda Pablo a Marcos? Le recomienda que se queden en Colombia.
4. ¿Cómo dice Pablo que pueden viajar? Dice que pueden viajar en tren.
5. ¿En qué no le gusta viajar a Pablo? No le gusta viajar en avión ni en barco.
6. ¿Por dónde quiere hacer un crucero Alina? Quiere hacer un crucero por el Caribe.
7. ¿A dónde fueron de vacaciones los padres de Alina? Fueron a Puerto Rico.
8. ¿Por qué cree Marcos que la casa de sus abuelos es el lugar ideal para pasar la luna de miel? Porque no les va a costar un centavo.
9. ¿Cómo es el pueblo donde viven los abuelos de Marcos? Es un pueblo muy pequeño.
10. ¿Quiénes les van a regalar el viaje de luna de miel a Alina y a Marcos? Los padres de Alina les van a regalar el viaje de luna de miel.

¿Y tú?

1. ¿Qué estás planeando tú?
2. ¿Qué lugares quieres conocer tú?
3. Antes de ir a un viaje, ¿dónde buscas información tú?
4. ¿Cómo prefieres viajar tú?
5. ¿Cómo no te gusta viajar a ti?
6. ¿Tú quieres hacer un crucero? ¿Por dónde?
7. ¿A dónde fuiste tú de vacaciones?
8. ¿Cuál crees tú que es el lugar ideal para una luna de miel?
9. ¿Cómo es la ciudad dónde vives tú?
10. ¿Alguien te va a regalar algo a ti? ¿Quién?

1. Hablemos Activity Suggestion Have students ask you the questions about the dialogue. Always give them the wrong answers and ask them to correct you.

JUAN MABROMATA/AFP/Getty Images

VOCABULARIO

🔊 En el diálogo

Cognados

el centavo	cent
directo(a)	direct
excelente	excellent
la excursión	excursion
la fortuna	fortune
ideal	ideal
la opinión	opinion
probablemente	probably
romántico(a)	romantic
turístico(a)	tourist (adj.)

Nombres

el avión	plane
el barco	ship
el beso	kiss
el bosque, la selva	forest, jungle
la clase turista	tourist class
el (la) compañero(a) de trabajo	co-worker
la escala	stopover
los[1] Estados Unidos	United States
el hospedaje	lodging
la luna	moon
_____ de miel	honeymoon
el padrino	godfather
el paquete	package
el pasaje, el billete	ticket
_____ de ida	one-way ticket
_____ de ida y vuelta	round-trip ticket
el precio	price
el (la) prometido(a)	fiancé(e)
el tren	train
el vuelo	flight

Verbos

acercarse (a)	to approach
aconsejar	to advise
casarse	to get married
considerar	to consider
divorciarse	to get a divorce
esperar	to hope
planear	to plan
quedarse	to stay
recomendar (e:ie)	to recommend
sugerir (e:ie)	to suggest
temer	to fear, to be afraid

Adjetivos

barato(a)	inexpensive
buenísimo(a)	extremely good
querido(a)	dear
tacaño(a)	stingy
vacío(a)	empty

Otras palabras y expresiones

cambiar de idea	to change one's mind
como	like
en ese caso	in that case
hacer escala	to make a stopover
hacer un crucero	to take a cruise
hacer una excursión	to go on an excursion
irse de vacaciones	to go on vacation
ojalá	I hope (God grant)
ponerse de acuerdo	to come to an agreement
por eso	that's why

Marion Kaplan / Alamy

¿ Tú lo sabías?

Cuando se bautiza a un hijo o a una hija, los padres invitan a dos amigos o parientes para ser los padrinos de sus hijos. Los padrinos se convierten en **compadre** y **comadre** de los padres del niño o de la niña; el niño o la niña que se bautiza es ahora el **ahijado** o la **ahijada** de sus padrinos. La relación entre los compadres, los ahijados y los padrinos es generalmente muy estrecha. Los padrinos son considerados como parte de la familia.

❯ **Cuando se bautiza a un niño en este país, ¿siempre tiene padrinos?**

> [1] the article is optional

Más sobre el tema

En el aeropuerto / En el avión

De viaje

abordar el avión	to board the plane	pagar exceso de equipaje	to pay for excess baggage
abrocharse el cinturón de seguridad	to fasten one's seat belt	el paquete turístico	vacation package
la aerolínea	airline	el (la) pasajero(a)	passenger
aterrizar	to land (a plane)	ponerse en la cola	to stand in line
¡Buen viaje!	Have a nice trip!	la primera clase	first class
despegar	to take off (a plane)	la salida	exit, departure
la entrada	entrance	tener... de retraso (atraso)	to be . . . behind schedule
facturar el equipaje	to check the luggage	el (la) viajero(a)	traveler
la fila	row		
hospedarse	to stay, to lodge (e.g., at a hotel)		
la llegada	arrival		

▬▬▬ Un dicho ▮

Si la vida es un viaje…, viajemos en primera clase.

Equivalent: *If life is a journey, let's travel first class.*

---

[1]*Note:* **La azafata** is feminine only.

VOCABULARIO

Práctica

2. Palabras Select the word or phrase that does not belong in each group.

1. avión / barco / (beso)
2. bosque / (pueblo) / selva
3. (paquete) / madrina / padrino
4. hacer un crucero / (ponerse de acuerdo) / hacer una excursión
5. pasaje / (vuelo) / billete
6. (acercarse) / recomendar / sugerir
7. casarse / (esperar) / divorciarse
8. buenísimo / (querido) / excelente

Westend61/Getty Images

3. Preguntas y respuestas Match the questions in column **A** with the answers in column **B**.

A

1. ¿Qué están planeando Ana y Raúl? __h__
2. ¿Luis es el prometido de Eva? __d__
3. ¿Qué incluye el paquete turístico? __f__
4. ¿Tu billete es de ida? __g__
5. ¿Qué planean ustedes para el verano? __b__
6. ¿Viajan en avión? __i__
7. ¿El avión hace escala? __j__
8. ¿Cuánto tiempo van a quedarse allí? __e__
9. ¿El viaje es barato? __a__
10. ¿Dónde viven ellos? __c__

B

a. No, cuesta una fortuna.
b. Hacer un crucero.
c. En un pueblo muy pequeño.
d. Sí, se casan en mayo.
e. Un mes.
f. El pasaje y el hospedaje.
g. No, de ida y vuelta.
h. Su luna de miel.
i. No, van en tren.
j. No, el vuelo es directo.

4. Para completar Complete the following sentences, using vocabulary from this lesson.

1. Un viaje ___como___ este cuesta una fortuna. ___Temo___ no tener dinero para pagarlo.
2. Aurora y Darío quieren hacer una ___excursión___ a la selva.
3. Rita y Jaime nunca se ponen de ___acuerdo___ y por ___eso___ se van a ___divorciar___.
4. Probablemente, mis padres me van a regalar el viaje de ___luna___ de miel.
5. ¿Cuánto tiempo vas a ___quedarte___ en Río de Janeiro?
6. Mi ___compañera___ de trabajo dice que ___hacer___ un crucero es muy romántico.
7. Tengo una idea ___excelente___: vamos a los ___Estados___ Unidos.
8. Ellos esperan que tú ___consideres___ su idea de viajar en barco.
9. Carlos no gasta ni un ___centavo___. Es muy ___tacaño___.
10. Esa casa está ___vacía___. Allí no vive nadie.

5. Escoge una. Choose the word or phrase that best completes each sentence.

1. Vamos a hacer una (luna / (excursión) / opinión) al bosque.
2. Lima es el (paquete / (lugar) / beso) que espero visitar este año.
3. Temo no poder pagar ese ((precio) / tren / selva).
4. Ojalá que Olga (espere / planee / (sugiera)) mi idea de hacer un crucero.
5. Ellos quieren irse de (billete / (vacaciones) / hospedaje) a los Estados Unidos.
6. Estar allí no nos va a costar un (pueblo / (centavo) / vuelo).

Para conversar

6. Habla con tu compañero(a) de clase. With a classmate, take turns asking and answering the following questions.

1. Cuando facturas el equipaje, ¿tienes que pagar exceso de equipaje a veces? Si el avión tiene una hora de retraso, ¿qué haces mientras esperas *(you wait)*? ¿lees o hablas con otros viajeros?

2. Generalmente, ¿tienes la tarjeta de embarque en la mano antes de llegar a la puerta de entrada? ¿Tratas de estar en una fila que esté cerca de la salida de emergencia?

3. ¿Cuál es tu aerolínea favorita? ¿Tú viajas en primera clase o en clase turista? ¿Te pones en la cola para ser de los primeros en abordar el avión? ¿Prefieres un asiento de ventanilla o de pasillo? ¿Conversas a veces con otros pasajeros?

4. Si tú viajas de Los Ángeles a Nueva York, ¿dónde puede hacer escala el avión? ¿Te gusta más la idea de ser piloto o auxiliar de vuelo?

5. ¿Tú tienes el cinturón de seguridad puesto durante *(during)* todo el viaje o solamente te lo abrochas cuando el avión va a despegar o a aterrizar?

6. Cuando sales de viaje, ¿siempre sabes dónde te vas a hospedar a tu llegada?

7. ¿Qué te desean tus amigos y tu familia cuando viajas?

7. ¡Buen viaje! With a classmate, play the roles of two travelers planning every step of a trip, from buying the tickets to getting to the airport and boarding the plane. Give details.

Modelo —¿Vamos a viajar en primera clase?
—No, vamos en clase turista.

8. En el avión With a classmate, play the roles of a difficult traveler and a very patient flight attendant.

Modelo —Azafata, estoy muy nervioso. ¿Puedo fumar (smoke)?
—No, señor, aquí no se puede fumar.

Pronunciación

CD2-22

Pronunciation in context

In this lesson, there are some new words and phrases that may be challenging to pronounce. For further pronunciation practice of Spanish sounds, listen to your instructor and repeat the following sentences.

1. Yo **te sugiero** que consideres la idea de ir a **Costa Rica**.

2. Costa Rica tiene bosques tropicales **magníficos** y **excelentes** hoteles.

3. Mi **compañero** de trabajo nos **recomienda** que **nos quedemos** aquí.

4. Un **crucero** es muy **romántico**.

5. **Mis abuelos** se van de **vacaciones** a los **Estados Unidos**.

6. La casa va a **estar vacía** por una semana.

7. Creo que encontré el **lugar ideal**.

8. **Ojalá** que podamos **usar** su casa.

ESTRUCTURAS

1 The subjunctive mood (*El modo subjuntivo*)

A. Introduction to the subjunctive

Until now, you have been using verbs in the indicative mood. The indicative is used to express factual, definite events. By contrast, the subjunctive is used to reflect the speaker's feelings or attitudes toward events, and when the speaker views events as uncertain, unreal, or hypothetical.

> The Spanish subjunctive is most often used in subordinate or dependent clauses.

> The subjunctive is also used in English, although not as often as in Spanish. Consider the following sentence:

> *I suggest that he **arrive** tomorrow.*

The expression that requires the use of the subjunctive is in the main clause, *I suggest*. The subjunctive appears in the subordinate clause, *that he **arrive** tomorrow*. The subjunctive is used because the action of arriving is not real; it is only what is *suggested* that he do.

B. Present subjunctive forms of regular verbs

> To form the present subjunctive, add the following endings to the stem of the first-person singular of the present indicative after dropping the **o**.

> Note that the endings for **-er** and **-ir** verbs are identical.

-*ar* verbs		-*er* verbs		-*ir* verbs	
habl	**-e**	com	**-a**	viv	**-a**
habl	**-es**	com	**-as**	viv	**-as**
habl	**-e**	com	**-a**	viv	**-a**
habl	**-emos**	com	**-amos**	viv	**-amos**
habl	**-éis**	com	**-áis**	viv	**-áis**
habl	**-en**	com	**-an**	viv	**-an**

> The table on the following page shows how to form the first-person singular of the present subjunctive. The stem is the same for all persons.

> ### ■■■ Un dicho ■
> **Viajar es un ejercicio con consecuencias fatales para los prejuicios, la intolerancia y la estrechez de mente.**
> Equivalent: *Travel is fatal to prejudice, bigotry, and narrow-mindedness.*

First-person singular			
Verb	**Present indicative**	**Subjunctive stem**	**Present subjunctive**
caminar	camino	camin-	camine
aprender	aprendo	aprend-	aprenda
escribir	escribo	escrib-	escriba
decir	digo	dig-	diga
hacer	hago	hag-	haga
traer	traigo	traig-	traiga
sacar	saco	sac-	saque[1]
llegar	llego	lleg-	llegue[1]
empezar	empiezo	empiez-	empiece[1]

Práctica

9. Formas Give the present subjunctive of the following verbs.

1. *yo:* solicitar, recibir, traer, decir, caminar, comer, ver
   solicite / reciba / traiga / diga / camine / coma / vea
2. *tú:* escribir, cobrar, decidir, regresar, venir, barrer, aparcar
   escribas / cobres / decidas / regreses / vengas / barras / aparques
3. *él:* aconsejar, hacer, mandar, salir, anotar, esperar
   aconseje / haga / mande / salga / anote / espere
4. *nosotros:* cocinar, depositar, leer, poner, pagar, parecer
   cocinemos / depositemos / leamos / pongamos / paguemos / parezcamos
5. *ellos:* caminar, deber, robar, conocer, vender, salir, empezar
   caminen / deban / roben / conozcan / vendan / salgan / empiecen

9. Formas Expansion Have students practice switching from the indicative to the subjunctive by repeating the exercise quickly in groups of three. Students should give the indicative form first and then the subjunctive form.
S1: **Yo solicito, yo solicite**
S2: **Yo recibo, yo reciba**
S3: **Yo traigo, yo traiga,** etc.

C. Subjunctive forms of stem-changing verbs

› Verbs that end in **-ar** and **-er** undergo the same stem changes in the present subjunctive as in the present indicative.

recomendar (e:ie) *to recommend*		recordar (o:ue) *to remember*	
recomiende	recomendemos	recuerde	recordemos
recomiendes	recomendéis	recuerdes	recordéis
recomiende	recomienden	recuerde	recuerden

[1]Remember that in verbs ending in **-gar**, **-car**, and **-zar**, **g** changes to **gu**, **c** changes to **qu**, and **z** changes to **c** before **e**.

entender (e:ie) to understand		devolver (o:ue) to return (something)	
entienda	entendamos	devuelva	devolvamos
entiendas	entendáis	devuelvas	devolváis
entienda	entiendan	devuelva	devuelvan

> In stem-changing verbs that end in -ir, the unstressed e changes to i and the unstressed o changes to u in the first- and second-person plural (nosotros and vosotros) forms. The other persons follow the same pattern as the indicative.

mentir (e:ie) to lie		dormir (o:ue) to sleep	
mienta	mintamos	duerma	durmamos
mientas	mintáis	duermas	durmáis
mienta	mientan	duerma	duerman

D. Verbs that are irregular in the subjunctive

> The following verbs are irregular in the subjunctive.

dar	estar	saber	ir	ser
dé	esté	sepa	vaya	sea
des	estés	sepas	vayas	seas
dé	esté	sepa	vaya	sea
demos	estemos	sepamos	vayamos	seamos
deis	estéis	sepáis	vayáis	seáis
den	estén	sepan	vayan	sean

¡Atención! The subjunctive of hay (impersonal form of haber) is haya.

Práctica

10. Más formas Give the present subjunctive of the following verbs.

1. *yo:* dormir, mentir, recomendar, dar, pensar, ir
   duerma / mienta / recomiende / dé / piense / vaya

2. *tú:* volver, estar, ser, preferir, recordar, morir, ver, pedir
   vuelvas / estés / seas / prefieras / recuerdes / mueras / veas / pidas

3. *él:* cerrar, saber, perder, probar, dar, servir, seguir
   cierre / sepa / pierda / pruebe / dé / sirva / siga

4. *nosotros:* sentir, ir, dar, dormir, perder, cerrar, saber, ser
   sintamos / vayamos / demos / durmamos / perdamos / cerremos / sepamos / seamos

5. *ellos:* estar, ser, recordar, saber, encontrar, repetir
   estén / sean / recuerden / sepan / encuentren / repitan

10. Más formas Expansion Have students practice switching from the indicative to the subjunctive by repeating the exercise quickly in groups of three. Students should give the indicative form first and then the subjunctive form.
S1: **Yo duermo, yo duerma**
S2: **Yo miento, yo mienta**
S3: **Yo recomiendo, yo recomiende**

E. Uses of the subjunctive

There are four main concepts that call for the use of the subjunctive in Spanish.

> **Volition:** demands, wishes, advice, persuasion, and other attempts to impose will

Ella **quiere** que yo **viaje** hoy.	*She wants me to travel today.*
Te **aconsejo** que no **vayas** a esa agencia.	*I advise you not to go to that agency.*
Les **ruego** que no se **vayan**.	*I beg you not to leave.*

> **Emotion:** pity, joy, fear, surprise, hope, and so on

Espero que **lleguen** temprano.	*I hope they arrive early.*
Siento que no **puedas** ir a Costa Rica.	*I'm sorry you can't go to Costa Rica.*
Me **sorprende** que no **vayas** a Río de Janeiro.	*It surprises me that you're not going to Rio de Janeiro.*

> **Doubt:** disbelief, denial, uncertainty, and negated facts

Dudo que se **casen** hoy.	*I doubt they'll get married today.*
No creo que ella sea **argentina**.	*I don't think she is Argentinian.*
No es verdad que Ana **esté** en Bogotá.	*It isn't true that Ana is in Bogotá.*

> **Unreality:** indefiniteness and nonexistence

¿**Hay alguien** que **tenga** los pasajes?	*Is there anyone who has the tickets?*
No hay nadie que **quiera** ir.	*There's nobody that wants to go.*

2 The subjunctive with verbs of volition (El subjuntivo con verbos que indican voluntad o deseo)

> All impositions of will, as well as indirect or implied commands, require the subjunctive in subordinate clauses. The subject in the main clause must be different from the subject in the subordinate clause.

> Note the sentence structure for this use of the subjunctive in Spanish.

Él **quiere**	que	yo **estudie**.
He wants		*me to study.*
main clause		subordinate clause

—¿Quiere que le **dé** el número de mi cuenta?	*Do you want me to give you my account number?*
—Sí, y también necesito que **firme** la tarjeta.	*Yes, and I also need you to sign the card.*
—Roberto quiere que tú **vayas** a la fiesta.	*Roberto wants you to go to the party.*
—Sí, pero yo no quiero **ir**.	*Yes, but I don't want to go.*

Activity Suggestion Write the following sentence builder on the board and ask students to combine the elements to form as many sentences as possible in five minutes. Encourage them to write interrogative as well as affirmative and negative statements.
Yo / Tú / Mi amigo(a) / Mi(s) hermano(s) / Mi profesor(a) de...
querer / preferir / aconsejar / insistir en / sugerir que mi amigo(a) / mi profesor(a) / mi(s) padre(s) / yo / los estudiantes / nosotros(as)
estudiar más / gastar *(spend)* más (menos) dinero / llegar a tiempo / viajar a... / trabajar / comprar... / dar una fiesta / venir mañana / pagar la cuenta

¡**Atención!** Notice that the infinitive is used after a verb of volition if there is no change of subject:
Yo no quiero *ir.*

ESTRUCTURAS

> Some verbs of volition are:

aconsejar *to advise*	**pedir (e:i)** *to ask for, request*
desear *to want*	**querer (e:ie)** *to want*
exigir *to demand*	**recomendar (e:ie)** *to recommend*
mandar *to order*	**rogar (o:ue)** *to beg, plead*
necesitar *to need*	**sugerir (e:ie)** *to suggest*

Práctica

LEARNING TIP
Try to personalize the uses of the subjunctive. Think of people you know. What do they want you to do (or not to do)? What do you want them to do (or not to do)? Think of as many examples as possible. Remember: Practice makes perfect!

11. ¿Qué deben hacer? What do you or other people want someone else to do?

Use the present subjunctive of the verbs in parentheses.

1. Mi madrina te sugiere que ____hagas____ (hacer) un crucero.
2. Nosotros queremos que usted nos ____aconseje____ (aconsejar) qué hacer
3. Mis abuelos nos piden que los ____visitemos____ (visitar) frecuentemente.
4. Tus padres prefieren que tú ____te cases____ (casarse) en junio.
5. Ellos necesitan que Raúl ____se quede____ (quedarse) aquí hoy.
6. Tú les aconsejas a ellos que no ____se divorcien____ (divorciarse).
7. Mi compañero de trabajo desea que sus padres le ____paguen____ (pagar) sus vacaciones.
8. Mi padrino te recomienda que ____viajes____ (viajar) en tren porque es más barato.

12. ¡Órdenes y más órdenes! With a classmate, take turns describing what the following people want each person to do, using the present subjunctive.

Modelo

Anita
La mamá de Anita quiere que ella estudie.

1. Tito

2. Julia

3. Beto

4. Los estudiantes

5. Hugo

(HINT: tintorería *dry cleaner's*)

13. Mis consejos Your friends are always coming to you with their problems. Tell them what you suggest, recommend, or advise for each situation.

> Modelo —Necesito comprar un pasaje a Bogotá. ¿Qué me aconsejas que haga?
> —*Te aconsejo que lo compres por Internet.*

1. Ana y Beto no saben adónde ir de luna de miel. ¿Adónde les sugieres que vayan?
2. Luis y su prometida no saben en qué mes casarse. ¿En qué mes les sugieres que se casen?
3. Yo no tengo dinero para comprar los pasajes. ¿A quién me aconsejas que se lo pida?
4. No sé si comprar un billete de ida o un billete de ida y vuelta. ¿Qué me aconsejas que haga?
5. Eva y yo podemos ir a Boston en avión o en tren. ¿Cómo nos recomiendas que viajemos?
6. Los chicos no saben en qué hotel hospedarse. ¿Qué les recomiendas que hagan?
7. Pedro quiere viajar a Sudamérica, pero es muy tacaño. ¿A qué país le sugieres que viaje?
8. Yo no quiero pagar exceso de equipaje. ¿Cuántas maletas me sugieres que lleve?
9. Yo le voy a dar dinero a Nora para viajar a Costa Rica. ¿Cuánto me sugieres que le dé?
10. Ada y yo no tenemos mucho dinero para viajar. ¿En qué clase nos aconsejas que viajemos?

14. Excusas With a classmate, look at the list of errands that must be done tomorrow. Then take turns saying what you want each other to do, and give different reasons why you can't do each thing.

> Modelo comprar la medicina para Ernesto
> —*Yo quiero que tú compres la medicina para Ernesto.*
> —*Yo no puedo comprarla porque tengo que estudiar.*

1. llevarle las flores a Rita
2. pagar los pasajes
3. depositar el cheque en el banco
4. llevar la motocicleta al taller *(shop)*
5. traer las bebidas para la fiesta
6. planear el viaje
7. darle el regalo a Eva
8. comprar los billetes para la excursión
9. ir a la oficina de turismo
10. pedir la lista *(list)* de hoteles

14. Excusas Answers *Answers will vary. The sentences expressing volition:* 1. Yo quiero que tú le lleves las flores a Rita. 2. Yo quiero que tú pagues los pasajes. 3. Yo quiero que tú deposites el cheque en el banco. 4. Yo quiero que tú lleves la motocicleta al taller. 5. Yo quiero que tú traigas las bebidas para la fiesta. 6. Yo quiero que tú planees el viaje. 7. Yo quiero que tú le des el regalo a Eva. 8. Yo quiero que tú compres los billetes para la excursión. 9. Yo quiero que tú vayas a la oficina de turismo. 10. Yo quiero que tú pidas la lista de hoteles.

ESTRUCTURAS

Para conversar

 15. Todos me dan órdenes. Discuss with a classmate things that important people in your life (parents, relatives, friends, professors, etc.) want you to do. List at least five things, and then compare your results with another group.

 16. Problemas y soluciones Write two or three problems on a slip of paper. Then, form a small group with two or three classmates. Switch slips with the group and take turns offering solutions to each other's problems.

> **■■■ Un dicho ▌**
> **Si quieres que los demás te respeten... ¡empieza por respetar a los demás!**
> Equivalent: *If you want others to respect you, start by respecting others.*

 3 The subjunctive with verbs of emotion *(El subjuntivo con verbos de emoción)*

> In Spanish, the subjunctive is always used in subordinate clauses when the verb in the main clause expresses any kind of emotion, such as fear, joy, pity, hope, pleasure, surprise, anger, regret, sorrow, likes and dislikes, and so forth.

—**Siento** que Julia no **venga** hoy.	*I'm sorry that Julia is not coming today.*
—**Espero** que **pueda** venir mañana.	*I hope she can come tomorrow.*
—Ramón no tiene dinero para comprar un coche.	*Ramón doesn't have money to buy a car.*
—**Ojalá** que **consiga** un préstamo.	*I hope that he obtains a loan.*

■■■ ¡Atención! **Ojalá** is always followed by the subjunctive: **Ojalá** que él **esté** aquí.

> If there is no change of subject, the infinitive is used instead of the subjunctive.

Me alegro de estar aquí.   *I'm glad to be here.*
(**Yo** me alegro—**yo** estoy aquí.)

> Some verbs and expressions that express emotion are:

alegrarse (de)	*to be glad*
esperar	*to hope*
sentir (e:ie)	*to be sorry, to regret*
sorprender	*to surprise*
temer	*to fear*
es una lástima	*it's a pity*
ojalá	*I hope*

Activity Suggestion Ask students the following personalized questions about their hopes and fears.
1. ¿Cuándo esperas que tengamos un día libre *(off)*?
2. ¿Temes que el profesor dé un examen final muy difícil?
3. ¿Sientes que tus amigos no hablen español?
4. ¿Te alegras de que tus amigos te llamen por teléfono?
5. ¿Te gusta que haya exámenes finales?

Práctica

17. Cosas que pasan Say whether you are glad (*Me alegro de que...*) or sorry (*Siento que...*) about what is happening to your classmate and his or her family.

> Modelo —Me caso el mes que viene.
> —*Me alegro de que te cases.*

1. Jorge y Marta se van a divorciar. Siento que Jorge y Marta se divorcien.
2. Javier no puede tener vacaciones este año. Siento que Javier no pueda tener vacaciones este año.
3. Rocío se casa este viernes. Me alegro de que Rocío se case este viernes.
4. Temo no poder ir con ustedes a los Estados Unidos. Siento que tú no puedas ir con nosotros a los Estados Unidos.
5. Teresa va a viajar en primera clase. Me alegro de que Teresa viaje en primera clase.
6. Mi padrino me va a pagar el viaje de luna de miel. Me alegro de que tu padrino te pague el viaje de luna de miel.
7. El avión llega con dos horas de atraso. Siento que el avión llegue con dos horas de atraso.
8. Estamos en un hotel excelente. Me alegro de que ustedes estén en un hotel excelente.

18. Emociones Complete the following sentences to express how you feel, using the infinitive or the subjunctive as appropriate.

1. Yo me alegro mucho de…
2. Yo me alegro mucho de que mi madrina…
3. Yo deseo…
4. Yo deseo que Ana…
5. Yo temo…
6. Yo temo que mi prometido…
7. Yo siento…
8. Yo siento que mi familia…
9. Ojalá…
10. Es una lástima que ustedes…

Para conversar

19. ¿Qué tal nos va? In groups of three, tell each other about things that are going on in your life, some positive and some negative. Everyone should react appropriately.

> Modelo —Hoy estoy contento.
> —*Me alegro de que estés contento.*

Dragon Images/Shutterstock.com

ASÍ SOMOS

▶ ¡Vamos a ver!

Antes de ver

20. Preguntas With a classmate, take turns asking and answering the following questions.

1. Cuando compras pasajes, ¿los compras por Internet o prefieres ir a una agencia de viajes?

2. Generalmente, ¿los paquetes incluyen el pasaje y el hospedaje? ¿Incluyen algunas excursiones?

3. Por lo general, ¿tú compras pasajes de ida o de ida y vuelta? ¿en primera clase o en clase turista?

4. ¿Prefieres un vuelo directo o te gusta hacer escalas?

5. ¿Prefieres viajar en avión, en tren o en barco? ¿Qué es más romántico?

6. ¿Te encantan las ciudades grandes o prefieres los pueblos pequeños?

7. ¿Tú quieres conocer los bosques de Costa Rica o prefieres visitar Canadá?

8. ¿Alguien de tu familia planea casarse pronto? ¿Cuál es el lugar ideal para pasar la luna de miel?

9. Yo quiero ir de vacaciones. ¿A dónde me sugieres que viaje? ¿Me aconsejas que viaje a otro país?

10. ¿Tú me recomiendas que haga un crucero por el Mediterráneo o por el Caribe?

El video: ¿Dónde pasamos la luna de miel?

—Mi amor, si tú quieres ir a Buenos Aires, no hay problema. A mí me encantan las ciudades grandes.

—Bueno, la verdad es que yo quiero conocer los bosques de Costa Rica.

—Yo les recomiendo que hagan un crucero por el Mediterráneo. ¡Viajar en barco es muy romántico! Y después, una semana en Italia.

—Bueno... temo que eso sea un poco caro. Mi prometida y yo preferimos quedarnos en este continente.

Después de ver el video

Victoria

Gustavo

el agente

21. ¿Quién lo dice? Identify the person who said each of the following in the dialogue.

1. Bueno… temo que eso sea un poco caro. Gustavo
2. Les sugiero que visiten Canadá. el agente
3. Mi prometida y yo preferimos quedarnos en este continente. Gustavo
4. A mí me encantan las ciudades grandes. Victoria
5. Pueden ir en avión hasta Toronto. el agente
6. Estos folletos describen unos paquetes buenísimos. Gustavo
7. Queremos dos pasajes de ida y vuelta a San José, en clase turista. Victoria
8. Yo les recomiendo que hagan un crucero por el Mediterráneo. el agente
9. Mi amor, si tú quieres ir a Buenos Aires, no hay problema. Victoria

22. Hablemos. With a classmate, take turns asking and answering the following questions. Base your answers on the dialogue.

1. ¿Cuándo planean casarse Victoria y Gustavo?   Planean casarse el mes que viene.
2. ¿Qué están tratando de decidir Gustavo y Victoria?   Están tratando de decidir dónde van a pasar la luna de miel.
3. ¿Qué les sugieren los padrinos de Victoria?   Les sugieren que viajen a Costa Rica.
4. ¿Qué incluyen los paquetes que describen los folletos?   Incluyen los pasajes, el hospedaje y algunas excursiones.
5. ¿Qué espera Victoria que puedan hacer hoy?   Espera que puedan reservar los pasajes hoy.
6. ¿Qué les recomienda el agente que hagan?   Les recomienda que hagan un crucero por el Mediterráneo.
7. ¿Qué decide hacer Victoria?   Decide viajar a San José en clase turista.
8. ¿Por qué prefieren Victoria y Gustavo un vuelo directo?   Porque no quieren hacer escala en ninguna parte.

23. ¿Qué pasa después? You and a classmate use your imagination to say what the characters do. In Spanish, discuss the following.

1. Whether or not Gustavo and Victoria were able to get a direct flight to Costa Rica.
2. Whether they liked the forests in Costa Rica.
3. Whether Gustavo and Victoria want to live in Bogotá or they want to go back to Chía.
4. Whether Gustavo plans to take Victoria to Buenos Aires next year or prefers to go to Río.
5. Whether Gustavo's mother hopes that they go to Buenos Aires next year.
6. Whether Gustavo's mother decides to travel too and where she wants to go. Does she travel first class or tourist class? What does the agent recommend to her?
7. Whether Victoria's godparents decide to go back to Costa Rica, to take a cruise, or to travel to Canada.

Now compare your statements to those of another group.

🔊 ¡Vamos a escuchar!

> **ESTRATEGIA** **Recognizing linking or transition words** Different classes of words convey different aspects of meaning orally or in writing. For example, nouns, adjectives, and verbs provide the bulk of the "picture" that is being communicated in words. There are other classes of words, such as linking or transition words, that hold the ideas together, indicate sequence, and establish transitions or relationships among the elements in the picture.

> ⟩ Linking ideas: **y, también, además (de)**
> ⟩ Comparing or contrasting: **pero, como** (like)
> ⟩ Establishing sequence: **primero, luego, antes, después, finalmente**
> ⟩ Expressing a result: **entonces** (so then), **por eso, como resultado, de modo que**

CD2-23 **24. Unas vacaciones** Raúl and Rita are talking about where to go on vacation. Listen to their conversation and try to list at least six words you hear that serve to link ideas and/or create a transition.

24. Unas vacaciones Answers como, y, además, pero, de modo que, entonces, primero, también, por eso

¡Vamos a conversar!

> **ESTRATEGIA** **Using courtesy expressions and common phrases** Interacting with others requires being able to express your reactions and emotions in a sensitive way. Here are some common phrases for a variety of situations.

To wish a friend well

¡Que te mejores! *Get better!*
¡Que te vaya bien! *May it all go well!*
¡Que te diviertas! *Have fun!*
¡Que pases un buen fin de semana! *Have a good weekend!*

To react with certain emotions

¡Cuánto me alegro! *I'm so glad!*
Temo que no. *I'm afraid not.*
Espero que sí (no). *I hope so (not).*
¡Qué lástima! *What a pity (shame)!*
¡Qué sorpresa! *What a surprise!*

👥 **25. Situaciones** With a classmate, react to the following situations. Then, take turns telling your classmate something about your own life and react to each other's news.

1. Un amigo te dice que va a pasar el fin de semana en una playa. ¡Que pases un buen fin de semana!
2. Un compañero de clase está enfermo. ¡Que te mejores!
3. Una amiga quiere que le prestes dinero y tú no puedes prestárselo. Temo que no pueda prestártelo.
4. Tus padres no pudieron irse de vacaciones. ¡Qué lástima!

👥 **26. ¿Qué dicen ustedes?** What would you say in the following situations? What might the other person say? Act out the scene with a classmate. Take turns playing each role.

1. Suggest to a friend that he travel to Costa Rica. Talk about ways to travel, vacation packages, and hotels (including prices). Talk also about what there is to see there. Te sugiero que viajes a Costa Rica. The rest of the answers will vary.
2. You are traveling to Lima, Perú. Ask the travel agent about prices for round-trip tickets in tourist class and first class. Tell him/her you want a direct flight and indicate when you can travel. ¿Cuánto cuesta un pasaje de ida y vuelta a Lima, Perú en clase turista y en primera clase? Yo deseo hacer un viaje directo (sin escala). Puedo viajar el...
3. Tell someone that you want to reserve one window seat and one aisle seat. Quiero reservar un asiento de ventanilla y un asiento de pasillo.
4. Announce that the passengers have to board the plane. Add that they need their boarding passes. Los pasajeros deben abordar el avión. Necesitan tener sus tarjetas de embarque.
5. Announce that the plane from Miami is two hours behind schedule. El avión de Miami tiene dos horas de atraso (retraso).

27. Para conocernos mejor To do this activity, work with a classmate whom you would like to get to know. Take turns asking and answering these questions.

1. Cuando tú viajas, ¿dónde compras los pasajes? ¿Prefieres pasar tus vacaciones en una selva, en una playa o en una ciudad grande?

27. Para conocernos mejor Expansion Have students ask you the same questions, using the **Ud.** form.

2. Generalmente, ¿cuánto tiempo tienes de vacaciones? ¿Prefieres tener vacaciones en el verano o en el invierno? ¿Qué te gusta hacer? ¿Adónde planeas ir en tus próximas vacaciones? ¿Vas a viajar solo(a), con tu familia o con tus amigos(as)?

3. ¿Tú prefieres hacer un crucero o pasar una semana en un balneario *(resort)*? ¿Qué es más romántico para una luna de miel?

4. Si alguien no sabe adónde ir de vacaciones, ¿adónde le sugieres que vaya? ¿Le aconsejas que compre los pasajes por Internet? ¿por qué? ¿En qué hotel le sugieres que se hospede?

5. Cuando tú viajas, ¿llevas mucho equipaje? ¿Tomas muchas fotos con tu teléfono inteligente? ¿Se las mandas a tus amigos o prefieres mandarles tarjetas postales? ¿Compras regalos? ¿para quiénes?

28. Una actividad para toda la clase

Vamos de viaje The class is going to spend a month in Costa Rica, attending classes at the Universidad de San José as exchange students. Divide into small groups and ask each other questions about the following:

Step 1: How much will the program cost? How do they plan to travel there? Where do they expect to live? What do they already know about Costa Rica? How many days a week will they have class? What plans are they making for the weekends? What areas of the country are they interested in visiting? Are there any excursions they are planning to take?

Step 2: Each group joins another group to exchange information about their members' answers to the above.

Hemis.fr / Hemis.fr/Superstock

Rincón literario

Enrique Anderson-Imbert (Argentina: 1910–2000)

Enrique Anderson-Imbert se conoce internacionalmente, sobre todo como cuentista y crítico. Anderson-Imbert escribió cuentos muy breves de tipo fantástico, en los que la realidad se mezcla con la fantasía. La selección que usted va a leer muestra ambas *(shows both)* cualidades, y es uno de sus famosos "minicuentos" de la colección *El gato Cheshire*.

Antes de leer

> **ESTRATEGIA** **Reading literature** Predicting, guessing meaning from context, anticipating content as you read, and reading critically all contribute to understanding a text. In addition, for short stories or prose narrations, it may be important to identify who is telling the story. Is the narrator the writer or a character? Is the narration in the first or third person? This will determine whether you see a character only through his or her thoughts and speech or from the perspective of an observer and the points of view of others.

Before reading the whole story, you will look at different aspects with different goals for each.

1. Predicting: Read the first two sentences of the story. In pairs, list three possible things that could happen to Costa, the murderer.
2. Creating context by establishing key connections: Skim the story and try to figure out why it was titled "Sala de espera."

¡A leer!

Sala de espera

Costa y Wright roban una casa. Costa asesina° a Wright y se queda con° la valija llena de joyas y dinero. Va a la estación para escaparse en el primer tren. En la sala de espera una señora se le sienta a la izquierda y le da° conversación. Fastidiado°, Costa finge con un bostezo° que tiene sueño y que se dispone a dormir, pero oye que la señora, como si no se hubiera dado cuenta, sigue conversando. Abre entonces los ojos y ve, sentado, a la derecha, el fantasma° de Wright. La señora atraviesa a Costa de lado a lado° con su mirada y dirige su charla al fantasma, quien contesta con gestos de simpatía. Cuando llega el tren Costa quiere levantarse, pero no puede. Está paralizado, mudo; y observa atónito° cómo el fantasma agarra tranquilamente la valija y se aleja con la señora hacia el andén°, ahora hablando y riéndose. Suben y el tren parte°. Costa los sigue con la vista. Viene un peón y se pone a limpiar° la sala de espera, que ha quedado completamente desierta. Pasa la aspiradora por el asiento donde está Costa, invisible.

murders / **se...** *keeps*

le... *engages him in*

annoyed / *yawn*

ghost

atraviesa... *looks right through Costa*

aghast

platform (train) / *leaves*

se... *starts cleaning*

Enrique Anderson-Imbert, "Sala de espera," from *El gato de Cheshire*. Editorial Losada, 1965. Reprinted by permission from the estate of Enrique Anderson-Imbert.

29. **Comprensión** Read the story and find the answers to the following questions.

1. ¿Qué hacen Costa y Wright y qué pasa después? Costa y Wright roban una casa, y después Costa asesina a Wright.
2. ¿Para qué va Costa a la estación? Va para escaparse.
3. ¿Qué sucede en la sala de espera? Una señora se sienta a la izquierda de Costa y le da conversación.
4. ¿Con quién conversa la señora? Conversa con el fantasma.
5. ¿Por qué no puede Costa tomar el tren? Costa no puede tomar el tren porque está paralizado.
6. ¿Quiénes toman el tren? La señora y el fantasma.
7. ¿Qué hace el hombre que viene a limpiar la sala de espera? Pasa la aspiradora por el asiento donde está Costa, invisible.

Después de leer... reflexiones

 30. **Preguntas** In groups of three or four, discuss the following.

1. ¿Qué pensaron usted y sus compañeros(as) que le iba a pasar a Costa?
2. ¿Alguna de sus posibilidades se acerca a lo que le ocurrió a Costa según el desenlace *(according to the ending)* del cuento? Comparta sus ideas con la clase.

¡Vamos a escribir!

Antes de escribir

> **ESTRATEGIA** **Assessing your needs as a writer** Strategies are helpful guidelines, but in addition to all the strategies that have been presented so far, you are likely to come across specific needs that you will have to assess and find solutions to. This means tackling your projects with successful strategies you have used in the past as well as new or adapted ones.

¡A escribir!

31. **Un minicuento de ciencia ficción** You will write a story in which reality and fantasy are mixed. Use any number of strategies that you think you need (Lessons 9 and 10 give some good ideas). Start by brainstorming about a scenario where what is real could go side by side with the fantastic. How will it end? Will reality "win"? Write the **primer borrador** of your story, imitating Anderson-Imbert's style.

Después de escribir

32. **A revisar** Before writing the final version of your story, exchange your first draft with a classmate's and peer edit each other's work.

> noun-adjective agreement
> use of transition
> spelling and punctuation
> surprise ending

Colombia

Colombia tiene cuatro cosas famosas: el mejor café del mundo, las esmeraldas, la cumbia y Shakira. Es el único país del continente que tiene salida al Atlántico (el mar Caribe) y al Pacífico. Su territorio presenta gran variedad de regiones naturales: glaciares, montañas, selvas lluviosas, llanuras, desiertos y hermosas playas. El 90% de las esmeraldas del mundo proviene de Colombia.

Ciudades importantes

Bogotá

En **Bogotá,** la capital del país, llamada "la Atenas de Sudamérica", se contrasta lo moderno con lo antiguo. En la ciudad hay arquitectura colonial, modernos rascacielos y muchos museos. Uno de los barrios más interesantes es La Candelaria, con sus muchas iglesias y casas coloniales. Bogotá tiene una rica vida nocturna y magníficos restaurantes que sirven comida de todo el mundo.

Jess Kraft/Shutterstock.com

Cartagena de Indias

La ciudad, fundada en 1533, está situada en la costa noreste del país. Durante la época colonial fue el puerto principal de donde se exportaban las riquezas del Nuevo Mundo a Europa. La parte antigua de la ciudad estaba amurallada para protegerla de los piratas.

Fotos593/Shutterstock.com

Puntos de atracción turística

Al norte de Bogotá se encuentra la **Catedral de Sal de Zipaquirá,** una de las catedrales más grandes del mundo. Está construida en el interior de una montaña, en una antigua mina de sal convertida en catedral. Todo allí está hecho de sal.

Michaela Begsteiger/Media Bakery

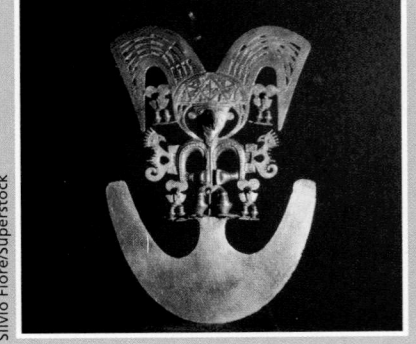

En el **Museo del Oro** de Bogotá, establecido en 1939, hay unas 35.000 piezas de oro y cerca de 25 mil objetos de cerámica. También hay una colección de esmeraldas que es una de las más grandes del mundo.

Silvio Fiore/Superstock

Las artes

Literatura

Gabriel García Márquez es el escritor colombiano más famoso. Ganó el Premio Nobel de Literatura en 1982 por su novela *Cien años de soledad,* que ha sido traducida a 35 idiomas.

Artes plásticas

Otro artista colombiano de gran fama internacional es **Fernando Botero,** pintor, escultor y dibujante. Se dice que es el artista vivo originario de Latinoamérica cuyas obras han alcanzado mayor precio en todo el mundo. El estilo de pintura de Botero se caracteriza por sus formas redondeadas, infladas, hasta lo exagerado, "gordas" como él mismo las ha llamado. Esta pintura se titula "Bailando en Colombia". En el año 1973, Botero se fue a París, donde empezó a crear esculturas.

Música

En la música colombiana se mezclan tres culturas: la indígena, la africana y la española. Entre sus ritmos más importantes están la cumbia y el vallenato. Entre los cantantes modernos más famosos están **Juanes** y **Shakira**, ambos ganadores de Premios Grammy.

👤👤👤 Háganse preguntas

The class will be divided into groups of 3 or 4 students. The instructor will assign one the seven items of information presented here to each group. The members in each group will prepare questions about the item assigned to them to ask the rest of the class.

> **iLrn™**
>
> To learn more about Colombia, watch the cultural footage in the Media Library.

¿Cuánto sé ahora?

Take this test. When you have finished, check your answers in the answer key provided in Appendix D. Then use a red pen to correct any mistakes you may have made. Are you ready?

A. The subjunctive mood Give the present subjunctive of the following verbs, according to each subject.

1. casarse: nosotros __nos casemos__
2. esperar: tú __esperes__
3. sacar: ellos __saquen__
4. dar: Ud. __dé__
5. ir: yo __vaya__

6. quedarse: él __se quede__
7. temer: Uds. __teman__
8. divorciarse: yo __me divorcie__
9. saber: ellos __sepan__
10. vivir: tú __vivas__

11. ser: nosotros __seamos__
12. decir: Uds. __digan__
13. comenzar: yo __comience__
14. hacer: tú __hagas__
15. llegar: él __llegue__

B. The subjunctive with verbs of volition Complete the following sentences, using the present subjunctive of the verbs given.

1. Mi madrina nos aconseja que __vayamos__ (ir) en un crucero.
2. ¿Tú quieres que tus hermanos __viajen__ (viajar) en el verano?
3. Mi compañero de trabajo me pide que yo lo __ayude__ (ayudar).
4. Tus padres necesitan que tú __te quedes__ (quedarse) a vivir en este pueblo.
5. Nosotros le pedimos a mi padrino que nos __pague__ (pagar) el viaje.
6. Laura planea casarse en agosto, pero yo le sugiero que __se case__ (casarse) en mayo.
7. Yo te aconsejo que no __hagas__ (hacer) escala en Miami.
8. ¿Usted nos recomienda que __nos hospedemos__ (hospedarse) en este hotel?

C. The subjunctive with verbs of emotion Rewrite the following sentences, according to the new beginnings.

1. Alicia y Juan se casan en mayo.

   Me alegro de que Alicia y Juan __se casen en mayo__.
2. Magaly no va a poder viajar hoy.

   Temo que Magaly no __pueda viajar hoy__.
3. Mis padres van a Río de Janeiro.

   Ojalá que mis padres __vayan a Río de Janeiro__.
4. Mis hijos van a quedarse a vivir aquí.

   Espero que mis hijos __se queden a vivir aquí__.
5. El avión va a llegar con dos horas de atraso.

   Siento que el avión __llegue con dos horas de atraso__.
6. Eva y Jorge no saben cuánto cuesta su viaje de luna de miel.

   Me sorprende que Eva y Jorge __no sepan cuánto cuesta su viaje de luna de miel__.
7. Nosotros no podemos ir a la excursión a la selva.

   Es una lástima que nosotros __no podamos ir a la excursión a la selva__.

D. Just words . . .

a. Match the questions in column A with the answers in column B.

A

1. ¿Vas a viajar en avión? _____e_____
2. ¿Van a hacer escala? _____f_____
3. ¿Qué me sugieres? _____j_____
4. ¿Quieres un asiento de pasillo? _____g_____
5. ¿Dónde te vas a hospedar? _____i_____
6. ¿Tienes que pagar exceso de equipaje? _____h_____
7. ¿Quién te va a pagar el viaje? _____a_____
8. ¿Mario gasta mucho dinero? _____b_____
9. ¿Tu pasaje es de ida? _____d_____
10. ¿Sabes que viajo a Costa Rica? _____c_____

B

a. Mi padrino.
b. No, es muy tacaño.
c. Sí. ¡Buen viaje!
d. No, de ida y vuelta.
e. No, en barco.
f. No, el vuelo es directo.
g. No, de ventanilla.
h. Sí, tengo cinco maletas.
i. En un hotel.
j. Que hagas un crucero.

b. Choose the word or phrase that best completes each sentence.

1. Vamos a hacer una (excursión / luna) al bosque. excursión
2. Mi (compañera / madrina) de trabajo y su prometido planean casarse la semana próxima. compañera
3. Eva planea viajar a Río de Janeiro en (barco / vuelo). barco
4. Los paquetes (temen / incluyen) el pasaje y el hospedaje. incluyen
5. Teresa va a pagar el viaje. A mí no me va a costar un (centavo / precio). centavo
6. Los pasajeros tienen que (despegar / abordar) el avión ahora. abordar
7. Mi asiento está en la (salida / fila) cuatro. fila
8. Le voy a dar la tarjeta de embarque a la (azafata / escala). azafata
9. Ellos van a (aconsejar / facturar) el equipaje porque tienen muchas maletas. facturar
10. Costa Rica tiene unos (pasillos / bosques) magníficos. bosques

E. Culture

1. Complete the following, based on the information found in the **¿Tú lo sabías?** sections.

   a. En los países hispanos las parejas (couples) generalmente están _____comprometidas_____ durante muchos años.

   b. Cuando se bautiza a un hijo o a una hija, los padres seleccionan a dos personas para ser la madrina y el _____padrino_____ de sus hijos.

2. Answer the following questions, based on the information found in the **El mundo hispánico y tú** section.

   a. ¿Qué catedral se encuentra al norte de Bogotá? La Catedral de Sal de Zipaquirá

   b. ¿Cuáles son los ritmos más populares de la música colombiana? La cumbia y el vallenato

   c. ¿Cuál es el escritor colombiano más famoso? Gabriel García Márquez

F. Un dicho Do you remember the Spanish saying that stresses the importance of being respectful? Find it in this lesson. Si quieres que los demás te respeten... ¡empieza por respetar a los demás!

EL AUTOMÓVIL

Automóviles en la ciudad de Lima, Perú

Roussel Photography / Alamy

OBJETIVOS COMUNICATIVOS

You will learn vocabulary related to automobiles, service stations, and road emergencies.

SITUACIONES

Necesitamos otro coche

ESTRUCTURAS

1 The **Ud.** and **Uds.** commands
2 The subjunctive to express doubt, disbelief, and denial
3 Constructions with **se**

ASÍ SOMOS

▶ **¡Vamos a ver!**

Watching and understanding situations

¡Vamos a escuchar!

Recognizing spatial markers

¡Vamos a conversar!

Paraphrasing practice III

Rincón literario

Examples

Mi raza by José Martí

¡Vamos a escribir!

Brainstorming and organizing

EL MUNDO HISPÁNICO Y TÚ

❯ Perú
❯ Ecuador

AUTOPRUEBA

You will review what you learned in this lesson.

Amar and Isabelle Guillen - Guillen Photo LLC / Alamy

Activity Suggestion Use this and the opener photo to introduce the lesson theme. Ask your students:

1. ¿Tú conduces o tomas un transporte público (metro, autobús, tren)?
2. Donde tú vives, ¿a qué hora hay más tráfico?
3. Tú estás conduciendo uno de estos coches. ¿Qué hora es? ¿Adónde vas?

▶ **PERÚ Y ECUADOR**

PERÚ es el tercer país más grande de Sudamérica. Su territorio es un poco menor que el de Alaska, y su población es de unos 28 millones de habitantes. La moneda del país es el nuevo sol. El Puerto del Callao es uno de los más importantes de Sudamérica.

ECUADOR debe su nombre a su posición geográfica. El país está situado justamente sobre la línea del ecuador. Su territorio, incluidas las islas Galápagos, es un poco menor que el de Nevada, y su población es de unos 13,5 millones de habitantes.

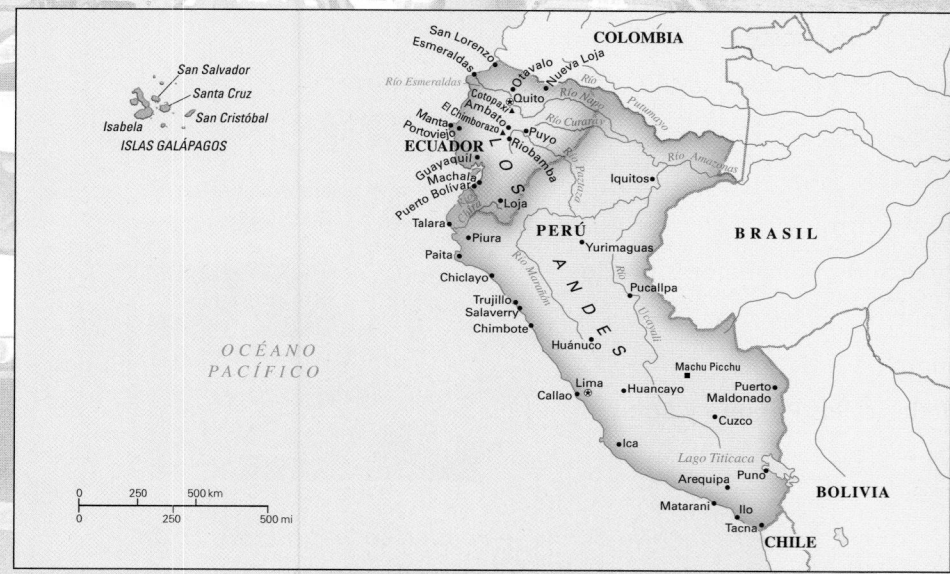

Thompson Paul / Prisma /Superstock

El Puerto del Callao, Perú

D. Parer & E. Parer-Cook / Pantheon /Superstock

Las islas Galápagos

🔊 Necesitamos otro coche
CD2-24

▶️ **¡Ubíquelos!**

Lidia´s parents' house is in the district of Miraflores in Lima, the capital of Perú. The video will show you several places one can visit in Lima. It will also show you Quito, the capital of Ecuador, which is Miguel´s birthplace.

goodluz/Shutterstock.com

Miguel Araújo y su esposa, Lidia, viven con los padres de ella, en el Distrito de Miraflores en la ciudad de Lima, la capital de Perú. Miguel es de Ecuador y Lidia es peruana. En este momento están hablando de la posibilidad de comprar un coche. Están leyendo los avisos clasificados.

LIDIA: Necesitamos comprar un coche, porque el nuestro funciona muy mal y a menudo está en el taller de mecánica.

MIGUEL: Dudo que podamos comprar un coche, Lidia. Don Aldo me dijo que podía arreglar el que tenemos. Va a necesitar un acumulador nuevo, pero el arreglo no va a ser muy caro.

LIDIA: ¡No! Ayer no arrancó y tuve que llamar una grúa. Fui a mi trabajo caminando. ¡No vale la pena arreglarlo!

MIGUEL: Pero Lidia, un coche nuevo cuesta un ojo de la cara.

LIDIA: A lo mejor podemos comprar un buen coche usado. Lee este aviso.

Agencia Pérez y Hnos.

¿Su auto funciona un día sí y otro no?

Tenemos carros nuevos y usados a los mejores precios.

Se vende al contado y a plazos.

Visítenos este fin de semana.

Estamos en la esquina de las calles Primera y Sol.

Teléfono: (555) 238-6217

Syda Productions/Shutterstock.com

Lidia convence a Miguel y ahora están en la agencia donde se venden coches usados. Están hablando con uno de los vendedores.

VENDEDOR: Vengan por aquí, por favor. Miren este que está aquí. Es un coche compacto, de cambios mecánicos, y no gasta mucha gasolina.

MIGUEL: Francamente, yo prefiero los coches automáticos. Y no creo que mi esposa pueda acostumbrarse a manejar uno de cambios mecánicos.

LIDIA: *(Bromeando)* ¡Ni tú tampoco! *(Al vendedor)* Dígame, ¿de qué año es este carro?

VENDEDOR: Es del año dos mil ocho, pero está en muy buenas condiciones.

LIDIA: ¡No, no! Yo quiero uno más moderno. Creo que este se va a descomponer a menudo, como el que tenemos ahora. ¿Cuánto cuesta ese coche rojo?

VENDEDOR: Ese cuesta treinta mil soles.[1]

MIGUEL: Muchas gracias, señor. Denos su tarjeta y nosotros lo llamamos la semana próxima. Adiós. *(A Lidia)* Vamos a la esquina a tomar el colectivo.

LIDIA: ¿No vamos a comprar un coche?

MIGUEL: Bueno… Depende… ¿Cuánto podamos ahorrar al mes? A ver… si no vas a la peluquería… si nunca comemos en restaurantes… si no compramos ropa… si vamos a pie a todas partes…

LIDIA: Allí viene el colectivo. Yo sé adónde vamos a ir.

MIGUEL: ¿Adónde? ¿Al correo? ¿A la farmacia?

LIDIA: No, a un lugar donde se venden bicicletas. Espero que esté abierto.

MIGUEL: Ojalá que esté cerrado. No me gustan las bicicletas.

---

1. Hablemos. With a classmate, take turns asking and answering the following questions. Base your answers on the dialogue and on your own circumstances.

En el diálogo

1. ¿De qué están hablando Miguel y Lidia? Están hablando de la posibilidad de comprar un coche.
2. ¿Qué están leyendo Lidia y Miguel? Están leyendo los avisos clasificados.
3. Según Lidia, ¿cómo funciona el coche de ellos? Según Lidia, funciona muy mal.
4. ¿Quién dijo que podía arreglar el coche? Don Aldo dijo que podía arreglar el coche.
5. ¿Por qué tuvo Lidia que llamar una grúa ayer? Porque el coche no arrancó.
6. ¿Qué dice Miguel que cuesta un ojo de la cara? Dice que un coche nuevo cuesta un ojo de la cara.
7. ¿Cómo es el coche que les ofrece el vendedor? Es un coche compacto, de cambios mecánicos, y no gasta mucha gasolina.
8. ¿Por qué no quiere Miguel un coche de cambios mecánicos? Porque no cree que su esposa pueda acostumbrarse a manejarlo.
9. ¿Por qué no pueden comprar un coche Lidia y Miguel? Porque no tienen dinero.
10. ¿Qué decide hacer Lidia? Decide ir a un lugar donde se venden bicicletas.

¿Y tú?

1. ¿Tú tienes coche? ¿Lo compraste nuevo o usado?
2. Cuando tú vas a comprar algo, ¿dónde buscas información?
3. ¿Tu coche funciona bien o tiene muchos problemas?
4. ¿Tú sabes arreglar coches?
5. ¿Alguna vez tuviste que llamar una grúa? ¿Por qué?
6. ¿Alguna vez compraste algo que te costó un ojo de la cara? ¿Qué fue?
7. ¿Qué tipo de coche te gusta?
8. ¿Tú prefieres un coche de cambios mecánicos o un coche automático? ¿Por qué?
9. Si tú quieres comprar un coche, ¿necesitas ahorrar mucho?
10. ¿Tú tienes bicicleta? ¿Cuándo la usas?

1. Hablemos Activity Suggestion Have students ask you the questions about the dialogue. Always give them the wrong answers and have them correct you.

[1] Peruvian currency

VOCABULARIO

🔊 En el diálogo

Cognados

automático(a)	*automatic*
clasificado(a)	*classified*
compacto(a)	*compact*
la condición	*condition*
francamente	*frankly*
la gasolina	*gasoline*
moderno(a)	*modern*
la posibilidad	*possibility*
peruano(a)	*Peruvian*
usado(a)	*used*

Nombres

el acumulador, la batería	*battery*
el arreglo	*repair*
la bicicleta	*bicycle*
el colectivo	*bus*
el correo, la oficina de correos	*post office*
la esquina	*(street) corner*
la grúa, el remolcador	*tow truck*
la peluquería, el salón de belleza	*beauty salon*
el taller de mecánica	*car repair shop*
el (la) vendedor(a)	*salesperson*

Verbs

acostumbrarse (a)	*to get used (to)*
arrancar	*to start (e.g., a motor)*
arreglar	*to repair*
bromear	*to kid, to joke*
descomponerse	*to break down (e.g., a motor)*

dudar	*to doubt*
funcionar	*to work, to function*
gastar	*to use, to spend*
manejar	*to drive*

Adjetivos

abierto(a)	*open*
cerrado(a)	*closed*

Otras palabras y expresiones

a lo mejor	*maybe*
a menudo, frecuentemente	*often, frequently*
a pie	*on foot*
al mes	*monthly, per month*
costar un ojo de la cara	*to cost an arm and a leg*
de cambios mecánicos	*standard shift*
depende	*it depends*
ir a pie, ir caminando	*to go on foot, to walk*
por aquí	*this way*
valer (merecer) la pena	*to be worth it*

Britt Erlanson/Cultura/Getty Images

¿Tú lo sabías?

En las grandes ciudades como Madrid, Bogotá, la Ciudad de México y Buenos Aires, hay muchísimos automóviles y autobuses, lo cual *(which)* está causando graves problemas de contaminación del aire. Sin embargo, en muchas zonas rurales de los países hispanos, particularmente en Hispanoamérica, hay muy pocos automóviles, ya que no hay carreteras, o las que existen están en muy malas condiciones.

> **¿En qué ciudades de este país hay mucha contaminación del aire?**

Más sobre el tema

el capó

la ventanilla

el sistema
de inyección

el mecánico

el teléfono celular,
el celular

el volante

el maletero,
la cajuela

el parabrisas

el gato

la llanta,
el neumático

la luz

la chapa,
la placa

Taller Saldívar

Para hablar del coche

la autopista	*highway, freeway*	lleno(a)	*full*
la bocina	*horn*	la milla[1]	*mile*
la bolsa de aire	*air bag*	el motor	*motor, engine*
el coche híbrido	*hybrid car*	el neumático pinchado,	
el (la) conductor(a)	*driver*	la llanta pinchada	*flat tire*
descompuesto(a)	*out of order, not working*	la pieza de repuesto	*spare part*
el filtro de aceite	*oil filter*	el portaguantes, la	
el freno	*brake*	guantera	*glove compartment*
la gasolinera, la		el sistema de inyección	*fuel injection system*
estación de servicio	*gas (service) station*	el tanque	*tank*
el limpiaparabrisas	*windshield wiper*	la velocidad máxima	*speed limit*
el neumático, la llanta			
(Méx.) de repuesto	*spare tire*		

■■■ Un dicho ■

Un viaje de mil millas comienza con el primer paso.
Equivalent: *A thousand-mile journey starts with the first step.*

[1]Una milla = 1.6 km

Práctica

2. ¿Cuál no va? Select the word or phrase that does not belong in each group.

1. automático / ~~posibilidad~~ / de cambios mecánicos
2. ir a pie / ~~ir en coche~~ / ir caminando
3. ~~acostumbrarse~~ / descomponerse / no funcionar
4. Está en buenas condiciones. / Funciona bien. / ~~Depende.~~
5. de Lima / peruano / ~~usado~~
6. manejar / conducir / ~~gastar~~
7. ser muy caro / ~~costar poco~~ / costar un ojo de la cara
8. ómnibus / colectivo / ~~esquina~~

3. ¿Qué es? Write the words or phrases that correspond to the following.

1. batería ___acumulador___
2. correo ___oficina de correos___
3. grúa ___remolcador___
4. peluquería ___salón de belleza___
5. persona de Perú ___peruano(a)___
6. frecuentemente ___a menudo___
7. persona que vende ___vendedor(a)___
8. no hablar en serio ___bromear___

© Arthur Eugene Preston/Shutterstock.com

La grúa

4. Para completar Complete the following sentences, using vocabulary from this lesson.

1. Tengo que llevar mi coche al ___taller___ de mecánica.
2. Elsa está leyendo los avisos ___clasificados___ porque quiere comprar un coche usado.
3. El coche tiene muchos problemas. No ___vale___ la pena arreglarlo.
4. No me gustan los coches grandes. Prefiero los modelos ___compactos___.
5. No podemos comprar un coche. Tenemos que ___acostumbrarnos___ a caminar.
6. Los coches de cambios mecánicos usan menos gasolina que los coches ___automáticos___.
7. La parada del ___colectivo___ está en esa esquina.
8. Yo digo que a lo ___mejor___ el correo está abierto pero Nicolás dice que está ___cerrado___.

Para conversar

5. Habla con tu compañero(a) de clase. With a classmate, take turns asking and answering the following questions.

1. ¿Eres buen(a) conductor(a)? ¿Siempre pones las dos manos en el volante cuando manejas? ¿Te gusta la idea de conducir un coche híbrido?

2. ¿Tú sabes cuál es la velocidad máxima en la autopista?

3. ¿Tienes un gato y una llanta de repuesto en el maletero? ¿Sabes cambiar un neumático pinchado? ¿Tienes mapas en el portaguantes o buscas las direcciones en el celular?

4. ¿El tanque de tu coche está lleno o está casi vacío? ¿Hay una gasolinera cerca de tu casa?

5. ¿Tú sabes el número de la chapa de tu coche? ¿Sabes cambiar el filtro de aceite? ¿Tu coche necesita un limpiaparabrisas nuevo?

6. Si tu coche está descompuesto, ¿levantas el capó y revisas (check) el motor o llamas a tu mecánico?

7. ¿Cuántas bolsas de aire tiene tu coche?

8. Si el coche que está delante (in front) de ti no avanza con la luz verde, ¿tocas la bocina?

6. ¿Vale la pena arreglarlo? With a classmate, play the roles of two family members who are trying to decide what has to be done with a car that frequently breaks down and is very old. Decide also who can fix it, how much it's going to cost, etc.

7. Tenemos mucho que hacer. Work in groups of three. One student will ask for help doing chores tomorrow morning. The other two will take turns explaining that they can't help. Giving several excuses, they should say what they have to do and where they have to go instead.

Pronunciación

CD2-25

Pronunciation in context

In this lesson, there are some new words or phrases that may be challenging to pronounce. For further pronunciation practice of Spanish sounds, listen to your instructor and repeat the following sentences.

1. **Miguel Araújo** y su esposa viven en el **distrito de Miraflores.**

2. **Don Aldo** me dijo que podía **arreglar** el coche que tenemos.

3. Ayer no **arrancó** y tuve que llamar un **remolcador.**

4. **Están hablando** con uno de los **vendedores.**

5. **Francamente** yo prefiero los coches **automáticos.**

6. Creo que este **se va a descomponer a menudo.**

7. ¿Cuánto podemos **ahorrar al mes**?

8. A ver… si no vas a **la peluquería…**

Activity Suggestion
Have students take turns reading these sentences. Walk around the classroom and check their pronunciation.

Note To reinforce pronunciation practice, this section appears in **Lecciones 10–18.** The sentences featured as pronunciation models are taken from the lesson dialogues.

ESTRUCTURAS

1 The *Ud.* and *Uds.* commands *(Formas del imperativo para Ud. y Uds.)*

The command forms for **Ud.** and **Uds.**[1] are identical to the corresponding present subjunctive forms.

A. Regular forms

Endings of the Formal Commands					
			Ud.		*Uds.*
-ar verbs	cantar	cant	**-e**	cant	**-en**
-er verbs	beber	beb	**-a**	beb	**-an**
-ir verbs	vivir	viv	**-a**	viv	**-an**

LEARNING TIP
Think of as many **-ar** verbs as you can and use them to give commands: *Estudie más. Cierre la puerta.* Repeat this activity using **-er** and **-ir** verbs.

—¿Cuándo volvemos? *When do we return?*
—**Vuelvan** mañana y **traigan** los documentos. *Come back tomorrow and bring the documents.*
—¿Compro la batería? *Do I buy the battery?*
—No, no **compre** la batería. *No, don't buy the battery.*

¡Atención! To give a negative **Ud./Uds.** command, place **no** in front of the verb: **No** compre la batería.

B. Irregular forms

❭ The command forms of the following verbs are irregular.

	dar	**estar**	**ser**	**ir**
Ud.	dé	esté	sea	vaya
Uds.	den	estén	sean	vayan

—¿Adónde tengo que ir? *Where do I have to go?*
—**Vaya** a la gasolinera. *Go to the gas station.*

—¿A qué hora tenemos que estar aquí? *At what time do we have to be here?*
—**Estén** aquí a las ocho. *Be here at eight. Be punctual!*
  ¡**Sean** puntuales!

Activity Suggestion Use TPR to introduce the command forms. Ask students to act out the following simple commands.
Abra el libro.
Vaya a la pizarra.
Hable en inglés.
Lea en voz alta.
Mire hacia arriba.
Cierre el libro.
Cierre la puerta.
Escriba su nombre en la pizarra.
Camine.
Ponga su libro en el pupitre de...
Salga de la clase.
You may also write the infinitive phrases on the board, and have students take turns giving each other commands.

Práctica

8. Órdenes What commands would these people give?

  1. Un padre a sus hijos, que piensan comprar un coche usado:
     a. leer los anuncios clasificados
        Lean los anuncios clasificados.
     b. ir a varias agencias de venta de coches Vayan a varias agencias de venta de coches.
     c. preguntar si el coche está en buenas condiciones Pregunten si el coche está en buenas condiciones.
     d. preguntar cuánta gasolina gasta el coche Pregunten cuánta gasolina gasta el coche.
     e. estar seguros de que el coche funciona bien Estén seguros de que el coche funciona bien.
     f. conducir el coche por un rato Conduzcan el coche por un rato.
     g. llevar el coche a un mecánico para que lo revise Lleven el coche a un mecánico para que lo revise.
     h. no comprar un coche de cambios mecánicos No compren un coche de cambios mecánicos.

[1]**Tú** commands will be studied in **Lección 13.**

2. El cliente *(customer)* al mecánico:

a. cambiar la llanta pinchada
   Cambie la llanta pinchada.
b. revisar el sistema de inyección
   Revise el sistema de inyección.
c. pedir la pieza de repuesto
   Pida la pieza de repuesto.

d. poner un acumulador nuevo
   Ponga un acumulador nuevo.
e. arreglar las luces
   Arregle las luces.
f. arreglar los frenos
   Arregle los frenos.

Para conversar

9. **¿Cómo vamos?** Claudia and Silvia, two girls from Quito, have decided to visit a few places of interest in Lima, but don't know how to get to them. Using the map, you and your classmate are going to give them directions. (Note: In Peru, **jirón** = **calle**.)

(HINT: **doblar** *to turn,* **seguir derecho** *to continue straight ahead*)

1. del Hotel Lima a la Plaza San Martín
2. de la Plaza San Martín a la Universidad de San Marcos
3. de la Universidad de San Marcos al Palacio de Justicia
4. del Palacio de Justicia al Centro Cívico
5. del Centro Cívico al Museo de Arte Italiano
6. del Museo de Arte Italiano a la Plaza Grau
7. de la Plaza Grau a la Embajada de los Estados Unidos
8. de la embajada al hotel

9. **¿Cómo vamos? Answers** *Answers will vary. Possibilities:* 1. Vayan por el jirón Pachitea hasta el jirón de la Unión (Belén). (Allí) doblen a la izquierda y sigan derecho hasta llegar a la Plaza San Martín. 2. Sigan derecho por la avenida Nicolás de Piérola hasta el jirón Azangaro, doblen a la derecha, (luego) doblen a la izquierda en el Parque Universitario. 3. Sigan derecho por el jirón Cotabambas hasta el jirón Mapiri y doblen a la derecha. 4. Sigan derecho por el Paseo de la República y el Centro Cívico está a la izquierda. 5. Sigan derecho por el Paseo de la República y el Museo de Arte Italiano está a la izquierda. 6. Sigan derecho por el Paseo de la República. 7. Sigan derecho por el Paseo de Colón hasta la avenida Wilson y doblen a la derecha. 8. Sigan derecho por la avenida Wilson hasta el jirón Pachitea y doblen a la derecha. El hotel está a la izquierda.

9. **¿Cómo vamos? Expansion** Using the map, give students directions to an unidentified place. Students should first write the directions as you dictate to them, then trace the route on the map. At the end of the activity, have them report their final destination.

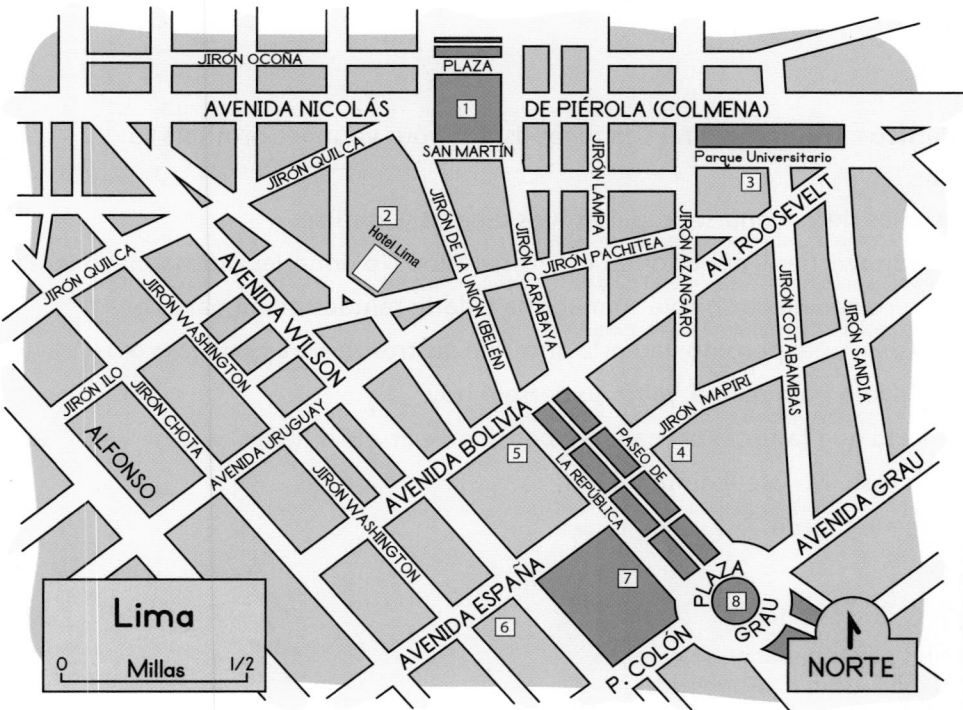

LEYENDA

1. **Plaza San Martín**
2. **Hotel Lima**
3. **Universidad de San Marcos**
4. **Palacio de Justicia**
5. **Museo de Arte Italiano**
6. **Embajada de los Estados Unidos**
7. **Centro Cívico**
8. **Plaza Grau**

▰ Un dicho ▮

Si toma, no maneje. Si maneja, no tome.
Equivalent: *If you drink, don't drive.*
If you drive, don't drink.

ESTRUCTURAS

C. Position of object pronouns with direct commands

❯ In all direct *affirmative* commands, the object pronouns are placed *after* the verb and attached to it.

Ud. form		Uds. form	
Hága**lo**.	*Do it.*	Cómpren**lo**.	*Buy it.*
Díga**les**.	*Tell them.*	Díga**le**.	*Tell him/her.*
Tráiga**nosla**.	*Bring it to us.*	Tráigan**selo**.	*Bring it to him/her.*
Quéde**se**.	*Stay.*	Quéden**se**.	*Stay.*

Activity Suggestion It would be appropriate at this time to review the direct and indirect object pronouns used together, presented in **Lección 8**.

Activity Suggestion Give affirmative commands and have students turn them into negative commands.
1. Levántese.   5. Llámeme.
2. Siéntese aquí.   6. Mándemelos.
3. Tráigalo.   7. Llévenlos.
4. Déselo.   8. Díganselo.

¡Atención! Note the use of the written accent, which follows the rules for accentuation. See Appendix A.

❯ In all *negative* commands, the pronouns are placed *in front of the verb.*

Ud. form		Uds. form	
No **lo** haga.	*Don't do it.*	No **lo** hagan.	*Don't do it.*
No **le** hable.	*Don't speak to him/her.*	No **le** hablen.	*Don't speak to him/her.*
No **se lo** dé.	*Don't give it to him/her.*	No **se lo** den.	*Don't give it to him/her.*

❯ Remember that when an indirect and a direct object pronoun are used together in the same sentence, the indirect object always precedes the direct object.

Práctica

10. **A mis hermanitos** Using the direct commands, tell your younger brothers to do the following.

1. Levantarse a las siete, bañarse, cepillarse los dientes y vestirse.
   Levántense a las siete, báñense, cepíllense los dientes y vístanse.
2. Hacer unos sándwiches y ponerlos en el refrigerador. No ponerles mucha mayonesa.
   Hagan unos sándwiches y pónganlos en el refrigerador. No les pongan mucha mayonesa.
3. Mandarle un correo electrónico a su madrina y darle saludos de mi parte.
   Mándenle un correo electrónico a su madrina y denle saludos de mi parte.
4. Llamar a la Dra. Peña, pero no llamarla antes de las tres.   Llamen a la doctora Peña, pero no la llamen antes de las tres.
5. Envolver el regalo para mamá, pero no dárselo hoy.
   Envuelvan el regalo para mamá, pero no se lo den hoy.
6. Decirle a Marta que la fiesta es mañana, pero no decírselo a Raúl.   Díganle a Marta que la fiesta es mañana, pero no se lo dig
7. Quedarse en casa. No irse a ningún lado.
   Quédense en casa y no se vayan a ningún lado.
8. No acostarse muy tarde.   No se acuesten muy tarde.

¿Tú lo sabías?

En la mayoría de los países hispanos, la gasolina y los automóviles son mucho más caros que en los Estados Unidos. Por esta razón es muy popular la motocicleta, especialmente entre la gente joven.

❯ ¿Qué medio de transporte prefiere usar la gente joven en la ciudad donde tú vives?

11. ¿Qué hacemos? With a classmate, take turns telling two people what to do about the items given.

Modelo los avisos clasificados   *Léanlos.*

1. la grúa
2. el tanque
3. las piezas de repuesto
4. el sistema de inyección
5. los frenos
6. el gato
7. el aceite
8. el acumulador
9. el neumático pinchado
10. el coche descompuesto

12. Mozo... You are having dinner at a fancy restaurant. With a classmate, play the role of the waiter and the client. Ask the following questions and tell the waiter what you want or don't want him to do. Add four more questions of your own.

Modelo ¿Le traigo el menú?
Sí, tráigamelo, por favor. (No, no me lo traiga.)

1. ¿Le traigo la lista de vinos? Sí, tráigamela, por favor. (No, no me la traiga.)
2. ¿Le sirvo la ensalada primero? Sí, sírvamela primero. (No, no me la sirva primero.)
3. ¿Le pongo pimienta a la ensalada? Sí, póngasela, por favor. (No, no se la ponga.)
4. ¿Abro la botella de vino ahora? Sí, ábrala ahora, por favor. (No, no la abra ahora.)
5. ¿Le traigo el postre? Sí, tráigamelo, por favor. (No, no me lo traiga.)
6. ¿Le sirvo el café? Sí, sírvamelo, por favor. (No, no me lo sirva.)
7. ¿Le traigo la cuenta ahora? Sí, tráigamela ahora. (No, no me la traiga.)

12. Mozo... Activity Suggestion Have students role-play a waiter and a customer. If the command is negative, an affirmative command or another statement or question should follow.
S1: **¿Le traigo el café?**
S2: **No, no me lo traiga ahora. Tráigamelo después del postre.**
Encourage students to switch roles in order to practice initiating as well as responding to commands.

Para conversar

13. Querida Soraya You and a classmate will be the "ghost" advice columnist behind Soraya. Decide what advice you are going to give each of the following people. Be sure to use commands.

Querida Soraya

1. Yo necesito que mi novio me preste su coche a veces, pero no me lo quiere prestar porque dice que yo manejo muy rápido. **¿Qué le digo para convencerlo?**

Mónica

2. Mi esposa y yo compramos un coche usado que funciona un día sí y otro no. Queremos que nos devuelvan el dinero, pero ellos se niegan (*refuse*). **¿Qué podemos hacer?**

Juan Carlos

3. Mi amigo Beto y yo a menudo vamos a almorzar juntos. Yo siempre tengo que pagar la cuenta porque él nunca tiene dinero. **¿Qué hago?**

Andrés

4. Voy a dar una fiesta, pero solo para mis amigos. Mi prima quiere venir también, pero ella es muy antipática. **¿Cómo le digo que ella no está invitada, sin ofenderla?**

Rita

ESTRUCTURAS

2 The subjunctive to express doubt, disbelief, and denial
(Uso del subjuntivo para expresar duda, incredulidad y negación)

A. Doubt

> In Spanish, the subjunctive is always used in a subordinate clause when the verb of the main clause expresses doubt or uncertainty.

—Vamos al correo.	*Let's go to the post office.*
—**Dudo** que **esté** abierto a esta hora.	*I doubt that it's open at this time.*
—Estoy seguro de que abren a las ocho.	*I'm sure that they open at eight.*

Activity Suggestion To help students remember these rules, refer to this grammar point as "the 3 Ds."

¡Atención! When *no doubt* is expressed and the speaker is certain of the reality (**Estoy seguro[a], No dudo**), the indicative is used: **Estoy seguro** de que **abren** a las ocho.

Note Write on the board:
Yo **dudo**
Yo **no creo** } > que el coche **sea** nuevo.
No es verdad

B. Disbelief

> The verb **creer** is followed by the subjunctive in negative sentences, where it expresses disbelief.

—¿Ustedes van a la peluquería hoy?	*Are you going to the beauty parlor today?*
—No, **no creo** que **tengamos** tiempo...	*No, I don't think we'll have time . . .*
—Yo creo que pueden ir, si salen temprano.	*I think you can go if you leave early.*

¡Atención! **Creer** is followed by the indicative when it expresses belief or conviction: **Yo creo** que **pueden** ir.

C. Denial

> When the main clause expresses denial of what is said in the subordinate clause, the subjunctive is used.

—¡Tú siempre llegas tarde!	*You always arrive late!*
—**No es verdad** que siempre **llegue** tarde. No niego que *a veces llego* un poco tarde, pero a veces soy puntual.	*It's not true that I always arrive late. I don't deny that sometimes I arrive a little late, but sometimes I'm punctual.*

LEARNING TIP
Make a list of descriptive adjectives and think of them as being applied to you. Then indicate whether each statement is true or not. For example: **Es verdad que yo soy muy alto. (No es verdad que yo sea muy alto.)**

¡Atención! When the main clause does not deny, but rather confirms what is said in the subordinate clause, the indicative is used: **No *niego* que a veces *llego* un poco tarde.**

Un dicho
Es verdad que la mejor manera de terminar algo, es empezar.
Equivalent: *It's true that the best way to finish something is to start it.*

antoniodiaz/Shutterstock.com

Laura

1. ¿Tú crees que Laura es bonita?
2. ¿Crees que tiene más de treinta años?
3. ¿Crees que es profesora o lo dudas?
4. ¿Es verdad que tú conoces a Laura?

Práctica

Activity Suggestion Students work in pairs to write three statements about what they doubt, what they don't believe, and what is not true.

14. ¿Verdadero o falso? Say whether the following statements are true or not. If a statement is false, correct it.

1. Texas es más grande que Maine. Es verdad que Texas es más grande que Maine.
2. Hace más calor en Alaska que en Arizona. No, no es verdad que en Alaska haga más calor que en Arizona. En Arizona hace más calor que en Alaska. (Hace más frío en Alaska que en Arizona.)
3. Quito es la capital de Perú. No, no es verdad que Quito sea la capital de Perú. Quito es la capital de Ecuador. (Lima es la capital de Perú.)
4. El 25 de diciembre celebramos la independencia de nuestro país. No, no es verdad que el 25 de diciembre celebremos la independencia de nuestro país. Celebramos nuestra independencia el 4 de julio. (Celebramos la Navidad el 25 de diciembre.)
5. Necesitamos un documento de identidad para comprar un coche. No, no es verdad que necesitemos un documento de identidad para comprar un coche. Solamente necesitamos dinero.
6. Arreglan coches en un taller de mecánica. Es verdad que arreglan coches en un taller de mecánica.
7. Una bicicleta es más cara que un auto. No, no es verdad que una bicicleta sea más cara que un auto. Un auto es más caro que una bicicleta.
8. Los coches modernos tienen bolsas de aire. Es verdad que los coches modernos tienen bolsas de aire.

15. Un fin de semana You and a friend are spending the weekend in a very small town. Your friend wants to know about things to do, places to go, and so on. Answer, expressing belief or disbelief, doubt or certainty.

15. Un fin de semana Suggestion Have students give reasons for their answers. Have students do this exercise in pairs.

1. ¿Tú crees que hay habitaciones libres en el hotel?
2. ¿Tú crees que un cuarto cuesta menos de cien dólares por noche?
3. ¿Tú crees que aceptan cheques de viajero en el hotel?
4. ¿Tú crees que hay un aeropuerto internacional aquí?
5. ¿Podemos alquilar un coche?
6. Son las siete; ¿tú crees que el correo está abierto?
7. Vamos al centro. Quiero ir a una tienda elegante.
8. Tengo el pelo *(hair)* muy largo. Dicen que aquí hay peluquerías excelentes.
9. Quiero ir a cenar a un restaurante francés.
10. ¿Tú crees que vamos a volver aquí algún día?

16. Hablando de coches Combine the items in column **A** with the items in column **B**, appropriately.

1. Yo dudo que ese coche… ___f___   a. cuesta un ojo de la cara.
2. Estoy seguro de que el correo… ___d___   b. sepa cambiar una llanta.
3. No creo que el mecánico… ___g___   c. puede arreglar el coche.
4. Estoy segura de que la gasolinera… ___e___   d. está abierto hoy.
5. No es verdad que yo… ___b___   e. está en la calle Lima.
6. Yo no niego que mis padres… ___h___   f. cueste menos de 30.000 dólares.
7. Creo que un BMW… ___a___   g. consiga las piezas de repuesto hoy.
8. No dudo que un buen mecánico… ___c___   h. me dan dinero a veces.

¿Tú lo sabías?

En muchos países hispanos es necesario tener una cédula *(document)* de identidad como identificación y es necesario llevarla en todo momento.

> ¿Qué documento de identificación es el equivalente, en su país, a la cédula de identidad?

ESTRUCTURAS

Para conversar

17. ¡Habla con tu compañero(a)! With a classmate, take turns asking each other the following questions.

1. ¿Tú crees que un Honda cuesta mucho más que un Chevrolet?
2. ¿Es verdad que un Cadillac cuesta un ojo de la cara?
3. ¿Tú crees que un coche automático gasta menos gasolina que un coche de cambios mecánicos?
4. ¿Crees que pronto los coches no van a necesitar gasolina o dudas que esto pueda pasar?
5. ¿Crees que las estaciones de servicio están abiertas o cerradas a esta hora?
6. Si tu coche se descompone, ¿crees que puedes arreglarlo?
7. ¿Crees que tu mamá sabe cambiar una llanta?
8. ¿Es verdad que tú vienes a la universidad a pie?
9. ¿Es verdad que tú lees los anuncios clasificados todos los días?
10. ¿Es verdad que el correo está abierto *(open)* los domingos?

17. ¡Habla con tu compañero(a)! Activity Suggestion Review vocabulary from the previous lessons by asking students the following.
I: ¿Dónde se compra champú?
S: Se compra en la farmacia.
1. ¿Dónde se compran frutas?
2. ¿Dónde se cambia un cheque?
3. ¿Dónde se alquila un coche?
4. ¿Dónde se venden pantalones?
5. ¿Dónde se estudia español?
6. ¿Dónde se comen mariscos?
7. ¿Dónde se compran billetes de avión?
8. ¿Dónde se toma el avión?
9. ¿Dónde se toma el autobús?
10. ¿Dónde se consigue un documento de identidad?

3 Constructions with *se* (*Construcciones con se*)

> In Spanish, the pronoun **se** + *the third-person singular or plural form of the verb* is used as an impersonal construction. It is equivalent to the English passive voice in which the person doing the action is not specified. It is also equivalent to English constructions that use the impersonal subjects *one, they, people,* and *you* (indefinite). The impersonal construction is widely used in Spanish.

Se habla español en Lima.	*Spanish is spoken in Lima. / They speak Spanish in Lima.*
—¿A qué hora **se abren** las peluquerías?	*What time do the beauty salons open?*
—**Se abren** a las nueve de la mañana.	*They open at nine a.m.*
—**Se dice** que la gasolina es barata aquí.	*It's said that gasoline is inexpensive here.*
—Sí, pero los coches son muy caros.	*Yes, but cars are very expensive.*

> The impersonal **se** is often used in ads, instructions, or directions.

LEARNING TIP
Think about different ads, instructions, or directions you see around you and express them in Spanish. Example: *For rent:* **Se alquila.**

FOR SALE

NO SMOKING

EXIT TO THE RIGHT

Práctica

18. Letreros In groups of three, write signs with the following information on them, using the impersonal construction.

1. *No parking* ___Se prohíbe estacionar___.
2. *Exit to the left* ___Se sale por la izquierda___.
3. *Spanish spoken here* ___Se habla español aquí___.
4. *No littering* (*to litter:* **tirar basura**) ___Se prohíbe tirar basura___.
5. *Apartments for rent* ___Se alquilan apartamentos___.
6. *No swimming* ___Se prohíbe nadar___.
7. *Cars for sale* ___Se venden autos (coches)___.

18. Letreros Expansion Have students write brief advertisements, instructions, or directions for four or five places on campus. Encourage them to use commands wherever appropriate in their ads.
Joyería XYZ
Aquí se compran y se venden objetos de oro y de plata.
Vengan a visitarnos pronto.
You may want to bring in ads from magazines or newspapers and have students read and discuss the ads. You may also refer to the ads used in the text.

19. ¡No, no, no... ! With a classmate, take turns telling different people what is inappropriate, according to what they are doing.

Modelo A teenager is using a swear word.
   ¡Eso no se dice!

1. A child is eating spaghetti with his/her hands. ¡Eso no se hace!
2. A little boy is trying to eat dirt. ¡Eso no se come!
3. Someone wears white after Labor Day.[1] (*to wear:* **usar**) ¡Eso no se usa después del Día del Trabajo!
4. A child is touching the salad on your plate. (*to touch:* **tocar**) ¡Eso no se toca!
5. Someone is about to drink mouthwash. ¡Eso no se bebe!

Para conversar

20. El turista necesita saber... With a classmate, act out a scene between a tourist in Lima and a resident of the city who responds to the tourist's questions about the city. Use constructions with **se** in your conversation.

1. ... el horario *(schedule)* de los bancos, del correo y de las tiendas
2. ... qué idiomas habla la gente
3. ... qué y dónde comen
4. ... si venden objetos de oro *(gold)* y de plata *(silver)*
5. ... dónde alquilan coches
6. ... dónde venden coches usados
7. ... dónde arreglan coches
8. ... la hora en que abren y cierran las peluquerías

20. El turista necesita saber... Expansion Have students join another group and compare their answers.

¿ Tú lo sabías?

En España y en Latinoamérica se celebra el Día del Trabajo el primero de mayo.
❯ **¿Cuándo se celebra el Día del Trabajo en este país?**

 **Un dicho** ❚
Se sufre, pero se aprende.
Equivalent: *One suffers, but one learns.*

---

[1] *Labor Day* = **Día del Trabajo**

▶ ¡Vamos a ver!

Antes de ver el video

21. Preguntas You and a classmate, take turns asking and answering the following questions.

1. ¿Tú crees que es mejor comprar un coche usado o un coche nuevo? ¿Prefieres un coche de cambios mecánicos o un coche automático?

2. Si un coche funciona un día sí y otro no, ¿tú crees que vale la pena arreglarlo?

3. ¿Qué haces tú si tu coche no arranca? ¿Llamas a un amigo o llamas una grúa?

4. ¿Cuándo fue la última vez que llevaste tu coche a un taller? ¿El arreglo te costó un ojo de la cara?

5. Generalmente, ¿cuántas veces al mes va una persona a una gasolinera para comprar gasolina?

6. ¿Es verdad que tú sabes arreglar coches? ¿Los coches modernos son complicados?

7. ¿Tu carro se descompone a menudo?

8. ¿Es verdad que tú tienes que ir a pie a todas partes?

9. ¿Vas a la peluquería *(hairdresser's)* a menudo? ¿Necesitas un corte de pelo *(haircut)*?

10. ¿Tú lees los avisos clasificados?

El video: Se venden coches usados

—Creo que voy a necesitar un carro si tengo que ir al trabajo después de mi última clase...

—Bueno... aquí dice que se venden coches usados, pero dudo que podamos comprar uno con el dinero que tenemos.

—Buenos días. ¿Están leyendo los avisos clasificados?

—Sí. Dígame, don José, ¿usted cree que necesitamos comprar un carro?

—Francamente, no creo que valga la pena.

—Vamos, Ramiro. Tenemos que acostumbrarnos a usar colectivos...

—*(Bromeando)* Si quieren, les vendo mi coche...

—No, gracias. ¡Prefiero una bicicleta!

Después de ver el video

Ramiro

Liliana

Don José

22. ¿Quién lo dice? Identify the person who said each of the following in the dialogue.

1. Me gustan más los carros automáticos. Ramiro
2. Eso es porque Marta me obliga a ir a pie a todas partes. don José
3. Pero tía Marta dice que usted sabe arreglar carros. Liliana
4. No, gracias. ¡Prefiero una bicicleta! Ramiro
5. ¿Usted cree que necesitamos comprar un carro? Ramiro
6. Tenemos que acostumbrarnos a usar colectivos. Liliana
7. No, no es verdad que yo sepa arreglar nada. don José
8. ¡Ay! Tengo que ir al correo y después a la peluquería. Liliana
9. Llamé una grúa, que llevó el coche al taller de mecánica. don José

23. Hablemos. With a classmate, take turns asking and answering the following questions. Base your answers on the dialogue.

1. ¿Adónde tiene que ir Ramiro después de su última clase? Tiene que ir al trabajo.
2. ¿Qué tipo de carro prefiere Ramiro? Prefiere un carro automático.
3. ¿Don José cree que vale la pena comprar un coche usado? No, no cree que valga la pena.
4. ¿Por qué tuvo que llamar una grúa don José? Porque su coche no arrancó.
5. ¿Le costó a don José mucho dinero el arreglo del coche? Sí, le costó un ojo de la cara.
6. ¿Qué dice don José que su esposa lo obliga a hacer? Dice que lo obliga a ir a pie a todas partes.
7. ¿Adónde tiene que ir Liliana? Tiene que ir al correo y después a la peluquería.
8. ¿A qué tienen que acostumbrarse Liliana y Ramiro? Tienen que acostumbrarse a usar colectivos (autobuses).

24. ¿Qué pasa después? You and a classmate use your imaginations to say what the characters do. In Spanish, discuss the following.

1. Whether the post office was open when Liliana got there or whether she had to go back the next day (**al día siguiente**).
2. Whether Marta went to the hairdresser's and whether she needed a haircut.
3. Whether it's true that don José´s wife makes him walk everywhere.
4. Whether don José's car started the next day.
5. Whether don José had to take his car to the repair shop again.
6. What kind of car Liliana and Ramiro bought. Give as many details as possible.
7. Whether or not Ramiro and Liliana got used to using buses.

Now compare your statements with those of another group.

¡Vamos a escuchar!

> **ESTRATEGIA** **Recognizing spatial markers** In **Lección 11** you reviewed transition words that hold together and establish relationships between ideas in a sentence. Prepositions such as **en, entre,** and **hacia** and phrases indicating location are another category of words that serve to mark the spatial relationship of elements in a sentence. Some common phrases that indicate location are:
>
> **al lado de** next to, beside **debajo de** underneath, below **detrás de** behind
> **cerca de** near **encima de** on top of **frente a** in front of

25. Un aviso comercial You are going to hear a commercial from a car-towing business. Listen for CD2-26 and write the four words or phrases that indicate spatial relationships. There is one phrase that you have probably never heard. Can you identify it?

25. Un aviso comercial Answers frente a, en, debajo de, al dorso de* (*unknown phrase)

¡Vamos a conversar!

> **ESTRATEGIA** **Paraphrasing practice III** You have already read that paraphrasing, in speech or writing, can be a useful tool for showing that you understand what is said, as well as for reporting or summarizing what you hear.

26. ¿Qué dijeron? Answers *Possible answers:* 1. Mis amigos quieren que (yo) compre un coche. (Mis amigos creen que debo comprar un coche.) 2. Ana bebió café y habló con Carlos y Marisol. 3. Jorge no quiere tener coche; prefiere viajar en ómnibus. 4. No es cierto que mi papá sepa de coches. 5. Necesitas un corte de pelo. (Debes cortarte el pelo.)

26. ¿Qué dijeron? You will hear a series of sentences related to everyday situations. Listen and CD2-27 restate each one in your own words. Then compare your responses with those of a classmate.

27. ¿Qué dices tú? Answers *Possible answers are provided.*

27. ¿Qué dices tú? What would you say in the following situations? What might the other person say? Act out the scenes with a classmate. Take turns playing each role.

1. You tell someone that you are reading the classified ads because you're thinking about **(en)** the possibility of buying a used car. Estoy leyendo los avisos clasificados porque estoy pensando en la posibilidad de comprar un coche usado.
2. You indicate that you doubt that the mechanic can fix the car because he does not have the spare parts that he needs. Yo dudo que el mecánico pueda arreglar el coche porque no tiene las piezas de repuesto que necesita.
3. You tell a friend that your car won't start and ask if he can call a tow truck. Mi coche no arranca. ¿Puedes llamar una grúa (un remolcador)?
4. You ask a friend if he prefers to drive a standard shift car or an automatic. You indicate what your preference is. ¿Prefieres conducir (manejar) un coche (auto) de cambios mecánicos o uno automático? Yo prefiero...
5. You ask a friend if the post office is open and add that you hope that it isn't closed. ¿El correo (la oficina de correos) está abierto(a)? Espero que no esté cerrado(a).
6. You tell a friend that it's not worth it to fix his car because it's always broken. No vale la pena arreglar tu auto (coche) porque siempre está descompuesto.

28. Para conocernos mejor To do this activity, work with a classmate whom you would like to get to know. Take turns asking and answering these questions.

1. ¿Prefieres los coches automáticos o los coches de cambios mecánicos? ¿Los coches grandes o los compactos? ¿Los de dos puertas o los de cuatro puertas? ¿Prefieres comprar un coche nuevo o un coche usado?
2. ¿Qué haces tú cuando tu coche no arranca? Si tienes una llanta pinchada, ¿sabes cambiarla? ¿Tú crees que es fácil hacerlo? ¿Siempre llevas un gato en el maletero de tu coche? ¿Es verdad que tú sabes arreglar coches? Si un coche se descompone a menudo, ¿crees que vale la pena arreglarlo? ¿A veces tienes que venir a la universidad a pie?

3. ¿Cuántas millas hay de la universidad a tu casa? ¿Tú sabes cuál es la velocidad máxima en la autopista? Si haces un viaje largo *(long)*, ¿prefieres ir en avión o en auto?

4. ¿Cuántas veces al mes vas a la oficina de correos? ¿Está cerca de tu casa? ¿Tú sabes a qué hora se abre el correo? ¿Sabes a qué hora se cierra?

5. ¿Hay una peluquería en la esquina de tu casa? Generalmente, ¿a qué peluquería vas? ¿Vas a menudo? ¿Qué día de la semana prefieres ir? ¿Por qué? Cuando vas a la peluquería, ¿solamente te peinan y te cortan el pelo o también te lavan la cabeza? ¿Te cobran un ojo de la cara?

28. Para conocernos mejor Expansion Have students ask you the same questions, using the **Ud.** form.

29. Una actividad especial para toda la clase

Hablemos de autos Students will play the parts of car salesmen and women, mechanics, and customers.

Step 1: Set up two car dealerships and three car repair shops. There should be two or three people working at each place. The rest of the students will play customers who want to buy cars and people who take their cars to the repair shops. Some might go in pairs, and might argue with each other about the kinds of cars they want to buy or what is wrong with the cars they drive.

Step 2: Some students will inform the rest of the class about their experience.

BlueSkyImage/Shutterstock.com

Rincón literario
José Martí (Cuba: 1835–1895)

José Martí reunió las cualidades del hombre de letras y del hombre de acción. Está considerado como uno de los grandes escritores hispanoamericanos. Fue periodista, ensayista y pensador, y dedicó su vida a la independencia de su país. Es uno de los pioneros del modernismo[1], y sus temas principales son el amor, la amistad y la libertad. Sus poemas más conocidos son los *Versos sencillos*. Su prosa muestra uno de los estilos más expresivos de la lengua española.

Antes de leer

> **ESTRATEGIA** **Examples** Taking into account the title of the essay, look for examples given by the author when he talks about race. Read the first paragraph and notice the emphasis placed on equality.

¡A leer!

30. Comprensión As you read the essay, find the answers to the following questions.

1. ¿Qué dice el autor de la palabra **racista**? Que es una palabra confusa y hay que aclararla.
2. ¿Tiene un hombre algún derecho especial por pertenecer a una raza o a otra? No, no tiene ningún derecho especial.
3. Según el autor, ¿qué no debe decir ni el hombre blanco ni el hombre negro? No debe decir **mi raza.**
4. ¿Qué es un pecado contra la humanidad? Todo lo que divide a los hombres, todo lo que especifica, todo lo que separa.
5. ¿De qué no deben envanecerse ni los blancos ni los negros? De su color.
6. ¿Qué pide la paz? ¿Qué hace el blanco que se aísla? Los derechos comunes de la naturaleza. Aísla al negro.
7. ¿De acuerdo a qué factores se agrupan los seres humanos, blancos o negros? De acuerdo a sus caracteres.
8. ¿Cómo se tratarán *(will treat each other)* los hombres verdaderos, negros o blancos? Se tratarán con lealtad y ternura.
9. ¿De qué se han olvidado ya *(have already forgotten)* muchos blancos y muchos negros? De su color.
10. ¿Por qué cosas trabajan juntos, blancos y negros? Por el cultivo de la mente, por la propagación de la virtud y por el triunfo del trabajo creador y de la caridad sublime.

Mi raza *(fragmento)*

    Esa de racista es una palabra confusa y hay que aclararla. El hombre no tiene ningún derecho° especial porque pertenezca° a una raza o a otra: cuando se dice hombre, ya se dicen todos los derechos. El negro, por negro, no es inferior ni superior a ningún otro hombre; peca° por redundante el negro que dice "mi raza"; peca por redundante el blanco que dice "mi raza".   *right / belongs*

   he sins

    Todo lo que divide a los hombres, todo lo que especifica, todo lo que separa, es un pecado° contra la humanidad. ¿A qué blanco sensato° se le ocurre envanecerse de ser blanco? ¿Qué piensan los negros del blanco que se envanece° de su color? Insistir en las divisiones de raza, en las diferencias de raza, es dificultar la ventura° pública y la individual.   *sin / sensible*

   becomes conceited

   happiness

    El racista blanco que le cree a su raza derechos superiores, ¿qué derechos tiene para quejarse del racista negro que también le ve especialidad a su raza? El racista negro que ve en su raza un carácter especial, ¿qué derecho tiene para

---

[1]Movimiento literario que empezó en Hispanoamérica a fines del siglo XIX. Se caracteriza por el amor a la belleza y por las innovaciones del lenguaje.

quejarse del racista blanco? El hombre blanco que, por razón de su raza, se cree superior al hombre negro, admite la idea de la raza, y autoriza y provoca al racista negro. El hombre negro que proclama su raza, autoriza y provoca al racista blanco. La paz° pide los derechos comunes de la naturaleza: los derechos diferenciales, contrarios a la naturaleza, son enemigos de la paz. El blanco que se aísla, aísla al negro. El negro que se aísla, provoca a aislarse al blanco.

peace

Hombre es más que blanco, más que mulato, más que negro. En la vida diaria de defensa, de lealtad°, de hermandad, de astucia, al lado de cada blanco hubo° siempre un negro. Los negros, como los blancos, se dividen por sus caracteres, tímidos o valerosos, abnegados o egoístas...

loyalty
there was

Los hombres de pompa e interés se irán de un lado, blancos o negros; y los hombres generosos y desinteresados°, se irán de otro. Los hombres verdaderos°, negros o blancos, se tratarán con lealtad y ternura.°

unselfish / real
tenderness

Dos racistas serían igualmente culpables°: el racista blanco y el racista negro. Muchos blancos se han olvidado ya de su color, y muchos negros. Juntos trabajan blancos y negros, por el cultivo° de la mente, por la propagación de la virtud y por el triunfo del trabajo creador y de la caridad° sublime.

guilty

improvement
charity

Después de leer... reflexiones

 31. Preguntas In groups of three, answer the following questions.

1. ¿Qué problemas hay que podemos resolver si trabajamos juntos?
2. ¿Qué podemos hacer?
3. ¿Qué derechos tenemos todos los seres humanos?

¡Vamos a escribir!

Antes de escribir

> **ESTRATEGIA** **Brainstorming and organizing** When getting ready to write, it is a good idea to think about your main topic and two or three subtopics. Jot down everything that comes to mind, and then try to organize your ideas and, if applicable, a sequence of events. You will write three or four paragraphs about you and your friends.
>
> ❯ What are your virtues and your shortcomings?
>
> ❯ Do you work well with others?
>
> ❯ Do you try to be generous and help others, no matter who they are?
>
> Add any details and examples you deem necessary.

¡A escribir!

32. Mis amigos y yo Write the **primer borrador** of your essay.

Después de escribir

33. ¡A revisar! Before writing the final version of your essay, exchange your first draft with a classmate's and peer edit each other's work.

Perú

Perú es famoso por unos animales llamados **llamas.** ¿Alguna vez viste llamas en el zoológico? ¿Leíste el cartelito *(little sign)* que decía de dónde venían? De Perú, ¿verdad? De allí también son las alpacas y las vicuñas…

Perú es el lugar ideal para los amantes de la cultura. Unos se quedan en Lima, cuyo centro histórico fue declarado Monumento Cultural de la Humanidad. Otros van a Machu Picchu, en Cuzco, la capital del Imperio Inca. Algunos quieren ver las enigmáticas líneas y figuras geométricas de Nazca, y a otros les interesa la Amazonia peruana, el lago Titicaca o la extraordinaria diversidad de la flora y la fauna peruanas.

Puntos de atracción turística

Lima

La capital de Perú fue fundada en 1535. Allí están las mejores muestras de la arquitectura colonial, como la Catedral, el convento de San Francisco y la Universidad de San Marcos. Hay casas con hermosos balcones tallados en madera, y muchas plazas, como la de San Martín, llamada así en honor del libertador de Perú, José de San Martín.

Cuzco

La capital del Imperio Inca está situada al sureste de Lima, en los Andes. Está rodeada de ruinas preincaicas e incaicas, entre ellas **el Templo del Sol,** construido con piedras colocadas unas sobre otras sin nada que las mantenga unidas. El nombre de la ciudad proviene de una palabra quechua que significa "ombligo" *(navel)*, porque sus fundadores creían que estaba situada en el centro del universo.

Machu Picchu

Machu Picchu, la ciudad perdida de los incas, fue construida en la cordillera de los Andes, a una altura *(height)* de 1400 pies sobre el río Urubamba. Estuvo escondida en las montañas por más de cuatro siglos, hasta que, en 1911, Hiram Bingham, un profesor de Yale, la descubrió. Se cree que fue un centro religioso y la residencia del primer emperador inca. Machu Picchu es hoy la mayor atracción turística de Sudamérica. En el año 2007 fue declarada una de las nuevas siete maravillas del mundo.

Ecuador

Ecuador está justo en la mitad del mundo. ¿Puedes imaginarte con un pie en el hemisferio norte y otro en el hemisferio sur? Esto puedes hacerlo en Ecuador, donde también puedes visitar una de las zonas ecológicas mejor conservadas del mundo: las islas Galápagos.

La lengua oficial del país es el español, pero la tercera parte de su población habla lenguas indígenas: la mayoría, quechua.

Ecuador es el principal exportador de bananas y uno de los mayores exportadores de petróleo, flores, camarones y cacao.

Puntos de atracción turística

Anton_Ivanov/Shutterstock.com

Quito

Quito es la capital más antigua de Sudamérica, y todavía mantiene su aspecto colonial y sus calles estrechas *(narrow)*. Está situada al pie del volcán Pichincha y tiene un clima primaveral todo el año.

© Jenny Leonard/Shutterstock.com

Mitad del Mundo

A 22 millas de Quito, cerca de la villa de San Antonio, está el monumento **La Mitad del Mundo,** que marca el punto por donde hasta hace poco se creía que pasaba la línea del ecuador. Sin embargo, mediciones más recientes sitúan el ecuador 240 metros más al sur.

Las Islas Galápagos

Las Islas Galápagos son de origen volcánico, y deben su nombre a sus enormes tortugas, llamadas **galápagos,** que pesan unos 200 kilos y viven hasta 250 años. Estas islas deben su fama a los estudios sobre la evolución de las especies que hizo allí el naturalista Charles Darwin. Estas islas están a unas 560 millas al oeste del Ecuador continental y son parte de este país. Tienen una población de unos 25.000 habitantes.

KKulikov/Shutterstock.com

Háganse preguntas

The class will be divided into groups of 3 or 4 students. The instructor will assign one of the seven items of information presented here to each group. The members in each group will prepare questions about the item assigned to them to ask the rest of the class.

iLrn™

To learn more about Perú and Ecuador, watch the cultural footage in the Media Library.

¿Cuánto sé ahora?

Take this test. When you have finished, check your answers in the answer key provided in Appendix D. Then use a red pen to correct any mistakes you may have made. Are you ready?

A. The *Ud.* and *Uds.* commands

a. Complete the following, using the Spanish equivalent of the words in parentheses. You are speaking to more than one person, so use the **Uds.** form.

1. ____Vengan____ a la oficina y ____comiencen____ (____empiecen____) a trabajar. *(Come / start)*
2. Necesito las llantas. ____Tráiganmelas____ mañana y ____pónganlas____ aquí. *(Bring them to me / put them)*
3. ____Estén aquí____ / a las ocho. ____Sean____ puntuales. *(Be / Be)*
4. ____Vayan____ al correo y ____lleven____ los documentos. *(Go / take)*
5. ____Hablen____ con él y ____díganle____ que quieren un coche automático. *(Speak / tell him)*
6. ____Denle____ el dinero, pero ____no se lo den____ hoy. *(Give him / don't give it to him)*
7. ____Levántense____ a las seis y ____salgan____ de su casa a las siete. *(Get up / leave)*
8. ____Siéntense____ aquí. ____No se preocupen____ por nada. *(Sit / Don't worry)*

b. You are talking with one of your employees. Using the command for **Ud.**, give him the following orders.

1. Ir al taller de mecánica y darle un cheque al mecánico. (Vaya / dele)
2. Poner el gato y la llanta de repuesto en el maletero. (Ponga)
3. Preguntarle al vendedor cuánto cuestan los coches usados. (Pregúntele)
4. Avisarle a la señora López que su coche está descompuesto. (Avísele)
5. Volver a la oficina mañana. (Vuelva)

B. The subjunctive to express doubt, disbelief, and denial. Change the following, according to the new beginning.

1. Creo que el gato está en el maletero. (No creo) esté
2. No dudo que la gasolinera queda cerca de aquí. (Dudo) quede
3. Estoy seguro de que ellos se encuentran aquí. (No estoy seguro) se encuentren
4. Es verdad que somos peruanos. (No es verdad) seamos
5. No niego que ellos me dan dinero. (Niego) den
6. Es verdad que necesitan un acumulador. (No es verdad) necesiten

C. Constructions with *se* Form questions with the elements given, adding the necessary connectors. Follow the model.

Modelo a qué hora / abrir / las tiendas

¿A qué hora se abren las tiendas?

1. qué idiomas / hablar / Perú ¿Qué idiomas se hablan en Perú?
2. a qué hora / cerrar / las gasolineras ¿A qué hora se cierran las gasolineras?
3. por dónde / salir / de aquí ¿Por dónde se sale de aquí?
4. cómo / llegar / a la estación de servicio ¿Cómo se llega a la estación de servicio?
5. córno / decir / manejar / en inglés ¿Cómo se dice *manejar* en inglés?
6. dónde / comprar / piezas de repuesto ¿Dónde se compran piezas de repuesto?

D. Just words . . .

Circle the word or phrase that best completes each sentence.

1. Prefieres los coches de cambios mecánicos o los coches (automáticos, clasificados)? automáticos
2. No (vale, bromea) la pena arreglar el coche. vale
3. Mi mamá fue-al salón de (peluquería , belleza). belleza
4. Yo no creo que el taller de mecánica esté (abierto, usado). abierto
5. Mi coche no arranca. Creo que necesita un (acumulador, colectivo) nuevo. acumulador
6. Mi coche (se acostumbra, se descompone) frecuentemente. se descompone
7. A lo (mejor, menudo) mi papá puede arreglar el carro. mejor
8. Yo compro gasolina cinco veces (a pie, al mes). al mes
9. Cuando manejas, tienes que poner las manos en el (neumático, volante). volante
10. ¿Tú sabes cuál es la velocidad máxima en (la estación de servicio, la autopista? la autopista
11. Mi coche tiene dos bolsas (modernas, de aire). de aire
12. Tengo que cambiar el filtro del (tanque, aceite). aceite
13. Tengo documentos en (el portaguantes, la bocina). el portaguantes
14. La (conductora, chapa) de mi coche es 435CBJ. chapa
15. Si el coche no arranca, tenemos que llamar un (remolcador, limpiaparabrisas). remolcador
16. El arreglo del coche me costó un ojo de (la cara, la esquina). la cara

E. Culture

1. Complete the following, based on the information found on the **¿Tú lo sabías?**

   a. En la mayoría de los países hispanos, la gasolina y los automóviles son muy caros. Por esta razón, es muy popular la ___motocicleta___.

   b. En muchos países hispanos es necesario tener una ___cédula___ de identidad como identificación.

2. Complete these sentences, based on the information found in the **El mundo hispánico y tú** section.

   a. Cusco es la capital del Imperio ___Inca___.

   b. La capital de Perú es ___Lima___.

   c. ___Quito___ es la capital más antigua de Sudamérica.

F. Un dicho Do you remember the Spanish saying about the fact that life's trials can teach us good lessons? Find it in this lesson. Se sufre, pero se aprende.

DE COMPRAS EN EL CENTRO COMERCIAL

Muchas familias latinoamericanas hacen sus compras en los centros comerciales.

Bloomberg/Getty Images

OBJETIVOS COMUNICATIVOS

You will learn vocabulary related to clothing and shopping.

SITUACIONES

De compras

ESTRUCTURAS

1 The familiar commands (**tú**)
2 **¿Qué?** and **¿cuál?** used with **ser**
3 The subjunctive to express indefiniteness and nonexistence

ASÍ SOMOS

▶ **¡Vamos a ver!**

Watching and understanding situations

¡Vamos a escuchar!

Listening for the order of events

¡Vamos a conversar!

Expressing ideas and opinions

Rincón literario

Reading poetry

Meciendo and *Piececitos* by Gabriela Mistral

¡Vamos a escribir!

Writing an advice column

EL MUNDO HISPÁNICO Y TÚ

> Chile

AUTOPRUEBA

You will review what you learned in this lesson.

©Pressmaster/Shutterstock.com

▶

CHILE es un país largo y estrecho. El país tiene dos veces el área de Montana y su población es de unos 16 millones de habitantes. De estos, el 80% vive en las ciudades. En Santiago, la capital, vive casi la tercera parte de los habitantes del país.

Chile es famoso por sus lugares turísticos, como Viña del Mar, por sus pistas de esquí y por su rica producción de vinos de exportación. Está situado en el extremo sudoeste de Sudamérica. Su nombre oficial es República de Chile. Linda con *(it borders)* Perú, Bolivia y Argentina. Al oeste linda con el océano Pacífico.

La cordillera de los Andes atraviesa todo el país de norte a sur.

Buddy Mays/Documentary Value/Corbis

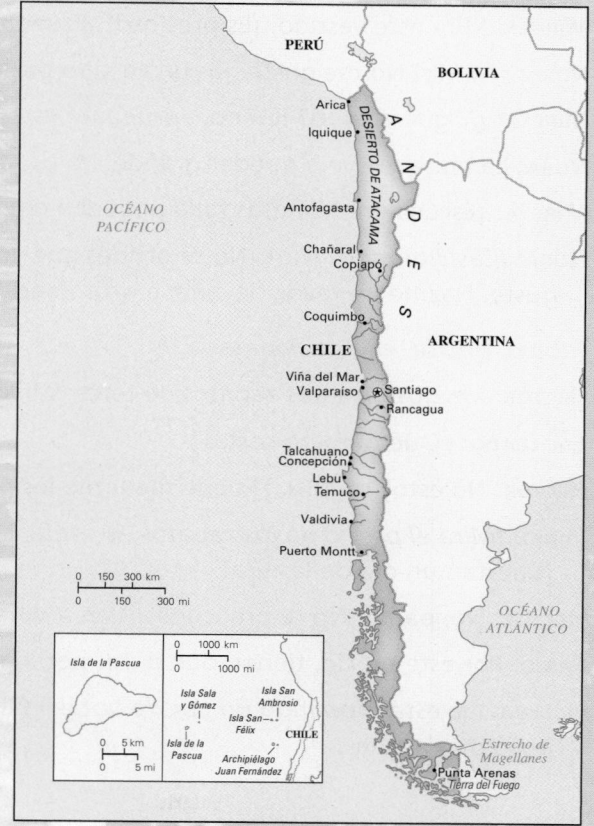

🔊 De compras
CD3-2

▶ **¡Ubíquelos!**
Fabio and Mireya and their two children live in Santiago, the capital of Chile. The video shows you many places that this family visits, generally on weekends.

© Jose Luis Pelaez Inc/Blend Images/
Jupiter Images

Photodisc/Getty Images

Fabio y Mireya, un matrimonio chileno, viven en Santiago, la capital de Chile. Tienen dos hijos: Héctor, de trece años, y Nora, de catorce años. Hoy los cuatro van al centro comercial porque los chicos necesitan ropa y zapatos. Fabio va a ir de compras con Héctor y Mireya va a llevar a Nora.

Mireya y Nora, en una tienda por departamentos muy elegante.

MIREYA: Mira este vestido. ¡Es precioso! ¡Pruébatelo! ¿Dónde está el probador?

NORA: ¡Ay, no! No me gusta. ¡Es un vestido para una niñita!

MIREYA: ¿Y qué eres tú? Bueno... pruébate esta blusa y esta falda. Hacen juego con tus sandalias.

NORA: La blusa me va a quedar grande. Yo uso talla extra pequeña.

MIREYA: ¡Escúchame! Tú usas talla pequeña o mediana.

NORA: *(Casi llorando)* ¡No! ¡No te olvides que yo perdí dos kilos! Además, aquí no hay nada que me guste. Hazme un favor, llévame a otra tienda…

Fabio y Héctor, en una zapatería.

HÉCTOR: Me gustan estos zapatos de tenis. Son de buena marca.

EMPLEADO: ¿Qué número calzas?

HÉCTOR: No estoy seguro. ¿Puede medirme los pies?

FABIO: *(Mira el precio de los zapatos de tenis.)* ¡Héctor! Fíjate en el precio de estos zapatos de tenis. ¡Cuestan un ojo de la cara!

HÉCTOR: No, papá. ¡No te preocupes! Van a durar mucho tiempo…

FABIO: Por este precio, tienen que durar por lo menos diez años. ¡Y no estoy exagerando!

HÉCTOR: *(Se está probando un par de botas.)* Estas son un poco estrechas. Necesito unas que sean un poco más anchas…

Después de media hora, Fabio va a la caja y paga por los zapatos de tenis y por las botas. Después compran dos camisetas y luego van a una librería. Por fin se encuentran con Mireya y Nora, que están en un restaurante de comida rápida, cargadas de bolsas.

FABIO: Nora, no me digas que compraron todo eso. ¡Vamos a necesitar un camión!

NORA: Es que no tenía nada que ponerme. Además, tuvimos que cambiar unos zapatos que no me gustaban.

FABIO: *(A Mireya)* ¡Tengo una idea!

MIREYA: ¿Sí? ¿Cuál es tu idea?

FABIO: ¿Qué te parece si nunca más volvemos al centro comercial?

MIREYA: *(Se ríe.)* ¡Me parece una idea estupenda!

¿Tú lo sabías?

Los restaurantes de comida rápida son populares en los países hispanos. Muchos de estos restaurantes pertenecen a famosas cadenas de los Estados Unidos.

> **¿Cuál de los restaurantes de comida rápida es el más popular en tu ciudad?**

1. Hablemos Activity Suggestion
Have students ask you the questions about the dialogue. Always give them the wrong answers and have them correct you.

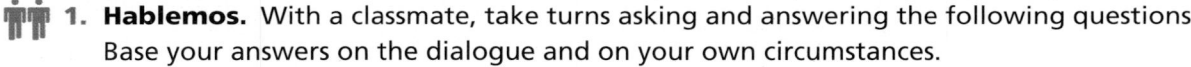 **1. Hablemos.** With a classmate, take turns asking and answering the following questions. Base your answers on the dialogue and on your own circumstances.

En el diálogo

1. ¿Fabio y Mireya son un matrimonio estadounidense? No, son un matrimonio chileno.

2. ¿Por qué van al centro comercial? Porque los chicos necesitan ropa y zapatos.

3. ¿Qué dice Nora del vestido que le gusta a Mireya? Dice que es un vestido para una niñita.

4. Según Mireya, ¿qué talla usa Nora? Usa talla pequeña o mediana.

5. ¿Por qué quiere Nora que su mamá la lleve a otra tienda? Porque en esa tienda no hay nada que le guste.

6. ¿Héctor sabe qué número calza? No, no sabe qué número calza.

7. ¿Qué dice Fabio de los zapatos de tenis? Dice que cuestan un ojo de la cara.

8. ¿Qué dice Héctor de las botas que se prueba? Dice que son un poco estrechas.

9. ¿Dónde se encuentran los cuatro? Se encuentran en un restaurante de comida rápida.

10. ¿Qué dice Fabio que no deben hacer nunca más? Dice que nunca más deben volver al centro comercial.

¿Y tú?

1. ¿Tú conoces a algunas personas chilenas?

2. ¿Tú vas al centro comercial frecuentemente?

3. ¿Tú te pruebas la ropa antes de comprarla?

4. ¿Qué talla usas tú?

5. ¿Tú vas a muchas tiendas cuando vas al centro comercial?

6. ¿Qué número calzas tú?

7. ¿Tus zapatos de tenis te costaron un ojo de la cara?

8. ¿Te gusta usar botas?

9. ¿Tú comes en restaurantes de comida rápida frecuentemente?

10. ¿Qué días te gusta ir al centro comercial?

VOCABULARIO

🔊 En el diálogo

Cognados

la blusa	*blouse*
las botas	*boots*
chileno(a)	*Chilean*
elegante	*elegant*
estupendo(a)	*stupendous*
extra	*extra*
el kilo,[1] el kilogramo[1]	*kilogram*
el par	*pair*
las sandalias	*sandals*

Nombres

la bolsa	*bag*
la caja	*cash register*
el camión	*truck*
la camiseta	*T-shirt*
el centro comercial	*shopping mall*
la falda	*skirt*
la librería	*bookstore*
la marca	*brand*
el matrimonio	*married couple*
el número	*size (of shoes)*
los pies	*feet*
el probador	*fitting room*
la talla, la medida	*size (in clothing)*
la tienda por departamentos, el almacén	*department store*
el vestido	*dress*
los zapatos	*shoes*
_____ de tenis	*tennis shoes*

Verbos

calzar	*to wear (a certain size shoe)*
cambiar	*to exchange*
durar	*to last*
escuchar	*to listen (to)*
exagerar	*to exaggerate*
fijarse	*to notice*
llorar	*to cry*
medir (e:i)	*to measure*
usar	*to wear*

Adjetivos

ancho(a)	*wide*
estrecho(a), angosto(a)	*narrow*
cargado(a)	*loaded*
mediano(a)	*medium*
precioso(a)	*pretty, beautiful*
rápido(a)	*quick, fast*

Otras palabras y expresiones

es que...	*the fact is . . .*
hacer juego (con), combinar (con)	*to match*
no tener nada que ponerse	*to have nothing to wear*
nunca más	*never again*
por fin	*at last*
por lo menos	*at least*
¿Qué te parece si... ?	*What do you think about . . . ?*
quedarle chico(a) (grande) a uno	*to be too small (big) on one*
Vamos de compras.	*Let's go shopping.*

Deklofenak/Shutterstock.com

1. ¿En qué tipo de tienda está la señorita?
2. ¿Qué se está probando?
3. ¿Qué número crees que calza?

> ### ▬▬ Un dicho ▮
> **Una cosa es oír y otra es escuchar.**
> Equivalent: *It's one thing to hear and another to listen.*

[1]1 kilo(gramo) = 2.2 libras *(pounds)*

Más sobre el tema

Mirando vidrieras (Window shopping)

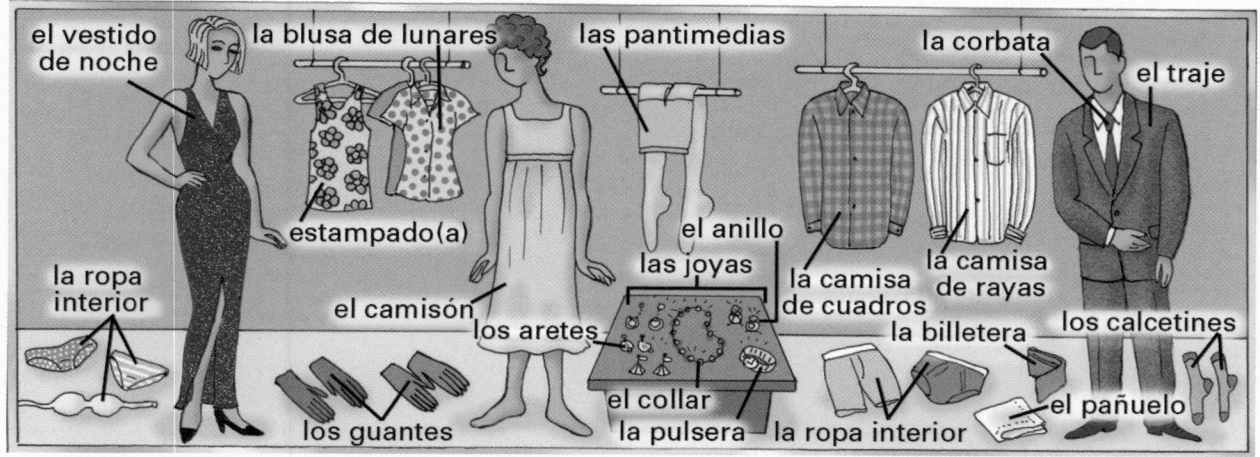

Más sobre las tiendas

el departamento de caballeros	men's department
el departamento de señoras	women's department
el descuento	discount
devolver (o:ue) (algo)	to return (something)
la ganga	bargain
la rebaja, la liquidación	sale
rebajar	to mark down

Tipos de tela (material)

el algodón	cotton
el cuero	leather
el hilo, el lino	linen
la lana	wool
el poliéster	polyester
el rayón	rayon
la seda	silk

Más sobre la ropa

el abrigo	coat
la bufanda	scarf
la chaqueta	jacket
la gorra	cap
(de) mangas cortas	short sleeves
(de) mangas largas	long sleeves
sin mangas	sleeveless
el sobretodo	overcoat

▰▰▰ Un dicho ▮

Aunque la mona se vista de seda, mona se queda.
Equivalent: *You can't make a silk purse out of a sow's ear.*

Práctica

2. ¿Qué es? Write the words or phrases that correspond to the following.

1. Se usa con una falda. ____blusa____
2. mil gramos __kilo, kilogramo__ .
3. tienda por departamentos ____almacén____
4. lugar donde se venden libros ____librería____
5. persona de Chile ____chileno(a)____
6. talla ____medida____
7. estrecho ____angosto____
8. opuesto de **estrecho** ____ancho____
9. ni grande ni pequeño ____mediano____
10. hermoso ____precioso____
11. opuesto de **lento** ____rápido____
12. hacer juego ____combinar____

3. Para completar Complete the following sentences, using vocabulary from this lesson.

1. ¡Yo tardé veinte minutos, no una hora! ¡Tú siempre ____exageras____!
2. Compré un ____par____ de zapatos.
3. Estos zapatos de ____tenis____ van a ____durar____ mucho tiempo porque son de buena ____marca____.
4. ¿Qué te ____parece____ si compro este vestido de ____noche____ para la fiesta de gala? ¡Es muy elegante!
5. No voy a comprar estos zapatos porque me ____quedan____ chicos.
6. Julia está muy triste. Está ____llorando____.
7. ¡Tu idea es magnífica! ¡____Estupenda____!
8. No sé qué número calzo. ¿Me puede ____medir____ los pies?
9. Los niños volvieron del cine. ¡Por ____fin____!
10. ¡____Nunca____ más voy a volver a esa tienda!

Glow Images

Isabel va a comprar un vestido de noche. ¿Qué talla crees que usa?

Para conversar

4. Habla con tu compañero(a). With a classmate, take turns asking and answering the following questions.

1. ¿Qué joyas prefieres regalarle a tu mamá para su cumpleaños?, ¿unos aretes, un collar, una pulsera o un anillo? ¿O prefieres regalarle un camisón?
2. ¿Qué me aconsejas que le regale a mi papá?, ¿una corbata, una billetera, una bufanda o una gorra?
3. ¿Tú prefieres usar una camisa de cuadros o una camisa de rayas (una blusa de lunares o una blusa estampada)?

4. ¿Cuándo fue la última vez que compraste ropa interior? ¿Compraste también calcetines (pantimedias)?

5. ¿En qué sección de la tienda compras tu ropa? ¿Prefieres usar ropa de algodón, de hilo, de lana o de seda? ¿Tienes zapatos de cuero?

6. ¿Prefieres usar una camiseta de mangas cortas, largas o sin mangas?

7. Cuando hace mucho frío, ¿te pones una chaqueta o un abrigo? ¿Tu papá usa sobretodo?

8. Generalmente, ¿vas de compras cuando las tiendas tienen liquidación? ¿Consigues descuentos o gangas a veces?

 5. Buenas ideas Get together with a classmate. Play the roles of two friends who are telling each other what clothes and footwear to buy for some members of their families. Include details such as the materials things are made of, etc. **(A tu… cómprale… / regálale…)**

6. De compras With your classmate, play the roles of a customer and a store clerk. Discuss sizes, colors, prices, etc. The customer should buy clothes and shoes.

7. Mirando vidrieras You and a classmate are standing in front of the store window shown on page 367. Take turns saying what you are going to buy for yourselves and for a relative or friend.

Pronunciación

CD3-3

Pronunciation in context

In this lesson, there are some new words or phrases that may be challenging to pronounce. For further pronunciation practice of Spanish sounds, listen to your instructor and repeat the following sentences.

1. **Pruébate** esa blusa y esta falda. **Hacen juego** con tus sandalias.

2. **¡Héctor!** Fíjate en el precio de los **zapatos** de tenis.

3. No te **preocupes.** Van a **durar** mucho tiempo.

4. Después de media **hora,** Fabio va a la caja.

5. Por fin **se encuentran** con Mireya y Nora.

6. Están en un **restaurante** de comida **rápida, cargadas** de bolsas.

7. **Además,** tuvimos que cambiar unos **zapatos** que no me gustaban.

8. ¿**Qué te parece** si nunca más volvemos al centro comercial?

Activity Suggestion Have students take turns reading these sentences. Walk around the classroom and check their pronunciation.

Note To reinforce pronunciation practice, this section appears in **Lecciones 10–18.** The sentences featured as pronunciation models are taken from the lesson dialogues.

¿Tú lo sabías?

Actualmente (*Nowadays*), los empleados de las tiendas a menudo tutean (*use the* **tú** *form of address*) a los clientes en España y en algunos países de Hispanoamérica.

ESTRUCTURAS

1 The familiar commands (tú) *(Las formas imperativas de tú)*

Unlike other commands in Spanish, the familiar affirmative command does not use the subjunctive.

A. *Tú* commands[1]

Activity Suggestion Review the formal commands studied in **Lección 12**.

> The affirmative command form for **tú** has exactly the same form as the third-person singular form of the present indicative.

Verb	Present Indicative	Familiar Command (*tú*)[1]
hablar	él habla	**habla** (tú)
comer	él come	**come** (tú)
abrir	él abre	**abre** (tú)
cerrar	él cierra	**cierra** (tú)
volver	él vuelve	**vuelve** (tú)

—Teresa, **trae** el vestido.   *Teresa, bring the dress.*
—**Espera** un momento. Estoy ocupada.   *Wait a moment. I'm busy.*
—Me voy.   *I'm leaving.*
—**Vuelve** temprano y **cierra** la puerta de calle.   *Return early and close the front door.*

> Spanish has eight irregular **tú** command forms.

decir	**di**	salir	**sal**
hacer	**haz**	ser	**sé**
ir	**ve**	tener	**ten**
poner	**pon**	venir	**ven**

Activity Suggestion Have students work in pairs and write five affirmative commands they think would be used while talking to a friend in each of the following places.

el correo   **un restaurante**
un hospital   **un parque**
una tintorería   **la playa**

—Carlitos, **ven** aquí; **hazme** un favor. **Ve** a la casa de Rita y **dile** que la fiesta es hoy.   *Carlitos, come here; do me a favor. Go to Rita's house and tell her the party is today.*

—Muy bien. En seguida vuelvo.   *Okay. I'll be right back.*

> ### ▬▬▬ Un dicho ▮
> **Crea fama y acuéstate a dormir.**
> Equivalent: *Once you build a reputation, it stays forever.*

LEARNING TIP
To remember the eight verbs that are irregular in the **tú** command, memorize the following:

Ana, *sé* buena y *ve* al mercado con Rosa. *Ven* a casa y *ponlo* todo en el refrigerador. *Haz* una ensalada y *dile* a Luis que coma con ustedes. *Sal* con los niños, pero *ten* paciencia con ellos.

As you say aloud and/or write down this text, visualize it as a movie you are starring in. This will aid you in memorizing it.

[1]The affirmative command form for **vosotros** is formed by changing the final **r** of the infinitive to **d**: hablar → **hablad**, comer → **comed**, vivir → **vivid**.

B. Negative forms

> The negative **tú**[1] commands use the corresponding forms of the present subjunctive.

hablar	no **hables** tú
vender	no **vendas** tú
decir	no **digas** tú

—¿Voy con Julia?   *Shall I go with Julia?*
—No, no **vayas** con ella.   *No, don't go with her.*
—¿Pongo las faldas aquí?   *Do I put the skirts here?*
—No, no las **pongas** aquí. *No, don't put them here.*

■■■■ Un dicho ■
No cantes victoria antes de tiempo.
Equivalent: *Don't count your chickens before they're hatched.*

Pon**lo** aquí.   *Put it here.*
No **lo** pongas allí.   *Don't put it there.*
Vénde**nosla**.   *Sell it to us.*
No **nos la** vendas.   *Don't sell it to us.*

¡Atención! Object and reflexive pronouns are positioned with familiar commands just as they are with the formal commands.

Práctica

8. **Órdenes** Play the role of an older sibling giving instructions to a younger brother or sister, using the cues provided.

1. levantarse temprano, bañarse y vestirse Levántate temprano, báñate y vístete.

2. ponerse los pantalones negros y la camisa de cuadros y salir antes de las siete
   Ponte los pantalones negros y la camisa de cuadros y sal antes de las siete.

3. lavar su ropa interior y sus calcetines Lava tu ropa interior y tus calcetines.

4. ir a la biblioteca y devolver los libros Ve a la biblioteca y devuelve los libros.

5. llamar por teléfono a su tía y decirle que la necesitamos Llama por teléfono a tu tía y dile que la necesitamos.

6. no ponerse las botas negras No te pongas las botas negras.

7. no ir al centro comercial; quedarse en casa y estudiar No vayas al centro comercial; quédate en casa y estudia.

8. no preocuparse si llegamos un poco tarde No te preocupes si llegamos un poco tarde.

9. limpiar su cuarto y pasarle la aspiradora a la alfombra Limpia tu cuarto y pásale la aspiradora a la alfombra.

10. no acostarse antes de terminar la tarea (*homework*) No te acuestes antes de terminar la tarea.

---

[1]The negative **vosotros** commands also use the present subjunctive: **no habléis.**

9. ¿Qué hago? Juana always has a hard time deciding what to do. Give her some suggestions, using the cues provided.

> Modelo   No sé qué clase tomar. (francés)
> *Toma una clase de francés.*

1. No sé adónde ir esta noche. (cine) Ve al cine.
2. No sé con quién salir. (Mauricio) Sal con Mauricio.
3. No sé qué hacer mañana. (ir de compras) Ve de compras.
4. No sé qué comprar. (un traje de baño) Compra un traje de baño.
5. No sé qué regalarle a papá. (una corbata) Regálale una corbata.
6. No sé qué comprarle a mamá. (un vestido) Cómprale un vestido.
7. No sé qué hacer para comer. (sopa y pollo) Haz sopa y pollo.
8. No sé qué decirle a Jorge. (que te lleve al centro comercial) Dile que te lleve al centro comercial.
9. No sé en qué banco poner mi dinero. (en el Banco Nacional) Ponlo en el Banco Nacional.
10. No sé qué hacer con las botas. (cambiarlas) Cámbialas.

9. ¿Qué hago? Expansion After students have completed and corrected this activity, have them work in pairs asking each other for advice about similar situations. The cues should be changed to reflect the personal opinion of the individual student.
S1: **No sé adónde ir esta tarde.**
S2: **Pues, ve al cine. Hay una nueva película de Tom Cruise.**
S2: **No sé con quién salir.**
S1: **Sal con tus amigos(as). Te esperan en la cafetería.**

10. Haz esto... No hagas eso. *(Do this . . . Don't do that.)* Say two commands, one affirmative and one negative, that each of the following people would be likely to give.

1. una madre a su hijo de quince años
2. un(a) estudiante a su compañero(a) de cuarto
3. una muchacha a su novio
4. un hombre a su esposa
5. un profesor a un estudiante

11. Las órdenes de Lucía Lucía and David are moving into their new apartment and some friends are helping them. Based on the illustration, what does Lucía tell each person to do? Use familiar commands.

Para conversar

12. De compras With a classmate, play the roles of two friends who are at a shopping mall helping a third friend shop for clothes, shoes, jewelry, etc., and telling him/her what to do and what not to do. Use informal commands.

¿Tú lo sabías?

Aunque ahora hay muchos grandes almacenes, todavía existen en los países hispanos muchas tiendas pequeñas especializadas en un solo producto. Por ejemplo, se vende **perfume** en la **perfumería**, **joyas** en la **joyería** y **relojes** en la **relojería**.

› **En este país, ¿la mayoría de las tiendas especializadas están en centros comerciales o en edificios independientes?**

2 ¿Qué? and ¿cuál? used with *ser* (*Qué y cuál usados con el verbo ser*)

› *What?* translates as **¿qué?** when it is used as the subject of the verb and it asks for a definition.

—¿**Qué** es el pisco?	*What is pisco?*
—Es una bebida chilena.	*It's a Chilean drink.*

› *What?* translates as **¿cuál?** when it is used as the subject of a verb and it asks for a choice. **Cuál** conveys the idea of selection from among several or many available objects, ideas, and so on.

—¿**Cuál** es su número de teléfono?	*What is your phone number?*
—792-4856.	*792-4856.*
—¿**Cuál** es su tienda favorita?	*Which is your favorite store?*
—La tienda París, pero yo tengo una modista.	*The Paris Store, but I have a dressmaker.*

¿Tú lo sabías?

En las ciudades hispanas hay excelentes tiendas donde se puede comprar ropa hecha *(ready-to-wear)*, pero muchas personas prefieren utilizar los servicios de un sastre *(tailor)* o de una modista *(dressmaker)*.

› **En general, ¿dónde prefieren comprar la ropa los estadounidenses?**

Práctica

13. Preguntas Activity Suggestion Have students work in pairs and ask each other to define the following terms using "¿Qué es...?" **una cómoda, una butaca, una cuenta corriente, una guitarra, una rosa, una tortuga, una lavadora, un salmón.** Have students share their definitions with the class.

13. Preguntas Write the questions you would ask to get the following information. Use **qué** or **cuál**, as needed.

1. —___¿Cuál es su (tu) apellido?___
   —Mi apellido es Velázquez.

   —___¿Cuál es su (tu) dirección?___
   —Calle Rosales, número 420.

   —___¿Cuál es su (tu) número de teléfono?___
   —835-2192.

2. —¿Quiere un pisco?

   —___¿Qué es un pisco?___

   —Es una bebida chilena. ¿Quiere comer una cazuela de ave?

   —___¿Qué es una cazuela de ave?___

   —Es un plato chileno que se prepara con pollo.

ESTRUCTURAS

Para conversar

14. **¡Habla con tu compañero(a)!** With a classmate, take turns asking and answering the following questions.

1. ¿Cuál es la fecha de tu cumpleaños?
2. ¿Cuál es tu color favorito?
3. ¿Cuál es la estación del año que más te gusta?
4. ¿Cuál es tu programa de televisión favorito?
5. ¿Cuál es el título de tu libro favorito?
6. ¿Cuál es la ciudad más grande de tu estado?
7. ¿Cuál es la tienda que más te gusta?
8. ¿Cuál es tu día favorito?

3 The subjunctive to express indefiniteness and nonexistence

(El subjuntivo para expresar lo indefinido y lo inexistente)

❯ The subjunctive is always used when the subordinate clause refers to someone or something that is indefinite, unspecified, or nonexistent.

Quiero una cartera que **haga** juego con estos zapatos.	*I want a purse that matches these shoes.*
Busco un disco compacto que le **guste** a Eva.	*I'm looking for a CD that Eva will like.*
No hay ninguna blusa que **sea** de mi talla.	*There is no blouse that's my size.*

❯ If the subordinate clause refers to existing, definite, or specific persons or things, the indicative is used instead of the subjunctive.

Tengo una cartera que **hace** juego con estos zapatos.	*I have a purse that matches these shoes.*
Busco el disco que le **gusta** a Eva.	*I'm looking for the CD that Eva likes.*
Hay una blusa que **es** de mi talla.	*There is a blouse that's my size.*

Práctica

15. **En esta clase** Indicate that there is nobody in your class to whom the circumstances below apply. Follow the model.

Modelo En mi clase... hay una chica que baila flamenco.
En mi clase no hay nadie que baile flamenco.

En mi clase...

1. ... hay dos chicas que son de Paraguay.
2. ... hay un muchacho que conduce un Mercedes Benz.
3. ... hay un muchacho que habla francés.
4. ... hay tres estudiantes que tienen solamente quince años.
5. ... hay una chica que sabe tocar el violín.
6. ... hay dos muchachos que dan fiestas todos los sábados.
7. ... hay una chica que va a Europa todos los veranos.
8. ... hay dos muchachas que vienen a la universidad los domingos.
9. ... hay tres estudiantes que siempre están ocupados.
10. ... hay una chica que sale de su casa a las cinco de la mañana.

16. Información With a classmate, play the roles of a newcomer to Santiago and a helpful long-time resident who is able to offer solutions to all of the newcomer's needs. Have a conversation based on your needs: for example, a house, a car, a job, places to go for leisure, etc. Follow the model.

Modelo una casa – tener piscina
—*Quiero (Necesito, Busco) una casa que tenga piscina.*
—*En mi barrio hay una casa que tiene piscina.*

1. una casa – tener tres dormitorios
2. una casa – estar cerca de la universidad
3. una casa – no costar un ojo de la cara
4. un coche – tener aire acondicionado
5. muebles – ser baratos
6. un empleo – pagar bien
7. alguien – ayudarme a mudarme
8. un restaurante – servir hamburguesas

17. Quiero saber. A friend of yours is planning to move to your city or town and wants some information about it. Answer his or her questions as completely as possible.

1. ¿Hay alguna casa en un buen barrio que sea barata?
2. ¿Hay alguna casa que tenga piscina?
3. ¿Hay algún apartamento que esté cerca del centro *(downtown)*?
4. Yo necesito una secretaria. ¿Conoces a alguien que sepa hablar alemán y japonés?
5. A mí me gusta la comida chilena. ¿Hay algún restaurante que sirva comida chilena?
6. A mis padres les gusta la comida mexicana. ¿Hay algún restaurante que sirva comida mexicana?

18. ¿Subjuntivo o indicativo? Complete the following sentences logically, using the subjunctive or indicative as appropriate.

1. Necesito unos zapatos que...
2. En esta tienda no hay ningún pantalón que...
3. Aquí venden unas botas que...
4. Rosa tiene una falda que...
5. Busco una tienda que...
6. En esta clase no hay nadie que...
7. Mi novio(a) necesita un empleo que...
8. ¿Hay alguien aquí que... ?

> **¿ Tú lo sabías?**
> En la mayoría de los países hispanos, la talla de la ropa se basa en el sistema métrico.
> ⟩ **¿Se usa el sistema métrico en este país?**

Para conversar

19. Díganme... You and your classmate want to know more about other people. Take turns asking whether there is anybody there who speaks German, vacations in a foreign country, or needs new clothes, jewelry, etc. The answers should imply indefiniteness and nonexistence.

Modelo —*¿Hay alguien en la clase que hable alemán?*
—*No, no hay nadie que hable alemán.*

ASÍ SOMOS

▶ ¡Vamos a ver!

Antes de ver el video

20. Preguntas You and a classmate take turns asking and answering the following questions.

1. ¿Tú te encuentras con tus amigos en el centro comercial a veces?
2. Cuando tú vas a un centro comercial, ¿cuánto tiempo tardas en hacer tus compras?
3. ¿Prefieres conducir un coche o un camión?
4. ¿Es verdad que tú no tienes nada que ponerte?
5. ¿Siempre te pruebas la ropa antes de comprarla?
6. ¿Cuándo fue la última vez que fuiste a la zapatería? ¿Qué compraste? Si compras un par de botas y ves que te quedan chicas, ¿las cambias?
7. ¿Prefieres usar sandalias o zapatos de tenis?
8. ¿Tú siempre compras zapatos de buena marca? ¿Los zapatos te duran mucho tiempo?
9. ¿Tú comes en restaurantes de comida rápida a menudo?
10. ¿Es verdad que tú exageras a veces? ¿Bromeas con tus amigos?

El video: Vamos de compras

—Fernando, ¿qué te parece si Rebeca y yo vamos a los Almacenes París, y Gonzalo y tú van a la zapatería?

—Buena idea. Yo quiero cambiar un par de botas que me quedan chicas y Gonzalo necesita zapatos.

—Ven acá, Rebeca. Mira esta falda. Hace juego con la blusa que compré ayer.

—¿Tienen botas como estas que sean más anchas? Estas son un poco estrechas... Yo calzo el número cuarenta.

—*(A su novia)* No hay nadie que pueda comprar tanto como ustedes dos en un par de horas.
—Hazme un favor... ¡Llama un taxi!
—*(Bromeando)* ¡Necesitamos un camión!

Después de ver el video

Ángela

Fernando

Gonzalo

Rebeca

21. ¿Quién lo dice? Identify the person who said each of the following in the dialogues.

1. También quiero ir a la librería. ___Gonzalo___
2. Llámame para saber a qué hora nos encontramos. ___Ángela___
3. ¡Pruébatelo! Pero la falda te va a quedar grande. ___Rebeca___
4. Yo quiero cambiar un par de botas que me quedan chicas. ___Fernando___
5. Mira esta falda. Hace juego con la blusa que compré ayer. ___Ángela___
6. No te preocupes. Él sabe tu número mejor que el suyo. ___Rebeca___
7. ¡Necesitamos un camión! ___Gonzalo___
8. A ver... ¿cuál es tu número de teléfono? ___Fernando___

22. Hablemos. With a classmate, take turns asking and answering the following questions. Base your answers on the dialogue.

1. ¿Con quiénes van de compras Ángela y Rebeca? Van con Fernando y Gonzalo.
2. ¿Qué quiere cambiar Fernando? Quiere cambiar un par de botas.
3. ¿Qué quiere comprar Fernando para su hermanita? Quiere comprar un disco compacto.
4. ¿Cuánto tiempo van a tardar las chicas en hacer sus compras? Van a tardar por lo menos dos horas.
5. ¿Qué quiere Ángela que haga Fernando? Quiere que la llame por teléfono.
6. ¿Con qué hace juego la falda? Hace juego con la blusa.
7. ¿Qué talla usa Ángela? Ángela usa la talla mediana.
8. ¿Qué problema tiene Rebeca? No tiene nada que ponerse.
9. ¿Qué número calza Fernando? Calza el número cuarenta.
10. ¿Qué dice Gonzalo que necesitan para llevar todos los paquetes? Gonzalo dice que necesitan un camión.

23. ¿Qué pasa después? You and a classmate use your imagination to say what the characters do. In Spanish, discuss the following.

1. Whether Gonzalo's little sister liked the CD that he bought her.
2. What Gonzalo bought at the bookstore and whether he bought something for his girlfriend.
3. The four of them had dinner together. Did they go to a fast-food restaurant again or to a good restaurant? Who paid the bill?
4. Whether Rebeca is still saying that she has nothing to wear and whether she and Ángela plan to go shopping again.
5. Whether Fernando and Ángela plan to get married (when?) or whether Ángela wants to find a new boyfriend (**un nuevo novio**).

Now compare your ideas to those of the members of another group.

◀)) ¡Vamos a escuchar!

> **ESTRATEGIA** **Listening for the order of events** You have already read about the words **primero, luego, después,** and **finalmente** to indicate sequence. When listening to a narration of events, biographical information, or other text in which a series of events comes into play, pay particular attention to sequencing words in order to understand the chronology of events.

CD3-4 **24. La cronología** You are going to hear a short narration about a shopping trip. Listen and number the activities according to the order in which they occurred. Then listen again and write the sequencing word or phrase used to indicate the order of each event. There may be a sequencing phrase that you have not heard before. Can you identify it?

__2__	Fueron a la zapatería.	después
__1__	Fueron a la tienda La Francia.	primero
__3__	Fueron a la joyería.	más tarde
__4__	Almorzaron.	por último *(unknown)*

¡Vamos a conversar!

> **ESTRATEGIA** **Expressing ideas and opinions** Here is a series of phrases and expressions that are useful for discussing ideas and introducing your opinions or point of view on a topic.

Introducing an opinion or idea:

(No) Me parece que...
(No) Creo que...
(No) Pienso que...

Adding ideas or changing the direction of a conversation:

Sin embargo,... *However, . . .*
Por el contrario... *On the contrary . . .*
Por otro lado... *On the other hand . . .*

Reacting to ideas:

De acuerdo. *I'm in agreement.*
¡Ya lo creo! *I'll say!*
No exactamente. *Not exactly.*
No creo eso por lo siguiente: ... *I don't think so for the following reason: . . .*
No creo eso porque... *I don't think so because . . .*
No estoy de acuerdo contigo (en eso, en ese punto, con esa idea). *I disagree with you (on that, on that point, with that idea).*

25. A discutir In groups of three or four, discuss the following issue for five minutes. Use the phrases for expressing opinions.

1. Es mejor hacer compras por Internet.

2. Es mejor ir al centro comercial.

25. A discutir Expansion Hold a class debate. One team argues for and one against the idea that we live in an overly consumerist society. ¿Vivimos en una sociedad demasiado consumista *(consumerist)*?

26. ¿Qué dices tú? What would you say in the following situations? What might the other person say? Act out the scenes with a classmate. Take turns playing each role.

1. You are shopping in a large department store. You need a pair of gloves, pantyhose, and a wallet. You also see a brown suit that you like for your father, and you want to know how much it costs.

2. You are a clerk. A customer is admiring an evening gown. Ask her what size she wears, and tell her the fitting room is on the left next to the cash register.

3. A clerk is showing you a pair of boots. They are too tight on you.

4. Your friend is going to the store. Ask her to buy you a pair of socks and a T-shirt.

27. Para conocernos mejor To do this activity, work with a classmate whom you would like to get to know. Take turns asking and answering these questions.

1. ¿Prefieres comprar tu ropa en una boutique o en una tienda por departamentos? ¿Prefieres usar ropa de algodón, de seda o de rayón? ¿Gastas mucho dinero en ropa?

2. Para el cumpleaños de tu mejor amiga, ¿planeas regalarle aretes, un collar o una pulsera? ¿Recibiste muchos regalos en tu cumpleaños? ¿Cuál te gustó más?

3. ¿Usas talla grande, pequeña o mediana? ¿Qué número calzas? ¿Tus zapatos son de cuero? ¿Prefieres usar botas o zapatos de tenis? ¿Por qué?

4. Si tienes la oportunidad de ir de compras o al cine, ¿adónde vas? ¿Prefieres ir de compras solo(a) o con un(a) amigo(a)? ¿Vas de compras por lo menos una vez al mes?

5. ¿Hay algunas tiendas que tengan una gran liquidación esta semana?

6. ¿Qué te pones cuando hace mucho frío? ¿y cuando hace mucho calor?

27. Para conocernos mejor Expansion Have students ask you the same questions, using the **Ud.** form.

28. Una actividad especial para toda la clase

¿Qué vamos a comprar? The classroom is now part of a mall. There are clothing stores, shoe stores, and jewelry stores. Some students are store clerks, and others are shopping for clothes, shoes, and jewelry.

Step 1: The store employees should describe the sizes, brands, styles, materials, colors, and prices.

Step 2: Shoppers should ask where the fitting rooms and cash registers are, and when they are ready to pay, discuss method of payment.

jackf/Shutterstock.com

Rincón literario
Gabriela Mistral (Chile: 1889–1957)

Gabriela Mistral es una de las poetisas más famosas de Hispanoamérica. Nació en Vicuña, Chile. Su verdadero nombre era Lucila Godoy. Gabriela Mistral es un pseudónimo o nombre de pluma *(pen name)*. Dejó una amplia obra tanto en *(both in)* prosa como en *(and in)* verso. Los temas principales de su poesía son la maternidad *(motherhood),* el dolor *(pain)* del amor y la justicia. Además del libro *Ternura*, donde muestra su inmenso amor por los niños y de donde es el siguiente poema, Gabriela Mistral escribió otros libros de poemas: *Desolación, Tala* y *Lagar*. En 1945 recibió el premio Nobel de Literatura, siendo *(being)* la primera entre los escritores latinoamericanos en recibirlo. La autora se destacó también en la educación y en la diplomacia. Vivió en varios países de Latinoamérica, Europa y en los Estados Unidos. Cuando esta gran poetisa de origen humilde falleció, el gobierno chileno declaró tres días de luto *(mourning)* nacional.

Bettmann/Corbis

Antes de leer

> **ESTRATEGIA** **Reading poetry** When reading poetry you can use some of the same strategies you have used with other types of texts. Looking at the title and skimming the poem for the main idea or recurring phrases can provide clues to the subject of the poem. Remember that poetry often conveys strong feelings and frequently makes use of images and symbols. Here are a few elements to look for to aid your comprehension and appreciation of a poem.
>
> › **la rima** *(rhyme)* or **el verso libre** *(free verse)*   › **los símbolos** or **las imágenes** *(images)*
> › **la repetición** of sounds, words, or phrases   › **el ritmo** *(rhythm)*

29. El lenguaje poético In this poem a mother rocks a baby. With a classmate, skim the poem and identify the words or phrases that are repeated in each stanza. What impression or sensation do you think this might convey? What elements of nature do you see in the poem?

29. El lenguaje poético Answers **Mece** and **mezo a mi niño** are repeated. Possible impressions: Rocking sensation, peacefulness. Elements of nature: **el mar, las olas, el viento, los trigos**

¡A leer!

Meciendo

El mar sus millares° de olas°	*thousands / waves*
mece,° divino.	*rocks*
Oyendo a los mares amantes°	*loving*
mezo a mi niño.	
El viento errabundo° en la noche	*wandering*
mece los trigos.°	*wheat*
Oyendo a los vientos amantes	
mezo a mi niño.	
Dios° Padre sus miles de mundos	*God*
mece sin ruido.°	**sin**... *silently*
Sintiendo su mano en la sombra°	*shadow*
mezo a mi niño.	

Gabriela Mistral, "Meciendo," from *Poesías completas*, Third Edition (Madrid, Aguilar, 1966).

30. Comprensión As you read the poem, find the answers to the following questions.

1. ¿A quién está dedicado este poema? Está dedicado a su hijo.

2. Mientras el **yo** del poema mece a su niño, ¿qué mecen el mar y el viento?
   El mar mece las olas y el viento mece los trigos.

3. ¿Qué mece Dios Padre? Dios Padre mece sus miles de mundos.

4. ¿Qué siente la madre que mece a su niño? La madre siente la mano de Dios en la sombra.

Después de leer... reflexiones

31. Reacciones In groups of three, have a conversation using the following questions as guidelines.

1. ¿Por qué sentimos ternura al mecer a un niño?

2. ¿Qué sensación recordamos al pensar en el mar y en las olas?

3. ¿Experimentamos alguna vez una noche de tranquilidad y de silencio, lejos de los ruidos de la ciudad?

4. El **yo** del poema "siente" una "mano en la sombra". ¿Sentimos algunas veces una presencia que no podemos explicar?

5. ¿En qué ocasiones nos sentimos parte de la naturaleza?

6. ¿Qué podemos hacer para poder experimentar esos sentimientos *(feelings)* más frecuentemente?

Otro poema de Gabriela Mistral

Antes de leer

As you will recall, sometimes the title of a story or a poem will suggest something about the topic. What does the word **"piececitos"** *(little feet)* bring to mind? Does it evoke tenderness?

Read the first verse. Does it give you an idea about what the rest of the poem will be like? Skim the poem, reading it aloud. You will notice that the author uses the **vosotros** form. Thus, the pronoun **os** means "you."

¡A leer!

32. Comprensión As you read the poem, find the answers to the following questions.

1. ¿Por qué están azulosos los piececitos? ¿Qué es lo que la gente no hace?
   Porque tienen frío. No los cubre.

2. ¿Qué es lo que hiere a[1] los piececitos?
   Los guijarros.

3. ¿Qué es lo que ignora el hombre?
   Que por donde los piececitos pasan, dejan una flor de luz viva.

4. Donde los piececitos sangran, ¿qué flor nace más fragante?
   El nardo.

5. La autora dice que los piececitos son perfectos. ¿Qué más deben ser?
   Deben ser heroicos.

6. ¿Qué es lo que la gente no hace al pasar?
   No los ve.

---

[1]The personal **"a"** is used here because the author personifies **"piececitos"**.

Piececitos

Piececitos de niño,
azulosos de frío,
¡cómo os ven y no os cubren
Dios mío!

¡Piececitos heridos°   *wounded*
por los guijarros° todos,   *pebbles*
ultrajados de nieves
y lodos°!   *mud*

El hombre ciego° ignora   *blind*
que por donde pasáis,
una flor de luz viva
dejáis;

que allí donde ponéis
la plantita sangrante,°   *bleeding*
el nardo nace más
fragante.

Sed,° puesto que marcháis   *Be*
por los caminos rectos,°   *straight*
heroicos como sois
perfectos.

Piececitos de niño,
dos joyitas° sufrientes,   *little jewels*
¡cómo pasan sin veros
las gentes°!   *people*

Gabriela Mistral, "Piececitos," from *Poesías completas*, Third Edition (Madrid, Aguilar, 1966).

Después de leer... reflexiones

 33. Reacciones In groups of three or four, discuss the following.

1. Muchos niños pobres andan descalzos *(go barefoot)* porque sus padres no tienen dinero para comprarles zapatos. ¿Qué puede hacer la gente para ayudarlos?

2. ¿Qué organizaciones de caridad ayudan a los pobres? ¿Ustedes pertenecen a alguna iglesia o institución que tenga un programa especial para este fin?

3. ¿Ustedes creen que el gobierno *(government)* debe encargarse *(take charge)* de ayudar a la gente pobre? ¿Por qué sí o por qué no?

¡Vamos a escribir!

Antes de escribir

> **ESTRATEGIA** **Writing an advice column** When giving advice, you need to draw on a few strategies:
>
> 1. State the purpose or the main idea of the advice.
> 2. Brainstorm ideas, possible solutions, and how to's.
> 3. Organize the advice according to categories or subtopics relating to the main topic. Include details. Summarize.

34. Consejos para una madre You will write an advice column in which you tell mothers how to raise a healthy, happy child. First brainstorm about the following topics, jotting down all the ideas that come to you.

1. What to do for a baby's physical and emotional well-being
2. What kinds of food to feed the baby
3. How much time to spend with him/her
4. How to help a child develop intellectually
5. How to help a child develop socially
6. How to keep a child's room safe and cheerful
7. Whether or not to read bedtime stories

OKSun/Shutterstock.com

¡A escribir!

35. La columna Write the **primer borrador** of your column.

Después de escribir

36. A revisar Before writing the final version of your advice column, exchange your first draft with a classmate's, and peer edit each other's work, making sure that the guidelines have been followed.

EL MUNDO HISPÁNICO Y TÚ

🇨🇱 Chile

Chile nos da la posibilidad de esquiar en junio o julio. ¿Recuerdas? Chile está en el hemisferio sur, y en junio y julio el país está en pleno invierno. Algunos llaman a este país "la Suiza de Sudamérica" por su belleza natural.

Es una zona de montañas altas y tiene los centros de esquí más famosos, como Portillo y Farallones. Chile posee la segunda cadena volcánica más grande y de mayor actividad del planeta.

Tiene una alta calidad de vida y un alto crecimiento económico. La economía del país depende principalmente de la exportación de minerales, frutas y vinos. Chile tiene tratados de libre comercio con más de 50 países.

Puntos de interés turístico

© Gary yim/Shutterstock.com

Santiago de Chile

Santiago, la capital, se distingue por el contraste de sus modernos rascacielos y las pocas construcciones coloniales que los terremotos han dejado en pie *(have left standing)*, como **el Palacio de La Moneda** (actual Palacio Presidencial). Santiago tiene más de 5 millones de habitantes.

Viña del Mar

Viña del Mar, conocida como "la Ciudad Jardín", es la ciudad-balneario *(seaside resort)* más famosa de Chile, con playas y barrios residenciales de gran belleza. Aquí se celebra todos los años el Festival Internacional de la Canción, donde participan artistas de todo el mundo. Los ganadores reciben, como trofeo, la Gaviota *(Seagull)* de Oro o de Plata. Esta ciudad atrae a miles de turistas chilenos y de otros países durante todo el año.

erlucho/E+/Getty Images

La isla de Pascua

Situada en medio del océano Pacífico, esta isla pertenece a Chile y es famosa por tener aproximadamente 600 **estatuas gigantes** de piedra (moáis): único vestigio de una misteriosa cultura ancestral.

La isla de Pascua es una de las islas habitadas más remotas del mundo y su población es de unas 5800 personas.

GybasDigiPhoto/Shutterstock.com

Leonard Zhukovsky/Shutterstock.com

Los Andes

La cordillera de los Andes es la más larga del mundo. Se extiende de norte a sur, pasando por siete países sudamericanos: Venezuela, Colombia, Ecuador, Perú, Bolivia, Chile y Argentina. Es la cordillera más alta fuera de Asia. Los Andes del sur dividen Argentina de Chile.

Dos grandes escritores

Pablo Neruda es el poeta chileno más famoso internacionalmente. Su obra más leída es *20 poemas de amor y una canción desesperada,* pero la mayor parte de sus obras reflejan sus ideas políticas. Entre ellas sobresalen las dedicadas a la Guerra Civil Española. Recibió el Premio Nobel de Literatura en 1971 y ocupó cargos diplomáticos en diferentes países.

© AP Photo/Michel Lipchitz

dpa picture alliance / Alamy

Isabel Allende es una de las escritoras actuales más famosas. Antes de cumplir 20 años, comenzó a escribirle una carta a su abuelo, un anciano de 99 años. La carta se fue extendiendo hasta convertirse en su primera novela, *La casa de los espíritus,* llevada al cine con el nombre *House of Spirits.* Más tarde publicó, entre otras, los *Cuentos de Eva Luna* y *Paula*, dedicada a su hija muerta *(dead).*

Háganse preguntas

The class will be divided into groups of 3 or 4 students. The instructor will assign one of the seven items of information presented here to each group. The members in each group will prepare questions about the item assigned to them to ask the rest of the class.

iLrn™

To learn more about Chile, watch the cultural footage in the Media Library.

¿Cuánto sé ahora?

Take this test. When you have finished, check your answers in the answer key provided in Appendix D. Then use a red pen to correct any mistakes you may have made. Are you ready?

A. Familiar commands (*tú*) Give the Spanish equivalents of the words in parentheses.

1. ____Dime____, Paco, ¿pusiste el dinero en la billetera? *(Tell me)*
2. ____Haz____ la comida y luego ____lava____ las camisas de manga larga. *(Make / wash)*
3. ___Vete (Sal)___ de mi cuarto, Carlitos. *(Leave)*
4. ¿Los guantes? ____Ponlos____ en el cuarto. *(Put them)*
5. ____Ven____ conmigo. *(Come)*
6. Anita, ____sé____ buena y ____tráeme____ la bufanda. *(be / bring me)*
7. Julia, ____ve____ con Sara y ____compra____ las camisetas para tu padre. *(go / buy)*
8. ____Ten____ la fiesta hoy. *(Have)*
9. ___No compres___ el camisón si no está en rebaja, Anita. *(Don´t buy)*
10. ¿Los zapatos? _No los cambies_, Elena. *(Don´t exchange them)*
11. _No te vayas_, Silvia. *(Don't go away)*
12. ____Levántate____ a las siete y ____acuéstate____ a las diez. *(Get up / go to bed)*

B. *Qué* and *cuál* used with *ser* Supply the questions that elicited the following responses. Begin each one with **qué** or **cuál,** as appropriate.

1. Mi camisa es la de mangas largas. ¿Cuál es tu camisa?
2. Me gusta la bufanda de seda. ¿Cuál de las bufandas te gusta?
3. Una pulsera es una joya. ¿Qué es una pulsera?
4. Necesito las blusas de lino. ¿Qué blusas necesitas?
5. Mi talla es la mediana. ¿Cuál es tu talla?
6. Un sobretodo es una ropa para el frío. ¿Qué es un sobretodo?

C. The subjunctive to express indefiniteness and nonexistence Complete the following sentences, using the present subjunctive or the present indicative of the verbs given.

1. ¿Hay alguien aquí que ____sepa____ (saber) hablar español?
2. Tengo unos zapatos que ustedes ____tienen____ (tener) que devolver.
3. No conozco a nadie que ____sea____ (ser) chileno.
4. ¿Usted quiere una blusa que ____tenga____ (tener) rayas?
5. Necesito una falda que ____haga____ (hacer) juego con esta blusa.
6. Aquí hay una chica que ____habla____ (hablar) francés, pero no hay nadie que ____hable____ (hablar) italiano.
7. Busco una casa que ____esté____ (estar) cerca de la universidad.
8. Aquí venden un abrigo y una gorra que me ____gustan____ (gustar) mucho.

D. Just words . . .

a. Complete the following sentences, using the vocabulary from **Lección 13.**

1. Voy a ir al centro ___comercial___ para ___comprar___ unos aretes.
2. No tengo nada que ___ponerme___; por eso voy a ___ir___ de compras.
3. Estas botas no son estrechas; son muy ___anchas___.
4. ¿Qué número ___calza___ usted?
5. La caja está al ___lado___ del probador.
6. Voy a devolver este vestido porque me ___queda___ grande. Yo uso ___talla___ mediana.
7. Ernesto está en el ___departamento___ de caballeros porque necesita comprar ___ropa___ interior.
8. No me gustan las camisas de ___rayas___. Prefiero las de cuadros.
9. Voy a la ___librería___ para comprar unos libros.
10. Tengo que comprar un ___par___ de zapatos negros.
11. ¿Qué les ___parece___ si vamos de compras hoy?
12. Esta cartera cuesta solamente diez dólares; es una ___ganga___.
13. Ellos volvieron de las tiendas ___cargados___ de paquetes.
14. No sé qué número necesita el niño. ¿Puede ___medirle___ los pies?
15. Estos zapatos son muy buenos. Van a ___durar___ mucho tiempo.
16. Para llevar todas las cosas que compramos vamos a necesitar un ___camión___.

b. Write the word or phrase that corresponds to each of the following.

1. combinar   hacer juego
2. persona de Chile   chileno(a)
3. kilo   kilogramo
4. estrecho   angosto
5. talla   medida
6. opuesto de **estrecho**   ancho
7. cambiar   devolver
8. rebaja   liquidación
9. muy, muy bonito   precioso
10. opuesto de **quedar chico**   quedar grande
11. aquí se vende ropa de hombre   departamento de caballeros
12. almacén   tienda por departamentos
13. la usamos con una camisa, en el cuello   corbata
14. zapatos que usamos en el verano   sandalias
15. ni grande ni pequeño   mediano

E. Culture

1. Complete the following sentences, based on the information found in the **¿Tú lo sabías?** sections.

   a. Aunque en los países hispanos ahora hay muchos grandes ___almacenes___, todavía existen tiendas pequeñas donde se vende un solo producto.

   b. En la mayoría de los países hispanos, la talla de la ropa se basa en el sistema ___métrico___.

2. Answer these questions, based on the information found in the **El mundo hispánico y tú** section.

   a. ¿En qué país encontramos algunas de las montañas más altas de Sudamérica?   En Chile.

   b. ¿Cuál es el poeta chileno mas famoso del siglo pasado?   Pablo Neruda

   c. ¿Por qué es famosa la isla de Pascua?   Por sus gigantescas estatuas de piedra

F. Un dicho Do you remember the Spanish saying that is equivalent to "You can't make a silk purse out of a sow's ear"? Find it in this lesson.   Aunque la mona se vista de seda, mona se queda.

LAS CARRERAS
UNIVERSITARIAS

Danita Delimont / Alamy

La Facultad de Derecho en Buenos Aires

OBJETIVOS COMUNICATIVOS

You will learn vocabulary related to college activities and careers.

SITUACIONES

¿Qué carrera me interesa?

ESTRUCTURAS

1 The subjunctive or indicative after certain conjunctions
2 The past participle
3 The present perfect and the past perfect (pluperfect)

ASÍ SOMOS

¡Vamos a ver!

Watching and understanding situations

¡Vamos a escuchar!

Guessing meaning practice I

¡Vamos a conversar!

Paraphrasing practice IV

Rincón literario

Guessing

Plataforma política, anónimo

¡Vamos a escribir!

Writing to persuade

EL MUNDO HISPÁNICO Y TÚ

› Argentina

AUTOPRUEBA

You will review what you learned in this lesson.

Federico Julien / Alamy

ARGENTINA, por su extensión, es el país de habla hispana más extenso del mundo, y ocupa el octavo lugar entre los países más extensos. Sin embargo, la población del país es de solo unos 40 millones de habitantes, la mayor parte de origen europeo, principalmente italianos, españoles, alemanes e ingleses. Argentina es uno de los principales países exportadores de carne vacuna y de vinos. Argentina es el segundo país más grande de Sudamérica. Limita con Chile, Bolivia, Paraguay, Brasil y Uruguay.

Glow Botanica/AGE Fotostock

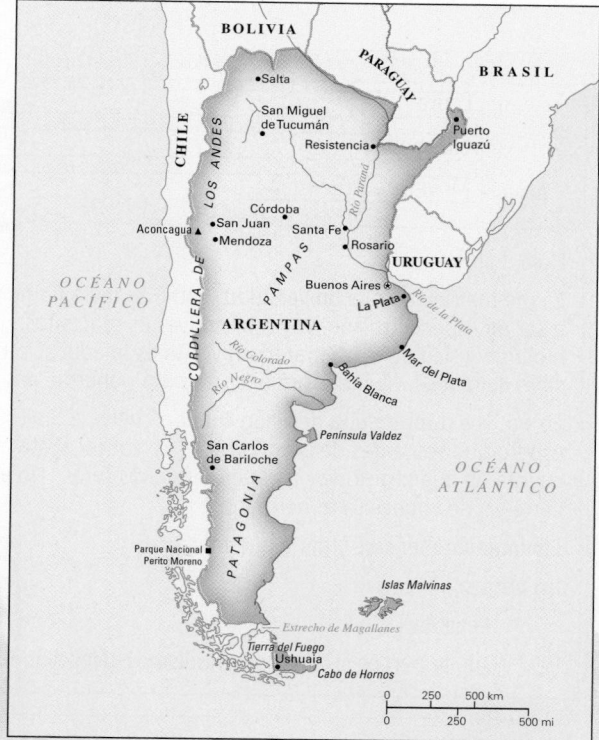

SITUACIONES

🔊 ¿Qué carrera me interesa?
CD3-5

▶ **¡Ubíquela!**

Elizabeth can't wait to be in Buenos Aires, the capital of Argentina, and visit all the very interesting places that are shown in the video, which make this city "the Paris of South America."

Antonio Guillem/Shutterstock.com

Laura, una chica porteña,[1] está leyendo un correo electrónico de su amiga estadounidense, Elizabeth Ugarte, una muchacha de ascendencia española. Laura había pasado un año con la familia de Elizabeth y después continuaron siendo amigas. Ahora, Elizabeth va a ir a visitar a Laura a Argentina.

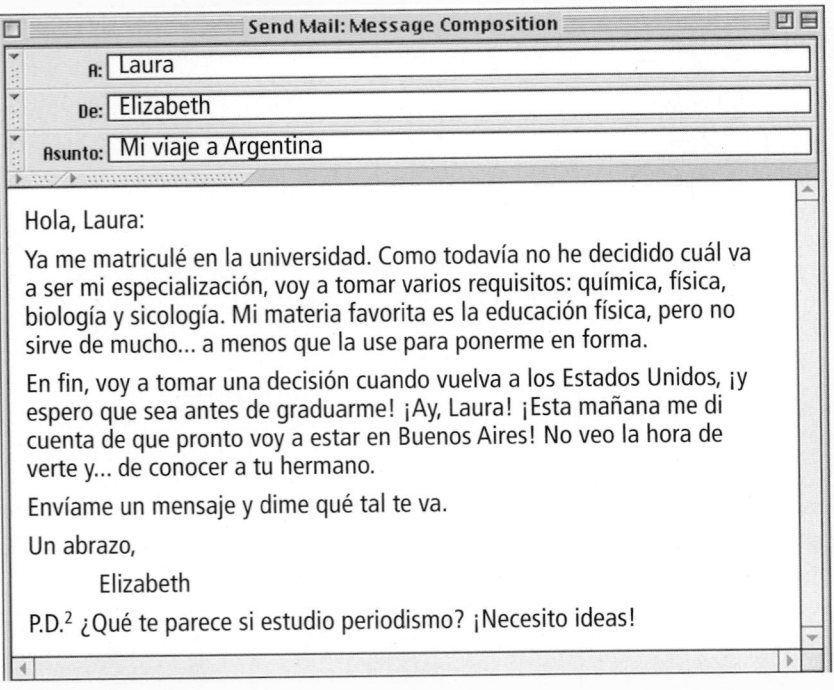

Send Mail: Message Composition
A: Laura
De: Elizabeth
Asunto: Mi viaje a Argentina

Hola, Laura:

Ya me matriculé en la universidad. Como todavía no he decidido cuál va a ser mi especialización, voy a tomar varios requisitos: química, física, biología y sicología. Mi materia favorita es la educación física, pero no sirve de mucho... a menos que la use para ponerme en forma.

En fin, voy a tomar una decisión cuando vuelva a los Estados Unidos, ¡y espero que sea antes de graduarme! ¡Ay, Laura! ¡Esta mañana me di cuenta de que pronto voy a estar en Buenos Aires! No veo la hora de verte y... de conocer a tu hermano.

Envíame un mensaje y dime qué tal te va.

Un abrazo,

    Elizabeth

P.D.[2] ¿Qué te parece si estudio periodismo? ¡Necesito ideas!

---

[1]**porteña** = *from Buenos Aires; literally, of the port (of Buenos Aires)*
[2]P.D. (Postdata) = P.S.

Laura y su hermano Sergio están sentados en el comedor, hablando durante el almuerzo. Sergio estudia para abogado, pero también le gusta la idea de ser escritor.

LAURA: Bueno, mi amiga Elizabeth está matriculada para el otoño y pronto termina el semestre. Llega dentro de tres semanas.

SERGIO: Yo propongo que, en cuanto llegue, la llevemos a Mar del Plata.

LAURA: Yo no sé si podemos ir… a menos que tía Graciela insista en que nos quedemos en su casa…

SERGIO: ¡Vamos, Laura! Lo único que tienes que hacer es llamarla y ella nos va a invitar. Tú siempre has sido su sobrina favorita. ¡Siempre te lo he dicho!

LAURA: *(Se ríe.)* ¡Tienes razón! Oye, ¿quieres ir al gimnasio conmigo? Después tengo que estudiar para mi clase de sociología y ayudar a Pablito con su deber de matemáticas.

SERGIO: ¡Ah, sí! La futura maestra… Lo siento, hermanita, pero no puedo. Tengo que ir a la facultad, y después tengo que ir al médico para que me haga un chequeo… ¡No te enojes! Vamos a pasar mucho tiempo juntos cuando venga Elizabeth. Con tal que, a veces, ella y yo podamos salir solos…

¿Tú lo sabías?

En la mayoría de las universidades hispanas no existe el concepto de "*major*" usado en los Estados Unidos. Los estudiantes españoles y latinoamericanos toman muy pocas clases optativas *(electives)*, ya que la mayoría comienza a especializarse en la universidad a partir de su primer año.

> **¿Cuáles son algunas clases optativas que se toman en la universidad?**

1. Hablemos. With a classmate take turns asking and answering the following questions. Base your answers on the dialogue and on your own circumstances.

En el diálogo

1. ¿De quién es el correo electrónico?
   Es de Elizabeth.
2. ¿Cuánto tiempo había pasado Laura con la familia de Elizabeth? Un año.
3. ¿Qué no ha decidido Elizabeth todavía?
   Cuál va a ser su especialización.
4. ¿Qué requisitos va a tomar Elizabeth?
   Química, física, biología y sicología.
5. ¿De qué se dio cuenta Elizabeth?
   De que pronto va a estar en Buenos Aires.
6. ¿Qué idea le gusta a Sergio?
   La idea de ser escritor.
7. ¿Para qué semestre está matriculada Elizabeth? Para el semestre del otoño.
8. ¿Qué propone Sergio?
   Que, en cuanto Elizabeth llegue, la lleven a Mar del Plata.
9. Según Sergio, ¿quién ha sido siempre la sobrina favorita de su tía Graciela? Laura.
10. ¿Para qué tiene que ir Sergio al médico?
    Para que le haga un chequeo.

¿Y tú?

1. ¿Tú recibes muchos correos electrónicos?
2. ¿Tú quieres pasar unos meses con una familia de otro país?
3. ¿Cuál es tu especialización?
4. ¿Estás tomando algún requisito?
5. ¿Qué ciudad extranjera *(foreign)* quieres visitar tú?
6. ¿Tú quieres ser escritor(a)?
7. ¿Tú estás matriculado(a) para el próximo semestre?
8. ¿Adónde llevas tú a tus amigos?
9. ¿Quién ha sido siempre tu tía favorita?
10. ¿Tú necesitas un chequeo?

¿Tú lo sabías?

En España y en Latinoamérica, las universidades se dividen en "facultades", donde los estudiantes toman clases directamente relacionadas con su especialización (por ejemplo, la Facultad de Medicina, la Facultad de Ingeniería, la Facultad de Arquitectura, etc.). No existen requisitos generales, pues estos se toman en la escuela secundaria.

> **¿Cuáles son algunos de los requisitos generales que se toman en las universidades de su país?**

1. Hablemos Activity Suggestion Have students ask you the questions about the dialogue. Always give them the wrong answers and have them correct you.

VOCABULARIO

🔊 En el diálogo

Cognados

la biología	biology
la física	physics
futuro(a)	future
el gimnasio	gym
la sociología	sociology

Nombres

el (la) abogado(a)	lawyer
el abrazo	hug
la ascendencia	ancestry
la carrera	career
el chequeo	check-up
el deber, la tarea	homework
la educación física	physical education
el (la) escritor(a)	writer
la especialización	major
la facultad	college, school
la materia, la asignatura	subject (in school)
el (la) médico(a)	doctor, M.D.
el periodismo	journalism
el requisito	requirement

Verbos

continuar, seguir[1] (e:i)	to continue
enojarse, enfadarse	to get angry
graduarse	to graduate
insistir (en)	to insist (on)
interesar	to interest
matricularse	to register
proponer (yo propongo)	to propose

Adjetivos

matriculado(a)	registered
sentado(a)	seated, sitting
varios(as)	several

Otras palabras y expresiones

a menos que	unless
como	since, being that
con tal (de) que	provided that, as long as
darse cuenta (de)	to realize
lo único	the only thing
no servir de mucho	not to be much good
No veo la hora de…	I can´t wait to . . .
ponerse en forma	to get in shape
pronto	soon
¿Qué tal te va?	How's it going for you?
tomar una decisión	to make a decision

Huw Jones/The Photolibrary Wales / Alamy

1. ¿Tú jugabas al fútbol cuando estabas en la escuela secundaria?
2. ¿Te gusta más el fútbol o el fútbol americano?

▮ Un dicho ▮

El pasado ya no existe y el futuro es solo una promesa. Lo más importante es el presente. Vívelo.
Equivalent: *The past does not exist anymore, and the future is only a promise. The present is the most important. Live it!*

---

[1] continuar, seguir + gerundio *to continue to do (something)*
Laura sigue leyendo = *Laura continues to read.*

Más sobre el tema

Profesiones y oficios *(Trades)*

el bombero

el carpintero

el cocinero

el electricista

la ejecutiva

el ingeniero

el plomero

el programador

la enfermera

Para hablar de los estudios

la administración de empresas	*business administration*	**la informática**	*computer science*
los antecedentes académicos	*transcripts*	**la investigación**	*research*
aprobar (o:ue)	*to pass (an exam or course)*	**el laboratorio**	*laboratory*
		mantener	*to maintain (conj. like* tener*)*
la ayuda económica	*financial aid*	**la matrícula**	*registration, tuition*
la beca	*scholarship*	**la nota**	*grade*
el (la) bibliotecario(a)	*librarian*	**el promedio**	*grade point average*
la ciencia	*science*	**quedar suspendido(a)**	*to fail (an exam or course)*
el (la) consejero(a)	*advisor*		
la contabilidad	*accounting*	**sacar**	*to get, to receive (a grade)*
entregar	*to turn in, to deliver*		
faltar a clase	*to miss class*	**el título**	*degree*
el horario	*schedule*		

VOCABULARIO

Práctica

2. ¿Qué es? Write the words or phrases that correspond to the following.

1. opuesto de **pasado** _____futuro_____
2. tarea _____deber_____
3. materia _____asignatura_____
4. doctor en medicina _____médico_____
5. materia obligatoria _____requisito_____

6. continuar _____seguir_____
7. decidir _____tomar una decisión_____
8. persona que escribe _____escritor(a)_____
9. enojarse _____enfadarse_____
10. terminar los estudios _____graduarse_____

3. Para completar Complete the following sentences, using vocabulary from this lesson.

1. Los chicos están _____sentados_____ cerca de la puerta.
2. Yo no me di _____cuenta_____ de que tú estabas enferma.
3. Voy al _____gimnasio_____ para hacer ejercicio.
4. Estudiamos los problemas de las ciudades en la clase de _____sociología_____.
5. No me interesa la _____carrera_____ de abogada.
6. No puedo terminar el trabajo _____a menos que_____ tú me ayudes.
7. Puedes mirar la tele con _____tal de_____ que hagas los deberes primero.
8. Tomo educación física para _____ponerme_____ en forma.
9. Lo _____único_____ que le gusta es comer.
10. No pienso tomar esta clase porque no _____me sirve_____ de mucho.

Para conversar

4. Habla con tu compañero(a). With a classmate, take turns asking and answering the following questions.

1. ¿Tuviste que llamar a los bomberos alguna vez? ¿Cuándo fue la última vez que tuviste que llamara un electricista o un plomero?
2. ¿Te gusta más la idea de ser ejecutivo(a), ingeniero(a), enfermero(a), programador(a) o bibliotecario(a)?
3. ¿Tienes un buen horario este semestre? ¿Faltas a clase a veces? ¿Qué promedio mantienes en tus clases?
4. ¿Prefieres tomar una clase de administración de empresas, de ciencias, de informática o de contabilidad?
5. ¿Tienes una clase que requiere laboratorio? ¿Tienes que hacer investigación para alguna clase?
6. ¿Siempre apruebas todos los exámenes o quedas suspendido(a) en alguno? ¿Sacaste una buena nota en el examen de español?
7. ¿Tuviste que pagar la matrícula o tienes una beca? ¿Sabes si es fácil conseguir ayuda financiera en esta universidad?
8. ¿Tienes una copia de tus antecedentes académicos? ¿Qué título quieres obtener: un bachillerato o licenciatura (*B.A.*), una maestría (*M.A.*) o un doctorado (*Ph.D.*)?

5. **En este país...** With a classmate, play the roles of a counselor and a student from Argentina who is attending your college. Tell the student what classes to take **(Puede tomar...)** and suggest some extracurricular activities. Also, ask the student what professions or trades and related courses he/she likes.

6. **Nuestras clases...** You and your classmate discuss your class schedules and talk about your favorite classes and the classes you don't like. Give reasons. Talk also about the classes you plan to take next semester.

Puede tomar una clase de contabilidad.

Mike Kemp/Blend Images/Brand X Pictures/Getty Images

■■■ Un dicho ■

La educación empieza en la cuna y termina en la tumba.
Equivalent: *Education begins in the womb and ends in the tomb.*

Pronunciación

CD3-6

Pronunciation in context

In this lesson, there are some new words or phrases that may be challenging to pronounce. For further pronunciation practice of Spanish sounds, listen to your instructor and repeat the following sentences.

1. Laura está leyendo un **correo electrónico** de su amiga **estadounidense.**

2. Como **todavía no he decidido** cuál va a ser mi **especialización,** voy a tomar **varios requisitos.**

3. Mi materia **favorita** es la **educación física,** pero no **sirve** de mucho.

4. Voy a tomar una **decisión** cuando vuelva a los Estados Unidos.

5. Yo **propongo** que, en cuanto **llegue,** la **llevemos** a Mar del Plata.

6. Yo no sé si podemos ir... a menos que tía **Graciela** insista en que nos **quedemos** en su casa.

7. Tú siempre **has sido** su sobrina **favorita.** Siempre te lo **he dicho.**

8. Tengo que ir a la **facultad,** y después tengo que ir al médico para que me **haga un chequeo.**

Activity Suggestion Have students take turns reading these sentences. Walk around the classroom and check their pronunciation.

Note To reinforce pronunciation practice, this section appears in **Lecciones 10–18.** The sentences featured as pronunciation models are taken from the lesson dialogues.

1 The subjunctive or indicative after certain conjunctions

(El subjuntivo o el indicativo después de ciertas conjunciones)

A. Conjunctions that are always followed by the subjunctive

› Some conjunctions, by their meaning, imply uncertainty or condition. They are, therefore, always followed by the subjunctive. Here are some of them.

en caso de que	*in case*
sin que	*without*
con tal (de) que	*provided that*
a menos que	*unless*
para que	*in order that*
antes de que	*before*

—Voy a ir al gimnasio **con tal que** los chicos **vayan** conmigo.

I'm going to go to the gym provided that the boys go with me.

—Llámelos **antes de que salgan**.

Call them before they leave.

—No me van a dar la beca **a menos que** ella me **dé** una carta.

They're not going to give me the scholarship unless she gives me a letter.

—Yo puedo dársela **en caso de que** ella no **quiera** hacerlo.

I can give it to you in case she doesn't want to do it.

—Te voy a dar dinero **para que puedas** matricularte.

I'm going to give you money so that you can register.

—No puedo matricularme **sin que** el consejero **firme** la tarjeta.

I can't register without the advisor signing the card.

Activity Suggestion Write the conjunctions on the board in the following way.
En caso de que
Sin que
Con tal (de) que
A menos que
Para que
Antes de que
Tell students that when these expressions are used, **"nadie se ESCAPA del subjuntivo."**

B. Conjunctions that are followed by the subjunctive or indicative

› The subjunctive follows certain conjunctions when the main clause refers to the future or is a command. Some of these conjunctions are:

cuando	*when*
hasta que	*until*
tan pronto como, en cuanto	*as soon as*

—¿Lo van a esperar?

Are you going to wait for him?

—Sí, **hasta que llegue**.

Yes, until he arrives.

—**En cuanto llegue**, díganle que me llame.

As soon as he arrives, tell him to call me.

› If there is no indication of a future action, the conjunction of time is followed by the indicative.

—¿Siempre lo esperan?

Do you always wait for him?

—Sí, **hasta que llega**.

Yes, until he arrives.

Práctica

7. Preparativos Complete the following dialogue between two roommates who are expecting a houseguest, using **con tal que, sin que, en caso de que, a menos que, para que,** and **antes de que** and the verbs given. Then act it out with a classmate, adding two original lines.

1. —Tenemos que limpiar el apartamento _antes de que llegue_ (llegar) él.
2. —Yo voy a preparar unos sándwiches _en caso de que tenga_ (tener) hambre.
3. —Sí, ¿y por qué no compras unos refrescos _para que pueda_ (poder) tomar algo en cuanto llegue?
4. —Bueno, pero yo no puedo ir al supermercado _a menos que_ tú me _des_ (dar) el dinero.
5. —Está bien. Yo te voy a dar el dinero _con tal de que_ tú me lo _devuelvas_ (devolver) mañana.
6. —Voy ahora mismo. Voy a salir _sin que / antes de que_ me _vea_ (ver) Paco porque va a querer ir conmigo.

    — _____

    — _____

8. Y en el futuro Change the following, according to the new beginnings.

1. Todos los días yo llamo a mi amiga en cuanto llego a casa. Mañana,...
2. Generalmente esperamos al profesor hasta que llega. El próximo viernes,...
3. Todos los días, tan pronto como termina la clase, vamos a la cafetería. Esta tarde...
4. Usted se lo dice a los estudiantes cuando los ve. Dígaselo a los estudiantes...
5. Cuando él va al laboratorio siempre se queda dos horas. La semana próxima...

8. Y en el futuro Answers 1. Mañana, en cuanto llegue a casa, voy a llamar a mi amiga. 2. El próximo viernes, vamos a esperar al profesor hasta que llegue. 3. Esta tarde, tan pronto como termine la clase, vamos a ir a la cafetería. 4. Dígaselo a los estudiantes cuando los vea. 5. La semana próxima, cuando él vaya al laboratorio, se va a quedar dos horas.

Para conversar

9. ¡Habla con tu compañero(a)! With a classmate, ask each other the following questions. Answer the questions in complete sentences.

1. Generalmente, ¿qué haces en cuanto llegas a tu casa? ¿Qué vas a hacer hoy en cuanto llegues? ¿Vas a estudiar o vas a descansar?
2. ¿Tú puedes pagar la matrícula sin que tus padres te presten el dinero?
3. ¿Qué promedio tienes que mantener para que te den una beca? ¿una A o una B? ¿Es difícil mantener un promedio de A?
4. ¿Tú puedes estudiar conmigo antes de que el profesor nos dé el próximo examen? ¿Qué días podemos estudiar?
5. Por lo general, ¿adónde vas cuando termina la clase? ¿Adónde vas a ir hoy cuando termine la clase? ¿Vas a encontrarte con alguien?
6. ¿Con quién puedo dejar un mensaje en caso de que tú no estés cuando yo te llame? ¿Puedes llamarme más tarde?

LEARNING TIP
Personalize each of these statements by talking about what *you* usually do and what *you* are going to do. For example: *Todos los días* yo como algo en cuanto *llego* a casa.

ESTRUCTURAS

2 The past participle *(El participio pasado)*

A. Forms of the past participle

Past Participle Endings		
-ar *verbs*	**-er** *verbs*	**-ir** *verbs*
habl-**ado** *(spoken)*	com-**ido** *(eaten)*	decid-**ido** *(decided)*

❯ The following verbs have irregular past participles.

abrir	**abierto**	*opened*
cubrir	**cubierto**	*covered*
decir	**dicho**	*said*
escribir	**escrito**	*written*
hacer	**hecho**	*done, made*
morir	**muerto**	*died*
poner	**puesto**	*put*
romper	**roto**	*broken*
ver	**visto**	*seen*
volver	**vuelto**	*returned* (somewhere)
devolver	**devuelto**	*returned* (something)
envolver	**envuelto**	*wrapped*

> ▰▰▰ **Un dicho** ▮
> **Lo hecho, hecho está.**
> Equivalent: *What's done is done.*

¡Atención! Verbs ending in **-er** and **-ir** with stems that end in a strong vowel require an accent mark on the **i** of the **-ido** ending.

creer	**creído**	*believed*
leer	**leído**	*read*
oír[1]	**oído**	*heard*
traer	**traído**	*brought*

[1]Present tense: **oigo, oyes, oye, oímos, oís, oyen.**

Práctica

10. Participios Supply the past participle of each of the following verbs.

1. tener	tenido		13. entrar	entrado	
2. traer	traído		14. salir	salido	
3. cerrar	cerrado		15. hacer	hecho	
4. decir	dicho		16. poner	puesto	
5. aprovechar	aprovechado		17. abrir	abierto	
6. apretar	apretado		18. escribir	escrito	
7. cortar	cortado		19. ver	visto	
8. volver	vuelto		20. aceptar	aceptado	
9. romper	roto		21. devolver	devuelto	
10. cubrir	cubierto		22. leer	leído	
11. cambiar	cambiado		23. dar	dado	
12. sentir	sentido		24. sacar	sacado	

10. Participios
Activity Suggestion
Divide the class into groups of three. Write the verb infinitives on pieces of paper and put them in containers for each group in the class. Have each student in the group choose an infinitive and give the past participle of that verb. The other students in the group should listen and make corrections.

¿ Tú lo sabías?

En lugar de letras, el sistema de calificaciones *(grading system)* en las universidades hispanas usa números. Por lo general, se califica asignando notas de 1 a 5 en Hispanoamérica y de 1 a 10 en España. Una nota de 3 o de 6 es normalmente la nota mínima para aprobar una clase o un examen.

❯ **En su país, ¿cuál es la nota mínima para aprobar una clase o un examen?**

B. Past participles used as adjectives

❯ In Spanish, most past participles may be used as adjectives. As such, they agree in number and gender with the nouns they modify.

La biblioteca está **abierta** hoy.	*The library is open today.*
El gimnasio está **abierto** hoy.	*The gym is open today.*
Las bibliotecas están **abiertas** hoy.	*The libraries are open today.*
No dejen los libros **abiertos**.	*Don't leave the books open.*
Le mandé dos tarjetas **escritas** en inglés.	*I sent him two cards written in English.*

▮▮ Un dicho ▮

En boca cerrada no entran moscas *(flies).*
Equivalent: *If you keep quiet, you won't get in trouble.*

Activity Suggestion Write the following dehydrated sentences on the board. Ask students to imagine that they have just entered a room in which a crime has been committed, and that they must give the police accurate information about the condition of the room and its objects.
ventana / abrir
S1: **La ventana está abierta.**
1. **puertas / abrir**
2. **armarios / cerrar**
3. **luz / encender**
4. **lámpara / mesita de noche / romper**
5. **cama / hacer**
6. **almohadas / cubrir / plumas** *(feathers)*
7. **joyas / poner / cómoda**
8. **perro / morir**
9. **sobrecama / manchar** *(stain)* **/ barro** *(mud)*
10. **gato / sentar / butaca**

Práctica

11. ¿Qué pasa? Complete the description of each illustration, using the verb **estar** and the appropriate past participle.

1. El coche _está parado_ en la esquina.

2. Los niños _están dormidos_.

3. La puerta _está abierta_.

4. La ventana _está rota_.

5. El restaurante _está cerrado_.

6. La carta _está escrita_ en español.

7. Los vestidos _están hechos_ en México.

8. El cuaderno _está abierto_.

9. La señora _está sentada_ cerca de la ventana.

Un dicho

Dicho y hecho.
Equivalente: *No sooner said than done.*

11. ¿Qué pasa? Activity Suggestion Change the following sentences according to the new subjects.
1. **El banco está abierto.**
   Las tiendas…
2. **Las puertas están cerradas.**
   La ventana…
3. **La carta está escrita en español.**
   Los documentos…
4. **Las blusas están hechas en México.**
   El vestido…

Para conversar

 12. ¿Cómo están...? In groups of three, talk about the state of the following things. After you finish, you may brainstorm and propose other possibilities.

1. En mi casa: la puerta, las ventanas, los muebles...
2. En la clase: el profesor, los estudiantes, los libros...
3. En la ciudad: el correo, los bancos, las tiendas...

3 | The present perfect and the past perfect (pluperfect)
(El pretérito perfecto y el pluscuamperfecto)

A. The present perfect

> The present perfect tense is formed by using the present indicative of the auxiliary verb **haber** with the past participle of the verb that expresses the action or state. This tense is equivalent to the English present perfect *(have + past participle,* as in *I have spoken).*

Present Indicative of *haber*	
he	hemos
has	habéis
ha	han

Activity Suggestion After presenting the present perfect tense, carry out several actions. Write your name on the board, open and close a window, and speak to a student, each time asking, **"¿Qué he hecho?"** Then have one or two students do things and ask them or the rest of the class what they have done.
I: ¿Qué has / han hecho?
S1: **He / Han cerrado el libro.**

Formation of the Present Perfect Tense			
	hablar	*tener*	*venir*
yo	**he** hablado	**he** tenido	**he** venido
tú	**has** hablado	**has** tenido	**has** venido
Ud. él ella	**ha** hablado	**ha** tenido	**ha** venido
nosotros(as)	**hemos** hablado	**hemos** tenido	**hemos** venido
vosotros(as)	**habéis** hablado	**habéis** tenido	**habéis** venido
Uds. ellos ellas	**han** hablado	**han** tenido	**han** venido

—¿**Has pagado** más de mil dólares por la matrícula?

—No, nunca **he pagado** tanto dinero.

—¿**Has visto** a Teresa?

—No, no la **he visto.**

Have you paid more than one thousand dollars for the tuition?

No, I've never paid that much money.

Have you seen Teresa?

No, I haven't seen her.

ESTRUCTURAS

Note that when the past participle is part of a perfect tense, it is invariable. The past participle only changes in form when it is used as an adjective.

Ella ha escrit**o** la cart**a**.	*She has written the letter.*
La cart**a** está escrit**a**.	*The letter is written.*

In the Spanish present perfect tense the auxiliary verb **haber** can never be separated from the past participle as it can in English.

Yo nunca **he estado** en Lima.	*I have never been in Lima.*

> Remember that when reflexive or object pronouns are used with compound tenses, the pronouns are placed immediately before the auxiliary verb.

Le ha dado mucho dinero a su hijo.	*He has given a lot of money to his son.*
María y José **se** han ido.	*María and José have left.*

Práctica

13. **Lo que hemos hecho** Look at the following illustrations and describe what these people have done today, using the present perfect.

1. Tú ___has envuelto los regalos.___

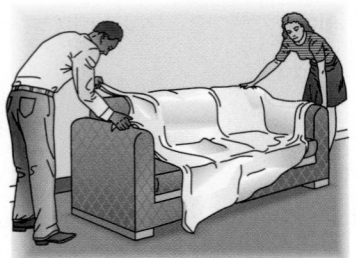

2. Tú y yo ___hemos cubierto el sofá.___

3. Los chicos ___han roto la ventana.___

4. Yo ___he puesto la mesa.___

5. Mi mamá ___ha planchado la falda.___

6. Ustedes ___han visto la película.___

Activity Suggestion Have students ask you whether you have ever done certain things (gone to Madrid, studied French, etc.).

Activity Suggestion Use the following activity to illustrate that past participles used as adjectives must agree in number and gender with the nouns they modify, but that when used as part of a perfect tense, they are invariable. Go around the room doing things, telling students what you have done. Then have them tell you what the result of each action is, using the past participles as adjectives.
I: *(Open the window and say)* **He abierto la ventana.**
S: **Sí. La ventana está abierta.**

14. Últimamente With a classmate, take turns asking each other what you have done lately.

Modelo   ir al cine / con quién
—¿Has ido al cine últimamente?
—Sí, he ido al cine.
—¿Con quién has ido?
—He ido con mi novio(a).

1. comprar ropa / dónde
2. ver alguna película / cuál
3. dar una fiesta / dónde
4. mandar algún mensaje electrónico / a quién
5. tomar algún examen / en qué clase
6. visitar algún lugar interesante / cuál
7. escribir una carta / a quién
8. poner dinero en el banco / en cuál
9. leer un libro / cuál
10. recibir algún regalo / de quién

14. Últimamente Answers *Specific answers will vary.*
1. —¿Has comprado ropa últimamente? —Sí, he comprado ropa. —¿Dónde? 2. —¿Has visto alguna película últimamente? —Sí, he visto una película. —¿Cuál? 3. —¿Has dado una fiesta últimamente? —Sí, he dado una fiesta. —¿Dónde? 4. —¿Has mandado algún mensaje electrónico últimamente? —Sí, he mandado un mensaje electrónico. —¿A quién? 5. —¿Has tomado algún examen últimamente? —Sí, he tomado un examen. —¿En qué clase? 6. —¿Has visitado algún lugar interesante últimamente? —Sí, he visitado un lugar interesante. —¿Cuál? 7. ¿Has escrito una carta últimamente? —Sí, he escrito una carta. —¿A quién? 8. —¿Has puesto dinero en el banco últimamente? —Sí, he puesto dinero en el banco. —¿En cuál? 9. —¿Has leído algún libro últimamente? —Sí, he leído un libro. —¿Cuál? 10. —¿Has recibido algún regalo últimamente? —Sí, he recibido un regalo. —¿De quién?

Para conversar

15. Nuestras experiencias With a classmate, discuss five things that you or your family and friends have never done and five things you have done many times. Compare your own experiences with those of your classmate.

Modelo   —Yo nunca he estado en Buenos Aires.

—Yo tampoco he estado en Buenos Aires, pero he estado en...
(Yo he estado en Buenos Aires dos veces.)

Yo he estado en Buenos Aires dos veces.

16. Todavía... With a classmate, use your imagination to indicate what these people haven't done yet. *Answers will vary.*

Modelo   mi hermana
Mi hermana todavía no ha aprendido a cocinar.

Yo   Tú
Mi padre   Mi familia y yo
Mi madre   Mis amigos
Mi hermano(a)   El (La) profesor(a) de español
Mi mejor amigo(a)

B. The past perfect (pluperfect)

❯ The past perfect tense is formed by using the imperfect tense of the auxiliary verb **haber** with the past participle of the verb that expresses the action or state.

❯ This tense is equivalent to the English past perfect *(had + past participle, as in I had spoken).* Generally, the past perfect tense expresses an action that had taken place before another action in the past.

Imperfect of *haber*	
había	habíamos
habías	habíais
había	habían

Formation of the Past Perfect Tense			
	estudiar	*beber*	*ir*
yo	**había** estudiado	**había** bebido	**había** ido
tú	**habías** estudiado	**habías** bebido	**habías** ido
Ud. / él / ella	**había** estudiado	**había** bebido	**había** ido
nosotros(as)	**habíamos** estudiado	**habíamos** bebido	**habíamos** ido
vosotros(as)	**habíais** estudiado	**habíais** bebido	**habíais** ido
Uds. / ellos / ellas	**habían** estudiado	**habían** bebido	**habían** ido

—¿No hablaste con tu abogada?	*Didn't you speak with your lawyer?*
—No, cuando yo llegué, ella ya se **había ido.**	*No, when I arrived, she had already left.*
—¿Uds. ya **habían estado** en Buenos Aires?	*Had you already been in Buenos Aires?*
—No, nunca **habíamos estado** allí.	*No, we had never been there.*

Práctica

17. **Ya lo habíamos hecho** One of your brothers is never around when there is work to be done. Say what you and other members of your family had already done by the time he got home last night.

> **Modelo** nosotros / lavar los platos
>
> *Cuando él llegó, nosotros ya habíamos lavado los platos.*

1. yo / barrer la cocina
2. los chicos / pasarle la aspiradora a la alfombra
3. Roberto y yo / hacer la comida
4. Elsa / planchar la ropa
5. tú / limpiar el refrigerador

17. Ya lo habíamos hecho Answers
1. Cuando él llegó, yo ya había barrido la cocina. 2. Cuando él llegó, los chicos ya le habían pasado la aspiradora a la alfombra. 3. Cuando él llegó, Roberto y yo ya habíamos hecho la comida. 4. Cuando él llegó, Elsa ya había planchado la ropa. 5. Cuando él llegó, tú ya habías limpiado el refrigerador.

6. Carmen y Elena / bañar al perro

7. Anita / poner la mesa

8. Raúl y Carlos / comprar las bebidas

9. Mirta / lavar las sábanas

10. Raúl y yo / envolver los regalos

18. Siempre o nunca Complete the following sentences logically, using the pluperfect tense.

1. Antes de venir a esta universidad, yo nunca...
2. Antes de tomar esta clase, mis compañeros y yo nunca...
3. Hasta el año pasado, mis amigos y yo siempre...
4. Hasta el semestre pasado, los estudiantes de esta clase nunca...
5. Hasta que yo cumplí dieciséis años, yo nunca...
6. Hasta el verano pasado, mi familia y yo siempre...
7. Antes de vivir en esta ciudad, yo nunca...
8. Antes de cumplir dieciocho años, yo siempre...

Pablo Castagnola / Anzenberger/Redux

Antes de vivir aquí, yo nunca había comido en un restaurante argentino.

Para conversar

19. ¡Habla con tu compañero(a)! With a classmate, have a conversation about what other people in his/her family had done when he/she arrived home last night. Answer the questions in complete sentences. Be creative. Use the verbs in the word bank as a guide.

Modelo *Cuando llegaste a tu casa anoche, ¿las otras personas ya habían cenado?*
Mis padres ya habían cenado. Mi hermano no había comido todavía.

acostarse	hacer	mirar
preparar	bañarse	irse
llegar	comer	

20. Antes de cumplir los 16 años With a classmate, discuss things you had done before you turned sixteen. Then talk to another classmate and tell him/her about your classmate's experience. Use the pluperfect tense and answer the questions in complete sentences.

21. ¿Y nuestro(a) profesor(a)? In groups of three, prepare three questions to ask your professor about his/her experiences before turning sixteen. Use the questions for an interesting interview!

● ¡Vamos a ver!

Antes de ver el video

22. Preguntas With a classmate, answer the following questions.

1. ¿En qué año te graduaste de la escuela secundaria?
2. ¿Qué tal te va en tus clases? ¿Son interesantes?
3. ¿Tú ya estás matriculado(a) para el próximo semestre? ¿Vas a tomar algunos requisitos?
4. ¿A qué hora termina tu última clase?
5. ¿Qué es algo que siempre te ha gustado hacer?
6. Si una persona quiere ponerse en forma, ¿le recomiendas que camine, que corra o que vaya al gimnasio?
7. ¿Tú haces ejercicio todos los días?
8. Si tú caminas o corres, ¿insistes en que alguien vaya contigo? ¿Tú corres cuando hace mucho calor?
9. En el verano, ¿adónde vas para escapar del calor?
10. ¿Te es fácil o difícil tomar decisiones?

El video: En un café al aire libre

—¿Ya has decidido cuál va a ser tu especialización?

—Bueno, todavía no he tomado ninguna decisión… Mi padre se enoja conmigo porque cuando él tenía mi edad, ya había decidido ser médico. Me gusta el periodismo, pero a veces quiero ser abogada, o arquitecta o escritora, …

—Bueno, cuando empieces a tomar clases, vas a darte cuenta de cuáles te gustan.

Después de ver el video

Mónica

Norma

23. ¿Quién lo dice? Identify the person who said each of the following in the dialogue.

1. Oye, ¿no vamos a encontrarnos con tu hermano? ___Mónica___
2. Me gusta el periodismo, pero a veces quiero ser abogada. ___Mónica___
3. Pronto vamos a comenzar a trabajar en el hospital. ___Norma___
4. Lo único que me ha gustado siempre ha sido ir al gimnasio. ___Mónica___
5. ¿Por qué no invitas a mi hermano? A él le encanta correr. ___Norma___
6. Con tal de que no insistas en que yo corra... ___Norma___
7. ¡Me has dado una magnífica idea! ¡Profesora de educación física! ___Mónica___
8. El único ejercicio que yo hago es ir de la sala de estar a mi cuarto. ___Norma___

 24. Hablemos. With a classmate, take turns asking and answering the follwing questions. Base your answers on the dialogue.

1. ¿En qué mes se graduó Mónica de la escuela secundaria?
2. ¿Dónde están sentadas las chicas y de qué están hablando?
3. ¿Qué empezó a hacer Norma en marzo?
4. ¿Cómo le va a Norma en las clases?
5. ¿Cuántos requisitos está tomando Mónica?
6. ¿Cuándo va a llamar Mónica a su mamá?
7. ¿Ha decidido Mónica cuál va a ser su especialización?
8. ¿Por qué se enoja el padre de Mónica con ella a veces?
9. ¿Qué es lo único que siempre le ha gustado a Mónica?
10. ¿Qué quiere hacer Mónica mañana?
11. ¿Cuál es el único ejercicio que hace Norma?
12. ¿A quién va a invitar Mónica?

24. Hablemos Answers 1. Mónica se graduó en mayo. 2. Están sentadas en un café al aire libre y hablan de sus planes para el futuro. 3. Empezó a asistir a la Facultad de Medicina. 4. Le va bastante bien. 5. Está tomando cinco requisitos. 6. Va a llamarla en cuanto llegue a la casa de Norma. 7. No, todavía no ha decidido nada. 8. Porque cuando él tenía su edad, ya había decidido ser médico. 9. Lo único que le ha gustado siempre ha sido ir al gimnasio. 10. Quiere correr en Palermo. 11. El único ejercicio que hace es ir de la sala de estar a su cuarto. 12. Va a invitar al hermano de Norma.

25. ¿Qué pasa después? You and a classmate use your imaginations to say what the characters do. In Spanish, discuss the following.

1. Whether or not Monica decided to specialize in physical education.
2. Whether Monica's mother can buy the books that Monica is going to need.
3. What Monica is going to do to get in shape.
4. Whether Monica is now Norma's brother's girlfriend.
5. What Monica is going to do when she returns to Arizona.
6. Whether Norma's brother plans to visit Monica in Arizona.
7. Whether Norma decides to start exercising.
8. Whether Norma still likes her classes and whether she started to work at the hospital.

 Now compare your statements to those of another group.

ASÍ SOMOS

🔊 ¡Vamos a escuchar!

CD3-7 **26. Tres avisos** You are going to hear three brief commercials for institutions of higher learning and guess the meanings of the following words and phrases. Listen to each commercial first for the gist and then listen again for the specific words.

Aviso 1: 1. diseñados 2. extranjeras 3. enseñanza 4. docente

Aviso 2: 1. calendario 2. a partir de 3. publicada 4. avanzados

Aviso 3: 1. aprendizaje 2. sustituir 3. a través de

26. Tres avisos Answers *Aviso 1:* 1. designed 2. foreign 3. teaching *(noun)* 4. teaching *(adj.)* *Aviso 2:* 1. schedule 2. beginning 3. published 4. advanced *(adj.) Aviso 3:* 1. learning 2. replace 3. through (by means of)

¡Vamos a conversar!

27. ¿Qué dijeron? Answers *Answers will vary. Possibilities:* 1. No sé cuál va a ser mi especialización. 2. Llámame cuando llegues. 3. Necesitas ponerte en forma. 4. Mis padres quieren que (yo) sea periodista. 5. No tomes esa clase. Tú no quieres ser periodista.

27. ¿Qué dijeron? Listen to five sentences and restate each in your own words. Then compare CD3-8 your responses with those of a classmate.

28. ¿Qué dices tú? What would you say in the following situations? What might the other person say? Act out the scenes with a classmate. Take turns playing each role.

1. Carlos is a new classmate. Ask him what his major is, what his favorite subjects are, and when he plans to graduate. Ask also how he's doing in his classes.

2. You tell a friend that you want to take a physical education class because you realize you need to get in shape.

3. A freshman asks you what courses to take. Find out something about his or her interests and plans, and make sure he/she takes the appropriate courses. Be sure to mention some of your school's requirements. *Answers will vary.*

4. You are talking to a friend about classes you like, classes you don't like, and the reasons why. *Answers will vary.*

28. ¿Qué dices tú? Answers 1. ¿Cuál es tu especialización? ¿Cuáles son tus materias (asignaturas) favoritas? ¿Cuándo piensas graduarte? ¿Qué tal te va en las clases? 2. Quiero matricularme en una clase de educación física porque me doy cuenta de que necesito ponerme en forma.

29. Para conocernos mejor To do this activity, work with a classmate whom you would like to get to know. Take turns asking and answering these questions.

1. ¿Prefieres tomar una clase de matemáticas, una clase de nutrición o una clase de contabilidad? ¿Has tomado una clase de biología? ¿Cuál es tu asignatura favorita? ¿Cuál es la materia que menos te gusta?

2. ¿Has pensado en el futuro? ¿En qué año te vas a graduar? ¿Qué carrera te gusta? ¿Te gusta más la idea de ser ingeniero(a), arquitecto(a), bibliotecario(a) o profesor(a)?

3. ¿Qué tal te va en tus estudios hasta ahora? ¿Tienes un buen horario? ¿Qué requisitos has tomado? ¿Has aprobado todos tus exámenes o has quedado suspendido(a) en alguno? ¿En qué materia has sacado mejor nota?

4. ¿Te enojas a veces con tus profesores? ¿por qué? ¿Con qué otras personas te enojas a veces? ¿Alguien se enoja contigo? ¿quién?

5. ¿Ya estás matriculado(a) para el semestre que viene? ¿Qué clases vas a tomar?

30. Una actividad para toda la clase

Otra reunión del club de español Imagine you and your classmates are members of the Spanish club who have gathered together to discuss their classes and professional goals.

Step 1: In groups of three or four, club members will talk about the classes they are taking, including what requirements they are taking or have to take, their favorite and least-liked subjects, their grade point average, and whether or not they have a good schedule.

Step 2: They will also talk about what careers interest them, and whether they choose classes that are relevant to their future professions. They will talk about graduation and what they can't wait to do after they graduate.

Step 3: Finally, they will discuss some extra-curricular activities and perhaps. . .make some plans for the weekend so they can have some fun!

J.D. Dallet/AGE Fotostock

ASÍ SOMOS

Rincón literario
Autor anónimo (unknown)

En la literatura española, como en las de otras lenguas, hay muchas obras de autor desconocido. En muchos casos, se trata de historias, leyendas, cuentos o poemas que fueron conservados por la tradición oral, principalmente, durante la época en que no existía la imprenta y mucha gente no sabía leer ni escribir. Actualmente también hay obras de cuyos autores no se tiene noticia. Se trata, por lo general, de obras breves, ligeras, sin pretensiones literarias que hoy pasan de boca en boca y, sobre todo, de computadora en computadora, de las que nadie reclama la autoría. A este grupo pertenece *Plataforma política*.

Antes de leer

> **ESTRATEGIA** **Guessing** The title tells you what the topic of the selection is. Read the first line, which states that, in their (political) party, they keep their promises. In general, do people think that politicians keep their promises? What might the author be trying to demonstrate?

¡A leer!

31. Comprensión As you read the selection, find the answers to the following questions.

1. ¿Qué dice el autor de su partido político? Que siempre cumplen lo que prometen
2. ¿Contra qué lucharán? La corrupción
3. ¿Qué cosas son fundamentales para alcanzar sus ideales? La honestidad y la trasparencia
4. ¿Qué no seguirán haciendo las mafias? No seguirán formando parte del gobierno
5. ¿Cuál será el fin principal de su política? La justicia social
6. ¿Qué fantasean o añoran los idiotas? Que se pueda seguir gobernando con las mañas de la vieja política
7. Cuando asuman el poder, harán lo posible para que se acaben… ¿qué? Los negocios sucios y las jubilaciones de privilegio
8. ¿Qué no permitirán que les pase a los niños? Que mueran de hambre
9. ¿Qué pasará si los recursos económicos se agotan? Cumplirán sus propósitos
10. ¿Quiénes son ellos? La nueva política

Plataforma política

En nuestro partido° político cumplimos con lo que prometemos.	*party*
Solo los tontos° pueden creer que	*fools*
no lucharemos° contra la corrupción.	*no… we won't fight*
Porque si hay algo seguro para nosotros es que	
la honestidad y la transparencia son fundamentales	
para alcanzar° nuestros ideales.	*to reach*
Demostraremos° que es una gran estupidez creer que	*we will show*
las mafias seguirán° formando parte del gobierno	*will continue*
como en otros tiempos.	
Aseguramos sin ninguna duda° que	*sin… without the least doubt*
la justicia social será° el fin principal° de nuestra política.	*will be / main*

A pesar de° eso, todavía hay idiotas que añoran° que
se pueda seguir gobernando con las mañas° de la vieja° política.
Cuando asumamos° el poder, haremos° lo imposible para que
se acaben los negocios sucios° y las jubilaciones° de privilegio.
No permitiremos° de ningún modo que
nuestros niños mueran de hambre.
Cumpliremos° nuestros propósitos aunque°
los recursos° económicos se hayan agotado°.
Ejerceremos° el poder hasta que°
comprendan desde ahora que ¡SOMOS "LA NUEVA POLÍTICA"!

In spite of / miss
tricks / old
we assume / we will do
negocios… *funny business / retirements*
we will not permit

We will fulfill / even if
Resources / se… *have ended*
We will exrcise / hasta… *until*

Knowing what the politicians have promised, read it again, from the bottom up, to see what they are *really* going to do.

Después de leer... reflexiones

32. Promesas In groups of three or four, discuss the following.

1. ¿Qué promesas hacen a veces las personas, que después no cumplen *(keep)*?
2. ¿Quiénes les hicieron promesas a ustedes, que después no cumplieron?
3. En general, ¿creen ustedes en las promesas de las personas que son parte de su vida *(life)*?
4. Y ustedes, ¿cumplen siempre sus promesas? ¿Creen que a veces no es posible cumplirlas? ¿por qué?
5. Den ejemplos y detalles.

¡Vamos a escribir!

Antes de escribir

> ▶ **ESTRATEGIA** **Writing to persuade** You are going to write an e-mail to a member of your family or to a friend, in which you make some promises. Try to convince that person that you mean to keep your promises. Jot down every idea that comes to mind, and then organize your ideas.

33. Yo te prometo You will state your promises and then indicate how you are going to keep one. Be sure to write about how things are going to be different this time.

¡A escribir!

34. Primer borrador Write the **primer borrador.** Make sure to apply the strategy and to include the promises you listed above.

Después de escribir

35. ¡A revisar! Before writing the final version, exchange your first draft with a classmate's and peer edit each other's work. Make sure to follow the guidelines.

 ## Argentina

Argentina es un país con universidades muy importantes. ¿Qué tal te va en los estudios? ¿Te gusta leer buenos libros, visitar museos y galerías de arte? Al estudiar Argentina, vamos a hablar, entre otras cosas, del sistema de educación y de sus centros culturales.

Para muchos, Argentina es la tierra del tango, de Evita[1] y de los gauchos, pero en la actualidad la música argentina es muy variada, la política ha cambiado, y el campo y la ciudad están más unidos gracias a la tecnología. Argentina es el país más visitado de Sudamérica.

Argentina exporta carne y cereales, pero su fuente de riqueza *(source of income)* actual depende principalmente de la industria y del sector de servicios.

FrankvandenBergh/iStock/Getty Images

Buenos Aires, la reina del Plata[2]

Buenos Aires, la ciudad capital, es la más grande del mundo hispano después de México. Allí vive casi la mitad de la población argentina. La ciudad tiene amplias avenidas, entre ellas, la Avenida 9 de Julio, una de las más anchas del mundo. Buenos Aires ha sido llamada "el París de Sudamérica" porque muchos de sus edificios tienen un estilo similar al de París. Buenos Aires tiene una rica vida cultural, con la mayor concentración de teatros del mundo. Los nacidos en Buenos aires se llaman "porteños".

La famosa **calle Florida,** arteria comercial y cultural a partir del *(since)* año 1900, es una calle peatonal *(only for pedestrians)* con algunas de las tiendas más elegantes del país.

Arterra Picture Library / Alamy

Jon Hicks / Alamy

El barrio de La Boca es famoso por su tradición italiana, sus casas de múltiples colores y su Caminito, calle llamada así en honor al tango del mismo nombre. Muchos turistas visitan La Boca, donde se oyen tangos y siempre hay bailarines que demuestran los intricados pasos *(steps)* de esta típica música argentina.

[1] Wife of former president Juan Perón and advocate of the working class.
[2] The queen of the Río de la Plata, the main, wide river betwen Argentina and Uruguay.

La educación y el arte en Argentina

Argentina tiene los niveles de educación más altos de Latinoamérica. Los niños de entre seis y catorce años deben asistir a la escuela por ley *(law)*. La educación es gratis, y el número de personas que sabe leer y escribir pasa del 95%. Las universidades públicas son también gratis.

Etcheverry Images / Alamy

La Universidad de Buenos Aires (UBA) fue inaugurada en el año 1821, y tiene más de 300.000 estudiantes. La investigación científica es de gran importancia. Hombres de ciencia de muchas partes del mundo enseñan y hacen investigación en esta universidad.

Winfield Parks/National Geographic Creative

El Teatro Colón tiene fama internacional. Allí actuan *(perform)* algunos de los más grandes artistas del mundo.

El deporte

El **fútbol** es el deporte más popular, y sus jugadores están entre los mejores del mundo. Otro deporte característico de Argentina es el **polo**. El torneo más importante de este deporte se juega en Palermo, Buenos Aires.

rodrigues/Shutterstock.com

Debby Wong/Shutterstock.com

👥 Háganse preguntas

The class will be divided into groups of 3 or 4 students. The instructor will assign one of the eight items of information presented here to each group. The members in each group will prepare questions about the item assigned to them to ask the rest of the class.

iLrn™

To learn more about Argentina, watch the cultural footage in the Media Library.

¿Cuánto sé ahora?

Take this test. When you have finished, check your answers in the answer key provided in Appendix D. Then use a red pen to correct any mistakes you may have made. Are you ready?

A. The subjunctive or indicative after certain conjunctions Complete the following sentences with the present subjunctive or the present indicative of the verbs given.

1. Tan pronto como Marta ____llegue____ (llegar) a casa, le voy a dar el dinero.
2. Voy a esperarlos hasta que ____vuelvan____ (volver).
3. Cuando ellos ____van____ (ir) a la universidad, siempre salen temprano.
4. En caso de que ella ____necesite____ (necesitar) el horario, yo puedo traérselo.
5. Vamos a hablar con ellos antes de que ____tomen____ (tomar) una decisión.
6. Ella va a ir al laboratorio con tal que tú ____vayas____ (ir) con ella.
7. No puedo matricularme a menos que tú me ____des____ (dar) el dinero.
8. Aurora llama a sus padres tan pronto como ____llega____ (llegar) a su casa.
9. Voy a llamar a Raúl para que nos ____lleve____ (llevar) a la universidad.

B. The past participle Give the past participle of the following verbs.

1. leer leído
2. llamar llamado
3. salir salido
4. abrir abierto
5. decir dicho
6. poner puesto
7. volver vuelto
8. escribir escrito

C. Past participles used as adjectives Give the Spanish equivalents of the words in parentheses.

1. —¿El gimnasio está ____abierto____ (abrir)?
   —No, está ____cerrado____ (cerrar).
2. —¿El trabajo está ____terminado____ (terminar)?
   —No, todavía no está ____hecho____ (hacer).
3. —¿Los regalos ya están ____envueltos____ (envolver)?
   —Sí, y todos los nombres ya están ____puestos____ (poner) en los regalos.
4. —¿Las ventanas están ____rotas____ (romper)?
   —No, ya están ____arregladas____ (arreglar).
5. —¿El informe ya está ____escrito____ (escribir)?
   —No, todavía no está ni ____empezado____ (empezar).

D. The present perfect Complete the sentences with the present perfect tense of the verbs given.

1. —¿El plomero ya ____ha terminado____ de arreglar el inodoro? (terminar)
   —No, él no ____ha venido____ a trabajar hoy. (venir)
2. —Raúl, ¿qué te ____han dicho____ el electricista y el carpintero? (decir)
   —Que el trabajo cuesta una fortuna.
3. —¿Usted ____ha visto____ a la abogada? (ver)
   —No, ella no ____ha estado____ en su despacho hoy. (estar)
4. —¿Qué ____han hecho____ ustedes hoy? (hacer)
   —Nosotros ____nos hemos matriculado____ en la universidad. (matricularse)
5. —Rosaura, ¿tú ya ____has tomado____ una decisión? (tomar)
   —No, yo no ____he decidido____ nada todavía. (decidir)

E. The past perfect (pluperfect) Complete the following sentences with the past perfect tense of the verbs given.

1. Cuando nosotros llegamos, el profesor de informática no ____había llegado____ todavía. (llegar)

2. Ellos nos dijeron que nunca ___habían recibido___ ayuda económica para estudiar. (recibir)

3. Yo ___había pedido___ mis antecedentes académicos desde la semana pasada. (pedir)

4. ¿Tú ___habías faltado___ a clase el día del examen? (faltar)

5. Jaime siempre ___había soñado___ con ser ingeniero. (soñar)

F. Just words . . .

a. Match the questions in column A with the answers in column B.

A		B	
1. ¿Adónde vas?	_d_	a.	Administración de empresas.
2. ¿Qué materias estás tomando?	_f_	b.	El año próximo.
3. ¿Quién es tu consejero?	_h_	c.	No, es plomero.
4. ¿Qué tal te va?	_j_	d.	Al laboratorio.
5. ¿Qué tienes que escribir?	_i_	e.	Sí, para pagar la matrícula.
6. ¿Qué nota sacaste?	_k_	f.	Física, química y sociología.
7. ¿Estudia periodismo?	_l_	g.	No, quedé suspendido.
8. ¿Necesitas dinero?	_e_	h.	El Dr. Peña.
9. ¿Aprobaste el examen?	_g_	i.	Un informe para mi clase de biología.
10. ¿Es carpintero?	_c_	j.	No muy bien.
11. ¿Qué carrera estudia?	_a_	k.	Una B.
12. ¿Cuándo te gradúas?	_b_	l.	Sí, quiere trabajar para el *Times*.

b. Complete the following, using vocabulary from **Lección 14.**

1. En la clase de ___física___ estudiamos a Newton.

2. Voy a ir al ___gimnasio___ todos los días porque necesito ponerme en ___forma___.

3. Cuando vi a mi hijo le di un ___abrazo___ y un beso (*kiss*).

4. Mi familia es de ___ascendencia___ española.

5. Ellos no se han ___matriculado___ en la universidad todavía.

6. Lo ___único___ que me interesa es graduarme este año para que me den mi ___título___ de abogado.

7. Ayer hablé con mi ___consejero___ sobre las clases que debo tomar.

8. Tengo que terminar la ___investigación___ que estoy haciendo para mi informe porque tengo que ___entregarlo___ mañana.

9. ¿Qué ___nota___ tienes que ___sacar___ en el examen para poder mantener un ___promedio___ de B?

10. No estudies esa materia. No te va a ___servir___ de mucho.

G. Culture

1. Complete the following, based on the information found in the **¿Tú lo sabías?** sections.

   a. Por lo general, en Hispanoamérica se califica asignando ___notas de 1 a 5___ y en España, de ___1 a 10___.

   b. Una nota de ___3 o de 6___ es normalmente la nota mínima para aprobar un examen o una clase.

2. Complete the following, based on the information found in the **El mundo hispánico y tú** section.

   a. Actualmente, la principal fuente de riqueza de Argentina es la ___industria___.

   b. En la calle ___Florida___ están algunas de las tiendas más importantes de Argentina.

   c. El barrio de La Boca es famoso por sus ___casas___ de múltiples ___colores___ y por su tradición ___italiana___.

H. Un dicho
Do you remember the Spanish saying about keeping quiet to stay out of trouble? Find it in this lesson. En boca cerrada no entran moscas.

LA SALUD

En el consultorio del médico

Hero Images/Getty Images

OBJETIVOS COMUNICATIVOS

You will learn vocabulary related to health problems.

SITUACIONES

Síntomas

ESTRUCTURAS

1 The future
2 The conditional
3 The future perfect and the conditional perfect

ASÍ SOMOS

▶ **¡Vamos a ver!**

Watching and understanding situations

¡Vamos a escuchar!

Recognizing transitions

¡Vamos a conversar!

Practicing extended conversation

Rincón literario

Guessing and skimming

El viaje definitivo by Juan Ramón Jiménez

¡Vamos a escribir!

A review of different strategies

Activity Suggestion Use this and the opener photo to introduce the lesson theme. Ask your students:
1. ¿Vienes a la universidad cuando estás enfermo(a)?
2. ¿Cuántas veces al año vas al médico?
3. Si el doctor de la foto te toma la presión, ¿la va a encontrar alta *(high)*, baja *(low)* o normal? ¿Y si te toma la temperatura?

EL MUNDO HISPÁNICO Y TÚ

❯ Paraguay
❯ Bolivia

AUTOPRUEBA

You will review what you learned in this lesson.

VOISIN/Phanie / Alamy

 **PARAGUAY** es casi tan grande como el estado de California, pero su población es de menos de 6 millones de habitantes. La mayoría de los paraguayos hablan dos idiomas: español y guaraní.

BOLIVIA, llamada así en honor del Libertador Simón Bolívar, es un país de superlativos. Tiene la capital (La Paz), el aeropuerto y el lago navegable (el lago Titicaca) más altos del mundo. También tiene unas de las ruinas más antiguas en Tiahuanaco.

Ian Trower/Robert Harding

El Panteón Nacional de los Héroes en Asunción, Paraguay

Galyna Andrushko/Shutterstock.com

El lago Titicaca, Bolivia

🔊 Síntomas

CD3-9

> ▶ **¡Ubíquelos!**
> César and Gloria live in Asunción, the capital of Paraguay. The video shows you some sights and tells you about the most important Paraguayan musical instrument, the harp. It also shows you places in La Paz, César's place of birth.

© BananaStock/Jupiter Images

César Benítez y su esposa, Gloria, viven en Asunción, la capital de Paraguay. César es de La Paz, Bolivia, y Gloria es paraguaya. Viven en un barrio de casas antiguas y patios enormes con árboles frutales. César es un joven guapo, inteligente y simpático, pero tiene un defecto: ¡es hipocondriaco! Gloria es una mujer encantadora, pero a veces... ¡pierde la paciencia!

CÉSAR: Ven acá, Gloria. Tócame la frente. Creo que tengo fiebre... debo tener como 39 grados[1]; como sabes, tengo catarro. También tengo otros síntomas: dolor de garganta y tos. *(Tose.)*

GLORIA: *(Le toca la frente.)* Tendré que tomarte la temperatura. ¿Dónde está el termómetro? ¿Quieres que te haga una taza de té con miel de abeja?

CÉSAR: *(Suspira.)* No... Me gustaría merendar. Quiero un cafecito bien caliente y pan tostado. Estoy un poco débil...

GLORIA: De haber sabido que estabas tan enfermo, no habría invitado a tu amigo a cenar con nosotros. Puedo llamarlo por teléfono... ¡Qué lástima! Dijo que vendría a eso de las siete.

CÉSAR: No, no... para esa hora ya habré tomado algún remedio casero y unas aspirinas y me sentiré perfectamente bien. ¡Ya verás!

GLORIA: ¿Y si lo que tienes es contagioso? *(Un poco sarcástica)* A lo mejor tienes gripe... ¡o pulmonía! ¡O algo peor!

CÉSAR: ¿Por qué no llamas al médico y le preguntas si necesito un antibiótico? Supongo que está en su consultorio.

GLORIA: ¡El médico no te recetará nada sin verte!

CÉSAR: Ahora me duele la cabeza. Creo que, en vez de mejorarme, me estoy empeorando...

[1]37°C = 98.6°F *(normal body temperature)*

A las siete suena el timbre y la criada abre la puerta. César se levanta y saluda a su amigo.

CÉSAR: ¡Fernando! ¡Qué gusto de verte! ¡Pasa, pasa! ¿Un cafecito?

FERNANDO: ¡No te molestes… ! Bueno… ¡acepto!

GLORIA: *(Piensa.)* ¡Menos mal que vino Fernando! Él va a entretener a César y yo podré mirar mi telenovela en paz.

¿ Tú lo sabías?

En los países de habla hispana se mide la temperatura en grados Celsius o centígrados. En la escala Celsius, 0° (temperatura de fusión del hielo) corresponde a 32° Fahrenheit. Por ejemplo, 40° Celsius corresponden a 104° Fahrenheit.

❯ **¿Sabes convertir grados Fahrenheit a centígrados?**

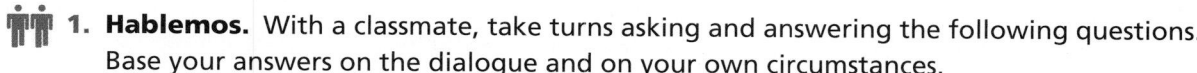 **1. Hablemos.** With a classmate, take turns asking and answering the following questions. Base your answers on the dialogue and on your own circumstances.

En el diálogo

1. ¿Cómo son las casas del barrio donde viven César y Gloria?
   Son antiguas y tienen patios enormes, con árboles frutales.
2. ¿Qué defecto tiene César? ¿Y Gloria? César es hipocondriaco. Gloria pierde la paciencia a veces.
3. ¿Qué le duele a César? ¿Tiene tos? Le duele la garganta. Sí, tiene tos.
4. ¿Qué le ofrece Gloria a César? Le ofrece una taza de té con miel de abeja.
5. ¿Qué quiere César? ¿Cómo se siente? César quiere un cafecito bien caliente y pan tostado. Se siente un poco débil.
6. De haber sabido que César estaba tan enfermo, ¿qué no habría hecho Gloria? No habría invitado al amigo de César a cenar.
7. ¿Qué habrá hecho César para las siete? Habrá tomado algún remedio casero y habrá tomado unas asipirinas.
8. ¿A quién quiere César que Gloria llame? ¿Para qué? Quiere que llame a su médico para que le pregunte si necesita un antibiótico.
9. ¿César cree que se está mejorando o que se está empeorando? Cree que se está empeorando.
10. ¿Qué podrá hacer Gloria mientras Fernando entretiene a César? Podrá mirar su telenovela en paz.

1. Hablemos Activity Suggestion Have students ask you the questions about the dialogue. Always give them the wrong answers and have them correct you.

¿Y tú?

1. ¿Las casas del barrio donde tú vives son modernas o antiguas?
2. ¿Tú pierdes la paciencia a veces? ¿En qué casos?
3. ¿Qué medicina tomas cuando tienes tos?
4. ¿Tú tomas té con miel de abeja? ¿Qué tomas generalmente cuándo estás enfermo(a)?
5. ¿Tú te sientes débil a veces?
6. ¿Tú invitas a tus amigos a cenar a veces? ¿Tú cocinas o van a un restaurante?
7. ¿Tú tomas remedios caseros a veces o prefieres que tu médico te recete algo?
8. ¿Tú llamas a tu médico frecuentemente?
9. Si estás enfermo(a) y no te mejoras, ¿qué haces?
10. ¿Qué haces tú para entretener a tus amigos?

VOCABULARIO

🔊 En el diálogo

Cognados

el antibiótico	*antibiotic*
la aspirina	*aspirin*
contagioso(a)	*contagious*
enorme	*enormous*
hipocondriaco	*hypochondriac*
la paciencia	*patience*
perfectamente	*perfectly*
sarcástico(a)	*sarcastic*
el síntoma	*symptom*
la temperatura	*temperature*
el termómetro	*thermometer*

Nombres

los árboles frutales	*fruit trees*
la cabeza	*head*
el cafecito	*small (cup of) coffee*
el catarro, el resfriado, el resfrío	*cold*
el consultorio	*doctor's office*
el defecto	*fault*
el dolor	*pain, ache*
_____ de garganta	*sore throat*
la fiebre	*fever*
la frente	*forehead*
la garganta	*throat*
el grado	*degree*
la gripe	*influenza, flu*
la medicina, el medicamento, el remedio	*medicine*
el (la) joven	*young man (woman)*
la miel de abeja	*honey*
el patio	*backyard*
la pulmonía	*pneumonia*
el remedio casero	*home remedy*
la salud	*health*
el timbre	*doorbell*
la tos	*cough*

Verbos

doler[1] (o:ue)	*to hurt*
empeorarse	*to get worse*
entretener[2]	*to entertain*
mejorarse	*to get better*
merendar (e:ie)	*to have an afternoon snack*
molestarse	*to bother (doing something)*
preguntar	*to ask (a question)*
recetar	*to prescribe*
saludar	*to greet*
sonar (o:ue)	*to ring*
suponer (yo supongo)	*to suppose*
tocar	*to touch*
toser	*to cough*

Adjetivos

casero(a)	*homemade*
débil	*weak*

Otras palabras y expresiones

a eso de	*at about*
bien caliente	*nice and hot*
de haber sabido	*had I known*
en paz	*in peace*
en vez de	*instead of*
menos mal	*it's a good thing*
¡Qué gusto de verte!	*How nice to see you!*
¡Qué lástima!	*What a pity!*
tan	*so*
¡Ya verás!	*You'll see!*

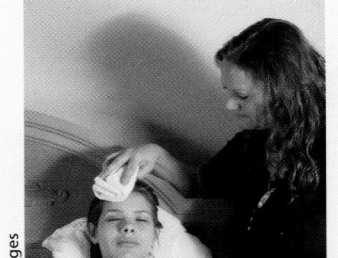

Primeop76/E+/Getty Images

1. ¿Crees que la chica tiene fiebre?
2. ¿Qué temperatura crees que tiene?
3. ¿Qué haces tú si tienes fiebre?

¿Tú lo sabías?

Especialmente en las grandes ciudades hispanas, la medicina está muy adelantada (*advanced*), pero en muchos pueblos remotos no hay médicos ni hospitales. En ese caso, mucha gente recurre a (*turn to*) los servicios de un curandero (*healer*). Muchas mujeres tienen sus bebés con la ayuda de una partera (*midwife*).

> La mayoría de las mujeres de este país, ¿tienen sus bebés en un hospital o en casa con la ayuda de una partera?

[1] Same construction as **gustar: Me duele** la cabeza. **Me duelen** los pies.
[2] Conjugated like **tener.**

Más sobre el tema

El cuerpo

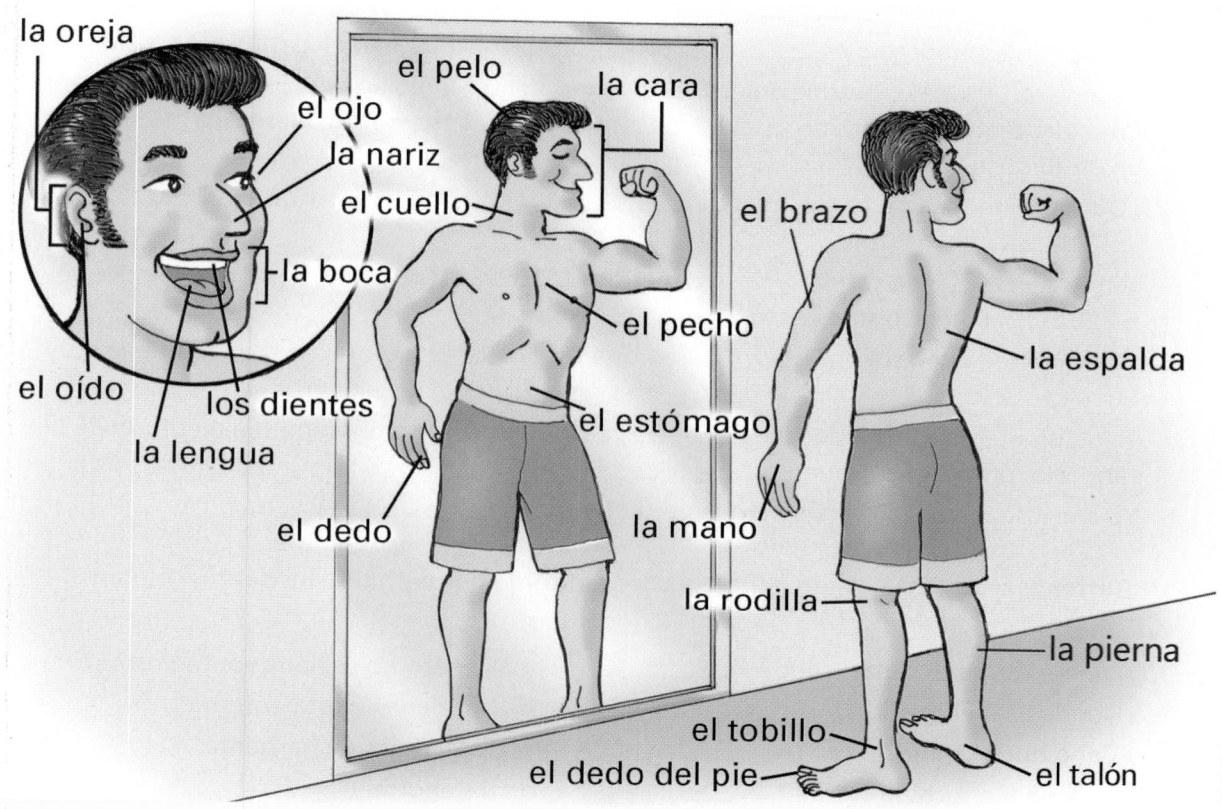

la oreja
el pelo
la cara
el ojo
la nariz
el cuello
la boca
el oído
los dientes
la lengua
el dedo
el brazo
el pecho
la espalda
el estómago
la mano
la rodilla
la pierna
el tobillo
el dedo del pie
el talón

En el consultorio del médico

embarazada	*pregnant*
hacer una radiografía	*to take an X-ray*
la inyección antitetánica	*tetanus shot*
poner una inyección	*to give a shot*
la receta	*prescription*
la sala de rayos X	*X-ray room*
la vacuna	*vaccination*

En el hospital

el accidente	*accident*
la ambulancia	*ambulance*
el ataque al corazón	*heart attack*
la emergencia	*emergency*
romperse, quebrarse	*to break*
la silla de ruedas	*wheelchair*

¿Tú lo sabías?

En España y en algunos países latinoamericanos, las farmacias venden principalmente medicinas. En algunos países hispanos es posible comprar ciertas medicinas —como la penicilina— sin tener receta médica.

> ¿En este país se pueden comprar antibióticos sin receta médica?

VOCABULARIO

Práctica

2. **Para completar** Complete the sentences, using vocabulary from this lesson.

1. ¡Hola! ¡Qué ___gusto___ de verte! De haber ___sabido___ que venías, habría preparado algo de comer. Elena vuelve a ___eso___ de las cinco.

2. La casa no es moderna; es ___antigua___, con ___árboles___ frutales en el ___patio___.

3. Pásame el ___termómetro___ porque quiero ver si tengo fiebre. También me ___duele___ la garganta. Creo que tengo un resfriado, ___gripe___… ¡o pulmonía! Espero que el médico me ___recete___ un antibiótico.

4. ¿Quieres una taza de té con miel de ___abeja___? ¿O prefieres tomar un ___cafecito___ bien ___caliente___?

5. Tengo ___dolor___ de cabeza. Voy a tomar dos ___aspirinas___ con un un vaso de agua. Le voy a ___preguntar___ al médico si necesito ___tomar___ algo más.

6. Siempre cree que está enfermo. Yo creo que es ___hipocondriaco___ porque en realidad tiene muy buena ___salud___.

7. Tiene una temperatura de 102 ___grados___, pero no quiere tomar ninguna medicina de la farmacia; prefiere los remedios ___caseros___.

8. Yo creí que iba a mejorarse, pero la verdad es que ayer se ___empeoró___.

3. **Preguntas y respuestas** Match the questions in column A with the answers in column B.

A		B
1. ¿Quieres que te prepare algo? ___e___		a. Sí, pero no es nada contagioso.
2. ¿Dónde está el médico? ___i___		b. No, siempre está enfermo.
3. ¿Tiene buena salud? ___b___		c. Tos y dolor de garganta.
4. ¿Por qué me tocas la frente? ___h___		d. ¡Es enorme!
5. ¿Estás enferma? ___a___		e. No, gracias. No te molestes.
6. ¿El patio es grande? ___d___		f. No, ¡qué lástima!
7. ¿Qué síntomas tiene? ___c___		g. ¡Sí! ¡Dice que él nunca está equivocado!
8. ¿Cómo es Amanda? ___j___		h. Porque creo que tienes fiebre.
9. ¿Sergio no tiene ningún defecto? ___g___		i. Supongo que está en su consultorio.
10. ¿Eva no puede ir con nosotros? ___f___		j. Es una joven muy bonita.

Para conversar

4. **Habla con tu compañero(a) de clase.** With a classmate, take turns asking and answering these questions.

1. ¿Alguna vez te has quebrado un brazo o una pierna? ¿Te han hecho una radiografía últimamente? ¿Has tenido que usar una silla de ruedas alguna vez?

2. ¿A veces te duele el pecho o la espalda? Si te duelen los oídos, ¿vas al médico? ¿Y si te duele mucho el estómago?

3. ¿Cuánto tiempo hace que te pusieron una inyección antitetánica?

4. ¿Has tenido un accidente alguna vez? ¿Han tenido que llevarte a la sala de emergencia en una ambulancia alguna vez?

5. Si a alguien le duelen las rodillas o los dedos de la mano, ¿qué medicina puede tomar? ¿Y si le duelen los dientes?

6. Si alguien tiene un ataque al corazón, ¿es mejor llevarlo al médico o a la sala de emergencia?

7. Si una mujer está embarazada, ¿qué no debe beber?

8. ¿Cómo se dice *face* en español? ¿Cómo se dice *nose*?

5. **¡Ay!** *(Ouch!)* With a classmate, play the roles of a doctor and a patient who is a hypochondriac. The patient describes symptoms and says what he/she thinks the problem is **(Yo creo que tengo...).** The doctor tells the patient what to do and what he/she is going to prescribe **(Tiene que... / Le voy a recetar...).** The patient keeps adding at least three more symptoms. Switch roles.

6. **¿Qué haces tú?** With a classmate, take turns asking each other what you do when different parts of your body hurt. When you answer, give some details.

7. **¡Bienvenido(a)!** With a classmate, play the roles of a guest and a gracious host (hostess). Express happiness at seeing each other. The host (hostess) offers something to eat and drink, including an afternoon snack. Use vocabulary from previous lessons.

Pronunciación

CD3-10

Pronunciation in context

In this lesson, there are some new words or phrases that may be challenging to pronounce. For further pronunciation practice of Spanish sounds, listen to your instructor and repeat the following sentences.

1. **César** es de La Paz, **Bolivia,** y Gloria es paraguaya.

2. Tiene un **defecto:** es **hipocondriaco.**

3. **Tendré** que tomarte la **temperatura.** ¿Dónde está el **termómetro?**

4. Para esa **hora** ya **habré** tomado algún **remedio casero.**

5. El médico no te **recetará** nada **sin verte.**

6. Creo que, **en vez de mejorarme,** me estoy **empeorando.**

7. **¡Fernando!** ¡Qué **gusto** de verte! ¡Pasa, pasa! ¿Un **cafecito?**

8. Él va a **entretener** a **César.**

Note To reinforce pronunciation practice, this section appears in **Lecciones 10–18.** The sentences featured as pronunciation models are taken from the lesson dialogues.

Activity Suggestion Have students take turns reading these sentences. Walk around the classroom and check their pronunciation.

▬ Un dicho ▮

Es mejor prevenir° que curar.
Equivalent: *An ounce of prevention is worth a pound of cure.*

to prevent

ESTRUCTURAS

1 The future (El futuro)

> Most Spanish verbs are regular in the future tense. The infinitive serves as the stem of almost all of them, and the endings are the same for all three conjugations.

	The Future Tense			
	Infinitive	*Stem*	*Ending*	
yo	trabajar	trabajar-	é	trabajaré
tú	aprender	aprender-	ás	aprenderás
Ud.	escribir	escribir-	á	escribirá
él	hablar	hablar-	á	hablará
ella	decidir	decidir-	á	decidirá
nosotros(as)	dar	dar-	emos	daremos
vosotros(as)	ir	ir-	éis	iréis
Uds.	caminar	caminar-	án	caminarán
ellos	perder	perder-	án	perderán
ellas	recibir	recibir-	án	recibirán

Activity Suggestion Ask students personalized questions about what they plan to do in the future.

1. ¿Adónde irás de vacaciones? ¿cuándo? ¿con quién?
2. ¿Qué cursos tomarás el semestre (tremestre) que viene? ¿Cuál será el más fácil / difícil?
3. ¿Comprarás un coche nuevo el año que viene? ¿de qué marca?
4. ¿Trabajarás este verano? ¿dónde?
5. ¿Cuándo te graduarás?
6. ¿Dónde vivirás cuando termines tus estudios?
7. ¿Tomarás más clases de español?

¡Atención! Note that all the endings, except the one for the **nosotros** form, have written accents.

—¿**Irás** al médico?	*Will you go to the doctor?*
—Sí, y ya **verás** que pronto me **sentiré** mejor.	*Yes, and you'll see that soon I'll feel better.*

The English equivalent of the Spanish future is *will* or *shall* + a verb. As you have already learned, Spanish also uses the construction **ir a** + *infinitive* or the present tense with a time expression to express future action, very much like the English present tense or the expression *going to*.

Vamos a ir al hospital esta noche. or: **Iremos** al hospital esta noche.	*We're going (We'll go) to the hospital tonight.*
Anita **toma** el examen mañana. or: Anita **tomará** el examen mañana.	*Anita is taking (will take) the exam tomorrow.*

¡Atención! The Spanish future is *not* used to express willingness, as is the English future. In Spanish, this is expressed with the verb **querer.**

¿**Quieres** llamar a Tomás?	*Will you call Tomás?*

¿Tú lo sabías?

En la mayoría de los países de habla hispana, los hospitales son gratis y subvencionados (*subsidized*) por el gobierno. Hay clínicas privadas para la gente de mejor posición económica que no quiere ir a un hospital público.

> **En este país, ¿los hospitales son gratis?**

> A small number of verbs are irregular in the future. These verbs use a modified form of the infinitive as a stem, but have the same endings as the regular verbs.

Irregular Future Stems		
Infinitive	**Modified form (Stem)**	**First-person singular**
decir	dir-	**diré**
hacer	har-	**haré**
querer	querr-	**querré**
saber	sabr-	**sabré**
poder	podr-	**podré**
caber	cabr-	**cabré**
poner	pondr-	**pondré**
venir	vendr-	**vendré**
tener	tendr-	**tendré**
salir	saldr-	**saldré**
valer[1]	valdr-	**valdré**

Activity Suggestion Ask students the following personalized questions or have them interview each other in groups of three. Remind them to use the irregular future forms of the verbs in their responses.

1. **¿Con quién vas a salir este fin de semana?**
2. **¿A qué hora vas a venir a la universidad mañana?**
3. **¿Qué vas a hacer después de la clase?**
4. **¿Cuándo vas a poder comprar un coche?**
5. **¿Cuándo vas a tener una fiesta?**
6. **¿Cuánto va a valer tu coche en tres años?**
7. **¿Qué van a decir tus amigos si ganas la lotería?**
8. **¿Cuándo vas a saber las notas finales del semestre?**

—¿Qué les **dirás** a tus padres?   *What will you tell your parents?*

—Les **diré** que no **podremos** venir en enero y que **vendremos** en febrero.   *I will tell them that we won't be able to come in January and that we will come in February.*

¡Atención!   The future of **hay** (impersonal form of **haber**) is **habrá**.

¿**Habrá** una fiesta (hoy)?   *Will there be a party (today)?*

▓▓ Un brindis[2] ▐

Salud, amor y pesetas... y tiempo para gastarlas.
Health, love, and money . . . and the time to enjoy them.

LEARNING TIP
Remember that you must create activities that will place information in your long-term memory. To help you do this, use each verb in short affirmative, interrogative, and negative sentences, varying the subjects. For example: *Eva dirá* la verdad. *¿Tú dirás* la verdad? *Ellos* no dirán la verdad.

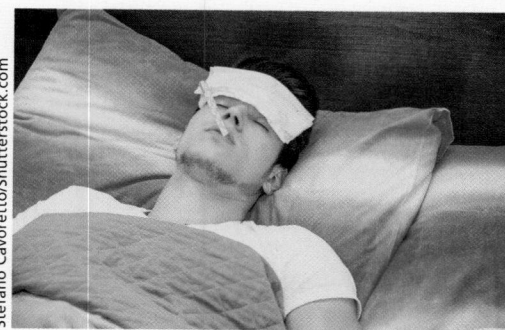
Stefano Cavoretto/Shutterstock.com

Juan Carlos no se siente bien.

1. ¿Podrá ir a trabajar? ¿Qué le dirá a su jefe?
2. ¿Qué tendrá que hacer? ¿Quién vendrá a verlo?
3. ¿Saldrá con su novia esta noche o se quedará en su casa?
4. ¿Qué hará cuando se sienta mejor?

[1]**valer** = *to be worth*
[2]This is a popular toast in Spain. The **peseta** is the former Spanish currency.

ESTRUCTURAS

Práctica

8. **La próxima semana** The following things **happened.** Change all the verbs to the future tense to indicate what **will happen.**

   1. Jorge fue al hospital y habló con el médico. *irá / hablará*
   2. Ana vino a visitarme y trajo a los niños. *vendrá / traerá*
   3. La enfermera me puso una inyección antitetánica. *pondrá*
   4. Nosotros tuvimos que entretener a nuestros amigos. *tendremos*
   5. El médico salió para el hospital a las seis y volvió a su casa a la una. *saldrá / volverá*
   6. El médico no nos dijo nada. *dirá*
   7. Ellos no pudieron llevarme a la sala de rayos X. *podrán*
   8. Nosotros hicimos muchas cosas y terminamos el trabajo. *haremos / terminaremos*

9. **¿Qué haremos?** Indicate what the following people will do in each situation. Use the verbs given.

   1. El abuelo de Eva no puede caminar. (usar)
   2. Ana y yo estamos muy enfermos. (ir)
   3. El doctor tiene dos pacientes que tienen pulmonía. (recetar)
   4. Yo tengo fiebre, con una temperatura de 102 grados. (tomar)
   5. El médico cree que uno de sus pacientes se quebró una pierna. (hacer)
   6. A Paco y a Raquel les duele la garganta. (llamar)
   7. El hijo del Dr. Paz tuvo un accidente. (llevar)
   8. La señora Vega está embarazada. (no beber)

   9. ¿Qué haremos? Answers 1. Usará una silla de ruedas. 2. Iremos al médico. 3. Les recetará un antibiótico. 4. Tomaré dos aspirinas. 5. Le hará una radiografía. 6. Llamarán al médico. 7. Lo llevarán a la sala de emergencia en una ambulancia. 8. No beberá bebidas alcohólicas.

10. **Un viaje a Paraguay** You and a friend will be attending a special program in Paraguay next year. Take turns asking and answering the following questions about your trip.

    1. ¿A qué ciudad irán?
    2. ¿Cuándo saldrán de viaje?
    3. ¿Viajarán en barco o en avión?
    4. ¿Cuánto tiempo estarán estudiando?
    5. ¿Podrán visitar muchas ciudades?
    6. ¿Qué lugares visitarán? (See map on page 417.)
    7. ¿Les enviarán tarjetas postales a sus amigos?
    8. ¿Cuánto dinero necesitarán para el viaje?
    9. ¿Se lo pedirán a sus padres?
    10. ¿Cuándo volverán?

    10. Un viaje a Paraguay Activity Suggestion Write these incomplete statements on the board or on a transparency. Have students complete the sentences orally or in writing, using the verbs in the future.
    1. El año que viene, mi familia...
    2. Esta noche, mis amigos y yo...
    3. El último día de clase, nosotros...
    4. Cuando tenga mucho dinero, yo...
    5. Este fin de semana, mi amigo(a)...
    6. Mañana, el profesor / la profesora...
    7. En el año 2025, yo...
    8. Durante las vacaciones, yo...

▬▬ Un dicho ▮

Dime con quién andas y te diré quién eres.
Equivalent: *You are known by the company you keep.*

Para conversar

👥 **11. ¿Cuáles son tus planes?** Now, use questions similar to those in **Actividad 10** as a model to ask a classmate about his or her upcoming vacation plans.

👥 **12. Tu horóscopo** You and your classmate are in charge of the astrology section in a newspaper. Using the future tense, take turns making predictions for each sign. Your classmate should write all predictions. Compare notes with other members of the class. Use the word that characterizes each sign to help you make your predictions.

Aries	Tauro	Géminis	Cáncer	Leo	Virgo
SOY	**TENGO**	**PIENSO**	**SIENTO**	**QUIERO**	**ANALIZO**
Libra	Escorpión	Sagitario	Capricornio	Acuario	Piscis
PESO	**DESEO**	**VEO**	**USO**	**SÉ**	**CREO**

2 The conditional (*El condicional*)

> The conditional tense in Spanish is equivalent to the conditional in English, expressed by *should* or *would + a verb*.[1] Like the future tense, the conditional uses the infinitive as the stem and has only one set of endings for all three conjugations.

The Conditional Tense				
Infinitive		**Stem**	**Ending**	
trabajar	yo	trabajar-	**ía**	trabajar**ía**
aprender	tú	aprender-	**ías**	aprender**ías**
escribir	Ud.	escribir-	**ía**	escribir**ía**
ir	él	ir-	**ía**	ir**ía**
ser	ella	ser-	**ía**	ser**ía**
dar	nosotros(as)	dar-	**íamos**	dar**íamos**
hablar	vosotros(as)	hablar-	**íais**	hablar**íais**
servir	Uds.	servir-	**ían**	servir**ían**
estar	ellos	estar-	**ían**	estar**ían**
preferir	ellas	preferir-	**ían**	preferir**ían**

[1]The conditional is never used in Spanish as an equivalent of *used to*.
Cuando era pequeño, siempre **iba a la playa**. *When I was little, I would always go to the beach.*

ESTRUCTURAS

› All of the conditional endings have written accents.

—Él dijo que **tomaría** esta medicina.　*He said that he would take this medicine.*

—Sí, y también dijo que **hablaría** con el médico.　*Yes, and he also said that he would speak with the doctor.*

› The conditional is also used as the future of a past action. The future states what *will* happen; the conditional states what *would* happen.

Future
(states what *will* happen)
Él **dice** que **estará** aquí mañana.
He says that he will be here tomorrow.

Conditional
(states what *would* happen)
Él **dijo** que **estaría** aquí mañana.
He said that he would be here tomorrow.

Activity Suggestion Write ten things that you wouldn't do. Compare notes with a classmate.

› The verbs that have irregular stems in the future tense are also irregular in the conditional. The endings are the same as those for regular verbs.

Irregular Future Stems		
Infinitive	*Modified form (Stem)*	*First-person singular*
decir	dir-	**diría**
hacer	har-	**haría**
querer	querr-	**querría**
saber	sabr-	**sabría**
poder	podr-	**podría**
caber	cabr-	**cabría**
poner	pondr-	**pondría**
venir	vendr-	**vendría**
tener	tendr-	**tendría**
salir	saldr-	**saldría**
valer	valdr-	**valdría**

Activity Suggestion Write the following incomplete statements on the board or on an overhead transparency. Have students complete the sentences orally or in writing, using the irregular conditional verbs to tell what they, their friends, or their families would never do.
Yo / Mi(s) amigo(s) / Mi novio(a) / Mi(s) padre(s) / El (La) profesor(a) nunca querer visitar un país extranjero / poder conseguir un trabajo en... / tener una familia grande / venir tarde a clase / ponerle un pleito *(sue)* a un amigo / salir solo(a) de noche

—¿A qué hora te dijo que **vendría**?　*What time did he tell you he would come?*

—Dijo que **saldría** de casa a las dos.　*He said he would leave home at two.*

¡Atención! The conditional of **hay** (impersonal form of **haber**) is **habría**.

Dijo que **habría** un examen mañana.　*He said there would be an exam tomorrow.*

LEARNING TIP
Take all the affirmative and negative statements you created with verbs in the future, and change them to the conditional by starting with **"Yo te dije que..."** For example: **Yo te dije que *Eva diría* la verdad.**

Práctica

13. No haríamos lo mismo Nobody would do the things that Carlos does. With a classmate, take turns saying what the following people would do instead.

> **Modelo** Carlos come en la cafetería. (yo)
> *Yo comería en mi casa.*

Carlos...

13. No haríamos lo mismo
Expansion Encourage students to expand on each answer by providing a reason.

1. se levanta a las cinco. (Uds.) Uds. se levantarían a las...
2. estudia por la mañana. (Ana y Luis) Ana y Luis estudiarían...
3. viene a la universidad en ómnibus. (Nosotros) Nosotros vendríamos a la universidad en...
4. toma clases de alemán. (yo) Yo tomaría clases de...
5. se baña por la noche. (Elsa) Elsa se bañaría...
6. se acuesta a las nueve de la noche. (Ud.) Ud. se acostaría a la(s)...
7. va a las montañas los fines de semana. (Ellos) Ellos irían a...
8. sale con Margarita. (tú) Tú saldrías con...

14. ¿Qué harías tú? Describe what you would do in the following situations, using the conditional. *Answers will vary.*

14. ¿Qué harías tú? **Activity Suggestion**
Have students complete this activity in groups of three. Each student should first write his or her own solution. The group should then compare solutions and select the one they believe best solves the problem. Have several groups share their lists with the class.

1. Tu amigo cree que tiene pulmonía.
2. A ti te duele mucho la cabeza.
3. Son las cuatro de la tarde y tú tienes mucha hambre.
4. Suena el timbre.
5. Tú notas *(notices)* que un niño está débil.
6. Tú tienes un accidente.
7. A ti te duele el estómago.
8. Los zapatos te quedan chicos y te duelen los pies.
9. Tú tienes dolor de espalda.
10. Tú crees que tu hermanito tiene fiebre.

Para conversar

15. Buenos consejos Using the following advice from a magazine article, take turns with your classmate indicating what each person in the list on page 430 said he/she would or wouldn't do after reading it.

Buenos consejos para conservar la salud	
DEBE	**NO DEBE**
✔ comer más vegetales y frutas	✘ fumar
✔ dormir lo suficiente	✘ consumir mucho alcohol
✔ visitar al médico periódicamente	✘ consumir mucha sal o azúcar
✔ hacer ejercicio	✘ usar drogas
✔ aprender a relajarse	✘ comer mucha grasa
✔ evitar la tensión *(stress)*	✘ trabajar en exceso
✔ pensar positivamente	
✔ tener una dieta balanceada	
✔ controlar su peso *(weight)*	

1. El Sr. Vega toma diez cervezas todos los días.   Consumiría menos alcohol.
2. La Srta. Díaz está siempre sentada, mirando televisión.   Haría ejercicio.
3. Elsa come muchos dulces *(sweets).*   Consumiría menos azúcar (menos calorías).
4. El Dr. Álvarez trabaja catorce horas cada día.   Trabajaría menos horas. No trabajaría en exceso.
5. La Sra. Carreras duerme solo cuatro horas cada noche.   Dormiría lo suficiente.
6. Estela se preocupa constantemente por todo.   Aprendería a relajarse y a evitar la tensión.
7. Adela siempre come papas fritas, hamburguesas, mantequilla, pollo frito, etc.
   Comería más vegetales y frutas. Tendría una dieta balanceada.
8. Hace cinco años que Carlos no va a ver a su médico.   Visitaría a su médico periódicamente.
9. La dieta de Eduardo es de 5000 calorías al día.   Consumiría menos calorías.
10. Raúl pesa *(weighs)* 300 libras *(pounds).*   Controlaría su peso.
11. Raquel solamente come carne y pastas.   Comería más vegetales y frutas, y tendría una dieta balanceada.
12. Jorge fuma muchísimo.   No fumaría.

15. Buenos consejos Expansion Have students, in pairs, look at the **DEBE** column and pick five things that each would do to be healthy.

👥 16. **¡Gané la lotería!** With a classmate, take turns telling each other what you would do if you won a million dollars in the lottery. Say at least five things each, and then compare your responses with those of other classmates.

3 The future perfect and the conditional perfect *(El futuro perfecto y el condicional perfecto)*

A. The future perfect

❯ The future perfect in Spanish corresponds closely in formation and meaning to the same tense in English. The Spanish future perfect is formed with the future tense of the auxiliary verb **haber** + *the past participle* of the main verb.

Future Tense of *haber*	
habré	habremos
habrás	habréis
habrá	habrán

Activity Suggestion Write on the board: **Para las once de la noche, yo me habré acostado.** Then change the subjects: **tú, mi hermano, nosotros, mis padres.**

Formation of the Future Perfect Tense		
yo	**habré terminado**	*I will have finished*
tú	**habrás vuelto**	*you will have returned*
Ud.		
él	**habrá comido**	*you (he, she) will have eaten*
ella		
nosotros(as)	**habremos escrito**	*we will have written*
vosotros(as)	**habréis dicho**	*you (fam.) will have said*
Uds.		
ellos	**habrán salido**	*you (they) will have left*
ellas		

> Like its English equivalent, the future perfect is used to indicate an action that will have taken place by a certain time in the future.

—¿Tus padres estarán aquí para el dos de junio?

—Sí, para esa fecha ya **habrán vuelto** de Madrid.

Will your parents be here by June second?

Yes, by that date they will have returned from Madrid.

Práctica

17. **Minidiálogos** Complete the following dialogues, using the future perfect forms of the verbs listed. Then act them out with a classmate.

| acostarse | salir | terminar (2) |
| cenar | limpiar | volver |

1. —Esta noche a las once voy a llamar a Quique.

   —¿Estás loco(a)? Para esa hora él ya __se habrá acostado__. Llámalo mañana a las siete.

   —Para esa hora ya __habrá salido__ de su casa.

2. —¿Uds. __habrán vuelto__ de México para el 4 de julio?

   —No, todavía no. Vamos a estar allí hasta agosto.

3. —Tú y yo podemos salir para España el 12 de diciembre porque ya estaremos de vacaciones.

   —Bueno, tú __habrás terminado__ las clases para entonces, pero yo no las __habré terminado__ todavía.

4. —No podemos traer a mis amigos esta noche porque la casa está muy sucia *(dirty)*.

   —No te preocupes. Para cuando Uds. vengan, las chicas ya la __habrán limpiado__.

5. —¿Quieres cenar con nosotros hoy?

   —Gracias, pero para cuando yo vuelva, Uds. ya __habrán cenado__.

Para conversar

18. **Para entonces** With a classmate, discuss things that you will or will not have done by certain times.

   1. para las once de la noche
   2. para mañana a las cinco de la mañana
   3. para mañana a las seis de la tarde
   4. para el sábado próximo
   5. para junio del año próximo
   6. para el año 2025
   7. para diciembre
   8. para el mes próximo
   9. para el verano que viene
   10. para el año 2020

Esta chica se llama Diana. ¿Qué habrá hecho para las once de la noche? ¿Qué más?

ESTRUCTURAS

B. The conditional perfect

> The conditional perfect is formed with the conditional tense of the auxiliary verb **haber** + *the past participle* of the main verb.

Conditional Tense of *haber*	
habría	habríamos
habrías	habríais
habría	habrían

Activity Suggestion Write on the board: **almorzar volver escribir** Have students work in pairs to conjugate all three verbs in all tenses of the indicative (use the **tú** form). Follow up: write sentences with all of them.

Formation of the Conditional Perfect Tense		
yo	**habría vuelto**	*I would have returned*
tú	**habrías comido**	*you would have eaten*
Ud.		
él	**habría salido**	*you (he, she) would have left*
ella		
nosotros(as)	**habríamos estudiado**	*we would have studied*
vosotros(as)	**habríais hecho**	*you (fam.) would have done*
Uds.		
ellos	**habrían muerto**	*you (they) would have died*
ellas		

> Like the English conditional perfect, the Spanish conditional perfect is used to indicate an action that would have taken place but didn't.

| —Lo llevé al hospital en mi coche. | *I took him to the hospital in my car.* |
| —Yo **habría llamado** una ambulancia. | *I would have called an ambulance.* |

Práctica

19. **¿Qué habrían hecho?** Following are some things that my family and I and a couple of friends did last week. Based on what I tell you, say what you and every member of your family and two of your friends would have done *differently*.

1. Mi mamá tomó té con miel de abeja.
2. Mis hermanos merendaron a las cuatro.
3. Mi papá volvió a casa a eso de las ocho.
4. Mi abuela no se sentía bien y tomó un remedio casero.
5. A mi amiga Nora le dolía mucho la cabeza y tomó dos aspirinas.
6. Mi amigo Sergio tuvo un ataque de alergia y tomó Benadryl.
7. Mi hermano tenía fiebre, tos y dolor de garganta, pero no fue al médico.
8. Yo tenía una enfermedad *(sickness)* contagiosa, pero no me quedé en mi casa.
9. Mi mamá se lavó las manos con jabón Dove.
10. Yo le toqué la frente a mi hermanito para ver si tenía fiebre.

19. ¿Qué habrían hecho? **Activity Suggestion** Write the following infinitive phrases on the board. Then have students tell about the things they or their friends wanted to do or should have done over the weekend but for some reason did not. **Modelo Mi compañero habría limpiado el apartamento. ver a la familia leer una novela interesante lavar el coche bañar al perro pasar más tiempo en la biblioteca ir al banco para sacar dinero ir al supermercado para hacer las compras de la semana lavar la ropa**

Para conversar

20. ¡No los esperábamos! You and your family had unannounced guests last Saturday. You were not prepared! You and your classmate take turns saying what you and other members of your family or the maid would have done had you known that they were coming.

Modelo mi mamá
—De haber sabido que vendrían, mi mamá habría limpiado la casa.
—Mi mamá habría...

1. yo
2. mi papá
3. mi hermana y yo
4. mis hermanos
5. mis padres
6. mi mamá y yo
7. mi tía
8. mi abuela
9. mi prima

¿Qué habría hecho la criada?

Summary of the Tenses of the Indicative			
Simple tenses			
	-ar	**-er**	**-ir**
Presente	habl**o**	com**o**	viv**o**
Pretérito	habl**é**	com**í**	viv**í**
Imperfecto	habl**aba**	com**ía**	viv**ía**
Futuro	hablar**é**	comer**é**	vivir**é**
Condicional	hablar**ía**	comer**ía**	vivir**ía**
Compound tenses			
Pretérito perfecto	**he** habl**ado**	**he** com**ido**	**he** viv**ido**
Pretérito pluscuamperfecto	**había** habl**ado**	**había** com**ido**	**había** viv**ido**
Futuro perfecto	**habré** habl**ado**	**habré** com**ido**	**habré** viv**ido**
Condicional perfecto	**habría** habl**ado**	**habría** com**ido**	**habría** viv**ido**

● ¡Vamos a ver!

Antes de ver el video

21. Preguntas You and a classmate take turns asking and answering the following questions.

1. Si te duele la cabeza y la garganta y tienes fiebre y tos, ¿vienes a clase? ¿y si tienes algo contagioso?

2. Si tú no te sientes bien, y alguien te ofrece una taza de té bien caliente con miel de abeja, ¿tú la aceptas?

3. Si tú tienes gripe, ¿vas al médico para que te recete un antibiótico o te quedas en tu casa y descansas?

4. Tengo una temperatura de 102 grados. ¿Será necesario que el doctor me vea?

5. A eso de las cuatro, ¿te gustaría mirar la tele y merendar? ¿Qué prepararías para comer?

6. ¿Tú tendrás que salir o tendrás que quedarte en tu casa el domingo?

7. Cuando suena el timbre en tu casa, ¿quién abre la puerta, generalmente?

8. ¿Tienes árboles frutales en tu patio? ¿Qué flores tienes en tu jardín? ¿Qué flores te gustaría tener?

9. ¿Preferirías vivir en una casa moderna o en una casa de tipo colonial?

10. Para las once de la noche, ¿tú ya te habrás acostado?

11. La próxima vez que tengas fiebre, ¿vendrás a clases?

12. ¿Qué le dirías a un amigo que está enfermo?

13. Tu mejor amigo(a) estaba enfermo con un virus contagioso. ¿Lo (La) habrías invitado a tu fiesta de cumpleaños?

14. Tus amigos te invitan a una fiesta cuando estás con un poco de fiebre. ¿Qué harás? ¿Qué les dirás?

15. Imagina que ayer tu amigo te llamó y te dijo que tenía una temperatura de 102 grados. ¿Qué habrías hecho?

El video ¿Qué síntomas tiene Adriana?

—¿Anabel? Habla Adriana. Hoy no quiero ir a la facultad, de modo que le voy a decir a mi mamá que no me siento bien.

—No, Adriana… podrías empeorarte. Necesitas descansar… Voy a llamar a Carolina, a ver si ella puede ir conmigo. ¡Ojalá que te mejores pronto!

Después de ver el video...

Adriana

Doña Eva

Criada

Ignacio

22. ¿Quién lo dice? Identify the person who said each of the following in the dialogues.

1. No, gracias, señora. ¡No se moleste! Ignacio
2. ¡Ojalá que te mejores pronto! Ignacio
3. Para el lunes ya se habrá curado y podrá volver a la universidad. doña Eva
4. Mamá, tendré que quedarme en casa hoy. Adriana
5. Voy a llamar a Carolina, a ver si ella puede ir conmigo. Ignacio
6. ¡Ignacio! ¡Qué gusto de verte! doña Eva
7. ¿Te gustaría venir a visitarme? Adriana
8. Señora, aquí hay un joven que quiere hablar con la señorita Adriana. la criada

23. Hablemos. With a classmate, take turns asking and answering the following questions. Base your answers on the dialogue.

1. Para no ir a la facultad, ¿qué le va a decir Adriana a su mamá?
2. ¿Qué síntomas dice Adriana que tiene?
3. ¿Qué tomará Adriana para mejorarse?
4. ¿Qué dice la mamá de Adriana que su hija tendrá que hacer?
5. ¿Quién abre la puerta cuando suena el timbre?
6. ¿Qué habría hecho doña Eva de haber sabido que Ignacio venía?
7. ¿Qué quiere preguntarle Ignacio a Adriana?
8. ¿Cuándo dice doña Eva que Adriana podrá volver a la universidad?

23. Hablemos Answers 1. Le va a decir a su mamá que no se siente bien. 2. Dice que le duele la garganta y que tiene fiebre. 3. Tomará dos aspirinas. 4. Dice que tendrá que tomar una taza de té bien caliente con miel de abeja. 5. La criada abre la puerta. 6. Habría preparado algo para merendar. 7. Quiere preguntarle si quiere ir a una fiesta en la embajada de Bolivia. 8. Dice que Adriana podrá volver el lunes.

24. ¿Qué pasa después... ? You and a classmate use your imaginations to say what the characters do. In Spanish, discuss the following.

1. Whether or not Anabel comes to visit Adriana and what they do.
2. What Adriana tells Anabel about Ignacio. Give details.
3. Whether Dr. Viñas will see Adriana and what he will prescribe.
4. Whether Adriana would like to drink tea with honey, or something else.
5. What doña Eva would have prepared for an afternoon snack.
6. Whether later Adriana told her mother that she wasn't sick.
7. Carolina accepted Ignacio's invitation. Say whether they had a good time at the party. Did Ignacio call Adriana the next day? Does he like Carolina better?

Now compare your answers with those of the members of another group.

¡Vamos a escuchar!

> **ESTRATEGIA** **Recognizing transitions** You have already seen that certain words establish links or transitions between one idea and the next. Review the transition words listed in **¡Vamos a escuchar!, Lección 11.** Here are other transition words you have seen. The lesson number where each was introduced is shown in parentheses.

bueno (1)	en ese caso (2)	en fin (8)
a pesar de (esto, lo anterior) (9)	es que (13)	por ejemplo (13)
en cuanto (14)	si (14)	de haber(lo) sabido (15)

25. Estoy muy mal. Answers
y, además, entonces, pero, es que, en ese caso, en cuanto, bueno, si, a pesar de, después de todo

CD3-11 **25. Estoy muy mal.** Listen to a conversation between Rosa and Sergio. Listen specifically for the transitional markers and write them on a piece of paper. Try to list ten different ones.

¡Vamos a conversar!

> **ESTRATEGIA** **Practicing extended conversation** As you continue your study of Spanish, it is important that you develop your conversational skills beyond brief oral exchanges. When you make a statement, try to elaborate with details. For example, on the topic *Hoy voy al médico*, you can talk about the time of the appointment, why you are going, your symptoms, how long you have had the problem, etc.

27. ¿Qué dices tú? Answers *Possibilities:* 1. Estaba enfermo(a) pero el doctor me ha recetado un remedio (una medicina) y ahora me siento perfectamente bien. 2. Una ambulancia ha llevado a tu (su) padre a la sala de emergencia porque tuvo un ataque al corazón. 3. De haber sabido que estabas enfermo(a), yo te habría llevado al médico. 4. No se moleste (No te molestes). 5. Yo iré a visitarte a eso de las cinco de la tarde. 6. No me sentía bien y me quedé en casa. ¿Qué habrías hecho tú?

26. Anécdotas personales Think of three simple statements to tell your classmate and expand on each with as much information as you can. You might talk about something you plan to do, a friend, a recent medical problem, a movie you saw, etc.

27. ¿Qué dices tú? What would you say in the following situations? What might the other person say? Act out the scenes with a classmate. Take turns playing each role.

1. You tell a friend that you were sick but the doctor has prescribed some medicine, and you are now feeling perfectly well.
2. You tell a friend that an ambulance has taken his dad to the emergency room because he had a heart attack.
3. You tell a friend that, had you known that he/she was sick, you would have taken him/her to the doctor.
4. Someone offers to do something for you. Tell him/her not to bother.
5. You tell your friend, who is in the hospital, that you will go visit him/her at about 5 P.M.
6. You didn't feel well and you stayed home. Ask a friend what he/she would have done.

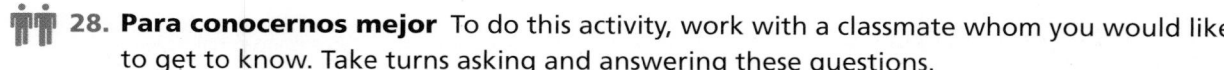

28. Para conocernos mejor To do this activity, work with a classmate whom you would like to get to know. Take turns asking and answering these questions.

1. ¿Has tenido algún problema últimamente? ¿Cuántas veces al año vas al médico? ¿Cuándo fue la última vez que te hicieron un chequeo? ¿Cómo se llama tu médico? ¿Cómo te sientes hoy?

2. ¿Tú te quedas en tu casa cuando estás enfermo(a)? ¿Has tenido pulmonía alguna vez? ¿Cuándo fue la última vez que tuviste catarro? ¿Qué hiciste?

3. ¿Tú eres alérgico(a) a alguna medicina? ¿Qué tomas cuando tienes tos? ¿Tu médico te receta antibióticos a veces? ¿Cuáles?

4. ¿Cuándo fue la última vez que te hicieron una radiografía? ¿De qué parte del cuerpo *(body)*? ¿Cuándo fue la última vez que te pusieron una inyección antitetánica? ¿Cuándo irás a tu médico para que te haga un chequeo?

5. ¿Tú conoces a alguien que sea hipocondriaco? Si tú crees que alguien tiene fiebre, ¿le tocas la frente o usas un termómetro? Yo no me sentía bien y tomé un remedio casero. ¿Qué habrías hecho tú?

6. ¿Tú te habrás acostado para las once de la noche? Mañana, ¿habrás salido de tu casa para las siete?

7. Cuando un buen amigo viene a visitarte, ¿qué le dices para saludarlo? ¿Qué le ofreces para beber? (Le ofrezco...)

28. Para conocernos mejor Expansion Have students ask you the same questions, using the **Ud.** form.

29. Una actividad especial para toda la clase

En la clínica The classroom is a clinic, and several students will play the roles of doctors. The rest of the class will play the roles of patients who have all sorts of medical problems: colds, the flu, pneumonia, and all kinds of pains.

Step 1: The patients describe their symptoms and the doctors ask questions and prescribe medicine. Some patients will need X-rays and shots.

Step 2: Each "doctor" will give some information about one of his/her patients to the rest of the class, and will say what he/she prescribed. Some "doctors" or "patients" might ask some questions or make some comments about each case.

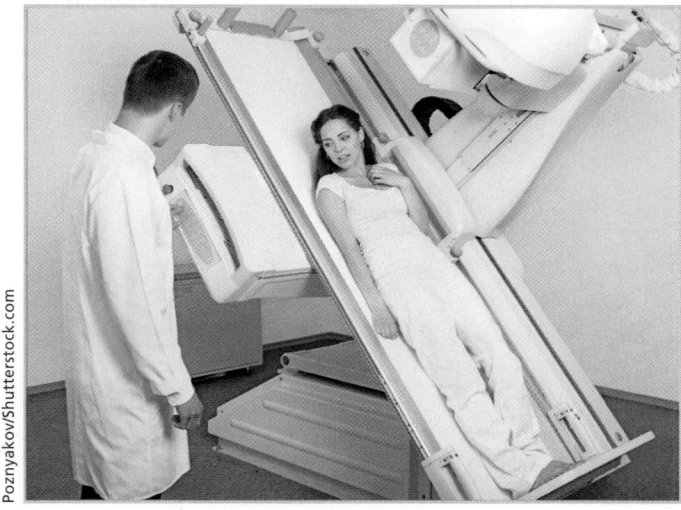

Poznyakov/Shutterstock.com

Rincón literario

Juan Ramón Jiménez (España: 1881–1958)

Juan Ramón Jiménez nació en Moguer. Su poesía, al evolucionar, pasa de lo subjetivo sentimental a lo objetivo, y finalmente a lo filosófico metafísico en su búsqueda *(search)* de la "poesía pura". La mayor preocupación de Jiménez era lo estético. Su obra *(work)* es muy numerosa y el poeta trata constantemente de depurarla *(purify it)*. Entre sus obras más importantes están *Poesías escojidas*[1], *Segunda antolojía poética, Canción* y *Tercera antolojía*. Una de sus obras más famosas es un libro de prosa poética titulado *Platero y yo*. Juan Ramón Jiménez fue profesor de literatura en la Universidad de Puerto Rico y en la Universidad de Miami en Coral Gables, Florida.

akg-images/Newscom

Antes de leer

> **ESTRATEGIA** **Guessing and skimming** The title of the poem tells us that the topic is death. Skimming the poem, we see that the poet emphasizes that nothing will change after he goes. Read the last stanza to see how the poet expresses the loneliness and sadness of those who die, while life . . . goes on.

¡A leer!

30. Comprensión As you read the poem, find the answers to the following questions.

1. Después de la muerte del poeta, ¿qué estarán haciendo los pájaros? Estarán cantando.
2. ¿Qué hay en el huerto? Un árbol verde y un pozo blanco.
3. ¿Cómo será el cielo? Azul y plácido
4. ¿Qué harán las campanas del campanario? Tocarán.
5. ¿Qué pasará con aquellos que amaron al poeta? Morirán.
6. ¿Qué hará su espíritu en el huerto? Errará nostálgico.
7. ¿Cómo estará el poeta? Estará solo.

El viaje definitivo

... Y yo me iré. Y se quedarán los pájaros° cantando;   *birds*
Y se quedará mi huerto° con su verde árbol,   *orchard*
y con su pozo° blanco.   *well*
Todas las tardes, el cielo° será azul y plácido;   *sky*
y tocarán°, como esta tarde están tocando,   *will toll*
las campanas° del campanario°.   *bells / bell tower*
Se morirán aquellos que me amaron;
y el pueblo se hará nuevo cada° año;   *each*
y en el rincón° aquel de mi huerto florido y encalado°,   *corner / whitewashed*
mi espíritu errará° nostáljico...   *will wander*

[1] The poet used **j** instead of **g** intentionally in his works.

Y yo me iré; y estaré solo, sin hogar°, sin árbol
verde, sin pozo blanco, sin cielo azul y plácido...
Y se quedarán los pájaros cantando.

home

Juan Ramón Jiménez, "El viaje definitivo" from *Segunda antología poética.*
Madrid, 1922. Used with permission of the author's estate.

Después de leer... reflexiones

31. ¿Qué dejamos? In groups of three, talk about the things that people leave after they die. Then discuss this question: How important are material things **(las cosas materiales)**?

¡Vamos a escribir!

Antes de escribir

> ▶ **ESTRATEGIA** **A review of different strategies** Think of the strategies you used before. Which one proved most helpful to you? Which one works best when trying to narrate, summarize, or explain? Can you come up with a new way of organizing your thoughts and ideas?

¡A escribir!

32. En mi ausencia You will write about the following: The night before you go away to college, you realize that this is the last time you will be in your room (for a while). Think of two things: what you will miss about home when you're away and what your family and friends will miss about you. Jot down everything that comes to mind and then organize your lists. Add details and examples.

33. Borrador Write the **primer borrador.**

Después de escribir

34. A revisar Exchange your first draft with a classmate's and peer edit each other's work to prepare the final version.

EL MUNDO HISPÁNICO Y TÚ

Paraguay

Paraguay tiene dos idiomas importantes: el guaraní y el español. Los paraguayos van generalmente de uno a otro idioma, según el tema de la conversación. ¿Te gustaría aprender una palabra en guaraní? Aquí va: para decir "vámonos", di "yajhá". Los niños aprenden el guaraní en las escuelas.

Paraguay es un país principalmente agrícola y su economía depende de sus bosques y tierras *(lands)*. Sin embargo, desde la construcción de la planta hidroeléctrica de Itaipú, la más grande del mundo, el país ha comenzado a industrializarse y empieza a convertirse en un centro de atracción turística.

Asunción, la capital de Paraguay, es también su principal puerto. Paraguay no tiene salida al mar, pero tiene más de 1800 millas de ríos navegables, que son sus principales vías de transporte. Desde Asunción salen los barcos que, a través del río Paraná, transportan los productos del país hasta el río de la Plata. Muchas expediciones coloniales salieron de Asunción para fundar otras ciudades.

La represa *(dam)* hidroeléctrica de Itaipú

En la frontera de Paraguay, Argentina y Brasil están las famosas **cataratas de Iguazú,** nombre guaraní que significa "agua grande". Estas cataratas son una de las mayores atracciones turísticas y son muchísimo más altas que las cataratas del Niágara.

La danza y la música

En la foto de la derecha, la muchacha baila la **danza de la botella,** un baile típico de Paraguay. Una mujer baila con una, dos o, a veces, más botellas en la cabeza, lo cual requiere increíble habilidad y gracia.

El **arpa paraguaya** es el instrumento nacional. Es más pequeña que el arpa clásica y tiene 34 o más cuerdas de nilón. La mayoría de los arpistas tocan de oído *(by ear)*. Se escuchan en el arpa las melódicas guaraníes y las alegres polcas paraguayas. Una de las polcas más famosas es "Cascada", dedicada a las cataratas del Iguazú.

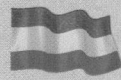

Bolivia

Bolivia tiene dos capitales: La Paz, situada a 12.000 pies de altura, es la capital administrativa. Sucre es la capital política. Bolivia es tan grande como los estados de California y Tejas juntos, pero apenas *(barely)* puede explotar sus riquezas naturales porque no tiene salida al mar y su territorio es muy montañoso. Los indios quechua y aymará, que constituyen más de la mitad de su población, mantienen su cultura y sus lenguas tradicionales. El resto de la población lo constituyen las personas de ascendencia europea y los mestizos.

© Klaus Lang/Alamy

imageBROKER/Superstock

La Plaza Murillo está en el lugar más céntrico de La Paz y está dedicada a **don Pedro Domingo Murillo**, patriota y precursor de la lucha por la independencia. En la plaza está el Palacio Presidencial.

Una manada de **alpacas** pace *(grazes)* en las montañas de Bolivia. La alpaca pertenece a la familia de las llamas. La llama se usa principalmente como animal de transporte, mientras que la lana *(wool)* de la alpaca se utiliza para hacer alfombras y diferentes artículos de ropa.

Christian Kober / John Warburton Lee / Superstock

Peter Langer / DanitaDelimont.com "Danita Delimont Photography"/ Newscom

La música boliviana se toca con instrumentos típicos del altiplano, como la **quena,** que es una flauta de caña, y el **charango,** un instrumento de cuerdas hecho con el cuerpo del armadillo.

Ruinas milenarias

Tiahuanaco es un importante sitio arqueológico precolombino situado en el oeste *(west)* de Bolivia. Las ruinas de esta antigua *(ancient)* ciudad están cerca del lago Titicaca, el segundo lago más grande de Sudamérica. Las esculturas típicas de Tiahuanaco son como columnas de piedra, con ojos enormes y cuadrados *(square)*.

Atlantide S.D.F./AGE Fotostock

Háganse preguntas

The class will be divided into groups of 3 or 4 students. The instructor will assign one the seven items of information presented here to each group. The members of each group will prepare questions about the item assigned to them to ask the rest of the class.

iLrn™

To learn more about Paraguay and Bolivia, watch the cultural footage in the Media Library.

¿Cuánto sé ahora?

Take this test. When you have finished, check your answers in the answer key provided in Appendix D. Then use a red pen to correct any mistakes you may have made. Are you ready?

A. The future Rewrite the following sentences using the future tense.

1. Le vamos a decir que debe tomar antibióticos. Le diremos que debe tomar antibióticos.
2. ¿Qué van a hacer Uds. con las recetas? ¿Qué harán Uds. con las recetas?
3. Ellos no van a querer ir al consultorio ahora. Ellos no querrán ir al consultorio ahora.
4. Mañana voy a saber el resultado del examen. Mañana sabré el resultado del examen.
5. Ellos no van a venir hoy. Ellos no vendrán hoy.
6. Vamos a ir al hospital ahora. Iremos al hospital ahora.
7. ¿Te van a poner la inyección hoy? ¿Te pondrán la inyección hoy?
8. Nosotros vamos a venir con el médico. Nosotros vendremos con el médico.
9. Voy a tener que comprar un termómetro. Tendré que comprar un termómetro.
10. Vamos a salir mañana temprano. Saldremos mañana temprano.
11. Vamos a tomar aspirina para el dolor de garganta. Tomaremos aspirina para el dolor de garganta.
12. Le van a preguntar si tiene una enfermedad contagiosa. Le preguntarán si tiene una enfermedad contagiosa.

B. The conditional Rewrite the following sentences, using the conditional tense.

1. Yo voy a Paraguay. Yo iría a Paraguay.
2. Nosotros les recetamos antibióticos. Nosotros les recetaríamos antibióticos.
3. ¿Tú se lo dices? ¿Tú se lo dirías?
4. Ellos hablan con Dora. Ellos hablarían con Dora.
5. ¿Ud. lo pone en el consultorio? ¿Ud. lo pondría en el consultorio?
6. ¿Uds. vienen el domingo? ¿Uds. vendrían el domingo?
7. Julio pide miel. Julio pediría miel.
8. Nosotros lo hacemos hoy. Nosotros lo haríamos hoy.
9. Tú no sales con ella. Tú no saldrías con ella.
10. Ella no va sola. Ella no iría sola.
11. Aurora y yo podemos ir a eso de las diez. Aurora y yo podríamos ir a eso de las diez.
12. Me gusta tomar un cafecito bien caliente. Me gustaría tomar un cafecito bien caliente.

C. The future perfect Complete the following sentences, using the future perfect of the verbs given.

1. Para mañana, el médico me __habrá dicho__ (decir) qué medicina debo tomar.
2. Para las cuatro de la tarde, ellos __habrán vuelto__ (volver) del consultorio.
3. Para el domingo, yo __me habré mejorado__ (mejorarse).
4. Para las cinco, nosotras ya __habremos merendado__ (merendar).
5. ¿Tú me __habrás traído__ (traer) la silla de ruedas para el mediodía?
6. ¿Ud. se __habrá puesto__ (poner) la inyección antitetánica para el viernes?
7. Para las ocho de la noche, los niños __se habrán cepillado__ (cepillarse) los dientes.
8. Para la próxima semana, Elena __se habrá curado__ (curarse) de la gripe.

D. The conditional perfect Complete the following sentences, using the conditional perfect of the verbs given.

1. Yo ___habría tomado___ (tomar) aspirinas.
2. Ellos ___habrían venido___ (venir) a eso de las tres.
3. La enfermera te ___habría puesto___ (poner) una inyección antitetánica.
4. De haber sabido que estabas enferma, nosotros ___habríamos ido___ (ir) a verte.
5. ¿Qué ___habrías hecho___ (hacer) tú?
6. ¿Ud. le ___habría preguntado___ (preguntar) cuáles eran sus síntomas?
7. ¿Uds. le ___habrían dado___ (dar) miel de abeja para la tos?
8. Ellos no ___habrían dicho___ (decir) que él era hipocondriaco.

E. Just words . . . Choose the word or phrase in parentheses that best completes each sentence.

1. Ella es alérgica a la (radiografía, penicilina, clase). penicilina
2. Comemos con (los oídos, los dientes, el pecho). los dientes
3. Hablamos con (la espalda, los dedos, la lengua). la lengua
4. Vemos con (los ojos, la boca, las orejas). los ojos
5. Caminamos con (las manos, el cuello, los pies). los pies
6. Tuvo un accidente. Lo llevaron al hospital en una (garganta, salud, ambulancia). ambulancia
7. ¿Te (rompiste, quejaste, evitaste) el brazo alguna vez? rompiste
8. Me dolía mucho (la pierna, el pelo, el consultorio). la pierna
9. ¿Cuándo fue la última vez que le (cortaron, quebraron, pusieron) una inyección antitetánica? pusieron
10. ¿Por qué tomaste aspirina? ¿Tenías (dolor de cabeza, tos, frío)? dolor de cabeza
11. ¿Tienes Alka Seltzer? Es para (el pecho, el estómago, los dedos de los pies). el estómago
12. Va a tener un bebé. Está (cansada, enferma, embarazada). embarazada

F. Culture

1. Complete the following, based on the information found in the **¿Tú lo sabías?** sections.

    a. En los países de habla hispana se mide la temperatura en grados Celsius, también llamados ___centígrados___.

    b. En la mayoría de los países de habla hispana, los hospitales son ___gratis___.

2. Answer the following questions, based on the information found in the **El mundo hispánico y tú** section.

    a. ¿Cuál es la mayor planta hidroeléctrica del mundo? ___Itaipú___

    b. ¿Cuál es el segundo lago más grande de Sudamérica? ___el lago Titicaca___

G. Un dicho Do you remember the Spanish saying that is equivalent to "You are known by the company you keep"? Find it in this lesson.

Dime con quién andas y te diré quién eres.

DEPORTES Y ENTRETENIMIENTO

Jugando al tenis

OBJETIVOS COMUNICATIVOS

You will learn vocabulary related to outdoor activities, sports, and the world of entertainment.

SITUACIONES

¿Adónde vamos?

ESTRUCTURAS

1 The imperfect subjunctive

2 Some uses of the prepositions **a**, **de**, and **en**

3 The present perfect subjunctive

ASÍ SOMOS

¡Vamos a ver!

Watching and understanding situations

¡Vamos a escuchar!

Identifying word boundaries practice I

¡Vamos a conversar!

Transitioning between ideas

Rincón literario

Using your experience as context

Lecciones de inglés by Germán Arciniegas (Colombia)

¡Vamos a escribir!

Writing about opinions and experiences

EL MUNDO HISPÁNICO Y TÚ

> Uruguay

> Brasil

AUTOPRUEBA

You will review what you learned in this lesson.

David Ramos/Getty Images

URUGUAY, el país más pequeño de Sudamérica, está situado entre Brasil y Argentina, en la costa oriental *(east)* de este continente. Su nombre oficial es República Oriental del Uruguay.

BRASIL es el país más grande y más rico de Latinoamérica. Limita con todos los países de Sudamérica, excepto Chile y Ecuador. El idioma del país es el portugués, porque Brasil fue colonizado por Portugal.

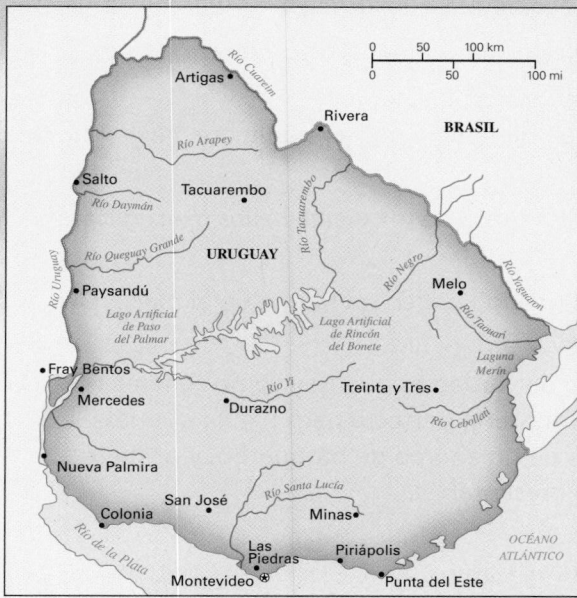

SITUACIONES

🔊 ¿Adónde vamos?
CD3-12

▶ **¡Ubíquelo!**

Armando lives in Montevideo, the capital of Uruguay. When you watch the video you will see the variety of architectural styles and the most important sites that make up this city, located on the banks of the *Río de la Plata*.

ProStockStudio/Shutterstock.com

Armando, un muchacho uruguayo muy simpático, invitó a Mariana, una chica argentina que trabaja como modelo, a tomar un café. Ahora están conversando sobre lo que les gusta hacer los fines de semana o cuando están de vacaciones.

ARMANDO: A mí me encantan todas las actividades al aire libre. Y no hay deporte que no haya practicado. Y a ti… ¿Te gusta ir a acampar? No hay nada como dormir en una tienda de campaña y después ir de pesca…

MARIANA: No… Me gusta ir a la playa, broncearme y tomar mate, pero… si tengo ganas de comer pescado… voy a un restaurante.

ARMANDO: *(Se ríe.)* Bueno… ¿Qué te parece si vamos al cine? Dan una película de guerra en el cine Victoria y dicen que es buenísima. Mi hermano me recomendó que la viera.

MARIANA: Me gustan más las películas de misterio o de ciencia ficción, pero yo preferiría que fuéramos al teatro. A mí me gustan las comedias musicales…

ARMANDO: ¡Yo me aburriría como una ostra! Creo que en mi familia no hay nadie que haya visto una obra musical.

MARIANA: Bueno… Unos amigos y yo vamos a ir a nadar en casa de los Vierci y ellos me sugirieron que te invitara. ¿Quieres ir?

ARMANDO: ¿En una piscina… ? A mí me gusta nadar en un lago… o en un río… o en el mar… Oye, ¿quieres ir a patinar?

MARIANA: Yo nunca he aprendido a patinar… Armando, la verdad es que tú y yo no tenemos nada en común. Mira… tengo una idea. Mi amiga Nora sería perfecta para ti. Ella es atleta, es campeona de tenis y juega al fútbol, es entrenadora de un equipo de básquetbol y prefiere el campo a la ciudad. Y creo que le gusta cazar. Puedo presentártela…

ARMANDO: ¿En serio? ¡Me encantaría que me la presentaras! Y yo tengo un primo que pertenece a un teatro de aficionados, estudia arte dramático y nunca se pierde los festivales de cine en Punta del Este[1].

MARIANA: ¿Me estás tomando el pelo?

ARMANDO: ¡No! ¡Te lo puedo presentar hoy mismo!

MARIANA: ¡Trato hecho!

¿ Tú lo sabías?

Tomar **mate** es una costumbre típica en Uruguay, Argentina, Paraguay y el sur de Brasil. El mate es una especie de té que se bebe en un recipiente especial con una bombilla *(straw)* que generalmente es de plata. Compartir con alguien el mate es una señal *(sign)* de amistad. En Uruguay se ve gente tomando mate en todas partes y a todas horas.

❯ **¿Qué bebidas son muy populares en este país?**

---

 1. Hablemos. With a classmate, take turns asking and answering the following questions. Base your answers on the dialogue and on your own circumstances.

En el diálogo

1. ¿De qué hablan Armando y Mariana?
   De lo que les gusta hacer.
2. ¿Qué le encanta hacer a Armando?
   Las actividades al aire libre y los deportes.
3. ¿A Mariana le gusta ir de pesca? ¿Qué le gusta hacer?
   No, no le gusta. Le gusta broncearse y tomar mate en la playa.
4. ¿Qué película dan en el cine Victoria?
   Una película de guerra.
5. ¿Qué prefiere ver Mariana?
   Las comedias musicales.
6. ¿Qué van a hacer Mariana y sus amigos?
   Van a ir a nadar.
7. ¿Qué no ha aprendido Mariana?
   No ha aprendido a patinar.
8. ¿Con quién tiene Armando cosas en común?
   Con Nora.
9. ¿Con quién tiene Mariana cosas en común?
   Con el primo de Armando.
10. ¿Qué puede hacer Armando hoy mismo?
    Puede presentarle a su primo.

¿Y tú?

1. ¿Qué te gusta hacer los fines de semana?
2. ¿Te gustan las actividades al aire libre y los deportes?
3. ¿Prefieres ir de pesca o ir a la playa?
4. ¿Te gustan las películas de guerra?
5. ¿Te gusta ir al teatro?
6. ¿Te gusta nadar? ¿Tienes piscina en tu casa?
7. ¿Te gusta patinar?
8. Como Nora... ¿tú eres atleta? ¿Juegas al tenis o al fútbol?
9. ¿Con quién tienes tú cosas en común?
10. ¿Qué dices tú cuando te presentan a alguien?

▬▬ Una adivinanza *(A riddle)* ▮

¿Qué le dices a un hispanohablante que está en una piscina?
Answer: ¡Nada! (Two meanings: *Nothing, and Swim!*)

---

[1]One of the most famous beaches in Uruguay

VOCABULARIO

🔊 En el diálogo

Cognados

el arte	art
el (la) atleta	athlete
el básquetbol, el baloncesto	basketball
la comedia	comedy
común	common
dramático(a)	dramatic
el festival	festival
el (la) modelo	model
musical	musical
el tenis	tennis
uruguayo(a)	Uruguayan

Nombres

la actividad al aire libre	outdoor activity
el (la) campeón (campeona)	champion
el campo	countryside
el (la) entrenador(a)	coach, trainer
el equipo	team
el fútbol	soccer
el lago	lake
la obra	play
la película de ciencia ficción	science-fiction movie
_____ de guerra	war movie
_____ de misterio	mystery movie
el río	river
el teatro de aficionados	amateur theater
la tienda de campaña	tent

Verbos

acampar	to camp
broncearse	to get a tan
jugar (u:ue)	to play
patinar	to skate
pescar	to fish, to catch (a fish)
presentar	to introduce

Otras palabras y expresiones

aburrirse como una ostra	to be bored to death
como	about, like
ir a pescar, ir de pesca	to go fishing
la última vez	the last time
no me gustó nada	I didn't like it at all
no tener nada en común	not to have anything in common
practicar deportes	to play sports
un día de estos	one of these days
una vez	once

Maljalen/Shutterstock.com

1. ¿Los muchachos de la foto son artistas o deportistas?

2. ¿Es una función al aire libre?

3. ¿Crees que los espectadores se están divirtiendo o se están aburriendo como ostras?

¿Tú lo sabías?

Aunque el básquetbol, el voleibol, el tenis, el ciclismo y la natación son muy populares en Uruguay, el fútbol es el deporte nacional. Generalmente se juega los domingos, día en que los estadios (stadiums) están llenos de fanáticos de este deporte. Los niños comienzan a jugar al fútbol desde pequeños.

> En este país, ¿cuáles son los deportes favoritos?

Más sobre el tema

Deportes y actividades al aire libre *(Sports and outdoor activities)*

la caña de pescar
el velero
el mar
el bote, la barca
la tabla de mar
remar
el esquí acuático
bucear
el traje de baño
la arena
el/la salvavidas
Norte
Oeste Este
Sur
tomar el sol
montar a caballo
montar en bicicleta

Las actividades al aire libre

andar en patineta	*to skateboard*
la cabaña	*cabin*
el campo	*country, countryside*
la canoa	*canoe*
cazar	*to hunt*
escalar	*to climb*
la escopeta	*shotgun*
esquiar	*to ski*
hacer (tener) un picnic	*to have a picnic*
jugar al golf	*to play golf*
jugar al tenis	*to play tennis*
la nieve	*snow*
el palo de golf	*golf club*
el pino	*pine tree*
la raqueta	*racquet*

El mundo del cine y la televisión

la actuación	*acting*
el avance	*preview*
la banda sonora	*soundtrack*
la cartelera	*movie section*
el control remoto	*remote control*
los dibujos animados	*cartoons*
el entretenimiento	*entertainment*
estrenar	*to show for the first time*
el estreno	*premiere*
la pantalla	*movie screen*
la película de suspenso	*thriller*
el programa de concursos	*game show*
3-D	*three dimensional*

Una expresión útil

¡Que se diviertan![1]	*May you (plural) have a good time!, Have a good time!*

[1]**¡Que te diviertas!** second person singular, informal;
¡Que se divierta!, second person singular, formal

¿Tú lo sabías?

En Uruguay, en cualquier reunión familiar, están siempre presentes el asado y las empanadas, comidas típicas de los países del Cono Sur *(Southern Cone).* La comida italiana es también muy popular allí.

❯ **¿Cuáles son las comidas típicas de este país?**

VOCABULARIO

Práctica

2. Preguntas y respuestas Match the questions in column A with the answers in column **B**.

A		B
1. ¿Nadaron en un lago?	_j_	a. Sí, de un equipo de fútbol.
2. ¿Es una película de guerra?	_g_	b. No… ¿puedes presentármelo?
3. ¿Vas a ir a acampar?	_l_	c. No, en el campo.
4. ¿Él es entrenador?	_a_	d. ¡Sí! ¡Como una ostra!
5. ¿Te aburriste?	_d_	e. No, prefiero el tenis.
6. ¿Qué deporte practicas?	_k_	f. No, me la perdí.
7. ¿Viven en la ciudad?	_c_	g. No, de ciencia ficción.
8. ¿Viste esa película?	_f_	h. No, prefiero cazar.
9. ¿Tú conoces a mi primo?	_b_	i. ¡No! ¡No tenemos nada en común!
10. ¿Te gusta pescar?	_h_	j. No, en un río.
11. ¿Te gusta el básquetbol?	_e_	k. El baloncesto.
12. ¿Te vas a casar con Luis?	_i_	l. Sí, necesito una tienda de campaña.

3. Para completar With a classmate, take turns completing these sentences with the words you learned in the vocabulary.

1. ¿Te gustan las __actividades__ al aire __libre__?
2. Ella ganó todos los partidos; es la nueva __campeona__.
3. Yo pertenezco a un teatro de __aficionados__.
4. ¿Yo te enseño francés y tú me enseñas a patinar? ¡Trato __hecho__!
5. No te lo digo en serio. Te estoy tomando el __pelo__.
6. ¿Tienes __ganas__ de jugar al tenis?
7. ¡No hay nada __como__ ir de pesca!
8. El __entrenador__ de nuestro equipo es muy estricto con nosotros.
9. ¿Has asistido a un __festival__ de cine alguna vez?
10. Mi sobrina estudia __arte__ dramático.
11. Me gustan las __comedias / obras__ musicales.
12. Sandra es alta y hermosa; trabaja de __modelo__.

Para conversar

4. Habla con tu compañero(a) de clase. With a classmate, take turns asking and answering the following questions.

1. ¿Prefieres montar a caballo o en bicicleta? ¿Te gusta hacer surfing? ¿Tienes tabla de mar?
2. ¿Qué prefieres que te regalen para tu cumpleaños? ¿una caña de pescar o un traje de baño? ¿Te gusta tomar el sol en la arena?
3. ¿Has trabajado de salvavidas alguna vez? ¿Prefieres navegar (sail) en velero o bucear? ¿Sabes remar? ¿Te gusta el esquí acuático?

4. Cuando vas al cine, ¿te gusta ver los avances? ¿Tienes la banda sonora de alguna película? ¿De cuál? Antes de ir al cine, ¿lees la cartelera? ¿Prefieres ver una comedia o una película de suspenso? ¿Te gusta asistir a los estrenos?

5. ¿Mirabas dibujos animados cuando eras niño(a)? ¿Y ahora? ¿Cuál es tu programa de concurso favorito? En tu casa, ¿quién usa más el control remoto?

5. Una semana inolvidable With a classmate, play the roles of two activity directors for a children's camp. Discuss the activities that you will have for a week and the equipment you will need.

6. Cada cual con su gusto[1] With a classmate, discuss the outdoor activities that you love **(Me encanta…)** and the ones you don't like at all **(No me gusta nada…)**. Give details.

Valery V. Markov/Shutterstock.com

 CD3-13

Pronunciación

Pronunciation in context

In this lesson, there are some new words and phrases that may be challenging to pronounce. For further pronunciation practice of Spanish sounds, listen to your instructor and repeat the following sentences.

1. Me encantan las actividades al **aire libre**.
2. No hay **deporte** que no **haya practicado**.
3. Yo **preferiría** que **fuéramos** al teatro.
4. Yo **me aburriría** como una **ostra**.
5. Ellos me **sugirieron** que **te invitara**.
6. Yo tengo un **primo** que pertenece a un **teatro de aficionados**.
7. Nunca **se pierde** los festivales de cine en **Punta del Este**.

Note To reinforce pronunciation practice, this section appears in **Lecciones 10–18.** The sentences featured as pronunciation models are taken from the lesson dialogues.

Activity Suggestion Have students take turns reading these sentences. Walk around the classroom and check their pronunciation.

 **Un dicho**
No te ahogues en un vaso de agua.
Equivalent: *Don´t drown in a glass of water.*

[1]To each his own

1 The imperfect subjunctive (El imperfecto de subjuntivo)

A. Forms

> To form the imperfect subjunctive of all Spanish verbs—regular and irregular—drop the **-ron** ending of the third-person plural of the preterite and add the following endings to the stem.[1]

Imperfect Subjunctive Endings	
-ra form	
-ra	-ramos
-ras	-rais
-ra	-ran

LEARNING TIP
Review the forms of the preterite before you attempt to learn the forms of the imperfect subjunctive.

Formation of the Imperfect Subjunctive			
Verb	**Third-person plural preterite**	**Stem**	**First-person singular imperfect subjunctive**
hablar	habla**ron**	habla-	**hablara**
aprender	aprendie**ron**	aprendie-	**aprendiera**
vivir	vivie**ron**	vivie-	**viviera**
dejar	deja**ron**	deja-	**dejara**
ir	fue**ron**	fue-	**fuera**
saber	supie**ron**	supie-	**supiera**
decir	dije**ron**	dije-	**dijera**
poner	pusie**ron**	pusie-	**pusiera**
pedir	pidie**ron**	pidie-	**pidiera**
estar	estuvie**ron**	estuvie-	**estuviera**

¡Atención! The **nosotros** form of the imperfect subjunctive always takes an accent on the vowel that precedes the **-ra** ending: **habláramos.**

LEARNING TIP
Not all learning takes place in class or while you are "studying." To help you assimilate the use of this tense, do the following: Each time someone tells you or asks you to do something, think of what it was. For example: Someone asked you to call him. (**Me pidió que lo llamara.**) Make sure you use correct forms.

[1] A second form of the imperfect subjunctive ends in **-se** rather than **-ra: hablase, hablases, hablase, hablásemos, hablaseis, hablasen.** The two forms are interchangeable, but the **-ra** form is more commonly used.

Práctica

7. Formas Give the imperfect subjunctive forms of the following verbs.

1. yo: ganar, volver, pedir, decir, recibir ganara, volviera, pidiera, dijera, recibiera
2. tú: ser, dormir, querer, dar, conocer fueras, durmieras, quisieras, dieras, conocieras
3. él: ir, estar, poner, conducir, servir fuera, estuviera, pusiera, condujera, sirviera
4. nosotros: saber, poder, regresar, conseguir, hacer supiéramos, pudiéramos, regresáramos, consiguiéramos, hiciéramos
5. ellos: tener, recetar, comenzar, seguir, mentir tuvieran, recetaran, comenzaran, siguieran, mintieran

B. Uses

The imperfect subjunctive is used in a subordinate clause when the verb of the main clause is in the past and calls for the subjunctive.

Activity Suggestion Have students change sentences according to the new beginnings.
1. Quiere que le hablen. (Quería)
2. Espera que vuelvas. (Esperaba)
3. Quieres que vengamos. (Querías)
4. No hay nadie que lo sepa. (No había)
5. Me alegro de que estén aquí. (Me alegré)

—¿Qué te dijo René? *What did René tell you?*
—Me dijo que **leyera** el artículo. *He told me to read the article.*

—¿Qué le pediste a tu mamá? *What did you ask your mom?*
—Le pedí que **hiciera** empanadas. *I asked her to make empanadas.*

When the verb of the main clause is in the present, but the subordinate clause refers to the past, the imperfect subjunctive is used.

—Es una lástima que no **fueras** al teatro ayer. *It's a pity that you didn't go to the theater yesterday.*
—No me sentía bien. *I wasn't feeling well.*

Práctica

8. Minidiálogos Complete the following dialogues, using the imperfect subjunctive of the verbs given. Then act them out with a classmate.

1. —¿Qué te dijo Cristina?
   —Me dijo que ___comprara___ (comprar) las entradas y se las ___llevara___ (llevar) a su casa.

2. —¿Qué quería Eduardo?
   —Quería que nosotros lo ___lleváramos___ (llevar) al estadio y que ___fuéramos___ (ir) con él a esquiar.

3. —¿Por qué no te llevaron a escalar la montaña?
   —Porque temían que yo ___me cayera___ (caerse) y ___me rompiera___ (romperse) una pierna.

4. —Yo quería que tú ___pusieras___ (poner) la bolsa de dormir en la tienda de campaña.
   —Sí, pero yo no creí que tú la ___necesitaras___ (necesitar) hoy mismo.

5. —Siento que Uds. no ___pudieran___ (poder) venir a la cabaña ayer.
   —Yo no me sentía bien. Le dije a Jorge que te ___llamara___ (llamar) y que te lo ___dijera___ (decir).

9. Mis padres y yo Describe all the things your parents did and did not want you to do at college, using the cues provided and the imperfect subjunctive.

Mis padres querían que yo...

1. *escribirles* todas las semanas
   les escribiera todas las semanas
2. *llamarlos* por teléfono los domingos
   los llamara por teléfono los domingos
3. *tomar* varias clases el primer semestre
   tomara varias clases el primer semestre
4. *estudiar* mucho
   estudiara mucho
5. *abrir* una cuenta corriente en el banco
   abriera una cuenta corriente en el banco
6. *hacer* la tarea todos los días
   hiciera la tarea todos los días
7. *levantarme* temprano
   me levantara temprano
8. *visitarlos* en las vacaciones
   los visitara en las vacaciones

Mis padres no querían que yo...

9. *vivir* lejos de la universidad
   viviera lejos de la universidad
10. *ir* a muchas fiestas
    fuera a muchas fiestas
11. *comer* hamburguesas todos los días
    comiera hamburguesas todos los días
12. *gastar* mucho
    gastara mucho
13. *pedirles* dinero extra todos los meses
    les pidiera dinero extra todos los meses
14. *conducir* muy rápido
    condujera muy rápido
15. *olvidarme* de tomar la medicina
    me olvidara de tomar la medicina
16. *acostarme* muy tarde
    me acostara muy tarde

Para conversar

10. Esperanzas y temores With a classmate, talk about what your parents and other people in your life hoped you would do and what they feared you would do.

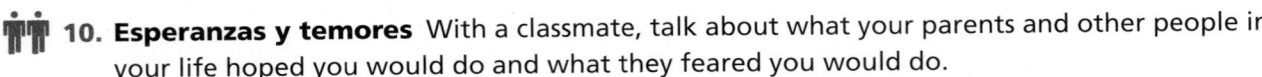

2 ## Some uses of the prepositions *a*, *de*, and *en*

(Algunos usos de las preposiciones **a**, **de** *y* **en***)*

A. a

The preposition **a** *(to, at, in)* expresses direction toward a point in space or a moment in time. It is used for the following purposes.

❯ to indicate the time (hour) of day

A las cinco salimos para Montevideo.   *At five we leave for Montevideo.*

❯ after verbs of motion, when followed by an infinitive, a noun, or a pronoun

Siempre venimos **a** caminar aquí.   *We always come to walk here.*

❯ after the verbs **empezar, comenzar, enseñar,** and **aprender,** when followed by an infinitive

Ellos **empezaron a** esquiar.   *They started skiing.*
Yo puedo **enseñarte a** patinar.   *I can teach you to skate.*

❯ after the verb **llegar**

¿Cuándo **llegaron a** Río?   *When did they arrive in Río?*

❯ before a direct object noun that refers to a specific person. It may also be used to personify an animal or a thing.

Yo no conozco **a** tu padrino.   *I don't know your godfather.*
Bañé **a** mi perro.   *I bathed my dog.*

¡Atención! If the direct object is not a definite person, the personal **a** is not used.

Busco un buen médico.   *I'm looking for a good doctor.*

Activity Suggestion Have students first indicate what they would like to learn to do and then tell you what they can teach you to do: **Me gustaría aprender a... Yo puedo enseñarle a...**

B. de

The preposition **de** (*of, from, about, with, in*) indicates possession, material, and origin. It is also used in the following ways.

❭ to refer to a specific period of the day or night when telling time

Ayer buceamos hasta las tres **de** la tarde.	*Yesterday we dove until three in the afternoon.*

❭ after the superlative to express *in* or *of*

Orlando es el más simpático **de** la familia.	*Orlando is the nicest in the family.*

❭ to describe personal physical characteristics

Es morena, **de** ojos negros.	*She is brunette, with dark eyes.*

❭ as a synonym for **sobre** or **acerca de** (*about*)

Hablaban **de** todo menos **de** deportes.	*They were talking about everything except about sports.*

C. en

The preposition **en** (*at, in, on, inside, over*) in general situates someone or something within an area of time or space. It is used for the following purposes.

❭ to refer to a definite place

Están **en** el campo de golf.	*They are at the golf course.*

❭ as a synonym for **sobre** (*on*)

Está sentada **en** la silla.	*She is sitting on the chair.*

❭ to indicate means of transportation

Nunca he viajado **en** avión.	*I have never traveled by plane.*

Práctica

11. Un mensaje electrónico Complete the following e-mail, adding the missing prepositions.

Send Mail: Message Composition		
A:	ali44	
De:	isadebrasil	
Asunto:	Brasil	

Querida Alicia:

Como te prometí, te escribo en seguida. Ayer llegamos a Río. Es una __de__ las ciudades más hermosas __de__ Brasil. Llegamos __a__ las tres __de__ la tarde y fuimos a buscar hotel.

__En__ el hotel conocimos __a__ unos chicos muy simpáticos que nos invitaron __a__ salir con ellos. Yo salí con Carlos, que es alto, moreno, __de__ ojos verdes. Me ha dicho que me va __a__ enseñar __a__ bailar la samba. Espero aprender __a__ bailar otros bailes también. Mañana vamos __a__ ir __a__ visitar el Pan de Azúcar. Vamos __a__ ir __en__ el coche __de__ Carlos. Bueno, __en__ el próximo e-mail espero poder contarte más __de__ mi vida __en__ esta hermosa ciudad.

Isabel

ESTRUCTURAS

12. **Preposiciones** Look at the illustrations and complete the following sentences with logical answers, using appropriate prepositions. *Answers will vary. Possible answers are given.*

1. Delia va a...
   viajar en avión.

2. Sergio y Toña están...
   hablando de la clase de español.

3. Beatriz es rubia...
   de ojos azules.

4. Teresa se quedó...
   en su casa.

5. Rogelio quiere ir al club... a bailar.

6. Tito salió de su casa... a la una y cuarto.

7. Julio es... grupo.
   el más alto del

8. Eva llega...
   a Montevideo mañana.

Para conversar

13. **Una cita** With a classmate, talk about someone you met recently or someone you went out with. Include information about where you went, what time you left and returned home, what the person is like, and what you talked about. Use the appropriate prepositions.

3 The present perfect subjunctive *(El pretérito perfecto de subjuntivo)*

> The present perfect subjunctive is formed with the present subjunctive of the auxiliary verb **haber** + *the past participle* of the main verb.

Present Subjunctive of *haber*	
haya	hayamos
hayas	hayáis
haya	hayan

Formation of the Present Perfect Subjunctive			
yo	**haya cambiado**	nosotros(as)	**hayamos hecho**
tú	**hayas temido**	vosotros(as)	**hayáis puesto**
Ud.		Uds.	
él	**haya salido**	ellos	**hayan visto**
ella		ellas	

> The present perfect subjunctive is used in the same way as the present perfect tense in English, but only in sentences that require the subjunctive in the subordinate clause. It is used to describe events that have ended prior to the time indicated in the main clause.

—Me alegro de que **hayas venido.**	I'm glad you have come.
—Es una lástima que papá no **haya podido** venir conmigo.	It is a pity that Dad has not been able to come with me.
—¿Hay alguien aquí que **haya estado** en Punta del Este?	Is there anyone here who has been in Punta del Este?
—No, no hay nadie que **haya viajado** a Uruguay.	No, there's no one who has traveled to Uruguay.

Práctica

14. Minidiálogos Complete the following dialogues, using the present perfect subjunctive forms of the verbs given. Then act them out with a classmate.

1. —¿Dices que no hay nadie que te ___haya ganado___ (ganar) jugando al tenis?
   —No es verdad que yo ___haya dicho___ (decir) eso.
2. —Dudo que Olga ___haya leído___ (leer) ese artículo.
   —Bueno... si lo ha leído, no creo que lo ___haya entendido___ (entender).
3. —¿Dónde están los chicos?
   —No sé, pero espero que ya ___hayan vuelto___ (volver) a casa.
4. —Siento que tú no ___hayas ido___ (ir) a esquiar con tus amigos.
   —Y yo me alegro de que tú y yo ___hayamos podido___ (poder) conversar un rato.
5. —¿Aquí hay alguien que ___haya hecho___ (hacer) un viaje a Uruguay?
   —No, no hay nadie que ___haya estado___ (estar) allí.

Para conversar

15. ¡Habla con tu compañero(a)! With a classmate, take turns asking and answering the following questions.

1. ¿Tú conoces a alguien que haya escalado el Monte Everest?
2. ¿Es verdad que tú has trabajado de salvavidas?
3. ¿Es verdad que tú y tus amigos han comprado un velero?
4. ¿Tú crees que tus padres te han comprado una tabla de mar recientemente?
5. ¿Es verdad que tú y tu familia han hecho un picnic últimamente?
6. ¿Hay alguien en tu familia que haya escrito un libro sobre deportes?
7. ¿Es verdad que tú y tus amigos han aprendido a tomar mate?
8. ¿Tú conoces a alguien que haya estado en Uruguay?

16. Díganos... With a classmate, prepare two questions to ask your other classmates about their life experiences and what they have done. Use the present subjunctive and always begin with **¿Hay alguien aquí que... ?**

> ### ▬ Un dicho ▮
> **El que no haya trabajado, que no coma.**
> Equivalent: *He who hasn't worked, shouldn't eat.*

ASÍ SOMOS

▶ ¡Vamos a ver!

Antes de ver el video

17. Preguntas With a classmate, take turns asking and answering the following questions.

1. ¿Qué te gusta hacer los fines de semana? Generalmente, ¿sales con tus amigos? ¿y cuando vas de vacaciones?

2. ¿Todavía ves a los amigos que tenías en el jardín de infantes (kindergarten)?

3. ¿Qué revistas te gusta leer? ¿Comentas a veces los artículos con un(a) amigo(a)?

4. ¿Te gusta ir a acampar con tus amigos o con tu familia? ¿Tienes una tienda de campaña? ¿Te gusta hacer un picnic? ¿dónde?

5. ¿Te gusta ir a pescar? Si tú fueras a pescar, ¿lo pasarías bien o te aburrirías como una ostra?

6. ¿Tú preferirías esquiar en Bariloche, escalar montañas en Chile o hacer surfing en Río de Janeiro?

7. Cuando juega tu equipo de fútbol favorito, ¿prefieres ver el partido en la tele o ir al estadio? ¿Son caras las entradas (tickets)?

8. ¿Tú juegas al tenis? ¿Sabes quién ganó el último torneo U.S. Open de tenis? ¿Te gustaría ver un partido de tenis en Wimbledon?

9. ¿Tú has comido empanadas[1] alguna vez? ¿Es verdad que tú has tomado mate[2]?

10. ¿Qué deportes practicabas cuando estabas en la escuela secundaria?

El video: Ramón no es muy atlético

—El artículo es una charla sobre cómo viven los millonarios, especialmente cuando van de vacaciones... A esquiar a Bariloche, a escalar montañas en Chile, a hacer surfing en Río de Janeiro...
—Yo traté de hacer surfing una vez... ¡Casi me ahogo!

—Aquí hay otro artículo sobre Fernando Peñarreal, el campeón de tenis... ¡Es divino! ¡Y no hay nadie que haya viajado tanto como él... ni ganado tantos partidos!
—Todas las chicas están enamoradas de él. ¡Y dicen que no es nada orgulloso (he isn't at all proud)!

[1]meat turnovers
[2]a type of tea made with **yerba** and drunk from a special container, using a metal straw. Drinking mate is very popular in Uruguay, Argentina, Paraguay, and southern Brazil.

Después de ver el video

Isabel   Ramón   Estrella   Néstor

18. ¿Quién lo dice? Identify the person who said each of the following in the dialogue.

1. Yo traté de hacer surfing una vez... ¡Casi me ahogo! Ramón
2. ¡Dejen tranquilo al pobre Ramón! Néstor
3. ¡Tenemos el televisor a nuestra disposición! Néstor
4. Todas las chicas están enamoradas de él. Estrella
5. Yo tengo una tienda de campaña, pero es de plástico... Ramón
6. El artículo es sobre cómo viven los millonarios, sobre todo cuando se van de vacaciones... Isabel
7. ¿Por qué no hacemos un picnic en Pocitos mañana? Isabel
8. Y aquella vez que fuimos a patinar, ¡te caíste como diez veces! Estrella

19. Hablemos. With a classmate, take turns asking and answering the following questions. Base your answers on the dialogue.

En el diálogo

1. ¿Desde cuándo se conocen los cuatro amigos? Se conocen desde que estaban en el jardín de infantes.
2. ¿Sobre qué es el artículo que están leyendo las chicas? Es sobre cómo viven los millonarios.
3. ¿Qué pasó cuando Ramón trató de hacer surfing? Casi se ahoga (ahogó).
4. ¿Ramón sabe patinar? No, no sabe patinar.
5. ¿Dónde van a ver los chicos el partido de fútbol? Van a verlo en la televisión, en la casa de Néstor.
6. ¿Qué les gusta comer a Isabel y a Estrella? Les gusta comer asado y empanadas.
7. ¿Cómo se llama el campeón de tenis? Se llama Fernando Peñarreal.
8. ¿Qué le gusta hacer a Fernando Peñarreal los fines de semana? Le gusta ir a acampar con sus amigos.
9. ¿Les gusta a las chicas la idea de ir a pescar? ¿Por qué? No, no les gusta la idea de ir a pescar porque es aburrido.
10. ¿Qué puede enseñarle Néstor a Ramón? Puede enseñarle a hacer surfing.

20. ¿Qué pasa después? You and a classmate use your imaginations to say what the characters do. In Spanish, discuss the following.

1. Whether Isabel talks about the article again and whether she would like to go skiing or surfing.
2. Whether or not Ramón learned how to skate and whether he fell again.
3. Whether or not they watched the soccer game on TV and what they ate.
4. Whether or not they went to Mass on Sunday.
5. Whether or not Peñarol won the game and what the four friends did to celebrate.
6. The girls talk about Fernando Peñarreal again. What do they say about him?
7. They went to Pocitos the next day. Say what they did there and whether they had fun.
8. Whether or not Ramón and Néstor went fishing or camping and what happened.

🔊 ¡Vamos a escuchar!

> **ESTRATEGIA** Identifying word boundaries practice I In **Lección 10** you practiced recognizing units of meaning, that is, detecting where one word ends and the next one begins. Developing this skill takes practice. Remember to be aware of linking—a final vowel or consonant is linked with an initial vowel of the following word—to help you distinguish words and listen for key words and phrases.

CD3-14 **21. Una noticia** Imagine that you work at a radio station. You need to prepare the transcript of what you hear for a press conference. Listen to several sentences that appear transcribed without spacing between words. Mark the divisions between words and punctuate the sentences.

Lanuevacampeonadetenisdeuruguayesmaríaalonsonadiehaganadotantospartidoscom oellamaríaesunajovenmuyatractivaynoesnadaorgullosaademásdeltenisellapracticaotr osdeportescomoelesquíacuáticoyelgolf

¡Vamos a conversar!

> **ESTRATEGIA** Transitioning between ideas In earlier lessons you practiced listening for Spanish transition words and expressions. Using transition words when speaking helps you sound more fluent. Linking your ideas together creates smoother sentences and avoids a choppy feel in your speech.

👥 **22. De una idea a otra** In pairs, tell your classmate about a sports event you attended, watched on TV, or participated in. Try to use as many of the following words as possible to create smooth transitions in your narrative.

primero	además	pero	
después (luego)	entonces	de modo que	a pesar de
en fin	en cuanto	porque	si

👥 **23. ¿Qué dices tú?** What would you say in the following situations? What might the other person say? Act out the scenes with a classmate. Take turns playing each role.

1. On your vacation, you learned how to swim and ride a horse, and you caught a fish. Someone asks whether you had a good time. Say what else you did.
2. A friend invites you to go camping. You don't have a tent or a sleeping bag, and you want to know what else you will need.
3. You are trying to convince a friend to go camping. Tell him or her how much fun it can be and all the things you can do together.
4. You tell a group of people to have a good time. Add that, one of these days, you would like to go camping with them.
5. You ask a friend if he/she would prefer to play volleyball or to play tennis.
6. You tell someone on what occasions you are bored to death.

23. ¿Qué dices tú? Answers 1. Aprendí a nadar y a montar a caballo y pesqué. (Me divertí mucho.) 2. No tengo tienda de campaña ni bolsa de dormir. ¿Qué más necesitaré? 3. *Answers will vary.* 4. ¡Qué se diviertan! Uno de estos días me gustaría ir a acampar con ustedes. 5. ¿Preferirías jugar al voleibol o jugar al tenis? 6. *Answers will vary.*

24. Para conocernos mejor To do this activity, work with a classmate whom you would like to get to know. Take turns asking and answering these questions.

1. ¿Tú eres atlético(a)? Cuando tú eras chico(a), ¿tus padres te obligaban a que practicaras algún deporte? ¿Qué buenos recuerdos tienes de tu niñez? Si alguien te invitara a ir a patinar, ¿aceptarías? ¿Por qué sí o por qué no? Si alguien no sabe patinar, ¿tú puedes enseñarle?

2. ¿Prefieres ir a la montaña o a la playa? Cuando vas a la playa, ¿tomas el sol para broncearte o prefieres nadar todo el tiempo? ¿Te gusta hacer surfing? ¿Has trabajado de salvavidas alguna vez? ¿Te gustaría ir a pasear en velero?

3. ¿Cuál es tu deporte favorito? ¿Has jugado al golf alguna vez? ¿Prefieres el fútbol o el fútbol americano? ¿Qué crees que es más divertido, jugar al tenis o al béisbol? ¿Prefieres patinar o esquiar?

4. Si fueras a pescar, ¿te divertirías o te aburrirías como una ostra? ¿Qué cosas te aburren? ¿Cuál es tu actividad favorita para divertirte?

5. Si tú fueras a acampar, ¿preferirías dormir en una tienda de campaña o al aire libre, en una bolsa de dormir? ¿Preferirías acampar cerca de una montaña o cerca de un lago? ¿Has ido a acampar alguna vez? ¿Te divertiste?

25. Una actividad especial para toda la clase

¡A jugar a las charadas o a dibujar! Let´s have a change of pace! The class is divided into two teams.

Step 1: The members of each team will act out or draw a word or phrase from this lesson that the instructor shows him/her on pages 448 and 449.

Step 2: The members of his/her team try to guess what the word or phrase is. If they do, the team gets one point. The team that gets more points wins. The students are not allowed to check the textbook.

Iakov Filimonov/Shutterstock.com

Rincón literario
Germán Arciniegas (Colombia: 1900–1999)

Germán Arciniegas nació en Bogotá y se recibió de abogado en la Facultad de Derecho de la Universidad Nacional.

Ejerció la carrera de periodista durante toda su vida. Creó y dirigió varias revistas culturales. Fue parlamentario y ministro de educación, además de diplomático.

Arciniegas es uno de los grandes escritores colombianos. Es autor de más de 50 ensayos sobre la cultura, la sociología, la historia, el arte y la literatura de su país y de toda Latinoamérica. Su estilo es ligero *(light)* y ágil y su prosa es accesible y amena. Muchos de sus libros han sido traducidos al inglés y uno de ellos, *Entre la libertad y el miedo,* donde explica la situación de América Latina a mediados del siglo pasado, fue publicado en inglés antes que en español.

Además de su fama como escritor, Germán Arciniegas será recordado como uno de los políticos reformistas que más defendieron la democracia y la libertad en su época.

Antes de leer

> **ESTRATEGIA** **Using your experience as context** With a classmate, make a list of some aspects of the English language that make it difficult to learn as a second language. Is verb conjugation as difficult as pronunciation and spelling? Put yourselves in the position of someone whose native language is one other than English and who is trying to become proficient in this language.

A leer

26. **Comprensión** Read the selection and find the answers to the following questions.

1. ¿Qué deletrea *(spells)* un inglés cuando se presenta?
   Deletrea su apellido.
2. Según el autor, ¿de cuántas maneras puede escribirse una palabra?
   De mil maneras.
3. ¿Es más difícil el deletreo cuando se hace por teléfono?
   Sí, es más difícil.
4. ¿Qué dice el autor sobre el idioma de Shakespeare?
   Que es conciso.
5. ¿Qué dice de un apellido inglés?
   Que puede extenderse indefinidamente.
6. ¿Qué se puede decir como tesis fundamental?
   Que toda palabra inglesa es un jeroglífico.
7. ¿Cuál es el título de su libro en español? ¿y en inglés?
   El caballero de El Dorado. The Knight of El Dorado.
8. Cuando Arciniegas habla de su libro en inglés, nadie sabe si él escribió un nocturno o un libro de caballería. ¿Por qué?
   Porque en inglés "noche" y "caballero" se pronuncian del mismo modo.
9. ¿Qué advertencia aparece en la cubierta de este libro?
   La pronunciación del nombre del autor.
10. ¿Cómo anunciaron un día una conferencia de Arciniegas en el periódico?
    Hoy da una conferencia el Dr. "Arthur Nagus".
11. Para el autor, ¿dónde está la dificultad del inglés?
    Está en la emisión de los sonidos.
12. ¿Qué dice Arciniegas de las vocales?
    Dice que en inglés, cada vocal tiene 4 o 5 pronunciaciones diferentes.
13. ¿Qué causa el esfuerzo que un hispanohablante realiza para producir "eres" o "eses"?
    Causa una gran fatiga.
14. ¿Qué explicación les da siempre el autor a sus colegas?
    Les dice "Yo no soy bobo; es que no sé inglés".

Lecciones de inglés (Adaptado)

Un inglés que en algo se estima° se presenta de esta manera: "Soy Mr. John Nielsen, Ene-i-e-ele-ese-e-ene". Esto es porque en inglés se supone que una palabra se pronuncia de un modo —cosa que no es exacta— pero que en todo caso puede escribirse de mil maneras. Aun el deletreo° puede no ser suficientemente claro, principalmente si se hace por teléfono. En este caso lo más discreto y usual es decir: "Mr. Arciniegas, A como en Argentina, R como en Rusia, C como en Colombia, I como en Irlanda—". De esta manera, siendo el idioma de Shakespeare tan conciso, un apellido puede extenderse indefinidamente.

que... who has some self esteem

spelling

Las confusiones no quedan limitadas° a los apellidos. Como tesis fundamental usted puede decir que toda palabra inglesa es un jeroglífico. Yo tengo un libro que, en la edición española, se llama *El caballero° de El Dorado. Aquí, The Knight of El Dorado.* Pero como en inglés "noche" y "caballero" se pronuncian de un mismo modo°, cuando estoy hablando de mi libro nadie sabe si escribí un nocturno° o una obra de caballería°. En la cubierta° de este libro aparece la siguiente advertencia°: "Germán Arciniegas (se pronuncia Hairmáhn Ar-seen-yay-gus)." La advertencia es indispensable.

no... are not limited

knight

way

nocturne / chivalry / cover

warning

Pero si el lector° quiere saber más sobre los problemas de mi apellido en este país, puedo informarle que un día en el periódico anunciaron una conferencia mía así: "Hoy da una conferencia sobre la América Latina el doctor *Arthur Nagus*".

reader

La dificultad del inglés está en la emisión de los sonidos°. Cuando uno se da cuenta° de que cada letra de las vocales° se pronuncia de cuatro o cinco modos distintos, desfallece°. El esfuerzo que uno realiza para producir "eres" o "eses" no solo causa una gran fatiga a quienes estamos acostumbrados al español, sino que deja en el rostro° una impresión de dolor o de gran torpeza°. Yo siempre les doy esta explicación a mis colegas: "Yo no soy bobo°; es que no sé inglés".

sounds

se... realizes / vowels

faints

face / stupidity

dumb

Adapted from Germán Arciniegas, "Lecciones de inglés," *En el país del rascacielos y las zanahorias,* vol. 1. Librería Suramérica, 1945.

Después de leer... reflexiones

27. Opiniones In groups of three or four, discuss the following.

> Lo que ustedes encuentran difícil en español: ¿La conjugación de verbos? ¿La pronunciación? ¿El vocabulario?
> ¿Les es más difícil hablar o leer? ¿Entienden una conversación en español?
> ¿Tienen muchas oportunidades de practicar el idioma?
> ¿Creen que es una buena idea estudiar con sus compañeros de clase?
> Completen el siguiente cuestionario. Seleccionen **Sí** o **No.**

1. Asisten a clase y prestan atención.	Sí	No
2. Siempre hacen la tarea de español.	Sí	No
3. Hacen todas las actividades en línea.	Sí	No
4. Hablan español cada vez que se les presenta la oportunidad.	Sí	No
5. Miran programas y películas en español.	Sí	No
6. Leen artículos sobre la cultura hispánica.	Sí	No

Now get together with members of another group and compare notes. Discuss the following.

1. ¿Alguien tiene algunas ideas que pueden ayudar a hacer más fácil el estudio del español?
2. ¿Quiénes piensan tomar clases más avanzadas?
3. ¿Les parece una buena idea visitar un país de habla hispana?
4. ¿Les interesa la idea de estudiar en otro país?

¡Vamos a escribir!

Antes de escribir

> **ESTRATEGIA** **Writing about opinions and experiences** When preparing to write about this, you need to draw on a number of strategies:
>
> > Brainstorm ideas and then select the most important and interesting aspects.
> > Organize your writing by grouping ideas according to categories related to your main topic.
> > Create an outline.
> > Provide details and examples.

28. Dos amigos... dos idiomas Scott es estadounidense y María Teresa es uruguaya. Los dos son y viven en Nueva York. Scott está tomando una clase de español para principiantes *(beginners)* y María Teresa está tratando de aprender a hablar inglés. A veces tienen que usar un diccionario para poder comunicarse. Tú y un(a) compañero(a) de clase, hablen de lo siguiente:

1. ¿Qué consejos *(advice)* pueden ustedes darles a los dos?
2. ¿Cuál de los dos va a tener más oportunidades de practicar el idioma? ¿Por qué?
3. Si una persona habla dos idiomas, ¿le es más fácil aprender un tercer idioma?

29. Lecciones de español You will write about your experiences in learning Spanish. First, brainstorm about what you find easy and what you find difficult about studying this language, and jot down all the ideas that come to you. Select the ones you want to use.

> Verb conjugations
> Pronunciation
> Comprehension
> Thinking in Spanish instead of thinking in English and trying to translate your thoughts.
> Talk about instances when you tried to use the language. Were you successful?

¡A escribir!

30. Aprender el español Write the **primer borrador**.

Después de escribir

31. A revisar Before writing the final version, exchange your first draft with a classmate's and peer edit each other's work. Make sure to have followed the guidelines.

> formation and subject-verb agreement of all tenses used
> noun-adjective agreement and spelling and punctuation

█████ Un pensamiento █

El mundo está dividido por cortinas de palabras.
—Germán Arciniegas

 ## Uruguay

Uruguay está prácticamente rodeado de agua. ¿Cuándo fue la última vez que tú nadaste en el mar y te bronceaste? ¿Cuándo fue la última vez que comiste algo sabrosísimo y después un postre fabuloso? ¡Puedes hacer eso y mucho más en este pequeño país sudamericano, bañado por el Atlántico!

La superficie total es casi igual a la del estado de Washington. Sus aguas y su tierra son sus mejores recursos naturales. La mayor parte de la población es de ascendencia europea, especialmente española e italiana.

Online Cultural Questions
In Instructor Resources, there are 100 questions covering the cultural material found in these sections. These can be used in written quizzes, as part of the final oral exam, or as part of an end-of-term contest.

Ciudades y balnearios

Montevideo es la capital, la ciudad más importante y el puerto principal de Uruguay. Tiene magníficas playas y una arquitectura que combina lo colonial con lo moderno. Se dice que esta ciudad provee la calidad de vida más alta de Latinoamérica.

byvalet/Shutterstock.com

Nacho Calonge / Alamy

La playa de Pocitos es la favorita de los jóvenes, quienes practican fútbol, voleibol y deportes acuáticos.

La población de **Punta del Este** es de unos 12.000 habitantes, pero en el verano, con los turistas, llega a los 500.000. Aquí se lleva a cabo el Festival Internacional de Cine.

Leonardo Muniz/Moment Open/Getty Images

La cocina uruguaya y el mate

Photononstop/Superstock

En Uruguay se come mucha carne de res (*beef*) y, debido a la tradición italiana, también se come pasta y pizza. Los postres son muy variados: algunos son los alfajores (sándwiches de galletitas con dulce de leche[1]), budín inglés, flan y strudel.

El **mate** es una infusión hecha con hojas secas (*dried leaves*) de yerba mate y agua caliente. Esta bebida es, prácticamente, la bebida nacional del país.

[1]Hecho con leche y azúcar

Brasil

Brasil, colonizado por los portugueses, no es un país de habla hispana, pero está incluido aquí porque es parte de Latinoamérica y… ¡es demasiado grande para que lo ignoremos! Como tú hablas español, podrás entender un poco de portugués, pues estos dos idiomas son similares.

Brasil es famoso por sus hermosas playas, su música y su carnaval. Es un gran productor de café.

Ciudades

Brasilia es la capital de Brasil y una ciudad ultramoderna.

Río de Janeiro, la antigua capital, es famosa por sus hermosas playas, como Ipanema y Copacabana. A los habitantes de Río de Janeiro se les dice cariocas.

Puntos de interés turístico

La formación rocosa, el **Pan de Azúcar**, de granito, tiene 400 metros de alto, y es el símbolo de Río de Janeiro. Es una de las mayores atracciones turísticas de Brasil, y es visitada por miles de personas todos los años.

Háganse preguntas

The class will be divided into groups of 3 or 4 students. The instructor will assign one of the seven items of information presented here to each group. The members in each group will prepare questions about the item assigned to them to ask the rest of the class.

iLrn™

To learn more about Uruguay and Brasil, watch the cultural footage in the Media Library.

AUTOPRUEBA

¿Cuánto sé ahora?

Take this test. When you have finished, check your answers in the answer key provided in Appendix D. Then use a red pen to correct any mistakes you may have made. Are you ready?

A. The imperfect subjunctive Rewrite the following sentences, using the new beginnings.

1. Quiero que traigas la escopeta y se la des a Luis. Quería... que trajeras la escopeta y se la dieras a Luis.

2. Espero que jueguen y que no se aburran. Esperaba... que jugaran y que no se aburrieran.

3. ¿Hay alguien aquí que sepa remar? ¿Había... alguien aquí que supiera remar?

4. Te sugiero que vayas a patinar o a esquiar. Te sugerí... que fueras a patinar o a esquiar.

5. No hay nadie que pueda ir a bucear conmigo. No había... nadie que pudiera ir a bucear conmigo.

6. Les aconsejo que compren un velero y una tabla de mar. Les aconsejé... que compraran un velero y una tabla de mar.

7. Me alegro de que Eva tenga la banda sonora de esa película. Me alegré... de que Eva tuviera la banda sonora de esa película.

8. No creo que ella sea salvavidas. No creí... que ella fuera salvavidas.

9. No es verdad que nosotros tengamos miedo. No era verdad... que nosotros tuviéramos miedo.

10. Yo temo que los chicos se caigan. Yo temía... que los chicos se cayeran.

11. Mis padres quieren que veamos esa obra teatral. Mis padres querían... que viéramos esa obra teatral.

12. Me gusta que ellos vengan a verme y me presenten a sus amigos. Me gustaba... que ellos vinieran a verme y me presentaran a sus amigos.

B. Some uses of the prepositions *a*, *de*, and *en* Complete the following sentences, using **a, de,** or **en** as necessary.

1. Nora y Luisa fueron ___a___ Brasil ___en___ junio y ahora solo hablan ___de___ su viaje. Dicen que cuando llegaron ___a___ Río conocieron ___a___ dos chicos muy simpáticos.

2. Ricardo está ___en___ el estadio desde las tres ___de___ la tarde. Va ___a___ volver ___a___ su casa ___a___ las cinco.

3. Anoche conocí ___a___ Teresa. Es una chica morena ___de___ ojos verdes y es la más simpática ___de___ su familia.

4. El mes pasado empecé ___a___ aprender ___a___ jugar al tenis.

5. A Rita no le gusta viajar ___en___ avión; prefiere viajar ___en___ tren.

6. Sergio me va ___a___ enseñar ___a___ bailar salsa.

7. Yo compré palos de golf ___en___ esa tienda.

8. Puse la raqueta ___en___ la mesa.

C. The present perfect subjunctive Complete these sentences with the present perfect subjunctive form of the verbs given.

1. Es una lástima que ellos no ___hayan ido___ (ir) al estadio hoy.

2. Me alegro de que tú ___hayas aprendido___ (aprender) a jugar al golf.

3. ¿Hay alguien aquí que ___haya leído___ (leer) ese artículo?

4. Los padres de Clara esperan que ella no ___se haya aburrido___ (aburrirse) en la fiesta.

5. No creo que Ud. ___haya sabido___ (saber) armar la tienda de campaña.

6. No es verdad que nosotros nos ___hayamos divertido___ (divertir) en la fiesta.

7. Aquí no hay nadie que ___haya jugado___ (jugar) con el campeón de tenis.

8. Temo que ellos no ___hayan podido___ (poder) ir al río.

D. Just words. . . Match the questions in column **A** with the answers in column **B**.

A		B
1. ¿Te gusta acampar?	o	a. No, te estoy tomando el pelo.
2. ¿Qué deportes practicas?	g	b. No, es un lago.
3. ¿Te aburriste en la fiesta?	l	c. Sí, pero prefiero pescar.
4. ¿Hablas en serio?	a	d. Sí, es la nueva campeona.
5. ¿Fuiste al estreno?	n	e. No, en el campo.
6. ¿Te gusta cazar?	c	f. No, no tengo ganas de comer nada.
7. ¿Viven en la ciudad?	e	g. El fútbol y el baloncesto.
8. ¿Es un río?	b	h. No, de dibujos animados.
9. ¿Montaron a caballo?	p	i. No, de ciencia ficción.
10. ¿Vas a tomar el sol?	j	j. No, no tengo traje de baño.
11. ¿Vamos a almorzar?	f	k. No, no tenemos tienda de campaña.
12. ¿Ganó todos los partidos?	d	l. ¡Sí! ¡Como una ostra!
13. ¿Es una película de guerra?	i	m. Una obra musical.
14. ¿Es un programa de concurso?	h	n. No, me lo perdí.
15. ¿Qué vieron en el teatro?	m	o. Me gustan todas las actividades al aire libre.
16. ¿Van a ir a acampar?	k	p. No, en bicicleta.

E. Culture

1. Complete the following, based on the information found in the **¿Tú lo sabías?** sections.

   a. El ___mate___ es una especie de té que se bebe en un recipiente especial con una bombilla.

   b. El asado y las ___empanadas___ son comidas típicas de los países del Cono Sur.

2. Answer the following questions, based on the information found in the **El mundo hispánico y tú** section.

   a. ¿Cuáles son los dos únicos países sudamericanos de habla hispana que no lindan *(border)* con Brasil? Chile y Ecuador

   b. ¿Qué ciudad de Uruguay es uno de los centros turísticos más famosos de Latinoamérica? Punta del Este

F. Un dicho Do you remember the Spanish saying that states that people should work for a living? Find it in this lesson. El que no haya trabajado, que no coma.

EL MUNDO DE LOS NEGOCIOS

Monkey Business Images/Shutterstock.com

Una reunión de negocios

OBJETIVOS COMUNICATIVOS

You will learn vocabulary related to business, job interviews, and job-related technology.

SITUACIONES

¿Asistente… o víctima?

ESTRUCTURAS

1 The pluperfect subjunctive
2 *If* clauses
3 Summary of the uses of the subjunctive

ASÍ SOMOS

¡Vamos a ver!

Watching and understanding situations

¡Vamos a escuchar!

Guessing meaning practice II

¡Vamos a conversar!

Giving a presentation

Rincón literario

Training yourself to read

A pesar de todo by Josefina González (Cuba)

¡Vamos a escribir!

Using your imagination

EL MUNDO HISPÁNICO Y TÚ

› España

AUTOPRUEBA

You will review what you learned in this lesson.

JGI/Tom Grill/ Blend Images/Getty Images

ESPAÑA forma con Portugal la Península Ibérica, y es el tercer país europeo en cuanto a extensión. Con las islas Baleares en el Mediterráneo, las islas Canarias en el Atlántico, y Ceuta y Melilla en el continente africano, llega a una extensión de 770.750 kilómetros cuadrados. Por su situación entre el resto de Europa y África, siempre ha poseído considerable valor *(value)* estratégico. En su suelo se mezclaron *(mixed)* y fundieron *(melted)* diversos grupos étnicos provenientes *(coming)* de una gran variedad de civilizaciones; entre ellas, las más importantes fueron la romana, la judía y la árabe *(Arabic)*. El Palacio de La Alhambra, en Granada, es la estructura árabe más importante de España.

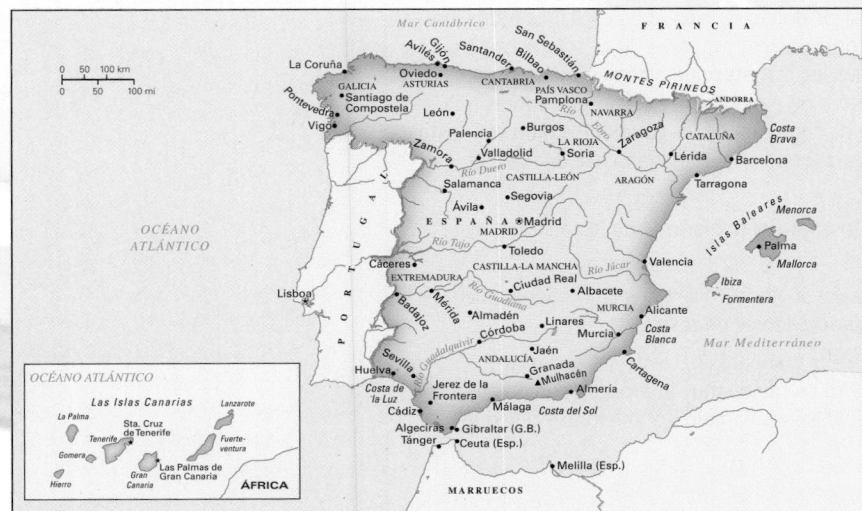

kamira777/Shutterstock.com

El Palacio de La Alhambra en Granada, España

¿Asistente... o víctima?

CD3-15

▶ **¡Ubíquela!**
The company for which Mrs. Guerra works is in Madrid, the capital of Spain. As you watch the video, you might imagine yourself enjoying the innumerable attractions that this magnificent city has to offer.

La Sra. Guerra es la jefa de compras de una compañía de importación en Madrid. Ella está encargada de la selección, evaluación y compra de los equipos electrónicos que vende la compañía: computadoras, grabadoras de DVD, fotocopiadoras, sistemas de comunicación telefónica, etc. La Sra. Guerra es contadora pública, especializada en mercadeo. Es inteligente, tiene mucha experiencia y es extremadamente eficiente, pero... tiene fama de ser una tirana. En este momento Magda, su asistente, está leyendo un correo electrónico de la Sra. Guerra.

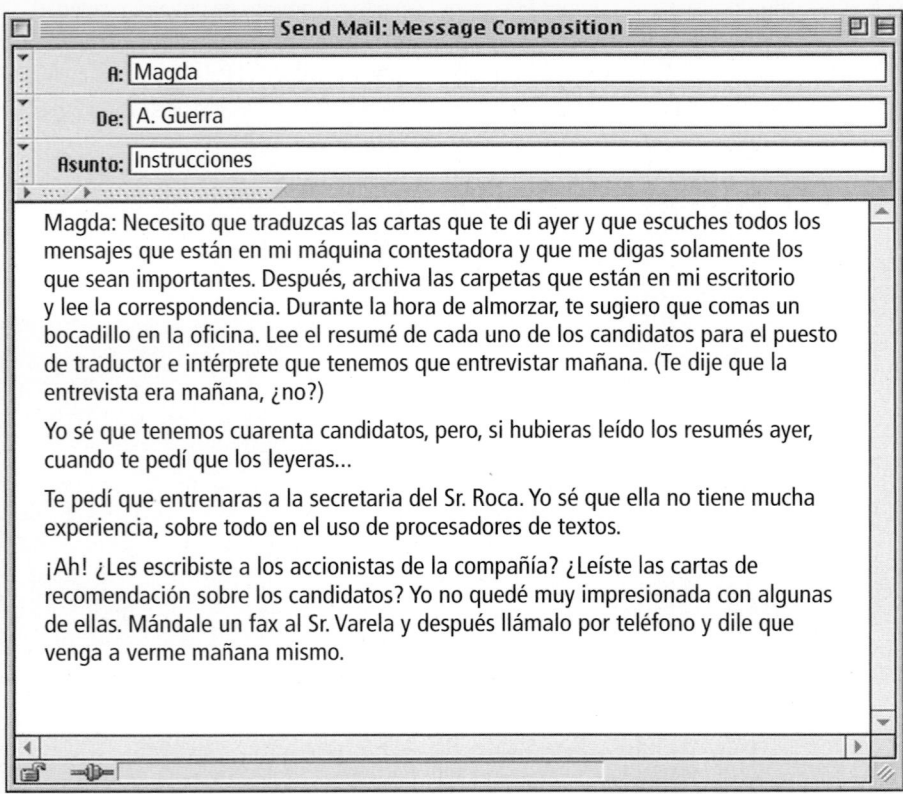

Send Mail: Message Composition
A: Magda
De: A. Guerra
Asunto: Instrucciones

Magda: Necesito que traduzcas las cartas que te di ayer y que escuches todos los mensajes que están en mi máquina contestadora y que me digas solamente los que sean importantes. Después, archiva las carpetas que están en mi escritorio y lee la correspondencia. Durante la hora de almorzar, te sugiero que comas un bocadillo en la oficina. Lee el resumé de cada uno de los candidatos para el puesto de traductor e intérprete que tenemos que entrevistar mañana. (Te dije que la entrevista era mañana, ¿no?)

Yo sé que tenemos cuarenta candidatos, pero, si hubieras leído los resumés ayer, cuando te pedí que los leyeras...

Te pedí que entrenaras a la secretaria del Sr. Roca. Yo sé que ella no tiene mucha experiencia, sobre todo en el uso de procesadores de textos.

¡Ah! ¿Les escribiste a los accionistas de la compañía? ¿Leíste las cartas de recomendación sobre los candidatos? Yo no quedé muy impresionada con algunas de ellas. Mándale un fax al Sr. Varela y después llámalo por teléfono y dile que venga a verme mañana mismo.

Magda, que está frustrada, le manda un mensaje muy breve a su jefa.

Send Mail: Message Composition		
A:	Sra. A. Guerra	
De:	Magda	
Asunto:	Instrucciones	

¿Cuándo voy a hacer todo eso? ¡El sueldo que yo gano no compensa todo el trabajo que hago!

Mensaje electrónico no tan breve, de A. Guerra:

Send Mail: Message Composition		
A:	Magda	
De:	A. Guerra	
Asunto:	Tus responsabilidades	

Magda: Si tú no puedes desempeñar tu trabajo y aceptar tus responsabilidades, yo puedo hablar con el jefe de personal y con el presidente de la compañía y decirles que no te den el aumento que pediste. ¡No te olvides de que tú trabajas bajo mi supervisión! ¡Yo tengo la última palabra!

Último correo electrónico de Magda, que ahora está realmente furiosa:

Send Mail: Message Composition		
A:	A. Guerra	
De:	Magda	
Asunto:	Últimas palabras	

Creo que la última palabra es mía: ¡Renuncio!

1. Hablemos Answers 1. Es jefa de compras de una compañía de importación. 2. Está encargada de la selección, evaluación y compra de los equipos electrónicos que vende la compañía. 3. Tiene fama de tirana. 4. Quiere solamente los que sean importantes. 5. Le sugiere que coma un bocadillo y que trabaje. 6. Tuvo que entrenarla. 7. Quiere que le diga que venga a verla mañana mismo. 8. Dice que puede hablar con el jefe de personal y con el presidente de la compañía. 9. No debe olvidarse de que ella trabaja bajo la supervisión de la Sra. Guerra y de que ella tiene la última palabra. 10. Ha tomado la decisión de renunciar.

1. Hablemos. With a classmate, take turns asking and answering the following questions. Base your answers on the dialogue and on your own circumstances. **1. Hablemos Expansion** Have students ask you the questions about the dialogue. Always give them the wrong answers and have them correct you.

En el diálogo

1. ¿Qué puesto tiene la Sra. Guerra?
2. ¿De qué está encargada ella?
3. ¿Qué fama tiene la Sra. Guerra?
4. De los mensajes en su máquina contestadora, ¿cuáles quiere ella?
5. ¿Qué le sugiere a Magda que haga durante la hora del almuerzo?
6. ¿Qué tuvo que hacer Magda con respecto a la secretaria del Sr. Roca?
7. ¿Qué quiere la Sra. Guerra que Magda le diga al Sr. Varela?
8. ¿Con quiénes dice la Sra. Guerra que ella puede hablar?
9. ¿De qué no debe olvidarse Magda?
10. ¿Qué decisión ha tomado Magda?

¿Y tú?

1. ¿Qué puesto tienes tú? Cuando tu familia da una fiesta, ¿de qué estás encargado(a) tú?
2. ¿Eres famoso(a) o conocido(a) por algo en especial?
3. ¿Cuántos mensajes por día tienes en tu máquina contestadora?
4. ¿Tú trabajas a veces durante la hora del almuerzo? ¿Qué haces?
5. ¿Tú has tenido que entrenar a alguien alguna vez?
6. ¿Tú piensas terminar esta lección mañana mismo?
7. ¿Qué le quieres decir tú a tu profesor(a) de español?
8. ¿Con qué personas de tu trabajo o de tu clase puedes hablar tú?
9. ¿De qué no debes olvidarte tú?
10. ¿Te es fácil o difícil tomar decisiones?

VOCABULARIO

🔊 En el diálogo

Cognados

el (la) asistente	assistant
el (la) candidato(a)	candidate
la compañía	company
la comunicación	communication
la correspondencia	correspondence
eficiente	efficient
especializado(a)	specialized
la evaluación	evaluation
extremadamente	extremely
el fax (facsímile)	fax
la importación	import
impresionado(a)	impressed
el (la) intérprete	interpreter
el personal	personnel
el (la) presidente(a)	president
la recomendación	recommendation
la responsabilidad	responsibility
el resumé, el currículum vitae	résumé, curriculum vitae
la selección	selection
la supervisión	supervision
el (la) supervisor(a)	supervisor
el (la) tirano(a)	tyrant
el uso	use
la víctima[1]	victim

Nombres

el (la) accionista	shareholder
el aumento	increase
el bocadillo	sandwich (Spain)
la carpeta	folder
la carta	letter
la compra	purchase
el (la) contador(a) público(a)	certified public accountant
la entrevista	interview
el equipo electrónico	electronic equipment
la fama	reputation, fame
la fotocopiadora	photocopy machine
el (la) jefe(a)	boss, chief
_____ de compras	purchasing manager
la máquina contestadora	answering machine
el mercadeo	marketing
la palabra	word

el procesador de textos	word processor
el puesto	position, job
el sistema de comunicación telefónica	telephone system
el sueldo, el salario	salary
el (la) traductor(a)	translator
la grabadora de DVD	DVD recorder

Verbos

archivar	to file
compensar	to compensate
desempeñar	to perform (a job)
entrenar	to train
entrevistar	to interview
renunciar	to resign

Adjetivo

encargado(a)	in charge

Otras palabras y expresiones

bajo	under
cada	each
la hora de almorzar	lunch time
mañana mismo	tomorrow and not a day later
quedar impresionado(a)	to be impressed

lightpoet/Shutterstock.com

Martín está haciendo fotocopias en su trabajo. ¿Tú haces fotocopias? ¿Dónde haces fotocopias? ¿Qué tipo de texto fotocopias?

---

[1] The word **víctima** is always feminine.

Más sobre el tema

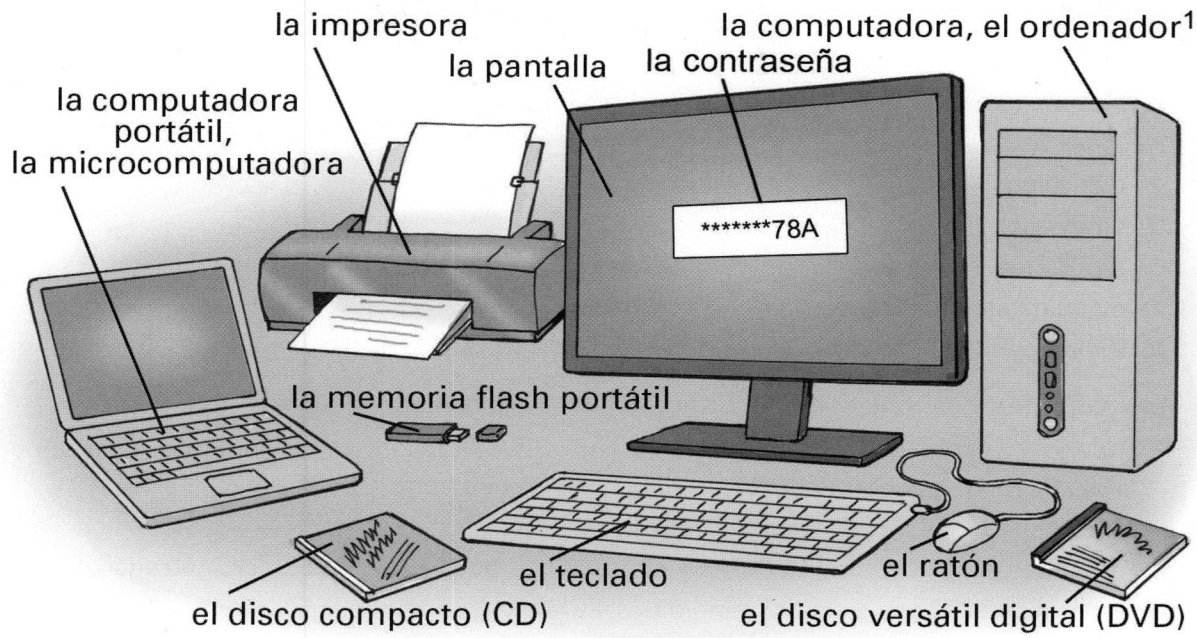

la impresora
la computadora, el ordenador[1]
la pantalla
la contraseña
la computadora portátil, la microcomputadora
*******78A
la memoria flash portátil
el teclado
el ratón
el disco compacto (CD)
el disco versátil digital (DVD)

El mundo de los negocios

el (la) administrador(a)	administrator
el (la) agente de bienes raíces	real estate agent
el (la) agente de relaciones públicas	public relations agent
el (la) agente de seguros	insurance agent
el (la) bolsista, agente (corredor) de bolsa	stockbroker
el (la) comprador(a)	buyer
el despacho, la oficina	office

el (la) empleado(a) bancario(a)	bank employee
jubilarse, retirarse	to retire
trabajar a comisión	to work on commission
_____ a medio tiempo	to work part-time
_____ por cuenta propia	to be self-employed
_____ a tiempo completo	to work full-time

[1] Used in Spain

VOCABULARIO

Práctica

2. ¿Qué es? Write the words or phrases that correspond to the following.

1. fax — facsímile
2. persona que supervisa — supervisor(a)
3. todas las cartas — correspondencia
4. currículum vitae — resumé
5. sándwich — bocadillo
6. reputación — fama
7. máquina para hacer fotocopias — fotocopiadora
8. sueldo — salario

3. Para completar Complete the following sentences, using vocabulary from this lesson.

1. Ella no va a _quedar_ muy impresionada con las _cartas_ de recomendación, incluyendo la del Sr. Peña, que es uno de los _accionistas_ de la compañía.
2. El Sr. Aranda es el _jefe_ de compras.
3. Fernando es _traductor_ e intérprete y es _contador_ público, _especializado_ en mercadeo.
4. Vamos a _entrevistar_ a todos los candidatos. La entrevista es mañana _mismo_.
5. Ella está encargada de la selección, _evaluación_ y compra de los _equipos_ electrónicos que vende la compañía.
6. Tengo que _archivar_ estas carpetas, llamar al _jefe_ de compras y dejarle un mensaje en su máquina _contestadora_.
7. Necesitamos un sistema de comunicación _telefónica_.
8. Yo no tengo experiencia en ese trabajo; me tienen que _entrenar_.

Para conversar

4. Habla con tu compañero(a). With a classmate, take turns asking and answering the following questions.

1. ¿Qué usas para proteger los documentos que tienes en tu ordenador?
2. ¿Tienes tú un despacho en tu casa?
3. ¿Utilizas el ratón o los dedos al usar tu computadora?
4. ¿Has comprado tu seguro de coche con un agente de seguros o electrónicamente?
5. ¿Qué te gustaría ser: gerente, bolsista o empleado(a) bancario(a)?
6. Además de un ordenador, ¿tienes una microcomputadora?
7. ¿Qué usas para hacer copias de tus documentos?
8. ¿Cambias a menudo tu contraseña?
9. ¿Prefieres trabajar a comisión o por cuenta propia?
10. Como estudiante, ¿es mejor trabajar a medio tiempo o a tiempo completo?
11. ¿A qué edad crees tú que uno debe retirarse?
12. ¿Preferirías ser agente de bienes raíces o agente de relaciones públicas?

5. **Una entrevista** With a classmate, play the roles of two friends who are helping a third friend to get ready for an interview with a big company. Ask him/her what type of company it is, details about his/her résumé, and tell him/her how he/she should dress.

6. **Un aumento de sueldo** With a classmate, play the roles of an employee who wants a raise and a boss who doesn't think he/she deserves it. The employee should emphasize what he/she does for the company.

miszaqq/Getty Images

7. **Sueldos...** With a classmate, talk about the different kinds of jobs people may have, and try to figure out what yearly salaries they might earn. Give reasons why. Decide which profession would be the best.

CD3-16

Pronunciación

Pronunciation in context

In this lesson, there are some new words or phrases that may be challenging to pronounce. For further pronunciation practice of Spanish sounds, listen to your instructor and repeat the following sentences.

1. Es jefa de **compras** de una **compañía** de **exportación** de Madrid.

2. Está **encargada** de la selección, evaluación y compra de los **equipos electrónicos.**

3. La Sra. Guerra es **contadora pública,** especializada en **mercadeo.**

4. Necesito que **traduzcas** las cartas que te di ayer.

5. Durante la hora de almorzar, te sugiero que comas **un bocadillo** en la oficina.

6. Ella no tiene mucha **experiencia,** sobre todo en el uso de **procesadores de textos.**

7. ¿Les escribiste a **los accionistas** de la compañía?

8. Creo que la última palabra es mía: **¡Renuncio!**

ESTRUCTURAS

1 The pluperfect subjunctive *(El pluscuamperfecto de subjuntivo)*

> The pluperfect subjunctive is formed with the imperfect subjunctive of the auxiliary verb **haber** + *the past participle* of the main verb. It is used in the same way that the past perfect is used in English, but only in sentences in which the main clause calls for the subjunctive.

Imperfect Subjunctive of *haber*	
hubiera	hubiéramos
hubieras	hubierais
hubiera	hubieran

Formation of the Pluperfect Subjunctive	
yo	**hubiera hablado**
tú	**hubieras comido**
Ud.	
él	**hubiera vivido**
ella	
nosotros(as)	**hubiéramos visto**
vosotros(as)	**hubierais hecho**
Uds.	
ellos	**hubieran vuelto**
ellas	

Activity Suggestion Write on the board: **Ana se alegró de que yo hubiera vuelto.** Change to: **que tú, que Luis, que nosotros, que ellos.**

—Yo me alegré de que ellos le **hubieran dado** el puesto.
—Sí, porque ella tenía mucha experiencia.

I was glad that they had given her the job.
Yes, because she had a lot of experience.

—¿No había nadie que **hubiera visto** al jefe de personal?
—Sí, Eva ya lo había visto.

Wasn't there anybody who had seen the personnel director?
Yes, Eva had already seen him.

¡Atención! The pluperfect subjunctive of **hay** (impersonal form of **haber**) is **hubiera habido.**
Yo te dije que no era verdad que **hubiera habido** una reunión en mi despacho.

Práctica

8. La Sra. Díaz Indicate what Mrs. Díaz, the supervisor, had expected everyone in the office to do by the time she got back from a business trip.

Modelo su secretaria / archivar la correspondencia

Ella esperaba que su secretaria hubiera archivado la correspondencia.

1. yo / leer los currículums de los candidatos
2. Álvaro y yo / hacer la evaluación de la nueva empleada
3. tú / ir al despacho del Sr. Gómez
4. su asistente / devolver la microcomputadora nueva
5. Víctor y Omar / escribir las cartas de recomendación
6. la Sra. López / limpiar su oficina

8. La Sra. Díaz Answers 1. Ella esperaba que yo hubiera leído los currículums de los candidatos. 2. Ella esperaba que Álvaro y yo hubiéramos hecho la evaluación de la nueva empleada. 3. Ella esperaba que tú hubieras ido al despacho del Sr. Gómez. 4. Ella esperaba que su asistente hubiera devuelto la microcomputadora nueva. 5. Ella esperaba que Víctor y Omar hubieran escrito las cartas de recomendación. 6. Ella esperaba que la Sra. López hubiera limpiado su oficina.

9. Reacciones With a classmate, take turns deciding how Mrs. Díaz reacted **(se alegró, lamentó, sintió)** to what happened during her absence. Use the pluperfect subjunctive.

Modelo El presidente de la compañía le había dado un aumento de sueldo.

Ella se alegró de que el presidente le hubiera dado un aumento de sueldo.

1. Su asistente había terminado todo el trabajo.
2. El jefe de compras se había enfermado.
3. Yo había hecho la selección de los equipos electrónicos.
4. Los traductores habían traducido todos los documentos.
5. Tú no habías entrevistado a los candidatos.
6. Su secretaria había renunciado.

9. Reacciones Answers 1. Se alegró de que su asistente hubiera terminado todo el trabajo. 2. Sintió (Lamentó) que el jefe de compras se hubiera enfermado. 3. Se alegró de que yo hubiera hecho la selección de los equipos electrónicos. 4. Se alegró de que los traductores hubieran traducido todos los documentos. 5. Lamentó que tú no hubieras entrevistado a los candidatos. 6. Sintió (Lamentó) que su secretaria hubiera renunciado.

Para conversar

10. El año pasado... In groups of three, talk about the things that you hoped **(esperaba)** would happen, the things that you feared **(temía)** would happen, and the things that you were glad **(me alegré)** happened last year.

Modelo *Yo me alegré de que mis padres me hubieran comprado una computadora.*

2 | *If* clauses *(Cláusulas con si)*

› In Spanish, the imperfect subjunctive is used in *if* clauses when a contrary-to-fact statement is made.

—Si **tuviera** dinero, **compraría** un teléfono inteligente.
—Usa tu tarjeta de crédito.

If I had money, I would buy a smartphone.
Use your credit card.

LEARNING TIP
Think of several ways in which you might finish these questions: **¿Qué haría yo si (no)... ?** and **¿Qué habría hecho yo si (no)... ?**

ESTRUCTURAS

> Note that the imperfect subjunctive is used in the *if* clause and the conditional is used in the main clause. When a statement expresses a contrary-to-fact situation in the past, the pluperfect subjunctive is used in the *if* clause and the conditional perfect is used in the main clause.

—No pude comprar la impresora.	*I wasn't able to buy the printer.*
—Si **hubieras ahorrado** dinero, **habrías podido** comprarla.	*If you had saved money, you would have been able to buy it.*

> The imperfect subjunctive is also used in *if* clauses that express an unlikely fact, or simply the Spanish equivalent of the English *if . . . were to. . . .*

—Si me **ofrecieran** el puesto, lo aceptaría.	*If they were to offer me the job, I would accept it.*
—No creo que te lo ofrezcan.	*I don't think they will offer it to you.*

> The imperfect subjunctive is also used after the expression **como si** *(as if)*.

—Pepe se compró otra computadora.	*Pepe bought himself another computer.*
—Ese hombre gasta dinero **como si fuera** millonario.	*That man spends money as if he were a millionaire.*

> When an *if* clause refers to something that is possible or likely to happen, the indicative is used.

—¿Me vas a comprar la fotocopiadora?	*Are you going to buy me the photocopy machine?*
—Si **tengo** dinero, te la compro.	*If I have money, I'll buy it for you.*

¡Atención! The present subjunctive is *never* used in an *if* clause.

Práctica

11. **En estos casos...** Complete the following sentences, using the imperfect subjunctive, the pluperfect subjunctive, or the present indicative, as appropriate.

    1. Si yo __hubiera hablado__ (hablar) con el agente de bienes raíces antes, habría podido vender mi casa.
    2. Si tú __estudias__ (estudiar) inglés, podrás trabajar de intérprete.
    3. Si nosotros __encontráramos__ (encontrar) un comprador, podríamos vender el coche mañana mismo. Y si __pudiéramos__ (poder) vender el coche podríamos comprar una microcomputadora.
    4. Si el presidente de la compañía __hubiera leído__ (leer) tu resumé, habría quedado muy impresionado. Y si te __hubiera entrevistado__ (entrevistar) hoy te habría dado el puesto.
    5. Olga habla como si __supiera__ (saber) mucho de mercadeo.
    6. Si nosotros __hubiéramos sabido__ (saber) lo que había pasado, te habríamos avisado.
    7. Si ellos __tienen__ (tener) la entrevista hoy, podremos ir.
    8. Si tú __quisieras__ (querer), podrías ayudarme con mi informe.
    9. Si todos los accionistas __vienen__ (venir) mañana, podemos tener la reunión.
    10. Si Pablo __tuviera__ (tener) experiencia, podría conseguir un puesto en el departamento de compras. Y si __hablara__ (hablar) japonés, ganaría más.
    11. Esa mujer tiene cincuenta años, pero actúa como si __fuera__ (ser) muy joven.
    12. Si nosotros __conseguimos__ (conseguir) bastante dinero, podemos mejorar el sistema de comunicación telefónica. Y si el banco nos __da__ (dar) el préstamo, podemos comprar dos fotocopiadoras.

12. Según la situación Say what the following people are going to do, would do, or would have done according to each situation.

> **Modelo** María quiere comprar una computadora, pero no tiene dinero.
>
> *Si María tuviera dinero, compraría una computadora.*

1. Yo no trabajé mucho el año pasado y no me dieron un aumento de sueldo.
2. Teresa quiere hablar con el administrador, pero no tiene tiempo.
3. Nosotros queremos comprar un procesador de textos nuevo. Es posible que tengamos suficiente dinero.
4. Juan quiere que yo le dé la dirección del agente de seguros, pero yo no la sé.
5. Mi madre quería que yo fuera contador público, pero no me gustaban las matemáticas.
6. Tú quieres estudiar para programador(a), pero no tienes computadora. Es posible que tus padres te regalen una.
7. Yo habría llevado a Marta a hablar con el gerente, pero tuve que trabajar.
8. Nosotros habríamos hablado con el bolsista, pero él no estaba en su despacho hoy.

Para conversar

13. Si... With a classmate, take turns asking each other what you would do or what would happen if the following were true.

> **Modelo** tener mucho dinero
>
> —*¿Qué harías tú si tuvieras mucho dinero?*
>
> —*Si yo tuviera mucho dinero, viajaría mucho.*

1. no ganar un buen sueldo
2. necesitar una microcomputadora
3. ser la hora de almorzar
4. tener que trabajar los domingos
5. no sentirse bien
6. tener que entrenar a alguien
7. quedar suspendido(a) en un examen
8. querer comprar libros en español
9. tener un examen
10. no poder viajar en avión

12. Según la situación Answers
1. Si yo hubiera trabajado mucho el año pasado, me habrían dado un aumento de sueldo. 2. Si Teresa tuviera tiempo, hablaría con el administrador. 3. Si tenemos suficiente dinero, compraremos un procesador de textos nuevo. 4. Si yo supiera la dirección del agente de seguros, se la daría a Juan. 5. Si me hubieran gustado las matemáticas, habría sido contador público. 6. Si tus padres te regalan una computadora, podrás estudiar (estudiarás) para programador(a). 7. Si yo no hubiera tenido que trabajar, habría llevado a Marta a hablar con el gerente. 8. Si el bolsista hubiera estado en su despacho hoy, nosotros habríamos hablado con él.

13. Si... Answers *Answers will vary.*

Esta es Ana María Sanfeliú. Si no hubiera estudiado administración de empresas no habría conseguido el puesto de ejecutiva.

ASDF_MEDIA/Shutterstock.com

ESTRUCTURAS

3 Summary of the uses of the subjunctive *(Resumen de los usos del subjuntivo)*

Use the subjunctive . . .	Use the infinitive . . .
a. after verbs of volition (when there is change of subject). **Yo** quiero que **él salga.**	**a.** after verbs of volition (when there is no change of subject). **Yo** quiero **salir.**
b. after verbs of emotion (when there is change of subject). **Me alegro** de que **tú estés** aquí.	**b.** after verbs of emotion (when there is no change of subject). **Me alegro** de **estar** aquí.

Use the subjunctive . . .	Use the indicative . . .
a. to express doubt, denial, and disbelief. **Dudo** que **pueda** venir. **Niego** que él **esté** aquí. **No creo** que él **vaya** con Eva.	**a.** when there is no doubt, denial, or disbelief. **No dudo** que **puede** venir. **No niego** que él **está** aquí. **Creo** que él **va** con Eva.
b. to refer to the indefinite or nonexistent. **Busco** una casa que **sea** cómoda. No **había nadie** que lo **supiera.**	**b.** to refer to something specific. **Tengo** una casa que **es** cómoda. **Había alguien** que lo **sabía.**
c. with certain conjunctions when referring to a future action.[1] Lo **llamaré** cuando **llegue.**	**c.** with certain conjunctions when there is no indication of future action. Lo **llamo** cuando **llego.**
d. in an *if* clause to refer to something contrary-to-fact or to something impossible or very improbable. Si **pudiera,** iría. Si el presidente me **invitara** a la Casa Blanca, yo aceptaría.	**d.** in an *if* clause when not referring to anything that is contrary-to-fact, impossible, or very improbable. Si **puedo,** iré. Si Juan me **invita** a su casa, aceptaré.

> ### Un dicho
> **Si el sabio no aprueba, malo; si el necio aplaude… peor.**
> Equivalent: *If the wise man does not approve, that's bad;*
> *if the stupid man applauds . . . that's worse.*

[1]The subjunctive is always used after the conjunctions **con tal que, sin que, en caso de que, a menos que, para que,** and **antes de que,** which by their very meanings imply uncertainty or condition: **Puedo salir** *sin que* los chicos me *vean, a menos que* **estén** en la sala.

Subjunctive or Infinitive . . . ? / Subjunctive or Indicative . . . ?

Práctica

14. Minidiálogos Complete the following dialogues using the subjunctive, indicative, or infinitive of the verbs given. Then act them out with a classmate.

1. —¿Qué vas a hacer cuando ___llegues___ (llegar) a la oficina?
   —Yo quiero ___archivar___ (archivar) las carpetas, pero mi jefe quiere que ___trabaje___ (trabajar) con el agente de relaciones públicas.

2. —No creo que ___valga___ (valer) la pena continuar usando ese equipo.
   —Es verdad, pero dudo que nosotros ___podamos___ (poder) comprar uno nuevo.

3. —Yo espero ___poder___ (poder) hablar con mi antiguo *(former)* jefe hoy.
   —No creo que ___esté___ (estar) en su oficina. Mándale un correo electrónico.

4. —¿Tú conoces a alguien que ___esté___ (estar) especializado en mercadeo?
   —Sí, conozco a un hombre que ___trabaja___ (trabajar) en la compañía Mirabal. Si tú ___quieres___ (querer), podemos ir a verlo mañana.
   —Si ___pudiera___ (poder), iría, pero tengo que trabajar.

5. —Yo llamé al electricista para que ___viniera___ (venir) a arreglar las luces de la oficina.
   —Cuando él ___venga___ (venir), quiero hablar con él.

15. Los negocios With a classmate, take turns completing the following.

1. La supervisora quiere que su asistente…
2. El jefe de personal les ha pedido a los candidatos…
3. Los accionistas habrían comprado más acciones…
4. Yo temía que el sueldo…
5. Cora va a llamar al traductor para que él…
6. Yo espero que el agente de bienes raíces…
7. El jefe de compras no conocía a nadie que…
8. Ojalá que el presidente de la compañía…
9. Nosotros no creíamos que la nueva secretaria…
10. Yo buscaba una asistente que…

Andrés, Amelia y el agente de bienes raíces

Andrés y Amelia esperan que el agente de bienes raíces los ayude a vender su casa.

¿Tú crees que él puede hacerlo o lo dudas?

Cuando vendan su casa, ¿crees que van a comprar una que sea más grande o que sea más pequeña? ¿Por qué?

¿Cuál crees que es la profesión de Andrés?
¿Y la profesión de Amelia?

Para conversar

16. **¡Habla con tu compañero(a)!** With a classmate, take turns asking each other the following questions. Answer the questions in complete sentences.

1. ¿A quién llamarías si tu computadora no funcionara?
2. Tengo que arreglar mi computadora: ¿adónde me recomiendas que la lleve?
3. Si vas a comprar una computadora, ¿qué marca prefieres comprar?
4. ¿Es cierto que siempre tienes tu teléfono celular contigo?
5. ¿Crees que es una buena idea tener una microcomputadora?
6. ¿Qué esperas que tus padres te regalen para tu cumpleaños?
7. ¿Tú podrías comprar una casa sin que tus padres te ayudaran?
8. ¿Es verdad que gastas dinero como si fueras millonario(a)?
9. ¿Siempre tratas de llegar a la clase antes de que llegue el profesor?
10. ¿Qué vas a hacer hoy tan pronto como llegues a tu casa?

17. **Responde...** With a classmate, take turns reacting to the following statements. Use the subjunctive.

Modelo Un traductor habla solo un idioma.
No es verdad que un traductor hable solo un idioma.

1. El gerente tiene dieciocho años.
2. Busco a alguien que hable japonés y chino.
3. El sueldo que ganan los maestros compensa su trabajo.
4. Me dieron un aumento de sueldo.
5. No sé qué quiere el jefe que hagan los empleados.
6. Las secretarias escriben a máquina; no usan computadoras.
7. Ella habla inglés y él habla ruso. No necesitan un intérprete.
8. Le encanta su trabajo; piensa renunciar.
9. El jefe de personal es muy comprensivo. Es un tirano.
10. Busco un esposo (una esposa) que tenga mucho dinero.
11. Si se trabaja veinte horas por semana, se trabaja tiempo completo.
12. Sara trabaja para la compañía Sandoval. Trabaja por cuenta propia.
13. Los profesores generalmente trabajan a comisión.
14. La gente tiene que jubilarse a los cincuenta años.

ASÍ SOMOS

▶ ¡Vamos a ver!

Antes de ver el video

18. Preguntas You and a classmate, take turns asking and answering the following questions.

1. Si te entrevistaran para el puesto de asistente del supervisor del departamento de compras, ¿crees que te lo darían?

2. ¿Te gustaría ser contador(a) público(a) especializado(a) en mercadeo o preferirías ser traductor(a)? ¿por qué?

3. ¿Tú tienes conocimiento de ordenadores? ¿Sabes escribir a máquina? ¿Sabes usar un procesador de textos?

4. ¿Tú tienes experiencia en el mundo de los negocios?

5. ¿Qué equipos electrónicos puedes nombrar *(name)*?

6. La última vez que pediste un aumento de sueldo, ¿te lo dieron?

7. Si tú trabajas, ¿compensa el sueldo que te pagan todo el trabajo que tú haces?

8. Si alguien leyera tu currículum vitae y una carta de recomendación sobre ti, ¿quedaría impresionado?

9. ¿Te gustaría ser uno(a) de los (las) principales accionistas de una compañía multinacional?

10. Si yo te llamo y tú no estás en casa, ¿puedo dejarte un mensaje en la máquina contestadora?

11. ¿Preferirías ser empleado(a) bancario(a) o agente de relaciones públicas?

12. En tu familia, ¿quién tiene la última palabra?

El video: Dos entrevistas

—Si le ofreciéramos el puesto, ¿cuándo podría empezar a trabajar?

—La semana próxima.

—Perfecto. Si hoy termino las entrevistas, espero poder avisarle sobre mi decisión mañana mismo.

—¿Le va a dar el puesto al Sr. Menéndez? Leí su resumé y las cartas de recomendación de sus antiguos jefes. ¡Quedé muy impresionada!

—¡Yo también! Voy a hablar con el Sr. Valdivia, que es el que tiene la última palabra. Si él está de acuerdo conmigo, le ofrecemos el puesto.

Después de ver el video

Pablo

Elena

Sra. Vigo

Luis

19. ¿Quién lo dice? Identify the person who said each of the following in the dialogues.

1. ¡Mucha responsabilidad para un hombre tan joven como usted! la Sra. Vigo
2. Si me hubieran dado el aumento, habría continuado trabajando allí. Luis
3. Parece muy inteligente y encantador. Elena
4. Si él está de acuerdo conmigo, le ofrecemos el puesto. la Sra. Vigo
5. Además de mi trabajo, servía de traductor de toda la correspondencia en inglés. Luis
6. A veces voy a visitar a mi tío, el señor José Ariet. Pablo
7. ¿Le va a dar el puesto al Sr. Menéndez? Elena
8. Sé escribir a máquina... con dos dedos... Pablo

 20. Hablemos. With a classmate, take turns asking and answering the following questions. Base your answers on the dialogue.

En el diálogo

1. ¿Qué puesto tiene la Sra. Vigo? Es jefa de personal de una compañía de importaciones.
2. ¿De qué quiere la Sra. Vigo que le hable Luis? Quiere que le hable de su experiencia en el mundo de los negocios.
3. ¿De qué estaba encargado Luis en la compañía Telelux? Estaba encargado de la selección, evaluación y compra de los equipos electrónicos.
4. ¿Por qué dejó Luis el puesto? Porque pidió un aumento y no se lo dieron.
5. ¿Qué habría hecho Luis si le hubieran dado el aumento? Habría continuado trabajando en la compañía.
6. ¿Qué título tiene Pablo Casas? Tiene un título en filosofía.
7. ¿Qué sabe hacer Pablo? Sabe escribir a máquina y mandar un fax.
8. ¿Dónde puede dejarle la Sra. Vigo un mensaje a Pablo? Puede dejárselo en la máquina contestadora.
9. ¿Con qué quedó muy impresionada Elena? Con el resumé y con las cartas de recomendación de Luis Menéndez.
10. ¿Qué puesto le van a ofrecer a Pablo? Le van a ofrecer el puesto de asistente del Sr. Menéndez.

21. ¿Qué pasa después? You and a classmate, use your imaginations to say what the characters do. In Spanish, discuss the following.

1. Whether or not the Telelux Company called Luis to offer him a salary increase.
2. Whether Mr. Valdivia does have the last word or whether Mrs. Vigo can make the decision.
3. Whether or not Luis will serve as a translator and interpreter for the company.
4. How many employees will be working under Luis's supervision.
5. Whether Pablo calls his uncle to tell him about the interview and what he wants his uncle to do.
6. Whether Mrs. Vigo calls Pablo and leaves a message on his answering machine or whether she sends him an e-mail.
7. Whether Pablo Casas accepts the job that Mrs. Vigo offers him.
8. Whether Pablo goes back to college to study marketing.

🔊 ¡Vamos a escuchar!

CD3-17

> **ESTRATEGIA** **Guessing meaning practice II** When listening, keep in mind the topic to help orient you to the nature of unfamiliar words. Also remember to use cognates, word families, the words you know, and the surrounding ideas to make informed guesses about unfamiliar words.

22. **Avisos de empleo** You will listen to three announcements about job openings. Listen for context and guess the meanings of the following words or phrases.

Aviso 1: 1. estar dispuesto 2. dominar

Aviso 2: 1. ambos 2. capacidad

Aviso 3: 1. empresa 2. se encarga de 3. adiestramiento

22. Avisos de empleo Answers *Aviso 1:* 1. to be willing or prepared 2. to master; *Aviso 2:* 1. both 2. ability; *Aviso 3:* 1. company 2. is responsible (for doing something) 3. training (noun)

¡Vamos a conversar!

> **ESTRATEGIA** **Giving a presentation** When speaking formally about a topic in a foreign language, preparation is especially important. Here are some general guidelines for the delivery of a sound presentation.
>
> › Know your subject as well as possible.
> › Organize your presentation so that your audience is able to follow your thoughts easily.
> › Establish a comfortable balance between following a script and improvising.
> › Do a "dry run" in front of people you know and get feedback from them.
> › Rehearse further if you think that this will strengthen your actual delivery.

👥 23. **Para mejorar la universidad** Imagine that you have been asked to present to the president of your college your ideas on how to improve student services. In pairs, brainstorm ideas; then, individually, prepare your presentation and rehearse it with your classmate. As you develop your ideas, ask yourself the following questions.

› What specific measures am I proposing to achieve the suggested improvements?

› How am I going to persuade my audience (the president) about these measures?

👥 24. **¿Qué dices tú?** What would you say in the following situations? What might the other person say? Act out the scenes with a classmate. Take turns playing each role.

1. Someone wants you to help him get a job at the company where you work. Tell him that you work under the supervision of Mrs. Rojas, and she has the last word.

2. You complain to your boss, saying that the salary you get doesn't compensate for all the work you do because you have too many responsibilities.

3. You tell someone that, if you had money, you would buy a printer.

4. Tell a friend to leave you a message on your answering machine or to send you a fax.

5. You indicate that Miss Vega's assistant has read all the letters of recommendation.

24. ¿Qué dices tú? Answers 1. Yo trabajo bajo la supervisión de la Sra. Rojas y ella tiene la última palabra. 2. El sueldo (salario) que yo recibo no me compensa por todo el trabajo que yo hago porque tengo muchas responsabilidades. 3. Si yo tuviera dinero, compraría una impresora. 4. Déjame un mensaje en mi máquina contestadora o mándame un fax. 5. La secretaria de la señorita Vega leyo las cartas de recomendación.

25. Para conocernos mejor To do this activity, work with a classmate whom you would like to get to know. Take turns asking and answering these questions.

1. ¿Qué preferirías tú, ser empleado(a) bancario(a) o trabajar en una oficina? Si pudieras escoger una profesión, ¿cuál escogerías? ¿Por qué? ¿Qué es más importante para ti, tener un buen sueldo o desempeñar un trabajo que te guste?

2. ¿Crees que es importante que una persona tenga conocimiento de ordenadores? ¿Qué marca de computadora tienes tú? ¿Usas la computadora principalmente para escribir informes o para mandar y recibir mensajes?

3. Si tuvieras que escribir tu resumé para solicitar un trabajo, ¿qué podrías decir sobre tu experiencia? ¿Y sobre tu educación?

4. Si el sueldo que tú recibes no compensa el trabajo que tú haces, ¿continúas trabajando en el mismo lugar o tratas de conseguir otro trabajo? ¿Cuál crees tú que debe ser el sueldo mínimo?

5. ¿Vas a tratar de conseguir un trabajo en cuanto te gradúes o piensas tomarte unas vacaciones en vez de comenzar a trabajar enseguida?

25. Para conocernos mejor Expansion Have students ask you the same questions, using the **Ud.** form.

26. Una actividad especial para toda la clase

Necesitamos un(a) asistente The vice president of a big company needs an assistant. The class will be divided into groups of three or four to do the following.

Step 1: Write the qualifications the candidates must have in order to get the position: experience working for another company, curriculum vitae, letters of recommendation, and experience using computers and all kinds of office equipment. Decide what the salary should be, according to experience and education. Preferred: candidates who can work as interpreters and translators.

Step 2: A person from each group will inform the class about one or two qualifications that the candidate must have.

Jacob Lund/Shutterstock.com

Rincón literario
Josefina González (*Cuba: 1945–*)

Josefina González llegó al exilio en 1962, cuando apenas acababa de terminar° su primer año de la carrera de medicina en la Universidad de La Habana. Vivió en Boston, pero no pudo terminar sus estudios hasta que se mudó a Miami en 1970. Las nuevas circunstancias la hicieron cambiar de rumbo° y en la Universidad Internacional de la Florida, terminó su licenciatura° y maestría y se graduó con un doctorado en Educación.

acababa… had barely finished

direction

B. A.

Actualmente es profesora de The Union Institute y además pertenece° a varias organizaciones que favorecen la caída° del régimen comunista en su país de origen. En su única° obra publicada, *A pesar de todo*, recoge la lucha y la nostalgia de las mujeres cubanas en el exilio. De ella se ha dicho lo siguiente:

belongs / fall

only

> *A pesar de todo* es la memoria de una generación arrancada° de su país por la fuerza. Los sueños° de juventud se convirtieron en nostalgias, las niñas se convirtieron en mujeres cuando todavía no era tiempo. A pesar de la injusticia hicieron una vida digna y rodearon° de felicidad a sus hijos. No olvidaron a su país y pretenden, a pesar de los muchos años, ocupar el espacio de servicio que les pertenece. No es una historia tranquila, pero sí llena de realizaciones y conquistas. Son "mucha mujer" estas muchachas de ayer que son parte esencial y fecunda del exilio cubano.

uprooted

dreams

surrounded

Antes de leer

> **ESTRATEGIA** **Training yourself to read** This strategy includes, above all else, establishing a dialogue between what you read and what you think. Noting or jotting down your impressions, key information, and questions you have serves as an aid when later discussing a reading. By engaging with and reacting to a text you'll be able to better understand and appreciate it.

¡A leer!

27. Comprensión As you read the essay, find the answers to the following questions.

1. ¿Cómo describe la autora a su gente? Dice que eran un pueblo pequeño, próspero, orgulloso y educado.

2. Según la autora, ¿cómo se vivía en Cuba antes de Fidel Castro? Se vivía con optimismo y se respiraba alegría.

3. ¿Cómo se sentían los cubanos cuando salían para el exilio? Se sentían con un nudo en la garganta.

4. ¿Qué es lo único que trajeron con ellos? Llegaron al exilio con un nudo en el estómago. No tenían nada.

5. ¿Cuáles fueron los primeros problemas que los exiliados tuvieron que resolver en los Estados Unidos? Tuvieron que buscar colegios, un medio de transporte, vivienda y, sobre todo, trabajo.

6. ¿Cómo cambió la vida de los "mayores"? Los "mayores" tuvieron que aceptar comida del gobierno y aceptar trabajos muy por debajo de sus carreras o profesiones.

7. ¿Qué tipos de alimentos recibían los cubanos del gobierno?
   Recibían mantequilla de maní, queso, jamón enlatado y leche en polvo.
8. ¿En qué se convirtieron los "mayores" para ganar dinero?
   ¿Qué más tuvieron que hacer? En choferes o camioneros. Lavar platos y recoger cosechas.
9. ¿Cuántas personas vivían, a veces, en los pequeños apartamentos?
   Una docena.
10. ¿Cómo se ayudaban los cubanos unos a otros?
    Compartían lo poco que tenían.
11. ¿Cuáles fueron las reacciones de los norteamericanos ante la llegada de estos inmigrantes? Muchos norteamericanos rechazaron a los inmigrantes; otros les ofrecieron ayuda.
12. ¿Qué aprendieron los jóvenes de sus mayores?
    El valor de una buena educación, de la cooperación y de la unión.

A pesar de todo (Fragmento)

Éramos un pueblo pequeño, próspero, orgulloso° y educado. Se vivía con optimismo, se respiraba° alegría. Compartíamos° un entusiasmo colectivo que de algún modo° llegó a ser parte de la idiosincrasia cubana…

Salimos de Cuba con un nudo° en la garganta° y llegamos al exilio con un nudo en el estómago. Las que salieron acompañadas de su familia vieron preocupación y desasosiego° a su alrededor. Las inquietudes normales de una joven pasaron a convertirse en la incertidumbre° de no saber cómo ni de dónde saldría el dinero necesario para subsistir°. Había que buscar colegios, un medio de transporte, vivienda° y, sobre todo° trabajo.

Vimos a los "mayores" (aquellos de la edad de nuestros padres) aceptar comida del gobierno y aceptar trabajos muy por debajo° de sus carreras o profesiones. La mantequilla de maní°, tan ajena a la dieta criolla hasta entonces, se convirtió en fuente° de proteína. Los quesos y el "casi jamón" enlatado° llegaron a ser bienvenidos en la mesa de comer. La leche en polvo° parecía hasta cremosa. El Refugio[1] se convirtió en lugar de tertulias°. Con orgullo, esos "mayores" se vistieron de uniforme; se convirtieron en choferes o camioneros°; lavaron platos y recogieron cosechas°. Poco a poco los vimos buscar medios° de usar su educación o de invertir los poquitos dólares que quizás algunos cuantos° habían podido mantener en los Estados Unidos o traer consigo antes del cierre total de las salidas de divisas°. Los vimos compartir° con otros lo poco que tenían y recibir en sus casas a hijos ajenos° para darles

proud	
we breathed / we shared	
de… somehow	
knot / throat	
unrest	
uncertainty	
survive	
housing / above all	
por… beneath	
peanut	
source	
canned	
La… dry milk	
conversations	
truck drivers / harvest	
means	
algunos… a few	
hard currency / share	
othes people's	

[1] U.S. Cuban Relief Agency

albergue° temporal. Los sofás-camas y las "colombinas[2]" florecían
en los pequeños apartamentos donde en vez de dos o tres inquilinos°,
había una docena de refugiados.

    Son miles y miles las historias individuales y colectivas de acciones
de rechazo° por parte de los norteamericanos que detestaban la
llegada masiva de refugiados. Otras tantas de acciones nobles por
parte de los que veían a los cubanos con lástima°. Muchos ofrecieron
ayuda y acogieron° a sus nuevos vecinos; otros se negaban° incluso a
alquilarles apartamentos disponibles°.

    En medio de ese ambiente, aquellos que tenían que proveer° para sus
hijos comenzaron a salvar los obstáculos uno por uno. Buscaban apoyo°,
comprensión y consuelo en los que pasaban por lo mismo. Los vimos
sentirse orgullosos y compadecer° a los que consideraban ignorantes
de nuestra cultura y nuestra historia. El no tener dinero no los hacía
inferiores, sino más desafiantes°. De ellos aprendimos el valor de poseer
una buena educación y cómo sacarle partido° a las circunstancias,
utilizando la cooperación y la unión de los que resultan afines°.

housing

renters

rejection

pity

received / se… refused

available

provide

support

feel sorry

defiant

sacarle… take advantage

close

Josefina González, from *A Pesar de Todo: Nostalgias Y Reflexiones de La Mujer Cubana En El
Exilio*. Ediciones Universal, 1997.

Después de leer... reflexiones

 28. El exilio In groups of three or four, discuss the following.

    Imagínense que ustedes tienen que salir de su país sin dinero, y dejar su casa, su familia y todo
lo que poseen, sin saber si podrán regresar algún día. Tienen que ir a tierras extrañas, y convivir
con personas cuyo idioma no entienden y cuyas costumbres son diferentes. Esta es la situación
en que se encontró la autora. ¿Cómo se sentirían Uds.? ¿Qué harían?

    In groups of three or four, discuss the following problems you might face, and what you would
do to solve them:

1. Extrañan a sus parientes y amigos.
2. Tienen que conseguir trabajo.
3. Tienen que aprender a hablar el idioma del país donde viven ahora.
4. Tienen que adaptarse a las costubres del país.
5. Por otro lado, quieren conservar los aspectos sociales y culturales que son importantes
   para ustedes.
6. Tienen que encontrar casa o apartamento.
7. Tienen que tratar de ayudar a otros exilados que están pasando por lo mismo.
8. Otros problemas que ustedes creen que se deben resolver.

[2]Folding bed (Cuba)

29. Extendiendo una mano (Lending a hand) With a classmate, discuss the following: De haber vivido en la época en que llegaron los refugiados cubanos, ¿qué habrían hecho ustedes para ayudarlos? Fíjense en los problemas que se describen en la actividad anterior.

Si estos jóvenes fueran los nietos de los primeros exiliados cubanos... ¿qué diferencias creen ustedes que habría entre sus vidas y las de sus abuelos?

wavebreakmedia/Shutterstock.com

Vamos a escribir

Antes de escribir

> **ESTRATEGIA** **Using your imagination** Try to "see" what problems you might have in a foreign country that is quite different from yours. Jot down all those you can think of and choose the most important ones. Organize them in order of importance and difficulty. Offer examples and details.

¡A escribir!

30. Ensayo Write the **primer borrador** of your essay.

Después de escribir

31. A revisar Before writing the first version of your essay, exchange your first draft with a classmate's and peer edit each other's work. Have the guidelines been followed? Have you organized your ideas and examples?

Notice the use of the conditional tense.

EL MUNDO HISPÁNICO Y TÚ

España (I)

¿Recuerdas la canción que aprendiste en la lección 1? Españoles y turistas de otros países la cantan el Día de San Fermín, en la ciudad de Pamplona, conocida por sus encierros y sus corridas de toros.

En el norte del país están también Barcelona, la segunda ciudad más importante de España, y Santiago de Compostela.

En el centro del país está Madrid, la capital, una ciudad moderna de gran vitalidad, visitada cada año por más de 60 millones de turistas. Es el núcleo de los negocios, la política y el arte.

Qué ver en Madrid

El Prado es uno de los mejores museos del mundo. Allí se conserva la colección más grande de las obras de pintores españoles, como Goya, Murillo y Velázquez (incluida *Las Meninas*, su obra maestra).

El Parque del Buen Retiro es notable por su estanque y sus muchas fuentes. En una de ellas está la famosa estatua del Ángel Caído, que representa al diablo cuando fue arrojado del paraíso. En el parque están también la Rosaleda y el Palacio de Cristal.

Otros puntos de interés turístico

En Barcelona está la Iglesia de **la Sagrada Familia,** la obra maestra (*masterpiece*) del arquitecto catalán Antonio Gaudí.

La Mancha es la región de España más conocida en todo el mundo, debido a la novela *Don Quijote de la Mancha,* de Miguel de Cervantes. En esta novela se destaca el capítulo en que Don Quijote lucha (*fights*) con los molinos de viento (*windmills*) característicos de esa zona.

Los idiomas de España

En España llaman castellano al idioma español, que todos los españoles hablan y entienden. Además, se hablan otras lenguas: el catalán en Cataluña, el gallego en Galicia y el vascuence en el País Vasco, entre otros.

Dos universidades españolas

©Vias 2000.shutterstock.com

La Universidad de Salamanca, fundada en 1218, es la más antigua de España y una de las cuatro más antiguas del mundo. Tiene programas especiales de español para extranjeros.

© Pepe Franco/Cover/Getty Images

La Universidad Complutense de Madrid está situada en la Ciudad Universitaria de Madrid y ha tenido, desde su fundación, un papel importante en el desarrollo político de España.

La política: del pasado al presente

Victor Blanco /Pool/Getty Images

España es una monarquía constitucional. Es un país democrático donde el pueblo elige al presidente y el congreso de la nación, y también al presidente y al congreso de cada comunidad. El Rey es el jefe de estado y como tal representa el país. Los actuales reyes son **Don Felipe de Borbón y Grecia** y **Doña Letizia.**

🕴🕴🕴 Háganse preguntas…

The class will be divided into groups of 3 or 4 students. The instructor will assign one of the eight items of information presented here to each group. The members in each group will prepare questions about the item assigned to them to ask the rest of the class.

¿Cuánto sé ahora?

Take this test. When you have finished, check your answers in the answer key provided in Appendix D. Then use a red pen to correct any mistakes you may have made. Are you ready?

A. The pluperfect subjunctive Complete the following sentences with the pluperfect subjunctive of the verbs in parentheses.

1. No había nadie que ___hubiera visto___ (ver) al presidente de la compañía.
2. Yo me alegré de que ellos no ___hubieran tenido___ (tener) que entrevistarme.
3. Ellos no creían que nosotros ya ___hubiéramos archivado___ (archivar) todas las carpetas.
4. Yo temía que Ud. no le ___hubiera ofrecido___ (ofrecer) el puesto de traductor.
5. Ellos se alegraron de que yo ___hubiera escrito___ (escribir) las cartas de recomendación.
6. Yo temía que tú ___hubieras renunciado___ (renunciar) al puesto de encargado.
7. Nosotros esperábamos que Uds. ___hubieran recibido___ (recibir) un aumento de sueldo.
8. ¿Había alguien que ___hubiera trabajado___ (trabajar) bajo la supervisión del jefe de compras?

B. If clauses Complete the following sentences with the imperfect subjunctive, the pluperfect subjunctive, or the present indicative of the verbs given.

1. Si yo ___tengo___ (tener) tiempo, hablaré con el jefe de personal.
2. Nosotros trabajaríamos con ellos si ___pudiéramos___ (poder) tener una asistente.
3. Si ellos ___hubieran ido___ (ir) al despacho, habrían visto al supervisor.
4. Si Uds. ___necesitan___ (necesitar) un traductor y un intérprete pueden emplearlos.
5. Tú habrías hablado con el agente de seguros si lo ___hubieras visto___ (ver).
6. Elsa habla como si lo ___supiera___ (saber) todo y como si ___fuera___ (ser) millonaria.
7. Si Amanda ___entrena___ (entrenar) al nuevo empleado, él va a aprender mucho.
8. Nosotros compraríamos una impresora si ellos nos ___prestaran___ (prestar) el dinero.
9. Si nosotros ___hubiéramos hablado___ (hablar) con el administrador, él nos habría dicho la verdad.
10. Fernando actúa (acts) como si él ___tuviera___ (tener) que hacer todo el trabajo.

C. Summary of the uses of the subjunctive Complete the following sentences, using the verbs in parentheses in the appropriate tense of the subjunctive or the indicative.

1. Yo quería que ellos me ___entrevistaran___ (entrevistar) hoy y que me ___dieran___ (dar) el puesto.
2. Esperamos que tú ___puedas___ (poder) hablar con los accionistas mañana mismo.
3. Dile que me ___avise___ (avisar) esta tarde y que ___vaya___ (ir) a la oficina del Sr. Vega.
4. Yo no creo que nosotros ___podamos___ (poder) desempeñar ese puesto, pero creo que Carlos ___puede___ (poder) hacerlo porque él es experto en mercadeo.
5. ¿Hay alguien aquí que ___haya___ (haber) visto al gerente hoy?
6. Voy a usar la fotocopiadora en cuanto ___llegue___ (llegar) a la oficina.
7. Le di dinero para que ___pudiera___ (poder) comprar la computadora portátil.
8. No es verdad que nosotros le ___paguemos___ (pagar) ese sueldo.
9. Yo te sugiero que le ___preguntes___ (preguntar) al candidato si tiene su resumé.
10. Yo dudaba que nosotros ___tuviéramos___ (tener) dinero para comprar una impresora.
11. Yo niego que mi padre ___sea___ (ser) un tirano, y no es verdad que nosotros ___seamos___ (ser) sus víctimas.
12. No había nadie que ___estuviera___ (estar) encargado de ese programa.

D. Just words . . .

a. Complete the following sentences, using vocabulary from Lesson 17 appropriately.

1. ¿Tú trabajas a tiempo completo o a _____medio_____ tiempo?
2. Mi papá trabaja por su _____cuenta_____.
3. Mi abuelo se va a _____jubilar_____ cuando cumpla 65 años.
4. El Sr. Paz quedó muy _____impresionado_____ cuando leyó tu resumé.
5. Mi hermano es _____contador_____ público.
6. Déjame un mensaje en la máquina _____contestadora_____.

b. Match the questions in column A with the responses in column B.

A

1. ¿Quién es Olga Vega? _____h_____
2. ¿Qué hizo con las cartas de recomendación? _____l_____
3. ¿Qué puesto desempeña él? _____f_____
4. ¿Qué hiciste con las carpetas? _____a_____
5. ¿Qué quieres que compre? _____k_____
6. ¿Cuándo lo va a hacer? _____c_____
7. ¿Vende casas? _____j_____
8. ¿Dónde está el jefe? _____b_____
9. ¿Es agente de seguros? _____d_____
10. ¿Tú siempre decides? _____g_____
11. ¿Sonia es empleada bancaria? _____i_____
12. ¿Es la hora de almorzar? _____e_____

B

a. Las archivé.
b. En su despacho.
c. Mañana mismo.
d. Sí, trabaja para Geico.
e. Sí, voy a comer un bocadillo.
f. El de gerente.
g. Sí, yo tengo la última palabra.
h. Mi asistente.
i. Sí, trabaja para Wells Fargo.
j. Sí, es agente de bienes raíces.
k. Una fotocopiadora.
l. Se las dio al supervisor.

E. Culture

1. Complete the following, based on the information found in the **¿Tú lo sabías?** sections.
   a. En los países de habla hispana, generalmente las transacciones comerciales son menos _____formales_____ que en los Estados Unidos.
   b. El ¨businesslike approach¨ de los Estados Unidos a veces puede parecer _____brusco_____.
2. Answer the following questions, based on the information found in the **El mundo hispánico y tú** section.
   a. ¿Cuál es el sistema de gobierno de España? Una monarquía constitucional
   b. ¿Cuál es la segunda ciudad más grande de España? Barcelona

F. Un dicho Do you remember the Spanish saying that suggests that it is better to have a wise man disapprove of what you do than to have a stupid man applaud your actions? Find the saying in this lesson. Si el sabio no aprueba, malo; si el necio aplaude… peor.

NOTICIAS DEL MUNDO

Una presentadora dando las noticias.

OBJETIVOS COMUNICATIVOS

You will learn vocabulary related to media, news, politics, and social issues.

SITUACIONES

Mirando las noticias

ESTRUCTURAS

1 Uses of some prepositions after certain verbs
2 Uses of **por** and **para** in certain expressions
3 Some idiomatic expressions

ASÍ SOMOS

▶ **¡Vamos a ver!**

Watching and understanding situations

¡Vamos a escuchar!

Identifying word boundaries and punctuating sentences

¡Vamos a conversar!

Expressing idiomatic language

Rincón literario

Using prior knowledge

Los deseos by Fernán Caballero

¡Vamos a escribir!

Writing a dialogue

EL MUNDO HISPÁNICO Y TÚ

❯ España (Cont.)

AUTOPRUEBA

You will review what you learned in this lesson.

Bob Levey/Telemundo/NBCU Photo Bank via Getty Images

ESPAÑA (Cont.) En el sur de España se encuentran Granada, Sevilla y Córdoba, ciudades de gran belleza donde se ve la influencia árabe. La Alhambra de Granada, la Giralda de Sevilla y la Mezquita *(Mosque)* de Córdoba son verdaderas joyas arquitectónicas. Sevilla tiene además el maravilloso Parque de María Luisa, donde se encuentra la gran Plaza de España. En esta plaza, construida enteramente de azulejos *(ceramic tiles)* de tipo andaluz, están representadas escenas históricas de las cincuenta provincias de España.

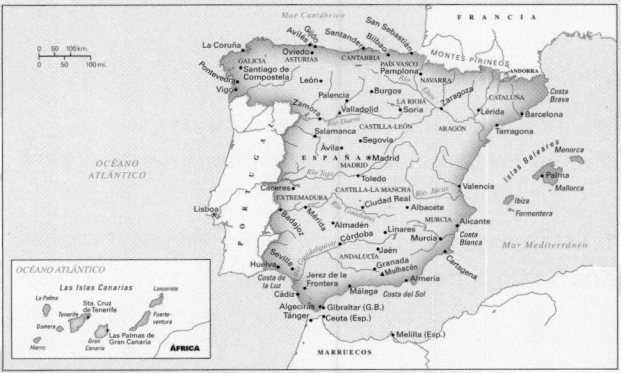

Marcos Mesa Sam Wordley/Shutterstock

Una bailaora *(Flamenco dancer)*

leoks/Shutterstock.com

La Plaza de España en Sevilla

David Herraez Calzada/Shutterstock.com

El puente romano de Córdoba

SITUACIONES

◀)) Mirando las noticias
CD3-18

▶ **¡Ubíquelos!**
Fernando Alvarado and Paloma live in Toledo, a city near Madrid.
As you watch the video, you will get a sense of the cultural importance
of this very interesting city.

Fernando Alvarado y Paloma, su esposa, están sentados en la sala de estar, mirando las noticias. Él es periodista y ella es abogada, y siempre quieren enterarse de lo que está sucediendo en el mundo.

Escuchemos el noticiero de las once con ellos. Los presentadores son Estrella Acuña y Jorge Viñas.

PRESENTADOR: Saludos desde el Canal 24 Horas.

ESTRELLA: Primero, las noticias locales: El alcalde de nuestra ciudad dio un discurso sobre los problemas que se deben resolver: el desempleo, la pobreza y el crimen.

JORGE: María Inés Luaces dio una conferencia de prensa, y anunció que piensa postularse para gobernadora en las elecciones que tendrán lugar a principios de noviembre. Dice que, aunque habrá muchos candidatos en esta campaña electoral, ella está convencida de que puede derrotar a sus rivales.

ESTRELLA: Y ahora, las noticias internacionales: Hubo un terremoto en las Filipinas, pero por suerte, no causó muchos daños y no hubo muertos.

JORGE: La pobreza sigue siendo un problema en las grandes ciudades.

ESTRELLA: En Buenos Aires, hay una huelga de trabajadores, que exigen mejores salarios y más beneficios. Los estudiantes universitarios se han unido a los trabajadores, y ha habido grandes manifestaciones.

JORGE: Y ahora, pasemos a comerciales. ¡No se vayan! Estaremos de vuelta con ustedes para entrevistar al comentarista Daniel Villarreal, que nos hablará de su último libro.

A la medianoche se acaba el noticiero y Fernando apaga el televisor.

PALOMA: Estoy agotada. Me voy a acostar.

FERNANDO: Yo tengo que terminar el artículo que estoy escribiendo para la columna del lunes. Buenas noches, cariño.

ESTRELLA: Hasta mañana, querido.

1. Hablemos. With a classmate, take turns asking and answering the following questions. Base your answers on the dialogue and on your own circumstances.

En el diálogo

1. ¿Qué están haciendo Fernando Alvarado y su esposa?
2. ¿Por qué siempre miran ellos noticieros?
3. ¿Cuál es la profesión de Paloma? ¿Y la de Fernando?
4. ¿De qué está convencida María Inés Luaces?
5. ¿La pobreza es un problema en las grandes ciudades?
6. ¿Por qué están en huelga algunos trabajadores en Buenos Aires?
7. En el programa de Estrella, ¿solamente dan noticias locales?
8. ¿A qué hora apagó Fernando el televisor?
9. ¿Qué va a hacer Paloma después de mirar el noticiero? ¿Por qué?

¿Y tú?

1. ¿Tú siempre miras las noticias?
2. ¿A ti te interesa saber lo que pasa en el mundo?
3. ¿Tú quieres ser abogado(a) o prefieres otra profesión?
4. ¿De qué estás convencido(a) tú?
5. ¿Crees tú que en esta ciudad la pobreza es un problema?
6. En tu estado, ¿hay huelgas frecuentemente?
7. ¿A ti te interesa ver los comerciales?
8. ¿A qué hora apagas tú el televisor?
9. ¿Qué vas a hacer tú cuando termine la clase?

goodluz/Shutterstock

Este señor es José Antonio Villalobos, que piensa postularse para alcalde de su ciudad.

Con un(a) compañero(a) de clase hablen de lo siguiente:

1. ¿Cuál es la profesión de José Antonio Villalobos ahora?
2. ¿Qué problemas hay en la ciudad?
3. ¿Ustedes creen que él podrá resolverlos?
4. ¿Cuándo tendrán lugar las elecciones?

VOCABULARIO

🔊 En el diálogo

Cognados

el beneficio	*benefit*
la columna	*column*
el comercial	*commercial*
la conferencia	*conference*
el crimen	*crime*
las elecciones	*elections*
local	*local*
el (la) rival	*rival*

Nombres

el alcalde, la alcaldesa	*mayor*
la campaña electoral	*electoral campaign*
el cariño	*love, honey*
el (la) comentarista	*commentator*
la conferencia (rueda) de prensa	*press conference*
el daño	*damage*
el desempleo	*unemployment*
el discurso	*speech*
el (la) gobernador(a)	*governor*
la huelga	*strike*
la manifestación	*demonstration*
el noticiero, el telediario	*news program*
el (la) periodista	*journalist*
la pobreza	*poverty*
el (la) presentador(a), el (la) locutor(a)	*anchorperson*
el terremoto	*earthquake*
los trabajadores, los obreros	*workers*

Verbos

acabarse	*to end*
anunciar	*to announce*
apagar[1]	*to turn off*
causar	*to cause*
derrotar, vencer	*to defeat*
enterarse	*to find out*
exigir	*to demand*
postularse (para)	*to run (for office)*
resolver (o:ue)	*to solve*
suceder, pasar, ocurrir	*to happen, to occur*
unirse	*to join, to unite*

Adjetivos

agotado(a)	*exhausted*
universitario(a)	*(having to do with) college*
varios(s)	*several*

Otras palabras y expresiones

a principios de	*the first part of (a month, a year, etc.)*
aunque	*although*
escuchemos	*let's listen*
estar de vuelta	*to be back*
Pasemos a comerciales.	*Let's go to commercials.*
por suerte	*luckily*
sigue siendo	*it continues to be*
tener lugar	*to take place*

Blend Images - ColorBlind Images/Getty Images

1. ¿Cómo crees que se llaman estos presentadores?
2. ¿Están hablando de una campaña electoral, de un terremoto o de una huelga de obreros?
3. ¿Cuál es tu telediario preferido?
4. ¿A qué hora se acaba el noticiero de la noche?

[1]**encender (e:ie)** *to turn on*

Más sobre el tema

Titulares de un periódico

Burlingham/Shutterstock

Votando en una elección presidencial

Michael Ciaglo-Pool/Getty Images

Tres candidatos en un debate

El mundo de las noticias

el acontecimiento, evento	*event*
el capitalismo	*capitalism*
la constitución	*constitution*
el debate	*debate*
la dictadura	*dictatorship*
encender (e:ie)	*to turn on*
la encuesta, la investigación de la opinión pública	*poll, survey*
el huracán	*hurricane*
la inundación	*flooding*

la libertad	*freedom*
_____ de palabra	*freedom of speech*
_____ de prensa	*freedom of the press*
los medios de difusión	*the media*
el partido político	*political party*
el socialismo	*socialism*
los titulares	*headlines*
el tornado	*tornado*
votar	*to vote*

¿Tú lo sabías?

En muchos países de habla hispana es obligatorio votar. ¿Tú crees que sería una buena idea que el voto fuera obligatorio en este país?

Por otra parte, en Latinoamérica y en España hay muchos más partidos políticos que en los Estados Unidos y las campañas políticas son más cortas. ¿Prefieres tú una campaña política corta o una larga? Di por qué.

VOCABULARIO

Práctica

2. ¿Cuál no va? Select the word or phrase that does not belong in each group.

1. (comercial) / conferencia / rival
2. alcalde / (daño) / gobernador
3. manifestación / (medianoche) / obreros
4. huelga / trabajadores / (tornado)
5. (columna) / locutor / presentador
6. desempleo / (cariño) / pobreza
7. (crimen) / comentarista / rueda de prensa
8. derrotar / vencer / (acabarse)

3. Preguntas y respuestas Match the questions in column A with the responses in column B.

1. ¿Quién es el alcalde (la alcaldesa) de tu ciudad?   _d_   a. En Haití.
2. ¿Hubo un terremoto en Chile?   _g_   b. No, no miré el telediario hoy.
3. ¿En qué país de América hay mucha pobreza?   _a_   c. A principios de mes.
4. ¿Cuánto duró la huelga de los obreros?   _i_   d. María Vargas.
5. ¿Te enteraste de lo que sucedió anoche?   _b_   e. La semana pasada.
6. ¿Estás cansado hoy?   _j_   f. No, tarde.
7. ¿Cuándo te vas de viaje?   _c_   g. Sí, y hubo muchos muertos.
8. ¿Cuándo tuvo lugar la rueda de prensa?   _e_   h. ¡Magnífico!
9. ¿Vas a estar de vuelta temprano?   _f_   i. Una semana.
10. ¿Cómo estuvo el discurso del alcalde?   _h_   j. Sí, estoy agotado.

4. Para completar Complete the following, using vocabulary from this lesson.

1. El gobernador dio una __conferencia__ de prensa ayer.
2. Maritza Alonso acaba de __anunciar__ que va a __postularse__ para alcaldesa.
3. Los obreros __exigen__ mejores __salarios__ y más __beneficios__.
4. Los estudiantes __universitarios__ se __unieron__ a la huelga de los __trabajadores / obreros__.
5. El alcalde está dando un __discurso__. __Escuchemos__ lo que dice.
6. Por __suerte__ el último terremoto no __causó__ mucho __daño__.
7. Las noticias __locales__ no son muy buenas.
8. La pobreza y el crimen siguen __siendo__ un problema en este país.
9. Tenemos varios problemas que debemos __resolver__.
10. __Aunque__ hay muchos candidatos, estoy __convencida__ de que puedes ganar.

Para conversar

5. Habla con tu compañero(a). With a classmate, take turns asking and answering these questions.

1. ¿Qué sistema de gobierno crees que es mejor: el capitalismo o el socialismo?

2. ¿Qué dos libertades importantes garantiza *(guarantee)* la constitución de este país?

3. ¿A qué partido político perteneces *(belong)* tú? ¿Eres republicano, demócrata o independiente?

4. ¿Tú votas en las elecciones?

5. ¿Tú lees todas las noticias del periódico o solamente los titulares?

6. ¿En qué estados hay muchos tornados? ¿Y muchos huracanes?

7. ¿Cuba tiene un gobierno democrático o tiene una dictadura?

8. ¿Ha ocurrido algún acontecimiento importante esta semana? (¿Cuál?)

9. ¿Cuál crees tú que es el medio de difusión más importante?

10. ¿Cuándo hay muchas inundaciones?

Pronunciación

CD3-19

Pronunciation in context

In this lesson, there are some new words or phrases that may be challenging to pronounce. For further pronunciation practice of Spanish sounds, listen to your instructor and repeat the following sentences.

1. **Escuchemos** el **noticiero** de las once.

2. El **alcalde** de nuestra ciudad dio un **discurso**.

3. Dio una **conferencia** de prensa, y **anunció** que piensa postularse.

4. Ella está **convencida** de que puede **derrotar** a sus **rivales**.

5. Hubo un **terremoto** en Las **Filipinas**.

6. Los trabajadores **exigen** mejores salarios y más **beneficios**.

7. Ha habido grandes **manifestaciones**.

8. A la **medianoche** se acaba el **noticiero**.

Note To reinforce pronunciation practice, this section appears in **Lecciones 10–18.** The sentences featured as pronunciation models are taken from the lesson dialogues.

Activity Suggestion Have students take turns reading these sentences. Walk around the classroom and check their pronunciation.

Un dicho

A mal tiempo, buena cara.
Equivalent: *Keep a stiff upper lip.*

ESTRUCTURAS

1 Uses of some prepositions after certain verbs *(Usos de algunas preposiciones con ciertos verbos)*

In Spanish, some verbs are used with prepositions that have no equivalents in English or are different from the ones used in English. The prepositions used most often are **a, de, con,** and **en.**

› a

aprender a   *to learn (how)*
asistir a   *to attend*
ayudar a   *to help*
empezar (comenzar) a   *to begin, to start*

enseñar a   *to teach*
invitar a   *to invite*
ir a   *to go*
venir a   *to come*

—¿**Fuiste a** trabajar con Rafael?
—Sí, **empezamos a** trabajar anoche.

Did you go work with Rafael?
Yes, we started to work last night.

—Yo quiero **aprender a** bailar flamenco.
—Yo te puedo **enseñar a** bailarlo.

I want to learn how to dance flamenco.
I can teach you to dance it.

› de

acordarse de   *to remember*
alegrarse de   *to be glad*

enamorarse de   *to fall in love with*
olvidarse de   *to forget*

—No **te olvides de** llamar al locutor.
—Bueno..., y tú, **acuérdate de** leer las noticias.

Don't forget to call the anchorperson.
Okay . . . , and you, remember to read the news.

› con

casarse con   *to marry, to get married to*
soñar (o:ue) con   *to dream about (of)*

comprometerse con   *to get engaged to*

—Teresa **se comprometió con** Antonio.
—Debe estar muy contenta. Siempre **soñó con casarse con** un periodista.

Teresa got engaged to Antonio.
She must be very happy. She always dreamed of marrying a journalist.

› en

fijarse en   *to notice*
pensar en   *to think about*

insistir en   *to insist on*

—¿**En** qué estás **pensando**?
—Estoy **pensando en** la fiesta de Beatriz. Ella **insistió en** invitar a Pablo y él siempre causa problemas...

What are you thinking about?
I am thinking about Beatriz's party. She insisted on inviting Pablo and he always causes problems . . .

> **LEARNING TIP**
> Use each verb with its corresponding preposition to make a statement about yourself or people you know. For example: **Yo quiero** *aprender a* **tocar el piano.**

Práctica

6. Minidiálogos Complete the following dialogues with the Spanish equivalents of the words in parentheses. Then act them out with a classmate.

1. —¿__Te acordaste de__ ver el debate en la televisión? *(Did you remember)*

   —Sí, pero __me olvidé de llamar__ a mi hermana para que viniera a verlo. *(I forgot to call)*

2. —¿En qué piensas?

   —Estoy __pensando en__ el problema del desempleo. *(thinking about)*

3. —¿Cuándo vas a __empezar a__ preparar el discurso? *(start)*

   —La próxima semana. Todavía tengo tiempo.

4. —¿Qué es lo que más deseas?

   —__Sueño con__ ir a estudiar a Europa. *(I'm dreaming of)*

5. —¿Piensas __asistir a__ la manifestación de hoy? *(to attend)*

   —No, no tengo tiempo.

7. ¿Qué pasa aquí? With a classmate, take turns asking and answering questions about the people in the following situations. Use the prepositions and verbs you learned in this section. *Answers will vary. Possibilities are given.*

—¿Con quién se casa Marisa?
—Marisa se casa con Daniel.

—¿Con quién se compromete Raúl?
—Raúl se compromete con Mirta.

—¿De qué no se acuerda Graciela?
—Graciela no se acuerda del número de teléfono de Pepe.

—¿De qué se alegra Marisol?
—Marisol se alegra de ver a Tito.

—¿En qué insiste Pedro?
—Pedro insiste en ir con Alina.

—¿Con qué sueña Carmen?
—Carmen sueña con ir a París.

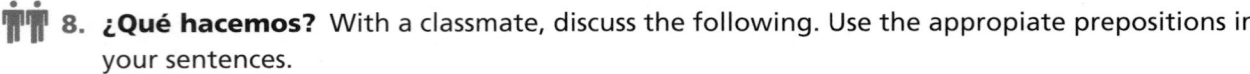

Para conversar

8. ¿Qué hacemos? With a classmate, discuss the following. Use the appropiate prepositions in your sentences.

1. things you would like to learn to do or can teach others to do
2. what time you start to work and to study
3. what you always (never) remember to do and what you always (never) forget to do
4. what you dream about doing
5. what you insist on doing
6. whom you think about every day

2 Uses of *por* and *para* in certain expressions

(Usos de por *y* para *en ciertas expresiones)*

A. Expressions with *por*

The following idiomatic expressions use **por**.

por aquí cerca *around here*	**por lo general** *generally*
por desgracia *unfortunately*	**por si acaso** *just in case*
por eso *that's why*	**por suerte** *luckily*
por fin *finally*	**por supuesto** *of course*

—¿Conseguiste una copia del debate de ayer? *Did you get get a copy of yesterday's debate?*

—No, **por desgracia** no pude conseguirla. *No, unfortunately I wasn't able to get it.*

—¿Leíste la columna de Fernando Alvarado? *Did you read Fernando Alvarado's column?*

—No, no tuve tiempo; **por eso** no la leí. *No, I didn't have time; that's why I didn't read it.*

Activity Suggestion Review the uses of **por** and **para** taught in **Lección 8**. Students should provide examples.

B. Expressions with *para*

The following idiomatic expressions use **para**.

para eso *for that* (said sarcastically or contemptuously)	**para peor** *to make matters worse*
¿para qué? *what for?*	**para siempre** *forever*
sin qué ni para qué *without rhyme or reason*	

—¿**Para qué** estás mirando el telediario? *What are you watching the news for?*

—Para saber qué pasó anoche. *To know what happened yesterday.*

—Voy a ir a caminar. *I'm going to go for a walk.*

—¿Y **para eso** te pones tu mejor vestido? *And for that you're wearing your best dress?*

  Y **para peor**... ¡está lloviendo! *And to make matters worse . . . it's raining!*

Práctica

9. **¿Por... ? ¿Para... ?** Complete the following sentences, using the appropriate expressions with **por** and **para**.

1. Me invitaron a ir a la rueda de prensa y, ____por supuesto____, acepté.
2. Yo no tenía dinero para el viaje, pero ____por suerte____ mis padres me lo dieron.
3. Mi madre quiere quedarse a vivir en este estado ____para siempre____.
4. ____Por fin____ hoy se acabó la huelga de los obreros.
5. Mi novia vive ____por aquí____ cerca, así que puedo verla todos los días.
6. No me divertí en la fiesta y, ____para peor____, cuando salí estaba lloviendo.
7. Mi hermana se enojó conmigo ____sin qué ni para qué____.
8. ____Por lo general____ yo me acuesto a las diez.

Para conversar

10. **¡Habla con tu compañero(a)!** With a classmate, take turns asking and answering the following questions using appropriate, logical expressions with **por** and **para**.

> **Modelo** —*Si el cielo está nublado* (cloudy) *cuando sales de tu casa, ¿llevas un paraguas?*
> —*Sí, llevo un paraguas por si acaso llueve.*

1. ¿Qué programas de televisión ves tú los sábados?
2. ¿Tú piensas quedarte a vivir en este estado?
3. Si te ofrecieran un aumento de sueldo, ¿lo aceptarías?
4. ¿Hay algún restaurante mexicano cerca de la universidad?
5. ¿Sacaste una buena nota en el último examen?
6. ¿Puedes ir al cine esta noche o tienes que trabajar?

3 Some idiomatic expressions (*Algunas expresiones idiomáticas*)

Activity Suggestion Have students work in pairs to provide a different example for each expression.

> **a más tardar** *at the latest*

El próximo evento va a ser la semana que viene **a más tardar**.	*The next event will be next week at the latest.*

> **a principios de** *the first part of (a month, a year, etc.)*

Volveremos **a principios de** enero.	*We will be back during the first part of January.*

> **dar las gracias** *to express gratitude*

El periodista **dio las gracias** cuando recibió el premio.	*The journalist expressed gratitude when he received the award.*

> **darle rabia a uno** *to be furious*

Me dio rabia cuando él dijo que el discurso era malo.	*I became furious when he said (that) the speech was bad.*

ESTRUCTURAS

> **de repente, de pronto** *suddenly*

> **De repente** ellos decidieron viajar a Perú.

They suddenly decided to travel to Peru.

> **dejar plantado(a) a alguien** *to stand somebody up*

> El presentador **me dejó plantado(a) ayer.**

The anchorperson stood me up yesterday.

> **hacerse ilusiones** *to dream, to fool oneself*

> ¡No **te hagas ilusiones**! Tú no vas a ser electo.

Don't fool yourself! You are not going to be elected.

> **hacer las paces** *to make up (after a fight)*

> Ayer Rolando se enojó con Gustavo pero hoy **hicieron las paces.**

Yesterday Rolando got angry at Gustavo but today they made up.

> **importarle a uno** *to matter, to concern*

> El debate fue muy interesante. No **me importa** lo que digan las encuestas.

The debate was very interesting. I don't care what the survey says.

> **llevar puesto(a)** *to have on, to be wearing (clothes)*

> El vestido que la alcaldesa **llevaba puesto** era muy elegante.

The dress the mayor was wearing was very elegant.

> **sin falta** *without fail*

> Ese periodista es muy puntual, así que tenemos que estar allí a las seis **sin falta.**

That journalist is very punctual, so we have to be there at six o'clock without fail.

> **tarde o temprano** *sooner or later*

> No te preocupes. **Tarde o temprano** él admitirá que tú tienes razón.

Don't worry. Sooner or later he'll admit that you're right.

¡No **te hagas ilusiones**!

Práctica

11. **Esto es idiomático Suggestion** Have students read these sentences aloud.

11. **Esto es idiomático** Complete the following sentences, using the appropriate idiomatic expressions.

1. Ayer, Ana estaba furiosa con Raúl, pero yo creo que van a _____hacer las paces_____.
2. _____Me da rabia_____ cuando ese comentarista critica *(criticizes)* al presidente.
3. Lo esperé por tres horas y no vino. _____Me dejó plantado(a)_____.
4. Tenemos que estar allí a las cinco _____a más tardar_____. No podemos llegar más tarde.
5. Julián _____llevaba puesto_____ un traje azul que le quedaba muy bien.
6. Yo les _____doy las gracias_____ por todos los favores que me han hecho.
7. Clara va a hacer lo que ella quiera porque no _____le importa_____ lo que tú digas.
8. Van a anunicar su decisión _____a principios de_____ junio.
9. Mi padre me dice que no _____me haga ilusiones_____ porque él no me va a comprar un coche.

12. **¿Qué me dices?** With a classmate, take turns using appropriate idiomatic expressions to respond to the following.

1. ¿Tú quieres que yo esté en el teatro a las siete y media? Sí, a más tardar.
2. ¿Tú esperaste al abogado por dos horas y él no vino? Sí, me dejó plantado(a).
3. ¿Tú dices que vienes el cuatro o el cinco de febrero? Sí, vengo a principios de mes.
4. ¿Tú siempre esperas que te den mejor salario y nunca te lo dan? Sí, ¡me da rabia!
5. ¿El presentador se levantó y se fue sin decir nada? Sí, se fue de repente.

Para conversar

13. **¡Habla con tu compañero(a)!** With a classmate, take turns asking and answering the following questions in complete sentences. In your answers, use the idiomatic expressions indicated in parentheses.

1. ¿Tienes que ir a la universidad mañana? (sin falta)
2. ¿Tú crees que yo puedo salir electo? (hacerte ilusiones)
3. ¿Cómo iba vestida la esposa del gobernador? (llevar puesto)
4. ¿Por qué estás furioso? (darme rabia)
5. Antonio te ayudó mucho. ¿Qué le vas a decir? (darle las gracias)
6. ¿Crees que los problemas se van a resolver? (Sí, ...) (tarde o temprano)

14. **Habla con el grupo.** In groups of three, talk about the following.

1. Si hay alguien que tenga que darles las gracias a Uds. y por qué.
2. Si Uds. han dejado plantado a alguien alguna vez. ¿Qué excusa dieron?
3. Si hay algo que Uds. hacen que le dé rabia a alguien. ¿A quién?
4. Con quiénes se enojan Uds. a veces y cómo hacen las paces.
5. Si a Uds. les importa o no lo que la gente piense de Uds. Den razones.
6. Si Uds. se hacen ilusiones a veces. Den detalles.

ASÍ SOMOS

▶ ¡Vamos a ver!

Antes de ver el video

15. Preguntas You and a classmate take turns asking and answering the following questions.

1. ¿Conoces a alguien que pertenezca a un grupo de teatro de aficionados?

2. ¿Prefieres las comedias musicales, las películas de misterio, las películas de guerra o las películas de ciencia ficción?

3. ¿Te gustan las películas que tienen efectos especiales o solo te interesa la trama?

4. ¿Tú me recomendarías que viera el telediario de las once o una película de guerra?

5. ¿Preferirías estar a cargo de la programación de un canal o ser crítico y tener tu propia columna en un periódico?

6. Si tuvieras que elegir entre entrevistar a un famoso director de cine o al gobernador de tu estado (provincia), ¿a quién estrevistarías?

7. ¿Preferirías ser comentarista o crítico de cine?

8. ¿Prefieres asistir a una boda o a una rueda de prensa?

9. ¿Tú crees que tendrías más éxito *(would be more successful)* como alcalde (alcaldesa) o como actor (actriz) de cine?

10. ¿Tú les tomas el pelo a tus amigos a veces?

El video: El futuro director

—Me gusta el teatro, pero creo que sería interesante filmar una película. Cuando era chica no me perdía una, especialmente si era una comedia musical o una película de misterio.

—Yo prefería las de guerra, las de acción o las de ciencia ficción, especialmente si tenían efectos especiales.

—No sabía que te interesaba el baile flamenco…

—Bueno… al fin y al cabo tengo dos hermanas que son bailarinas… tus futuras cuñadas…

—Es verdad. Oye, ¿y cuándo van a ser mis cuñadas… ?

Después de ver el video

Marisol

Ángel

16. ¿Quién lo dice? Identify the person who said each of the following in the dialogue.

1. ¡Yo creo que tendría éxito! — Ángel
2. A mí me dijeron que tú criticabas a todo el mundo. Marisol
3. Me gusta tomarte el pelo a veces. Marisol
4. A mí me gustaría dirigir. Ángel
5. Eran las dos cuando hablé con Álvaro. Marisol
6. ¡Que esperen! Marisol
7. ¿Qué te parece si la boda es en diciembre? Ángel
8. Tengo dos hermanas que son bailarinas. Ángel

17. Hablemos. With a classmate, take turns asking and answering the following questions. Base your answers on the dialogue.

1. ¿Con quién está comprometido Ángel Estévez? Está comprometido con Marisol.
2. ¿Dónde conoció Ángel a su prometida? La conoció en la escuela secundaria.
3. ¿Qué van a ensayar *(rehearse)* Ángel y sus amigos? Van a ensayar una obra de teatro.
4. ¿Qué tipo de películas le gustaban a Marisol? Le gustaban las comedias musicales o las películas de misterio.
5. ¿A qué famoso director español admira Ángel? Admira a Almodóvar.
6. ¿Por qué dice Ángel que no le habla de sus ilusiones *(dreams)* a Marisol? Porque ella se burla de él.
7. ¿Qué documental quiere ver Ángel? Quiere ver un documental sobre el baile flamenco.
8. ¿Qué hacen las dos hermanas de Ángel? Son bailarinas.
9. ¿En qué mes va a ser la boda de Ángel y Marisol? Va a ser en diciembre.
10. ¿Qué hace Marisol cuando Ángel le propone casamiento *(marriage)*? Lo abraza.

18. ¿Qué pasa después… ? You and a classmate, use your imaginations to say what the characters do. In Spanish, discuss the following.

1. Whether the play that they were rehearsing was a musical comedy or a drama.
2. How long their friends had to wait before Marisol opened the door.
3. Whether or not they recorded the documentary about flamenco dancing or decided to record **(grabar)** a documentary about politics in Latin America..
4. Whether Marisol and Ángel told their friends that they were going to get married.
5. Whether the wedding will take place in December or in January.
6. Whether the next time they watch television, they will see a movie or watch the news program.
7. What the exact wedding date is. Were their parents happy?
8. Whether Ángel followed in Almodóvar's footsteps **(pasos)** or decided to be a journalist and write a column for a newspaper. Was he successful?

🔊 ¡Vamos a escuchar!

> **ESTRATEGIA** **Identifying word boundaries and punctuating sentences practice II** When identifying where words and sentences begin and end, you may be dealing with narration or dialogue, or a combination of both. Spanish punctuation is similar to English punctuation; however, differences occur, not just with exclamations and questions, but also with dialogue and the use of the colon.
>
> ❭ A colon introduces a list, a quote, or the heading of a letter, and precedes the completion of a thought.
>
> ❭ Dialogue dashes (—) often precede a quote in Spanish.

🔊 **19. Un guión** Listen to an excerpt from a soap opera script. Mark the divisions between words
CD3-20   and punctuate the sentences. Keep in mind the format of a script.

llegóelmomentodecisivocristinanoteníalamenorideadesusituación
estertocóalapuertadelahabitacióndecristinaestabapálida
adelanteestercristinadebodecirtelaverdadluisitonoestuhijo

¡Vamos a conversar!

> **ESTRATEGIA** **Expressing idiomatic language** As you develop your ability to express yourself in Spanish, try not to "think" in English, because you can run into trouble if you translate idiomatic English word for word. Instead, think in simple, basic terms about what you want to say. For example:
>
> ❭ Analyze the basic message behind *Can you give me a ride home?* You are actually asking the person to take you home in his or her car: **¿Puedes llevarme a casa (en tu coche)?**
>
> ❭ The idiomatic phrase *Are we on for tonight?* is asking if you are going to meet tonight: **¿Nos veremos esta noche?**

20. ¿Cómo se dice... ? With a classmate, express the following ideas.

1. We had a ball! ¡Nos divertimos mucho!
2. I need to get dinner ready. Tengo que preparar la cena.
3. I'll walk you home. Voy (Camino) contigo hasta tu casa.
4. I would rather take a taxi. Prefiero tomar un taxi.
5. Keep quiet! ¡No digas nada! (¡No hables!)

21. ¿Qué dices tú? Answers: 2. Yo pienso postularme para alcalde (alcaldesa). ¿Tú pudes ayudarme con la campaña electoral? Algún día, planeo postularme para gobernador(a).

21. ¿Qué dices tú? What would you say in the following situations? What might the other person say? Act out the scenes with a classmate. Take turns playing each role.

1. You tell someone that, unfortunately, terrorism continues to be a problem in the Middle East **(Medio Oriente).** Por desgracia, el terrorismo continúa siendo un problema en el Medio Oriente.
2. You indicate that you plan to run for mayor, and ask your friend if he/she can help you with the campaign. Add that, some day, you plan to run for governor.
3. You tell someone that the press conference will take place at five at the latest. Add that the president will give a speech tomorrow. La conferencia (rueda) de prensa tendrá lugar a las cinco a más tardar. El presidente dará un discurso mañana.
4. You tell someone that, fortunately, the earthquake didn't cause much damage. Por suerte, el terremoto no causó mucho daño.

†ŤŤ 22. Para conocernos mejor To do this activity, work with a classmate whom you would like to get to know. Take turns asking and answering these questions.

1. ¿Tú miras el telediario de las once? ¿Quién es tu locutor favorito? ¿Tú te enteras de lo que está ocurriendo en el mundo? ¿Qué acontecimientos importantes tuvieron lugar ayer? ¿Y la semana pasada?

2. ¿Te interesan más las noticias locales o las noticias internacionales? ¿Por qué?

3. ¿Tú sabes el nombre del alcalde (la alcaldesa) de la ciudad? ¿Cómo se llama el gobernador de este estado (de esta provincia)?

4. Cuando el presidente (el primer ministro) da una conferencia de prensa, ¿tú la escuchas? ¿Cuándo fue la última vez que tú escuchaste un discurso sobre política?

5. ¿Tú te postularías para gobernador (gobernadora)? ¿Has participado alguna vez en una campaña electoral? ¿Votaste en las últimas elecciones? ¿Qué problema crees tú que es más serio: el desempleo, la pobreza o el crimen?

6. ¿En qué lugares crees tú que hay terremotos frecuentemente? ¿Y dónde hay muchas inundaciones?

7. ¿Has participado en una huelga alguna vez? ¿Has participado en una manifestación? ¿Has participado en un debate sobre política? ¿Has participado en una encuesta?

8. ¿A qué hora apagas el televisor por la noche? Al final del día, ¿te sienes agotado(a) a veces?

†ŤŤ 23. Una actividad especial para toda la clase

¡Últimas noticias! The class will be divided into groups of 3 or 4 students who will prepare the 11:00 p.m. newscast.

Step 1: Items to be included are:

a) politics

b) the weather report

c) current events

Step 2: One student from each group will present one or two items from their newscast.

Oleksandr Rupeta / Alamy

Rincón literario

Fernán Caballero (España: 1796–1877)

A Fernán Caballero —quien en realidad era una mujer y cuyo verdadero nombre era Cecilia Böhl de Fáber— corresponde la gloria de haber iniciado el realismo en España y de haber señalado el camino para el renacimiento de la novela en su país. Su idea de lo que debe ser una novela queda expresada al decir: "La novela no se inventa; se observa". Su obra es el resultado de la fusión de dos elementos románticos: lo sentimental y el costumbrismo. Su primera novela, y quizás la mejor de todas, fue *La gaviota*.

Los cuentos de Fernán Caballero tienen una temática muy variada, que va desde la exquisita espiritualidad poética hasta lo vulgar. Siente especial predilección por el relato de tipo moral, y su estilo es sencillo y natural. Sus cuentos fueron publicados en la colección que lleva el título de *Cuadros de costumbres andaluzas*.

Antes de leer

> **ESTRATEGIA** **Using prior knowledge** You will be reading a story that has some of the aspects of a fable, especially because it is didactic, which means that it has as its object to teach a lesson, which is expressed in the **"moraleja."** The characters in the story are an old married couple and a fairy godmother. Keeping this in mind, what does the title suggest to you? Do you know or have you heard about some people who have won the lottery or have inherited a great deal of money? What happened to them afterwards? Did their lives improve?

24. **¿Necesidades o deseos?** This story is about two people who are not satisfied with what they have and envy their neighbors. Read the first paragraph of the text and note your reaction to their feelings. Have you at times experienced similar thoughts? Are you perfectly happy with what you have and you don't wish for material things?

¡A leer!

25. **Comprensión** As you read the text, find the answers to the following questions.

1. ¿Qué hacía el matrimonio mientras estaba sentado junto al fuego?
2. ¿Qué le envidiaba el marido al tío Polainas?
3. ¿Qué le envidiaba la mujer a su vecina?
4. ¿Quién bajó por la chimenea y cómo era?
5. ¿Qué le concede el hada al matrimonio?
6. ¿Por qué no decidió el matrimonio inmediatamente lo que deseaba pedirle al hada?
7. ¿Qué vio el marido en la casa de los vecinos?
8. ¿Cómo desperdició la mujer el primer deseo?
9. ¿Por qué perdieron el segundo deseo?
10. ¿Qué querían hacer el perro y el gato?
11. ¿Cómo se sentía la mujer?
12. ¿Cuál fue el tercer deseo del matrimonio?

25. Comprensión Answers 1. Estaban enumerando los bienes que tenían otros y que ellos deseaban poseer también. 2. Le envidiaba su rancho. 3. Le envidiaba su puerco de doscientas libras. 4. Un hada hermosísima bajó por la chimenea. 5. Les concede tres deseos. 6. Decidieron consultarlo con la almohada. 7. Vio unas morcillas. 8. La mujer dijo que quería comer una morcilla. 9. Porque el marido se enojó y dijo: —¿Por qué no se te pega una morcilla en la nariz? 10. Querían comer la morcilla. 11. Se sentía desesperada. 12. Desearon quedarse como estaban.

Los deseos (Adaptado)

Había un matrimonio anciano° que, aunque pobre, había tenido una buena vida, trabajando y cuidando de su pequeña hacienda°. Una noche de invierno, marido y mujer estaban sentados junto al fuego, y en lugar de° darle gracias a Dios por el bien y la paz de que disfrutaban, estaban enumerando los bienes° que tenían otros, y que ellos deseaban poseer también.

—Yo quiero un rancho como el del tío Polainas —decía el viejo.

—Y yo —añadía su mujer— quiero una casa como la de nuestra vecina, que es más nueva que la nuestra.

—Yo —continuaba el viejo— en lugar de la burra°, quiero un mulo como el del tío Polainas.

—Yo —añadía su mujer— ¡quiero matar un puerco° de doscientas libras como la vecina! Esa gente, para tener las cosas, solo necesita desearlas. ¿Cuándo voy a ver yo cumplidos° mis deseos°?

Apenas° dijo estas palabras, vieron que bajaba por la chimenea una mujer hermosísima; era pequeña y traía, como una reina°, una corona° de oro en la cabeza y tenía un cetro° de oro en la mano.

—Soy el hada° Fortunata —les dijo—; pasaba por aquí, y oí sus quejas°. Vengo a concederles° tres deseos: uno a ti —le dijo a la mujer—; otro a ti —le dijo al marido—, y el tercero para los dos; este último lo voy a otorgar mañana a esta misma hora. Hasta entonces, tienen tiempo de pensar qué es lo que quieren.

Después de decir esto, desapareció.

La alegría del buen matrimonio fue muy grande y pensaron en tantos deseos que, no pudiendo decidir, dejaron la elección° definitivamente para la mañana siguiente, y toda la noche para consultarlo con la almohada°, y se pusieron a conversar de otras cosas.

Empezaron a hablar otra vez de sus afortunados vecinos.

—Hoy estuve allí —dijo el marido—. Estaban haciendo las morcillas°. ¡Eran magníficas!

—¡Mmm! Quiero comer una de esas morcillas —dijo la mujer—. Inmediatamente apareció sobre las brasas° la morcilla más hermosa del mundo.

elderly

property

en... *instead of*

assets

donkey

pig

fulfilled / wishes

Barely

queen

crown / wand

fairy

complaints / grant you

choice

consultarlo... *sleep on it*

blood sausages

hot coals

La mujer se quedó mirándola con la boca abierta. El marido se levantó, desesperado.

—Por ti, que eres tan comilona°, desperdiciamos uno de los deseos. ¡Qué mujer tan tonta! ¿Por qué no se te pega° una morcilla en la naríz?

gluttonous

sticks

Al terminar de decirlo, ya estaba la morcilla colgando° de la nariz de la mujer. —¡Yo no quiero esta morcilla en mi nariz!

hanging

—Mujer, ¿y el rancho?

—Nada.

—¿Y la casa?

—Nada.

—Te puedo hacer una funda de oro para la morcilla.

—¿Estás loco?

—Pues qué, ¿nos vamos a quedar como estábamos?

—Ese es todo mi deseo.

El marido siguió rogando, pero no convenció a su mujer, que estaba más y más desesperada por su doble nariz y tratando de apartar° al perro y al gato, que querían comerse la morcilla.

push away

Cuando, a la noche siguiente, apareció el hada y le dijeron cuál era su último deseo, ella les respondió:

—Ya ven cuán ciegos° y necios° son los hombres, creyendo que la satisfacción de sus deseos trae felicidad. La dicha° no está en el cumplimiento de los deseos; la dicha está en no tenerlos; porque rico es el que posee, pero feliz el que nada desea.

blind / foolish

happiness

Después de leer... reflexiones

 26. **Gente que conocen** In groups of three or four, talk about some people you know who are never satisfied with what they have.

1. ¿Quiénes son estas personas? ¿Piensan incluir Uds. a personas famosas?

2. ¿Cuán importante son las cosas materiales para Uds.? ¿Qué cosas consideran necesarias?

3. ¿Qué harían si tuvieran muchísimo dinero? ¿Usarían parte de ese dinero para ayudar a los pobres?

4. ¿Hay algún talento que Uds. no posean y deseen tener?

5. ¿Cuál es la moraleja del cuento? ¿Están Uds. de acuerdo con esta idea?

¡Vamos a escribir!

Antes de escribir

> **ESTRATEGIA** **Writing a dialogue** When writing a dialogue, you have to "think" as your characters would think; you have to "become" that person. This allows you to decide what they would say, and how they would say it. Follow these guidelines.
>
> ❯ Identify the people participating in the dialogue.
> ❯ Decide whether the people are educated or lack education.
> ❯ Decide whether they are young or old.
> ❯ Is one of them trying to persuade the other or are they in agreement?
> ❯ Is there a problem to solve?

27. **Mi hada madrina y yo** You will use your imagination to write a dialogue between you and your fairy godmother in which you ask her for three wishes and explain to her why you need or want the things that you ask for. Are they material things? Are they talents you would like to possess? How does your fairy godmother react?

© ElenaKucher/Shutterstock.com

¡A escribir!

28. **El diálogo** Write the **primer borrador** of your dialogue. Remember how a dialogue is presented in Spanish:

    —Hola. ¿Cómo está?
    —Bien, ¿y usted?

Después de escribir

29. **A revisar** Before writing the final version of your dialogue, exchange your first draft with a classmate's and peer edit each other's work. Make sure the guidelines have been followed.

España (Cont.)

¡Salud, amor y pesetas[1]! Si brindamos con vino, que sea de Andalucía, que produce uno de los mejores vinos de España y el famoso jerez. Andalucía es también la tierra de los olivos y del flamenco.

Como sabrás, el sur de España estuvo en poder de los árabes por más de 700 años. Su influencia se ve principalmente en la arquitectura de las ciudades más conocidas: Sevilla, Córdoba y Granada.

Maravillas arquitectónicas

La Torre de la Giralda es una de las construcciones más famosas de Sevilla. Fue construida por los moros entre 1170 y 1200. En 1401 fue destruida y en el siglo XVI se convirtió en campanario.

En **la Mezquita-Catedral de Córdoba** se mezclan la arquitectura islámica y la cristiana.

La mezquita fue construida en el siglo VIII, y convertida en la Catedral de Santa María en el siglo XVIII.

La Alhambra está en Granada. Es un inmenso palacio construido por los árabes en el siglo XIV. Son notables allí el Patio de los Leones y sus hermosos jardines.

En la Plaza de España en Sevilla están representadas escenas históricas y culturales de todas las provincias. Aquí se ven los personajes principales de la novela *Don Quijote:* **Sancho Panza,** a la izquierda, y **don Quijote,** a la derecha.

[1] Former Spanish currency.

Fiestas

La Feria de Abril, en Sevilla, es color, alegría y fiesta. Dura seis días, y se celebra una o dos semanas después de la Semana Santa. En estos días, los sevillanos visten sus **trajes típicos.**

La Semana Santa de Sevilla es una de las más famosas del mundo hispano. Durante la semana hay **procesiones** con las imágenes de Jesucristo y de la Virgen María, entre otras.

Tapas y música

Una costumbre muy española es "ir de tapas". La gente se reúne en los bares y restaurantes para charlar, comer y beber. **Las tapas** son pequeñas muestras (*samples*) de diferentes comidas típicas.

La música moderna española ha llegado a muchos países del mundo. Cantantes como **Pablo Alborán,** Enrique Iglesias, David Bisbal, Rosario y Joaquín Sabina actúan en espectáculos en toda Latinoamérica y en los Estados Unidos.

Háganse preguntas...

The clase will be divided into groups of 3 or 4 students. The instructor will assign one of the eight items of information presented here to each group. The members in each group will prepare questions about the items assigned to them to ask the rest of the class.

iLrn™

To learn more about Spain, watch the cultural footage in the Media Library.

¿Cuánto sé ahora?

Take this test. When you have finished, check your answers in the answer key provided in Appendix D. Then use a red pen to correct any mistakes you may have made. Are you ready?

A. Uses of some prepositions after certain verbs Complete the following sentences, using the verbs listed and the appropriate prepositions.

casarse   invitar   pensar   fijarse

insistir   enseñar   asistir   empezar

1. Yo los quiero __invitar a__ cenar conmigo. Por suerte tienen la noche libre.
2. Nosotros __empezamos a__ trabajar a las siete y terminamos a las diez.
3. Ellos __asisten a__ todos los conciertos.
4. Yo te puedo __enseñar a__ bailar, querida.
5. Analía va a __casarse con__ Julio Vargas Peña, el hijo del alcalde.
6. Yo nunca __me fijo en__ la ropa de la gente.
7. Elena siempre __insiste en__ trabajar aunque esté agotada.
8. Yo siempre estoy __pensando en__ lo que está sucediendo en el mundo.

B. Uses of *por* and *para* in certain expressions Complete the following sentences, using the appropriate expressions with **por** and **para**.

1. __Por lo general__, nosotros miramos el noticiero de las once.
2. __Por desgracia__, todavía hay mucho desempleo en nuestro país.
3. Yo me perdí el festival de cine y, __para peor__, estuve enferma toda la semana.
4. ¿__Para qué__ quieres escuchar su discurso? ¡Va a ser muy aburrido!
5. __Por fin__ terminaron el trabajo que empezaron el año pasado.
6. Me llevó a un restaurante de comida rápida. ¡__Para eso__ me puse un vestido tan elegante!
7. Hubo un terremoto, pero __por suerte__ nadie murió.
8. No quiero irme de Madrid. Quiero quedarme aquí __para siempre__.

C. Complete the following, using the appropriate idiomatic expressions.

1. Tengo que estar allí a las cinco __a más tardar__.
2. __Me dio rabia__ cuando él no me devolvió el dinero que yo le había prestado.
3. Me __dejó plantado(a)__. Lo esperé hasta las diez y no vino.
4. __De repente__ se levantó y se fue, sin decir nada.
5. __Tarde o temprano__ vas a casarte con tu prometido; si no es este año, será el próximo año.
6. Me tienes que traer todos los documentos mañana __sin falta__.
7. La chica __llevaba puesto__ un abrigo negro.
8. Yo no __me hago ilusiones__. No me van a dar el aumento de sueldo.
9. Ella se enojó con él, pero esta mañana __hicieron las paces__.
10. __No me importa__ la opinion de la gente. Yo hago lo que quiero.
11. Van a estar de vuelta __a principios de__ mayo.
12. Yo te quiero __dar las gracias__ por todos los favores que me has hecho.

D. Just words . . . Circle the word or phrase that does not belong in each group.

1. gobernadora   alcaldesa   (manifestación)
2. (huelga)   noticiero   telediario
3. desempleo   (daño)   pobreza
4. presentador   locutor   (terremoto)
5. querida   (campaña)   cariño
6. (anunciar)   acabarse   terminarse
7. (causar)   apagar   encender
8. suceder   ocurrir   (exigir)
9. derrotar   (enterarse)   vencer
10. trabajadores   (comentaristas)   obreros
11. volver   (tener lugar)   estar de vuelta
12. (titulares)   socialismo   capitalismo
13. periodista   libertad de prensa   (tornado)
14. periódico   (discurso)   titulares
15. (último)   muchos   varios
16. Argentina   Colombia   (las Filipinas)

E. Culture

1. Answer the following questions, based on the information found in the **¿Tú lo sabías?** sections.

    a. ¿Cuál es el baile típico de la región de Andalucía? el flamenco

    b. ¿De qué país son los cantantes Enrique Iglesias y David Bisbal? de España

2. Complete the following, based on the information found in the **El mundo hispánico y tú** section.

    a. Tres construcciones famosas de España son la Giralda, la Mezquita de Córdoba y la _____Alhambra_____ de Granada.

    b. Una costumbre muy española es ir de _____tapas_____.

F. Un dicho Do you remember the Spanish saying that states that liars are always found out? Find it in this lesson. Tarde o temprano se descubre al mentiroso.

REFERENCES SECTION

SPANISH SOUNDS Vowels

There are five distinct vowels in Spanish: **a, e, i, o,** and **u.** Each vowel has only one basic, constant sound. The pronunciation of each vowel is constant, clear, and brief. The length of the sound is practically the same whether it is produced in a stressed or unstressed syllable.[1]

While producing the sounds of the English stressed vowels that most closely resemble the Spanish ones, the speaker changes the position of the tongue, lips, and lower jaw, so that the vowel actually starts as one sound and then glides into another. In Spanish, however, the tongue, lips, and jaw keep a constant position during the production of the sound.

English: banana   **Spanish:** banana

The stress falls on the same vowel and syllable in both Spanish and English, but the English stressed *a* is longer than the Spanish stressed **a.**

English: banana   **Spanish:** banana

Note also that the English stressed *a* has a sound different from the other *a*'s in the word, while the Spanish **a** sound remains constant.

a   The Spanish **a** sounds similar to the English *a* in the word *father.*

alta	casa	palma	Ana
cama	Panamá	alma	apagar

e   The Spanish **e** is pronounced like the English *e* in the word *eight.*

mes	entre	este	deje
ese	encender	teme	prender

i   The Spanish **i** has a sound similar to the English *ee* in the word *see.*

fin   ir   sí   sin   dividir   Trini   difícil

o   The Spanish **o** is similar to the English *o* in the word *no,* but without the glide.

toco	como	poco	roto
corto	corro	solo	loco

u   The Spanish **u** is pronounced like the English *oo* sound in the word *shoot* or the *ue* sound in the word *Sue.*

su	Lulú	Úrsula	cultura
un	luna	sucursal	Uruguay

Diphthongs and Triphthongs

When unstressed **i** or **u** falls next to another vowel in a syllable, it unites with that vowel to form what is called a *diphthong.* Both vowels are pronounced as one syllable. Their sounds do not change; they are only pronounced more rapidly and with a glide. For example:

tra**i**ga	L**i**dia	tre**i**nta	s**ie**te	**oi**go	ad**ió**s
Aurora	ag**u**a	b**ue**no	antig**uo**	c**iu**dad	L**ui**s

---

[1]In a stressed syllable, the prominence of the vowel is indicated by its loudness.

A triphthong is the union of three vowels: a stressed vowel between two unstressed ones (**i** or **u**) in the same syllable. For example: Parag**uay,** estud**iéi**s.

NOTE: Stressed **i** and **u** do not form diphthongs with other vowels, except in the combinations **iu** and **ui.** For example: r**í**-o, sa-b**í**-ais.

In syllabication, diphthongs and triphthongs are considered a single vowel; their components cannot be separated.

Consonants

p   Spanish **p** is pronounced in a manner similar to the English *p* sound, but without the puff of air that follows after the English sound is produced.

pesca   pude   puedo   parte   papá
postre   piña   puente   Paco

k   The Spanish **k** sound, represented by the letters **k, c** before **a, o, u** or a consonant, and **qu,** is similar to the English *k* sound, but without the puff of air.

casa   comer   cuna   clima   acción   que
quinto   queso   aunque   kiosko   kilómetro

t   Spanish **t** is produced by touching the back of the upper front teeth with the tip of the tongue. It has no puff of air as in the English *t.*

todo   antes   corto   Guatemala   diente
resto   tonto   roto   tanque

d   The Spanish consonant **d** has two different sounds depending on its position. At the beginning of an utterance and after **n** or **l,** the tip of the tongue presses the back of the upper front teeth.

día   doma   dice   dolor   dar
anda   Aldo   caldo   el deseo   un domicilio

In all other positions the sound of **d** is similar to the *th* sound in the English word *they,* but softer.

medida   todo   nada   nadie   medio
puedo   moda   queda   nudo

g   The Spanish consonant **g** is similar to the English *g* sound in the word *guy* except before **e** or **i.**

goma   glotón   gallo   gloria   lago   alga
gorrión   garra   guerra   angustia   algo   Dagoberto

j   The Spanish sound **j** (or **g** before **e** and **i**) is similar to a strongly exaggerated English *h* sound.

gemir   juez   jarro   gitano   agente
juego   giro   bajo   gente

b, v   There is no difference in sound between Spanish **b** and **v.** Both letters are pronounced alike. At the beginning of an utterance or after **m** or **n, b** and **v** have a sound identical to the English *b* sound in the word *boy.*

vivir   beber   vamos   barco   enviar
hambre   batea   bueno   vestido

When pronounced between vowels, the Spanish **b** and **v** sound is produced by bringing the lips together but not closing them, so that some air may pass through.

sábado   autobús   yo voy   su barco

y, ll In most countries, Spanish **ll** and **y** have a sound similar to the English *y* sound in the word *yes*.

el llavero	trayecto	su yunta	milla
oye	el yeso	mayo	yema
un yelmo	trayectoria	llama	bella

NOTE: When it stands alone or is at the end of a word, Spanish **y** is pronounced like the vowel **i**.

rey	hoy	y	doy	buey
muy	voy	estoy	soy	

r The sound of Spanish **r** is similar to the English *dd* sound in the word *ladder*.

crema	aroma	cara	arena	aro
harina	toro	oro	eres	portero

rr Spanish **rr** and also **r** in an initial position and after **n, l,** or **s** are pronounced with a very strong trill. This trill is produced by bringing the tip of the tongue near the alveolar ridge and letting it vibrate freely while the air passes through the mouth.

rama	carro	Israel	cierra	roto
perro	alrededor	rizo	corre	Enrique

s Spanish **s** is represented in most of the Spanish world by the letters **s, z,** and **c** before **e** or **i**. The sound is very similar to the English sibilant *s* in the word *sink*.

sale	sitio	presidente	signo
salsa	seda	suma	vaso
sobrino	ciudad	cima	canción
zapato	zarza	cerveza	centro

h The letter **h** is silent in Spanish.

hoy	hora	hilo	ahora
humor	huevo	horror	almohada

ch Spanish **ch** is pronounced like the English *ch* in the word *chief*.

hecho	chico	coche	Chile
mucho	muchacho	salchicha	

f Spanish **f** is identical in sound to the English *f*.

difícil	feo	fuego	forma
fácil	fecha	foto	fueron

l Spanish **l** is similar to the English *l* in the word *let*.

dolor	lata	ángel	lago	sueldo
los	pelo	lana	general	fácil

m Spanish **m** is pronounced like the English *m* in the word *mother*.

mano	moda	mucho	muy
mismo	tampoco	multa	cómoda

n In most cases, Spanish **n** has a sound similar to the English *n*.

nada	nunca	ninguno	norte
entra	tiene	sienta	

The sound of Spanish **n** is often affected by the sounds that occur around it. When it appears before **b, v,** or **p,** it is pronounced like an **m.**

tan bueno	toman vino	sin poder
un pobre	comen peras	siguen bebiendo

ñ   Spanish **ñ** is similar to the English *ny* sound in the word *canyon*.

señor   otoño   ñoño   uña
leña   dueño   niños años

x   Spanish **x** has two pronunciations depending on its position. Between vowels the sound is similar to English *ks*.

examen   exacto   boxeo   éxito
oxidar   oxígeno   existencia

When it occurs before a consonant, Spanish **x** sounds like *s*.

expresión   explicar   extraer   excusa
expreso   exquisito   extremo

NOTE: When **x** appears in **México** or in other words of Mexican origin, it is pronounced like the Spanish letter **j**.

Rhythm

Rhythm is the variation of sound intensity that we usually associate with music. Spanish and English each regulate these variations in speech differently because they have different patterns of syllable length. In Spanish the length of the stressed and unstressed syllables remains almost the same, while the English stressed syllables are considerably longer than unstressed ones. Pronounce the following Spanish words, enunciating each syllable clearly.

es-tu-dian-te   bue-no   Úr-su-la
com-po-si-ción   di-fí-cil   ki-ló-me-tro
po-li-cí-a   Pa-ra-guay

Because the length of the Spanish syllables remains constant, the greater the number of syllables in a given word or phrase, the longer the phrase will be.

Linking

In spoken Spanish, the different words in a phrase or a sentence are not pronounced as isolated elements but are combined together. This is called *linking*.

Pepe come pan.   Pe-pe-co-me-pan
Tomás toma leche.   To-más-to-ma-le-che
Luis tiene la llave.   Luis-tie-ne-la-lla-ve
La mano de Roberto.   La-ma-no-de-Ro-ber-to

> The final consonant of a word is pronounced together with the initial vowel of the following word.

Carlos anda   Car-lo-san-da
un ángel   u-nán-gel
el otoño   e-lo-to-ño
unos estudios interesantes   u-no-ses-tu-dio-sin-te-re-san-tes

> A diphthong is formed between the final vowel of a word and the initial vowel of the following word. A triphthong is formed when there is a combination of three vowels (see rules for the formation of diphthongs and triphthongs on pages A-1 and A-2).

su hermana   suher-ma-na
tu escopeta   tues-co-pe-ta
Roberto y Luis   Ro-ber-toy-Luis
negocio importante   ne-go-cioim-por-tan-te
lluvia y nieve   llu-viay-nie-ve
ardua empresa   ar-duaem-pre-sa

> When the final vowel of a word and the initial vowel of the following word are identical, they are pronounced slightly longer than one vowel.

Ana alcanza	A-nal-can-za
lo olvido	lol-vi-do
tiene eso	tie-ne-so
Ada atiende	Ada-tien-de

> The same rule applies when two identical vowels appear within a word.

crees	cres
Teherán	Te-rán
coordinación	cor-di-na-ción

> When the final consonant of a word and the initial consonant of the following word are the same, they are pronounced as one consonant with slightly longer than normal duration.

el lado	e-la-do
Carlos salta	Car-lo-sal-ta
tienes sed	tie-ne-sed

Intonation

Intonation is the rise and fall of pitch in the delivery of a phrase or a sentence. In general, Spanish pitch tends to change less than English pitch, giving the impression that the language is less emphatic.

As a rule, the intonation for normal statements in Spanish starts in a low tone, rises to a higher one on the first stressed syllable, maintains that tone until the last stressed syllable, and then goes back to the initial low tone, with still another drop at the very end.

Tu amigo viene mañana.	José come pan.
Ada está en casa.	Carlos toma café.

Syllable Formation in Spanish

General rules for dividing words into syllables:

Vowels

> A vowel or a vowel combination can constitute a syllable.

a-lum-no   a-bue-la   Eu-ro-pa

> Diphthongs and triphthongs are considered single vowels and cannot be divided.

bai-le   puen-te   Dia-na   es-tu-diáis   an-ti-guo

> Two strong vowels (a, e, o) do not form a diphthong and are separated into two syllables.

em-ple-ar   vol-te-ar   lo-a

> A written accent on a weak vowel (i or u) breaks the diphthong, separating the vowels into two syllables.

trí-o   dú-o   Ma-rí-a

Consonants

> A single consonant forms a syllable with the vowel that follows it.

po-der   ma-no   mi-nu-to

> When two consonants appear between two vowels, they are separated into two syllables.

>   al-fa-be-to   cam-pe-ón   me-ter-se   mo-les-tia

EXCEPTION: When a consonant cluster composed of **b, c, d, f, g, p,** or **t** with **l** or **r** appears between two vowels, the cluster joins the following vowel: **so-bre, o-tros, ca-ble, te-lé-gra-fo.**

> When three consonants appear between two vowels, only the last one goes with the following vowel.

>   ins-pec-tor   trans-por-te   trans-for-mar

EXCEPTION: When there is a cluster of three consonants in the combinations described in rule 2, the first consonant joins the preceding vowel and the cluster joins the following vowel: **es-cri-bir, ex-tran-je-ro, im-plo-rar, es-tre-cho.**

Accentuation

In Spanish, all words are stressed according to specific rules. Words that do not follow the rules must have a written accent to indicate the change of stress. The basic rules for accentuation are as follows.

> Words ending in a vowel, **n,** or **s** are stressed on the next-to-last syllable.

>   **hi**-jo   **ca**-lle   **me**-sa   fa-**mo**-sos
>   flo-**re**-cen   **pla**-ya   **ve**-ces

> Words ending in a consonant, except **n** or **s,** are stressed on the last syllable.

>   ma-**yor**   a-**mor**   tro-pi-**cal**   na-**riz**   re-**loj**   co-rre-**dor**

> All words that do not follow these rules must have a written accent.

>   ca-**fé**   **lá**-piz   **mú**-si-ca   sa-**lón**
>   **án**-gel   **lí**-qui-do   fran-**cés**   **Víc**-tor
>   sim-**pá**-ti-co rin-**cón**   a-**zú**-car   de-**mó**-cra-ta
>   sa-**lió**   **dé**-bil   e-**xá**-me-nes

> Pronouns and adverbs of interrogation and exclamation have a written accent to distinguish them from relative pronouns.

¿Qué comes?	*What are you eating?*
La pera que él no comió.	*The pear that he did not eat.*
¿Quién está ahí?	*Who is there?*
El hombre a quien tú llamaste.	*The man whom you called.*
¿Dónde está él?	*Where is he?*
En el lugar donde trabaja.	*At the place where he works.*

> Words that have the same spelling but different meanings take a written accent to differentiate one from the other.

el	*the*	él	*he, him*	te	*you*	té	*tea*
mi	*my*	mí	*me*	si	*if*	sí	*yes*
tu	*your*	tú	*you*	mas	*but*	más	*more*

VERBS   Regular Verbs

Model -ar, -er, -ir verbs

INFINITIVE		
amar *(to love)*	comer *(to eat)*	vivir *(to live)*

PRESENT PARTICIPLE		
amando *(loving)*	comiendo *(eating)*	viviendo *(living)*

PAST PARTICIPLE		
amado *(loved)*	comido *(eaten)*	vivido *(lived)*

SIMPLE TENSES

Indicative Mood

Present

(I love)		*(I eat)*		*(I live)*	
amo	amamos	como	comemos	vivo	vivimos
amas	amáis	comes	coméis	vives	vivís
ama	aman	come	comen	vive	viven

Imperfect

(I used to love)		*(I used to eat)*		*(I used to live)*	
amaba	amábamos	comía	comíamos	vivía	vivíamos
amabas	amabais	comías	comíais	vivías	vivíais
amaba	amaban	comía	comían	vivía	vivían

Preterite

(I loved)		*(I ate)*		*(I lived)*	
amé	amamos	comí	comimos	viví	vivimos
amaste	amasteis	comiste	comisteis	viviste	vivisteis
amó	amaron	comió	comieron	vivió	vivieron

Future

(I will love)		*(I will eat)*		*(I will live)*	
amaré	amaremos	comeré	comeremos	viviré	viviremos
amarás	amaréis	comerás	comeréis	vivirás	viviréis
amará	amarán	comerá	comerán	vivirá	vivirán

Conditional

(I would love)		*(I would eat)*		*(I would live)*	
amaría	amaríamos	comería	comeríamos	viviría	viviríamos
amarías	amaríais	comerías	comeríais	vivirías	viviríais
amaría	amarían	comería	comerían	viviría	vivirían

Subjunctive Mood

Present

([that] I [may] love)		*([that] I [may] eat)*		*([that] I [may] live)*	
ame	amemos	coma	comamos	viva	vivamos
ames	améis	comas	comáis	vivas	viváis
ame	amen	coma	coman	viva	vivan

Imperfect (two forms: -ra, -se)

([that] I [might] love)	*([that] I [might] eat)*	*([that] I [might] live)*
amara(-ase)	comiera(-iese)	viviera(-iese)
amaras(-ases)	comieras(-ieses)	vivieras(-ieses)
amara(-ase)	comiera(-iese)	viviera(-iese)
amáramos(-ásemos)	comiéramos(-iésemos)	viviéramos(-iésemos)
amarais(-aseis)	comierais(-ieseis)	vivierais(-ieseis)
amaran(-asen)	comieran(-iesen)	vivieran(-iesen)

Imperative Mood

(love)	(eat)	(live)
ama (tú)	come (tú)	vive (tú)
ame (Ud.)	coma (Ud.)	viva (Ud.)
amemos (nosotros)	comamos (nosotros)	vivamos (nosotros)
amad (vosotros)	comed (vosotros)	vivid (vosotros)
amen (Uds.)	coman (Uds.)	vivan (Uds.)

COMPOUND TENSES

Perfect Infinitive

haber amado	haber comido	haber vivido

Perfect Participle

habiendo amado	habiendo comido	habiendo vivido

Indicative Mood

Present Perfect

(I have loved)	(I have eaten)	(I have lived)
he amado	he comido	he vivido
has amado	has comido	has vivido
ha amado	ha comido	ha vivido
hemos amado	hemos comido	hemos vivido
habéis amado	habéis comido	habéis vivido
han amado	han comido	han vivido

Pluperfect

(I had loved)	(I had eaten)	(I had lived)
había amado	había comido	había vivido
habías amado	habías comido	habías vivido
había amado	había comido	había vivido
habíamos amado	habíamos comido	habíamos vivido
habíais amado	habíais comido	habíais vivido
habían amado	habían comido	habían vivido

Future Perfect

(I will have loved)	(I will have eaten)	(I will have lived)
habré amado	habré comido	habré vivido
habrás amado	habrás comido	habrás vivido
habrá amado	habrá comido	habrá vivido
habremos amado	habremos comido	habremos vivido
habréis amado	habréis comido	habréis vivido
habrán amado	habrán comido	habrán vivido

Conditional Perfect

(I would have loved)	(I would have eaten)	(I would have lived)
habría amado	habría comido	habría vivido
habrías amado	habrías comido	habrías vivido
habría amado	habría comido	habría vivido
habríamos amado	habríamos comido	habríamos vivido
habríais amado	habríais comido	habríais vivido
habrían amado	habrían comido	habrían vivido

Subjunctive Mood

Present Perfect

([that] I [may] have loved)	([that] I [may] have eaten)	([that] I [may] have lived)
haya amado	haya comido	haya vivido
hayas amado	hayas comido	hayas vivido

haya amado	haya comido	haya vivido
hayamos amado	hayamos comido	hayamos vivido
hayáis amado	hayáis comido	hayáis vivido
hayan amado	hayan comido	hayan vivido

Pluperfect (two forms: -ra, -se)

([that] I [might] *have loved)*	*([that] I [might]* *have eaten)*	*([that] I [might]* *have lived)*
hubiera(-iese) amado	hubiera(-iese) comido	hubiera(-iese) vivido
hubieras(-ieses) amado	hubieras(-ieses) comido	hubieras(-ieses) vivido
hubiera(-iese) amado	hubiera(-iese) comido	hubiera(-iese) vivido
hubiéramos(-iésemos) amado	hubiéramos(-iésemos) comido	hubiéramos(-iésemos) vivido
hubierais(-ieseis) amado	hubierais(-ieseis) comido	hubierais(-ieseis) vivido
hubieran(-iesen) amado	hubieran(-iesen) comido	hubieran(-iesen) vivido

Stem-changing verbs

The *-ar* and *-er* stem-changing verbs

Stem-changing verbs are those that have a spelling change in the root of the verb. Stem-changing verbs that end in **-ar** and **-er** change the stressed vowel **e** to **ie,** and the stressed **o** to **ue**. These changes occur in all persons, except the first- and second-persons plural, of the present indicative, present subjunctive, and imperative.

Infinitive	Indicative	Imperative	Subjunctive
cerrar *(to close)*	cierro cierras cierra cerramos cerráis cierran	—— cierra cierre cerremos cerrad cierren	cierre cierres cierre cerremos cerréis cierren
perder *(to lose)*	pierdo pierdes pierde perdemos perdéis pierden	—— pierde pierda perdamos perded pierdan	pierda pierdas pierda perdamos perdáis pierdan
contar *(to count;* *to tell)*	cuento cuentas cuenta contamos contáis cuentan	—— cuenta cuente contemos contad cuenten	cuente cuentes cuente contemos contéis cuenten
volver *(to return)*	vuelvo vuelves vuelve volvemos volvéis vuelven	—— vuelve vuelva volvamos volved vuelvan	vuelva vuelvas vuelva volvamos volváis vuelvan

Verbs that follow the same pattern:

acordarse	*to remember*	cocer	*to cook*
acostar(se)	*to go to bed*	colgar	*to hang*
almorzar	*to have lunch*	comenzar	*to begin*
atravesar	*to go through*	confesar	*to confess*

costar	to cost	negar	to deny
demostrar	to demonstrate, show	nevar	to snow
despertar(se)	to wake up	pensar	to think; to plan
empezar	to begin	probar	to prove; to taste
encender	to light; to turn on	recordar	to remember
encontrar	to find	rogar	to beg
entender	to understand	sentar(se)	to sit down
extender	to stretch	soler	to be in the habit of
llover	to rain	mover	to move
mover	to move	soñar	to dream
mostrar	to show	torcer	to twist

The -ir stem-changing verbs

There are two types of stem-changing verbs that end in -ir: one type changes stressed e to ie in some tenses and to i in others, and stressed o to ue or u; the second type changes stressed e to i only in all the irregular tenses.

Type 1: -ir: e > ie or i / o > ue or u

These changes occur as follows.

Present Indicative: all persons except the first- and second-persons plural change e to ie and o to ue. *Preterite:* third person, singular and plural, changes e to i and o to u. *Present Subjunctive:* all persons change e to ie and o to ue, except the first- and second-persons plural, which change e to i and o to u. *Imperfect Subjunctive:* all persons change e to i and o to u. *Imperative:* all persons except the first- and second-persons plural change e to ie and o to ue; first-person plural changes e to i and o to u. *Present Participle:* changes e to i and o to u.

	Indicative		Imperative	Subjunctive	
INFINITIVE **sentir** (to feel)	PRESENT	PRETERITE		PRESENT	IMPERFECT
	siento	sentí		sienta	sintiera(-iese)
	sientes	sentiste	siente	sientas	sintieras
	siente	sintió	sienta	sienta	sintiera
PRESENT **PARTICIPLE** sintiendo	sentimos	sentimos	sintamos	sintamos	sintiéramos
	sentís	sentisteis	sentid	sintáis	sintierais
	sienten	sintieron	sientan	sientan	sintieran
INFINITIVE **dormir** (to sleep)	duermo	dormí		duerma	durmiera(-iese)
	duermes	dormiste	duerme	duermas	durmieras
	duerme	durmió	duerma	duerma	durmiera
PRESENT **PARTICIPLE** durmiendo	dormimos	dormimos	durmamos	durmamos	durmiéramos
	dormís	dormisteis	dormid	durmáis	durmierais
	duermen	durmieron	duerman	duerman	durmieran

Other verbs that follow the same pattern:

advertir	to warn	herir	to wound, hurt
arrepentirse	to repent	mentir	to lie
consentir	to consent; to pamper	morir	to die
convertir(se)	to turn into	preferir	to prefer
discernir	to discern	referir	to refer
divertir(se)	to amuse oneself	sugerir	to suggest

Type II: -ir: e > i

The verbs in the second category are irregular in the same tenses as those of the first type. The only difference is that they have only one change: **e > i** in all irregular persons.

INFINITIVE	Indicative		Imperative	Subjunctive	
pedir (to ask for, request)	**PRESENT**	**PRETERITE**		**PRESENT**	**IMPERFECT**
PRESENT PARTICIPLE	pido pides pide	pedí pediste pidió	pide pida	pida pidas pida	pidiera(-iese) pidieras pidiera
pidiendo	pedimos pedís piden	pedimos pedisteis pidieron	pidamos pedid pidan	pidamos pidáis pidan	pidiéramos pidierais pidieran

Verbs that follow this pattern:

concebir	to conceive	repetir	to repeat
competir	to compete	reñir	to fight
despedir(se)	to say goodbye	seguir	to follow
elegir	to choose	servir	to serve
impedir	to prevent	vestir(se)	to dress
perseguir	to pursue		

Orthographic-Changing Verbs

Some verbs undergo a change in the spelling of the stem in some tenses in order to maintain the sound of the final consonant. The most common ones are those with the consonants **g** and **c**. Remember that **g** and **c** in front of **e** or **i** have a soft sound, and in front of **a, o,** or **u** have a hard sound. In order to keep the soft sound in front of **a, o,** or **u, g** and **c** change to **j** and **z,** respectively. In order to keep the hard sound of **g** or **c** in front of **e** and **i, u** is added to the **g (gu)** and the **c** changes to **qu**. The most important verbs that are regular in all the tenses but change in spelling are the following.

1. Verbs ending in **-gar** change **g** to **gu** before **e** in the first person of the Preterite and in all persons of the present subjunctive.

   pagar   *to pay*
   Preterite: pa**gu**é, pagaste, pagó, etc.
   Pres. Subj.:   pa**gu**e, pa**gu**es, pa**gu**e, pa**gu**emos, pa**gu**éis, pa**gu**en

   Verbs that follow the same pattern: **colgar, llegar, navegar, negar, regar, rogar, jugar.**

2. Verbs ending in **-ger** or **-gir** change **g** to **j** before **o** and **a** in the first person of the present indicative and in all the persons of the present subjunctive.

   proteger   *to protect*
   Pres. Ind.:   prote**j**o, proteges, protege, etc.
   Pres. Subj.:   prote**j**a, prote**j**as, prote**j**a, prote**j**amos, prote**j**áis, prote**j**an

   Verbs that follow the same pattern: **coger, corregir, dirigir, elegir, escoger, exigir, recoger.**

3. Verbs ending in **-guar** change **gu** to **gü** before **e** in the first person of the Preterite and in all persons of the present subjunctive.

   averiguar   *to find out*
   Preterite: averi**gü**é, averiguaste, averiguó, etc.
   Pres. Subj.:   averi**gü**e, averi**gü**es, averi**gü**e, averi**gü**emos, averi**gü**éis, averi**gü**en

   The verb **apaciguar** follows the same pattern.

4. Verbs ending in **-guir** change **gu** to **g** before **o** and **a** in the first person of the present indicative and in all persons of the present subjunctive.

conseguir *to get*
Pres. Ind.: consi**g**o, consigues, consigue, etc.
Pres. Subj.: consi**g**a, consi**g**as, consi**g**a, consi**g**amos, consi**g**áis, consi**g**an

Verbs that follow the same pattern: **distinguir, perseguir, proseguir, seguir.**

5. Verbs ending in **-car** change **c** to **qu** before **e** in the first person of the Preterite and in all persons of the present subjunctive.

tocar *to touch; to play (a musical instrument)*
Preterite: to**qu**é, tocaste, tocó, etc.
Pres. Subj.: to**qu**e, to**qu**es, to**qu**e, to**qu**emos, to**qu**éis, to**qu**en

Verbs that follow the same pattern: **atacar, buscar, comunicar, explicar, indicar, pescar, sacar.**

6. Verbs ending in **-cer** or **-cir** preceded by a consonant change **c** to **z** before **o** and **a** in the first person of the present indicative and in all persons of the present subjunctive.

torcer *to twist*
Pres. Ind.: tuer**z**o, tuerces, tuerce, etc.
Pres. Subj.: tuer**z**a, tuer**z**as, tuer**z**a, tor**z**amos, tor**z**áis, tuer**z**an

Verbs that follow the same pattern: **convencer, esparcir, vencer.**

7. Verbs ending in **-cer** or **-cir** preceded by a vowel change **c** to **zc** before **o** and **a** in the first person of the present indicative and in all persons of the present subjunctive.

conocer *to know, be acquainted with*
Pres. Ind.: cono**zc**o, conoces, conoce, etc.
Pres. Subj.: cono**zc**a, cono**zc**as, cono**zc**a, cono**zc**amos, cono**zc**áis, cono**zc**an
Verbs that follow the same pattern: **agradecer, aparecer, carecer, entristecer** (*to sadden*), **establecer, lucir, nacer, obedecer, ofrecer, padecer, parecer, pertenecer, reconocer, relucir.**

8. Verbs ending in **-zar** change **z** to **c** before **e** in the first person of the Preterite and in all persons of the present subjunctive.

rezar *to pray*
Preterite: re**c**é, rezaste, rezó, etc.
Pres. Subj.: re**c**e, re**c**es, re**c**e, re**c**emos, re**c**éis, re**c**en

Verbs that follow the same pattern: **abrazar, alcanzar, almorzar, comenzar, cruzar, empezar, forzar, gozar.**

9. Verbs ending in **-eer** change the unstressed **i** to **y** between vowels in the third-persons singular and plural of the Preterite, in all persons of the imperfect subjunctive, and in the present participle.

creer *to believe*
Pres. Part: cre**y**endo
Preterite: creí, creíste, cre**y**ó, creímos, creísteis, cre**y**eron
Imp. Subj.: cre**y**era(-ese), cre**y**eras, cre**y**era, cre**y**éramos, cre**y**erais, cre**y**eran
Past Part.: creído

Verbs that follow the same pattern: **leer, poseer.**

10. Verbs ending in **-uir** change the unstressed **i** to **y** between vowels (except **-quir,** which has the silent **u**) in the following tenses and persons.

huir *to escape, flee*
Pres. Part.: hu**y**endo
Pres. Ind.: hu**y**o, hu**y**es, hu**y**e, huimos, huís, hu**y**en
Preterite: huí, huiste, hu**y**ó, huimos, huisteis, hu**y**eron

Imperative: huye, huya, huyamos, huid, huyan
Pres. Subj.: huya, huyas, huya, huyamos, huyáis, huyan
Imp. Subj.: huyera(-ese), huyeras, huyera, huyéramos, huyerais, huyeran

Verbs that follow the same pattern: **atribuir, concluir, constituir, construir, contribuir, destituir, destruir, disminuir, distribuir, excluir, incluir, influir, instruir, restituir, sustituir.**

11. Verbs ending in **-eír** lose the **e** in the third-person singular and plural of the Preterite, in all persons of the imperfect subjunctive, and in the present participle.

reír *to laugh*
Pres Ind.: río, ríes, ríe, reímos, reís, ríen
Preterite: reí, reíste, rio, reímos, reísteis, rieron
Pres. Subj.: ría, rías, ría, riamos, riáis, rían
Imp. Subj.: riera(-ese), rieras, riera, riéramos, rierais, rieran
Pres. Part.: riendo

Verbs that follow the same pattern: **freír, sonreír.**

12. Verbs ending in **-iar** add a written accent to the **i,** except in the first- and second-persons plural of the present indicative and subjunctive.

fiar(se) *to trust*
Pres. Ind.: (me) fío, (te) fías, (se) fía, (nos) fiamos, (os) fiáis, (se) fían
Pres. Subj.: (me) fíe, (te) fíes, (se) fíe, (nos) fiemos, (os) fiéis, (se) fíen

Verbs that follow the same pattern: **ampliar, criar, desviar, enfriar, enviar, guiar, telegrafiar, vaciar, variar.**

13. Verbs ending in **-uar** (except **-guar**) add a written accent to the **u,** except in the first- and second-persons plural of the present indicative and subjunctive.

actuar *to act*
Pres. Ind.: actúo, actúas, actúa, actuamos, actuáis, actúan
Pres. Subj.: actúe, actúes, actúe, actuemos, actuéis, actúen

Verbs that follow the same pattern: **acentuar, continuar, efectuar, exceptuar, graduar, habituar, insinuar, situar.**

14. Verbs ending in **-ñir** lose the **i** of the diphthongs **ie** and **ió** in the third-person singular and plural of the Preterite and all persons of the imperfect subjunctive. They also change the **e** of the stem to **i** in the same persons in the present indicative and present subjunctive.

teñir *to dye*
Pres. Ind.: tiño, tiñes, tiñe, teñimos, teñís, tiñen
Preterite: teñí, teñiste, tiñó, teñimos, teñisteis, tiñeron
Pres. Subj.: tiña, tiñas, tiña, tiñamos, tiñáis, tiñan
Imp. Subj.: tiñera(-ese), tiñeras, tiñera, tiñéramos, tiñerais, tiñeran

Verbs that follow the same pattern: **ceñir, constreñir, desteñir, estreñir, reñir.**

Some Common Irregular Verbs

Only those tenses with irregular forms are given below.

adquirir *to acquire*
Pres. Ind.: adquiero, adquieres, adquiere, adquirimos, adquirís, adquieren
Pres. Subj.: adquiera, adquieras, adquiera, adquiramos, adquiráis, adquieran
Imperative: adquiere, adquiera, adquiramos, adquirid, adquieran

andar *to walk*
Preterite: anduve, anduviste, anduvo, anduvimos, anduvisteis, anduvieron
Imp. Subj.: anduviera (anduviese), anduvieras, anduviera, anduviéramos, anduvierais, anduvieran

avergonzarse   *to be ashamed, to be embarrassed*

Pres. Ind.:   me avergüenzo, te avergüenzas, se avergüenza, nos avergonzamos, os avergonzáis, se avergüenzan

Pres. Subj: me avergüence, te avergüences, se avergüence, nos avergoncemos, os avergoncéis, se avergüencen

Imperative: avergüénzate, avergüéncese, avergoncémonos, avergonzaos, avergüéncense

caber   *to fit, to have enough room*

Pres. Ind.:   quepo, cabes, cabe, cabemos, cabéis, caben
Preterite: cupe, cupiste, cupo, cupimos, cupisteis, cupieron
Future: cabré, cabrás, cabrá, cabremos, cabréis, cabrán
Conditional: cabría, cabrías, cabría, cabríamos, cabríais, cabrían
Imperative: cabe, quepa, quepamos, cabed, quepan
Pres. Subj.:   quepa, quepas, quepa, quepamos, quepáis, quepan
Imp. Subj.:   cupiera (cupiese), cupieras, cupiera, cupiéramos, cupierais, cupieran

caer   *to fall*

Pres. Ind.:   caigo, caes, cae, caemos, caéis, caen
Preterite: caí, caíste, cayó, caímos, caísteis, cayeron
Imperative: cae, caiga, caigamos, caed, caigan
Pres. Subj.:   caiga, caigas, caiga, caigamos, caigáis, caigan
Imp. Subj.:   cayera (cayese), cayeras, cayera, cayéramos, cayerais, cayeran
Past Part.:   caído

conducir   *to guide; to drive*

Pres. Ind.:   conduzco, conduces, conduce, conducimos, conducís, conducen
Preterite: conduje, condujiste, condujo, condujimos, condujisteis, condujeron
Imperative: conduce, conduzca, conduzcamos, conducid, conduzcan
Pres. Subj.:   conduzca, conduzcas, conduzca, conduzcamos, conduzcáis, conduzcan
Imp. Subj.:   condujera (condujese), condujeras, condujera, condujéramos, condujerais, condujeran

(All verbs ending in **-ducir** follow this pattern.)

convenir   *to agree (see* **venir***)*

dar   *to give*

Pres. Ind.:   doy, das, da, damos, dais, dan
Preterite: di, diste, dio, dimos, disteis, dieron
Imperative: da, dé, demos, dad, den
Pres. Subj.:   dé, des, dé, demos, deis, den
Imp. Subj.:   diera (diese), dieras, diera, diéramos, dierais, dieran

decir   *to say, to tell*

Pres. Ind.:   digo, dices, dice, decimos, decís, dicen
Preterite: dije, dijiste, dijo, dijimos, dijisteis, dijeron
Future: diré, dirás, dirá, diremos, diréis, dirán
Conditional: diría, dirías, diría, diríamos, diríais, dirían
Imperative: di, diga, digamos, decid, digan
Pres. Subj.:   diga, digas, diga, digamos, digáis, digan
Imp. Subj.:   dijera (dijese), dijeras, dijera, dijéramos, dijerais, dijeran
Pres. Part.:   diciendo
Past Part.:   dicho

detener   *to stop; to hold; to arrest (see* **tener***)*

entretener   *to entertain, amuse (see* **tener***)*

errar   *to err; to miss*

Pres. Ind.:   yerro, yerras, yerra, erramos, erráis, yerran
Imperative: yerra, yerre, erremos, errad, yerren
Pres. Subj.:   yerre, yerres, yerre, erremos, erréis, yerren

estar   *to be*

Pres. Ind.:	estoy, estás, está, estamos, estáis, están
Preterite:	estuve, estuviste, estuvo, estuvimos, estuvisteis, estuvieron
Imperative:	está, esté, estemos, estad, estén
Pres. Subj.:	esté, estés, esté, estemos, estéis, estén
Imp. Subj.:	estuviera (estuviese), estuvieras, estuviera, estuviéramos, estuvierais, estuvieran

haber   *to have*

Pres. Ind.:	he, has, ha, hemos, habéis, han
Preterite:	hube, hubiste, hubo, hubimos, hubisteis, hubieron
Future:	habré, habrás, habrá, habremos, habréis, habrán
Conditional:	habría, habrías, habría, habríamos, habríais, habrían
Pres. Subj.:	haya, hayas, haya, hayamos, hayáis, hayan
Imp. Subj.:	hubiera (hubiese), hubieras, hubiera, hubiéramos, hubierais, hubieran

hacer   *to do; to make*

Pres. Ind.:	hago, haces, hace, hacemos, hacéis, hacen
Preterite:	hice, hiciste, hizo, hicimos, hicisteis, hicieron
Future:	haré, harás, hará, haremos, haréis, harán
Imperative:	haz, haga, hagamos, haced, hagan
Pres. Subj.:	haga, hagas, haga, hagamos, hagáis, hagan
Imp. Subj.:	hiciera (hiciese), hicieras, hiciera, hiciéramos, hicierais, hicieran
Past Part.:	hecho

imponer   *to impose; to depose (see* **poner***)*

ir   *to go*

Pres. Ind.:	voy, vas, va, vamos, vais, van
Imp. Ind.:	iba, ibas, iba, íbamos, ibais, iban
Preterite:	fui, fuiste, fue, fuimos, fuisteis, fueron
Imperative:	ve, vaya, vayamos, id, vayan
Pres. Subj.:	vaya, vayas, vaya, vayamos, vayáis, vayan
Imp. Subj.:	fuera (fuese), fueras, fuera, fuéramos, fuerais, fueran

jugar   *to play*

Pres. Ind.:	juego, juegas, juega, jugamos, jugáis, juegan
Imperative:	juega, juegue, juguemos, jugad, jueguen
Pres. Subj.:	juegue, juegues, juegue, juguemos, juguéis, jueguen

obtener   *to obtain (see* **tener***)*

oír   *to hear*

Pres. Ind.:	oigo, oyes, oye, oímos, oís, oyen
Preterite:	oí, oíste, oyó, oímos, oísteis, oyeron
Imperative:	oye, oiga, oigamos, oíd, oigan
Pres. Subj.:	oiga, oigas, oiga, oigamos, oigáis, oigan
Imp. Subj.:	oyera (oyese), oyeras, oyera, oyéramos, oyerais, oyeran
Pres. Part.:	oyendo
Past Part.:	oído

oler   *to smell*

Pres. Ind.:	huelo, hueles, huele, olemos, oléis, huelen
Imperative:	huele, huela, olamos, oled, huelan
Pres. Subj.:	huela, huelas, huela, olamos, oláis, huelan

poder   *to be able to*

Preterite:	pude, pudiste, pudo, pudimos, pudisteis, pudieron
Future:	podré, podrás, podrá, podremos, podréis, podrán
Conditional:	podría, podrías, podría, podríamos, podríais, podrían
Imperative:	puede, pueda, podamos, poded, puedan
Pres. Subj.:	pueda, puedas, pueda, podamos, podáis, puedan
Imp. Subj.:	pudiera (pudiese), pudieras, pudiera, pudiéramos, pudierais, pudieran
Pres. Part.:	pudiendo

poner   *to place, to put*

Pres. Ind.:	pongo, pones, pone, ponemos, ponéis, ponen
Preterite:	puse, pusiste, puso, pusimos, pusisteis, pusieron
Future:	pondré, pondrás, pondrá, pondremos, pondréis, pondrán
Conditional:	pondría, pondrías, pondría, pondríamos, pondríais, pondrían
Imperative:	pon, ponga, pongamos, poned, pongan
Pres. Subj.:	ponga, pongas, ponga, pongamos, pongáis, pongan
Imp. Subj.:	pusiera (pusiese), pusieras, pusiera, pusiéramos, pusierais, pusieran
Past Part.:	puesto

querer   *to want, to wish; to like, to love*

Preterite:	quise, quisiste, quiso, quisimos, quisisteis, quisieron
Future:	querré, querrás, querrá, querremos, querréis, querrán
Conditional:	querría, querrías, querría, querríamos, querríais, querrían
Imp. Subj.:	quisiera (quisiese), quisieras, quisiera, quisiéramos, quisierais, quisieran

resolver   *to decide on, to solve*

Past Part.:	resuelto

saber   *to know*

Pres. Ind.:	sé, sabes, sabe, sabemos, sabéis, saben
Preterite:	supe, supiste, supo, supimos, supisteis, supieron
Future:	sabré, sabrás, sabrá, sabremos, sabréis, sabrán
Conditional:	sabría, sabrías, sabría, sabríamos, sabríais, sabrían
Imperative:	sabe, sepa, sepamos, sabed, sepan
Pres. Subj.:	sepa, sepas, sepa, sepamos, sepáis, sepan
Imp. Subj.:	supiera (supiese), supieras, supiera, supiéramos, supierais, supieran

salir   *to leave; to go out*

Pres. Ind.:	salgo, sales, sale, salimos, salís, salen
Future:	saldré, saldrás, saldrá, saldremos, saldréis, saldrán
Conditional:	saldría, saldrías, saldría, saldríamos, saldríais, saldrían
Imperative:	sal, salga, salgamos, salid, salgan
Pres. Subj.:	salga, salgas, salga, salgamos, salgáis, salgan

ser   *to be*

Pres. Ind.:	soy, eres, es, somos, sois, son
Imp. Ind.:	era, eras, era, éramos, erais, eran
Preterite:	fui, fuiste, fue, fuimos, fuisteis, fueron
Imperative:	sé, sea, seamos, sed, sean
Pres. Subj.:	sea, seas, sea, seamos, seáis, sean
Imp. Subj.:	fuera (fuese), fueras, fuera, fuéramos, fuerais, fueran

suponer   *to assume; to suppose (see* **poner***)*

tener   *to have*

Pres. Ind.:	tengo, tienes, tiene, tenemos, tenéis, tienen
Preterite:	tuve, tuviste, tuvo, tuvimos, tuvisteis, tuvieron
Future:	tendré, tendrás, tendrá, tendremos, tendréis, tendrán
Conditional:	tendría, tendrías, tendría, tendríamos, tendríais, tendrían
Imperative:	ten, tenga, tengamos, tened, tengan
Pres. Subj.:	tenga, tengas, tenga, tengamos, tengáis, tengan
Imp. Subj.:	tuviera (tuviese), tuvieras, tuviera, tuviéramos, tuvierais, tuvieran

traducir   *to translate (see* **conducir***)*

traer   *to bring*

Pres. Ind.:	traigo, traes, trae, traemos, traéis, traen
Preterite:	traje, trajiste, trajo, trajimos, trajisteis, trajeron
Imperative:	trae, traiga, traigamos, traed, traigan
Pres. Subj.:	traiga, traigas, traiga, traigamos, traigáis, traigan
Imp. Subj.:	trajera (trajese), trajeras, trajera, trajéramos, trajerais, trajeran
Pres. Part.:	trayendo
Past Part.:	traído

valer   *to be worth*

Pres. Ind.:	valgo, vales, vale, valemos, valéis, valen
Future:	valdré, valdrás, valdrá, valdremos, valdréis, valdrán
Conditional:	valdría, valdrías, valdría, valdríamos, valdríais, valdrían
Imperative:	vale, valga, valgamos, valed, valgan
Pres. Subj.:	valga, valgas, valga, valgamos, valgáis, valgan

venir   *to come*

Pres. Ind.:	vengo, vienes, viene, venimos, venís, vienen
Preterite:	vine, viniste, vino, vinimos, vinisteis, vinieron
Future:	vendré, vendrás, vendrá, vendremos, vendréis, vendrán
Conditional:	vendría, vendrías, vendría, vendríamos, vendríais, vendrían
Imperative:	ven, venga, vengamos, venid, vengan
Pres. Subj.:	venga, vengas, venga, vengamos, vengáis, vengan
Imp. Subj.:	viniera (viniese), vinieras, viniera, viniéramos, vinierais, vinieran
Pres. Part.:	viniendo

ver   *to see*

Pres. Ind.:	veo, ves, ve, vemos, veis, ven
Imp. Ind.:	veía, veías, veía, veíamos, veíais, veían
Preterite:	vi, viste, vio, vimos, visteis, vieron
Imperative:	ve, vea, veamos, ved, vean
Pres. Subj.:	vea, veas, vea, veamos, veáis, vean
Imp. Subj.:	viera (viese), vieras, viera, viéramos, vierais, vieran
Past Part.:	visto

volver   *to return*

Past Part.:	vuelto

GLOSSARY OF GRAMMATICAL TERMS

adjective: A word that is used to describe a noun: *tall* girl, *difficult* lesson.

adverb: A word that modifies a verb, an adjective, or another adverb. It answers the questions *How? When? Where?*: She walked *slowly*. She'll be here *tomorrow*. She is *here*.

agreement: A term applied to changes in form that nouns cause in the words that surround them. In Spanish, verb forms agree with their subjects in person and number (**yo** habl**o**, **él** habl**a**, etc.). Spanish adjectives agree in gender and number with the nouns they describe. Thus, a feminine plural noun requires a feminine plural ending in the adjective that describes it (cas**as** amarill**as**) and a masculine singular noun requires a masculine singular ending in the adjective (libr**o** negr**o**).

auxiliary verb: A verb that helps in the conjugation of another verb: I *have* finished. He *was* called. She *will* go. He *would* eat.

command form: The form of the verb used to give an order or a direction: *Go! Come* back! *Turn* to the right!

conjugation: The process by which the forms of the verb are presented in their different moods and tenses: I *am*, you *are*, he *is*, she *was*, we *were*, etc.

contraction: The combination of two or more words into one: *isn't, don't, can't.*

definite article: A word used before a noun indicating a definite person or thing: *the* woman, *the* money.

demonstrative: A word that refers to a definite person or object: *this, that, these, those.*

diphthong: A combination of two vowels forming one syllable. In Spanish, a diphthong is composed of one *strong* vowel (**a, e, o**) and one *weak* vowel (**u, i**) or two weak vowels: **ei, ua, ui.**

exclamation: A word used to express emotion: *How* strong! *What* beauty!

gender: A distinction of nouns, pronouns, and adjectives, based on whether they are masculine or feminine.

indefinite article: A word used before a noun that refers to an indefinite person or object: *a* child, *an* apple.

infinitive: The form of the verb generally preceded in English by the word *to* and showing no subject or number: *to do, to bring.*

interrogative: A word used in asking a question: *Who? What? Where?*

main clause: A group of words that includes a subject and a verb and by itself has complete meaning: *They saw me. I go now.*

noun: A word that names a person, place, or thing: *Ann, London, pencil.*

number: Refers to singular and plural: *chair, chairs.*

object: Generally a noun or a pronoun that is the receiver of the verb's action. A direct object answers the question *What?* or *Whom?*: We know *her.* Take *it.* An indirect object answers the question *To whom?* or *To what?*: Give *John* the money. Nouns and pronouns can also be objects of prepositions: The letter is *from Rick.* I'm thinking *about you.*

past participle: Past forms of a verb: *gone, worked, written.*

person: The form of the pronoun and of the verb that shows the person referred to: *I* (first-person singular), *you* (second-person singular), *she* (third-person singular), and so on.

possessive: A word that denotes ownership or possession: This is *our* house. The book isn't *mine.*

preposition: A word that introduces a noun or pronoun and indicates its function in the sentence: They were *with* us. She is *from* Nevada.

present participle: A verb form in English that ends in *-ing: eating, sleeping, working.* In Spanish, this form cannot be used as a noun or after a preposition.

pronoun: A word that is used to replace a noun: *she, them, us,* and so on. A **subject pronoun** refers to the person or thing spoken of: *They* work. An **object pronoun** receives the action of the verb: They arrested *us* (direct object pronoun). She spoke to *him* (indirect object pronoun). A pronoun can also be the object of a preposition: The children stayed with *us.*

reflexive pronoun: A pronoun that refers back to the subject: *myself, yourself, himself, herself, itself, ourselves,* and so on.

subject: The person, place, or thing spoken of: *Robert* works. *Our car* is new.

subordinate clause: A clause that has no complete meaning by itself but depends on a main clause: They knew *that I was here.*

tense: The group of forms in a verb that show the time in which the action of the verb takes place: *I go* (present indicative), *I'm going* (present progressive), *I went* (past), *I was going* (past progressive), *I will go* (future), *I would go* (conditional), *I have gone* (present perfect), *I had gone* (past perfect), *that I may go* (present subjunctive), and so on.

verb: A word that expresses an action or a state: We *sleep.* The baby *is* sick.

AUTOPRUEBA: Answer key to ¿Cuánto sé ahora?

Lección 1

A. 1. efe-o-equis 2. doble ve-i-ele-ese-o-ene 3. ka-u-ere-te 4. jota-a-ce-ka-ese-o-ene 5. be-u-de-ge-e 6. hache-i-ele-ele 7. eme-ce-de-e-ve-i-te 8. pe-e-erre-erre-i griega o ye 9. cu-u-e-ene-te-i-ene 10. zeta-e-ele-ele-e-erre

B. 1. veintiuno 2. doce 3. veintisiete 4. quince 5. treinta y dos 6. diecisiete 7. veinte 8. trece 9. treinta y nueve 10. veintiocho 11. treinta 12. once 13. catorce 14. dieciséis

C. 1. amarillo 2. anaranjado 3. verde 4. morado 5. negro 6. gris 7. marrón 8. rojo, blanco y azul

D. sábado / lunes / miércoles / viernes

E. 1. el treinta y uno de octubre 2. el cuatro de julio 3. el primero (uno) de enero 4. el catorce de febrero 5. el veinticinco de diciembre 6. el once de noviembre 7. el cinco de mayo

F. 1. verano 2. invierno 3. primavera 4. otoño

G. eres / soy / son / es / somos

H. 1. despedida 2. biblioteca 3. ¿Cómo se dice? 4. Tome asiento. 5. Saludos 6. cafetería 7. discoteca 8. cumpleaños

I. 1 a. María b. Mecha c. Pepe
2 a. Más de cincuenta millones. b. Una novelista y poeta mexicoamericana.

J. El tiempo es oro.

Lección 2

A. 1. las 2. el 3. la 4. la 5. los 6. el 7. la 8. los 9. las 10. la 11. la 12. la 13. las 14. los 15. los 16. el

B. 1. una 2. una 3. unos 4. un 5. unas 6. un 7. unos 8. una 9. unos 10. una 11. una 12. unos 13. unos 14. un 15. un 16. una

C. 1. cuarenta y dos 2. cien 3. cincuenta y tres 4. sesenta y uno 5. ochenta 6. setenta y nueve 7. noventa 8. ochenta y seis 9. cincuenta 10. sesenta

D. 1. La clase de francés es a las nueve y cuarto de la mañana. 2. La clase de español acaba a las dos menos cinco de la tarde. 3. La clase de historia es a las ocho y veinticinco de la noche.

E. 1. hablamos 2. conversan 3. estudias 4. necesita 5. regreso 6. trabaja 7. gana 8. llegan

F. 1. La computadora de la chica 2. Las mochilas de los muchachos 3. El profesor de Alina

G. 1. k 2. n 3. h 4. a 5. m 6. d 7. c 8. l 9. f 10. e 11. i 12. g 13. b 14. j

H. 1. a. calle / avenida b. 24
2. a. económicas b. español

I. El saber no ocupa lugar.

Lección 3

A. 1. Mi 2. tu 3. sus 4. Mis 5. Nuestros 6. tus 7. Nuestra 8. su

B. 1. ciento noventa y cinco 2. doscientos ochenta y seis 3. trescientos setenta y uno 4. cuatrocientos sesenta 5. quinientos cincuenta y tres 6. seiscientos cuarenta y cuatro 7. setecientos treinta y dos 8. ochocientos veintisiete 9. novecientos dieciocho 10. mil

C. 1. delgado 2. bonita 3. rubios 4. optimistas 5. baja 6. pequeño 7. antipática 8. difícil

D. 1. aprendemos / leemos / escribimos 2. comes / lees / bebes 3. creo 4. leen 5. bebe 6. debe 7. venden 8. abro 9. reciben 10. escribimos

E. 1. vienes; vengo; tengo 2. vienen; venimos; tenemos 3. vienen; vienen 4. tienes; tienen

F. 1. llamo a mis amigos 2. lleva a su hermano 3. llamamos a Nora y a Alicia

G. 1. leer 2. mensaje 3. llenar 4. económicos 5. escribir 6. comer 7. esta noche 8. parcial 9. refresco 10. hacer

H. 1. a. Oigo. b. castellano
2. a. béisbol b. actriz / cantante / bailarina

I. Debes comer para vivir, no vivir para comer.

Lección 4

A. 1. mí / ti 2. contigo / conmigo 3. ustedes 4. nosotros / usted 5. ella / él 6. ellos

B. 1. del zoológico / de la playa 2. a la fiesta de Navidad / al teatro 3. al hijo del Sr. Vega 4. a los hijos de mi vecino(a)

C. 1. vas / voy 2. da / dan 3. estoy / estás / están 4. van / vamos 5. das / doy

D. 1. van a servir 2. voy a bailar 3. va a celebrar 4. vas a charlar 5. van a preparar
6. vamos a llevar

E. 1. empieza 2. entiende 3. pienso 4. preferimos / quieren 5. comienzan 6. pensamos
7. pierden 8. cierras

F. 1. tienen prisa 2. no tengo hambre / tengo mucha sed 3. tenemos calor 4. tienen mucho sueño
5. tienes miedo 6. tiene razón / tiene diez años

G. 1. contento 2. hambre 3. sacar 4. fin de semana 5. ¡Salud! 6. preocupado 7. enojada
8. cantan 9. sed 10. acabamos

H. 1. a. José   b. santo
2. a. Guadalajara   b. Autónoma   c. pintora

I. Ojos que no ven, corazón que no siente.

Lección 5

A. 1. más caros que / menos caro que 2. más alto que / menos alta que 3. más grande que / menos
grande que 4. tantas horas como 5. tan bonita como

B. 1. mayor / menor 2. mejor / peor 3. la mejor / el peor

C. 1. cuestan 2. almuerzan 3. contamos 4. duerme 5. vuelves 6. podemos 7. recuerdo 8. llueve

D. 1. estamos pidiendo 2. están sirviendo 3. estoy leyendo 4. estamos poniendo
5. estás tomando 6. está diciendo

E. 1. Elsa es la mamá de Marcela. 2. El restaurante Miramar está en la calle Siete. 3. ¡El pollo está
delicioso! 4. Roberto es de México, pero ahora está en Guatemala. 5. El café está frío.
6. El escritorio es de metal.

F. 1. está lloviendo 2. nieva 3. hace 4. hace 5. hay

G. 1. plato 2. servilleta 3. cordero 4. volver 5. leche 6. pescado 7. mantel 8. al mediodía

H. 1. a. propina   b. euro
2. a. el quetzal   b. Miguel Ángel Asturias

I. Marzo ventoso, abril lluvioso hacen a mayo florido y hermoso.

Lección 6

A. 1. este / esta / esos 2. Aquel / aquellas 3. Eso

B. 1. sigue 2. digo / dice 3. servimos / sirve 4. consigo 5. piden

C. 1. No, yo no sacudo los muebles todos los días. 2. No, nosotros ni lavamos ni doblamos la ropa.
3. No, no hay ninguna sábana en el armario. 4. No, no hay nadie.

D. 1. conduzco 2. sé 3. quepo 4. salgo 5. traduzco 6. veo 7. hago 8. pongo 9. conozco
10. traigo

E. 1. Ellos saben que nosotros somos hermanos, pero no conocen a mi hermana. 2. Yo conozco al cuñado
de María, pero no sé dónde vive. 3. James conoce Buenos Aires, pero no sabe hablar español.
4. Mis primos no saben bailar salsa.

F. 1. Sí, yo la conozco. 2. Sí, mis tíos lo saben. 3. Sí, nuestros abuelos nos llevan al teatro.
4. Sí, mis primos me llaman por teléfono. 5. Sí, yo puedo llevarte. 6. Sí, yo las escondo en
mi cuarto. 7. Sí, yo los lavo. 8. Sí, nosotros la sacamos todos los días.

G. 1. aspiradora / sacudir / césped / ropa 2. abrir / sé
3. escoba / huéspedes 4. sala / planchar 5. taxi / agencia
6. salgo 7. cuñado 8. montón / artículos 9. dice / acuerdo 10. cocina / cuarto

H. 1. a. trabajos   b. soltera
2. a. Tegucigalpa   b. En la agricultura

I. Más vale tarde que nunca.

Lección 7

A. 1. vas a traernos / Les voy a traer 2. le hablas / me contesta 3. te manda / le escribo

B. 1. A mis padres les gustan más 2. le gusta hacer 3. Nos gusta mucho 4. No me gusta
5. Te gusta más

C. 1. Hace dos días que yo no duermo. 2. Hace un mes que tú no me llamas. 3. Hace media hora que
nosotras estamos aquí. 4. Hace un año que ellos viven en Panamá. 5. Hace doce horas que Eva no
come. 6. Hace quince minutos que Uds. hablan por teléfono.

D. 1. llamó / reservó 2. llegué / empecé 3. saliste / volviste 4. buscó / leyó 5. comimos / bebimos
6. abrieron / cerraron 7. toqué / canté 8. almorzaron / estudiaron 9. creyó / leyó
10. costaron / costó

E. 1. primer / tercer   2. segundo / cuarto   3. quinto / décimo
F. 1. i 2. f 3. l 4. b 5. d 6. n 7. a 8. m 9. c 10. g 11. h 12. j 13. k 14. e
G. 1. a. pensiones / comida   b. habitaciones / baño
   2. a. economías   b. Canal
H. Salió de Guatemala y entró en Guatepeor.

Lección 8

A. 1. se lo mandé   2. me la puedes traer   3. puede prestárnosla   4. puedo dártelas   5. no puedo
   traérselos   6. se lo mando
B. 1. fui / di   2. fuimos / fue   3. fue / dimos   4. fuiste   5. fuiste / fuimos   6. dieron   7. dio / diste
   8. dieron
C. 1. Durmieron   2. siguieron   3. servimos   4. mintió   5. consiguió   6. pidieron   7. murió
   8. repitió   9. dormí / durmió   10. pidió
D. por / para / por / para / para / Para / por / por / para
E. 1. especialmente   2. frecuentemente   3. lenta / claramente   4. recientemente
   5. Generalmente   6. Desafortunadamente
F. 1. préstamo   2. fechar   3. creo que   4. Trabajo.   5. parquear   6. hidrante   7. talonario de
   cheques   8. estacionar   9. gerente   10. boca de incendios   11. multa   12. al contado
   13. fuego   14. ramo
G. 1. a. central   b. tarjeta
   2. a. Asociado   b. turismo
H. Todo tiempo pasado fue mejor.

Lección 9

A. 1. se afeita / nos afeitamos   2. me levanto / me acuesto   3. se divirtieron   4. te bañas
   5. se lava   6. me olvidé   7. nos acordamos   8. se quitan / se ponen   9. se despierta
   10. nos preocupamos   11. te sientas   12. me visto
B. 1. la camisa azul   2. en la escuela   3. el abrigo   4. las manos   5. Los padres   6. El café
C. 1. El mío   2. las suyas   3. las nuestras   4. las tuyas   5. los nuestros   6. El suyo (El de él)
   7. La nuestra   8. el suyo (el de Uds.)   9. la mía   10. la suya (la de Ud.)
D. 1. vinieron / trajeron   2. estuve / tuve   3. puso / pudo   4. conduje / quise   5. dijeron / Hicieron
   6. vino / hizo   7. traje / traduje   8. pudiste / pusiste   9. trajo / supieron   10. vinimos / viniste
E. 1. Hace media hora que llegué.   2. Hace tres días que vi a Carlos.   3. Hace cuatro meses que conocí
   a Eva.   4. Hace tres años que compré mi coche.   5. Hace quince minutos que Carlitos empezó a tocar
   el piano.
F. a. 1. infancia   2. bolso   3. melocotón   4. bote   5. medianoche   6. carnicería   7. órgano   8. naranja
   b. 1. higiénico   2. olvidaste   3. billetera   4. adelante / levantar / acostar   5. cabeza / vestí
   6. divirtieron / culpa   7. bodas   8. pesar   9. zapatería / farmacia   10. extraño
G. 1. a. productos   b. música
   2. a. pintores   b. merengue
H. Las apariencias engañan.

Lección 10

A. 1. Eran / llovía / hacía   2. vivía / trabajaba   3. hablábamos / estudiábamos   4. almorzaban /
   costaban   5. ibas / veías   6. era / aprendía   7. íbamos / nos divertíamos   8. salían / llegaban
B. 1. dijo / necesitaba / podía / tenía   2. compramos / éramos / llevábamos / íbamos   3. tenía / vinimos /
   hablábamos / estudiábamos   4. fue / Tuve / sentía   5. iba / vio / murieron   6. Eran / salimos / Llovía /
   hacía / Volvimos
C. 1. conocías / conocí   2. sabían / supimos   3. quiso / quería
D. 1. que se queja   2. que se mudaron   3. que nos gusta   4. a quien conocí   5. para quien
E. 1. h 2. k 3. o 4. a 5. m 6. d 7. b 8. f 9. n 10. c 11. e 12. g 13. j 14. l 15. i
F. 1. a. barrio   b. pisos
   2. a. petróleo   b. joropo
G. El que ríe último, ríe mejor.

Lección 11

A. 1. nos casemos 2. esperes 3. saquen 4. dé 5. vaya 6. se quede 7. teman 8. me divorcie
9. sepan 10. vivas 11. seamos 12. digan 13. comience 14. hagas 15. llegue

B. 1. vayamos 2. viajen 3. ayude 4. te quedes 5. pague 6. se case 7. hagas 8. nos hospedemos

C. 1. se casen en mayo 2. pueda viajar hoy 3. vayan a Río de Janeiro 4. se queden a vivir aquí
5. llegue con dos horas de atraso 6. no sepan cuánto cuesta su viaje de luna de miel
7. no podamos ir a la excursión a la selva

D. a. 1. e 2. f 3. j 4. g 5. i 6. h 7. a 8. b 9. d 10. c
b. 1. excursión 2. compañera 3. barco 4. incluyen 5. centavo 6. abordar 7. fila
8. azafata 9. facturar 10. bosques

E. 1. a. comprometidas   b. padrino
2. a. La Catedral de Sal de Zipaquirá   b. La cumbia y el vallenato   c. Gabriel García Márquez

F. Si quieres que los demás te respeten... ¡empieza por respetar a los demás!

Lección 12

A. a. 1. Vengan / comiencen (empiecen) 2. Tráiganmelas / pónganlas 3. Estén aquí / Sean
4. Vayan / lleven 5. Hablen / díganle 6. Denle / no se lo den 7. Levántense / salgan
8. Siéntense / No se preocupen
b. 1. Vaya / dele 2. Ponga 3. Pregúntele 4. Avísele 5. Vuelva

B. 1. esté 2. quede 3. se encuentren 4. seamos 5. den 6. necesiten

C. 1. ¿Qué idiomas se hablan en Perú? 2. ¿A qué hora se cierran las gasolineras?
3. ¿Por dónde se sale de aquí? 4. ¿Cómo se llega a la estación de servicio?
5. ¿Cómo se dice *manejar* en inglés? 6. ¿Dónde se compran piezas de repuesto?

D. 1. automáticos 2. vale 3. belleza 4. abierto 5. acumulador 6. se descompone 7. mejor
8. al mes 9. volante 10. la autopista 11. de aire 12. aceite 13. el portaguantes 14. chapa
15. remolcador 16. la cara

E. 1. a. motocicleta   b. cédula   2. a. Inca b. Lima c. Quito

F. Se sufre, pero se aprende.

Lección 13

A. 1. Dime 2. Haz / lava 3. Vete (Sal) 4. Ponlos 5. Ven 6. sé / tráeme 7. ve / compra 8. Ten
9. No compres 10. No los cambies 11. No te vayas 12. Levántate / acuéstate

B. 1. ¿Cuál es tu camisa? 2. ¿Cuál de las bufandas te gusta? 3. ¿Qué es una pulsera?
4. ¿Qué blusas necesitas? 5. ¿Cuál es tu talla? ¿Qué es un sobretodo?

C. 1. sepa 2. tienen 3. sea 4. tenga 5. haga 6. habla / hable 7. esté 8. gustan

D. a. 1. comercial / comprar 2. ponerme / ir 3. anchas 4. calza 5. lado 6. queda / talla
7. departamento / ropa 8. rayas 9. librería 10. par 11. parece 12. ganga 13. cargados
14. medirle 15. durar 16. camión
b. 1. hacer juego 2. chileno(a) 3. kilogramo 4. angosto 5. medida 6. ancho 7. devolver
8. liquidación 9. precioso 10. quedar grande 11. departamento de caballeros 12. tienda por
departamentos 13. corbata 14. sandalias 15. mediano

E. 1. a. almacenes   b. métrico
2. a. En Chile   b. Pablo Neruda   c. Por sus gigantescas estatuas de piedra

F. Aunque la mona se vista de seda, mona se queda.

Lección 14

A. 1. llegue 2. vuelvan 3. van 4. necesite 5. tomen 6. vayas 7. des 8. llega 9. lleve

B. 1. leído 2. llamado 3. salido 4. abierto 5. dicho 6. puesto 7. vuelto 8. escrito

C. 1. abierto / cerrado 2. terminado / hecho 3. envueltos / puestos 4. rotas / arregladas
5. escrito / empezado

D. 1. ha terminado / ha venido 2. han dicho 3. ha visto / ha estado 4. han hecho / nos hemos
matriculado 5. has tomado / he decidido

E. 1. había llegado 2. habían recibido 3. había pedido 4. habías faltado 5. había soñado

F. a. 1. d 2. f 3. h 4. j 5. i 6. k 7. l 8. e 9. g 10. c 11. a 12. b
b. 1. física 2. gimnasio / forma 3. abrazo 4. ascendencia 5. matriculado 6. único / título
7. consejero 8. investigación / entregarlo 9. nota / sacar / promedio 10. servir

G. 1. a. notas de 1 a 5 / 1 a 10   b. 3 o de 6
2. a. industria   b. Florida   C. casas / colores / italiana

H. En boca cerrada no entran moscas.

Lección 15

A. *Verb forms:* 1. diremos 2. harán 3. querrán 4. sabré 5. vendrán 6. Iremos 7. pondrán 8. vendremos 9. Tendré 10. Saldremos 11. Tomaremos 12. preguntarán

B. *Verb forms:* 1. iría 2. recetaríamos 3. dirías 4. hablarían 5. pondría 6. vendrían 7. pediría 8. haríamos 9. saldrías 10. iría 11. podríamos 12. gustaría

C. 1. habrá dicho 2. habrán vuelto 3. me habré mejorado 4. habremos merendado 5. habrás traído 6. habrá puesto 7. se habrán cepillado 8. se habrá curado

D. 1. habría tomado 2. habrían venido 3. habría puesto 4. habríamos ido 5. habrías hecho 6. habría preguntado 7. habrían dado 8. habrían dicho

E. 1. penicilina 2. los dientes 3. la lengua 4. los ojos 5. los pies 6. ambulancia 7. rompiste 8. la pierna 9. pusieron 10. dolor de cabeza 11. el estómago 12. embarazada

F. 1. a. centígrados   b. gratis
　　2. a. Itaipú   b. el lago Titicaca

G. Dime con quién andas y te diré quién eres.

Lección 16

A. 1. que trajeras la escopeta y se la dieras a Luis. 2. que jugaran y que no se aburrieran. 3. alguien aquí que supiera remar? 4. que fueras a patinar o a esquiar. 5. nadie que pudiera ir a bucear conmigo. 6. que compraran un velero y una tabla de mar. 7. de que Eva tuviera la banda sonora de esa película. 8. que ella fuera salvavidas. 9. que nosotros tuviéramos miedo. 10. que los chicos se cayeran. 11. que viéramos esa obra teatral. 12. que ellos vinieran a verme y me presentaran a sus amigos.

B. 1. a / en / de / a / a 2. en / de / a / a / a 3. a / de / de 4. a / a 5. en / en 6. a / a 7. en 8. en

C. 1. hayan ido 2. hayas aprendido 3. haya leído 4. se haya aburrido 5. haya sabido 6. hayamos divertido 7. haya jugado 8. hayan podido

D. 1. o 2. g 3. l 4. a 5. n 6. c 7. e 8. b 9. p 10. j 11. f 12. d 13. i 14. h 15. m 16. k

E. 1. a. mate   b. empanadas
　　2. a. Chile y Ecuador   b. Punta del Este

F. El que no haya trabajado, que no coma.

Lección 17

A. 1. hubiera visto 2. hubieran tenido 3. hubiéramos archivado 4. hubiera ofrecido 5. hubiera escrito 6. hubieras renunciado 7. hubieran recibido 8. hubiera trabajado

B. 1. tengo 2. pudiéramos 3. hubieran ido 4. necesitan 5. hubieras visto 6. supiera / fuera 7. entrena 8. prestaran 9. hubiéramos hablado 10. tuviera

C. 1. entrevistaran / dieran 2. puedas 3. avise / vaya 4. podamos / puede 5. haya 6. llegue 7. pudiera 8. paguemos 9. preguntes 10. tuviéramos 11. sea / seamos 12. estuviera

D. a. 1. medio 2. cuenta 3. jubliar 4. impresionado 5. contador 6. contestadora
　　b. 1. h 2. l 3. f 4. a 5. k 6. c 7. j 8. b 9. d 10. g 11. i 12. e

E. 1. a. formales   b. brusco
　　2. a. Una monarquía constitucional   b. Barcelona

F. Si el sabio no aprueba, malo; si el necio aplaude… peor.

Lección 18

A. 1. invitar a 2. empezamos a 3. asisten a 4. enseñar a 5. casarse con 6. me fijo en 7. insiste en 8. pensando en

B. 1. Por lo general 2. Por desgracia 3. para peor 4. Para qué 5. Por fin 6. Para eso 7. por suerte 8. para siempre

C. 1. a más tardar 2. Me dio rabia 3. dejó plantado(a) 4. De repente 5. Tarde o temprano 6. sin falta 7. llevaba puesto 8. me hago ilusiones 9. hicieron las paces 10. No me importa 11. a principios de 12. dar las gracias

D. 1. manifestación 2. huelga 3. daño 4. terremoto 5. campaña 6. anunciar 7. causar 8. exigir 9. enterarse 10. comentaristas 11. tener lugar 12. titulares 13. tornado 14. discurso 15. último 16. las Filipinas

E. 1. a. el flamenco   b. de España
　　2. a. Alhambra   b. tapas

F. Tarde o temprano se descubre al mentiroso.

PROFESSIONS AND TRADES

accountant **contador(a)**
actor **actor**
actress **actriz**
administrator **administrador(a)**
agent **agente**
architect **arquitecto(a)**
artisan **artesano(a)**
artist **artista**
baker **panadero(a)**
bank officer **empleado(a) bancario(a)**
bank teller **cajero(a)**
banker **banquero(a)**
barber **barbero(a)**
bartender **barman, cantinero(a)**
bill collector **cobrador(a)**
bookkeeper **tenedor(a) de libros**
brickmason (bricklayer) **albañil**
butcher **carnicero(a)**
buyer **comprador(a)**
camera operator **camarógrafo(a)**
carpenter **carpintero(a)**
cashier **cajero(a)**
chiropractor **quiropráctico(a)**
clerk **dependiente(a)** *(store)*, **oficinista** *(office)*
computer operator **computista**
construction worker **obrero(a) de la construcción**
constructor **constructor(a)**
contractor **contratista**
cook **cocinero(a)**
copilot **copiloto** *(masc., fem.)*
counselor **consejero(a)**
dancer **bailarín(-ina)**
decorator **decorador(a)**
dental hygienist **higienista dental**
dentist **dentista**
designer **diseñador(a)**
detective **detective**
dietician **especialista en dietética**
diplomat **diplomático(a)**
director **director(a)**
dockworker **obrero(a) portuario(a)**
doctor **doctor(a), médico(a)**
draftsman **dibujante**
dressmaker **modista**
driver **conductor(a)**
economist **economista**
editor **editor(a)**
electrician **electricista**
engineer **ingeniero(a)**
engineering technician **ingeniero(a) técnico(a)**

eye doctor **oculista**
farmer **agricultor(a)**
fashion designer **diseñador(a) de alta costura**
fire fighter **bombero(a)**
fisherman **pescador(a)**
flight attendant **auxiliar de vuelo**
foreman **capataz, encargado(a)**
funeral director **empresario(a) de pompas fúnebres**
garbage collector **basurero(a)**
gardener **jardinero(a)**
guard **guardia**
guide **guía**
hairdresser **peluquero(a)**
home economist **economista doméstico(a)**
housekeeper **mayordomo, ama de llaves**
inspector **inspector(a)**
instructor **instructor(a)**
insurance agent **agente de seguros**
interior designer **diseñador(a) de interiores**
interpreter **intérprete**
investigator **investigador(a)**
janitor **conserje**
jeweler **joyero(a)**
journalist **periodista**
judge **juez(a)**
lawyer **abogado(a)**
librarian **bibliotecario(a)**
machinist **maquinista**
maid **criada**
mail carrier **cartero(a)**
manager **gerente**
mechanic **mecánico(a)**
midwife **comadrona, partera**
miner **minero(a)**
model **modelo**
musician **músico(a)**
nurse **enfermero(a)**
optician **óptico(a)**
optometrist **optometrista**
painter **pintor(a)**
paramedic **paramédico(a)**
pharmacist **farmacéutico(a)**
photographer **fotógrafo(a)**
physical therapist **terapista físico(a)**
physician **médico(a)**
pilot **piloto** *(masc., fem.)*, **aviador(a)**
plumber **plomero(a)**

police officer **policía, agente de policía**
printer **impresor(a)**
psychologist **sicólogo(a)**
public relations agent **agente de relaciones públicas**
real estate agent **agente de bienes raíces**
receptionist **recepcionista**
reporter **reportero(a), periodista**
sailor **marinero(a)**
sales representative **vendedor(a)**
scientist **científico(a)**
secretary **secretario(a)**
security guard **guardia**
social worker **trabajador(a) social**
sociologist **sociólogo(a)**
soldier **soldado, militar**
stenographer **estenógrafo(a)**
stockbroker **bolsista**
student **estudiante**
supervisor **supervisor(a)**
surgeon **cirujano(a)**
systems analyst **analista de sistemas**
tailor **sastre**
taxi driver **chofer de taxi, taxista**
teacher **maestro(a)** *(elem. school)*, **profesor(a)** *(high school and college)*
technician **técnico(a)**
telephone operator **telefonista**
television and radio announcer **locutor(a)**
television and radio technician **técnico(a) de radio y televisión**
teller **cajero(a)**
therapist **terapista**
travel agent **agente de viajes**
truck driver **camionero(a)**
typist **mecanógrafo(a), dactilógrafo(a)**
undertaker **director(a) de pompas fúnebres**
veterinarian **veterinario(a)**
waiter **mozo, camarero**
waitress **camarera**
watchmaker **relojero(a)**
worker **obrero(a)**
writer **escritor(a)**

The Spanish–English vocabulary contains all active and passive vocabulary that appears in the student text. Active vocabulary includes words and expressions that appear in the vocabulary lists that follow the dialogues, and in charts and word lists that are part of the grammar explanations. Passive vocabulary consists of words and expressions that are given an English gloss in textual material throughout the book: readings, photo captions, exercises, activities, and authentic documents.

The English–Spanish Vocabulary contains both active and passive words and expressions. The following abbreviations are used in the vocabularies:

abbr.	abbreviation	*indir. obj.*	indirect object	*poet.*	poetic
adj.	adjective	*inf.*	infinitive	*prep.*	preposition
adv.	adverb	*lang.*	language	*pron.*	pronoun
aux.	auxiliary	*m.*	masculine	*p.p.*	past participle
dir. obj.	direct object	*Mex.*	Mexico	*sing.*	singular
f.	feminine	*obj.*	object	*Sp.*	Spain
fam.	familiar	*pl.*	plural	*Sp. Am.*	Spanish America
form.	formal				

Spanish–English

a at, 2; to, 3; in, 16; — **casa** home; ¿— **cómo está el cambio de moneda?** What is the exchange rate?, 9; ¿— **cuánto estamos hoy?** What's the date today?, — **deshoras** untimely; — **eso de** at about, 15; — **la derecha (izquierda)** to the right (left), 7; — **la parrilla** grilled, 5; — **la vez** at a time; — **lo mejor** maybe, 12; — **más tardar** at the latest, 18; — **menos que** unless, 14; — **menudo** often, 12; — **nuestra disposición** at our disposal, 16; — **pesar de (que)** in spite of, 9; — **pie** on foot, 12; — **plazos** in installments, 8; — **principios de** at the first part of, 18; ¿— **qué hora?** At what time?, 2; — **(en) todas partes** everywhere, 2; — **todos lados** everywhere, 2; — **veces** sometimes, 6; — **ver** let's see, 5

abierto(a) *(p.p. of* abrir *and adj.)* open(ed), 12

abogado(a) *(m., f.)* lawyer, 14

abordar el avion to board the plane, 11

abrazar to hug

abrazo *(m.)* hug, 14

abrigo *(m.)* coat, 13

abril April, 1

abrir to open, 3; — **una cuenta** to open an account, 8

abrocharse el cinturón to fasten one's seatbelt, 11

abuela *(f.)* grandmother, 4

abuelo *(m.)* grandfather, 4

aburrido(a) bored, 4

aburrirse (como una ostra) to be bored (to death), 16

acá here, 10

acabar de to have just, 4

acabarse to end, 18

acampar to camp, 16

accidente *(m.)* accident, 15

accionista *(m., f.)* shareholder, 17

aceite *(m.)* oil, 9; — **de oliva** *(m.)* olive oil

aceituna *(f.)* olive

aceptar to accept, 2

acercarse to approach, 11

aconsejar to advise, 11

acontecimiento *(m.)* event, 18

acordarse (o:ue) (de) to remember, 9

acostar (o:ue) to put to bed, 9

acostarse to go to bed, 9

acostumbrarse (a) to get used to, 12

actividad *(f.)* — **al aire libre** *(f.)* outdoor activity, 16

actualmente nowadays

actuación *(f.)* acting, 16

actuar to act

acumulador *(m.)* battery, 12

adelantado(a) advanced

además besides, 5

adicional additional

adiós goodbye, P

adjetivo *(m.)* adjective

administración de empresas *(f.)* business administration, 14

administrador(a) administrator, 17

adolescente *(m., f.)* teenager

¿adónde? where? (to), 3

aduana *(f.)* customs, 7

advertencia *(f.)* warning

aerolínea *(f.)* airline, 11

aeropuerto *(m.)* airport, 11

afeitar(se) to shave, 9

agente *(m., f.)* agent; — **de bienes raíces** *(m., f.)* real estate agent, 17; — **de bolsa** *(m., f.)* stockbroker, 17; — **de policía** *(m., f.)* police officer, 8; — **de relaciones públicas** *(m., f.)* public relations agent, 17; — **de seguros** *(m., f.)* insurance agent, 17

agosto August, 1

agotado(a) exhausted, 18

agradecimiento *(m.)* gratitude

agua (el) *(f.)* water, 5; — **mineral** *(f.)* mineral water, 5

aguardar to wait

ahijado(a) *(m., f.)* godson (daughter)

ahora now, 4

ahorrar to save, 8

ahorros *(m. pl.)* savings, 8

aire acondicionado *(m.)* air conditioning, 7

ajeno belonging to other people

al *(m. sing.) (contraction)* to the, 4; — **aire libre** outdoor, 16; — **contado** in cash, 8; — **horno** baked, cooked in the oven, 5; — **lado de** next to, 7; — **mes** a month, per month; — **teléfono** on the phone, 3

alacena *(f.)* pantry

alba *(f.)* dawn, daybreak

alberca *(f.)* swimming pool *(Mex.)*, 7

alcalde *(m.)* mayor, 18

alcaldesa *(f.)* mayor, 18

alegrarse (de) to be glad, 11

alegre merry, 4

alfabetizar to alphabetize

alfabeto *(m.)* alphabet

alfombra *(f.)* carpet, 10

alforja *(f.)* saddlebag

algo something, anything, 6

algodón *(m.)* cotton, 13

alguien someone, somebody, anyone, 6

alguno(a), **algún** any, some, 6

algunos(as) some, 6

allí there

alma *(f.)* soul

almacén *(m.)* department store, 13

almohada *(f.)* pillow, 10

almorzar (o:ue) to have lunch, 5

almuerzo *(m.)* lunch, 7

alojamiento *(m.)* lodging

alquilar to rent, 10

alquiler *(m.)* rent, 10

altiplano *(m.)* plateau

alto(a) tall, 2

alumno(a) *(m., f.)* student

amable polite, courteous, 2; **Muy —.** Very kind (of you)., 1

amante *(adj.)* loving

amar to love

amarillo(a) yellow, 1

ambos(as) both

ambulancia *(f.)* ambulance, 15

americano(a) American, 2

amistad *(f.)* friendship

amor *(m.)* love

amplio(a) large, ample, 10

amueblado(a) furnished, 10

anaranjado(a) orange, 1

ancho(a) wide, 13

andén *(m.)* platform

angosto(a) narrow, 13

anillo *(m.)* ring, 13
anoche last night, 7
anotar to write down, 2
anteayer the day before yesterday, 7
antecedentes académicos *(m.)* transcripts, 14
antes (de) before, 7; — **de que** before, 14
antibiótico *(m.)* antibiotic, 15
antiguo(a) former, 17
antipático(a) unpleasant, 3
antojársele a uno to seem to one
anunciar to announce, 18
anuncio *(m.)* ad, 3
añadir to add
año *(m.)* year, 3; — **Nuevo** *(m.)* New Year, 4
apagar to turn off, 18
aparato electrodoméstico *(m.)* home appliance, 10
aparcar to park, 8
apariencia *(f.)* appearance
apartamento *(m.)* apartment, 3
apellido *(m.)* last name, 3; — **de soltera** *(m.)* maiden name; — **materno** *(m.)* mother's surname, 3; — **paterno** *(m.)* father's surname, 3
apio *(m.)* celery, 9
aprender (a) to learn, 3
apretar (e:ie) to be tight; to tie together
aprobar (o:ue) to pass *(an exam or course)*, 14
aprovechar to take advantage of
aquel(los), aquella(s) *(adj.)* that, those *(distant)*, 6
aquel(los), aquella(s) *(pron.)* that one, those *(distant)*, 6
aquello *(neuter pron.)* that, 6
aquí here; ¡— **va!** Here it goes!
árabe Arabic, 2
árbol *(m.)* tree; — **de Navidad** Christmas tree, 4; — **frutal** *(m.)* fruit tree, 15
archivar to file, 17
arena *(f.)* sand, 16
arete *(m.)* earring, 13
argentino(a) Argentinian, 11
arquitecto(a) *(m., f.)* architect, 14
arrancar to start *(car)*, 12
arreglar to tidy up, to fix, 6; to repair, 12
arreglo *(m.)* repair, 12
arroz *(m.)* rice, 5; — **con leche** *(m.)* rice pudding, 5
arte *(f.)* art
artículo *(m.)* article, 6
asado(a) roasted, barbecued, 5
ascendencia *(f.)* ancestry, 14
Así es la vida. Such is life.
asiento *(m.)* seat; — **de pasillo** *(m.)* aisle seat, 11; — **de ventanilla** *(m.)* window seat, 11
asignatura *(f.)* (school) subject, 14
asistente *(m., f.)* assistant, 17
asistir (a) to attend, 3
aspiradora *(f.)* vacuum cleaner, 6
aspirina *(f.)* aspirin, 15
ataque al corazón *(m.)* heart attack, 15
aterrizar to land (a plane), 11
atleta *(m., f.)* athlete, 16
atónito(a) aghast

atravesar (e:ie) to go through; — **con la mirada** to look right through
aturdido(a) dazed, confused, 4
aumento *(m.)* increase, 17
aunque although, 18
auto *(m.)* car, 10
autobús *(m.)* bus, 6
automático(a) automatic, 12
automóvil *(m.)* car, 10
autopista *(f.)* freeway, highway, 12
auxiliar de vuelo *(m., f.)* flight attendant, 11
avance *(m.)* preview, 16
avergonzado(a) ashamed
avión *(m.)* plane, 11
avisar to let know, to advise, 10
aviso *(m.)* ad, 3; — **clasificado** *(m.)* classified ad
¡Ay, no! Oh, no!, 1
ayer yesterday, 7
ayuda económica *(f.)* financial aid, 14
ayudar (a) to help, 6
azafata *(f.)* female flight attendant, 11
azúcar *(m.)* sugar, 9
azul blue, 1
azulejo *(m.)* tile

bailar to dance, 4
bailarín(-ina) *(m., f.)* dancer, 4
bajo(a) *(adj.)* short, 3; *(prep.)* under
balneario *(m.)* resort
baloncesto *(m.)* basketball, 16
banana *(f.)* banana, 9
banco *(m.)* bank, 8
banda sonora *(f.)* soundtrack, 16
bandera *(f.)* flag
bañadera *(f.)* bathtub, 7
bañar(se) to bathe (oneself), 9
bañera *(f.)* bathtub, 7
baño *(m.)* bathroom, 6
barato(a) inexpensive, 13
barca *(f.)* boat, 16
barco *(m.)* ship, 11
barrer to sweep, 6
barrio *(m.)* neighborhood, 10
básquetbol *(m.)* basketball, 16
bastante quite, 5
batería *(f.)* drums, 9; battery, 12; — **de cocina** *(f.)* cookware, 10
batir to beat
beber to drink, 3; — **algo** to have something to drink, 3
bebida *(f.)* drink, 5
beca *(f.)* scholarship, 14
belleza *(f.)* beauty
beneficio *(m.)* benefit, 18
besar to kiss
beso *(m.)* kiss, 11
biblioteca *(f.)* library, 1
bibliotecario(a) *(m., f.)* librarian, 14
bicicleta *(f.)* bicycle, 12
bien well, fine, P; — **caliente** nice and hot, 15
bienvenido(a) welcome, 4
biftec *(m.)* steak, 5
billete *(m.)* ticket, 11; — **de ida** *(m.)* one-way ticket, 11; — **de ida y vuelta** *(m.)* round-trip ticket, 11
billetera *(f.)* wallet, 9
biología *(f.)* biology, 14
bisabuela *(f.)* great-grandmother
bisabuelo *(m.)* great-grandfather

bistec *(m.)* steak, 5
blanco(a) white, 1
blusa *(f.)* blouse, 13
boca *(f.)* mouth, 15; — **de incendios** *(f.)* fire hydrant, 8
bocina *(f.)* horn, 12
boda *(f.)* wedding, 9
bolígrafo *(m.)* pen, 2
bolsa de aire *(f.)* air bag, 12
bolsa de dormir *(f.)* sleeping bag, 10
bolso *(m.)* purse, handbag, 9; — **de mano** *(m.)* carry-on bag
bombilla *(f.)* straw *(for mate)*
bondad *(f.)* kindness
bonito(a) pretty, 2
borrador *(m.)* first draft, 2
bosque *(m.)* forest, 11
bosquejo *(m.)* outline
bota *(f.)* boot, 13
bote *(m.) (Mex.)* can, 9; boat, 16
botones *(m.)* bellhop, 7
brazo *(m.)* arm, 15
brillante brilliant, 7
bromear to joke, to kid, 12
broncearse to get a tan, 16
bucear to scuba dive, 16
buenísimo(a) extremely good, 11
bueno(a), buen good; ¡**Buen viaje!** Have a nice trip!, 11; **buenas noches** good evening, good night, P, 1; **buenas tardes** good afternoon, P, 1; **buenos días** good morning, P, 1
bufanda *(f.)* scarf, 13
burro(a) *(m., f.)* donkey
bus *(m.)* bus, 6
buscar to get, to pick up, 6; to look for; to find
búsqueda *(f.)* search
butaca *(f.)* armchair, 10

caballero *(m.)* knight
cabaña *(f.)* cabin, 16
cabello *(m.)* hair, 15
caber to fit, 6
cabeza *(f.)* head, 15
cacerola *(f.)* saucepan, 10
cada *(invariable adj.)* each, 17
café *(m.)* brown, 1; coffee, 2; café, 3
cafecito *(m.)* small (cup of) coffee, 15
cafetera *(f.)* coffee maker, 10
cafetería *(f.)* cafeteria, 1
caja *(f.)* cash register, 13
cajero automático *(m.)* automatic teller, 8
cajuela *(f.)* trunk *(car)*, 12
calcetines *(m. pl.)* socks, 13
calculadora *(f.)* calculator
calefacción *(f.)* heating, 10
callar to be silent
calle *(f.)* street, 1
calor *(m.)* heat, 14
caloría *(f.)* calorie, 5
calzar to wear (a certain size in shoes), 13
cama *(f.)* bed, 6
camarero(a) *(m., f.)* waiter, waitress, 5
camarones *(m. pl.)* shrimp, 5
cambiar to change, 6; to exchange, 13; — **de idea** to change one's mind, 11

cambio de moneda *(m.)* exchange rate, 7

cambios mecánicos *(m. pl.)* standard shift, 12

camelia *(f.)* camellia, 8

caminar to walk, 12

camión *(m.)* truck, 13

camisa *(f.)* shirt, 6

camiseta *(f.)* T-shirt, 13

camisón *(m.)* nightgown, 13

campaña electoral *(f.)* electoral campaign, 18

campeón(-ona) *(m., f.)* champion, 16

campo *(m.)* countryside, 16

canal *(m.)* channel, 7

cancelar to cancel, 7

canción *(f.)* song, 9; — **infantil** *(f.)* children's song

candidato(a) *(m., f.)* candidate, 17

canoa *(f.)* canoe, 16

cansado(a) tired, 4

cantar to sing, 4

caña de azúcar *(f.)* sugar cane

caña de pescar *(f.)* fishing rod, 16

capital *(f.)* capital (city)

capitalismo *(m.)* capitalism, 18

capó *(m.)* hood, 12

capullo *(m.)* bud

cara *(f.)* face, 15

¡caramba! gee!, 2

carbón *(m.)* coal

cárcel *(f.)* jail

cargado(a) (de) loaded with, 13

cargo *(m.)* position

cariño *(m.)* love, honey, 18

carnaval *(m.)* Mardi Gras

carne *(f.)* meat, 6; flesh; — **de res** *(f.)* beef

carnicería *(f.)* meat market, 9

caro(a) expensive, 10

carpeta *(f.)* folder, 17

carpintero(a) *(m., f.)* carpenter, 14

carrera *(f.)* career, 14

carro *(m.)* car, 10

carta *(f.)* letter, 17

cartelera *(f.)* movie (entertainment) section (of a newspaper)

cartera *(f.)* handbag, 9; wallet, 13

casa *(f.)* house, 2; home; — **de ancianos** *(f.)* nursing home

casado(a) married, 3

casarse (con) to get married (to), 11

catarro *(m.)* cold, 15

cátedra *(f.)* faculty appointment

catorce fourteen, 1

causar to cause, 18

cazar to hunt, 16

cebolla *(f.)* onion, 9

cédula *(f.)* I.D. document

celebrar to celebrate, 9

cena *(f.)* dinner, 7

cenar to have dinner, to dine, 7

censura *(f.)* censorship

centro *(m.)* downtown; — **comercial** *(m.)* shopping mall, 13

cerca close to, near, 10; around; — **de** near

cereza *(f.)* cherry

cero zero, P

cerradura *(f.)* lock

cerrar (e:ie) to close, 4

cerveza *(f.)* beer, 5

cesto de papeles *(m.)* wastebasket, 2

champán *(m.)* champagne, 5

chapa *(f.)* license plate, 12

Chau. Goodbye., P, 1

cheque *(m.)* check, 8; **cambiar un —,** 8

chequeo *(m.)* checkup, 14

chequera *(f.)* checkbook, 8

¡Chévere! Great!

chica *(f.)* girl, young woman, 2

chico *(m.)* boy, young man, 2

chico(a) small, 10

chino Chinese *(lang.)*, 2

chocolate *(m.)* chocolate, 5; — **caliente** *(m.)* hot chocolate, 5

chorizo *(m.)* sausage

cielo *(m.)* sky, heaven

cien, ciento one hundred, 2

ciencia *(f.)* science, 14; — **ficción** *(f.)* science fiction, 16

cierto true

cinco five, P

cincuenta fifty, 2

cine *(m.)* movie (theater), 4

cita *(f.)* appointment

ciudad *(f.)* city, 3

clarinete *(m.)* clarinet, 9

claro(a) light; clear

clase *(f.)* class, 1; — **optativa** *(f.)* elective; — **turista** *(f.)* tourist class, 11

clasificado(a) classified, 12

clavel *(m.)* carnation, 8

cliente *(m., f.)* customer

cobardía *(f.)* cowardice

cobrar un cheque to cash a check, 8

cobre *(m.)* copper

coche *(m.)* car, 10; — **híbrido** *(m.)* hybrid car, 12

cocina *(f.)* kitchen, 6

cocinar to cook, 6

cocinero(a) *(m., f.)* cook, chef, 14

cognado *(m.)* cognate

col *(f.)* cabbage

cola *(f.)* tail

colchón *(m.)* mattress, 7

colega *(m., f.)* colleague

collar *(m.)* necklace, 13

colonial colonial, 15

color *(m.)* color, 1

colorado(a) red

columna *(f.)* column, 18

combinar (con) to match, 13

comedia *(f.)* comedy, 16

comedor *(m.)* dining room, 6

comentarista *(m., f.)* commentator, 18

comenzar (e:ie) (a) to begin, to start, 4

comer to eat, 3; — **algo** to have something to eat, 3

comercial *(m.)* commercial, 18

comida *(f.)* food, 4; meal, 5

como since, 7; like, 11; about, 16; — **si** as if, 17

¿cómo? how?, P; what?; ¿— **está usted?** How are you? *(form.)*, P, 1; ¿— **están ustedes?** How are you?, P, 1; ¿— **estás?** How are you? *(fam.)*, P; ¿— **le va?** How is it going (for you)? *(form.)*, 1; ¿— **se dice...?** How do you say . . . ?, 1; ¿— **se escribe...?** How do you write . . . ?; ¿— **se llama usted?** What's your name? *(form.)*, P, 1;

¿— te llamas (tú)? What's your name? *(fam.)*, P; ¿— **te va?** How is it going (for you) *(fam.)*?

cómoda *(f.)* bureau, chest of drawers, 10

cómodo(a) comfortable, 7

compacto(a) compact, 12

compañero(a) *(m., f.)* partner; — **de clase** *(m., f.)* classmate, 4; — **de cuarto** *(m., f.)* roommate, 3

compañía *(f.)* company, 3

comparar to compare, 14

comparativo(a) comparative

compartir to share, 10

compensar to compensate, 17

complicado(a) complicated, 12

compra *(f.)* purchase, 17

comprador(a) *(m., f.)* buyer, 17

comprar to buy, 6

comprometerse con to get engaged to, 18

computadora *(f.)* computer, 2; — **portátil** *(f.)* laptop computer, 17

común common, 18

con with, 1; ¿— **cuánta anticipación?** How far in advance?; — **él (ella) habla.** This is he (she) speaking., 3; — **razón** no wonder, 3; — **tal (de) que** provided that, as long as, 14; — **vista a** overlooking, 7

concierto *(m.)* concert, 4

concordancia *(f.)* agreement

condicional conditional

conducir to drive *(Sp.)*, 6

conductor *(m., f.)* driver, 12

conferencia *(f.)* lecture, 18

conferencia de prensa *(f.)* press conference, 18

confiar to trust

confirmar to confirm, 7

conmigo with me, 2

conocer to know, to be acquainted, 6; to meet, 10

conocimiento *(m.)* knowledge, 3

conseguir (e:i) to get, to obtain, 6

consejero(a) *(m., f.)* advisor, 14

consejo *(m.)* advice

constitución *(f.)* constitution, 18

consulado *(m.)* consulate, 7

consultorio *(m.)* doctor's office, 15

contabilidad *(f.)* accounting, 14

contado: al — in cash, 8

contador(a) *(m., f.)* accountant, 5; — **público(a)** *(m., f.)* certified public accountant, 17

contagioso(a) contagious, 15

contaminación del aire *(f.)* smog

contar (o:ue) to count, 5; to tell, 18

contento(a) happy, 4

contestar to answer, 3

contigo *(fam. sing.)* with you, 4

continente *(m.)* continent

continuar to continue, 17

contra against

contrabajo *(m.)* bass, 9

contracción *(f.)* contraction

contraseña *(f.)* password, 17

control remoto *(m.)* remote control, 18

convencer to convince, 10

conversación *(f.)* conversation, 2

conversar to talk, to converse, 2, 4

convivencia *(f.)* coexistence
copa *(f.)* glass, goblet, 5
corbata *(f.)* tie, 13
cordero *(m.)* lamb, 5
corredor de bolsa *(m., f.)* stockbroker, 17
correo *(m.)* post office, 12; — **electrónico** *(m.)* e-mail, 17
correr to run, 3
correspondencia *(f.)* correspondence, 17
corrida de toros *(f.)* bullfight
corsario *(m.)* privateer
cortar(se) to cut (oneself); — **el césped** to mow the lawn, 6
corte de pelo *(m.)* haircut, cut
cortés polite, courteous, 2
cortina *(f.)* curtain, 10
cosa *(f.)* thing, 6
costar (o:ue) to cost, 5; — **un ojo de la cara** to cost an arm and a leg, 12
costumbre *(f.)* custom, 4
crear to create
crecer to grow
creer to believe, to think, 3
creído *(p.p. of creer)* believed, 14
crema *(f.)* cream, 5
crepúsculo *(m.)* twilight
criada *(f.)* maid, 6
crimen *(m.)* crime, 18
cuaderno *(m.)* notebook, 2
cuadro *(m.)* picture, painting, 10; **de —** plaid, 13
¿cuál? what?, which?, P; **¿— es tu (su) dirección?** What is your address?, 1; **¿— es tu (su) número de teléfono?** What is your telephone number?, P
cuando when, 14
¿cuándo? when?, 2
¿cuánto(a)? how much?; **¿— tiempo hace que... ?** How long . . . ?, 7
¿cuántos(as)? how many?
cuarenta forty, 2
cuarto *(m.)* room, 4; — **de baño** *(m.)* bathroom, 6; — **de lavar** laundry room, 6; **menos —** quarter of / to *(time)*, 2; **y —** quarter after / past *(time)*, 2
cuarto(a) fourth, 7
cuatro four, P
cuatrocientos(as) four hundred, 3
cubano(a) Cuban, 2
cubierto(a) *(p.p. of cubrir and adj.)* covered, 14
cubiertos *(m. pl.)* silverware, 5
cubrir to cover
cuchara *(f.)* spoon, 5
cucharada *(f.)* spoonful
cucharita *(f.)* teaspoon, 5
cuchillo *(m.)* knife, 5
cuello *(m.)* neck, 15; collar
cuenta *(f.)* bill, check, 5; account, 8; — **conjunta** *(f.)* joint account, 8; — **corriente** *(f.)* checking account, 8; — **de ahorros** *(f.)* savings account, 8
cuero *(m.)* leather, 13
cuerpo *(m.)* body, 15
cuidado *(m.)* care
cumbre *(f.)* pinnacle
cumpleaños *(m.)* birthday, 1
cumplir... años to turn . . . years old, 4

cuñado(a) *(m., f.)* brother-in-law, sister-in-law, 6
curandero(a) *(m, f.)* healer
curarse to cure oneself, to get better, 15
currículum vitae *(m.)* curriculum vitae, 17
curtido(a) weatherbeaten

daño *(m.)* damage, 18
dar to give, 4; — **alimento (a)** to feed; — **hacia** to overlook; — **la mano** to shake hands; — **las gracias** to express gratitude, 18; — **un beso** to kiss; — **una multa** to fine, to give a ticket, 8; — **una película** to show a movie, 7; —**le rabia a uno** to be furious, 18; —**se cuenta (de)** to realize, 14
datos personales *(m. pl.)* personal information, 3
de from, 1; of, 1; about, with, in, 16; — **acuerdo** in agreement, 13; — **acuerdo con** according to; — **cuadros** plaid, 13; — **estatura mediana** of medium height, 5; — **haber sabido** had I known, 15; — **la mañana** a.m., 2; — **la tarde** p.m., 2; — **lunares** polka-dotted, 13; — **manera que** so, 9; — **memoria** by heart; — **modo que** so, 9; — **nada.** You're welcome, 1; — **postre** for dessert, 5; — **pronto** suddenly, 18; — **rayas** striped, 13; — **repente** suddenly, 18; — **todos modos** anyway
debajo de under, 6
debate *(m.)* debate, 18
deber owe, 8
deber (+ *infinitive*) must, should, 3
deberse a to be due to
debidamente duly
decidir to decide, 3
décimo(a) tenth, 7
decir (e:i) to say, to tell, 6
decisión *(f.)* decision, 17
dedo *(m.)* finger, 15; — **del pie** *(m.)* toe, 15
dejar to leave behind, 5; — **plantado(a) a alguien** to stand somebody up, 18; — **tranquilo(a)** to leave alone
deletrear to spell
deletreo *(m.)* spelling
delgado(a) thin, slender, 3
demás: los (las) others
demostrativo(a) demonstrative
dentro inside
departamento *(m.)* department, section; — **de (ropa para) caballeros** *(m.)* men's department, 13; — **de (ropa para) damas** *(m.)* women's department, 13
depender to depend, 14
deporte *(m.)* sport, 16
depositar to deposit, 8
derecho *(m.)* right; **derecho(a)** *(adj.)* right; — **ajeno** the other person's right; **a la derecha** to the right, 7
derretir (e:i) to melt
derrotar to defeat, 18
desafortunadamente unfortunately, 8
desafortunado(a) unfortunate, 8

desagradecido(a) *(adj.)* ungrateful
desamparo *(m.)* abandonment
desastre *(m.)* disaster, 4
desayuno *(m.)* breakfast, 7
descansar to rest, 7
descomponerse to break down, 12
descompuesto(a) *(p.p. of descomponer and adj.)* out of order, not working, 12
desconcertado(a) bewildered
desde since, 6; from, 10
desear to want, to wish, 2
desempeñar to perform (a job), 17
desempleo *(m.)* unemployment, 18
desesperanza *(f.)* despair
desfallecer to faint
desocupado(a) vacant, 10
desocupar el cuarto to vacate the room, 7
despacho *(m.)* office, 17
despacio slowly
despedazar to tear
despedida *(f.)* farewell, 1
despegar to take off (a plane), 11
despertarse (e:ie) to wake up, 9
desposar to marry, to betroth
despreciar to scorn
después afterwards, 3
desvestirse (e:i) to get undressed, 9
destacar to emphasize
destacarse to stand out
detener to stop (something); —**se** to stop
determinado(a) definite
deuda *(f.)* debt, 8
devolver (o:ue) algo to return (something), 13
devuelto(a) *(p.p. of devolver and adj.)* returned, 14
día *(m.)* day, 1
diamante *(m.)* diamond
diariamente daily
diario *(m.)* newspaper, 3
dibujos animados *(m. pl.)* cartoons, 16
diccionario *(m.)* dictionary
dicho *(m.)* saying
dicho(a) *(p.p. of decir and adj.)* said, told, 14
diciembre December, 1
dictadura *(f.)* dictatorship, 18
diecinueve nineteen, 1
dieciocho eighteen, 1
dieciséis sixteen, 1
diecisiete seventeen, 1
diente *(m.)* tooth, 15
dieta *(f.)* diet, 5
diez ten, P
difícil difficult, 1
diligencia *(f.)* errand, 8
dinero *(m.)* money, 2
Dios God
dirección *(f.)* address, 1
directo(a) direct, 11
discoteca *(f.)* discotheque, 4
discurso *(m.)* speech, 18
diseño *(m.)* design
disfrutar to enjoy
disquete *(m.)* diskette, 17
distinto(a) different
divertirse (e:ie) to have a good time, to enjoy oneself, 9
divorciado(a) divorced, 3
doblado(a) dubbed

doblar to turn, 12; to dub; — **la ropa** to fold the clothes, 6
doble double, 7
doce twelve, 1
doctor(a) (m., f.) doctor, P
doler (o:ue) to hurt, 15
dolor (m.) pain, 15
domicilio (m.) address, 1
domingo (m.) Sunday, 1
don (m.) (title of respect)
¿dónde? where?, 1
dorado(a) golden
dormir (o:ue) to sleep, 5
dormirse to fall asleep, 9
dormitorio (m.) bedroom, 6
dos two, P
doscientos(as) two hundred, 3
dramático(a) dramatic, 16
dramaturgo(a) (m., f.) playwright
ducha (f.) shower, 7
dudar to doubt, 12
dulce fresh (water); sweet
dulces (m. pl.) sweets
durar to last, 13
durazno (m.) peach, 9

echar el bofe to be out of breath
económico(a) financial, 3
edad (f.) age, 3
edificio (m.) building, 10
educación física (f.) physical education, 14
efectivo (m.) cash, 8; **en —** in cash, 8
ejecutivo(a) (m., f.) executive, 14
ejército (m.) army
el the (m. sing.), 2; **— (la) que** he (she) who
él he, 1; him, 4
elecciones (f.) elections, 18
electricidad (f.) electricity, 10
electricista (m., f.) electrician, 14
ella she, 1; her, 4
ellas (f. pl.) they, 1; them, 4
ellos (m. pl.) they, 1; them, 4
embajada (f.) embassy, 7
embarazada pregnant, 15
embarcarse to get on a boat
emergencia (f.) emergency, 15
empanada (f.) meat turnover
empeorarse to get worse, 15
empezar (e:ie) (a) to begin, to start, 4
empleado(a) (m., f.) clerk, 7; **— bancario** (m., f.) bank employee, 17
empleo (m.) job, 3
empresarial (adj.) business
en in, at, 1; on, inside, over, 16; **— casa** at home, 4; **— caso de que** in case, 14; **— cuanto** as soon as, 14; **— cuanto a** regarding; **— efectivo** in cash, 8; **— ese caso** in that case, 2, 11; **— este momento** at this moment, 5; **— fin...** anyway . . . ; **— la actualidad** nowadays 18; **— ningún lado** nowhere; **— ninguna parte** nowhere; **— parte** in part, 14; **— punto** on the dot; **¿— qué puedo servirle?** How can I help you?, 7; **— seguida** right away, 5; **— seguida vuelvo** I'll be right back, 5; **— serio?** seriously?, 2; **— vez de** instead of, 15
enamorarse de to fall in love with, 18
encantado(a) charmed, 1

encantarle a uno to love, 8
encargado(a) (m., f.) super(intendent), 10
encargado(a) de in charge of, 17
encender (e:ie) to turn on, 18
enciclopedia (f.) encyclopedia, 8
encontrar (o:ue) to find, 5
encontrarse (con) to meet, 10
encuesta (f.) survey, poll, 18
enero January, 1
enfriar to cool down
enojarse to get angry, 14
enorme enormous, 15
ensalada (f.) salad, 5
ensangrentado(a) blood-stained
ensayo (m.) essay
enseñar (a) to teach
entablar to start
entender (e:ie) to understand, 4
enterarse to find out, 18
enterrado(a) buried
entonces then, in that case, 4
entrada (f.) entrance, 11
entrante next
entrar to enter, to come in
entre among, between
entregar to turn in, to deliver, 14
entrenador(a) coach, trainer, 16
entrevista (f.) interview, 17
entrevistar to interview, 17
enviar to send, 7
envolver (o:ue) to wrap, 14
envuelto(a) (p.p. of envolver and adj.) wrapped, 14
equipaje (m.) luggage, 7
equipo (m.) team, 16
equipo electrónico (m.) electronic equipment, 17
equivocado(a) wrong, 4
errabundo wandering
es decir that is to say
es que... the fact is . . . , 13
escalar to climb, 16
escalera (f.) stairs, 7; **— mecánica** (f.) escalator, 7
escapar to escape
esclavo(a) (m., f.) slave
escoba (f.) broom, 6
escoger to choose
esconder to hide, 6
escopeta (f.) shotgun, 16
escribir to write, 3; **— a máquina** to type
escrito(a) (p.p. of escribir and adj.) written, 14
escritor(a) (m., f.) writer, 14
escritorio (m.) desk, 2
escuchemos let's listen (to), 18
escuela (f.) school, 10; **— secundaria** (f.) high school, 10
ese(os), esa(s) (adj.) that, those, (nearby), 6
ese(os), esa(s) (pron.) that one, those (nearby), 6
esfuerzo (m.) effort
eso (neuter pron.) that, 6
espada (f.) sword
espalda (f.) back, 15
España Spain
español (m.) Spanish (lang.), 1
especial special, 5
especialización (f.) major (field of study), 14
especializado(a) specialized, 17

especialmente especially, 8
espejo (m.) mirror, 10
esperanza (f.) hope
esperar to wait (for), to expect; to hope, 11
esposa (f.) wife, 5
esposo (m.) husband, 5
espuma (f.) foam
esquí acuático (m.) water ski, 16
esquiar to ski, 16
esquina (f.) corner, 12
¿Está... (name)? Is . . . (name) there?, 3
esta noche tonight, 2
estación (f.) season, 1; station, 10; **— de la seca** (f.) dry season; **— de servicio** (f.) gas (service) station, 12
estacionar to park, 8
estado (m.) state; **— civil** (m.) marital status, 3
Estados Unidos (m. pl.) United States, 11
estampado(a) print (fabric), 13
estar to be, 4; **— a cargo** to be in charge, 18; **— de acuerdo** to agree, 6; **— de vacaciones** to be on vacation, 7; **— de vuelta** to be back, 18; **— equivocado(a)** to be wrong, 4; **— muerto(a) de hambre** to be starving, 5
estatura (f.) height, 5
este east, 16
este(os), esta(s) (adj.) this, 6; these, 6
este(os), esta(s) (pron.) this one; these, 6
este fin de semana (m.) this weekend
estimarse to have self-esteem
estirar to stretch
esto (neuter pron.) this, 6
estómago (m.) stomach, 15
estrechar to hold
estrecho(a) narrow, 13
estreno (m.) première, 16
estribillo (m.) refrain
estrofa (f.) stanza
estudiante (m., f.) student, 1
estudiar to study, 2
etapa (f.) period
evaluación (f.) evaluation, 17
evento (m.) event, 18
evitar to avoid, 17
exactamente exactly, 17
exactitud (f.) accuracy
examen (m.) exam, 3; checkup, 15; **— parcial (de mitad de curso)** (m.) midterm examination, 3
excelente excellent, 11
exceso de equipaje (m.) excess baggage, 11
excursión (f.) excursion, 11
exigir to demand, 10
éxito (m.) success
experiencia (f.) experience, 3
experto(a) (m., f.) expert, 14
expresión (f.) expression
extranjero(a) foreign; **en el extranjero** abroad
extrañar to miss, 9
extraño(a) (m., f.) stranger

fábrica (f.) factory, 5
fácil easy, 1
fácilmente easily, 8

facsímile *(m.)* fax, 17
factoría *(f.)* factory, 5
facturar el equipaje to check luggage, 11
facultad *(f.)* college, school, 14
falda *(f.)* skirt, 13
fallecer to pass away, 9
falta *(f.)* lack
faltar a clase to miss class, 14
familia *(f.)* family, 4
fantasma *(m.)* ghost
farmacia *(f.)* pharmacy, 9
fastidiado(a) annoyed
favorito(a) favorite, 4
fax *(m.)* fax, 17
febrero February, 1
fecha de nacimiento *(f.)* date of birth, 3
fechar to date *(check or letter)*, 8
femenino(a) feminine
feo(a) ugly, 3
ferretería *(f.)* hardware store, 9
festejar to celebrate, 9
festival *(m.)* festival, 16
fiebre *(f.)* fever, 15
fiesta *(f.)* party, 4
fijarse en to notice, 18
filmar to film (make) a movie
filosofía *(f.)* philosophy
filtro de aceite *(m.)* oil filter, 12
fin *(m.)* end; — **de sema-na** *(m.)* weekend, 4
fingir to pretend
firma *(f.)* signature, 8
firmar to sign, 8
física *(f.)* physics, 14
flan *(m.)* caramel custard, 5
flauta *(f.)* flute, 9
flor *(f.)* flower, 8
florería *(f.)* flower shop, 8
fortaleza *(f.)* fortress
fortuna *(f.)* fortune, 11
foto *(f.)* photo, photograph, 4
fotocopiadora *(f.)* photocopy machine, 17
fotografía *(f.)* photo, photograph, 4
francamente frankly, 12
francés *(m.)* French *(lang.)*, 2
frecuentar to visit frequently
frecuente frequent
frecuentemente frequently, 12
fregar (e:ie) to wash the dishes, 6
freno *(m.)* brake, 12
frente a in front of, 8
fresa *(f.)* strawberry, 9
frijoles *(m. pl.)* beans, 5
frito(a) fried, 5
frondoso(a) leafy
fruta *(f.)* fruit, 9
fuego *(m.)* fire, 8
fuente *(f.)* source
fuera *(adv.)* outside
fumar to smoke
funcionar to work, to function, 12
funda *(f.)* pillowcase, 10
fundir to melt
fusilar to shoot
fútbol *(m.)* soccer, 16
futuro *(m.)* future, 14

ganadería *(f.)* livestock
ganar to earn, 2
ganga *(f.)* bargain, 13
garaje *(m.)* garage, 6

garganta *(f.)* throat, 15
gaseosa *(f.)* soda pop, 3
gasolina *(f.)* gasoline, 12
gasolinera *(f.)* gas (service) station, 12
gato *(m.)* car jack, 12
general general, 8
generalmente generally, 8
género *(m.)* gender
gente de negocio *(f.)* businesspeople
geranio *(m.)* geranium, 8
gerente *(m., f.)* manager, 8
gimnasio *(m.)* gym, 14
girasol *(m.)* sunflower, 8
gobernador(a) governor, 18
goma de borrar *(f.)* eraser
gordo(a) fat, 3
grabar to tape, 18
gracias thank you, thanks, P
grado *(m.)* degree, 15
graduarse to graduate, 14
grande big
gratis free (of charge), 8
gratuito(a) free
gripe *(f.)* flu, 15
gris gray, 1
grúa *(f.)* tow truck, 12
grupo *(m.)* group, 18
guante *(m.)* glove, 13
guantera *(f.)* glove compartment, 12
guapo(a) handsome, good-looking, 2
guatemalteco(a) *(m., f.)* Guatemalan, 5
guerra *(f.)* war, 18
guía telefónica *(f.)* telephone book
guión *(m.)* script, screenplay
guitarra *(f.)* guitar, 9
gustar to like, to be pleasing to, 7
gusto *(m.)* pleasure, joy; **El — es mío.** The pleasure is mine., 1

haber *(aux.)* to have
habitación *(f.)* room, 4; — **doble** *(f.)* double room, 7; — **sencilla** *(f.)* single room, 7
hablar to speak, 2
hace + *time* + que + *verb (present)* to have been doing something for a length of time, 7; **Hace mucho que no duermo una siesta.** I haven't taken a nap for a long time., 7
hace + *time* + que + *verb (preterite / imperfect)* to have done something in the past (ago), 9
hacer to do, 4; to make, 6; — **buen tiempo** to be good weather, 5; — **calor** to be hot, 5; — **diligencias** to run errands, 8; — **ejercicio** to exercise, 7; — **escala** to make a stopover, 11; — **frío** to be cold, 5; — **juego (con)** to match, 13; — **las compras** to do the shopping, 6; — **las maletas** to pack; — **mal tiempo** to be bad weather, 5; — **sol** to be sunny, 5; — **surfing** to surf, 16; — **un crucero** to take a cruise, 11; — **un picnic** to have a picnic; — **una radiografía** to take an X-ray, 15; — **viento** to be windy, 5; —**se cargo** to take charge; —**se ilusiones** to dream, to fool oneself, 18
hacia toward
hambre *(f.)* hunger, 4; **tener —** to be hungry, 4

hamburguesa *(f.)* hamburger, 5
hasta until, 7; — **ahora** up to now, 14; — **la vista.** Goodbye., 1; — **mañana.** See you tomorrow., P; — **que** until, 14
hay there is, there are, 1
hecho *(m.)* happening
hecho(a) *(p.p. of hacer and adj.)* done, made, 14
helado *(m.)* ice cream, 5
herir (e:ie) to hurt
hermana *(f.)* sister, 4
hermanastra *(f.)* stepsister
hermanastro *(m.)* stepbrother
hermanito(a) *(m., f.)* little brother (sister), 4
hermano *(m.)* brother, 4
hermoso(a) beautiful, 5
hidrante *(m.)* fire hydrant, 8
hija *(f.)* daughter, 4
hijastra *(f.)* stepdaughter
hijastro *(m.)* stepson
hijo *(m.)* son, 4
hijos *(m. pl.)* children
hilo *(m.)* linen, 13
historia *(f.)* history, 3
hogar *(m.)* home
hogareño(a) family oriented
hoja *(f.)* leaf; — **de papel** *(f.)* sheet of paper
hola hello, P
hombre *(m.)* man; — **de negocios** *(m.)* businessman, 7
honrado(a) honest, honorable
hora *(f.)* time (of day), 2; hour; **¿A qué —… ?** (At) what time . . . ?, 2; **¿Qué — es?** What time is it?, 2
horario *(m.)* schedule, 14
horno *(m.)* oven, 10
hospedaje *(m.)* lodging, 11
hospedarse en to stay, to lodge (at a hotel), 11
hospital *(m.)* hospital, 2
hotel *(m.)* hotel, 7
hoy today, 1; — **en día** nowadays, 18
huelga *(f.)* strike, 18
huracán *(m.)* hurricane, 18

idea *(f.)* idea, 2
ideal *(adj.)* ideal, 11
idioma *(m.)* language, 2
iglesia *(f.)* church
igualmente likewise, 1
ilusión *(f.)* dream, 18
impaciencia *(f.)* lack of patience; —**s** *(f. pl.)* pressures
imperativo *(m.)* command
imperfecto *(m.)* imperfect
impermeable *(m.)* raincoat, 5
imponer una multa to fine; to give a ticket, 8
importación *(f.)* import, 17
importarle a uno to matter, to concern
imposible impossible, 5
impresionado(a) impressed, 17
impresora *(f.)* printer, 17
impuesto *(m.)* tax, 8
incendio *(m.)* fire, 8
incluir to include, 10
indeterminado(a) indefinite
indicativo(a) indicative

infancia *(f.)* childhood, 9
informática *(f.)* computer science, 14
informe *(m.)* report, 3
ingeniero(a) *(m., f.)* engineer, 14
inglés *(m.)* English *(lang.)*, 2
ingreso(s) *(m. pl.)* income
insistir en to insist on, 14
instantáneo(a) instant, 7
instrumento musical *(m.)* musical instrument, 9
inteligente intelligent, 2
interesante interesting, 6
interesar to interest, 18
Internet *(f.)* the World Wide Web, 7
intérprete *(m., f.)* interpreter, 17
interrogativo(a) interrogative
inundación *(f.)* flooding, 18
investigación *(f.)* research, 14
investigación de la opinión pública *(f.)* poll, survey, 18
invierno *(m.)* winter, 1
invitación *(f.)* invitation, 3
invitado(a) *(m., f.)* guest, 4
invitado(a) invited, 4
invitar (a) to invite, 18
inyección antitetánica *(f.)* tetanus shot, 15; **poner una —** to give a shot, 15
ir to go, 4; **ir a +** *infinitive* to be going (to) + *infinitive*, 4; **— a acampar** to go camping, 16; **— a pescar** to go fishing, 16; **— a pie** to go on foot, to walk, 12; **— caminando** to go on foot, to walk, 12; **— de pesca** to go fishing, 16
irse to go away, to leave, 9
isla *(f.)* island, 9
italiano *(m.)* Italian *(lang.)*, 2
izquierdo(a) left; **a la —** to (on, at) the left, 12

jabón *(m.)* soap, 7
jactarse (de) to brag (about)
jamás never, ever 6
jamón *(m.)* ham, 5
jardín *(m.)* garden, 7
jefe(a) *(m., f.)* boss, chief, 17; **— de compras** purchasing manager, 17
joven *(m., f.)* young man, young woman, 15; *(adj.)* young
jóvenes *(m., f.)* young people
joyas *(f. pl.)* jewels, jewelry, 13
joyería *(f.)* jewelry store, 9
jubilarse to retire, 17
juego *(m.)* game, 4
jueves *(m.)* Thursday, 1
jugar (u:ue) to play *(game, sport)*; **— al golf** to play golf, 16; **— al tenis** to play tennis, 16
jugo *(m.)* juice; **— de frutas** fruit juice, 5
julio July, 1
junio June, 1
juntos(as) together, 2
justo(a) fair
juventud *(f.)* youth, 9

la *(f. sing.)* the, 2; *(pron.)* her, it, you *(form.)*, 6
labio *(m.)* lip
laboratorio *(m.)* laboratory, 14
labrador(a) *(m., f.)* farmer
ladera *(f.)* hillside

lago *(m.)* lake, 16
lámpara *(f.)* lamp, 10
lana *(f.)* wool, 13
langosta *(f.)* lobster, 5
lápiz *(m.)* pencil, 2
las *(f. pl.)* the, 2; *(pron.)* them, you *(form.)*, 6
lástima *(f.)* pity, shame; **es una —** it's a pity, 11; **¡Qué —!** What a pity!, 15
lata *(f.)* can, 9
lavadora *(f.)* washing machine, 10
lavar to wash, 6
lavar(se) to wash (oneself), 9; **— la cabeza** to wash one's hair, 9; **— la ropa** to do the laundry, 6; **— los platos** to wash dishes, 6
le (to, for) her, (to, for) him, (to, for) you *(form.)*, 7
leal loyal
leche *(f.)* milk, 5
lecho *(m.)* bed
lechón *(m.)* pork
lechuga *(f.)* lettuce, 9
lector(a) *(m., f.)* reader
lector MP3 *(m.)* MP3 player, 4
leer to read, 3
legumbre *(f.)* vegetable, 5
leído *(p.p. of* leer*)* read, 14
lejano(a) far away
lejos *(adv.)* far, 10
lengua *(f.)* language, 2; tongue, 15
lentamente slowly, 8
lento(a) slow, 8
les (to, for) them, (to, for) you, *(form. pl.)*, 7
levantar to lift, to raise, 9; **—se** to get up, 9
libertad *(f.)* liberty, freedom, 2, 18
libertad de palabra *(f.)* freedom of speech, 18
libertad de prensa *(f.)* freedom of the press, 18
libra *(f.)* pound
libre vacant; free, available
librería *(f.)* bookstore, 13
librero *(m.)* bookshelf, 10
libro *(m.)* book, 2
licuadora *(f.)* blender, 10
liga *(f.)* league
ligero(a) light
lila *(f.)* lilac, 8
limpiaparabrisas *(m.)* windshield wipers, 12
limpiar el baño to clean the bathroom, 6
limpio(a) clean
lindo(a) pretty, 2
lino *(m.)* linen, 13
liquidación *(f.)* sale, 13
lista *(f.)* list; **— de espera** *(f.)* waiting list, 7
literatura *(f.)* literature, 2
llama *(f.)* flame
llamar to call, 3; **¿Cómo se llama usted?** What is your name? *(form.)*, P; **¿Cómo te llamas?** What's your name? *(fam.)*, P; **Me llamo…** My name is . . . , P; **—se** to be called, 9
llano *(m.)* plain
llanta *(f.)* tire, 12; **— pinchada** *(f.)* flat tire, 12; **— de repuesto** *(f.)* spare tire, 12

llanura *(f.)* plain
llave *(f.)* key, 7
llegada *(f.)* arrival, 11
llegar to arrive, 2
llenar to fill, to fill out, 3
lleno(a) full, 12
llevar to take *(someone or something someplace)*, 3; **— puesto(a)** to have on, to be wearing (clothes), 18
llover (o:ue) to rain, 5
lluvia *(f.)* rain, 5
lo him, it, you *(form.)*, 6; **— que** what, which, 6; **— siguiente** the following; **— soy.** Indeed I am.; **— + adj.** that which is + *adj.*
local *(adj.)* local, 18
locutor(a) anchor person, 18
logro *(m.)* achievement
los *(m. pl.)* the, 2; *(pron.)* them, you *(form.)*, 6
luchar to fight
lugar *(m.)* place, 6; **— de nacimiento** *(m.)* place of birth, 3; **— donde trabaja** *(m.)* place of employment, 3
lujo *(m.)* luxury
luna *(f.)* moon, 11; **— de miel** *(f.)* honeymoon, 11
lunares: de — polka-dotted, 13
lunes *(m.)* Monday, 1
luz *(f.)* light, 2; headlight, 12

madera *(f.)* wood
madrastra *(f.)* stepmother
madre *(f.)* mother, 1
madrina *(f.)* godmother
maestro(a) *(m., f.)* teacher (elementary school), 14
magnífico(a) excellent, 14; great, 4
mal bad, badly
maleta *(f.)* suitcase, 7
maletero *(m.)* (car) trunk, 12
maletín *(m.)* briefcase
maligno(a) evil
malo(a) bad
mamá mom, 1
mancha *(f.)* blemish, spot
mandar to send, 7; to order
manejar to drive, 12
manga *(f.)* sleeve; **(de) — cortas** short-sleeved, 13; **(de) — largas** long-sleeved, 13; **sin —** sleeveless, 13
mango *(m.)* mango, 9
manifestación *(f.)* demonstration, 18
mano *(f.)* hand, 15
mantel *(m.)* tablecloth, 5
mantener to maintain, 14; **— la conversación** to keep the conversation going
mantequilla *(f.)* butter, 9
manzana *(f.)* apple, 3, 9; *(Sp.)* city block
mañana *(f.)* morning, tomorrow; **— mismo** tomorrow and not a day later, 17
mapa *(m.)* map, 2
máquina contestadora *(f.)* answering machine, 17
máquina de afeitar *(f.)* razor
mar *(m.)* sea, 7
marca *(f.)* brand, 13

margarina *(f.)* margarine, 9
margarita *(f.)* daisy, 8
marido *(m.)* husband, 5
mariposa *(f.)* butterfly
mariscos *(m. pl.)* shellfish
marrón brown, 1
martes *(m.)* Tuesday, 1
marzo March, 1
más more, 2; plus; — **allá** beyond; — **o menos** more or less, 3
masculino male
matemáticas *(f. pl.)* math, mathematics, 14
materia *(f.)* (school) subject, 14
maternidad *(f.)* motherhood
matrícula *(f.)* registration, tuition, 14
matricularse to register, 14
matrimonio *(m.)* marriage
mayo May, 1
mayor older, 5; bigger, 5; **el (la) —** the oldest, 5
me me, 6; (to, for) me, 7; (to) myself, 9; — **llamo...** My name is . . . , P
mecánico *(m.)* mechanic, 12
mecer to rock
mediano(a) medium, 13
medicamento *(m.)* medicine, 15
medicina *(f.)* medicine, 15
médico(a) *(m., f.)* physician, doctor, 14
medida *(f.)* size, 13; measure
medio(a) half; **medio** *(m.)* means; **medio hermana** *(f.)* half sister; **medio hermano** *(m.)* half brother; **y media** half-past *(telling time)*, 2
medios de difusión *(m.)* media, 18
mejor best; better, 5; **el (la) —** the best, 5
mejorar to improve, 9; **—se** to get better, 15
melocotón *(m.)* peach, 9
menor younger, 5; **el (la) —** youngest, 5
menos to, till *(telling time)*, 2; less, 5; minus; — **mal** it's a good thing, 15
mensaje electrónico *(m.)* e-mail, 3
menú *(m.)* menu, 5
mercadeo *(m.)* marketing, 17
mercado *(m.)* market, 6
merecer la pena to be worth it, 12
merendar *(e:ie)* to have an afternoon snack, 15
mes *(m.)* month, 1
mesa *(f.)* table, 4; — **de centro** *(f.)* coffee table, 10
mesita de noche *(f.)* night table, 10
meta *(f.)* goal
métrica *(f.)* meter *(poetry)*
metro *(m.)* subway, 10
mexicano(a) Mexican, 1
mexicanoamericano(a) Mexican American, 1
mezcla *(f.)* mixture
mezclar to mix
mi *(sing.)* my, 2, 3; — **amor** my love, 3; — **vida** *(f.)* darling, (my life), 3
mí *(obj. of prep.)* me, 4
microcomputadora *(f.)* laptop computer, 17
microondas *(m.)* microwave, 10
miedo *(m.)* fear, 4
miel de abeja *(f.)* honey, 15
mientras while, 3
miércoles *(m.)* Wednesday, 1

mil one thousand, 3
milla *(f.)* mile, 12
millar *(m.)* thousand
millonario(a) *(m., f.)* millionaire
mío(s), mía(s) *(pron.)* mine, 9
mirar to look (at), 5; to watch *(e.g., TV)*, 5; — **por la ventana** to look out the window, 6; — **vidrieras** to window shop, 13
mis *(pl.)* my, 3
mismo(a) same, 10
misterio *(m.)* mystery
mitad *(f.)* half
mochila *(f.)* backpack, 2
moda *(f.)* fashion
moderno(a) modern, 12
modista *(f.)* dressmaker
modo *(m.)* way
molestarse to bother (doing something), 15
momento *(m.)* moment, 3
moneda *(f.)* currency
montaña *(f.)* mountain, 4
montar to ride, 16; — **a caballo** to ride a horse, 16; — **en bicicleta** to ride a bicycle, 16
monte *(m.)* mountain
montón *(m.)*: **un montón de** a bunch of, 6
morado(a) purple, 1
moreno(a) dark, brunette, 2
morir *(o:ue)* to die, 5
mostrar *(o:ue)* to show
moto *(f.)* motorcycle, 8
motocicleta *(f.)* motorcycle, 8
mozo *(m.)* waiter, 5
muchacha *(f.)* girl, young woman, 2
muchacho *(m.)* boy, young man, 2
Muchas gracias. Thank you very much., 1
muchísimo a lot, 7
mucho(a) much, 1
Mucho gusto. How do you do? Nice to meet you., 1
mucho tiempo a long time, 7
muchos(as) many, 4
mudarse to move (from one house to another), 10
muebles *(m. pl.)* furniture, 10
muelle *(m.)* dock
muerte *(f.)* death
muerto(a) *(p.p. of morir and adj.)* died, dead, 14
mujer *(f.)* wife, 5; woman; — **de negocios** *(f.)* businesswoman
multa *(f.)* fine, ticket, 8
mundo *(m.)* world, 17
museo *(m.)* museum, 4
música *(f.)* music
musical musical, 16
músico *(m.)* musician
muy very, P; — **bien** very well, P

nacer to be born, 9
nacido(a) born
nacimiento *(m.)* birth, 3
nacionalidad *(f.)* nationality, 3
nada nothing, 1
nadar to swim, 7
nadie nobody, no one, not anyone, 6
naranja *(f.)* orange, 9
nariz *(f.)* nose, 15
Navidad *(f.)* Christmas, 4

necesario(a) necessary
necesitar to need, 2
negarse *(e:ie)* to refuse
negativo(a) negative
negocio *(m.)* business, 17
negro(a) black, 1
neumático *(m.)* tire, 12; — **de repuesto** *(m.)* spare tire, 12; — **pinchado** *(m.)* flat tire, 12
nevado(a) snowed
nevar *(e:ie)* to snow, 5
ni nor, 6; **—... ni...** neither . . . nor . . . , 6
niebla *(f.)* fog, 5
nieta *(f.)* granddaughter, 6
nieto *(m.)* grandson, 6
nieve *(f.)* snow, 16
ninguno(a), ningún no, none, not any, 6
niño(a) *(m., f.)* child
no no, not, P; — **más que** nothing but; — **mucho** not much, P; — **muy bien** not very well
noche *(f.)* evening, night, 2
nocturno *(m.)* nocturne
nombre *(m.)* (first) name, 1, 3; noun; — **de pluma** *(m.)* pen name
norte north, 16
norteamericano(a) North American, 2
nos us, 6; (to, for) us, 7; (to, for) ourselves, 9; — **vemos.** See you., 1
nosotros(as) we, 1; us, 4
nota *(f.)* grade, 14
noticia(s) *(f. pl.)* (piece of) news, 7
noticiero *(m.)* news program, 18
novecientos(as) nine hundred, 3
noveno(a) ninth, 7
noventa ninety, 2
novia *(f.)* girlfriend, 3
noviembre November, 1
novio *(m.)* boyfriend, 3
nublado(a) cloudy
nuera *(f.)* daughter-in-law, 5
nuestro(a) our, 3; *(pron.)* ours, 9
nuestros(as) our *(pl.)*, 3
nueve nine, P
número *(m.)* number, P; size *(of shoes)*, 13; — **de identidad** *(m.)* I.D. number, 3; — **de la licencia de conducir** *(m.)* driver's license number, 3; — **de seguro social** *(m.)* social security number, 3; — **de teléfono** *(m.)* phone number, P
nunca never, 6
nutrición *(f.)* nutrition, 14

o or, 6; **—... o...** either . . . or . . . , 6
objeto *(m.)* object
obligar to force, to make
obra *(f.)* work *(of art)*; play, 16, 18
obrero(a) worker, 18
ochenta eighty, 2
ocho eight, P
ochocientos(as) eight hundred, 3
octavo(a) eighth, 7
octubre October, 1
ocultar to hide
ocupación *(f.)* occupation, 3
ocupado(a) busy, 4
ocurrir to happen 18
oeste west, 16
oficina *(f.)* office, 1; — **de correos** *(f.)* post office, 12

oficio *(m.)* trade, 14
ofrecer to offer, 17
oído *(m.)* *(p.p. of oír)* heard; ear (inner), 15
oír to hear
ojalá I hope, God grant, 11
ojo *(m.)* eye, 15
ola *(f.)* wave
olvidar(se) (de) to forget, 9
ómnibus *(m.)* bus, 6
once eleven, 1
opinión *(f.)* opinion, 11
oportunidad *(f.)* opportunity
oprimir to hold tightly
optativo(a) elective
optimista *(invariable adj.)* optimistic, 3
opuesto(a) opposite
oración *(f.)* sentence
orden *(f.)* order
ordenador *(m.)* computer *(Sp.)*, 17
oreja *(f.)* ear, 15
orgulloso(a) proud
oro *(m.)* gold
orquesta *(f.)* orchestra, band
orquídea *(f.)* orchid, 8
os you *(fam. pl.)*, 6; (to, for) you, 7; (to) yourselves, 9
oscuro(a) dark
otoño *(m.)* autumn, fall, 1
otra vez again
otro(a) another, other, 2
oveja *(f.)* sheep
oye listen, 1

padrastro *(m.)* stepfather
padre *(m.)* father, 1
padres *(m. pl.)* parents, 6
padrino *(m.)* godfather, 11
pagar to pay, 5
país *(m.)* country, 9
pájaro *(m.)* bird
palabra *(f.)* word, 17
palma *(f.)* palm, palm tree, 9
palo de golf *(m.)* golf club, 16
pan *(m.)* bread, 5
panadería *(f.)* bakery, 9
pantalla *(f.)* screen, 16; movie screen
pantalones *(m. pl.)* pants, trousers, 8
pantimedias *(f. pl.)* pantyhose, 13
pañuelo *(m.)* handkerchief, 13
papa *(f.)* potato, 5
papá dad, 1
papel *(m.)* paper, 2; — **higiénico** *(m.)* toilet paper, 9
paquete *(m.)* package, 11
par *(m.)* pair, 13
para in order, 2; for, 3; to, in order to, 8; by, 8; — **beber** to drink, 5; — **eso** for that, 18; — **peor** to make matters worse, 18; — **que** in order that, 14; ¿— **qué?** What for?; — **siempre** forever, 18; — **ver** to see, 5
parabrisas *(m.)* windshield, 12
parada de autobuses *(f.)* bus stop, 6
paraguas *(m.)* umbrella
paraíso terrenal *(m.)* Garden of Eden
parecer to seem
pared *(f.)* wall, 2
pareja *(f.)* couple
pariente *(m., f.)* relative, 6
parlantes *(m.)* speakers, 4

parque *(m.)* park, 4; — **de diversiones** *(m.)* amusement park, 4
parquear to park, 8
partera *(f.)* midwife
partido *(m.)* game, 4
partido político *(m.)* political party, 18
partir to leave
pasado(a) last, 7
pasado mañana the day after tomorrow, 4
pasaje *(m.)* ticket, 11; — **de ida** *(m.)* one-way ticket, 11; — **de ida y vuelta** *(m.)* round-trip ticket, 11
pasajero(a) *(m., f.)* passenger, 11
pasaporte *(m.)* passport, 7
pasar to spend *(time)*, 4; to happen, 18; — **la aspiradora** to vacuum, 6; — **por la aduana** to go through customs, 7; — **por las armas** to shoot; — **una película** to show a movie, 7
pasarlo bien to have a good time, 5
Pase. Come in., 1
Pasemos a comerciales. Let's go to commercials., 18
pastel *(m.)* pie, 5
patinar to skate, 16
patio *(m.)* backyard, 15
patria *(f.)* homeland
pavo *(m.)* turkey, 5
paz *(f.)* peace, 15
pecho *(m.)* chest, 15
pedazo *(m.)* piece, 5
pedido *(m.)* order, 5
pedir (e:i) to order, 5; to ask for, to request, 6; — **un préstamo** to apply for a loan, 8
película *(f.)* movie, 7; **dar una —** to show a movie, 4; **pasar una —** to show a movie, 4; — **de ciencia ficción** science fiction movie, 16; — **de guerra** war movie, 16; — **de misterio** mystery movie, 16; — **de suspenso** thriller, 16; **ver una —** to watch a movie, 4
peligroso(a) dangerous
pelirrojo(a) red-headed, 3
pelo *(m.)* hair, 15
peluquería *(f.)* beauty salon, 12
pena *(f.)* sorrow
pensamiento *(m.)* pansy, 8; thought
pensar (e:ie) to think, 4; *(+ inf.)* to plan *(to do something)*, 4; — **en** to think about, 18
pensión *(f.)* boarding house
peor worse, 5; **el (la) —** the worst, 5
pepino *(m.)* cucumber, 9
pequeño(a) small, little, 3
perder (e:ie) to lose, 4
Perdón. Pardon me., 1
perfectamente perfectly, 15
perfecto(a) perfect, 2
periódico *(m.)* newspaper, 3
periodismo *(m.)* journalism, 14
periodista *(m., f.)* journalist, 18
pero but, 1
perro(a) *(m., f.)* dog; — **caliente** *(m.)* hot dog, 5
persona *(f.)* person, 4
personal *(m.)* personnel, 17
pesar to weigh
pescadería *(f.)* fish store, 9

pescado *(m.)* fish, 5
pescar to fish, to catch *(a fish)*, 16
pesimista *(invariable adj.)* pessimistic, 3
piano *(m.)* piano, 9
pie *(m.)* foot, 15
piedra *(f.)* stone
pierna *(f.)* leg, 15
pieza de repuesto *(f.)* spare part, 12
pimienta *(f.)* pepper, 5
pino *(m.)* pine tree, 16
pintor(a) *(m., f.)* painter
piña *(f.)* pineapple, 9
piscina *(f.)* swimming pool, 7
piso *(m.)* floor, 6
placa *(f.)* license plate, 12
plancha *(f.)* iron, 10
planchar to iron, 6
planear to plan, 11
planilla *(f.)* form, 8
plástico *(m.)* plastic
plata *(f.)* silver
plátano *(m.)* banana, 9
platicar to talk, to converse, 2
platillo *(m.)* saucer, 5
plato *(m.)* plate, 5; dish, 5
playa *(f.)* beach, 4
plomero(a) *(m., f.)* plumber, 14
pluma *(f.)* pen, 2
pluscuamperfecto *(m.)* pluperfect
pobre poor *(unfortunate)*, 4
pobrecito(a) poor thing
pobreza *(f.)* poverty, 18
poder (o:ue) to be able to, can, 5; *(m.)* power
poema *(m.)* poem, 2
poesía *(f.)* poetry
policía *(m.)* policeman, 8
poliéster *(m.)* polyester, 13
pollo *(m.)* chicken, 5
ponche *(m.)* punch, 4
poner to put, to place, 6; — **una inyección** to give an injection, shot, 15; — **una multa** to fine, to give a ticket, 8; —**se** to put on, 9; **no tener nada que —** not to have anything to wear, 13; —**se de acuerdo** to come to an agreement, 11; —**se en forma** to get into shape, 14; —**se en la cola** to stand in line, 11
por along, 8; around, 8; because of, 8; by, 8; during, 8; for, 8; in, 8; in exchange for, 8; in search of, 8; on account of, 8; on behalf of, 8; per, 8; through, 8; — **aquí cerca** around here, 18; — **desgracia** unfortunately, 8; — **ejemplo** for example, 13; — **el contrario** on the contrary, 13; — **eso** that is why, 18; — **favor** please, 1; — **fin** finally, 18; — **la mañana** in the morning, 1; — **la noche** in the evening, at night, 1; — **la tarde** in the afternoon, 1; — **lo general** generally, 18; — **lo menos** at least, 13; — **mes** a month, per month, 12; — **primera vez** for the first time, 4; ¿— **qué?** why?; — **si acaso** just in case, 18; — **suerte** luckily, 18; — **supuesto** of course, 18; — **teléfono** on the phone, 3; — **un tiempo** for a while, 12
porque because, 2

portaguantes *(m.)* glove compartment, 12
postre *(m.)* dessert, 5
postularse to run (for office), 18
porteño(a) from Buenos Aires
portugués *(m.)* Portuguese *(lang.)*, 2
practicar to practice, 2
practicar deportes to play sports, 16
precioso(a) pretty, beautiful, 13
preferir (e:ie) to prefer, 4
pregunta *(f.)* question, 4
preguntar to ask (a question), 15
preocuparse (por) to worry (about), 9
preparar to prepare, 4
presentador(a) anchor person, 18
presentar to introduce, 16
presente present
presidente(a) *(m., f.)* president, 17
préstamo *(m.)* loan, 8
prestar to lend, 8
presupuesto *(m.)* budget, 8
presuroso(a) in haste
prevalecer to prevail
primaria *(f.)* elementary school
primavera *(f.)* spring, 1
primera clase *(f.)* first class, 11
primero(a), primer first, 2; — *(poet., pl.)* basic (i.e., elemental)
primo(a) *(m., f.)* cousin, 6
principal main, 17
probable probable, 8
probablemente probably, 8
probador *(m.)* fitting room, 13
probar (o:ue) to try, 9; to taste, 9; **—se** to try on, 9
problema *(m.)* problem, 2
procesador de textos *(m.)* word processor, 17
profesión *(f.)* profession, 3
profesor(a) *(m., f.)* professor, teacher, instructor, P
profundidad *(f.)* depth
programa *(m.)* program, 2
programa de concursos *(m.)* game show, 16
programación *(f.)* programming
programador(a) *(m., f.)* programmer, 14
promedio *(m.)* grade point average, 14
prometer to promise, 7
prometido(a) fiancé(e), 11
pronóstico del tiempo *(m.)* weather forecast
pronto soon, 14
propina *(f.)* tip, 5
propio(a) own; **propia página** *(f.)* home page
proponer to propose; **—se** to set out to
proporcionar to furnish
proseguir (e:i) to continue
próximo(a) next
publicar to publish
pueblo *(m.)* town, 11; *(community, nation)* people
puente *(m.)* bridge
puerta *(f.)* door, 2; **— de calle** *(f.)* front door
puertorriqueño(a) *(m., f.)* Puerto Rican
pues... well . . . , 6
puesto(a) *(p.p. of* **poner** *and adj.)* put, 14; *(m.)* position, job, 17
pulmonía *(f.)* pneumonia, 15
pulsera *(f.)* bracelet, 13
punto *(m.)* dot

puré de papas *(m.)* mashed potatoes, 5
que *(rel. pron.)* that, 3; who, 4; than, 5; which, 10; *(conj.)* than, 5; **— viene** coming, next
¿qué? what?,; **¿A — hora?** (At) what time?, 2; **¡— Diablo!** What the heck!; **¡— gusto de verte!** How nice to see you!, 15; **¿— hay (de nuevo)?** What's up (new)?, P; **¿— hora es?** What time is it?, 2; **¡— lástima!** What a pity!, 15; **¿— te parece si... ?** What do you think about . . . ? 13; **¡— mala suerte!** Such bad luck!, 8; **¿— quiere decir... ?** What does . . . mean?; **¿— tal?** How are you?, P; **¿— tal te va?** How's it going for you? *(fam.)*, 14
quebrar(se) (e:ie) to break, 15
quedar to fit, to be, 10; **— impresionado(a)** to be impressed, 17; **— suspendido(a)** to fail (an *exam or a course*), 14; **—le grande (chico) a uno** to be too big (small) on someone, 13; **—se** to stay, 11; **—se con** to keep; **—se sentado(a)** to remain seated
quehaceres de la casa *(m. pl.)* housework, 6
quejarse to complain, 10
quemar to burn
querer (e:ie) to want, to wish, 4; **— decir** to mean; **no quise** I refused, 10
querido(a) dear, 11
queso *(m.)* cheese, 3
quien(es) who, whom, that, 10
¿quién? who?; **¿de —?** whose?
química *(f.)* chemistry, 1
quince fifteen, 1
quinientos(as) five hundred, 3
quinto(a) fifth, 7
quitar to take away, 9; **—se** to take off, 9
quizás perhaps, 13

radiografía *(f.)* X-ray, 15
raíz *(f.)* root
rama *(f.)* branch
ramo *(m.)* bouquet, 8
rápidamente rapidly, 8
rápido(a) *(adv.)* quickly, 6; rapidly, 8; *(adj.)* fast, 13
raqueta *(f.)* racket, 16
rascacielos *(m. sing.)* skyscraper
rato *(m.)* while, 4
ratón *(m.)* mouse, 17
raya *(f.)* stripe, 13
rayón *(m.)* rayon, 13
razón *(f.)* reason; **tener —** to be right, 4
realista *(invariable adj.)* realistic, 3
realizar to make
rebaja *(f.)* sale, 13
rebajar to mark down, 13
recámara *(f.)* bedroom *(Mex.)*, 6
recepción *(f.)* registration, 7
receta *(f.)* recipe; prescription, 15
recetar to prescribe, 15
recibir to receive, 3
recibo *(m.)* receipt, 8
reciente recent, 8
recientemente recently, 8

recoger to pick up, 6
recomendación *(f.)* recommendation, 17
recompensa *(f.)* reward
recordar (o:ue) to remember, 5
recurrir a to turn to
Red *(f.)* the World Wide Web
refresco *(m.)* soft drink, soda pop, 3
refrigerador *(m.),* refrigerator, 10
refugiado(a) *(m., f.)* refugee
regalo *(m.)* gift, 8
regatear to bargain
regla *(f.)* ruler
regresar to return, 2
reina *(f.)* queen
reírse (e:i) to laugh, 10
reloj *(m.)* clock, 2
remar to row, 16
remedio *(m.)* medicine, 15
remolcador *(m.)* tow truck, 12
renglón *(m.)* line
renunciar to resign, 17
repetir (e:i) to repeat
repollo *(m.)* cabbage, 9
represa *(f.)* dam
requisito *(m.)* requirement, 14
reserva *(f.)* reservation, 7
reservación *(f.)* reservation, 7
resfriado *(m.)* cold, 15
resfrío *(m.)* cold, 15
resoplar to blow
responsabilidad *(f.)* responsibility, 17
respuesta *(f.)* answer
restaurante *(m.)* restaurant, 5
resto *(m.)* the rest
resumé *(m.)* résumé, curriculum vitae, 17
resumen *(m.)* summary
retirarse to retire, 17
retrato *(m.)* portrait
reunirse to get together
revista *(f.)* magazine, 6
revolución *(f.)* revolution, 9
revolver (o:ue) to stir
revuelo *(m.)* fluttering
rey *(m.)* king
rico(a) tasty, 5
risa *(f.)* laughter
rodaja *(f.)* slice
rodeado(a) surrounded
rodilla *(f.)* knee, 15
rogar (o:ue) to beg, to plead, 11
rojo(a) red, 1
romántico(a) romantic, 11; **¡Qué — eres!** How romantic you are!, 8
romper(se) to break, 15
ropa *(f.)* clothes, 6; clothing, 13; **— hecha** *(f.)* ready-to-wear clothes; **— interior** *(f.)* underwear, 13
rosa *(f.)* rose, 8
rosado(a) pink, 1
rostro *(m.)* face
roto(a) *(p.p. of* **romper** *and adj.)* broken, 14
rubio(a) blond, 3
rueda de prensa *(f.)* press conference, 18
ruido *(m.)* noise
sábado *(m.)* Saturday, 1
sábana *(f.)* sheet, 6
saber to know, 6; to find out, 10
sabroso(a) tasty, 5
sacapuntas *(m.)* pencil sharpener
sacar to get, to receive (*a grade*), 14; **— la basura** to take out the

garbage, 6; — **una foto** to take a picture, 4

saco de dormir *(m.)* sleeping bag, 10

sacudir los muebles to dust the furniture, 6

sal *(f.)* salt, 5

sala *(f.)* living room

sala de estar *(f.)* family room, 3

sala de rayos X (equis) *(f.)* X-ray room, 15

salario *(m.)* salary, 17

saldo *(m.)* balance (e.g., of a bank account), 8

salida *(f.)* exit, departure, 11

salir to go out, 6; to leave

salón de belleza *(m.)* beauty salon, 12

salsa *(f.)* sauce, 9

salud *(f.)* health, 15

¡Salud! Cheers!, 4

saludo *(m.)* greeting, 1; —**s a...** Say hello to . . . , 1

salvavidas *(m., f.)* lifeguard, 16

sandía *(f.)* watermelon, 9

sándwich *(m.)* sandwich, 2

santo *(m.)* saint's day, 4

sartén *(f.)* frying pan, skillet, 10

sastre *(m.)* tailor

se (to) himself, (to) herself, (to) yourself *(form.)*, (to) yourselves, (to) themselves, 9; —**dice...** You say . . . , One says . . . , 2

Sea. So be it.

secadora *(f.)* dryer, 10

secar to dry, 6

sección de (no) fumar *(f.)* (no) smoking section

seco(a) dry

sed *(f.)* thirst, 4; **tener** — to be thirsty, 4

seda *(f.)* silk, 13

seguir (e:i) to follow, 6; to continue, 6; — **derecho** to continue straight ahead, 12

según according to

segundo(a) second, 7; **Segunda Guerra Mundial** *(f.)* Second World War; **segundo nombre** *(m.)* middle name

seis six, P

seiscientos(as) six hundred, 3

selección *(f.)* selection, 17

selva (tropical) *(f.)* jungle, 11

semana *(f.)* week, 4; **la semana próxima** *(f.)* next week, 4; **la semana que viene** *(f.)* next week, 4

sendero *(m.)* path

sensibilidad *(f.)* sensitivity

sentado(a) seated, sitting, 14

sentarse (e:ie) to sit (down), 9

sentir(se) (e:ie) to feel, 9; to be sorry, to regret, 11

señal *(f.)* sign

señor (Sr.) mister, Mr., sir, gentleman, P

señora (Sra.) madam, Mrs., lady, P

señorita (Srta.) Miss, young lady, P

septiembre September, 1

séptimo(a) seventh, 7

sepulcro *(m.)* tomb

ser to be, 1

servicio *(m.)* service, 7; — **de habitación (cuarto)** *(m.)* room service, 7

servilleta *(f.)* napkin, 5

servir (e:i) to serve, 6; **no — de**

mucho to not be much good, 14; — **de** to serve as, 17

sesenta sixty, 2

setecientos(as) seven hundred, 3

setenta seventy, 2

sexo *(m.)* gender

sexto(a) sixth, 7

si if, 14

sí yes, 1

sicología *(f.)* psychology, 3, 14

siempre always, 6

sierra *(f.)* mountain

siete seven, P

siglo *(m.)* century

signo *(m.)* sign

siguiente following

silla *(f.)* chair, 2; — **de ruedas** *(f.)* wheelchair, 15

sillón *(m.)* armchair, 10

simpatía *(f.)* charm

simpático(a) nice, charming, 3

sin without; — **embargo** however, nevertheless, 13; — **falta** without fail, 18; — **que** without, 14; — **qué ni para qué** without rhyme or reason, 18

sincero(a) sincere

síntoma *(m.)* symptom, 15

sistema *(m.)* system, 2; — **de calificaciones** *(m.)* grading system; — **de comunicación telefónica** *(m.)* telephone system, 17; — **de inyección** fuel injection, 12

sitio *(m.)* room

sobre about; — **todo** above all, especially

sobrecama *(f.)* bedspread, 10

sobrenombre *(m.)* nickname

sobretodo *(m.)* overcoat, 13

sobrina *(f.)* niece, 6

sobrino *(m.)* nephew, 6

sociología *(f.)* sociology, 14

soda *(f.)* soda pop, 3

sofá *(m.)* sofa, 6

sol *(m.)* sun

solamente only, 10

soledad *(f.)* loneliness; solitude

solicitar un préstamo to apply for a loan, 8

solicitud *(f.)* application (form), 3; — **de empleo** *(f.)* job application, 3

solo(a) alone, 5

solo only, 10

soltar (o:ue) amarras to untie lines

soltero(a) single, 3

sombra *(f.)* shadow

sombrero *(m.)* hat

sonar (o:ue) to ring, 15

sonido *(m.)* sound

sonreír to smile

soñar (o:ue) con to dream about (of), 18

sopa *(f.)* soup, 5; — **de fideos** *(f.)* noodle soup, 5

sorprender to surprise, 11

sótano *(m.)* basement, 6

su his, her, its, your *(form.)*, their, 3

subterráneo *(m.)* subway, 10

subvencionado(a) subsidized

sucio(a) dirty

sucursal *(f.)* branch (office)

suegra *(f.)* mother-in-law, 6

suegro *(m.)* father-in-law, 6

sueldo *(m.)* salary, 17

sueño *(m.)* dream; **tener** — to be sleepy, 4

suéter *(m.)* sweater, 5

sugerir (e:ie) to suggest, 11

supermercado *(m.)* supermarket, 9

supervisión *(f.)* supervision, 17

supervisor(a) *(m., f.)* supervisor, 17

sur south, 16

sus his, her, its, your *(form.)*, their, 3

suspirar to sigh, 6

sustantivo *(m.)* noun

suyo(s), suya(s) *(pron.)* his, hers, theirs, yours, 9

tabla de mar *(f.)* surfboard, 16

tablilla de anuncios *(f.)* bulletin board, 2

talla *(f.)* size, 13

taller de mecánica *(m.)* car repair shop, 12

talonario de cheques *(m.)* checkbook, 8

tamaño *(m.)* size

también also, too, 2

tampoco neither, not either, 6

tan as, 5; so, 17; — **pronto como** as soon as, 14

tanque *(m.)* tank, 12

tanto(a) as much, 5; so much; — **como** as much as, 5; — **en... como en...** both in . . . and in . . .

tantos(as) as many, 5; — **como** as many as, 5

tardar to take (*time to do something*)

tarde afternoon, 2; *(adv.)* late, 7; **por la** — in the afternoon, 1; — **o temprano** sooner or later, 18

tarjeta *(f.)* card, 7; — **de crédito** *(f.)* credit card, 8; — **de embarque** *(f.)* boarding pass, 11; — **postal** *(f.)* postcard, 7

taxi *(m.)* taxi, 6

taza *(f.)* cup, 2

te *(pron.)* you (*fam.*), 6; (to, for) you, 7; (to) yourself, 9

té *(m.)* tea, 5; — **frío (helado)** *(m.)* iced tea, 5

teatro *(m.)* theater, 4; — **de aficionados** *(m.)* amateur theatre, 16

teclado *(m.)* keyboard, 17

teja *(f.)* tile

tela *(f.)* material, 13

teléfono *(m.)* telephone; — **celular** *(m.)* cellular phone, 12

telenovela *(f.)* soap opera, 5

televisión *(f.)* television, 2

televisor *(m.)* TV, 7

tema *(m.)* subject, theme, 2

temblar to tremble

temer to fear, to be afraid, 11

temperatura *(f.)* temperature, 15

templado(a) mild

temprano early, 9

tenedor *(m.)* fork, 5

tener to have, 3; **no — razón** to be wrong, 4; **no — nada en común** to have nothing in common, 16; —**... años (de edad)** to be . . . years old, 4; — **calor** to be hot, 4; — **cuidado** to be careful, 4; —**... de retraso (atraso)** to be . . . behind schedule, 11; — **el día libre** to have the day off, 8; — **en cuenta** to keep in mind;

— **frío** to be cold, 4; — **hambre** to be hungry, 4; — **lugar** to take place, 18; — **miedo** to be afraid, 4; — **prisa** to be in a hurry, 4; — **que** (+ *inf.*) to have to (+ *inf.*), 3; — **razón** to be right, 4; — **sed** to be thirsty, 4; — **sueño** to be sleepy, 4; — **un picnic** to have a picnic; — **un pinchazo** to have a flat tire, 12
tenis *(m.)* tennis, 16
tercero(a), tercer third, 7
terco(a) stubborn, 3
terminar to finish, to end, 14
ternura *(f.)* tenderness
terreno *(m.)* land
ti you *(obj. of prep.)*, 4
tía *(f.)* aunt, 4
tiburón *(m.)* shark
tiempo *(m.)* time, 2; weather, 5
tienda *(f.)* store, 4; — **por departamentos** *(f.)* department store, 13
tierra *(f.)* land
timbre *(m.)* doorbell, 15
tinto red (wine), 5
tío *(m.)* uncle, 4
tipo *(m.)* type
tirano(a) *(m., f.)* tyrant, 17
tirar to throw (away), to abandon; — **basura** to litter
título *(m.)* degree, 14; title
toalla *(f.)* towel, 7
tobillo *(m.)* ankle, 15
tocador *(m.)* dresser
tocar to play (*a musical instrument*), 9; — **a la puerta** to knock on the door, 6
todo(a) all, 6
todo all, everything; — **el mundo** everybody
todos(as) everybody
todos los días every day, 2
tomar to take, 2; to drink, 3; — **algo** to have something to drink, 3; — **el sol** to sunbathe, 16; — **una decisión** to make a decision, 14; — **una foto** to take a picture, 4
tomate *(m.)* tomato, 9
Tome asiento. Have a seat., 1
toque *(m.)* touch
tornado *(m.)* tornado, 18
torpeza *(f.)* stupidity
torre *(f.)* tower
torta *(f.)* cake, 5
tos *(f.)* cough, 15
toser to cough, 15
tostadora *(f.)* toaster, 10
trabajar to work; — **a comisión** to work on commission, 17; — **medio tiempo** to work part-time, 17; — **por cuenta propia** to be self-employed, 17; — **tiempo completo** to work full-time, 17
trabajo *(m.)* job, 3; work, 3; — **de la casa** *(m.)* housework, 6
tradición *(f.)* tradition, 4
traducir to translate, 6
traductor(a) *(m., f.)* translator, 17
traer to bring, 6
trágico(a) tragic
traído (*p.p. of traer*) brought, 14
traje *(m.)* suit, 10; — **de baño** *(m.)* bathing suit, 16

tranquilidad *(f.)* tranquility
trapear el piso to mop the floor, 6
tratar de to deal with; to try
trece thirteen, 1
treinta thirty, 1
tren *(m.)* train, 11
tres three, P; **3-D** three dimensional, 16
trescientos(as) three hundred, 3
trigo *(m.)* wheat
trompeta *(f.)* trumpet, 9
tropezar (e:ie) to trip
trozo *(m.)* piece, 5
tu your *(fam. sing.)*, 3
tú you *(fam. sing.)*, P
tulipán *(m.)* tulip, 8
turbio(a) muddy
turismo *(m.)* tourism
turista *(m., f.)* tourist, 11
tus your *(fam. pl.)*, 3
tuyo(s), tuya(s) *(pron.)* yours *(fam. sing.)*, 9

ubicación *(f.)* location
ubicar to locate
última vez last time
último(a) last, 17
un a, an, 1; — **poco** + *adj.* a little + *adj.*, 4; — **poco (de)** a little; — **rato** *(m.)* a while, 4
una a, an 1; — **vez** *(f.)* once, 16
único: lo — the only thing, 14
universitario(a) *(adj.)* university, 14
uno(a) one, P
unos(as) a few, some, 2; about
usado(a) used, 12
usar to use; to wear, 13
usted (Ud.) you *(form., sing.)*, P; *(obj. of prep.)*, 4
ustedes (Uds.) you *(form. pl.)*, P; *(obj. of prep.)*, 4
utilidad *(f.)* usefulness
uva *(f.)* grape, 9

vacaciones *(f. pl.)* vacation, 7
vacío(a) empty, 12
valer to be worth; **(no) vale la pena** it's (not) worth the trouble, 12
valeroso(a) brave
valija *(f.)* suitcase, 7
valor *(m.)* value
¡vamos! let's go!; — **de compras** let's go shopping, 13
vaso *(m.)* glass, 5
vecindad *(f.)* neighborhood, 10
vecino(a) *(m., f.)* neighbor, 4
veinte twenty, 1
veinticinco twenty-five, 1
veinticuatro twenty-four, 1
veintidós twenty-two, 1
veintinueve twenty-nine, 1
veintiocho twenty-eight, 1
veintiséis twenty-six, 1
veintisiete twenty-seven, 1
veintitrés twenty-three, 1
veintiuno twenty-one, 1
velero *(m.)* sailboat, 16
velocidad máxima *(f.)* speed limit, 12
vendedor(a) *(m., f.)* salesperson, 14; merchant
vender to sell, 3

venir (a) to come, 3
ventaja *(f.)* advantage
ventana *(f.)* window, 2
ventanilla *(f.)* window (of a vehicle or booth), 12
ventilador *(m.)* fan, 10
ver to see, 6
verano *(m.)* summer, 1
verbo *(m.)* verb
verdad *(f.)* truth, 2; **¿verdad?** right?, 1
verdadero(a) real; true
verde green, 1
verdura *(f.)* vegetable, 5
versión *(f.)* draft
verso *(m.)* line (of poetry)
vestido *(m.)* dress, 13; — **de noche** *(m.)* evening gown, 13
vestido(a) dressed; — **de gala** dressed up
vestirse (e:i) to get dressed, 9
vez *(f.)* time (*in a series*), 4; **a veces** at times, 6; **en** — **de** instead of, 17
viajar to travel, 7
viaje *(m.)* trip, 4
viajero(a) *(m., f.)* traveler, 11
vida *(f.)* life
vidriera *(f.)* shop window, 13
viejo(a) old
viento *(m.)* wind, 5; **hacer** — to be windy
viernes *(m.)* Friday, 1
vileza *(f.)* vileness
vinagre *(m.)* vinegar, 9
vino *(m.)* wine, 4; — **tinto** *(m.)* red wine, 5
violeta *(f.)* violet, 8
violín *(m.)* violin, 9
visitar to visit, 4
visto(a) *(p.p. of ver and adj.)* seen, 14; **vista** *(f.)* eyes, sight
viudo(a) widowed, 3
vivir to live, 3
vocabulario *(m.)* vocabulary
volante *(m.)* steering wheel, 12
volar (o:ue) to fly, 5
voltear to turn over
voluntad *(f.)* will power
volver (o:ue) to return, 5
vosotros(as) *(subject pron.)* you *(fam. pl.)*, 1; *(obj. of prep.)*, you *(fam. pl.)*, 4
vuelo *(m.)* flight, 11
vuelto(a) *(p.p. of volver and adj.)* returned, 14
vuestro(a) your *(fam. sing.)*, 3; *(pron.)* yours *(fam. pl.)*, 9
vuestros(as) your *(fam. pl.)*, 3

y and, P; past, after (time), 2
ya already, 2; now, 7; — **lo creo** I'll say; — **lo sé** I know; **¡— verás!** You'll see!, 15
yerno *(m.)* son-in-law, 6

zanahoria *(f.)* carrot, 9
zapatería *(f.)* shoe store, 9
zapato *(m.)* shoe, 13; — **de tenis** tennis shoe, 13
zona postal *(f.)* zip code, 3
zoológico *(m.)* zoo, 4

English–Spanish

a, an un(a), 1
abandonment desamparo *(m.)*
about de, 16; como, 16
abroad en el extranjero
accept aceptar, 2
accident accidente *(m.)*, 15
according to de acuerdo con; según, 3
account cuenta *(f.)*, 8
accountant contador(a) *(m., f.)*, 5
accounting contabilidad *(f.)*, 14
accuracy exactitud *(f.)*
act actuar
acting actuación *(f.)*, 16
ad anuncio *(m.)*, aviso *(m.)*, 3
add añadir
address dirección *(f.)*, domicilio *(m.)*, 1
adjective adjetivo *(m.)*
advanced adelantado(a)
advice consejo *(m.)*
advise avisar, 10; aconsejar, 11
advisor consejero(a) *(m., f.)*, 14
after *(time)* y, 2
afternoon tarde *(f.)*, 2; — **snack** merienda *(f.)*, 7; **good —** buenas tardes, P; **in the —** por la tarde, 1
again otra vez
against contra
age edad *(f.)*, 3
agency agencia *(f.)*, 16
agent agente *(m., f.)*
aghast atónito(a)
agree estar de acuerdo, 6
agreement concordancia *(f.)*
aha! ¡ajá!, 3
air bag bolsa de aire *(f.)*, 12
air conditioning aire acondicionado *(m.)*, 7
airline aerolínea *(f.)*, 11; — **departure gate** puerta de salida, 11
airport aeropuerto *(m.)*, 11
aisle seat asiento de pasillo *(m.)*, 11
alcoholic beverage bebida *(f.)* alcohólica, 5
all todo(a), 6; *(pron.)* todo, 8
alone solo(a), 5
along por, 8
alphabet alfabeto *(m.)*
alphabetize alfabetizar
also también, 2
although aunque, 18
always siempre, 6
a.m. de la mañana, 2
amateur theatre teatro de aficionados *(m.)*, 16
ambulance ambulancia *(f.)*, 15
ample amplio(a), 10
amusement park parque de diversiones *(m.)*, 4
an un(a), 1
ancestry ascendencia *(f.)*, 14
anchor person locutor(a), 18; presentador(a), 18
and y, P
angry enfadado(a), enojado(a), 4
animated animado(a), 4
ankle tobillo *(m.)*, 15
anniversary aniversario *(m.)*, 9
announce anunciar, 18
annoyed fastidiado(a)
another otro(a), 2
answer contestar, 3; respuesta *(f.)*

answering machine máquina contestadora *(f.)*, 17
antibiotic antibiótico *(m.)*, 15
any alguno(a), algún, 6; **not —** ninguno(a), ningún, 6
anyone alguien, 6; **not —** nadie, 6
anything algo, 6
anyway en fin; de todos modos
apartment apartamento *(m.)*, 3
appearance apariencia *(f.)*
apple manzana *(f.)*, 3
application *(form)* solicitud *(f.)*, 3
apply for a loan pedir (e:i) un préstamo, solicitar un préstamo, 8
appointment cita *(f.)*
approach acercarse, 11
April abril, 1
Arabic árabe, 2
arm brazo *(m.)*, 15
armchair butaca *(f.)*; sillón *(m.)*, 10
army ejército *(m.)*
around por, 8; cerca de; — **here** por aquí cerca, 18
arrival llegada *(f.)*, 4, 11
arrive llegar, 2
article artículo *(m.)*, 6
as tan, 5; — **...** — tan... como, 5; — **long as** con tal de que, 14; — **many** tantos(as), 5; — **many ...** — tantos(as)... como, 5; — **much** tanto, 5; — **much** — tanto como, 5; — **soon** — en cuanto, tan pronto como, 14
ashamed avergonzado(a)
ask *(a question)* preguntar, 15; — **(for)** pedir (e:i), 6
aspirin aspirina *(f.)*, 15
assistant asistente *(m., f.)*, 17
at en, 1; a, 2; — **a time** a la vez, 4; — **about** a eso de, 15; — **least** por lo menos, 13; — **night** por la noche, 1; — **the latest** a más tardar, 18; — **this moment** en este momento, 5; — + *time* a la (las) + *time*, 2
athlete atleta *(m., f.)*, 16
attend asistir (a), 3
August agosto, 1
aunt tía *(f.)*, 4
automatic automático(a), 12; — **teller (ATM)** cajero automático *(m.)*, 8
autumn otoño *(m.)*, 1
available libre, 13
avocado aguacate *(m.)*, 9

back espalda *(f.)*, 15
backpack mochila *(f.)*, 2
backyard patio *(m.)*, 15
bad malo(a)
bag bolsa *(f.)*, 13
baked al horno, 5
bakery panadería *(f.)*, 9
banana plátano *(m.)*, 9
bank banco *(m.)*, 8; — **employee** empleado(a) bancario(a) *(m., f.)*, 17
bargain regatear; ganga *(f.)*, 13
basement sótano *(m.)*, 6
basketball baloncesto *(m.)*, 16; básquetbol *(m.)*, 16
bass contrabajo *(m.)*, 9

bathe (oneself) bañar(se), 9
bathing suit traje de baño *(m.)*, 16
bathroom baño *(m.)*, 6; cuarto de baño *(m.)*, 6
bathtub bañadera *(f.)*, bañera, 7
battery acumulador *(m.)*, batería *(f.)*, 12
be ser, 1; estar, 4; — **able to** poder (o:ue), 5; — **acquainted with** conocer, 6; — **afraid** tener miedo (de), 4; temer, 11; — **at fault** tener la culpa, 9; — **back** estar de vuelta, 18; — **bad weather** hacer mal tiempo, 5; — **...** behind schedule tener... de retraso (atraso), 11; — **bored (to death)** aburrirse (como una ostra), 16; — **called** llamarse, 9; — **careful** tener cuidado, 4; — **cold** tener frío, 5; *(weather)* hacer frío, 5; — **due to** debido a; — **for, to exist for** enderezarse a; — **furious** darle rabia a uno, 18; — **glad** alegrarse (de), 11; — **going to** + *inf.* ir a + *inf.*, 4; — **good weather** hacer buen tiempo, 5; — **hot** tener calor, 5; *(weather)* hacer calor, 5; — **hungry** tener hambre, 4; — **impressed** quedar impresionado(a), 17; — **in a hurry** tener prisa, 4; — **in agreement** estar de acuerdo, 6; — **late** llegar tarde, 2; — **named** llamarse, 9; — **not much good** no servir de mucho, 14; — **on vacation** estar de vacaciones, 5; — **pleasing to** gustar, 7; — **right** tener razón, 4; — **right back** volver en seguida, 5; — **scared** tener miedo, 4; — **self-employed** trabajar por cuenta propia, 17; — **silent** callar; — **sleepy** tener sueño, 4; — **sorry** sentir (e:ie), 11; — **starving** estar muerto(a) de hambre, 5; — **sunny** hacer sol, 5; — **thirsty** tener sed, 4; — **too big (small) on someone** quedarle grande (chico) a uno, 13; — **wearing** llevar puesto(a), 18; — **worth it** valer (merecer) la pena, 12; — **wrong** no tener razón, 4; — **...** years old tener... años, 4
beach playa *(f.)*, 4
beans frijoles *(m. pl.)*, 5
beat batir
beautiful hermoso(a), 5; precioso(a), 13
beauty belleza *(f.)*; — **salon** peluquería *(f.)*, salón de belleza *(m.)*, 12
because porque, 2; — **of** por, 8
bed cama *(f.)*, 6; lecho *(m.)*; **to go to —** acostarse (o:ue), 9; **to put to —** acostar (o:ue), 9
bedroom dormitorio *(m.)*; recámara *(f.)* *(Mex.)*, 6; pieza, 6
bedspread sobrecama *(f.)*, 10
beef carne de res *(f.)*
beer cerveza *(f.)*, 5
before antes (de), 7; antes de que, 14
beg rogar (o:ue), 11

begin comenzar (e:ie), empezar (e:ie) (a), 4
being that como, 14
believe creer, 3
believed creído (*p.p. of* creer), 14
bellhop botones (m.), 7
belong pertenecer, 18
benefit beneficio (m.), 18
besides además, 2
best el (la) mejor, 5
betroth desposar
better mejor, 5
beverage bebida (f.), 5
bewildered desconcertado(a)
beyond más allá
bicycle bicicleta (f.), 12
big grande
bill cuenta (f.), 5
biology biología (f.), 14
bird pájaro (m.)
birth nacimiento (m.), 3
birthday cumpleaños (m.), 1
black negro(a), 1
blanket frazada (f.), 10
blemish mancha (f.)
blender licuadora (f.), 10
block (city) manzana (f.) (Sp.), cuadra (f.)
blond(e) rubio(a), 3
blood-stained ensangrentado(a)
blouse blusa (f.), 13
blow resoplar
blue azul, 1
board (a plane) abordar el avión, 11
boarding house pensión (f.)
boarding pass tarjeta de embarque (f.), 11
boat barca (f.), bote (m.), 16
book libro (m.), 2
bookstore librería (f.), 13
boot bota (f.), 13
bored aburrido(a), 4
born nacido(a); **be —** nacer, 9
borrow pedir (e:i) prestado, 11
boss jefe(a) (m., f.), 17
both ambos(as); **— in . . . and in . . .** tanto en… como en…; **— of them** los (las) dos, 2
bother (*doing something*) molestarse, 15
bouquet ramo (m.), 8
boy chico (m.), muchacho (m.), 2
boyfriend novio (m.), 3
bracelet pulsera (f.), 13
brake freno (m.), 12
branch rama (f.); (*office*) sucursal (f.)
brand marca (f.), 13
brave valeroso(a)
bread pan (m.), 5
break romper(se), quebrar(se) (e:ie), 15; **— down** (*car*) descomponerse, 12
breakfast desayuno (m.), 7
bridge puente (m.)
brilliant brillante, 7
bring traer, 6
broken roto(a), 14
broom escoba (f.), 6
brother hermano (m.), 3
brother-in-law cuñado (m.), 6
brought traído (*p.p. of* traer), 14
brown marrón, café, 1
brunette moreno(a), 3
brush one's teeth cepillarse los dientes, 9

bud capullo (m.)
budget presupuesto (m.), 8
bulletin board tablilla de anuncios (f.), 2
bullfight corrida de toros (f.)
bunch: a — of un montón de (m.), 6
bureau cómoda (f.), 10
buried enterrado(a)
burn quemar
bus autobús (m.), ómnibus (m.), bus (m.), 6; colectivo, 12; **— stop** parada de autobuses (f.), 6
business (*adj.*) empresarial; **— administration** administración de empresas (f.), 14
businesspeople gente de negocio (f.)
busy ocupado(a), 4
but pero, 1; sino
butter mantequilla (f.), 9
butterfly mariposa (f.)
buy comprar, 6
buyer comprador(a) (m., f.), 17
by para, 8; por, 8; **— heart** de memoria
bye chau, P

cabbage repollo (m.), 9; col (f.)
cabin cabaña (f.), 16
cafe café (m.), 3
cafeteria cafetería (f.), 1
cake torta (f.), 5
calculator calculadora (f.), 2
call llamar, 3
calorie caloría (f.), 5
camellia camelia (f.), 8
camera cámara (fotográfica) (f.), 7
camp acampar, 16
can poder (o:ue), 5; bote (m.) (Mex.), lata (f.), 9
canary canario (m.), 8
cancel cancelar, 7
candidate candidato(a) (m., f.), 17
canoe canoa (f.), 16
cap gorra (f.), 13
capital (city) capital (f.), 8
capitalism capitalismo (m.), 18
car auto (m.), automóvil (m.), carro (m.), coche (m.), 10; **— jack** gato (m.), 12; **— repair shop** taller (m.) de mecánica, 12
caramel custard flan (m.), 5
card tarjeta (f.), 7
care cuidado (m.)
career carrera (f.), 14
carnation clavel (m.), 8
carpenter carpintero(a) (m., f.), 14
carpet alfombra (f.), 10
carriage carro (m.)
carrot zanahoria (f.), 9
carry-on bag bolso de mano (m.)
cartoons dibujos animados (m. pl.), 16
carved tallado(a)
case: in — en caso de que, 14; **in that —** en ese caso, 11
cash efectivo (m.), 8; **— a check** cobrar un cheque, 8; **— register** caja (f.), 13; **in —** en efectivo, 8
cat gato (m.), 8
catch a fish pescar, 16
cause causar, 18
celebrate celebrar, festejar, 9
celery apio (m.), 9

cellular phone teléfono celular (m.), 12
censorship censura (f.)
cent centavo (m.), 11
ceramic tile azulejo (m.)
certified public accountant contador(a) público(a) certificado(a), 17
chair silla (f.), 2
chalk tiza (f.), 2
chalkboard pizarra (f.), 2
champagne champán (m.), 5
champion campeón(-ona) (m., f.), 16
change cambiar, 6; **— one's mind** cambiar de idea, 11
channel canal (m.), 7
charge: in — encargado(a), 17
charm simpatía (f.)
charmed encantado(a), 1
charming simpático(a), 3
chat charlar, 4
check cuenta (f.), 5; cheque (m.), 8; **to cash a —** cambiar un cheque, 8; **— luggage** facturar el equipaje, 11
checkbook talonario de cheques (m.), chequera (f.), 8
checking account cuenta corriente (f.), 8
checkup chequeo (m.), 15
Cheers! ¡Salud!
cheese queso (m.), 3
chef cocinero(a) (m., f.), 14
chemistry química (f.), 1
cherry cereza (f.)
chest pecho (m.), 15; **— of drawers** cómoda (f.), 10
chicken pollo (m.), 5; **— and rice** arroz (m.) con pollo, 5
chief jefe(a) (m., f.), 17
child niño(a) (m., f.), 5; **only —** hijo(a) único(a), 11
childhood infancia (f.), niñez (f.), 9
children hijos (m. pl.); **—'s** (*adj.*) infantil
Chilean chileno(a), 13
Chinese (*lang.*) chino (m.), 2
chivalry caballería (f.)
chocolate chocolate (m.), 5
choose escoger
Christmas Navidad (f.), 4; **— tree** árbol de Navidad (m.), 4
church iglesia (f.)
cider sidra (f.), 5
city ciudad (f.), 3; **— block** manzana (f.) (Sp.), cuadra (f.)
clarinet clarinete (m.), 9
class clase (f.), 1
classified clasificado(a), 12; **— ad** aviso clasificado (m.)
clean limpio(a); limpiar, 6
clerk empleado(a) (m., f.), 7
climate clima (m.), 2
climb escalar, 16
clock reloj (m.), 2
close cerrar (e:ie), 4; (*adv.*) cerca, 10
closed cerrado(a), 12
cloudy nublado(a)
coach entrenador(a), 16
coal carbón (m.)
coat abrigo (m.), 13
coffee café (m.), 2; (*small cup of*) cafecito (m.), 15; **— maker**

cafetera *(f.)*, 10; **— table** mesa *(f.)* de centro, 10
cognate cognado *(m.)*, 1
cold catarro *(m.)*, resfriado *(m.)*, resfrío *(m.)*, 15; **to be —** tener frío, 4; *(weather)* hacer frío, 5
collar cuello *(m.)*
colleague colega *(m., f.)*
college facultad *(f.)*, 14; *(adj.)* universitario(a), 14
color color *(m.)*, 1
column columna *(f.)*, 18
comb one's hair peinarse, 9
come venir (a), 3; **— in.** Pase., 1; **— to an agreement** ponerse de acuerdo, 11
comedy comedia *(f.)*, 16
comfortable cómodo(a), 7
commentator comentarista *(m., f.)*, 18
commercial comercial *(m.)*, 18; **Let's go to commercials.** Pasemos a comerciales., 18
common común, 16
communication comunicación *(f.)*, 17
compact compacto(a); **— disc** disco compacto *(m.)*; **— disc player** reproductor de discos *(m.)*, 4
company compañía *(f.)*, 3
compensate compensar, 17
complain quejarse, 9
computer computadora *(f.)*, 2; ordenador *(m.) (Sp.)*, 17
computer science informática *(f.)*, 14
concern importarle a uno, 18
concert concierto *(m.)*, 4
condition condición *(f.)*, 12
conditional condicional *(m.)*
conference conferencia *(f.)*, 18
confirm confirmar, 7
confused aturdido(a), 4
constitution constitución *(f.)*, 18
consulate consulado *(m.)*, 7
contagious contagioso(a), 15
continue seguir (e:i), continuar, 14; proseguir (e:i); **— straight ahead** seguir derecho, 12
contraction contracción *(f.)*
conversation conversación *(f.)*, 2
converse conversar, platicar, 2
convince convencer, 10
cook cocinar, 6; **cocinero(a)** *(m., f.)*, 14
cool (down) enfriar
copper cobre *(m.)*
corner *(street)* esquina *(f.)*, 12
correspondence correspondencia *(f.)*, 17
cost an arm and a leg costar (o:ue) un ojo de la cara, 12
cotton algodón *(m.)*, 13
cough tos *(f.)*, 15; toser, 15
count contar (o:ue), 5
country país *(m.)*, 9
countryside campo *(m.)*, 16
couple pareja *(f.)*
courteous amable, 2
cousin primo(a) *(m., f.)*, 6
cover cubrir
covered cubierto(a), 14
cowardice cobardía *(f.)*
co-worker compañero(a) de trabajo, 11
crazy loco(a)
cream crema *(f.)*, 5
create crear
credit card tarjeta de crédito *(m.)*, 8
crime crimen *(m.)*, 18

crowd muchedumbre *(f.)*, 2
cruise crucero *(m.)*, 11
cry llorar, 13
Cuban cubano(a), 2
Cuban American cubanoamericano(a), 2
cucumber pepino *(m.)*, 9
cup taza *(f.)*, 2
currency moneda *(f.)*
curriculum vitae currículum vitae *(m.)*, 17
curtain cortina *(f.)*, 10
customer cliente *(m., f.)*
customs aduana *(f.)*, 7
cut cortar(se)

dad papá *(m.)*, 1
daily diariamente
daisy margarita *(f.)*, 8
dam represa *(f.)*
damage daño *(m.)*, 18
dance bailar, 4; baile *(m.)*, 4
dancer bailarín(-ina) *(m., f.)*, 4
dangerous peligroso(a)
dark moreno, 2; oscuro(a)
darling mi amor *(m.)*, mi vida *(f.)*, 3
date fechar, poner la fecha, 8; fecha; **— of birth** fecha de nacimiento *(f.)*, 3
daughter hija *(f.)*, 4; **— in-law** nuera *(f.)*, 6
dawn alba *(f.)*
day día *(m.)*, 1; **— before yesterday** anteayer, 8; **one of these —s** un día de estos
dazed aturdido(a), 4
dead muerto(a), 14
deal with tratar de
dear querido(a), 11
death muerte *(f.)*
debate debate *(m.)*, 18
debit card tarjeta de débito, 7
debt deuda *(f.)*, 8
December diciembre, 1
decide decidir, 3
defeat derrotar, 18
definite determinado(a)
degree título *(m.)*, 14; grado *(m.)*, 15
deliver entregar, 14
demand exigir, 11, 18
demonstration manifestación *(f.)*, 18
demonstrative demostrativo(a)
denial negación *(f.)*
deny negar (e:ie), 12
department store almacén *(m.)*, tienda por departamentos *(f.)*, 13
departure salida *(f.)*, 11
deposit depositar, 8
depth profundidad *(f.)*
desk escritorio *(m.)*, pupitre *(m.)*, 2
despair desesperanza *(f.)*
dessert postre *(m.)*, 5
diamond diamante *(m.)*
dictatorship dictadura *(f.)*, 18
die morir(se) (o:ue), 5
died muerto, 14
diet dieta *(f.)*, 5; dietético(a), 5
different distinto(a)
difficult difícil, 1
dine cenar, 7
dining room comedor *(m.)*, 6
dinner cena *(f.)*, 7; **have —** cenar, 7
direct directo(a), 11
dirty sucio(a)
disaster desastre *(m.)*, 4

discotheque discoteca *(f.)*, 4
discount descuento *(m.)*, 13
dish plato *(m.)*, 5
divorced divorciado(a), 3
do hacer, 4; **— the laundry** lavar la ropa, 6; **— the shopping** hacer las compras, 6
dock muelle *(m.)*
doctor (Dr.) doctor(a) *(m., f.)*, P; médico(a) *(m., f.)*, 14; **—'s office** consultorio *(m.)*, 15
document documento *(m.)*, 12; cédula *(f.)*
done hecho *(p.p. of* hacer), 14
donkey burro(a) *(m., f.)*
door puerta *(f.)*, 2
doorbell timbre *(m.)*, 15
dot punto *(m.)*; **on the —** en punto
double doble, 7; **— bed** cama doble, 7; **— room** habitación doble *(f.)*, 7
doubt dudar, 12
draft borrador *(m.)*, 2; versión *(f.)*
dramatic dramático(a), 16
dream hacerse ilusiones, 18; **— about (of)** soñar (o:ue) con, 18
dress vestido *(m.)*, 13
dressed: to get — vestirse (e:i), 9; **— up** vestido(a) de gala
dressmaker modista *(f.)*
drink beber, tomar, 3; bebida *(f.)*, 5
drive conducir, 6; manejar, 12
driver conductor *(m., f.)*, 12
driver's license licencia de conducir, 3; **— number** número de la licencia de conducir, 3
drums batería *(f.)*, 9
dry secar; seco(a); **— season** estación de la seca *(f.)*
dryer secadora *(f.)*, 10
dubbed doblado(a)
duly debidamente
during durante, 7; por, 8
dust the furniture sacudir los muebles, 6
DVD disco *(m.)* versátil digital, 17

each cada, 17
ear *(inner)* oído *(m.)*, 15; *(external)* oreja *(f.)*, 15
early temprano, 9
earn ganar, 2
earring arete *(m.)*, 13
easily fácilmente, 8
east este, 16
easy fácil, 1
eat comer, 3; **— soup** tomar sopa, 5
efficient eficiente, 17
effort esfuerzo *(m.)*
egg huevo *(m.)*, 5
eight ocho, P; **— hundred** ochocientos(as), 3
eighteen dieciocho, 1
eighth octavo(a), 7
eighty ochenta, 2
either . . . or o... o, 6; **not —** tampoco, 6
elections elecciones *(f.)*, 18
elective clase optativa *(f.)*; optativo(a)
electoral campaign campaña electoral *(f.)*, 18
electricity electricidad *(f.)*, 10
electronic equipment equipo electrónico *(m.)*, 17
elegant elegante, 13

eleven once, 1
e-mail mensaje electrónico (m.), 3; correo electrónico (m.), 17
embassy embajada (f.), 7
emergency emergencia (f.), 15
emphasize destacar
employee empleado(a), 7
employment office agencia de empleos, 6
empty vacío (a), 12
end terminar, 14; acabarse, 18; fin (m.)
engineer ingeniero(a) (m., f.), 14
English (lang.) inglés (m.), 2
enjoy disfrutar; — **oneself** divertirse (e:ie), 9
enormous enorme, 15
entertain entretener, 15
entertainment section (of newspaper) cartelera (f.), 16
enthused entusiasmado(a), 4
entrance entrada (f.), 11
eraser borrador (m.), 2
errand diligencia (f.), 8; **to run —s** hacer diligencias, 8
escalator escalera mecánica (f.), 7
especially especialmente, 8
essay ensayo (m.)
evaluation evaluación (f.), 17
evening noche (f.), 2; — **gown** vestido de noche (m.), 13
event acontecimiento (m.), 18
ever alguna vez
every day todos los días, 2
everything todo
everywhere a (de) todas partes, a todos lados, 2
evil maligno(a)
exactly exactamente, 17
exaggerate exagerar, 13
exam examen (m.), 3
excellent excelente, 11
excess baggage exceso de equipaje (m.), 11
exchange cambiar, 13
excursion excursión (f.), 11
executive ejecutivo(a) (m., f.), 14
exercise hacer ejercicio, 7
exhausted agotado(a), 18
exit salida (f.), 11
expect esperar
expensive caro(a), 10
experience experiencia (f.), 3
express gratitude dar las gracias, 18
expression expresión (f.)
extremely extremadamente, 17; — **good** buenísimo(a), 11
eye ojo (m.), 15; **with brown eyes** de ojos castaños, 5

face cara (f.), 15; rostro (m.)
fact: the — is . . . es que..., 13
faculty appointment cátedra (f.)
fail (course or exam) quedar suspendido(a), 14
faint desfallecer
fair justo(a)
faith fe (f.), 18
fall otoño (m.), 1; — **asleep** dormirse (o:ue), 9; — **in love with** enamorarse de, 18
false falso(a)
fame fama (f.), 17

family familia (f.), 4; — **oriented** hogareño(a); — **room** salón de estar (m.), 6
fan ventilador (m.), 10
far lejos, 10; — **away** lejano(a)
farewell despedida (f.), 1
farmer labrador(a) (m., f.)
fashion moda (f.)
fast rápido(a), 13
fasten one's seatbelt abrocharse el cinturón, 11
fat gordo(a), 3
father padre (m.), 1
father-in-law suegro (m.), 6
fault defecto (m.), 15
favorite favorito(a), 4
fear temer, 11
February febrero, 1
feed dar alimento (a), dar de comer
feel sentir(se) (e:ie), 9
festival festival (m.), 16
fever fiebre (f.), 15
few unos(as), 2
fiancé(e) prometido(a) (m., f.), 11
fifteen quince, 1
fifth quinto(a), 7
fifty cincuenta, 2
fight luchar
file archivar, 17
fill, fill out llenar, 3
film película (f.), 7; filmar, 18
finally por fin, 18
financial económico(a), 3
financial aid ayuda económica (f.), 14
find encontrar (o:ue), 5; — **out** saber, 10; enterarse, 18
fine (adv.), bien, P; multa (f.), 8; (verb) dar (poner o imponer) una multa, 8
finger dedo (m.), 15
finish terminar, 14
fire fuego (m.), incendio, 8
fire fighter bombero, 14
fire hydrant boca de incendios (f.), hidrante (m.), 8
first primero(a), primer, 2; — **class** primera clase, 11; — **name** nombre (m.), 3; — **part of** a principios de, 18
fish pescado (m.), 5; pez; pescar, 16; — **store** pescadería (f.), 9
fishing rod caña de pescar (f.), 16
fit caber, 6; quedar
fitting room probador (m.), 13
five cinco, P; — **hundred** quinientos(as), 3
fix arreglar, 6
flame llama (f.)
flash memory card memoria (f.) flash portátil, 17
flat tire llanta pinchada (f.), neumático pinchado (m.), 12
flesh carne (f.)
flight vuelo (m.), 11; — **attendant** auxiliar de vuelo (m., f.), 11; azafata (f.), 11
flood(ing) inundación (f.), 18
floor piso (m.), 7
flower flor (f.), 8; — **shop** florería (f.), 8
flu gripe (f.), 15
flute flauta (f.), 9
fly volar (o:ue), 5
foam espuma (f.)

fog niebla (f.), 5
fold doblar, 6
folder carpeta (f.), 17
follow seguir (e:i), 6
following siguiente
food comida (f.), 4
fool oneself hacerse ilusiones, 18
foot pie (m.), 13; **on —** a pie, 12
for para, 3; por, 8; — **example** por ejemplo, 13; — **that** para eso, 18
force obligar
forehead frente (f.), 15
foreign extranjero(a)
forest bosque (m.), 11
forever para siempre, 18
forget olvidar(se) (de), 9
fork tenedor (m.), 5
form planilla (f.), 8
fortress fortaleza (f.)
fortune fortuna (f.), 11
forty cuarenta, 2
four cuatro, P; — **hundred** cuatrocientos(as), 3
fourteen catorce, 1
fourth cuarto(a), 7
frankly francamente, 12
free (of charge) gratis, 8, gratuito(a); libre, 13
freedom libertad (f.), 2, 18
freedom of the press libertad de prensa (f.), 18
freedom of speech libertad de palabra (f.), 18
freeway autopista (f.), 12
French (lang.) francés (m.), 2; — **fries** papas fritas, 5
frequent frecuente
frequently a menudo, frecuentemente, 12
fresh (water) dulce
Friday viernes (m.), 1
fried frito(a), 5
friendship amistad (f.)
from de, 1; desde, 10; — **now on** de ahora en adelante, 9
front: in — of frente a, 8; — **door** puerta de calle (f.)
fruit fruta (f.), 9
fruit juice jugo de frutas (f.), 5
fruit tree árbol frutal (m.), 15
frustrated frustrado(a), 4
frying pan sartén (f.), 10
fuel injection sistema de inyección, 12
full lleno(a), 12
function funcionar, 12
furious furioso(a), 4
furnish proporcionar
furnished amueblado(a), 10
furniture muebles (m. pl.), 10
future futuro (m.), 14

game partido (m.), 4
game show programa de concursos (m.), 16
garage garaje (m.), 6
garden jardín (m.), 7; — **of Eden** paraíso terrenal (m.)
gas station gasolinera (f.), estación de servicio (f.), 12
gasoline gasolina (f.), 12
gee! ¡caramba!, 2

gender género (m.), sexo (m.)
general general, 8
generally generalmente, 8; por lo general, 18
gentleman señor (m.), P; caballero (m.)
geranium geranio (m.), 8
German (lang.) alemán (m.), 2
get buscar, 6; conseguir (e:i), 6; (grade) sacar, 14; — **a tan** broncearse, 16; — **angry** enojarse, enfadarse, 14; — **better** mejorarse, 15; — **dressed** vestirse (e:i), 9; — **engaged to** comprometerse con, 18; — **in shape** ponerse en forma, 14; — **married** casarse con, 11; — **together** reunirse; — **undressed** desvestirse (e:i), 9; — **up** levantarse, 9; — **used to** acostumbrarse a, 12; — **worse** empeorarse, 15
ghost fantasma (m.)
gift regalo (m.), 8; don (m.); — **shop** tienda de regalos, 7
girl chica (f.), muchacha (f.), 2
girlfriend novia (f.), 3
give dar, 4; — **a shot** poner una inyección, 15
glass vaso (m.), 4; copa (f.), 5
glove guante (m.), 13; — **compartment** guantera, portaguantes, 12
go ir (a), 4; — **away** irse, 9; — **camping** acampar, ir a acampar, 16; — **down** bajar, 12; — **fishing** ir de pesca, ir a pescar, 16; — **on an excursion** hacer una excursión, 11; — **on foot** ir a pie, ir caminando, 12; — **on vacation** ir de vacaciones, 11; — **out** salir, 6; — **through** atravesar (e:ie); — **through customs** pasar por la aduana, 7; — **to bed** acostarse (o:ue), 9
goal meta (f.)
goblet copa (f.), 5
God Dios; — **grant** ojalá, 11
goddaughter ahijada (f.)
godfather padrino (m.), 11
godmother madrina (f.)
godson ahijado (m.)
gold oro (m.)
golden dorado(a)
golf club palo de golf (m.), 16
good bueno(a), buen; — **afternoon** buenas tardes, P; — **evening** buenas noches, P; — **morning** buenos días, P; — **night** buenas noches, P
good bye adiós, P; chau, P
good-looking guapo(a), 2
gosh! ¡caramba!, 1
governor gobernador(a), 18
grade nota (f.), 14; — **point average** promedio (m.), 14
grading system sistema de calificaciones (m.)
graduate graduar(se), 14
granddaughter nieta (f.), 6
grandfather abuelo (m.), 4
grandmother abuela (f.), 4
grandson nieto (m.), 6
grape uva (f.), 9
gratitude agradecimiento (m.)
gray gris, 1
great magnífico(a), 14

Great! ¡Chévere!, ¡Bárbaro!
great-grandfather (-mother) bisabuelo(a) (m., f.)
green verde, 1
greet saludar, 15
greeting saludo (m.), 1
grilled a la parrilla, 5
group grupo (m.), 7
guest invitado(a) (m., f.), 4; — **room** cuarto (m.) de huéspedes, 6
guilty culpable
Guinea pig conejillo de Indias (m.), 8
guitar guitarra (f.), 9
gym gimnasio (m.), 14

hair pelo (m.), cabello (m.)
half medio(a); mitad (f.); — **past** y media (time), 2
ham jamón (m.), 5
hamburger hamburguesa (f.), 5
hand mano (f.), 15
handbag bolso (m.), cartera (f.), 9
handkerchief pañuelo (m.), 13
handsome guapo(a), 2
happen pasar, ocurrir, 18
happening hecho (m.)
happy contento(a), 4
hardware store ferretería (f.), 9
hardworking trabajador(a), 3
hat sombrero (m.)
have tener, 3; haber (aux.); — **a good time** pasarlo bien, 5; divertirse (e:ie), 9; — **a lot to do** tener mucho que hacer, 3; — **a nice trip** buen viaje, 11; — **a picnic** hacer un picnic; — **a seat.** Tome asiento., 1; — **breakfast** desayunar, 5; — **dinner** cenar, 5; — **just . . .** acabar de . . . , 4; — **lunch** almorzar (o:ue), 5; — **self-esteem** estimarse; — **nothing in common** no tener nada en común, 16; — **nothing to wear** no tener nada que ponerse, 13; — **something to drink (eat)** tomar (beber) algo, 3; — **the day off** tener el día libre, 8; — **to** tener que + inf., 3
he él, 1; — **(she) who** el (la) que
head cabeza (f.), 15
headlight luz (f.), 12
healer curandero(a) (m., f.)
health salud (f.), 15
hear oír
heard oído (p.p. of oír), 15
heart corazón (m.); — **attack** ataque al corazón (m.), 15
heating calefacción (f.), 10
heaven cielo (m.)
height estatura (f.), 3
hello hola, P; **say — to . . .** saludos a…, 1
help ayudar (a), 6; ayuda (f.), 2
her su(s), 3; ella, 4; la, 6; le, 7
here aquí; — **it goes.** Aquí va.; — **it is.** Aquí está., 3
hers suyo(a)(s), 9
herself se, 9
hide esconder, 6; ocultar
highway autopista (f.), 12
hillside ladera (f.)
him él, 4; lo, 6; le, 7
himself se, 9
his su(s), 3; suyo(a)(s), 9
history historia (f.), 3

hold estrechar; — **tightly** oprimir
holidays fiestas, 4
home casa (f.), hogar (m.); — **page** propia página (f.); **(related to)** — casero(a), 6
homework deber (m.), tarea (f.), 14
honest honrado(a)
honey miel de abeja (f.), 15; cariño (m.), 18
honeymoon luna de miel (f.), 11
honorable honorable
hood capó (m.), 12
hope esperar, 11; esperanza (f.); **I —** ojalá, 11
horn bocina (f.), 12
horse caballo (m.); — **rider** jinete (m., f.)
hospital hospital (m.), 2
hot caliente; — **chocolate** chocolate caliente (m.), 5; — **dog** perro caliente (m.), 5; **nice and —** bien caliente, 15; **to be —** tener calor, 4; (weather) hacer calor, 5
hotel hotel (m.), 5
hour hora (f.)
house casa (f.), 2
housework quehaceres (trabajos) de la casa, 6
how? ¿cómo?, P; — **are you?** ¿Cómo está Ud.? (form. sing.), P, 1; ¿Cómo están ustedes? (form. pl.), P, 1; ¿Cómo estás? (fam.), P, 1; — **do you do?** Mucho gusto., 1; — **does one say . . . ?** ¿Cómo se dice…?, 1; — **far in advance?** ¿Con cuánta anticipación?; — **is it going (for you)?** ¿Qué tal (te va)?, P, 14; ¿Cómo le va? (form.), ¿Cómo te va? (fam.); — **many?** ¿cuántos(as)?; — **may I help you?** ¿En qué puedo servirle?, 7; — **much?** ¿cuánto(a)?; — **nice to see you!** ¡Qué gusto de verte!, 15
hug abrazo (m.), 14; abrazar, 8
hundred cien, ciento, 2
hunger hambre (f.), 5
hungry: to be — tener hambre, 4
hunt cazar, 16
hurricane huracán (m.), 18
hurt doler (o:ue), 15; herir (e:ie)
husband esposo (m.), marido (m.), 5
hybrid car coche híbrido (m.), 12
hypochondriac hipocondriaco (m.), 15

ice cream helado (m.), 5
iced tea té helado, 5
I.D. number número de identidad (m.), 3
idea idea (f.), 2
ideal (adj.) ideal, 11
if si, 12
immediately inmediatamente, 18
imperfect imperfecto(a)
import importación (f.), 17
important importante, 17
impossible imposible
impressed impresionado(a), 17
improve mejorar, 9
in en, 1; por, 8; de, 16; a, 16; — **case** en caso de que, 14; — **charge** encargado(a), 17; — **exchange for** por, 8; — **front of** frente a, 8; — **haste** presuroso(a);

— order para, 2; **— order that** para que, 14; **— order to** a, 3; para, 8; **— search of** en busca de, 8; **— spite of** a pesar de (que), 9; entonces, 8; **— the afternoon** de (por) la tarde, 1; **— the evening** de (por) la noche, 1; **— the morning** de (por) la mañana, 1
include incluir, 10
income ingreso (m.)
increase aumento (m.), 17
indefinite indeterminado(a)
indicative indicativo(a)
inexpensive barato(a), 11
influenza gripe (f.), 15
injection inyección (f.), 15; **to give an —** poner una inyección, 15
inside en, 16; dentro
insist on insistir en, 14
installments plazos (m. pl.), 8; **in (on) —** a plazos, 8
instructor profesor(a), P
insurance agent agente de seguros (m., f.), 17
intelligent inteligente, 2
interest interesar, 18
interesting interesante, 6
international internacional, 2
internet Internet (m., f.), 7
interpreter intérprete (m., f.), 17
interrogative interrogativo(a)
interview entrevista (f.), 17; entrevistar, 17
introduce presentar, 16
invitation invitación (f.), 3
invite invitar (a), 18
invited invitado(a), 4
iron planchar, 6; plancha (f.), 10
ironing board tabla de planchar, 10
Is . . . (name) there? ¿Está... (name)?, 3
it la, 6; lo, 6
Italian (lang.) italiano (m.), 2
its su(s), 3
itself se, 9

jack gato (m.), 12
jail cárcel (f.)
January enero, 1
Japanese (lang.) japonés (m.), 2
jewelry joyas (f. pl.), 13; **— store** joyería (f.), 9
job empleo (m.), trabajo (m.), 3; puesto (m.), 17; **— application** solicitud de trabajo (f.), 3
joint account cuenta conjunta (f.), 8
joke bromear, 12
journalism periodismo (m.), 14
journalist periodista (m., f.), 18
joy gusto (m.)
juice jugo (m.), 5
July julio, 1
June junio, 1
jungle selva (tropical) (f.), 11
just in case por si acaso, 18

keep quedarse con; (something going) mantener; **— in mind** tener en cuenta
key llave (f.), 6
keyboard teclado (m.), 17
kid: to — (joke) bromear, 12
kilo, kilogram kilogramo (m.), 13
kindergarten jardín de infantes (infancia) (m.)

kindness bondad (f.)
king rey (m.)
kiss beso (m.), 11; besar
kitchen cocina (f.), 6
knee rodilla (f.), 15
knife cuchillo (m.), 5
knight caballero (m.)
knock on the door tocar a la puerta, 6
know conocer, 6; saber, 6
knowledge conocimiento (m.)

labor (adj.) obrero(a)
laboratory laboratorio (m.), 14
lack falta (f.); **— of patience** impaciencia (f.)
lady señora (f.), P
lake lago (m.)
lamb cordero (m.), 5
lamp lámpara (f.), 10
land tierra (f.), terreno (m.)
land (a plane) aterrizar, 11
language idioma (m.); lengua (f.), 2
laptop computer microcomputadora (f.), computadora portátil (f.), 17
large grande, amplio, 10
last pasado(a), 7; durar, 13; **— name** apellido (m.), 3; **— night** anoche, 7; **— time** última vez (f.), 16
later después, más tarde, 3
laugh reírse (e:i), 10
laughter risa (f.)
lawyer abogado(a) (m., f.), 14
leaf hoja (f.)
leafy frondoso(a)
league liga (f.)
learn aprender (a), 3
leather cuero (m.), 13
leave (behind) dejar, 5; salir, 6; irse, 9; partir
lecture conferencia (f.)
left izquierdo(a); **to the —** a la izquierda, 7
leg pierna (f.), 15
lemon limón (m.), 5
lend prestar, 8
less menos, 5; **— ... than** menos... que, 5; **— than** + number menos de + number, 5; **more or —** más o menos
let know avisar, 10
let's go vamos, 2; **— shopping** vamos de compras, 13
let's see a ver, 5
letter carta (f.), 17
lettuce lechuga (f.), 9
liberty libertad (f.), 2
librarian bibliotecario(a) (m., f.), 14
library biblioteca (f.), 1
license licencia; **— plate** chapa (f.), placa (f.) (Mex.), 12
life vida (f.)
lifeguard salvavidas (m., f.), 16
lift levantar, 9
light luz (f.), 2; (adj.) claro(a), ligero(a)
likable simpático(a), 3
like gustar, 7; como, 11, 16
likewise igualmente, 1
lilac lila (f.), 8
line renglón (m.); (of poetry) verso (m.)
linen hilo (m.), lino (m.), 13
lip labio (m.)
list lista (f.), 9

listen oye, 1; escuchar, 13; **let's —** escuchemos, 18
literature literatura (f.), 2
litter tirar basura
little pequeño(a); **a —** un poco (de), 2; **a —** + adjective un poco + adjective, 4; **— sister (brother)** hermanita(o) (f., m.), 4
live vivir, 3
livestock ganadería (f.)
living room sala (f.), 6
loaded (with) cargado(a) (de), 13
loan préstamo (m.), 8
lobster langosta (f.), 5
local (adj.) local, 18
locate ubicar
located: to be — quedar, 10
location ubicación (f.)
lock cerradura (f.)
lodge (at a hotel) hospedarse en, 11
lodging hospedaje (m.), 11; alojamiento (m.)
loneliness soledad (f.)
long time mucho tiempo, 7
long-sleeved (de) mangas largas, 13
look (at) mirar, 5; **— for** buscar, 6; **— out the window** mirar por la ventana, 6; **— right through** atravesar (e:ie) con la mirada
lose perder (e:ie), 4
love encantarle a uno, 8; cariño (m.), 18
loving amante (adj.)
loyal leal
luckily por suerte, 18
luggage equipaje (m.), 7
lunch almuerzo (m.), 7; **to have —** almorzar (o:ue), 5; **— time** la hora de almorzar, 17
luxury lujo (m.)

madam señora (f.), P
made hecho(a) (p.p. of hacer), 14
magazine revista (f.), 6
magnificent magnífico(a), 4
maid criada (f.), 10
maiden name apellido de soltera (m.)
maintain mantener, 14
majority mayoría (f.), 18
make hacer, 6; obligar; realizar; **— a decision** tomar una decisión, 14; **— a movie** filmar, 18; **— a stopover** hacer escala, 11; **to — matters worse** para peor, 18
man hombre (m.)
manager gerente (m., f.), 8
mango mango, 9
many muchos(as), 4
map mapa (m.), 2
March marzo, 1
Mardi Gras carnaval (m.)
margarine margarina (f.), 9
marital status estado civil (m.), 3
mark down rebajar, 13
marker marcador (m.), 2
market mercado (m.), 6
marketing mercadeo (m.), 17
marriage matrimonio (m.)
married casado(a), 3; **— couple** matrimonio (m.), 13
marry casarse (con), 18
mashed potatoes puré de papas (m.), 5
match combinar, hacer juego, 13

math(ematics) matemáticas (*f. pl.*), 2
matter importarle a uno, 18
mattress colchón (*m.*), 7
May mayo, 1
maybe a lo mejor, 12; tal vez
me mí, 4; me (*d.o.*), 6; me (*i.o.*), 7
meal comida (*f.*), 5
mean querer decir
means medio (*m.*)
measure medida (*f.*); medir (e:i), 13
meat carne (*f.*), 6; — **market**
carnicería (*f.*), 9; — **turnover**
empanada (*f.*)
mechanic mecánico (*m.*), 12
media medios de difusión (*m.*), 18
medicine medicina (*f.*), medicamento (*m.*), 15; remedio (*m.*), 15
medium mediano(a), 13; **of —
height** de estatura mediana, 3
meet conocer, 10; encontrarse
(o:ue) (con), 10
melt fundir; derretir (e:i)
men hombres (*m. pl.*); —**'s department** departamento de (ropa
para) caballeros (*m.*), 13
menu menú (*m.*), 5
merchant vendedor(a) (*m., f.*)
merry alegre
message mensaje (*m.*), 3
meter métrica (*f.*) (*poetry*)
Mexican mexicano(a), 1
microwave microondas (*m.*), 10
middle name segundo nombre (*m.*)
midnight medianoche (*f.*), 9
midterm exam examen parcial (*m.*),
examen de mitad de curso (*m.*), 3
midwife partera (*f.*)
mild templado(a)
mile milla (*f.*), 12
milk leche (*f.*), 5
mine mío(a), míos(as), 9
mineral water agua mineral (*f.*), 5
minus menos
mirror espejo (*m.*), 10
miss extrañar, 9; **to — class** faltar a
clase, 14
Miss señorita (Srta.) (*f.*), P
mister señor (Sr.), P
mix mezclar
mixture mezcla (*f.*)
modern moderno(a), 12
mom mamá (*f.*), 1
moment momento (*m.*), 3; **at this
—** en este momento, 5
Monday lunes (*m.*), 1
money dinero (*m.*), 2
month mes (*m.*), 1; **a (per)
—** al (por) mes, 12
moon luna (*f.*), 11
mop the floor trapear el piso, 6
more más, 2
most el (la) más, 5
mother madre (*f.*), 1
motherhood maternidad
mother-in-law suegra (*f.*), 6
motorcycle motocicleta (*f.*), moto (*f.*), 8
mountain montaña (*f.*), 4; sierra (*f.*),
monte (*m.*)
mouse ratón (*m.*), 17
mouth boca (*f.*), 15
move (*from one house to another*)
mudarse, 10
movie película (*f.*), 7; — **screen** pantalla cinematográfica (*f.*); — **sec-**

tion (*of newspaper*) cartelera (*f.*),
16; — **theater** cine (*m.*), 4; **mystery —** película de misterio (*f.*),
16; **see a —** ver una película, 7;
show a — dar una película, 7;
pasar una película, 7; **science-fiction
—** película de ciencia ficción (*f.*), 16;
thriller — película de suspenso (*f.*),
16; **war —** película de guerra
(*f.*), 16
mow the lawn cortar el césped, 6
MP3 player lector MP3 (*m.*), 4
Mr. señor (*m.*), Sr., P
Mrs. señora (*f.*), Sra., P
much mucho(a), 1
muddy turbio(a)
murder mystery película de
misterio (*f.*), 16
museum museo (*m.*), 4
music música (*f.*), 18
musical musical, 16
musician músico (*m.*)
must deber, 3
my mi(s), 2, 3; — **love** mi amor, 3;
— **name is . . .** Me llamo..., P
myself me, 9
mystery misterio (*m.*); . . . **(movie)**
película de misterio (*f.*), 16

name nombre (*m.*), 3; nombrar;
first — nombre (*m.*), 3; **My — is
. . .** Me llamo..., P; **What's your
—?** ¿Cómo se llama Ud.? (*form.*), P,
1; ¿Cómo te llamas? (*fam.*), P
nap siesta (*f.*), 7
napkin servilleta (*f.*), 5
narrow estrecho(a), angosto(a), 13
nation nación (*f.*); pueblo (*m.*)
nationality nacionalidad (*f.*), 3
natural ínsito(a)
necessary necesario(a), 3
neck cuello (*m.*), 15
necklace collar (*m.*), 13
need necesitar, 2
negative negativo(a)
neighbor vecino(a) (*m., f.*), 4
neighborhood barrio (*m.*), vecindad (*f.*), 10
neither tampoco, 6; — **. . . nor**
ni... ni, 6
nephew sobrino (*m.*), 6
nervous nervioso(a), 4
never nunca, jamás, 6; —
again nunca más, 13
New Year Año Nuevo (*m.*), 4
news program noticiero (*m.*), 18
newspaper diario (*m.*), periódico (*m.*), 3
next próximo(a), 2; que viene;
entrante, 18; — **to** al lado de, 7
nice simpático(a), 3; — **and
hot** bien caliente, 15; — **to meet
you.** Mucho gusto., 1
niece sobrina (*f.*), 6
night noche (*f.*), 2; — **table** mesita
de noche (*f.*), 10
nightgown camisón (*m.*), 13
nine nueve, P; — **hundred** novecientos(as), 3
nineteen diecinueve, 1
ninety noventa, 2
ninth noveno(a), 7
no no, 1; ningún, ninguna, 6;
— **one** nadie, 6; — **wonder** con

razón, 3
nobody nadie, 6
nocturne nocturno (*m.*)
noise ruido (*m.*)
none ninguno(a), ningún, 6
noodles fideos (*m. pl.*), 5
noon mediodía (*m.*), 5; **at —** al
mediodía, 5
nor ni, 6
north norte (*m.*), 16
nose nariz (*f.*), 15
not no, P; — **any** ninguno(a), 6;
— **either** tampoco, 6; — **much**
no mucho, P; — **working**
descompuesto(a), 12
notebook cuaderno (*m.*), 2
nothing nada, 1; — **but** no...
más que
notice fijarse en, 18
noun nombre (*m.*), sustantivo (*m.*)
November noviembre, 1
now ahora, 6
nowadays hoy en día, 18;
actualmente
number número (*m.*), P
nursing home casa de ancianos (*f.*)

object objeto (*m.*)
obtain conseguir (e:i), 6
occupation ocupación (*f.*), 3
occur ocurrir, pasar, 18
October octubre, 1
of de, 1; — **course** por supuesto, 7
office oficina (*f.*), 1, despacho (*m.*), 17
often a menudo, frecuentemente, 12
Oh, no! ¡Ay, no!, 1
oil aceite (*m.*), 9
oil filter filtro de aceite (*m.*), 12
old viejo(a); antiguo(a), 10; **to be . . .
years —** tener... años, 4
older mayor, 5
oldest el (la) mayor, 5
olive aceituna (*f.*); — **oil** aceite de
oliva (*m.*)
on en, 16; — **account of** por, 8;
— **behalf of** por, 8; — **the other
hand** por otro lado, 13; — **the
phone** al (por) teléfono, 3
once una vez, 16
one uno, P; — **says** se dice, 1; —
way (ticket) de ida, 11
one thousand mil, 3
onion cebolla (*f.*), 9
online application form solicitud (*f.*)
electrónica, 3
only solamente, solo, 10; — **thing** lo
único, 14
open abrir, 3; abierto(a), 12; — **an
account** abrir una cuenta, 8
opened abierto (*p.p. of* abrir), 14
opinion opinión (*f.*), 11
optimist(ic) optimista (*m., f.*), 3
or o, 6
orange anaranjado(a), 1;
naranja (*f.*), 9
orchestra orquesta (*f.*)
orchid orquídea (*f.*), 8
order pedir (e:i), 5; mandar, 11;
pedido (*m.*), 5; orden (*f.*)
organ órgano (*m.*), 9
other otro(a), 2; — **person's
right** derecho ajeno (*m.*)
others los (las) demás
our nuestro(a)(os)(as), 3

refrain estribillo *(m.)*
refrigerator refrigerador *(m.)*, 10
refugee refugiado(a) *(m., f.)*
refuse no querer (e:ie), 10; negarse (a) (e:ie)
regarding en cuanto a
register matricularse, 14
registered matriculado(a), 14
registration recepción *(desk) (f.)*, 7; matrícula *(f.)*, 14
regret sentir (e:ie), 11
relative pariente *(m., f.)*, 6
remain seated quedar(se) sentado(a)
remember recordar (o:ue), 5; acordarse (o:ue) (de), 9
remote control control remoto *(m.)*, 16
rent alquiler *(m.)*, 10; alquilar, 10
repair arreglar, 12; arreglo *(m.)*, 12; — **shop** taller de mecánica *(m.)*, 12
report informe *(m.)*, 3
reputation fama *(f.)*, 17
request pedir (e:i), 11
requirement requisito *(m.)*, 14
research investigación *(f.)*, 14
reservation reserva *(f.)*, reservación *(f.)*, 7
resign renunciar, 17
resort balneario
responsibility responsabilidad *(f.)*, 17
rest descansar, 7
restaurant restaurante *(m.)*, 5
résumé resumé *(m.)*, 17
retire jubilarse; retirarse, 17
return regresar, 2; volver (o:ue), 5; *(some thing)* devolver (o:ue), 13
returned *(p.p.)* (de)vuelto(a), 14
revolution revolución *(f.)*, 9
reward recompensa *(f.)*
rice arroz *(m.)*, 5; — **pudding** arroz con leche *(m.)*, 5
ride *(a bicycle)* montar en bicicleta, 16; *(a horse)* montar a caballo, 16
right derecho *(m.)*; *(adj.)* derecho (a); —**?** ¿verdad?, 1; — **away** en seguida, 5; **to the** — a la derecha, 7
ring anillo *(m.)*, 13; *(phone)* sonar (o:ue), 15
river río *(m.)*, 16
rock mecer
role papel *(m.)*
romantic romántico(a), 11; **How** — **you are!** ¡Qué romántico(a) eres!, 8
room cuarto *(m.)*, habitación *(f.)*, 5; sitio *(m.)*; **laundry** — cuarto de lavar *(m.)*, 6; — **service** servicio de habitación (cuarto) *(m.)*, 7
roommate compañero(a) de cuarto *(m., f.)*, 3
root raíz *(f.)*
rose rosa *(f.)*, 8
round-trip de ida y vuelta, 11
row remar, 16; fila *(f.)*, 11
run correr, 3; — **errands** hacer diligencias, 8; — **for office** postularse, 18
Russian *(lang.)* ruso *(m.)*, 2

sad triste, 4
saddlebag alforja *(f.)*
said *(p.p. of decir)* dicho, 14
sailboat velero *(m.)*, 16
saint's day santo *(m.)*
salad ensalada *(f.)*, 5

salary salario *(m.)*, sueldo *(m.)*, 17
sale liquidación *(f.)*, rebaja *(f.)*, 13
salesperson vendedor(a) *(m., f.)*, 1
salt sal *(f.)*, 5
same mismo(a), 10; — **here** igualmente, 1; — **thing** lo mismo, 10
sand arena *(f.)*, 16
sandal sandalia *(f.)*, 13
sandwich sándwich *(m.)*, 2; bocadillo *(Sp.)*, 17
sarcastic sarcástico(a), 15
Saturday sábado *(m.)*, 1
sauce salsa *(f.)*, 9
saucepan cacerola *(f.)*, 10
saucer platillo *(m.)*, 5
sausage chorizo *(m.)*
save ahorrar, 8
savings account cuenta de ahorros *(f.)*, 8
say decir (e:i), 6
scarf bufanda *(f.)*, 13
schedule horario *(m.)*, 14
scholarship beca *(f.)*, 14
school escuela *(f.)*, 10; facultad *(f.)*, 14
science ciencia *(f.)*, 14
scorn despreciar
scrambled revueltos(as), 5
screen pantalla *(f.)*, 16; —**play** guión *(m.)*
script guión *(m.)*, libreto *(m.)*, 18
scuba dive bucear, 16
sea mar *(m.)*, 7
search búsqueda *(f.)*
season estación *(f.)*, 15
seat asiento *(m.)*, 18
seated sentado(a), 14
second segundo(a), 6; — **World War** Segunda Guerra Mundial *(f.)*
see ver, 6; — **you.** Nos vemos., 1; — **you tomorrow.** Hasta mañana., P
seem parecer; — **to one** antojársele a uno
seen *(p.p. of ver)* visto(a), 14
selection selección *(f.)*, 17
sell vender, 3
semester semestre *(m.)*, 2
send enviar, mandar, 7
sensitivity sensibilidad *(f.)*
sentence oración *(f.)*
September septiembre, 1
seriously? ¿en serio?, 2
serve servir (e:i), 6
service servicio *(m.)*, 7
set out to proponerse
seven siete, P; — **hundred** setecientos(as), 3
seventeen diecisiete, 1
seventh séptimo(a), 7
seventy setenta, 2
several varios(as), 14
shadow sombra *(f.)*
shake hands darse la mano
shame: it's a — es una lástima, 11
share compartir, 15
shareholder accionista *(m., f.)*, 17
shark tiburón *(m.)*
shave afeitar(se), 9
she ella, 1
sheep oveja *(f.)*
sheet sábana *(f.)*, 6
ship barco *(m.)*, 11
shirt camisa *(f.)*, 6
shoe zapato *(m.)*, 13; — **store** zapatería *(f.)*, 9

shoot fusilar, pasar por las armas
shop tienda *(f.)*, 7
shopping: to go — ir de compras, 13
shopping mall centro comercial *(m.)*, 13
short bajo(a), 3; corto(a), 9
short-sleeved (de) mangas cortas, 13
shot inyección *(f.)*, 15; **to give a** — poner una inyección, 15
shotgun escopeta *(f.)*, 16
should deber, 3
show mostrar (o:ue), 6; — **a movie** pasar (dar) una película, 7
shower ducha *(f.)*, 7
shrimp camarones *(m. pl.)*, 5
sick enfermo(a), 4
sigh suspirar, 6
sign firmar, 8; señal *(f.)*; signo *(m.)*
signature firma *(f.)*, 8
silently sin ruido
silk seda *(f.)*, 13
silver plata *(f.)*
silverware cubiertos *(m. pl.)*, 5
since desde; como, 7
sing cantar, 4
single soltero(a), 3; — **bed** cama sencilla *(f.)*, 7 — **room** habitación sencilla *(f.)*, 7
sink lavabo *(m.)*, 7
sir señor, P
sister hermana *(f.)*, 4
sister-in-law cuñada *(f.)*, 5, 6
sit down sentarse (e:ie), 9; Siéntate., 1
sitting sentado(a), 14
six seis, P; — **hundred** seiscientos(as), 3
sixteen dieciséis, 1
sixth sexto(a), 7
sixty sesenta, 2
size medida *(f.)*, talla *(f.)*, 13; *(of shoes)* número *(m.)*, 13; tamaño *(m.)*
skate patinar, 16
skateboard andar en patineta, 16
ski esquiar, 16
skillet sartén *(f.)*, 10
skirt falda *(f.)*, 13
sky cielo *(m.)*
skyscraper rascacielos *(m. sing.)*
slave esclavo(a) *(m., f.)*
sleep dormir (o:ue), 5
sleeping bag saco de dormir *(m.)*, bolsa de dormir *(f.)*, 10
sleepy: to be — tener sueño, 4
sleeve manga *(f.)*; **long-sleeved** (de) mangas largas, 13; **sleeveless** sin mangas, 13; **short-sleeved** (de) mangas cortas, 13
slender delgado(a), 3
slice rodaja *(f.)*
slippers zapatillas *(f. pl.)*, 15
slow lento(a), 8
slowly lentamente, 8; despacio
small chico(a), 10; pequeño(a); **to be too** — **(on someone)** quedar(le) chico(a) (a uno), 13
smile sonreír
smog contaminación del aire *(f.)*
smoke fumar
snow nevar (e:ie), 5; nieve *(f.)*, 16
so tan, 17; — **be it.** Sea.; — **much** tanto
soap jabón *(m.)*, 7; — **opera** telenovela *(f.)*, 5

soccer fútbol (m.), 16
social security number número de seguro social (m.), 3
sociology sociología (f.), 14
sock calcetín (m.), 13
soda pop gaseosa, 3; refresco (m.), 3; soda (f.), 3
sofa sofá (m.), 6
solitude soledad (f.)
some unos(as), 2; algunos(as), 6; alguno(a), algún, 6
somebody alguien, 6
someone alguien, 6
something algo, 6
sometimes a veces
son hijo (m.), 4
son-in-law yerno (m.), 6
song canción (f.), 9
soon pronto, 14; **as — as** en cuanto, tan pronto como, 14; **—er or later** tarde o temprano, 18
sore throat dolor (m.) de garganta, 15
sorrow pena (f.)
soul alma (f.)
sound sonido (m.)
soundtrack banda sonora (f.), 16
soup sopa (f.), 5
source fuente (f.)
south sur (m.), 16
Spain España
Spanish (lang.) español (m.), 1
spare part pieza de repuesto (f.), 12
spare tire llanta (f.) o neumático (m.) de respuesto (f.), 12
speak hablar, 2
speakers parlantes (m.), 4
special especial, 8
specialized especializado(a), 17
speech discurso (m.), 18
speed limit velocidad máxima (f.), 12
spell deletrear
spelling deletreo (m.)
spend (time) pasar, 4; gastar, 12
spoil malcriar, 10
spoon cuchara (f.), 5
spoonful cucharada (f.)
sport deporte (m.), 16
spot mancha (f.)
spring primavera (f.), 1
stairs escalera (f.), 7
stand in line ponerse en la cola, 11
stand out destacarse
stand somebody up dejar plantado(a) a alguien, 18
standard shift de cambios mecánicos, 12
stanza estrofa (f.)
start comenzar (e:ie), empezar (e:ie), 4; arrancar (car), 12; entablar
state estado (m.)
station estación (f.), 10
stay quedarse, 11; hospedarse (en) (at a hotel), 11
steak bistec (m.), biftec (m.), 5
steering wheel volante (m.), 12
still todavía, 10
stingy tacaño(a), 11
stir revolver (o:ue)
stockbroker agente de bolsa (m., f.), 17; corredor de bolsa (m., f.), 17
stomach estómago (m.), 15
stone piedra (f.)
stop detenerse; **— (something)** detener + d.o.

stopover escala (f.), 11; **to make a —** hacer escala, 11
store tienda (f.), 8
stranger extraño(a) (m., f.)
straw (for mate) bombilla (f.)
strawberry fresa (f.), 9
street calle (f.), 1
stretch estirar
strike huelga (f.), 18
stripe raya (f.), 13
stubborn terco(a), 3
student estudiante (m., f.), 1; alumno(a), 3
study estudiar, 2
stupidity torpeza (f.)
subject tema (m.), 2; (course) asignatura, materia, 14
subsidized subvencionado(a)
subway metro (m.), subterráneo (m.), 10
success éxito (m.)
Such bad luck! ¡Qué mala suerte!, 8
Such is life. Así es la vida.
suddenly de pronto, de repente, 18
sugar azúcar (m.), 9; **— cane** caña de azúcar (f.)
suggest sugerir (e:ie), 11
suit traje (m.), 10
suitcase maleta (f.); valija (f.), 7
summary resumen (m.)
summer verano (m.), 1
sun sol (m.)
sunbathe tomar el sol, 16
Sunday domingo (m.), 1
sunflower girasol (m.), 8
sunny: to be — hacer sol, 5
supermarket supermercado (m.), 9
supervision supervisión (f.), 17
supervisor supervisor(a) (m., f.), 17
supper cena (f.), 7
suppose suponer, 15
surf hacer surfing
surfboard tabla de mar (f.), 16
surprise sorpresa (f.), sorprender, 11
surrounded rodeado(a)
survey encuesta (f.), 18; investigación de la opinión pública (f.), 18
sweater suéter (m.)
sweep barrer, 6
sweet dulce
sweets dulces (m. pl.)
swim nadar, 7
swimming pool piscina (f.), alberca (f.) (Mex.), 7
sword espada (f.)
symptom síntoma (m.), 15
system sistema (m.)

table mesa (f.), 4
tablecloth mantel (m.), 5
tail cola (f.)
tailor sastre (m.)
take tomar, 2; (someone or something someplace) llevar, 3; (a taxi), 6; **— a cruise** hacer un crucero, 11; **— a picture** sacar (tomar) una foto, 4; **— advantage of** aprovechar, 15; **— an X-ray** hacer una radiografía, 15; **— away** quitar, 9; llevarse, 11; **— charge** hacerse cargo; **— off** quitarse, 9; **— off** (a plane) despegar, 11; **— out the garbage** sacar la basura, 6; **— place** tener lugar

talk conversar, platicar, 2; hablar, 2
tall alto(a), 2
tank tanque (m.), 12
taste probar (o:ue), 9
tasty sabroso(a), 5
tax impuesto (m.), 8
taxi taxi (m.), 6
tea té (m.), 5
teacher (elementary school) maestro(a) (m., f.), 10; profesor(a), P
team equipo (m.), 16
tear despedazar
teaspoon cucharita (f.), 5
teeth dientes (m. pl.), 15
telephone teléfono (m.), **on the —** al teléfono, 3; **— book** guía (f.) telefónica; **— system** sistema de comunicación telefónica (m.), 17
television televisión (f.), 2
tell decir (e:i), 6; contar (o:ue), 5
temperature temperatura (f.), 15
ten diez, P
tenderness ternura (f.)
tennis shoe zapato de tenis (m.), 13
tent tienda de campaña (f.), 16
tenth décimo(a), 7
terrible terrible
tetanus shot inyección antitetánica (f.), 15
than que, 5
thank you gracias, P; **— very much.** Muchas gracias., 1
thanks gracias, P
that (adj.) que, 3, 4; aquel(la), 6; (adj.) ese, 6; (adj.) esa, 6; (neuter pron.) aquello, 6; (neuter pron.) eso, 6; **— is to say** es decir; **— one** aquel(la), 7; ese, 6; esa, 6; **—'s why** por eso, 18
the el, la, las, los, 2
theater teatro (m.), 4
their su(s), 3
theirs suyo(a)(s), 9
them ellas, ellos, 4; las, 6; los, 6; les, 7
theme tema (m.), 2
themselves se, 9
then entonces (in that case), 3
there allí; **— are, is** hay, 1
thermometer termómetro (m.), 15
these (adj.) estos(as), 6; (pron.) estos(as), 6
they ellos, 1; ellas, 1
thin delgado(a), 3
think creer, 3; pensar (e:ie), 4; **— about** pensar en, 18
third tercero(a), tercer, 7
thirst sed (f.), 4
thirsty: to be — tener sed, 4
thirteen trece, 1
thirty treinta, 1
this (adj.) este, esta, 6; (neuter pron.), esto, 6; **— is he (she) speaking.** Con él (ella) habla., 3
those (adj.) aquellos(as), 6; (pron.) aquellos(as), 6; (adj.) esos(as), 6; (pron.) esos(as), 6
thought pensamiento (m.)
thousand mil, 3; millar (m.)
three tres, P; **— hundred** trescientos(as), 3; **3-D** three-dimensional, 16
thriller película de suspenso (f.), 16
throat garganta (f.), 15; **sore —** dolor (m.) de garganta, 15

through por, 8
Thursday jueves (m.), 1
ticket (*for plane, train, bus*) pasaje (m.), billete (m.), 11; (*to an event*) boleto (m.); (*fine*) multa (f.), 8; **one-way —** billete (pasaje) de ida (m.), 11; **round-trip —** billete (pasaje) de ida y vuelta (m.), 11
tidy up arreglar, 6
tie corbata (f.), 13; **— together** apretar (e:ie)
tile teja (f.); (*ceramic*) azulejo (m.)
till menos (*telling time*), 2
time hora (f.), 2; tiempo, 2; vez (*in a series*) (f.), 4; **for the first —** por primera vez, 4; **have a good —** divertirse (e:ie), 16; **this —** esta vez, 4; **What — is it?** ¿Qué hora es?, 2
tip propina (f.), 5
tire llanta (f.), neumático (m.), 12
tired cansado(a), 4
title título (m.), P
to (*telling time*) menos, 2; a, 3; para, 3
to the al (*contrac.*)
toast brindis (m.), 4; pan (m.) tostado, 5
toaster tostadora (f.), 10
today hoy, 1
toe dedo del pie (m.), 15
together juntos(as), 2
toilet inodoro (m.), 7; **— paper** papel higiénico (m.), 9
tomato tomate (m.), 9
tomb sepulcro (m.)
tomorrow mañana, 3; **— and not a day later** mañana mismo, 17
tongue lengua (f.), 15
tonight esta noche, 2
too también, 2
tooth diente (m.), 15
tornado tornado (m.), 18
touch toque (m.); tocar, 15
tourist turista (m., f.), 11; **— class** clase turista (f.), 11; turístico(a), 11
tow truck grúa (f.), remolcador (m.), 12
toward hacia
towel toalla (f.), 7
tower torre (f.)
town pueblo (m.), 11
tragic trágico(a)
train tren (m.), 11; entrenar, 17
trainer entrenador(a), 16
tranquility tranquilidad (f.)
transcripts antecedentes académicos (m.), 14
translate traducir, 6
translator traductor(a) (m., f.), 17
travel viajar, 7
traveler viajero(a) (m., f.), 11
traveling de viaje
tree árbol (m.)
tremble temblar
trip viaje (m.), 4
trousers pantalón (m.), pantalones (m. pl.)
truck camión (m.), 13
true cierto
true? ¿verdad?, 11
trumpet trompeta (f.), 9
trunk (*car*) maletero (m.), cajuela (f.), 12

trust confiar
truth verdad (f.), 2, 6
try probar (o:ue), 9; **— on** probarse (o:ue), 9
T-shirt camiseta (f.), 13
Tuesday martes (m.), 1
tuition matrícula (f.), 14
tulip tulipán (m.), 8
turkey pavo (m.), 5
turn: — in entregar, 14; **— off** apagar, 18; **— on** encender (e:ie) 18; **— over** voltear; **— to** recurrir a; **— ... years old** cumplir... años, 4
TV set televisor (m.), 7
twelve doce, 1
twenty veinte, 1; **— eight** veintiocho, 1; **— five** veinticinco, 1; **— four** veinticuatro, 1; **— nine** veintinueve, 1; **— one** veintiuno, 1; **— seven** veintisiete, 1; **— six** veintiséis, 1; **— three** veintitrés, 1; **— two** veintidós, 1
twilight crepúsculo (m.)
two dos, P; **— hundred** doscientos(as), 3
tyrant tirano(a) (m., f.), 17

ugly feo(a), 3
umbrella paraguas (m. sing.)
uncle tío (m.), 4
under debajo de, 6; bajo, 17
understand entender (e:ie), 4
underwear ropa interior (f.), 13
unemployment desempleo (m.), 18
unfortunate desafortunado(a), 8
unfortunately desgraciadamente, por desgracia, desafortunadamente, 8
ungrateful (*adj.*) desagradecido(a)
United States Estados Unidos (m. pl.), 11
unless a menos que, 14
unpleasant antipático(a), 3
untie lines soltar (o:ue) amarras
until hasta, 7; hasta que, 14
untimely a deshoras
up to now hasta ahora, 14
Uruguayan uruguayo(a), 16
us (*obj. of prep.*) nosotros(as), 4; nos, 6, 7
use usar; gastar, 12; uso (m.), 17
used usado(a), 12; **— to** acostumbrado(a) a, 10
usefulness utilidad (f.)

vacant libre, 7; desocupado(a), 10
vacate the room desocupar el cuarto, 7
vacation vacaciones (f. pl.), 7; **— package** paquete turístico, 11
vaccination vacuna (f.), 15
vacuum pasar la aspiradora, 6
value valor (m.)
vegetable verdura (f.), vegetal (m.), legumbre (m.), 5
Venezuelan venezolano(a), 10
verb verbo (m.)
very muy, P; **(not) — well** (no) muy bien, P
victim víctima (f.), 17
vinegar vinagre (m.), 9
violet violeta (f.), 8
violin violín (m.), 9

visit visitar, 6; **— frequently** frecuentar
vocabulary vocabulario (m.)

wait (for) esperar; aguardar
waiter camarero (m.), mozo (m.), 5
waiting list lista de espera (f.), 7
waitress camarera (f.), 5
wake up despertarse (e:ie), 9
walk caminar, 7; ir a pie, ir caminando, 12
wall pared (f.), 2
wallet billetera (f.), 9; cartera (f.), 9
waltz vals (m.), 4
wandering errabundo
want querer (e:ie), 4; desear, 2
war guerra (f.), 18
war movie película de guerra (f.), 16
warning advertencia (f.)
wash lavar(se), 6, 9; **— dishes** lavar los platos, fregar (e:ie) los platos, 6; **— one's hair** lavarse la cabeza, 9
washing machine lavadora (f.), 10
wastebasket cesto de papeles (m.), 2
watch mirar, 5
water agua (f.), 5; **— ski** esquí acuático (m.), 16
watermelon sandía (f.), 9
wave ola (f.)
way modo (m.); manera (f.)
we nosotros(as), 1
weak débil, 15
wear usar; **not to have anything to —** no tener nada que ponerse, 13; **— a certain (shoe) size** calzar, 13
weather tiempo (m.); **— forecast** pronóstico del tiempo; **to be good (bad) —** hacer buen (mal) tiempo, 6; **What's the weather like?** ¿Qué tiempo hace?, 6
weatherbeaten curtido(a)
wedding boda (f.), 9; **golden — (anniversary)** bodas de oro, 9
Wednesday miércoles (m.), 1
week semana (f.), 2; **a — ago** hace una semana, 9
weekend fin de semana (m.), 4
weigh pesar
welcome bienvenido(a), 4; **You're —.** De nada., 1
well bien, P; pues, 4; **— ... okay**
west oeste (m.), 16
what cuál, P; qué, 2; lo que, 6; **— a pity!** ¡Qué lástima!, 15; **— do you think about . . . ?** ¿Qué les parece si... ?, 13; **— for?** ¿Para qué?, 18; **— is the rate of exchange?** ¿A cómo está el cambio de moneda?, 7; **— is your address?** ¿Cuál es tu dirección?, 1; **— is your name?** ¿Cómo se llama Ud.? (*form.*), P, 1; ¿Cómo te llamas? (*fam.*), P; **— is your phone number?** ¿Cuál es tu número de teléfono?, P; **— the heck!** ¡Qué diablo!; **— time is it?** ¿Qué hora es?, 2; **—'s new?** ¿Qué hay (de nuevo)?, P
wheat trigo (m.)
wheelchair silla de ruedas (f.), 15
when? ¿cuándo?, 2; cuando, 14
where? ¿dónde?, 1; ¿adónde?, 3
which? ¿cuál?, P; (*rel. pron.*) que, 10
white blanco(a), 1

who (*rel. pron.*) que, 4; quien(es), 10
whom quien, quienes, 10
whose de quién
why? ¿por qué?
wide ancho(a), 13
widowed viudo(a), 3
wife esposa (*f.*), mujer (*f.*), 5
willpower voluntad (*f.*)
window ventana (*f.*), 2; (*of a vehicle or booth*) ventanilla (*f.*), 12; — **seat** asiento de ventanilla (*m.*), 11; **to — shop** mirar vidrieras, 13
windshield parabrisas (*m.*), 12; — **wipers** limpiaparabrisas (*m.*), 12
windy: to be — hacer viento, 5
wine vino (*m.*), 4
winter invierno (*m.*), 1
wish desear, 2; querer (e:ie), 4
with con, 2; de, 16; — **me** conmigo, 2; — **you** (*fam. sing.*) contigo, 4
without sin; sin que, 14; — **fail** sin falta, 18; — **rhyme or reason** sin qué ni para qué, 18
woman mujer (*f.*)
women's department departamento de (ropa para) damas, 13
wood madera (*f.*)
wool lana (*f.*), 13
word palabra (*f.*), 17; — **processor** procesador de textos (*m.*) (de arte), 17

work trabajar; trabajo (*m.*), 2; funcionar, 12; — (*of art*) obra (*f.*) (de arte); — **full-time** trabajar tiempo completo, 17 — **on commission** trabajar a comisión, 17; — **part-time** trabajar a medio tiempo, 17; **to be self-employed** trabajar por cuenta propia, 17
workers obreros (*m.*), 18
world mundo (*m.*), 17; — **Wide Web** Internet (*f.*), Red (*f.*), 7
worried preocupado(a), 4
worry (about) preocuparse (por), 9
worse peor, 5
worst el (la) peor, 5
worth: to be — the trouble valer la pena, 12
wrap envolver (o:ue), 14
wrapped envuelto(a), 14
write escribir, 3; — **down** anotar, 2
writer escritor(a) (*m., f.*), 14
written escrito(a), 14
wrong equivocado(a); **be —** estar equivocado(a), no tener razón, 4

X-ray radiografía (*f.*), 15; — **room** sala de rayos X (*f.*), 15

year año (*m.*), 3; **to be . . . —s old** tener… años, 4
yellow amarillo(a), 1

yes sí, 2
yesterday ayer, 7
yogurt yogur (*m.*), 5
you (*subj.*) tú (*fam.*), usted (Ud.) (*form.*); ustedes, vosotros(as), P; (*d.o. pron.*) la(s), lo(s), os, te, 6; (*i.o. pron.*) le(s), os, te, 7; (*obj. of prep.*) ti, usted(es), vosotros(as), 4
You'll see! ¡Ya verás!, 15
young joven (*m., f.*), 17; — **lady** señorita (*f.*), P; — **man** chico (*m.*), muchacho (*m.*), 2; joven (*m.*), 15; — **people** jóvenes (*m., f.*); — **woman** chica (*f.*), muchacha (*f.*), 2; joven (*f.*), 15
younger menor, 5
youngest el (la) menor, 5
your su(s), tu(s), vuestro(a)(os)(as), 3
yours suyo(a)(s), tuyo(a)(s), vuestro(a)(s), 9
yourself se, te, 9
yourselves os, se, 9
youth juventud (*f.*), 9

zero cero, P
zip code zona postal (*f.*), 3
zoo zoológico (*m.*), 4

Index

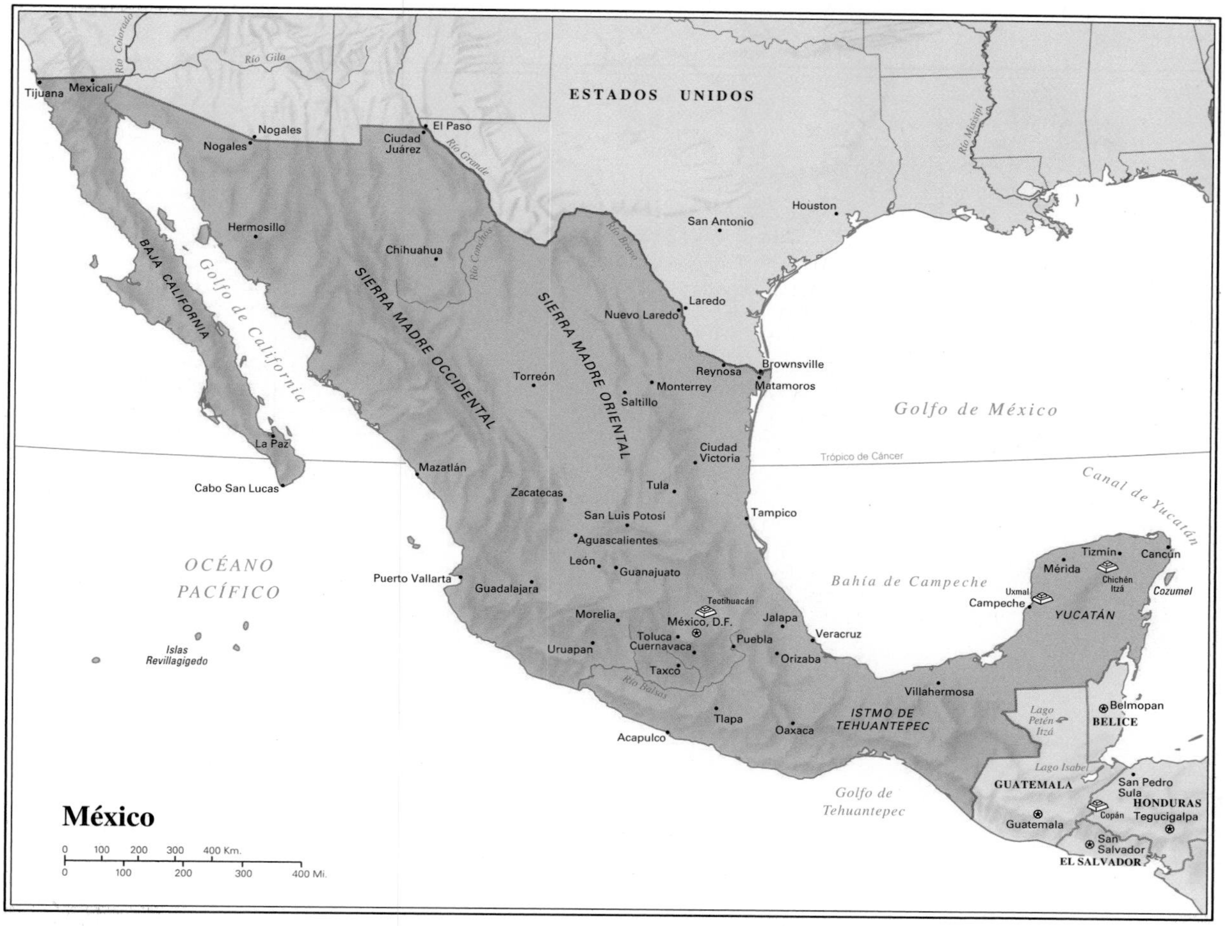
México
ESTADOS UNIDOS
Tijuana
Mexicali
Río Colorado
Río Gila
Nogales
Nogales
El Paso
Ciudad Juárez
Río Grande
Río Misisipí
Houston
San Antonio
Hermosillo
Chihuahua
Río Conchos
Río Bravo
BAJA CALIFORNIA
Golfo de California
SIERRA MADRE OCCIDENTAL
SIERRA MADRE ORIENTAL
Laredo
Nuevo Laredo
Brownsville
Reynosa
Matamoros
Monterrey
Torreón
Saltillo
Golfo de México
La Paz
Ciudad Victoria
Trópico de Cáncer
Mazatlán
Cabo San Lucas
Tula
Zacatecas
Canal de Yucatán
Tampico
San Luis Potosí
Aguascalientes
Tizmín
Cancún
OCÉANO PACÍFICO
León
Guanajuato
Mérida
Bahía de Campeche
Puerto Vallarta
Guadalajara
Chichén Itzá
Uxmal
Cozumel
Teotihuacán
Campeche
Morelia
México, D.F.
Jalapa
YUCATÁN
Toluca
Cuernavaca
Veracruz
Islas Revillagigedo
Uruapan
Puebla
Orizaba
Taxco
Río Balsas
Villahermosa
Belmopan
Lago Petén Itzá
BELICE
Tlapa
ISTMO DE TEHUANTEPEC
Oaxaca
Acapulco
Lago Isabel
GUATEMALA
San Pedro Sula
Golfo de Tehuantepec
HONDURAS
Copán
Guatemala
Tegucigalpa
San Salvador
EL SALVADOR
0 100 200 300 400 Km.
0 100 200 300 400 Mi.

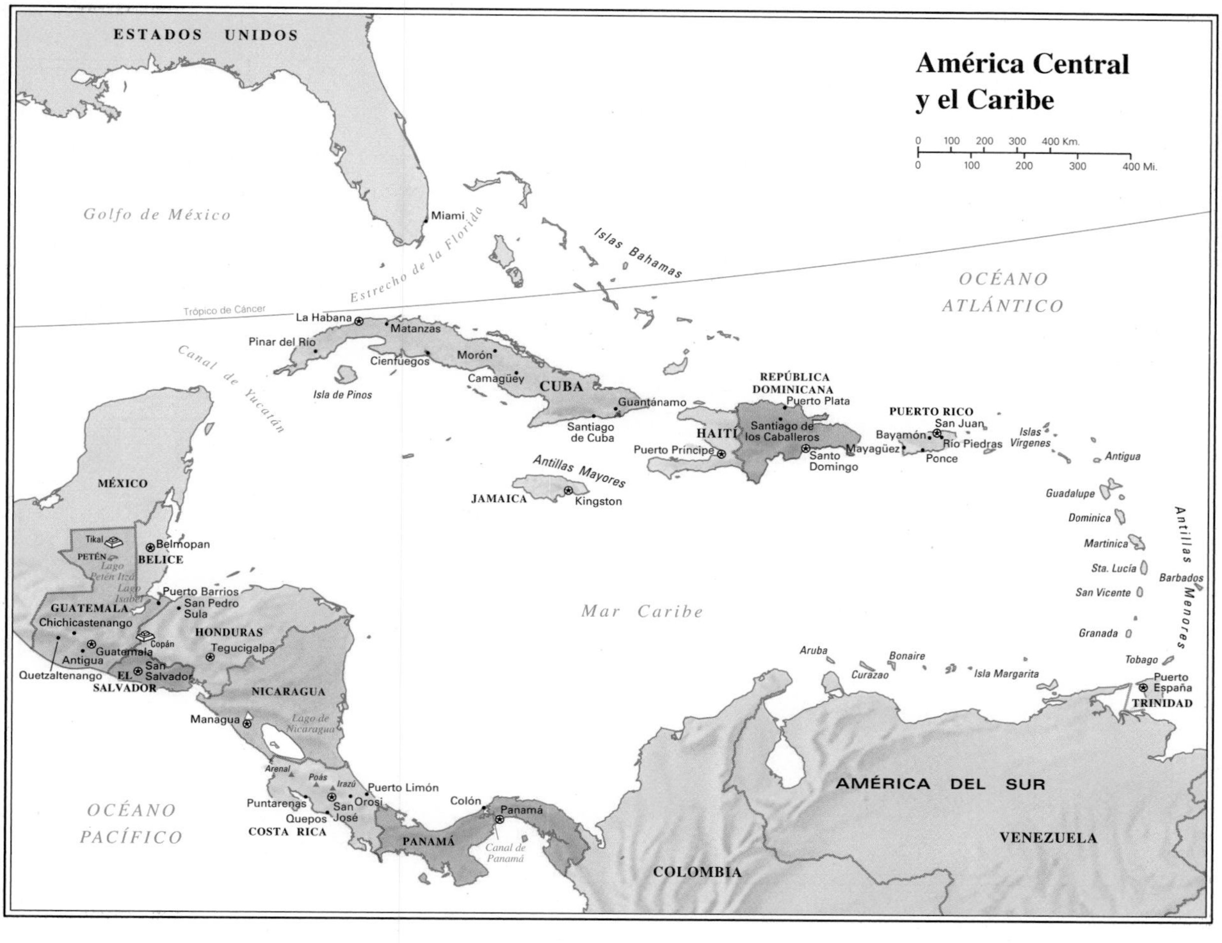
ESTADOS UNIDOS
América Central y el Caribe
0 100 200 300 400 Km.
0 100 200 300 400 Mi.
Golfo de México
Miami
Estrecho de la Florida
Islas Bahamas
OCÉANO ATLÁNTICO
Trópico de Cáncer
La Habana
Matanzas
Pinar del Río
Cienfuegos
Morón
Canal de Yucatán
Isla de Pinos
Camagüey
CUBA
REPÚBLICA DOMINICANA
Puerto Plata
Guantánamo
PUERTO RICO
Santiago de Cuba
HAITÍ
Santiago de los Caballeros
San Juan
Bayamón
Río Piedras
Islas Vírgenes
Puerto Príncipe
Santo Domingo
Mayagüez
Ponce
Antigua
Antillas Mayores
JAMAICA
Kingston
MÉXICO
Guadalupe
Dominica
Antillas Menores
Tikal
Belmopan
Martinica
PETÉN
BELICE
Lago Petén Itzá
Sta. Lucía
Barbados
Lago Isabel
San Vicente
Puerto Barrios
GUATEMALA
San Pedro Sula
Mar Caribe
Chichicastenango
Granada
HONDURAS
Copán
Guatemala
Tegucigalpa
Antigua
Aruba
Bonaire
Tobago
San Salvador
Curazao
Isla Margarita
Puerto España
Quetzaltenango
EL SALVADOR
NICARAGUA
TRINIDAD
Managua
Lago de Nicaragua
Arenal
Poás
Irazú
Puerto Limón
AMÉRICA DEL SUR
Puntarenas
San José
Orosi
Colón
Panamá
OCÉANO PACÍFICO
Quepos
COSTA RICA
PANAMÁ
Canal de Panamá
VENEZUELA
COLOMBIA

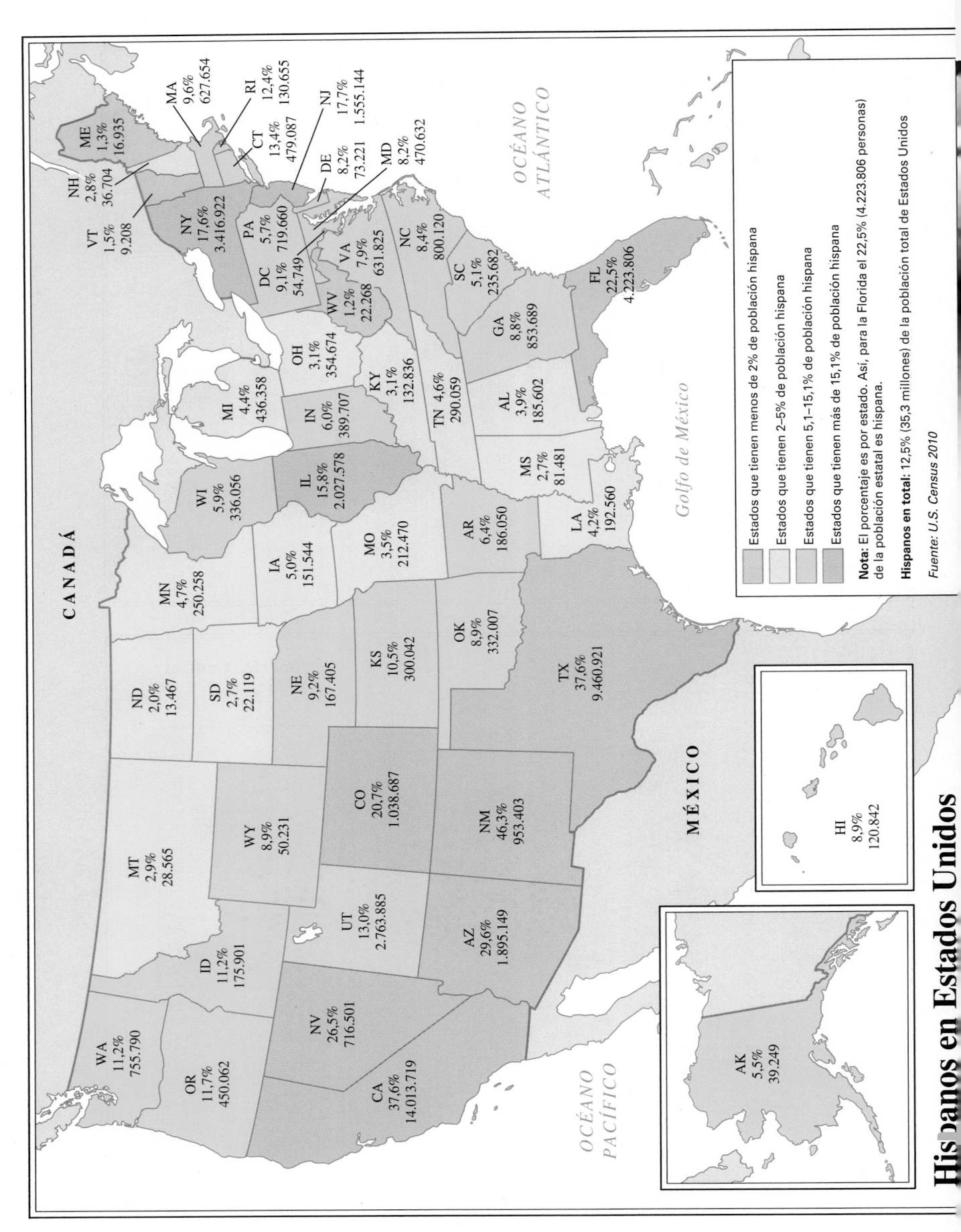

Hispanos en Estados Unidos

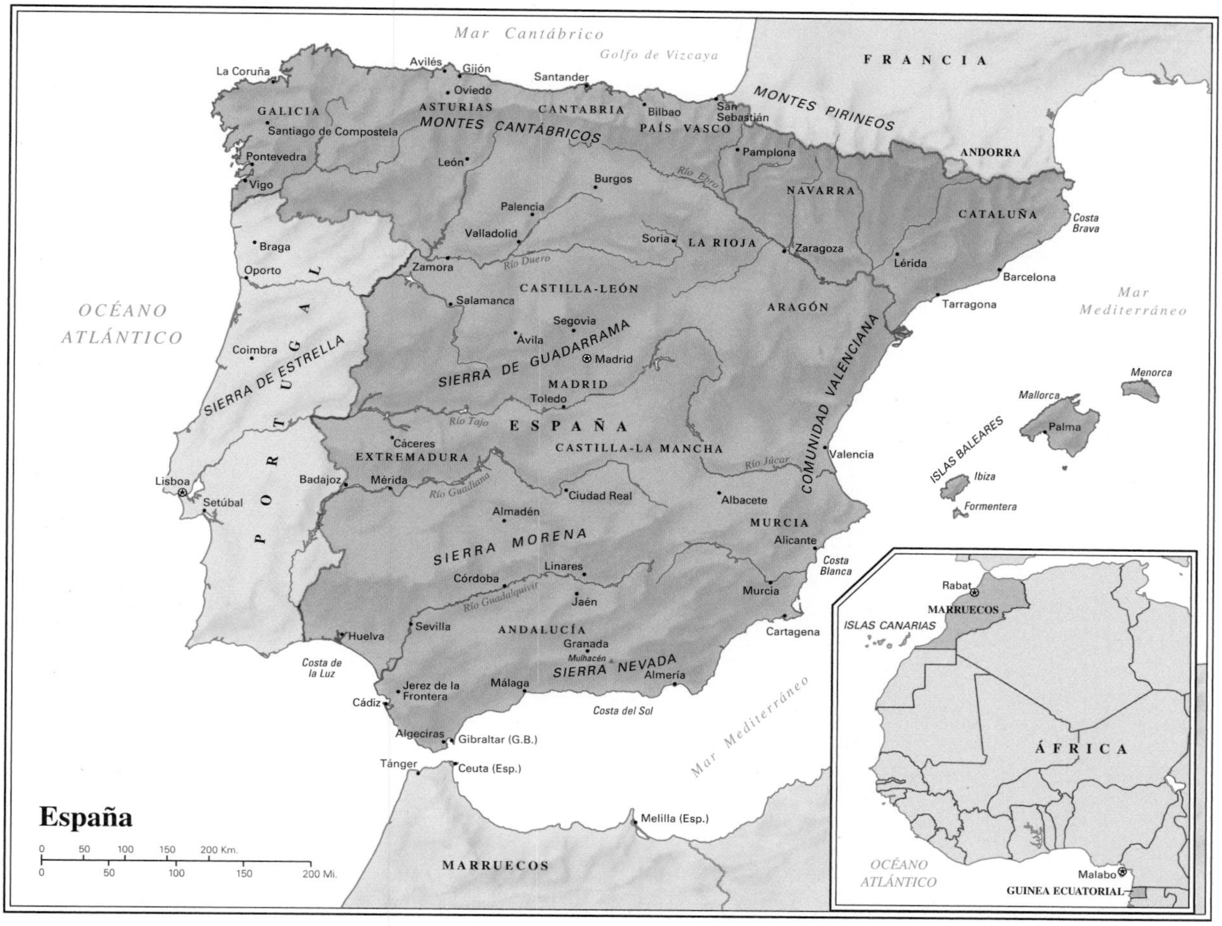

España

Mar Cantábrico
Golfo de Vizcaya
FRANCIA

La Coruña
Avilés • Gijón
Santander
Oviedo
GALICIA
ASTURIAS
CANTABRIA
Bilbao • San Sebastián
PAÍS VASCO
MONTES PIRINEOS
Santiago de Compostela
MONTES CANTÁBRICOS
ANDORRA
Pontevedra
León
Pamplona
Vigo
NAVARRA
Braga
Burgos
CATALUÑA
Costa Brava
Oporto
Palencia
Valladolid
Soria
LA RIOJA
Zaragoza
Lérida
Zamora
Río Duero
Barcelona
OCÉANO ATLÁNTICO
SIERRA DE ESTRELLA
CASTILLA-LEÓN
ARAGÓN
Tarragona
Mar Mediterráneo
Coimbra
Salamanca
Segovia
Ávila
SIERRA DE GUADARRAMA
Madrid
MADRID
Toledo
Río Tajo
ESPAÑA
CASTILLA-LA MANCHA
Río Júcar
COMUNIDAD VALENCIANA
Menorca
Mallorca
Palma
ISLAS BALEARES
Ibiza
Formentera
Cáceres
EXTREMADURA
Valencia
Lisboa
Badajoz
Mérida
Río Guadiana
Ciudad Real
Albacete
MURCIA
Alicante
Costa Blanca
Setúbal
Almadén
SIERRA MORENA
Córdoba
Linares
Jaén
Murcia
Cartagena
Río Guadalquivir
Huelva
Sevilla
ANDALUCÍA
Granada
Mulhacén
SIERRA NEVADA
Almería
Costa de la Luz
Jerez de la Frontera
Málaga
Costa del Sol
Cádiz
Algeciras
Gibraltar (G.B.)
Mar Mediterráneo
Tánger
Ceuta (Esp.)
Melilla (Esp.)
MARRUECOS

0 50 100 150 200 Km.
0 50 100 150 200 Mi.

Rabat
MARRUECOS
ISLAS CANARIAS
ÁFRICA
OCÉANO ATLÁNTICO
Malabo
GUINEA ECUATORIAL

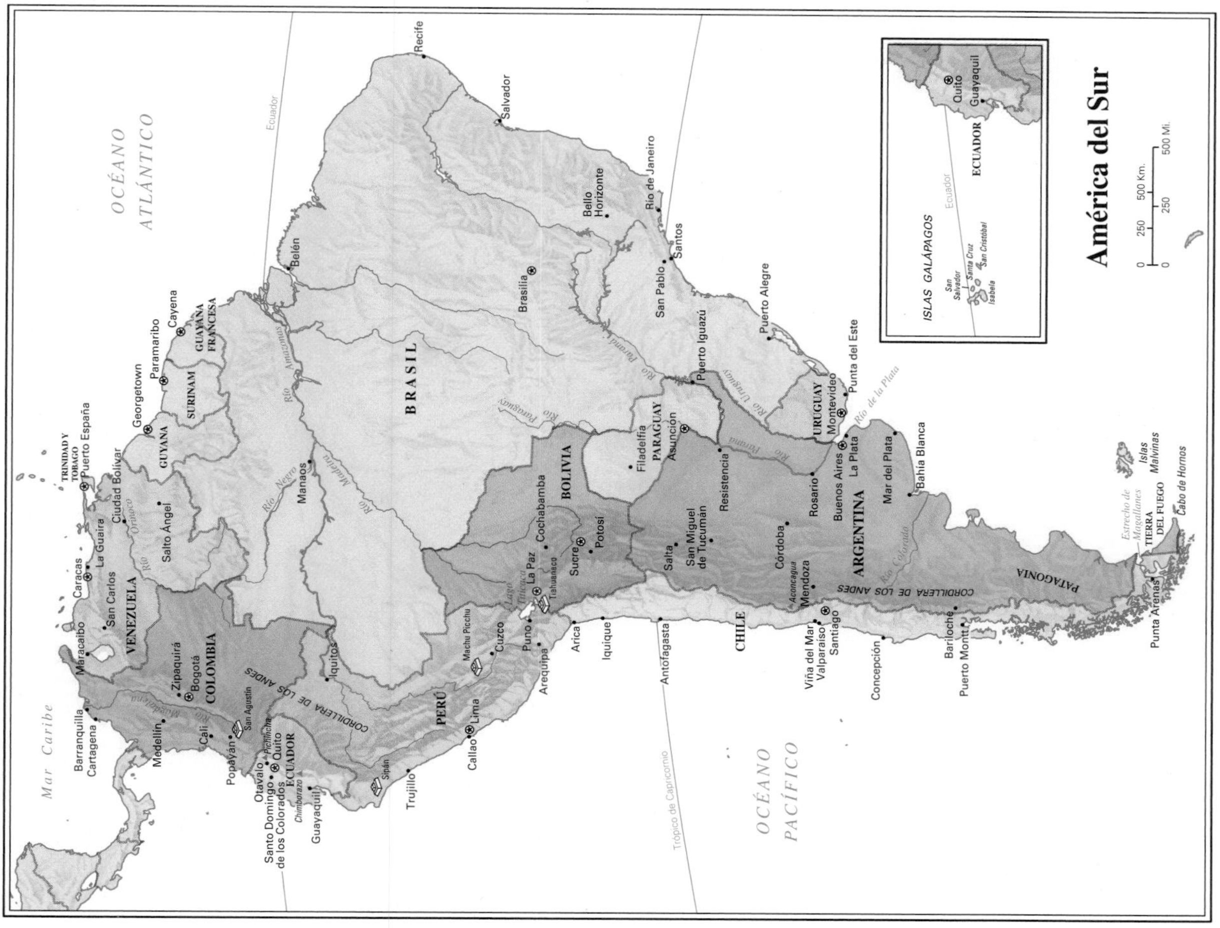

América del Sur

Recife
Salvador
OCÉANO ATLÁNTICO
Ecuador
Quito
Guayaquil
ECUADOR
ISLAS GALÁPAGOS
San Salvador
Santa Cruz
San Cristóbal
Isabela
Ecuador
0 250 500 Km.
0 250 500 Mi.

Río de Janeiro
Bello Horizonte
Belén
Río Amazonas
BRASIL
Brasilia
San Pablo
Santos
Puerto Alegre
Puerto Iguazú
Punta del Este
Georgetown
Paramaribo
Cayena
GUYANA
SURINAM
GUAYANA FRANCESA
TRINIDAD Y TOBAGO
Puerto España
Ciudad Bolívar
Manaos
Río Negro
Río Madeira
Río Tapajós
Río Xingú
Río Paraná
Río Uruguay
URUGUAY
Montevideo
La Plata
Río de la Plata
Mar del Plata
Bahía Blanca
PARAGUAY
Filadelfia
Asunción
Resistencia
Buenos Aires
Rosario
Caracas
VENEZUELA
La Guaira
San Carlos
Maracaibo
Salto Ángel
Río Orinoco
BOLIVIA
Cochabamba
La Paz
Titicaca
Sucre
Potosí
Salta
San Miguel de Tucumán
Córdoba
Mendoza
ARGENTINA
Barranquilla
Cartagena
Medellín
Cali
COLOMBIA
Zipaquirá
Bogotá
San Agustín
Popayán
Otavalo
Pichincha
Quito
Santo Domingo de los Colorados
Chimborazo
Guayaquil
Sibún
ECUADOR
PERÚ
Iquitos
Río Amazonas
CORDILLERA DE LOS ANDES
Machu Picchu
Cuzco
Puno
Arequipa
Arica
Iquique
Antofagasta
CHILE
CORDILLERA DE LOS ANDES
Aconcagua
Viña del Mar
Valparaíso
Santiago
Concepción
Bariloche
Puerto Montt
PATAGONIA
Estrecho de Magallanes
Islas Malvinas
TIERRA DEL FUEGO
Punta Arenas
Cabo de Hornos
Callao
Lima
Trujillo
Mar Caribe
OCÉANO PACÍFICO
Trópico de Capricornio